Das zählt für Erfolg an der Börse

Ken Fisher

Ken Fisher

mit Lara Hoffmans, Elisabeth Dellinger
und Todd Bliman

Das zählt FÜR ERFOLG *an der* BÖRSE

Die einzigen 3 Fragen, die Anleger sich stellen müssen

Börsenbuchverlag

Die Originalausgabe erschien unter dem Titel
The Only Three Questions That Still Count: Investing By Knowing What Others Don't
Ken Fisher with Lara Hoffmans, Elisabeth Dellinger, Todd Bliman
ISBN 978-1-39431-883-4

Übersetzung: Börsenmedien AG, Nadine Wiget
Gestaltung, Satz und Herstellung: Sabrina Slopek
Korrektorat: Jaroslaw Piwowarski
Druck: GGP Media GmbH, Pößneck

ISBN 978-3-68932-083-6

Bibliografische Information der Deutschen Nationalbibliothek:
Die Deutsche Nationalbibliothek verzeichnet diese Publikation in der Deutschen Nationalbibliografie; detaillierte bibliografische Daten sind im Internet über <http://dnb.d-nb.de> abrufbar.

BÖRSEN MEDIEN
AKTIENGESELLSCHAFT

Postfach 1449 • 95305 Kulmbach
Tel: +49 9221 9051-0 • Fax: +49 9221 9051-4444
E-Mail: info@plassen-buchverlage.de
www.boersenbuchverlag.de
www.facebook.com/plassenverlag
www.instagram.com/plassen_buchverlage

Inhalt

Vorwort

Wer bin ich, dass ich Ihnen etwas sagen könnte, worauf es wirklich ankommt?

Wer bin ich, dass ich Ihnen überhaupt etwas sagen könnte, geschweige denn etwas, worauf es wirklich ankommt? Oder dass es nur drei Fragen gibt, auf die es wirklich ankommt – und ich weiß, welche das sind? Warum sollten Sie sich die Mühe machen, irgendetwas davon zu lesen? Warum sollten Sie mir überhaupt zuhören?

Während ich dieses Buch für seine dritte Auflage überarbeite – eine Tatsache, die mich bis heute erstaunt –, feiere ich ein großes Jubiläum: mehr als ein halbes Jahrhundert in der Investmentbranche. Ich bin Gründer, Vorstandsvorsitzender und Co-Chief Investment Officer meines Unternehmens Fisher Investments. Als ich dieses Buch zuletzt aktualisierte, gehörten wir bereits zu den weltweit größten unabhängigen Vermögensverwaltungsgesellschaften. Seitdem sind wir nur noch gewachsen. Mein Unternehmen verwaltet heute die Portfolios von mehr als 100.000 amerikanischen Familien – sowie von Tausenden in Großbritannien, der Eurozone, Schweden, Norwegen, Dänemark, Kanada, Australien, Neuseeland und Saudi-Arabien. Neben den Portfolios vermögender Privatpersonen verwalten wir auch Portfolios für eine beeindruckende Liste institutioneller Kunden – große betriebliche und öffentliche Pensionspläne, Staaten, Stiftungen und Fonds – auf der ganzen Welt. Insgesamt verwalten wir für unsere Kunden mehr als 290 Milliarden US-Dollar.

Von 1984 bis 2016 – 32,5 Jahre lang – schrieb ich die Kolumne „Portfolio Strategy“ für *Forbes*. Damit war ich in der langen Geschichte dieses Magazins der Kolumnist mit der längsten ununterbrochenen Laufzeit. Heute schreibe ich monatliche Kolumnen in 25 Publikationen weltweit, darunter die *New York Post*, der britische *Daily Telegraph*, die kanadische *Globe and Mail*, das deutsche Magazin *Focus Money*, die spanische Zeitung *elEconomista*, das japanische Magazin *Diamond Weekly*, die saudische Zeitung *Al Eqtisadiah* und viele weitere. Ich habe elf Bücher geschrieben, darunter vier *New York Times*-Bestseller. Nebenbei habe ich es, ohne es wirklich darauf angelegt zu haben, auf die *Forbes*-400-Liste der reichsten Amerikaner geschafft.

Das ist viel für ein einziges Leben und eine berufliche Laufbahn. Aber ich bin hier, um Ihnen zu sagen, was die zentrale Lehre meiner langen Karriere ist, wenn es ums Investieren geht: Es gibt nur drei Fragen, auf die es ankommt. Und daran hat sich meine Sicht seit dem ersten Erscheinen dieses Buches nicht geändert. Im Gegenteil: Bei der Überarbeitung ist meine Überzeugung von dieser Aussage nur noch stärker geworden.

In Wirklichkeit gibt es sogar nur eine Frage, auf die es ankommt. Oder zumindest nur eine Frage, auf die es *wirklich* ankommt. Aber ich weiß nicht, wie ich diese eine Frage so formulieren kann, dass Sie sie im Anlagealltag ohne Weiteres nutzen können. Wenn ich sie jedoch in drei Teilfragen zerlege, weiß ich es.

Und wie lautet diese einzige Frage, auf die es ankommt? Die Finanztheorie ist hier ganz klar: Die einzige rationale Grundlage für eine Anlageentscheidung besteht darin, dass Sie glauben, auf irgendeine Weise etwas zu wissen, was andere nicht wissen. Die einzige Frage, auf die es ankommt, lautet daher: Was wissen Sie, was andere nicht wissen?

Die meisten Menschen wissen nichts, was andere nicht wissen. Die meisten Menschen glauben auch nicht, dass sie etwas wissen müssten, was andere nicht wissen. Warum das so ist, werden wir sehen. Doch der Gedanke, dass Sie etwas wissen müssen, was andere nicht wissen, ist keineswegs neu. So ziemlich jeder, der einmal einen Investment-Grundkurs am College besucht hat, hat das gelernt – aber die meisten Menschen haben es bequemerweise wieder vergessen.

Ohne die Frage zu beantworten – was wissen Sie, was andere nicht wissen? –, ist es sinnlos, mit dem Ziel zu investieren, so gut wie der Markt abzuschneiden oder ihn zu schlagen. Lassen Sie es mich anders formulieren: Die Märkte sind ziemlich effizient darin, alle derzeit bekannten Informationen in die aktuellen Kurse einzupreisen. Diese Aussage ist nicht neu. Sie ist ein etablierter Grundpfeiler der Finanztheorie und wurde im Laufe der Jahrzehnte immer wieder bestätigt. Wenn Sie Ihre Anlageentscheidungen auf Grundlage derselben Informationen treffen, über die auch andere verfügen oder zu denen sie Zugang haben, werden Sie wahrscheinlich schlechter abschneiden, als wenn Sie einfach passiv geblieben wären und gar nichts unternommen hätten. Wenn Sie versuchen, vorherzusehen, wohin sich der Markt entwickelt, welche Sektoren besser und welche schlechter abschneiden werden oder welche Aktie Sie kaufen sollten – und zwar auf Grundlage dessen, was Sie online gelesen, in den sozialen Medien gesehen oder mit Freunden und Gleichgesinnten besprochen haben –, dann werden Sie, egal wie klug oder gut ausgebildet Sie sind, manchmal richtigliegen, Glück haben oder beides. Häufiger aber werden Sie falschliegen und insgesamt schlechter abschneiden, als wenn Sie überhaupt keine Trades oder Transaktionen getätigt hätten. Glück ist ebenso wenig eine Strategie wie Hoffnung. In das zu investieren, was alle wissen, sehen oder besprechen, ist eine Strategie, die zu schlechten Anlageergebnissen führt.

Vielleicht hören Sie das nicht gern. Aber ich habe Ihnen ja bereits gesagt, dass ich nicht weiß, wie ich diese Binsenweisheit in eine einzige Frage fassen kann, die Ihnen tatsächlich nützt. Was ich Ihnen jedoch zeigen kann: wie Sie Dinge erkennen, die andere nicht wissen.

Umfrage zur vollkommenen Wahrheit

Warum ist es so wichtig, etwas zu wissen, was andere nicht wissen? Finanzmärkte preisen allgemein bekannte Informationen ein: Alles, was allgemein bekannt ist oder diskutiert wird, spiegelt sich schneller in den Wertpapierkursen wider, als wir „kaufen" sagen können.

Stellen Sie sich vor, jemand könnte eine wirklich verlässliche Umfrage unter allen Anlegern der Welt durchführen. (Ja, ja, ich weiß, dass politische Umfragen in den letzten Jahren enorme blinde Flecken offenbart haben – nutzen Sie Ihre Vorstellungskraft.) Sie würde jeden denkbaren Anlegertyp im richtigen Verhältnis abbilden. Institutionelle und Privatanleger. Growth- und Value-Fans. Small-Cap- und Large-Cap-Anleger. Anleger mit Auslands- und Inlandsschwerpunkt. Devisenhändler und Kryptowährungsfanatiker. Meme-Aktien-Trendjäger und Pennystock-Träumer. Staatsanleihen, Unternehmensanleihen, was auch immer. Alles, was man sich vorstellen kann. Angenommen, die Meinungsforscher würden die Stichprobe befragen und der Konsens lautete, dass der Markt im nächsten Monat steigen würde – und zwar kräftig. Könnte das sein?

Nein.

Wenn alle der Meinung wären, dass der Markt im nächsten Monat steigt, würde jeder, der über Kaufkraft verfügt und bei klarem Verstand ist, vorher kaufen. Der Markt könnte vor dem nächsten Monat steigen, aber nur ein Idiot würde bis zum nächsten Monat warten, um zu kaufen. Daher gäbe es im nächsten Monat keine weitere Kaufkraft mehr, die die Aktienkurse nach oben treiben könnte. Der Markt könnte fallen. Er könnte seitwärts laufen. Aber stark steigen könnte er nicht. Das ist zwar stark vereinfacht, aber ein gutes Beispiel dafür, dass alles, worüber wir uns einig sind, in ausreichend liquiden Märkten bereits eingepreist ist, bevor wir es überhaupt aussprechen können – und deshalb so nicht mehr eintreten kann. Da Anleger in der Regel eifrig nach Informationen suchen, haben sich die Informationen, zu denen sie Zugang haben, durch ihre Entscheidungen bereits in den

Märkten niedergeschlagen. Denken Sie daran, wie schnell sich der Kurs einer Aktie nach Veröffentlichung der Geschäftszahlen bewegt. Noch bevor Sie die Ergebnisse überflogen und sich eine grobe Meinung gebildet haben, haben vorprogrammierte Algorithmen auf Grundlage derselben Schlussfolgerung bereits gehandelt. Sobald Informationen auftauchen, werden sie eingepreist.

Es ist also nicht das, was wir alle erwarten, was die Märkte am stärksten bewegt. Es sind *die* Überraschungen – Dinge, die zuvor nur wenige überhaupt erahnt haben.

Anders gesagt: Sie mögen klüger, weiser oder besser geschult sein als andere Anleger, aber die Finanztheorie sagt, dass das nicht reicht. Ganz gleich, für wie klug Sie sich halten – es ist töricht zu glauben, Klugheit oder bessere Ausbildung allein genügten, um andere Anleger auf Grundlage allgemein verfügbarer Nachrichten und Informationen zu schlagen. Ziel dieses Buches ist es, Ihnen zu zeigen, wie Sie Dinge aufspüren, die Sie erkennen können – andere aber nicht.

Investieren, weil man weiß, was andere nicht wissen

Investieren ist ein schwieriges, lebenslanges Unterfangen. Es reicht nicht, die Fragen einfach nur zu kennen. Man muss auch wissen, was sie wirklich bedeuten und wie man sie anwendet. Und dann muss man sie tatsächlich diszipliniert und konsequent anwenden. Immer und immer wieder! Die Drei Fragen sind kein Handwerk und keine einfache Liste nach dem Muster „Drei Schritte zum Reichtum“. Sie sind auch keine To-do-Liste nach dem Motto „Investieren leicht gemacht“, mit der man den Markt schlägt. Wenn es so etwas gäbe, würde ich dieses Buch nicht schreiben. Und Sie würden es nicht lesen. Stattdessen würde ich das Ganze in einer einzigen Kolumne unterbringen, aus der Sie alles mitnehmen könnten, was Sie wirklich wissen müssen. Danach würden Sie losziehen und im Handumdrehen unvorstellbar reich werden. Vielleicht würden Sie sich Ihr eigenes

Footballteam oder eine tropische Insel kaufen. Aber nein, das ist kein „Investieren leicht gemacht“. Es ist vielmehr Investieren, weil man weiß, was andere nicht wissen.

Wenn Sie lernen, die Drei Fragen zu nutzen, können Sie anfangen, bessere Anlageentscheidungen zu treffen. Und das sollte Ihnen einen Vorteil gegenüber anderen Anlegern verschaffen.

Denken wir einmal über sie nach – über diese anderen Anleger.

Investieren ist kein Handwerk

Sie wissen, dass manche Leute keine Ahnung haben. Mit ihnen zu konkurrieren, macht Ihnen keine Angst. Aber wie wollen Sie mit ernst zu nehmenden Profis konkurrieren, die gründlich ausgebildet, ausgesprochen klug und sehr erfahren sind? Die gute Nachricht ist: Meiner Beobachtung nach erzielen selbst die meisten Profis langfristig keine wesentlich besseren Ergebnisse als durchschnittliche Amateuranleger. Warum? Weil sie zwar gelernt haben, dass sie etwas wissen müssen, was andere nicht wissen, es aber entweder vergessen oder einfach ignorieren. Sie haben es nicht verinnerlicht.

Typische Anleger klammern sich an die falsche Vorstellung, Investieren sei ein Handwerk – wie die Arbeit eines Tischlers oder eines Arztes. Sie behandeln das Investieren nicht als wissenschaftlichen Untersuchungsprozess. Genau das aber werde ich Ihnen beibringen. Sehen Sie sich stattdessen an, wie diese Anleger vorgehen. Vielleicht haben sie ein paar bevorzugte Informationsquellen – CNBC, einige Nachrichtenseiten, einige Blogs, YouTube-Feeds und/oder den Newsletter ihres aktuellen Gurus. Vielleicht haben sie eine Software, die Kursmuster verfolgt. Möglicherweise halten sie sich auch an bestimmte Regeln – Momentum-Investing, bei kurzfristigen Kursrückgängen kaufen, bei schlechten Nachrichten kaufen. Sie suchen nach Hinweisen oder Signalen zum Kaufen oder Verkaufen. Womöglich warten sie darauf, dass der S&P 500 und der Nasdaq bestimmte Marken erreichen, und kaufen oder verkaufen dann entsprechend – oder geraten einfach allgemein in Panik. Sie beobachten gleitende 90-Tage-Durchschnitte (Moving Averages) und den VIX (Volatilitätsindex des S&P 500) oder einen anderen vermeintlich prädiktiven Marktindikator. (Der VIX ist übrigens ein statistisch nachweisbar wertloser Prognoseindikator – doch viele Menschen verwenden ihn täglich und wenden damit eine nutzlose Mythologie an, die mehr Geld kostet, als sie einbringt.) Sie glauben, Investieren sei eine handwerkliche Fähigkeit, die sie durch Übung mit der Zeit weiter verfeinern können. Sie glauben, wahre Meister ihres Fachs müssten dadurch zwangsläufig auch bessere Anleger sein.

Anleger ordnen sich selbst Kategorien zu und entwickeln entsprechend unterschiedliche handwerkliche Fertigkeiten. Der angehende Value-Anleger entwickelt ein etwas anderes Instrumentarium als der angehende Growth-Anleger. Dasselbe gilt für Small-Cap-Fans im Vergleich zu Large-Cap-Fans. Oder für Anleger mit Auslands- im Vergleich zu Inlandsschwerpunkt. Bei der Arbeit eines Tischlers funktioniert das perfekt. Jeder kann die Grundlagen der Tischlerei lernen, auch wenn manche Menschen dafür begabter sind als andere. Bei der Arbeit eines Arztes funktioniert es ebenfalls gut, wenn man klug genug ist. Das gilt auch für die meisten Sportarten, denn auch dort kommt es auf erlernbare Fertigkeiten an. Aber auch hier sind manche Menschen in bestimmten Sportarten von Natur aus besser als andere. Buchhaltung, Zahnmedizin, Rechtswissenschaften, Ingenieurwesen und vieles mehr – all das sind erlernbare Handwerke, die jedoch je nach Bereich unterschiedlich viel Zeitaufwand und verschiedene körperliche oder geistige Fähigkeiten erfordern.

Wir wissen, dass man ein Handwerk lernen kann, weil es unzählige Menschen gibt, die nach angemessener Ausbildung und Lehre – beides ist für ein Handwerk notwendig – handwerkliche Tätigkeiten in großer Zahl und innerhalb akzeptabler, vorhersehbarer Bandbreiten ausüben.

Dass man einen angehenden Wirtschaftsprüfer so ausbilden kann, dass er eine Abschlussprüfung nach anerkannten Standards durchführt, ist ein Musterbeispiel für handwerklich erlernbare Berufspraxis. Aber nur wenige Menschen schlagen den Markt, egal ob Amateure oder Profis. Verdammt wenige! Ein Handwerk zu erlernen, reicht also offensichtlich nicht aus, um das zu schaffen. Handwerkliches Können genügt nicht, um den Markt zu schlagen.

Die Finanztheorie sagt, dass Investieren auch gar kein Handwerk sein kann – handwerkliches Können hilft Ihnen hier nicht weiter. Stattdessen müssen Sie etwas wissen, was andere nicht wissen. Das mag bei Amateuren erklären, warum sie den Markt nicht schlagen. Aber was ist mit den Profis? Immerhin gibt es Ausbildungs- und Zulassungsvoraussetzungen, die Fachleute erfüllen müssen, um Kunden rechtlich beraten zu dürfen. Studierende und Doktoranden im Bereich Finanzwirtschaft mit Schwerpunkt Investment verbringen Jahre damit, die Märkte zu studieren. Sie lernen, Unternehmensbilanzen zu analysieren. Sie lernen, Risiken und erwartete Renditen zu berechnen – allerdings mit allgemein bekannten Analysewerkzeugen wie Sharpe-Ratios, R-Quadrat und CAPM. Und trotz alledem schlagen sie den Markt nicht häufiger als Menschen ohne Doktortitel.

Nach jahrelangem Studium entscheiden sich einige junge angehende Profis klugerweise für eine Lehre bei einem etablierten Investor. Unter Anleitung ihres ausgewählten Meisters lernen sie in der Regel ein Handwerk – so wie früher ein Schmiedelehrling. Manche Schmiede wurden Generalisten, andere Spezialisten, die nur Waffen wie Schwerter und Speere herstellten, wieder andere fertigten Pferdegeschirr und Pflugscharen. Und heute gilt: Nennen Sie einen beliebigen Anlagestil – er hat seine Anhänger, die der Schule, in der sie ihre Lehrjahre verbracht haben, geradezu apostolisch ergeben sind. Ausgestattet mit Abschlüssen, Zertifikaten und praktischer Ausbildung, ziehen professionelle Anleger hinaus in die weite Finanzwelt – und bleiben dennoch überwiegend hinter den Märkten zurück.

Meist beginnen sie dort, wo der Einstieg am einfachsten ist – so wie ich vor Jahrzehnten begonnen habe: mit der Beratung von Privatkunden. Das sind dann Ihre Börsenmakler, Finanzplaner und Verkäufer von Versicherungs- und Rentenprodukten. Einige geben eigene Prognosen und Handlungsempfehlungen ab, doch diejenigen, die für namhafte Häuser arbeiten, übernehmen in der Regel brav die Prognosen ihres Unternehmens. Für das Unternehmen ist das natürlich sinnvoll, denn nur so können diese größeren Institutionen zumindest den Anschein wahren, ihre riesige Mitarbeiterschaft unter Kontrolle zu haben. Große Unternehmen stellen einige wenige Leute mit äußerst renommierten Abschlüssen und umfassender Berufserfahrung ein, die sich für Rollen wie *Chefökonom* oder *Chefmarktstratege* gut machen – und deren Hauptaufgabe darin besteht, Prognosen zu erstellen. Branchenanalysten geben dann Prognosen in ihren jeweiligen Erfahrungs- und Ausbildungsbereichen ab. Die Kunden dieser illustren Häuser, private ebenso wie institutionelle, profitieren also nicht nur von Ausbildung und Erfahrung ihres persönlichen Brokers, sondern auch von den gelehrten, fest etablierten Branchengrößen, die in größeren Zusammenhängen denken und bei Bedarf professionell nervös werden.

Warum also bleiben trotz all des Wissens, der Fachkompetenz und der Kampferfahrung da draußen weitaus mehr professionelle Anleger hinter den Märkten zurück, als dass sie sie schlagen? Das sind kluge Leute. Viele von ihnen sind sehr klug. Ganz sicher klüger als ich. Sie sind wahrscheinlich auch ziemlich klug. Oder etwa nicht? Vielleicht sind Sie sogar viel klüger als ich. Aber das macht keinen Unterschied, wenn es darum geht, ob Sie als Anleger besser abschneiden können als ich. Intelligenz und Ausbildung sind gut – daran ist nichts auszusetzen. Ein Doktortitel ist gut. Aber sie reichen nicht aus. Und sie sind auch nicht notwendig. Sie müssen etwas wissen, was andere nicht wissen. Dann können Sie – mit diesem zusätzlichen Wissen – besser abschneiden als Menschen, die intelligenter sind als Sie.

Weil es kein Handwerk ist ...

Die Antwort auf die Frage, wie Sie Ihre Fehlerquote senken, liegt nicht darin, ein Handwerk zu perfektionieren, sondern darin, etwas zu wissen, was andere nicht wissen.

Weiteres akademisches Studium wird es nicht bringen. Selbst der gelehrteste promovierte Finanzwissenschaftler weiß, dass freie Märkte zumindest ziemlich effizient sind – auch wenn sich die Fachleute nicht darüber einig sind, wie effizient genau. Das Bestehen von Series-6-, Series-7- oder Series-65-Prüfungen – oder der Erwerb einer CFA- oder CIMA-Zertifizierung – wird es nicht bringen. Verstehen Sie mich nicht falsch. Das alles ist in Ordnung. Ich will es nicht schlechtreden. Aber dabei beschäftigt man sich mit Informationen, über die auch Millionen andere Menschen verfügen. Die Medien verbreiten sie weltweit und bauschen all das auf, was bekannt und deshalb bereits eingepreist ist. Und wenn dort tatsächlich etwas stünde, was alle anderen nicht wissen, und es Ihnen über die Medien mitgeteilt würde, wüssten es augenblicklich alle anderen auch. Die neue Information wäre wahrscheinlich fast sofort eingepreist – und damit wertlos! (Ich werde Ihnen später zeigen, woran man eine Ausnahme davon erkennt.)

Sie können technische Analyse studieren und eine Software kaufen, die Kursbewegungsmuster erkennt. Das wird Ihnen nicht helfen! Sie können Fundamentalanalyse studieren und sich fest vornehmen, nur dann zu kaufen, wenn das Kurs-Gewinn-Verhältnis ein bestimmtes Niveau erreicht, und nur dann zu verkaufen, wenn es ein anderes erreicht. Wird Ihnen nicht helfen! Sie können jemanden damit beauftragen, der die längste Reihe an Berufs- und Zertifizierungsbezeichnungen hinter seinem Namen führt. Aber langfristig werden Sie den Markt nicht schlagen, wenn Sie das Investieren wie ein Handwerk behandeln.

Nun, ganz stimmt das nicht. Wenn genug Leute all diese Dinge ausprobieren, werden ein paar ganz wenige durch pures Glück Erfolg haben. Genauso wird man jemanden finden, der 50-mal hintereinander

Kopf wirft, wenn nur genug Leute antreten, um Münzen zu werfen. Aber das ist ein Zufallstreffer. Und wahrscheinlich sind Sie nicht dieser Jemand. Es ist auch keine Grundlage fürs Investieren oder dafür, die Märkte zu schlagen. Darauf können Sie sich verlassen.

Wenn Investieren ein Handwerk wäre, hätte sich irgendeine Form dieses Handwerks – oder sogar eine Kombination verschiedener Handwerke – dem Markt gegenüber längst als überlegen erwiesen. Irgendwo hätte jemand die richtige Kombination gefunden, um die Märkte immer wieder zu schlagen. Die richtige Formel, ganz gleich, wie kompliziert sie auch sein mag!

Wenn Investieren ein Handwerk wäre, das über sehr lange Zeiträume funktioniert, müsste eine bestimmte Methode längst eine ganze Gefolgschaft hervorgebracht haben – Anleger also, die langfristig besser abschneiden als diejenigen, die widersprechenden Ansätzen folgen. Doch dafür gibt es keine Belege. Wenn Investieren ein Handwerk wäre, hätten die Jahrzehnte nicht Tausende von Investmentbüchern hervorgebracht, die einander weitgehend widersprechende Methoden lehren – mit Gurus, Experten und Seminaren, die gegensätzliche Strategien anpreisen. Es gäbe allenfalls wenige unterschiedliche Strategien. Es gäbe Wiederholbarkeit und Konsistenz. Investieren wäre erlernbar wie die Arbeit eines Tischlers, eines Maurers oder eines Arztes. Andere könnten es Ihnen beibringen. Und Sie könnten diese Fertigkeit wirksam weitergeben. Es gäbe nicht so viele Misserfolge. Und Sie hätten dieses Buch nicht gekauft, weil alles, was ich dazu sagen könnte, längst überholt wäre.

Für mich ist das alles Latein – als Anleger muss man anfangen, wie ein Wissenschaftler zu denken

Als ich ein Kind war, musste man Latein oder Griechisch belegen, wenn man Wissenschaftler werden wollte. Ich war im Allgemeinen ein guter Schüler und lernte Latein – nicht, weil ich Wissenschaftler werden wollte – das wollte ich nicht –, sondern weil ich den Nutzen meiner anderen Optionen, Spanisch oder Französisch, nicht erkennen konnte. Da niemand Latein spricht, habe ich fast alles danach wieder vergessen, bis auf die Lebensweisheiten, an denen das Latein so reich ist – zum Beispiel die, dass Caesar sich dadurch auszeichnete, dass er seine Truppen an der Spitze führte, statt sie – wie die meisten Generäle damals wie heute – von hinten zu kommandieren. Das ist vielleicht die wichtigste einzelne Lektion in Sachen Führung. (Darüber schreibe ich ausführlicher in meinem 2008 erschienenen Buch „The Ten Roads to Riches".)

Eine weitere Lektion: Das englische Wort „science", also Wissenschaft, leitet sich vom lateinischen „scio" ab – wissen, verstehen, wissen, wie etwas zu tun ist. Jeder Wissenschaftler wird Ihnen sagen, dass Wissenschaft kein Handwerk ist, sondern eine nie endende Suche nach Erkenntnis. Wissenschaftler sind nicht eines Tages aufgewacht und haben beschlossen, eine Gleichung aufzustellen, die die Kraft beschreibt, die auf alle irdischen Körper wirkt. Stattdessen stellte Newton zunächst eine einfache Frage: „Was zum Teufel bringt Dinge dazu, herunterzufallen?" Galileo wurde nicht exkommuniziert, weil er Aristoteles zustimmte. Er fragte: „Was wäre, wenn die Himmelskörper gar nicht so funktionieren, wie alle behaupten? Wäre das nicht verrückt?"

Die meisten von uns würden die größten Wissenschaftler aller Zeiten, wenn wir ihnen persönlich begegnen könnten, vielleicht für verrückt halten. Mein Freund Stephen Sillett, Pflanzenbiologe und heute führender Experte für Küstenmammutbäume, hat die Sicht der Wissenschaft auf alte Küstenmammutbäume und auf Bäume im Allgemeinen verändert: Er schoss Pfeile, an denen Angelschnüre befestigt waren, über die Wipfel der mehr als 100 Meter hohen Riesen, band daran eine stärkere Leine und zog sie nach, dann kletterte er bis in die Baumkronen hinauf. Dort oben fand er Lebensformen und Strukturen, von deren Existenz niemand wusste. An diesen Seilen rund 100 Meter über festem Boden zu hängen, ist verrückt. Verrückt! Aber er stellte die Fragen: Was, wenn es ganz oben in stehenden Bäumen Dinge gibt, die nicht mehr da sind, sobald man sie fällt? Und wenn es sie gibt – sagt uns das etwas über diese Bäume? Dabei entdeckte er vieles, von dessen Existenz zuvor niemand wusste.

Warum erzähle ich Ihnen das? Weil das meiste, was es über das Investieren zu wissen gibt, noch nicht existiert. Nur wissenschaftliches Fragen und Entdecken kann es ans Licht bringen. Es steht in keinem Buch, und es ist kein abgeschlossener Wissensbestand. Wir wissen es einfach noch nicht. Wir wissen heute zwar mehr über die Funktionsweise der Kapitalmärkte als vor 50 Jahren, aber nur wenig im Vergleich zu dem, was wir in 10, 30 und 50 Jahren wissen können. Deshalb aktualisiere ich dieses Buch ständig, sobald ich neues Wissen gesammelt habe! Entgegen dem, was Kommentatoren und Profis Ihnen weismachen wollen, ist die Erforschung der Kapitalmärkte sowohl eine Kunst als auch eine Wissenschaft – eine Wissenschaft, in der sich Theorien und Formeln ständig weiterentwickeln und immer wieder ergänzt und angepasst werden. Wir stehen am Anfang eines Prozesses des Forschens und Entdeckens, nicht am Ende. Der wissenschaftliche Aspekt steckt noch in den Kinderschuhen.

Wissenschaftliches Forschen eröffnet neue Chancen, denn wir lernen Schritt für Schritt mehr darüber, wie Märkte funktionieren, als wir früher je für möglich gehalten hätten. Mehr noch: Heute kann jeder Erkenntnisse gewinnen, über die noch niemand verfügt – die aber in wenigen Jahrzehnten zum Allgemeinwissen gehören werden. Neues Wissen darüber aufzubauen, wie Kapitalmärkte funktionieren, ist Aufgabe jedes Einzelnen, ob Sie das akzeptieren oder nicht. Sie sind Teil dieses Prozesses, ob Sie wollen oder nicht. Wenn Sie sich bewusst darauf einlassen, können Sie Dinge wissen, die andere nicht wissen – Dinge, die selbst Finanzprofessoren noch nicht wissen. Dafür müssen Sie weder Finanzprofessor sein noch irgendeinen Hintergrund im Finanzbereich haben. Um Dinge zu wissen, die andere nicht wissen, müssen Sie nur wie ein Wissenschaftler denken. Denken Sie unvoreingenommen. Seien Sie neugierig. Seien Sie offen.

Wenn Sie wie ein Wissenschaftler vorgehen, sollten Sie das Investieren nicht nach einem festen Regelwerk betreiben, sondern mit offenem, forschendem Geist. Wie jeder gute Wissenschaftler müssen Sie lernen, Fragen zu stellen. Ihre Fragen helfen Ihnen, Hypothesen zu entwickeln, deren Tragfähigkeit Sie anschließend prüfen können. Wenn Sie im Laufe Ihrer wissenschaftlichen Untersuchung keine überzeugenden Antworten auf Ihre Fragen erhalten, ist es besser, passiv zu bleiben, als durch Handeln einen Fehler zu begehen. Aber einfach nur Fragen zu stellen, wird Ihnen für sich genommen auch nicht helfen, die Märkte zu schlagen. Es müssen die richtigen Fragen sein – Fragen, die zu verwertbaren Informationen führen.

Seit 2023 – und bis zur Veröffentlichung dieser dritten Auflage – scheint KI das große Thema in unserem kulturellen Diskurs über die wirtschaftliche Zukunft und über sogenannte Information zu sein. Ich werde Ihre Zeit nicht damit verschwenden, Sie dazu auf den neuesten Stand zu bringen. Doch denken Sie kurz darüber nach. Dieses Buch sagt in seiner überarbeiteten Fassung wenig über KI aus. Warum? Weil Sie etwas wissen müssen, was andere nicht wissen. Und KI – so wunderbar sie ist – weiß nichts, was andere nicht auch wissen. Es gibt wunderbare Programme, denen man Fragen stellen und die Antworten liefern. Und das finde ich großartig. Aber ob ChatGPT, Google Assistant, Copilot, Gemini, Character AI oder das von mir häufig genutzte Perplexity – sie alle können Ihnen nichts weiter sagen als das, was bereits bekannt ist.

Das ist großartig! Wenn man Fragen stellt, möchte man keine Zeit damit verschwenden, sich zu fragen, ob die Antworten nicht ohnehin allen zugänglich sind. Warum? Wenn sie das sind, wissen es längst zu viele, als dass Ihnen die Antwort auf diese Frage noch einen Vorteil an der Börse verschaffen könnte. Ich liebe KI. Vielleicht wird sie eines Tages kreativ werden und auf wissenschaftlichem Weg neue Erkenntnisse gewinnen. Doch im Moment ist sie das nicht. Derzeit ist sie lediglich generativ: Sie aggregiert bereits Bekanntes und bringt es in einen schlüssigen Zusammenhang. Das ist großartig. Aber es reicht nicht aus, damit Sie besser investieren als der Durchschnitt. Es verändert weder den Aktienmarkt noch die Kapitalmärkte insgesamt. Und die einzige Möglichkeit, den Markt zu schlagen, besteht darin, Transaktionen ausschließlich auf Wissen zu stützen, über das andere nicht verfügen. Dazu müssen Sie Fragen stellen, die Sie genau dorthin führen. Wenn Sie KI-Systemen die einzigen Drei Fragen stellen, auf die es nach wie vor ankommt – eine sehr aufschlussreiche Übung –, erhalten Sie als Antwort kaum mehr als Kauderwelsch. Warum? Die Drei Fragen gehen über das Bekannte hinaus und führen Sie ins Unbekannte. Anders als KI bringen die drei Fragen Sie zurück in die Zukunft. Und genau das brauchen Sie. Daher sagt dieses Buch so gut wie nichts über KI aus.

Was sind also die richtigen Fragen?

Die einzigen Drei Fragen, auf die es ankommt

Erstens brauchen wir eine Frage, die uns dort hilft, wo wir falsch sehen. Zweitens brauchen wir eine Frage, die uns dort etwas erkennen lässt, wo wir überhaupt nichts sehen. Drittens brauchen wir eine Frage, die uns hilft, die Wirklichkeit zu erfassen, wenn unsere Augen und unsere Intuition dafür völlig ungeeignete Werkzeuge sind.

Für unsere erste Frage müssen wir erkennen, wo wir selbst falschliegen. Die Frage lautet: Was glaube ich, das in Wirklichkeit falsch ist? Hinweis: Was Sie glauben, glauben wahrscheinlich auch die meisten anderen. In Kapitel 1 werde ich diese Frage ausführlich behandeln. Aber wenn Sie und ich etwas für wahr halten, dann tun das wahrscheinlich auch die meisten anderen. Ist das der Fall, können wir vorhersehen, wie sie handeln und denken – und wir lernen, diese Überzeugungen bisweilen zu umgehen, weil der Markt sie und ihre falschen Wahrheiten einpreist.

Angenommen, Sie glauben, Faktor X führe zu Ergebnis Y. Die meisten Menschen glauben das ebenfalls, und wir können überprüfen, dass dem so ist. Wenn Sie nun sehen, dass X eintritt, wissen Sie, dass die

Menschen davon ausgehen werden, dass Y folgt. Angenommen aber, Sie können beweisen, dass X in Wirklichkeit überhaupt nicht zu Y führt. Dann verfügen Sie über verwertbare Informationen. Sie können sich gegen das Eintreten von Y positionieren, während alle anderen damit rechnen. Sie können die Masse schlagen, weil Sie etwas wissen, was andere nicht wissen. Ich werde Ihnen zeigen, wie das geht.

Zweite Frage: Was kann ich begreifen, was andere für unbegreiflich halten? Hier brauchen wir einen Untersuchungsprozess, der es uns ermöglicht, über Dinge nachzudenken, von denen die meisten Menschen annehmen, dass man über sie überhaupt nicht nachdenken kann. Oder an die sie noch nie auch nur zu denken versucht haben! Genau das machte Edison und Einstein so erfolgreich – und zugleich so seltsam. Sie konnten darüber nachdenken, wie man über das Undenkbare nachdenkt. Überlegen Sie einmal, wie undenkbar das ist. Fast schon ketzerisch! Es ist erstaunlich viel einfacher, als die meisten Menschen annehmen – und es ist eine trainierbare Fähigkeit. Ich zeige Ihnen in Kapitel 2, wie das geht. Intuitiv wissen Sie: Wenn niemand weiß, was ein bestimmtes Ergebnis verursacht – nennen wir es Ergebnis Q –, und wir beweisen können, dass Faktor Z dieses Ergebnis Q verursacht, dann können wir uns jedes Mal, wenn wir Z sehen, für das Eintreten von Q positionieren, weil Q in den meisten Fällen folgen wird. Wir wissen etwas, was andere nicht wissen!

Kommen wir schließlich zu unserer dritten Frage: Was zum Teufel macht mein Gehirn, dass es mich in die Irre führt und auf den falschen Weg bringt? Dass es mich kalt erwischt? Anders gefragt: Wie kann ich meinem Gehirn einen Schritt voraus sein – diesem Gehirn, das mich meist nicht gerade klar über Märkte nachdenken lässt? Das gehört in den Bereich der Verhaltenspsychologie. Eines können Sie erkennen, das niemand sonst erkennen kann: wie Ihr eigenes Gehirn funktioniert – was es mit Blick auf Märkte gut kann, was es schlecht kann und wie Sie sich so umprogrammieren können, dass Sie Ihr Gehirn nicht ausgerechnet so einsetzen, wie es für Märkte am schlechtesten funktioniert.

Nur wenige Anleger haben sich ernsthaft damit befasst, wie ihr eigenes Gehirn funktioniert. Die meisten konzentrieren sich auf ihr Handwerk, nicht auf die Schwachstellen im eigenen Denken. (Anmerkung: Ein Handwerker würde darüber überhaupt nicht nachdenken. Er müsste es auch nicht.) Sie können lernen, wie Ihr Gehirn gegen Sie arbeitet – und das verschafft Ihnen etwas nahezu Einzigartiges, denn Ihr Gehirn funktioniert teils wie das anderer Menschen und teils auf ganz eigene Weise. Kapitel 3 erklärt dieses Thema in sehr einfachen Lektionen.

Von da an geht es im Rest des Buches schlicht darum, die Drei Fragen auf unterschiedliche Weise praktisch anzuwenden. Wir sehen uns an, wie man die Drei Fragen nutzen kann, um über den Gesamtmarkt, verschiedene Marktsegmente und sogar einzelne Aktien nachzudenken. Wir wenden sie auf Zinsen und Währungen an. Wir betrachten viele Dinge, die ich im Laufe der Jahre mithilfe der Drei Fragen herausgefunden habe. Wir sprechen aber auch Bereiche an, die ich noch nicht vollständig durchdrungen habe – denn es gibt noch viel herauszufinden. Vielleicht sind Sie die Person, die diese Dinge in den kommenden Jahren entschlüsselt. Wir können nicht überall alles abdecken – und das ist auch nicht notwendig.

Ich werde viele faktische Aussagen treffen, die Sie noch nie gehört haben oder die für Sie schlicht falsch, irre und verrückt klingen. Zu diesen Schlussfolgerungen bin ich mithilfe der Drei Fragen gekommen, und ich werde Ihnen in jedem einzelnen Fall zeigen, wie. Sie können mir trotzdem widersprechen. Das ist in Ordnung. Aber wenn Sie lernen, wie man die Drei Fragen anwendet, und sich mit einem beliebigen Bereich näher beschäftigen möchten – auch mit diesen –, können Sie das später selbst tun. Für immer! Sie können die Drei Fragen nutzen, um mir zu zeigen, wo ich falschlag und Fehler gemacht habe. Das würde mich freuen. Schreiben Sie mir gern und zeigen Sie mir mit Belegen und mithilfe der Drei Fragen, wo ich mich irre.

Was wir noch nicht wissen, bietet unendlich viele Möglichkeiten, Neues zu entdecken. Sie müssen nicht alles wissen. Sie müssen nur einiges wissen, was andere nicht wissen. Die Drei Fragen können Sie befähigen, Ihr Leben lang Dinge zu wissen, die andere nicht wissen.

In dieser dritten Auflage habe ich viele Diagramme, Beispiele und große Teile des Textes aktualisiert, um die Ereignisse zu berücksichtigen, die sich zwischen der zweiten Auflage im Jahr 2011 und Anfang 2025 – dem Zeitpunkt, zu dem ich dies schreibe – zugetragen haben. Einige Diagramme habe ich unverändert gelassen, weil sie meine Argumentation gut veranschaulichen. Andere habe ich ersetzt, weil ich in den dazwischenliegenden Jahren eine bessere Möglichkeit gefunden habe, denselben Punkt deutlich zu machen. Außerdem habe ich an einigen Stellen Kommentare und einige neue Grafiken ergänzt. Und ich habe auch einige Anmerkungen zu meinen früheren Gedanken hinzugefügt.

Ein altes Sprichwort lautet: „Wenn ich mehr Zeit hätte, würde ich Ihnen einen kürzeren Brief schreiben." Bei der Überarbeitung dieser dritten Auflage habe ich an einigen Stellen gekürzt – an anderen jedoch ergänzt. Vielleicht finde ich in der vierten Auflage tatsächlich die Zeit, das Buch zu kürzen. Andererseits habe ich bis dahin vielleicht eine mystische vierte Frage entdeckt, die tatsächlich den einfachen Weg offenbart, wie man etwas weiß, was andere nicht wissen. Man weiß nie.

Was mich bei der erneuten Lektüre am meisten erstaunt hat, war, wie wenig sich das Grundgerüst der Drei Fragen verändert hat. Und genau darum geht es. Mit der Zeit gewinnt man mehr Wissen, mehr Daten. Etwas, das einmal funktioniert hat, funktioniert irgendwann nicht mehr. Etwas, das überhaupt nicht funktioniert hat, wird relevanter. Die Welt bewegt sich, verändert sich und ist dynamisch – aber der grundlegende Prozess einer disziplinierten wissenschaftlichen Methode sollte sich nicht ändern. Deshalb sind es nach wie vor die Drei Fragen, auf die es ankommt – auch fast 20 Jahre nach Drucklegung der ersten Ausgabe.

Ken Fisher
Dallas, Texas

Danksagung

Ich hatte schon immer eine besondere Schwäche für ältere Investmentbücher. Doch nachdem ich inzwischen zahlreiche meiner eigenen Werke aktualisiert habe, verstehe ich, dass Leser aktualisierte Fassungen wünschen. Und ich halte es für wertvoll, ihnen zu sagen, dass sich dieser Prozess nicht nur früher bewährt hat – *er bewährt sich auch heute noch.*

Das ist heute vielleicht sogar noch wichtiger, wenn man bedenkt, wie turbulent die 14 Jahre zwischen der zweiten Auflage und heute waren. Ich werde nicht all die Ereignisse aufzählen, von denen Sie bereits wissen, dass sie diese Zeit so außergewöhnlich gemacht haben. Allein die Coronapandemie und die Lockdowns waren historisch bedeutsam. Aber auch die Investmentwelt hat sich radikal verändert. Die Handelskosten sind stark gesunken. Der Marktzugang für Privatpersonen ist einfacher denn je. Immer mehr Marktkommentatoren und ganz normale Anleger reden sich ein, Daten seien der Schlüssel, um die Märkte zu schlagen und erfolgreich zu investieren. Sie denken immer noch, als wäre Investieren ein Handwerk. Das ist es aber nicht.

Daher zählen die Drei Fragen in diesem Buch nicht einfach nur *nach wie vor.* Ich würde sogar behaupten, dass sie heute mehr zählen als je zuvor.

Ich habe vielen Menschen dafür zu danken, dass dieses Buch in seiner ersten, zweiten und dritten Auflage Wirklichkeit wurde.

Zunächst möchte ich Lara Hoffmans danken, deren Arbeit an der Originalfassung vor fast zwei Jahrzehnten – und an der zweiten Auflage fünf Jahre später – beispiellos war. Sie schuf die Grundlage, die diese Aktualisierung lohnenswert machte. Dank gebührt auch Jennifer Chou für ihre Unterstützung bei den Daten der Originalfassung.

Für diese dritte Auflage danke ich Elisabeth Dellinger und Todd Bliman herzlich. Die beiden haben gemeinsam an einem schwierigen Projekt mit engem Zeitplan gearbeitet und den aktualisierten Text verfasst, der einen Großteil dieser neuen Auflage prägt ... und das alles zusätzlich zu ihren laufenden Aufgaben in der Forschungsabteilung von Fisher Investments.

Die Datenaktualisierungen für diese dritte Auflage stammen von den Research-Spezialisten Jimmy Morris und Chris Lawrence sowie von Matt Schott, Analyst bei Fisher Investments. Ihre Sorgfalt, ihr Blick fürs Detail und ihre Fähigkeit, schnell umzusteuern, weiß ich sehr zu schätzen.

Die Mitglieder des Anlageausschusses von Fisher Investments – Aaron Anderson, William Glaser, Michael Hanson und Jeff Silk – treffen gemeinsam mit mir die Portfolioentscheidungen für die Kunden meines Unternehmens. Sie haben zwar nicht zu diesem Buch beigetragen, prägen aber zweifellos meine Sicht auf den Markt. CEO Damian Ornani leitet das Tagesgeschäft meines Unternehmens, das ohne die gemeinsame Arbeit dieser fünf herausragenden Herren nicht erfolgreich sein könnte.

Vielen Dank auch an mein hervorragendes Team bei John Wiley & Sons, an die leitende Redakteurin Stacey Rivera sowie an das übrige Team: Shridhar Viswanathan, Kim Wimpsett und Sophia Ho. Und vielen Dank an Jeff Herman, meinen großartigen Literaturagenten, der mich zu John Wiley & Sons gebracht hat.

Schließlich muss ich meiner Frau Sherrilyn danken, deren enorme Geduld und Liebe über all die Jahre unser gemeinsames Lebenswerk überhaupt erst möglich gemacht haben.

1

FRAGE EINS

Was halten Sie für wahr, obwohl es in Wirklichkeit falsch ist?

FRAGE EINS

1

Was halten Sie für wahr, obwohl es in Wirklichkeit falsch ist?

Wenn Sie wüssten, dass es falsch ist, würden Sie es nicht glauben

Davon kann man ausgehen: Wenn Sie wüssten, dass etwas falsch ist, würden Sie es gar nicht erst glauben. Aber in einer Welt, in der vieles von dem, was in der Investmentbranche als handwerkliche Praxis gilt, längst zu überlieferten Mythen geworden ist, ist auch vieles von dem falsch, was alle glauben. Das war früher nicht anders, als die Menschen noch glaubten, die Erde sei flach und das Aderlassen mit Blutegeln könne Krankheiten heilen.

Machen Sie sich keine Vorwürfe, wenn Sie falschen Mythen aufsitzen. Das passiert so ziemlich jedem. Akzeptieren Sie das, und Sie können anfangen, alle anderen erfolgreicher auszuspielen.

Wäre es einfach, falsche Mythen von Fakten zu unterscheiden, gäbe es nicht so viele falsche Wahrheiten. Doch auch wenn das nicht einfach ist, ist es nicht unmöglich. Es erfordert jedoch, all seinen bisherigen Überzeugungen skeptisch gegenüberzustehen – etwas, das die meisten Menschen nicht mögen. Die meisten Menschen hassen es, sich selbst infrage zu stellen, und verbringen ihre Zeit lieber damit, sich selbst (und andere) davon zu überzeugen, dass ihre Überzeugungen richtig sind. Letztlich kann man keiner Schlussfolgerung trauen, die man sicher zu kennen glaubte.

Um falschen Mythen auf den Grund zu gehen, müssen wir uns zunächst fragen: Warum glauben so viele Menschen an Dinge, die falsch sind? Und warum halten sich falsche Wahrheiten so hartnäckig – werden über Jahrzehnte weitergegeben, als wären sie Tatsachen? Es läuft immer auf denselben Punkt hinaus: Menschen halten beharrlich an falschen Vorstellungen fest, weil sie ihre eigenen Überzeugungen selten hinterfragen – insbesondere dann, wenn das, woran sie glauben, intuitiv einleuchtet; und erst recht, wenn ihre Mitmenschen zustimmend nicken.

Als Gesellschaft werden wir oft dazu ermutigt, die Ansichten anderer infrage zu stellen – etwa mit Aussagen wie: „Ich weiß, dass diese @&%$#! (setzen Sie hier wahlweise die Republikaner oder die Demokraten ein) völlig falsche Ansichten haben!“ Aber wir sind nicht darauf trainiert, uns selbst oder die grundlegende Natur des Universums infrage zu stellen – so, wie Einstein, Edison oder Newton es getan haben. Unser Instinkt ist es, Weisheiten zu akzeptieren, die uns von früheren Generationen, klügeren Menschen oder beiden überliefert wurden. Diese Überzeugungen müssen nicht überprüft werden, weil wir glauben, dass bestimmte Wahrheiten unsere Fähigkeit übersteigen, sie infrage zu stellen. Oft stimmt das auch. Ich meine: Wenn „die“ es nicht herausfinden können, wie soll ich es dann können?

Die Medizin ist dafür ein gutes Beispiel. Wir sind zu Recht darauf konditioniert, zum Arzt zu gehen, Symptome zu beschreiben, eine Diagnose zu erhalten und ein Rezept anzunehmen. Im Allgemeinen ist das eine sinnvolle Konditionierung, denn die Medizin zeigt, dass Wissenschaft und medizinische Praxis weitgehend parallel und harmonisch zusammenwirken. Nicht perfekt, denn auch unter Ärzten halten sich sicherlich manche Mythen. Aber im Großen und Ganzen funktioniert dieses Zusammenspiel: Wissenschaftliche Erkenntnisse verändern im Laufe der Zeit die medizinische Praxis – und dadurch verbessert sie sich. Weil es so viele Beispiele im Leben gibt, in denen unsere Konditionierung uns gute Dienste leistet, sind wir blind für die wenigen Bereiche, in denen das eben nicht der Fall ist – etwa die Kapitalmärkte.

Es gibt unzählige Überzeugungen, die Sie wahrscheinlich mit anderen Anlegern teilen. Diese Überzeugungen haben sich über Jahrzehnte in der Investmentliteratur etabliert und gehören zu den ersten Dingen, die Menschen lernen, wenn sie mit dem Investieren beginnen. Sie werden von den prominentesten Köpfen der Branche akzeptiert. Wer sind *Sie* also, dass Sie sie infrage stellen?

Genau die richtige Person!

Beispielsweise sind Anleger kategorisch davon überzeugt, dass ein Aktienmarkt mit hohem Kurs-Gewinn-Verhältnis (KGV) riskanter ist und weniger Aufwärtspotenzial bietet als ein Markt mit niedrigem KGV. Wenn man nur oberflächlich darüber nachdenkt, erscheint das wahrscheinlich plausibel. Ein hohes KGV bedeutet, dass eine Aktie (oder sogar der gesamte Markt) im Vergleich zum Gewinn hoch bewertet ist – sehr hoch. Entfernt man sich zu weit auf dieser Skala, könnte es so wirken, als bedeutete ein hohes KGV, dass eine Aktie stark überbewertet ist … und zwangsläufig fallen wird. Diese Überzeugung ist so weit verbreitet, erscheint so logisch und gilt seit so langer Zeit als Grundprinzip des Investierens, dass der Vorschlag, sie sei falsch, auf überwältigende Ablehnung, Spott und vielleicht sogar auf Unterstellungen stoßen würde, man sei moralisch irgendwie defizitär.

Doch ich habe vor mehr als 25 Jahren statistisch bewiesen, dass das KGV, egal wie hoch oder niedrig es ist, für sich genommen nichts über Marktrisiko oder Rendite aussagt. Lässt man die Statistik einmal beiseite, zeigt auch eine intensive Auseinandersetzung mit der Theorie (wie wir sie später vornehmen werden), dass das KGV ohnehin nichts über Risiko oder Rendite aussagen sollte. Aber sagt man das den Leuten – einschließlich der großen Mehrheit derjenigen, die entsprechend ausgebildet sind und es besser wissen sollten –, halten sie einen für verrückt, für einen echten Spinner.

Der Clou daran ist: Sobald wir akzeptieren, dass das KGV für sich genommen nichts über künftige Renditen aussagt, können wir davon profitieren, wenn die Leute in Panik geraten und sich vor dem vermeintlich zu hohen KGV des Marktes fürchten. Auf steigende Kurse zu setzen, während andere in Panik verfallen, hat sich während des langen Bullenmarktes der 2010er-Jahre immer wieder bewährt – bis hinein in die Zeit nach der Pandemie. Das funktioniert nicht immer, weil andere Faktoren den Markt nach unten drücken können (wir werden später darauf eingehen, wie man das besser erkennt), aber es funktioniert deutlich häufiger, als es scheitert. Wenn das KGV des Marktes niedrig ist und wir merken, dass die Menschen gerade deshalb optimistisch sind, können wir uns ebenfalls gegen diese Erwartung positionieren. Allerdings ist es auch falsch, rein mechanisch gegen die Masse zu setzen, wie ich in meinem 2015 erschienenen Buch „Kasse statt Masse" ausführlich darlege. Der Schlüssel liegt darin, die Wahrheit zu suchen und zu verstehen, statt sich von Mythen leiten zu lassen. Das ist grundlegend für den wissenschaftlichen Ansatz.

Viele falsche Mythen – wie der über das KGV – werden selbst von den besten und klügsten Köpfen weithin anerkannt und über alle Medienformen an das Anlegerpublikum weitergegeben. Niemand stellt sie infrage. Wir glauben an sie, wie fromme Menschen an religiöse Lehren glauben, und für sie braucht es keinen weiteren Beweis. Heilig! Sakrosankt! Niemand zweifelt diese Überzeugungen an. Niemand legt eine abweichende Analyse vor. Wer das tut, ist ein Heide. Und weil es keine abweichende Meinung gibt, sieht die Gesellschaft keine Notwendigkeit, diese angeblichen Binsenweisheiten des Investierens mit statistisch validen Daten zu belegen. Mythen leben weiter.

Wie kann es sein, dass so wenige Menschen handfeste Beweise für allgemein akzeptierte Anlageweisheiten verlangen? Warum werden Anlageentscheidungen nicht ebenso kritisch geprüft wie die Arbeit eines Automechanikers? Den Aussagen der Finanzbranche sollten wir mindestens ebenso skeptisch begegnen – wenn nicht sogar noch skeptischer. Wenn Sie an Ihrem bisherigen Erfolg (oder Misserfolg) beim Investieren etwas ändern wollen, sollten Sie skeptisch sein. Seien Sie zynisch. Seien Sie derjenige, der darauf hinweist, dass der Kaiser nackt ist. Schauen Sie sich um und beurteilen Sie, was Sie und Ihre Mitinvestoren als Wahrheit akzeptieren. Aber die wichtigste Person, der gegenüber Sie skeptisch sein sollten, sind Sie selbst.

Früher begegneten mir in den Medien immer wieder Aussagen, die ich für falsch hielt. Dann machte ich mich daran, sie unabhängig zu überprüfen, um meinen Standpunkt zu beweisen. (Menschen *lieben* es, sich zu beweisen, dass sie recht haben.) Ich sammelte Daten und führte statistische Analysen durch, um zu beweisen, dass diese Aussagen falsch waren und ich recht hatte; zu meiner Zufriedenheit konnte ich das ziemlich oft zeigen. (Es ist erstaunlich, wie oft Menschen zu ihrer eigenen Zufriedenheit beweisen können, dass sie recht haben – als Kläger, Richter, Geschworener und Henker in einer Person.) Später erkannte ich jedoch den Fehler in meiner Vorgehensweise. Ich hätte nach Behauptungen suchen sollen, die ich für *wahr* hielt ... und prüfen sollen, ob sie nicht in Wirklichkeit falsch waren.

Warum?

Wenn ich eine Behauptung für wahr halte, dann tun das wahrscheinlich auch viele andere, wenn nicht sogar die große Mehrheit der Anleger. Vielleicht sogar alle. Und wenn wir uns alle irren, liegt darin echtes Potenzial. Wenn ich beweisen kann, dass ich mich irre – und fast alle anderen ebenfalls –, dann habe ich eine nützliche Information gefunden. Ich kann mich bewusst gegen alle anderen positionieren. Ich verfüge dann über eine belegbare Form von Wissen, die andere nicht haben – etwas, das effiziente Märkte noch nicht vorab eingepreist haben.

Angenommen, ich glaube, dass Faktor X Ergebnis Y verursacht. Wenn ich das glaube, glauben es wahrscheinlich auch die meisten anderen. Wenn ich mich aber irre, irren sich auch fast alle anderen. Tritt X ein, werden sich die Menschen so positionieren, als würde Y folgen. Angenommen, ich erfahre nun, dass X gar nicht zu Y führt. Dann bedeutet das, dass etwas anderes Y verursacht. Das wiederum heißt: Nach dem Eintreten von X folgt Y zwar manchmal, aber nur zufällig; mit X selbst hat das nichts zu tun. Wenn nun X eintritt, werden sich die Menschen weiterhin so positionieren, als würde Y folgen. Ich aber kann mich darauf einstellen, dass Y nicht eintritt – und werde häufiger richtigliegen als falsch. (Wenn ich herausfinden kann, was Y tatsächlich verursacht, kann ich noch einen großen Schritt weitergehen. Doch diesen Schritt behandeln wir erst in Kapitel 2, bei Frage 2.)

Unser KGV-Beispiel zeigt das sehr gut. Angenommen, das KGV des Marktes steigt stark. Gewöhnliche Anleger bemerken das und kommen zu dem Schluss, dass das Risiko gestiegen und die künftige Rendite geringer ist. Also stellen sie sich auf fallende Kurse ein. Manchmal entwickeln sich Aktien tatsächlich nicht gut, doch in den meisten Fällen laufen sie einfach hervorragend, weil das KGV für sich genommen nichts über das Marktrisiko oder die Richtung des Marktes aussagt.

Wenn ich einen Markt mit hohem KGV sehe und zugleich die Angst davor wahrnehme, kann ich mich auf steigende Kurse einstellen. Manchmal funktioniert das nicht – etwa 2000 oder 2022. Häufiger aber funktioniert es, etwa 1996, 1997, 1998, 1999, 2003, 2009, in den meisten Jahren der späten 2010er-Jahre sowie 2021, 2023 und 2024. Ich erwarte nicht, dass Sie die Sache mit dem KGV im Moment glauben. Im Moment erwarte ich eher, dass Sie an die traditionelle KGV-Mythologie glauben und gar nicht besonders daran interessiert sind, sie zu hinterfragen. (Darauf kommen wir später noch ausführlich zu sprechen.) Verinnerlichen Sie vorerst einfach: Wenn Sie herausfinden, dass eine anerkannte Mythologie tatsächlich falsch ist, können Sie sich dagegen positionieren und häufiger gewinnen als verlieren.

Frage Eins anwenden

Eine gute Art, über erfolgreiches Investieren nachzudenken, ist diese: Es besteht zu zwei Dritteln darin, keine Fehler zu machen, und zu einem Drittel darin, etwas richtig zu machen. Hippokrates wird häufig der Satz „Zuerst einmal nicht schaden“ zugeschrieben, und das ist ein guter Investmentgrundsatz.

Um erst einmal keinen Schaden anzurichten, denken Sie über Ihre Überzeugungen nach und fragen Sie sich, ob sie richtig und sachlich zutreffend sind. Gehen Sie ruhig radikal vor. Hinterfragen Sie alles, was Sie zu wissen glauben. Die meisten Menschen tun das nur ungern, was Ihnen einen echten Vorteil verschafft. Wie es im Titel dieses Kapitels heißt, lautet die erste Frage: Was halten Sie für wahr, obwohl es in Wirklichkeit falsch ist?

Frage Eins hilft nur, wenn Sie ehrlich zu sich selbst sind. Gerade beim Investieren können sich viele Menschen schlicht nicht vorstellen, je falschzuliegen. Sie werden Ihnen erzählen, dass sie gut abschneiden, und reden sich das wahrscheinlich selbst ein – tatsächlich schneiden sie aber nicht gut ab. Sie lassen ihre Anlageergebnisse nie unabhängig und verlässlich prüfen. Akzeptieren Sie diese Wahrheit: Sie ebenso wie Marktkommentatoren und Finanzprofis, von denen Sie Informationen beziehen, können sich bei vielen grundlegenden Überzeugungen irren – und tun es wahrscheinlich auch. Ich auch!

Haben Sie sich jemals selbst eine solche Frage zu den Kapitalmärkten gestellt? Zu fragen, ob das, was Sie für wahr halten, in Wirklichkeit falsch ist, verlangt Selbstreflexion. Als Menschen sind wir zur Selbstüberschätzung veranlagt. Das ist nichts Neues. Verhaltensforscher argumentieren, dass unsere Vorfahren aus der Steinzeit übermäßig selbstsicher sein mussten, um jeden Tag riesige Tiere zu jagen – bewaffnet mit nichts weiter als Stöcken mit Steinspitzen. Hätten sie Selbstreflexion geübt und wären zu dem rationalen Schluss gekommen, dass es völliger Wahnsinn ist, einen Ast mit Feuersteinspitze auf einen Büffel zu werfen, wären sie, ihre Familien und ihre Gemeinschaften verhungert. Selbstüberschätzung – der Glaube, etwas erfolgreich tun zu können, obwohl die Vernunft etwas anderes nahelegt – ist in den meisten Bereichen grundlegend für menschlichen Erfolg und war notwendig für die erfolgreiche Evolution unserer Spezies. Im Zusammenhang mit den Kapitalmärkten ist sie jedoch äußerst schädlich. (Mehr dazu in Kapitel 3.)

Entsprechend scheuen sich Anleger, allgemein als gesichert anerkanntes Wissen infrage zu stellen. Würden wir damit anfangen, würden wir vielleicht schon bald erkennen, dass der Markt einzig dazu da ist, uns so gründlich wie möglich, so lange wie möglich und um so viel Geld wie möglich zu demütigen. Daher nenne ich den Markt bei seinem wahren Namen: „The Great Humiliator" (kurz TGH, zu Deutsch: „Der große Demütiger"). Ich habe mittlerweile akzeptiert, dass mein Ziel darin besteht, mit TGH umzugehen, ohne dabei allzu sehr gedemütigt zu werden.

TGH ist ein Demütiger, der niemanden diskriminiert: Ihm ist egal, ob Sie reich oder arm sind, schwarz oder weiß, groß oder klein, Mann oder Frau, Amateur oder Olympionike. Er will jeden demütigen – mich und Sie auch. Offen gesagt glaube ich, dass er mich noch lieber demütigen will als Sie. Sie zu demütigen macht ihm Spaß. Aber wenn das schon Spaß macht, dann macht es ihm noch mehr Spaß, mich zu demütigen. Ich bin (wahrscheinlich) bekannter als Sie und daher für TGH eine lohnendere Zielscheibe. Stellen Sie sich vor, wie gern TGH Warren Buffett demütigen würde! Je bekannter Sie sind, desto mehr hat TGH es auf Sie abgesehen. In Wirklichkeit aber will TGH jeden erwischen, und das gelingt ihm am Ende ziemlich gut. Er ist unersättlich!

Wie machen Sie persönlich TGH am meisten Spaß? Indem Sie auf Grundlage derselben Informationen handeln wie alle anderen. Wie verderben Sie TGH den Spaß? Indem Sie Ihr Handeln auf Dinge beschränken, von denen Sie glauben, sie tatsächlich zu wissen – und andere nicht.

Üben Sie, Frage Eins so anzuwenden, wie ich es hätte tun sollen: indem Sie die Medien nach Behauptungen durchforsten, die Sie für wahr halten. Erstellen Sie eine Liste dieser Behauptungen. Dabei kann es um einzelne Aktien gehen, um ganze Märkte, um Währungen. Um alles. Erstellen Sie eine Liste mit allem, was Ihre Entscheidungen beeinflusst – sei es bei einzelnen Aktien, bei der Asset-Allokation oder in sonstiger Hinsicht.

Notieren Sie sich Entscheidungen, die Sie getroffen haben und die weder durch Daten noch durch sonstige Informationen gestützt waren. Dahinter steckt irgendwo eine Überzeugung von Ihnen – ob richtig oder falsch. Seien Sie besonders vorsichtig bei Entscheidungen, die Sie allein deshalb treffen, weil Sie wissen, dass andere Ihnen zustimmen. Markieren, unterstreichen und versehen Sie mit Sternchen Entscheidungen, die durch gängige Anlegerdogmen ausgelöst wurden oder darauf beruhen. Fragen Sie sich, welche Belege Sie gesehen haben, die diese Überzeugungen stützen. Gibt es überhaupt welche? Bei den meisten Anlegern sind es nicht viele.

Gängige Mythen, an die auch Sie glauben

Beispielsweise halten Sie vielleicht eine Aktie mit hohem KGV. Sie glauben, dass ein hohes KGV auf eine überbewertete Aktie hindeutet, und beschließen deshalb, die Aktie zu verkaufen und eine andere mit niedrigerem KGV zu kaufen. Das ist eine recht rationale Entscheidung, die Sie vielleicht schon unzählige Male getroffen haben – und die viele Menschen ebenfalls für rational halten würden.

Aber sind hohe KGVs wirklich schlecht für einzelne Aktien oder für den Markt? Haben Sie die Daten selbst überprüft? Falls Sie sich diese Frage gestellt haben: Wo haben Sie die Antwort gefunden? Haben Sie sich die Zahlen angesehen, oder haben Sie sich auf die gängige Anlegerweisheit oder einen namhaften Guru verlassen?

Nehmen wir ein anderes Szenario. Sie halten eine Aktie, die sich in steigenden Märkten gut entwickelt, in fallenden Märkten aber schlecht – eine typische, stark volatile Aktie. Sie wissen jedoch, dass die US-Bundesregierung ein wachsendes Haushaltsdefizit aufweist – nicht bloß irgendein Defizit, sondern ein historisch hohes: 2024 betrug der Fehlbetrag gewaltige 1,83 Billionen Dollar, und so etwas kann „nicht ewig so weitergehen“.[1] Sie wissen, dass nicht eingedämmte Haushaltsdefizite „schlecht für die Wirtschaft“ und damit „schlecht für den

Aktienmarkt" sind. All die Schulden, die durch das Defizit entstehen, müssen von künftigen Generationen zurückgezahlt werden, und der Markt wird das früher oder später widerspiegeln, oder? Die Last des Defizits hat langfristige Folgewirkungen, die Wachstum und Gewinne bremsen. Das Defizit ist so groß geworden, dass Sie wissen: Irgendwann steht ein Bärenmarkt bevor. In diesem Umfeld würde Ihre stark volatile Aktie schlecht abschneiden. Also verkaufen Sie.

Aber woher wissen Sie, dass hohe Haushaltsdefizite zu einer schwachen Aktienmarktentwicklung führen? Stimmt das wirklich? Die meisten Menschen stellen diese Frage nicht und prüfen auch nicht die historischen Daten. Würden sie das tun, wären sie gegenüber Aktien eher zuversichtlich als ängstlich. Historisch gesehen gingen große Haushaltsdefizite in den USA und weltweit überdurchschnittlich hohen Aktienmarktrenditen voraus. Fürchten Sie sich also nicht vor Defiziten – vielmehr waren es große Haushaltsüberschüsse, auf die schon bald schlechte Märkte folgten.

Vielleicht leuchtet das intuitiv nicht ein. Defizite müssen doch schlecht und Überschüsse gut sein, oder? Schließlich hat das Wort *„Defizit"* denselben lateinischen Ursprung wie *„defizitär"* – und das muss schlecht sein. Die meisten Menschen hinterfragen ihre eigenen Überzeugungen zu solchen Themen nicht. Die Vorstellung, dass hohe Defizite schlecht sind, ist übermächtig. Nur wenige Überzeugungen finden bei Profis, Laien und Menschen aus beiden Lagern des politischen Spektrums gleichermaßen so breite Zustimmung. Ein Großteil dieser Haltung hat seine Wurzeln in religiös geprägten Moralvorstellungen. Eine gute Möglichkeit, die Menge bei einer politischen Kundgebung auf Ihre Seite zu bringen, ist das Versprechen, die Haushaltsdefizite zu senken. Das kommt gut an.

Hier sind 13 allgemeine Überzeugungen, die wahrscheinlich auch Sie teilen – zumindest aber die meisten Menschen. Zwei davon haben wir bereits behandelt:

1. Märkte mit hohem KGV sind riskanter als Märkte mit niedrigem KGV.
2. Hohe staatliche Haushaltsdefizite sind schlecht.

Lassen Sie uns noch einige weitere betrachten:

1. Ein schwacher US-Dollar ist schlecht für Aktien.
2. Steigende Zinsen sind schlecht für Aktien. Fallende Zinsen sind gut.
3. Steuersenkungen führen zu mehr Schulden, was schlecht für Aktien ist.
4. Höhere Ölpreise sind schlecht für Aktien und die Wirtschaft.
5. Aktien entwickeln sich gut, wenn die Wirtschaft gut läuft.
6. Aktienmärkte entwickeln sich in Ländern mit schnellerem Wirtschaftswachstum besser als in Ländern mit langsamerem.
7. Aktien kleiner Unternehmen entwickeln sich besser als Aktien großer Unternehmen.
8. Aktien stärker wachsender Unternehmen entwickeln sich besser als Aktien von Unternehmen, die nicht wachsen.
9. Günstiger bewertete Aktien entwickeln sich besser als weniger günstig bewertete Aktien.
10. Hohe Handelsdefizite sind schlecht für die Aktienmärkte.
11. Die USA haben viel zu hohe Schulden.

Diese Aussagen kommen Ihnen wahrscheinlich alle bekannt vor. Das ist nur eine kurze Liste – ein Ausschnitt aus einer viel längeren Liste – von Ansichten, die die meisten Menschen teilen, die jedoch teilweise oder vollständig falsch sind. Zum Beispiel denkt man bei der Annahme, die USA seien viel zu hoch verschuldet, genau in die falsche Richtung. Wenn ich das sage, reagieren Sie vielleicht mit heftiger Ablehnung oder werden sogar wütend. Das stellt Ihre Überzeugungen infrage. Wenn Sie diese Aussage abtun oder sie Sie wütend macht, sollten Sie unbedingt weiterlesen. Die übliche Reaktion auf jemanden, der Ihre Überzeugung als falsch bezeichnet, ist Ablehnung – und, wenn man weiter damit konfrontiert wird, Wut.

Wut ist ein sehr gutes Warnsignal, denn Wut hat immer, wirklich immer, mit Angst zu tun. Wütende Menschen wissen meist nicht, dass sie Angst haben. Wenn Sie eine Aussage abtun oder wütend reagieren, müssen Sie sich selbst hinterfragen: Wie und warum sind Sie überhaupt zu dem Schluss gekommen, dass Ihre Überzeugung richtig ist? War es ein Mythos? War es eine grundlegende Verzerrung? Haben Sie recht – oder nicht? Manchmal sind die Punkte in dieser Liste und andere darüber hinaus je nach Begleitumständen teils wahr und teils falsch. (Wir werden uns all diese und weitere Punkte später ansehen.) Aber die naheliegendste Frage lautet: Warum sollten Sie überhaupt eine dieser Aussagen glauben?

Ich würde sagen, dass Sie vor allem aus zwei einfachen Gründen an Mythen glauben: (1) Sie klingen nach gesundem Menschenverstand, und den hinterfragt man nicht oft. (2) Andere halten diese Dinge ebenfalls für wahr, und Menschen hinterfragen weit verbreitete Ansichten nur selten.

Prüfen wir, ob Sie richtigliegen oder falschliegen (oder wirklich, wirklich falschliegen)

Wenn Sie mit Frage Eins Anlegermythen entlarven, werden Sie letztlich zu drei grundlegenden Ergebnissen kommen: Entweder lagen Sie die ganze Zeit richtig (was vielleicht seltener vorkommt, als Sie gehofft haben), oder Sie lagen falsch, oder Sie lagen wirklich, wirklich falsch. Jedes dieser Ergebnisse ist in Ordnung, denn es hilft Ihnen, später besser zu investieren.

Schauen wir uns die Fälle, in denen Sie falschliegen, einmal genauer an. Sie und die meisten Ihrer Mitinvestoren (Amateure wie Profis) glauben häufig, es bestehe ein Kausalzusammenhang – X geschehe wegen Y –, doch in Wirklichkeit gibt es tatsächlich überhaupt keine Korrelation. Inzwischen sind Sie bereit, diese Möglichkeit zu akzeptieren, sonst hätten Sie schon aufgehört, dieses Buch zu lesen. Das

Beispiel, das wir widerlegen, ist die bereits erwähnte, weit verbreitete Überzeugung, Aktienmärkte mit hohem KGV seien riskant und brächten anschließend unterdurchschnittliche Renditen. Wie bereits erwähnt, stellt sich heraus: Märkte mit hohem KGV sagen keine schlechten Renditen voraus – nicht einmal ansatzweise. Historisch gesehen folgten auf sie sogar einige ziemlich gute Renditen. Darüber hinaus sagen Märkte mit niedrigem KGV auch keine guten Renditen voraus.

Der Korrelationsmythos

Lassen wir vorerst einmal außer Acht, warum man dem KGV-Mythos so leicht aufsitzt. Fest steht: Die meisten Menschen glauben, dass auf Märkte mit hohem KGV unterdurchschnittliche Renditen und überdurchschnittliche Risiken folgen.

Wenn das jedoch stimmte, müsste sich zwischen der behaupteten Ursache und dem behaupteten Ergebnis eine hohe statistische Korrelation zeigen. Ein Statistiker würde einwenden, dass zwei Dinge durch eine seltsame Laune des Zufalls stark korrelieren können, ohne dass das eine das andere verursacht. Derselbe Statistiker würde jedoch auch sagen, dass es ohne hohe Korrelation keine Kausalität geben kann (es sei denn, man stößt auf wissenschaftliche Nichtlinearität, was meines Wissens auf den Kapitalmärkten nicht vorkommt – aber überprüfen Sie es selbst anhand der Drei Fragen, wenn Sie mit diesem Buch fertig sind!). Wenn ein Mythos weithin akzeptiert ist, gehen niedrige Korrelationen mit einem enormen gesellschaftlichen Bemühen einher, Korrelationen, die in Wirklichkeit gar nicht existieren, nachzuweisen, zu akzeptieren und an sie zu glauben. Menschen sind großartig darin, das Irrationale zu rationalisieren.

Anleger spüren Belege auf, die ihre Lieblingsmythen stützen, und schaffen Rechtfertigungen für ihre Überzeugung – Faktor X verursacht

Ergebnis Y –, während sie einen Berg an Belegen dafür ignorieren, dass Faktor X für Ergebnis Y überhaupt nicht verantwortlich ist. Nehmen wir nun an, alle handelten in guter Absicht. Doch selbst mit den besten Absichten fällt es Menschen leicht, sich an Belege zu klammern, die ihre vorbestehenden Verzerrungen bestätigen, und Belege zu ignorieren, die ihren Ansichten widersprechen. Es ist menschlich, nach Belegen zu suchen, die die eigene Lieblingstheorie stützen. Gegenbelege zu akzeptieren, macht dagegen überhaupt keinen Spaß.

Diese Suche nach bestätigenden Belegen läuft auf unterschiedliche Weise ab. Eine Möglichkeit besteht darin, einen bestimmten Zeitraum herauszugreifen, der die falsche Überzeugung bestätigt, und alle anderen Zeiträume einfach zu ignorieren. Eine andere besteht darin, entweder X oder Y auf bizarre Weise neu zu definieren, sodass die Statistik den Punkt scheinbar belegt, und anschließend wieder ganz allgemein über X und Y zu sprechen – ohne diese bizarren Definitionen. Datenfunde, die populäre Mythen stützen, werden dann schnell selbst sehr populär.

Warum hohe KGVs überhaupt nichts aussagen

Ein gutes Beispiel für die Neudefinition von X oder Y ist die mittlerweile weithin berühmte Studie von John Y. Campbell von der Harvard University und Robert J. Shiller von der Yale University.[2] Ihre Arbeit führte keine neue Idee ein – die Angst vor hohen KGVs gab es schließlich schon immer. Ihre Studie lieferte im Grunde lediglich eine neue Form der Datendarstellung, die die bereits weit verbreitete Ansicht bestätigte, dass auf Phasen mit hohen KGVs unterdurchschnittliche Renditen folgen.

Tatsächlich war diese Studie eine verbesserte Neuauflage einer Arbeit, die sie 1996 vorgestellt hatten. Diese Veröffentlichung von 1998 wurde jedoch sehr schnell sehr populär, weil sie mit neuer statistischer Unterfütterung bestätigte, was ohnehin schon alle glaubten. Campbell und Shiller waren und sind renommierte Wissenschaftler. Inspiriert von der früheren Studie gebrauchte Alan Greenspan 1996 mit Blick auf den Aktienmarkt erstmals den Begriff „irrationaler Überschwang“, der fast über Nacht um die Welt ging und dauerhaft in unseren Sprachgebrauch einging.

Mein Freund Meir Statman, mit dem ich gelegentlich zusammenarbeite und der Glenn-Klimek-Professor für Finanzwissenschaft an der Leavey School of Business der Santa Clara University ist, verfasste gemeinsam mit mir einen wissenschaftlichen Aufsatz, in dem wir ihre statistischen Ergebnisse nicht widerlegten, sondern ihren Ansatz mit denselben Daten sachlich korrekter einordneten – und Sie werden sehen: KGVs haben überhaupt keine Vorhersagekraft. Im Grunde haben wir Frage Eins von Anfang bis Ende konsequent angewandt. Vieles von dem, was folgt, stammt aus unserem Aufsatz „Cognitive Biases in Market Forecasts“ (dt. „Kognitive Verzerrungen in Marktprognosen“).[3]

In ihrer Studie stellten Campbell und Shiller fest, dass hohe KGVs sich so verhielten, wie man es immer angenommen hatte: Auf sie folgten zehn Jahre später unterdurchschnittliche Renditen. Zunächst notierten sie das KGV zu Beginn eines jeden Jahres sowie die anschließenden jährlichen Marktrenditen zurück bis ins Jahr 1872 – so weit, wie halbwegs zuverlässige Daten überhaupt zurückreichen. Für die Jahre vor Einführung der S&P 500-Daten im Jahr 1926 verwendeten sie die Cowles-Daten, die zwar unvollkommen sind, aber allgemein als Ersatz für die Jahre vor dem S&P 500 akzeptiert werden. (Alle alten Datenbanken sind unvollkommen. Wenn man alte Daten betrachtet, ist daran oft vieles fehlerhaft; aber die Cowles-Daten sind die besten, die wir haben.) Anschließend trugen sie die Datenpunkte in ein Streudiagramm ein und fanden eine leicht negative Trendlinie.

Abbildung 1.1 bildet ihre Hypothese weitgehend nach und zeigt die KGVs von 1872 bis 2024 – wiederum auf Grundlage der S&P 500- und Cowles-Daten.

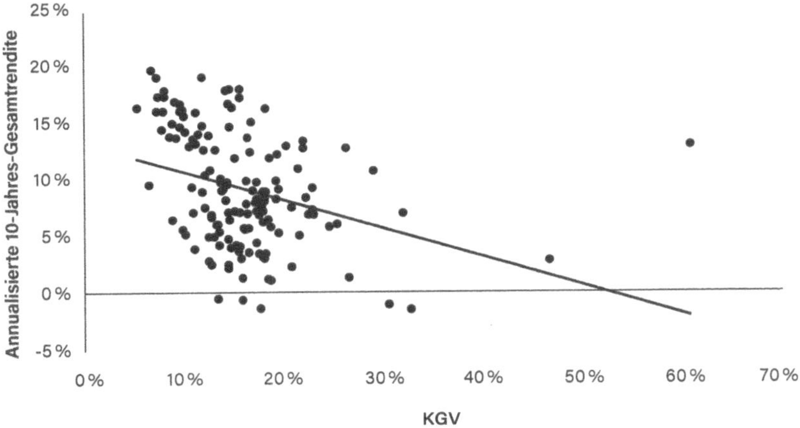

Abbildung 1.1 Zusammenhang zwischen den Kurs-Gewinn-Verhältnissen zu Beginn eines Jahres und den Aktienrenditen im folgenden Jahr (1872 bis 2024).

Quelle: Finaeon, Inc., Stand: 20.2.2025.

Ich habe die Jahre seit Erscheinen ihrer Arbeit einbezogen und die Daten bis 2024 aktualisiert, um sicherzustellen, dass unsere Ergebnisse auch heute noch relevant sind. Aber derselbe grundlegende Effekt wäre auch ohne diese Aktualisierung bestehen geblieben. Die abwärts geneigte Trendlinie ist nicht der entscheidende Punkt. Offenkundig gruppieren sich die Datenpunkte nicht besonders eng um den Trend. Das Streudiagramm ist, nun ja, verstreut – ungefähr wie ein Schrotschuss bei leichtem Wind.

Das Hauptproblem, das ich an der Studie hatte, war, dass Campbell und Shiller ihre Arbeit auf eine eigenwillige Definition des KGV stützten – keine, die sich intuitiv erschließt. Sie schufen ein „kursgeglättetes Gewinnverhältnis".[4] Bei diesem neu definierten KGV wurde der Kurs je Aktie durch den Durchschnitt der *realen* Gewinne der vorangegangenen zehn Jahre geteilt.[5] (*Real* bedeutet inflationsbereinigt.) So weit, so gut – aber daran denkt man nicht, wenn man an das KGV denkt, oder?

Doch wenn man mit inflationsbereinigten Gewinnen arbeitet, stellt sich die Frage: Welche Inflationsdefinition würden Sie verwenden? Ich wette, Sie würden etwas wie den Verbraucherpreisindex (VPI) nehmen. (Der VPI erscheint als eines der ersten Ergebnisse, wenn Sie „Inflation" googeln.) Die Professoren wählten jedoch einen eher abseitigen Großhandelspreisindex. Nicht unbedingt das, worauf man spontan käme. Anstelle dessen, was Sie unter dem KGV verstehen, verwendeten sie also einen gleitenden Zehnjahresdurchschnitt, der auf Inflationsanpassungen beruhte – und zwar auf Basis eines Inflationsindex, an den die meisten nicht denken würden. Verstanden?

Bei einem herkömmlich definierten KGV, also so, wie man es üblicherweise versteht, ergibt sich statistisch kein besonders enger Zusammenhang. Das von Campbell und Shiller konstruierte KGV lieferte jedoch ein Ergebnis, das zu dem passte, was die Gesellschaft schon immer geglaubt hatte: Ein hohes KGV bedeutet niedrige Renditen und hohes Risiko. Und die Welt schien begeistert zu sein. Seitdem wird dieses Maß gefeiert und mit großem Tamtam hervorgeholt, wann immer dieses „zyklisch bereinigte Kurs-Gewinn-Verhältnis" hoch ist.

In der Statistik zeigt eine Kennzahl namens *R-Quadrat* den relativen Zusammenhang zwischen zwei Variablen – also wie viel von der Bewegung einer Variablen durch die andere erklärt wird. (Das klingt kompliziert, ist es aber nicht: Anhang A zeigt, wie man einen Korrelationskoeffizienten und ein R-Quadrat ermittelt.) Für ihre Studie kamen Campbell und Shiller auf ein R-Quadrat von 0,40.[6] Ein R-Quadrat von 0,40 bedeutet, dass 40 Prozent der nachfolgenden Aktienrenditen mit dem verglichenen Faktor zusammenhängen – in diesem Fall mit ihrem neu konstruierten KGV. Statistisch gesehen ist das kein schlechtes Ergebnis (wenn auch kein überwältigendes). Auch wenn es keine durchschlagende Bestätigung ihrer Theorie ist, stützt dieses Ergebnis dennoch ihre Hypothese.

Anmerkung: Die Studie von Campbell und Shiller wurde, so verhalten ihre Aussagekraft auch war, sehr populär, weil sie eine Ansicht stützte, an der die Gesellschaft seit Langem festhielt. Legt man hingegen Daten vor, die den Mythen der Gesellschaft widersprechen, werden diese Daten nicht gerade begeistert aufgenommen. Das ist gut so, denn wenn man die Wahrheit entdeckt, wird die Welt sich nicht beeilen, sie zu übernehmen – und genau das verleiht ihr an den Märkten dauerhafte Wirkung.

Verwendet man dieselben Basisdaten und das herkömmliche Verständnis von KGVs zu Beginn eines jeden Jahres von 1872 bis 2024 sowie die tatsächlichen Renditen in den jeweils folgenden zehn Jahren, dann kommt man im Ergebnis – wenn man die Studie für diese Ausgabe aktualisiert – auf ein R-Quadrat von 0,11.[7] Das KGV erklärt allenfalls 11 Prozent der 10-Jahres-Renditen – statistisch betrachtet ist das ziemlich zufällig. Etwas ganz anderes oder eine ganze Gruppe anderer Variablen erklärt die restlichen 89 Prozent der Kursrenditen. Ich würde keine einzige Entscheidung auf Grundlage eines R-Quadrats von 0,11 treffen, und Sie sollten das auch nicht tun. Anders ausgedrückt: Campbell und Shiller kamen auf ein R-Quadrat von 0,40, wir auf 0,11 – ein großer Teil ihres Ergebnisses beruhte also tatsächlich darauf, dass sie das KGV anders definiert hatten.

Dieser Mythos war nicht schwer zu widerlegen. Mit Google Finance und einer Excel-Tabelle kann man zu demselben allgemeinen Ergebnis kommen. Wenn es kein Mythos ist, sondern tatsächlich stimmt, werden Sie feststellen, dass Sie für Ihre Analyse weder ausgeklügelte statistische Umkonstruktionen noch hochkomplexe Mathematik benötigen.

Allerdings gibt es noch ein weiteres Problem. Selbst wenn das gültig wäre: Wen interessieren schon Einschätzungen zu den Renditen der folgenden zehn Jahre? Anleger wollen vor allem wissen, wie sie sich für dieses und nächstes Jahr positionieren sollen – für das Jetzt und die nahe Zukunft, nicht für zehn Jahre später. Hätte Sie 1996 wirklich interessiert, wie die Rendite der nächsten zehn Jahre ausfallen würde, wenn die folgenden vier Jahre massiv stiegen, nur um anschließend von einem großen Bärenmarkt abgelöst zu werden? Hätten Sie diese großen Aufwärtsjahre in Folge verpassen wollen – und wären Sie zufrieden gewesen, die großen Abwärtsjahre einfach auszusitzen? Das bezweifle ich. Tatsächlich vermute ich, dass die Berühmtheit dieser Studie zu einem großen Teil Zufall ist. Da die gefeierte Version 1998 erschien und zwei Jahre später eine Blase platzte, nahmen die Leute an, sie habe „funktioniert". Aber darum ging es bei Shillers und Campbells KGV nie. Und wenn man sich einfache KGVs auf kürzere Sicht ansieht, bricht die These, hohe KGVs seien riskant, völlig zusammen, wie wir noch sehen werden.

Darüber hinaus ist es nahezu unmöglich, langfristige Aktienrenditen vorherzusagen, weil Aktienkurse langfristig in erster Linie durch Veränderungen im weit in die Zukunft reichenden Angebot an Aktien bestimmt werden – ein Thema, mit dem nach heutigem Wissensstand (oder Unwissensstand) niemand wirklich umzugehen weiß. Einige meiner akademischen Freunde werden wütend, wenn ich das anspreche. Aber denken Sie daran: Wenn jemand wütend wird, hat er Angst und kann seine Angst nur nicht genau benennen. In diesem Fall liegt es meiner Meinung nach daran, dass es nur sehr wenige echte wissenschaftliche Arbeiten zur Analyse von Veränderungen bei Angebot und Nachfrage von Wertpapieren gibt. Doch per Definition bestimmen Veränderungen bei Angebot und Nachfrage die Preise. Hier gibt es große künftige Fortschritte zu erzielen, aber bisher sind die Fortschritte minimal, obwohl Angebot und Nachfrage zu den Grundlagen der Wirtschaft gehören. (Wir kommen in Kapitel 7 auf Angebot und Nachfrage bei Wertpapieren zu sprechen.)

Schauen wir uns zunächst noch einmal unser Streudiagramm an, diesmal mit normalen, nicht konstruierten KGVs und den anschließenden 1-Jahres-Renditen von 1872 bis 2024 (siehe Abbildung 1.2). Man sieht eine deutlich flachere abwärts geneigte Trendlinie, und die Datenpunkte fügen sich noch weniger bereitwillig in dieses Bild. Es ist derselbe Schrotschuss wie zuvor – nur mit ein paar verirrten Kugeln. Deutet das auf irgendeine Korrelation hin? Bei einem R-Quadrat von

0,006 lautet die Antwort: nein. Wenn ein R-Quadrat von 0,11 schon ziemlich zufällig ist, dann ist ein R-Quadrat von 0,006 Zufälligkeit pur – reine, vollkommene Zufälligkeit.

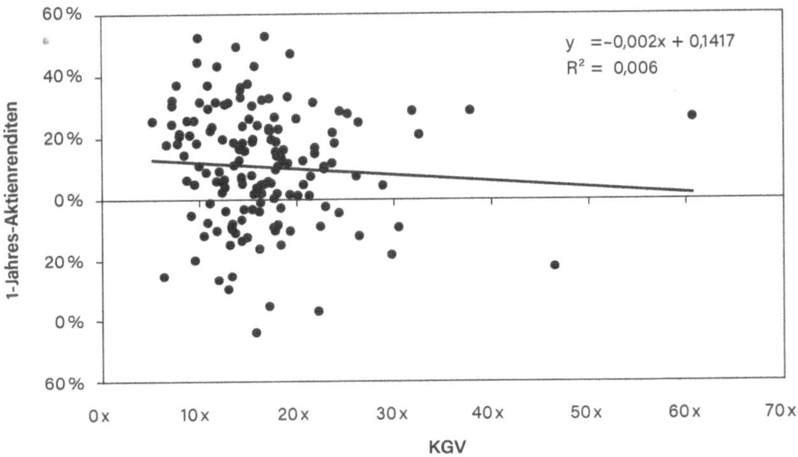

Abbildung 1.2 Zusammenhang zwischen annualisierten (überlappenden) 1-Jahres-Renditen und Kurs-Gewinn-Verhältnissen (1872 bis 2024).

Quelle: Finaeon, Inc., Stand: 20.2.2025.

Eine Korrelation zu finden, wo schlicht keine existiert, ist ziemlich kreativ – und hier existiert schlicht keine. Um selbst damit zu beginnen, Mythen zu widerlegen, braucht man keine KI und kein Wunderkind eines quantitativen Hedgefonds. Wenn es extrem komplizierter Mathematik bedarf, um die Existenz eines Marktmythos zu stützen, ist die Hypothese wahrscheinlich einfach falsch. Je mehr methodische Bastelei und einschränkende Zusatzannahmen eine Analyse braucht, desto wahrscheinlicher ist es, dass Ergebnisse zurechtgebogen werden, um die Hypothese zu stützen. Erzwungene Ergebnisse sind schlechte Wissenschaft.

Wenn hohe KGVs nicht schlecht sind: Können sie dann gut sein?

Wir haben gezeigt, dass es keinen Zusammenhang zwischen hohen KGVs und schwachen oder starken Aktienrenditen gibt. Selbst angesichts dieser erdrückenden Belege zögern manche vielleicht immer noch, sich von der Doktrin „hohes KGV = schlechte Aktien" zu verabschieden. Betrachten Sie es einmal anders: Es mag Sie immer noch schockieren und entsetzen, wenn Sie erfahren, dass auf Jahre mit höheren KGVs einige ausgezeichnete Renditen folgten. Darüber hinaus waren die 1-Jahres-Renditen nach den 20 *höchsten* KGVs nicht allzu schlecht – sie lagen im Durchschnitt bei 10,2 Prozent.[8] Außerdem legten 14 dieser 20 zu – also 70 Prozent.[9] Das sollte Ihnen zu denken geben.

Brauchen Sie noch weitere Belege? Auch hier ist keinerlei komplizierte Mathematik erforderlich. Abbildung 1.3 zeigt eine einfache Glockenkurve, die die KGVs und die anschließenden jährlichen Marktrenditen darstellt.

So bin ich zu dieser Glockenkurve gekommen: Wir haben das Kurs-Gewinn-Verhältnis des breiten Marktes jeweils am 1. Januar jedes Jahres seit 1872 notiert und die Jahre vom niedrigsten bis zum höchsten KGV sortiert. Anschließend haben wir sie in Intervalle gruppiert und so die vertraute glockenkurvenähnliche Form erzeugt – wobei ansonsten nicht miteinander zusammenhängende Jahre entsprechend ihrem KGV in Gruppen fielen. Die „normalen" KGVs liegen im breiten Mittelteil der Glockenkurve, während die „hohen" und „niedrigen" KGVs an den Rändern liegen.

Wenn man sich die Kurs-Gewinn-Verhältnisse der vergangenen 153 Jahre zusammen mit den anschließenden Marktrenditen genauer ansieht, treten einige empirische Wahrheiten zutage. Die überraschendste? Die meisten zweistelligen Kursverluste am Aktienmarkt innerhalb eines Kalenderjahres – die massiven Einbrüche, die jeder fürchtet – traten auf, als die KGVs unter 20 lagen, nicht als sie sehr hoch waren.

In den vergangenen 153 Jahren gab es 21 Jahre, in denen die Gesamtrendite des US-Marktes um mehr als 10 Prozent fiel. 16 dieser Jahre – 76 Prozent der stärksten Verlustjahre – lagen im mittleren bis unteren KGV-Bereich (bezogen auf die Glockenkurve). 15 davon (71 Prozent) lagen im breiten Teil der Kurve – bei „normalen" KGVs. Kaum Stoff für einen Mythos. Jeder kann diese Daten aus dem Internet abrufen. Jeder kann sie anordnen. Dazu braucht man keine komplizierte Mathematik. Es erfordert nur ein wenig Mühe. Aber die meisten Menschen stellen diese Frage nicht, also versuchen sie es auch nicht. Und weil sie es nicht versuchen, lebt der Mythos weiter.

Große zweistellige Einbrüche folgen also nicht automatisch auf Märkte mit hohem KGV. Aber da der Mythos so weit verbreitet ist und so hartnäckig geglaubt wird, könnte vielleicht doch ein Körnchen Wahrheit darin stecken? Märkte mit hohem KGV müssen zum Beispiel häufiger fallen als solche mit niedrigem KGV, auch wenn es dabei nicht gleich um massive Einbrüche geht. Richtig? Nun, nein! In 124 dieser Jahre lag das KGV unter 20,5, und der Markt schloss 32 Mal (25,8 Prozent) im Minus.

Von den 29 Jahren, in denen die KGVs bei 20,5 oder höher lagen – also am historisch oberen Ende der KGV-Spanne –, schloss der Markt achtmal (27,6 Prozent) im Minus. Weder Märkte mit hohem noch Märkte mit niedrigem KGV schnitten wesentlich schlechter ab.

Sie haben die Daten gesehen. Von nun an sind Sie von diesem Anleger-Ammenmärchen befreit.

Hier ist ein einfacher Test, den Sie immer wieder in der Praxis anwenden können. Jemand sagt Ihnen, dass X an den US-Märkten Y verursacht – wie im KGV-Beispiel – und hat sogar Daten, die belegen sollen, dass das stimmt. Wenn das in den USA wirklich stimmt, muss es auch in den meisten entwickelten Märkten außerhalb der USA stimmen. Wenn sich der Zusammenhang in den meisten anderen entwickelten westlichen Märkten nicht ähnlich zeigt, dann sagt er nicht wirklich etwas über Kapitalismus und Kapitalmärkte aus – und damit

KGV-Spanne	<7	7-11,5	11,5-16	16-20,5	20,5-25	25-29,5	29,5-34	>34
			2012, 16,00 %					
			1995, 37,58 %					
			1991, 30,47 %					
			1990, -3,10 %					
			1989, 31,69 %					
			1988, 16,61 %					
			1986, 18,60 %					
			1984, 6,15 %	2023, 26,29 %				
			1974, -26,54 %	2015, 1,38 %				
			1970, 3,99 %	2014, 13,69 %				
			1967, 23,94 %	2013, 32,39 %				
			1958, 43,34 %	2011, 2,11 %				
			1957, -10,85 %	2007, 5,49 %				
			1956, 6,63 %	2006, 15,80 %				
			1955, 31,43 %	1997, 33,36 %				
			1947, 5,24 %	1996, 22,96 %				
			1945, 36,46 %	1987, 5,17 %				
			1944, 19,69 %	1973, -14,79 %				
			1940, -10,08 %	1972, 18,94 %				
			1938, 33,20 %	1971, 14,33 %				
			1932, -8,86 %	1969, -8,47 %				
			1931, -43,86 %	1968, 11,00 %				
		1985, 31,65 %	1930, -25,26 %	1966, -10,10 %				
		1983, 22,50 %	1928, 43,31 %	1965, 12,36 %				
		1982, 21,48 %	1923, 4,17 %	1964, 16,36 %				
		1981, -5,05 %	1915, 35,51 %	1963, 22,69 %				
		1980, 32,27 %	1914, -3,68 %	1961, 26,81 %				
		1979, 18,35 %	1913, -9,62 %	1960, 0,48 %				
		1978, 6,44 %,	1912, 7,97 %	1959, 11,90 %				
		1977, -7,39 %,	1911, 5,75 %	1946, -8,18 %				
		1976, 23,67 %,	1910, -7,90 %	1939, -0,91 %				
		1975, 37,25 %,	1909, 18,97 %	1937, -35,26 %				
		1954, 52,40 %,	1907, -29,63 %	1936, 32,80 %				
		1953, -1,10 %,	1906, 6,84 %	1935, 47,21 %	2020, 18,40 %			
		1952, 18,50 %,	1904, 30,92 %	1933, 52,89 %	2019, 31,49 %			
		1951, 24,55 %,	1903, -14,67 %	1929, -8,91 %	2018, -4,38 %			
		1950, 30,58 %,	1901, 19,72 %	1905, 19,66 %	2017, 21,83 %			
		1948, 5,10 %,	1900, 18,65 %	1902, 4,94 %	2016, 11,96 %			
		1943, 25,76 %,	1888, 1,86 %	1899, 9,90 %	2010, 15,06 %			
		1942, 21,08 %,	1885, 26,23 %	1898, 23,26 %	2008, -37,00 %			
		1941, -11,77 %,	1884, -13,46 %	1896, 1,73 %	2005, 4,91 %			
		1927, 37,13 %,	1883, -3,09 %	1894, 2,04 %	2004, 10,88 %			
		1926, 11,14 %,	1881, 7,48 %	1893, -16,00 %	1998, 28,58 %			
		1925, 29,55 %,	1879, 49,50 %	1892, 5,97 %	1994, 1,32 %			
		1924, 25,70 %,	1878, 11,27 %	1891, 22,63 %	1993, 10,08 %			
		1921, 14,60 %,	1876, -12,27 %	1890, -10,16 %	1962, -8,78 %	2024, 25,02 %		
		1920, -19,69 %,	1875, 2,41 %	1887, -2,68 %	1934, -2,34 %	2001, -11,89 %	2022, -18,11 %	
	1949, 18,06 %	1919, 20,67 %	1874, 9,30 %	1882, 2,16 %	1897, 16,92 %	1992, 7,62 %	2003, 28,68 %	2021, 28,71 %
	1918, 25,55 %	1916, 8,94 %	1873, -6,56 %	1880, 24,22 %	1889, 7,64 %	1922, 27,79 %	2000, -9,10 %	2009, 26,46 %
	1917, -25,24 %	1908, 44,51 %	1872, 12,96 %	1877, -3,86 %	1886, 12,74 %	1895, 4,62 %	1999, 21,04 %	2002, -22,10 %
Durchschnittliche Rendite	6,13 %	18,53 %	8,89 %	9,85 %	8,19 %	10,63 %	5,63 %	11,02 %

Abbildung 1.3 153 Jahre historische Kurs-Gewinn-Verhältnisse und Aktienmarktrenditen.

Quelle: Finaeon, Inc., Stand: 25.3.2025.

auch nicht wirklich über die USA. Dann ist er bloß ein Zufallsergebnis. Ich werde Sie hier nicht mit Daten traktieren – dieses Buch enthält ohnehin schon zu viele Abbildungen –, aber wenn man denselben Glockenkurvenansatz, den wir für den US-Aktienmarkt verwendet haben, auf Märkte außerhalb der USA anwendet, ist Großbritannien das einzige Land, in dem Märkte mit niedrigem KGV wesentlich besser abzuschneiden scheinen – und das beruht lediglich auf einigen wenigen, relativ starken Jahren. Anderswo herrscht dieselbe Zufälligkeit wie in den USA.[10] Wenn Ihnen jemand sagt, dass etwas in den USA auf eine bestimmte Weise funktioniert, sollten Sie prüfen, ob es auch außerhalb der USA funktioniert. Denn wenn das nicht der Fall ist, funktioniert es auch in den USA nicht wirklich belastbar!

Manche werden sagen: „Man muss das Problem hoher KGVs richtig einordnen." (*Warnung*: Das ist der Vorbote eines neuen Versuchs, einen Mythos durch methodische Umkonstruktion zu stützen – und wahrscheinlich wird er nicht halten.) Sie werden zum Beispiel einräumen, dass es nicht einfach darum geht, dass ein hohes KGV schlechter ist als ein niedriges, sondern darum, dass das Risiko oberhalb eines bestimmten KGV-Niveaus sprunghaft ansteigt und unterhalb eines bestimmten KGV-Niveaus stark sinkt.

Sie könnten beispielsweise behaupten, Markt-KGVs über 25 seien schlecht und KGVs unter 15 gut, und alles dazwischen stifte nur Verwirrung – es verzerrt die Durchschnittswerte und verhindert, dass man die Dinge so sieht, wie man sie Ihrer Ansicht nach sehen sollte. Gut, meinetwegen! Das lässt sich leicht überprüfen. Nehmen Sie alle Zeiträume, in denen der Markt ein KGV von über 25 hatte, und stellen Sie sich vor, Sie hätten verkauft und dann bei einem bestimmten Niveau wieder gekauft – das Niveau wählen Sie selbst. Mir ist egal, welches Sie nehmen, solange Sie es konsequent anwenden. Historisch gesehen zeigt sich: Unabhängig davon, welches Niveau man wählt, schlägt keine dieser Varianten wirklich eine langfristige Buy-and-Hold-Strategie in den USA.

Dasselbe gilt im Grunde für Auslandsmärkte – mit einer Ausnahme: Großbritannien. Nur dort ließe sich immerhin schwach argumentieren, dass verschiedene Ansätze auf Basis niedriger KGVs zu funktionieren scheinen. Doch selbst das ist höchstwahrscheinlich reiner Zufall: Rechnet man einige wenige sehr starke Jahre aus der fernen britischen Vergangenheit heraus, fällt die These auch in Großbritannien wieder in sich zusammen.

Angenommen, Sie verkaufen, wenn das Markt-KGV 22 erreicht, und kaufen wieder, wenn es auf 15 fällt. Dieser Ansatz bleibt hinter einem einfachen Buy-and-Hold-Ansatz zurück. Angenommen, Sie ändern die 22 in eine 23. Immer noch schlechter! Wie wäre es, wenn Sie die 15 auf 13 senken oder auf 17 erhöhen? Immer noch schlechter. Darüber hinaus gibt es keinen Buy-and-Sell-Ansatz, der außerhalb der USA funktioniert.

Vielleicht glauben Sie das alles nicht. Prima. Beweisen Sie mir das Gegenteil. Dafür müssen Sie eine Buy-and-Sell-Regel finden, die auf einfachen KGVs basiert und den Markt bei 1-, 2- und 3-Jahres-Renditen schlägt. Sie muss in einer Handvoll entwickelter Auslandsmärkte im Grunde auf die gleiche Weise funktionieren – unabhängig vom Start- und Enddatum Ihres Tests. Versuchen Sie, sie zu finden. Vielleicht sind Sie besser als ich, aber ich habe gesucht und gesucht und kann sie auf keine Weise finden, die irgendjemand akzeptieren würde ... es sei denn, er wäre bereits mit diesem Mythos indoktriniert.

Jedes Mal, wenn auf einen Markt mit hohem KGV sehr schlechte Renditen folgen, wie in den Jahren 2000, 2001 und 2002, finden Sie eine vergleichbare Zahl von Beispielen, in denen das nicht der Fall war – etwa 1997, 1998, 1999, 2003 und 2009. Oder nehmen Sie den Großteil des längsten Bullenmarktes der Geschichte, von 2009 bis 2020. Und schauen Sie sich erst recht nicht die jüngsten Jahre an, etwa 2021, 2023 oder 2024 – angesichts dieser Höchststände könnte Ihnen schwindelig werden. Es gibt einfach keine Grundlage für diesen Mythos.

Betrachten Sie die Dinge immer wieder aus einer anderen Perspektive

Anleger fallen Mythen zum Opfer, weil sie Anlageweisheiten auf anerkannte, übliche Weise betrachten – so, wie sie es gelernt haben. Denken Sie nur ein wenig anders – nicht kompliziert, sondern einfach anders, etwa indem Sie eine Glockenkurve zeichnen oder nach demselben Phänomen im Ausland suchen –, und Mythen lösen sich oft in Luft auf. Wann immer Sie eine Anlageüberzeugung überprüfen, versuchen Sie es aus einem neuen Blickwinkel. Seien Sie ruhig verrückt. Seien Sie kreativ. Stellen Sie die Dinge auf den Kopf, denken Sie sie rückwärts und kehren Sie ihr Innerstes nach außen. Zerlegen Sie sie und schauen Sie sich ihre Eingeweide an. Verlassen Sie sich nicht auf Ihre Intuition – denken Sie kontraintuitiv. Das kann sich am Ende als viel intuitiver erweisen.

Schauen wir uns zum Spaß einmal an, warum hohe KGVs intuitiv betrachtet keine Katastrophe für Aktien sein müssen. Die meisten Anleger, die Aktien mit hohen KGVs betrachten, gehen davon aus, dass deren Kurse im Verhältnis zu den Gewinnen der Unternehmen zu hoch sind. Wenn der Kurs im Verhältnis zu den Gewinnen viel höher ist, so die Überlegung, muss die Aktie überbewertet sein; was steigt, muss auch wieder fallen. Anleger vergessen dabei allerdings, dass der Kurs nicht die einzige Variable im KGV ist.

Nach Märkten mit hohen KGVs stiegen die Gewinne häufig schneller als die Aktienkurse. Oft folgten auf Jahre mit niedrigen KGVs unerwartete wirtschaftliche Turbulenzen, in denen die Gewinne einbrachen. 1929, am berühmtesten Markthöchststand aller Zeiten, waren die KGVs *niedrig*, nicht *hoch*, weil die Gewinne, die bald einbrechen sollten, damals überhöht waren – und so die KGVs niedrig hielten. Anfang 2009, als der Markt nach der Finanzkrise seinen Tiefpunkt erreichte – wohl eine der größten Kaufgelegenheiten der jüngeren Geschichte –, waren die KGVs in die Höhe geschnellt. Die Rezession hatte die Gewinne stärker einbrechen lassen als die Aktienkurse.

Wenn wir Aktien kaufen, kaufen wir künftige Gewinne. Manchmal sind wir bereit, dafür mehr zu zahlen als zu anderen Zeiten. In Märkten mit hohen KGVs übertreffen die Gewinne oft die Erwartungen (wie 2003 und 2009), und der Markt preist höhere Gewinne ein, bevor sie für uns absehbar sind. Wenn man sich lediglich anschaut, was mit den Gewinnen geschieht – also mit dem Nenner des KGV –, betrachtet man die Sache aus einem anderen Blickwinkel und kann selbst nachvollziehen, warum dieser Mythos falsch ist.

Der Mythos, dass Märkte mit hohem KGV gefährlich und Märkte mit niedrigem KGV sicher sind, hält sich hartnäckig. Aber jeder, der über einen Internetanschluss und einen Bleistift verfügt, kann sehen, dass Jahre mit hohem KGV an sich nicht schlechter sind als Jahre mit niedrigem KGV. Warum hält sich dieser Mythos trotzdem so hartnäckig? Weil TGH im Grunde tückisch und kontraintuitiv ist. Es kann schmerzhaft sein, zu akzeptieren, dass das, worüber in Ihrem Büro geredet wird, falsch oder bereits in den Märkten eingepreist ist. Das ist demütigend, aber wahr.

Wie würden Ihre Großeltern darüber denken?

Ich greife nun Kapitel 3 ein wenig vor und konzentriere mich darauf, wie unser Gehirn uns beim Thema KGV in die Irre führt. Es gibt einen genetischen Grund, warum Menschen Märkte mit hohem KGV fürchten. Ich kann das nicht beweisen, aber ich glaube, dass es stimmt. Und Sie können es nicht widerlegen. Das ist eine ganz andere Sichtweise auf dieses Problem. Sie haben Ihre Gene und Ihren Informationsprozessor – Ihr Gehirn – von Ihren Eltern geerbt, so wie diese beides von ihren Eltern geerbt haben. Ihre weit entfernten Vorfahren hatten Gehirne, die bestimmte Arten von Informationen gut verarbeiten konnten: solche nämlich, die sich auf Probleme bezogen, denen sie im Laufe ihres Lebens begegneten. Sie gaben ihre Gene erfolgreich weiter. Wäre das nicht so, wären Sie und ich nicht hier. Die Menschen von damals, die solche Informationen nicht gut verarbeiten konnten, haben heute keine Nachkommen mehr auf der Erde.

Das menschliche Gehirn war nicht wirklich darauf ausgelegt, sich mit dem Aktienmarkt zu befassen. Es war darauf ausgelegt, grundlegende Probleme des menschlichen Überlebens zu bewältigen. Eines dieser Probleme, mit denen die frühe Menschheit umgehen lernte, war Höhe. Wenn Menschen aus größerer Höhe stürzten, stieg das Risiko, zu sterben oder dauerhaft versehrt zu werden (was damals so ziemlich dasselbe war), exponentiell. Größere Höhen bedeuteten größeres Risiko. Ein Sturz aus gut einem halben Meter Höhe ist kaum mehr als ein Stolpern. Ein Sturz aus drei Metern Höhe ist für einen Zehnjährigen, der vom Dach springt, nicht weiter schlimm; für ältere Menschen jedoch kann er Knochenbrüche zur Folge haben. Ein Sturz aus zwölf Metern Höhe ist in der Regel tödlich, einer aus 120 Metern Höhe immer.

Die Menschen lernten schnell, wenn sie mit Problemen konfrontiert wurden, die mit Höhe zusammenhingen: Je größer die Höhe, desto größer das Risiko. Größere Höhen bedeuteten, dass man tiefer fallen konnte – genauso denken Menschen über KGVs. Sie stellen sich höhere KGVs als potenziell tieferen Sturz vor und niedrigere KGVs als potenziell kürzeren Sturz, sodass das Risiko eines harten Aufpralls geringer ist. Immer wenn ich Ihnen Informationen so präsentiere, dass sie an Höhe und Fall denken, macht Ihnen größere Höhe Angst, und geringere Höhe erscheint Ihnen sicherer. Wenn ich Ihnen dieselben Informationen hingegen ohne Höhenbezug zeigen kann, schwindet Ihre Angst sofort. (Das werden wir in wenigen Augenblicken tun.)

Eine kurze Vorschau auf Frage Drei

Wenn das Markt-KGV höher als normal ist, wissen das die meisten Anleger. Selbst diejenigen, die nicht einmal wissen, wofür KGV steht, behaupten, der Markt sei „derzeit“ erschreckend überbewertet. Die daraus entstehende Höhenangst und die Sorge vor möglichen Verlusten lassen sich durch eine Binsenweisheit der Behavioral Finance (verhaltensorientierte Finanzmarktforschung) erklären: Menschen hassen Verluste deutlich stärker, als sie Gewinne mögen.[11]

Man spricht zwar davon, dass Anleger risikoscheu sind, doch das trifft es nicht ganz. Anleger sind nachweislich verlustscheu. Zwei Pioniere der Behavioral Finance, Daniel Kahneman und Amos Tversky, haben gezeigt und belegt, dass ganz normale US-Amerikaner (ja, Sie sind wahrscheinlich ziemlich normal) Verluste etwa zweieinhalbmal so stark verabscheuen, wie sie Gewinne schätzen.[12] Anleger empfinden den Schmerz eines finanziellen Verlusts viel intensiver als die Freude über einen Gewinn. Tief in Ihrem Inneren wussten Sie wahrscheinlich schon, dass das auch auf Sie zutrifft. Und weil Verluste schmerzhafter sind als Gewinne angenehm, tun Anleger mehr, um Verluste zu vermeiden, als um Gewinne zu erzielen.

Anleger gehen sogar *mehr Risiko* ein, wenn sie glauben, dadurch Verluste vermeiden zu können, die sie sonst erleiden würden. Kahneman und Tversky beschrieben dieses Phänomen in ihrer sogenannten „Prospekttheorie". Sie fanden heraus, dass normale Anleger (also auch Sie) tatsächliches Risiko mit *wahrgenommenem Risiko* verwechseln, wenn sie die Möglichkeit eines Verlusts vermeiden wollen.[13] Die Wahrnehmung – oder besser: Fehlwahrnehmung – möglicher Verluste, die fälschlicherweise seit Langem mit Märkten mit hohem KGV verbunden wird, versetzt Anleger in Angst, obwohl das Marktumfeld ansonsten relativ risikoarm ist. Dieselben Kräfte wirken auch am Tiefpunkt eines Bärenmarktes. Dann sind Anleger in der Regel am ängstlichsten, obwohl das Risiko geringer und das Aufwärtspotenzial beträchtlich ist. Die Wahrnehmung der Anleger liegt schlicht daneben.

Viele, insbesondere diejenigen, die sich selbst als „Value-Anleger" betrachten, haben auf diese Vorstellung mit heftigen, fast schon religiös anmutenden Reaktionen geantwortet. Anstatt Selbstreflexion zu üben und sich Frage Eins zu stellen – was halte ich für wahr, obwohl es in Wirklichkeit falsch ist? –, greifen sie nach jedem Strohhalm, um abzustreiten, dass sie von einer ganz natürlichen Verzerrung beeinflusst werden. Als Gegenargument behaupten sie, dieses Phänomen trete auf, weil extrem hohe KGVs durch gedrückte Gewinne am Ende einer Rezession entstünden. Nicht ganz. Das kommt zwar manchmal vor, ist aber keineswegs allgemein gültig. In den Jahren 1996, 1997, 1998 und 1999 traf das jedenfalls nicht zu. Um das wegzuerklären, sagen Anleger dann, die Märkte seien eben irrational. Die Vehemenz, mit der Anleger bis heute behaupten, extrem hohe KGVs müssten mit hohem Risiko verbunden sein, ist ein weiterer Aspekt der Tücke von TGH.

Kopfüber und rückwärts, wenn möglich

Wir haben gezeigt, wie man Frage Eins auf eine tief verwurzelte Fehlvorstellung anwendet. Wenn Sie sich nun daranmachen, Ihre eigenen Mythen zu überprüfen, seien Sie gründlich. Gute Wissenschaftler hören nicht auf, sobald sie die Antwort auf eine Frage gefunden haben; sie betrachten das Problem immer wieder aus verschiedenen Blickwinkeln.

Seien Sie zunächst realistisch, was Ihre Ergebnisse angeht. Ziehen Sie keine voreiligen Schlüsse. Man könnte die bisherigen Daten betrachten und daraus einen neuen Mythos schaffen: Hohe KGVs sagen überdurchschnittliche Renditen voraus. Fallen Sie nicht auf diesen Trick herein. Die vorliegenden Belege reichen aus, um die falsche Annahme, hohe KGVs seien schlecht für Aktien, vollständig zu widerlegen. Alles andere ist nicht schlüssig. Es reicht nicht aus. Es ist nicht erdrückend. Es wird Ihnen nicht helfen, häufiger zu gewinnen als zu verlieren. Letztlich sind KGVs für sich genommen kein Indikator für künftige Ergebnisse. Für gar keine künftigen Ergebnisse.

Wenn Sie nur ein einziges Ergebnis erhalten, das Ihre Hypothese stützt, ganz gleich, wie bemerkenswert es sein mag, handelt es sich um einen Zufall und nicht um ein Muster. Das gilt für alles, was Ihnen begegnet. Investieren Sie nicht auf Grundlage von Zufällen. Sie könnten beispielsweise zu dem Schluss kommen, dass Märkte mit extrem hohen KGVs tendenziell mit geringem Risiko und hohen Renditen verbunden sind. Ja, es stimmt, dass auf extrem hohe KGVs einige großartige Aktienrenditen folgten. Aber es gab nicht genug Fälle, um daraus ein belastbares Muster abzuleiten. Es bleibt eine interessante Beobachtung – und vermutlich Zufall. Wenn Sie etwas entwickeln und testen, müssen Sie so viele Fälle wie möglich prüfen.

Wir wissen jetzt, dass KGVs allein keine Vorhersagekraft haben. Sind sie also überhaupt zu etwas gut? Um das herauszufinden, müssen wir diesmal einen Gedanken aus Kapitel 2 und Frage Zwei kurz vorwegnehmen. Was können wir über KGVs herausfinden, das für andere schwer zu erkennen ist? Ein gängiger Trick, um Dinge besser zu verstehen und zu sehen, was andere nicht sehen, besteht darin, sie aus einer anderen Perspektive zu betrachten. Eine wirkungsvolle Methode, Ihre Überzeugungen und Ergebnisse zu überprüfen, besteht darin, den Mythos auf den Kopf zu stellen und zu sehen, was dadurch erkennbar wird.

In den ersten beiden Ausgaben dieses Buches habe ich vorgeschlagen, das KGV auf den Kopf zu stellen. Setzen Sie in dieser Gleichung den *Gewinn* über den *Kurs*, erhalten Sie dieselben Informationen in einem anderen Rahmen: das Gewinn-Kurs-Verhältnis, besser bekannt als *Gewinnrendite*. Dabei handelt es sich schlicht um den Kehrwert des KGV – das GKV. Hinweis: Auch das ist weiterhin kein Prognoseinstrument, kann aber helfen, die mit dem KGV verbundene Höhenangst zu nehmen. Im Wesentlichen ist es die Rendite, die Sie – ohne Berücksichtigung von Dividenden – dauerhaft erzielen würden, wenn sich die Gewinne niemals veränderten.

Anleger sind es gewohnt, die erwarteten Renditen von Anleihen und Barmitteln als Renditen ausgewiesen zu sehen, Aktien jedoch anhand ihres KGV zu bewerten. Kehrt man das KGV um und betrachtet die Gewinnrendite, kann man Äpfel mit Äpfeln vergleichen. Tabelle 1.1 zeigt, wie man aus einem KGV eine Gewinnrendite berechnet:

Ein KGV von 20 entspricht im Grunde einem Kurs von 20 Dollar geteilt durch 1 Dollar Gewinn. Das Gewinn-Kurs-Verhältnis beträgt also 1 geteilt durch 20 – oder 5 Prozent. Betrachtet man diese Beziehung als Gewinnrendite, lässt sie sich besser mit Zinssätzen vergleichen (wie wir später sehen werden, sollte das auch so sein), und die mit dem KGV verbundene Höhenangst verschwindet sofort. Das KGV von 20 macht Ihnen Angst, die Gewinnrendite von 5 Prozent dagegen nicht. Das ist ganz einfache Mathematik – auch hier sind keine fortgeschrittenen Kenntnisse erforderlich.

Dieser Vergleich ist rationaler und einfacher als die Frage, ob eine Aktie allein aufgrund ihres KGV günstig oder teuer bewertet ist. Da Aktien und Anleihen um das Geld der Anleger konkurrieren, liefert Ihnen der Vergleich von Anleiherenditen und Gewinnrenditen eine konkrete Vergleichsgrundlage. Wenn Sie beispielsweise einen Markt mit einem KGV von 20 betrachten, würden die meisten Leute sagen, dass dies „hoch" erscheint. Was halten Sie dagegen von einer Gewinnrendite von 5 Prozent? Wenn die Anleiherenditen bei 8 Prozent liegen, ist eine Gewinnrendite von 5 Prozent vielleicht nicht attraktiv. Wenn die Anleiherenditen jedoch bei 3 Prozent liegen, könnte sie es sein.

Tabelle 1.1 Was ist eine Gewinnrendite?

KG	→	GK	=	GR%
33		1/33		3%
25		1/25		4%
20		1/20		5%
15		1/15		6%
10		1/10		10%
7		1/7		14%
5		1/5		20%

Bevor Sie denken, ein Aktienmarkt (oder eine einzelne Aktie) mit einer Gewinnrendite von 5 Prozent sei beispielsweise einer US-Staatsanleihe mit 6 Prozent Rendite unterlegen, sollten Sie die steuerliche Behandlung berücksichtigen. Die Gewinnrendite entspricht im Grunde den annualisierten Nachsteuerkosten, die einem Unternehmen entstehen, wenn es sich durch den Verkauf von Aktien Wachstumskapital beschafft. Was heißt das?

Da das KGV eine Größe nach Steuern ist, wissen Sie, dass auch das GKV eine Größe nach Steuern ist. Ein Unternehmen kann Wachstumskapital aufnehmen, indem es Aktien verkauft oder eine Unternehmensanleihe ausgibt. Gibt es jedoch eine Unternehmensanleihe aus, sind die darauf gezahlten Zinsen steuerlich abzugsfähig. Die Rendite einer Unternehmensanleihe wird vor Steuern angegeben. Das GKV dagegen ist eine Größe nach Steuern.

Angenommen, die Aktie hat ein KGV von 20 und es handelt sich um ein Unternehmen mit durchschnittlicher Bonität, also mit einem BBB-Rating für Unternehmensanleihen. Ende 2024 konnte ein solches Unternehmen über eine zehnjährige Unternehmensanleihe zu etwa 5,7 Prozent Kapital aufnehmen.[14] Bei einem Körperschaftsteuersatz von 21 Prozent betragen die Nachsteuerkosten dieser 5,7 Prozent tatsächlich 4,5 Prozent. (Um den steuerbereinigten Wert zu erhalten, multiplizieren Sie den Satz von 5,7 Prozent mit 1 minus dem Steuersatz von 21 Prozent – also mit 0,79.) Das GKV der Aktie beträgt 5 Prozent, und zwar bereits nach Steuern. Es ist also günstiger, Wachstumskapital durch die Ausgabe einer Anleihe zu 4,5 Prozent zu beschaffen, als Aktien zu 5 Prozent zu verkaufen. Dieser Abstand ist zunächst nicht sehr groß. Wenn Sie jedoch künftig Gewinnwachstum erwarten oder vielleicht sogar eine etwas höhere Gewinnrendite erzielen, vergrößert sich der Abstand weiter. Ein Finanzvorstand kann das nutzen, um die Übernahme eines Konkurrenten oder die Ausgabe von Anleihen zum Rückkauf eigener Aktien zu rechtfertigen. Das ist die Sichtweise des Unternehmens.

Aus Ihrer Sicht sieht das allerdings etwas anders aus. Die Gewinnrendite muss nicht über der steuerbereinigten Anleiherendite liegen, damit Aktien attraktiver sind als Anleihen. Wenn Sie Aktien kaufen, tun Sie das in der Annahme, dass die künftigen Gewinne durch späteres Wachstum etwas höher ausfallen werden. Aktien neigen als Gruppe dazu, im Laufe der Zeit Gewinnwachstum zu erzielen – manchmal mehr, manchmal weniger. Der Kupon einer Anleihe hingegen ist fest. Sie wissen, dass er von selbst nicht steigen wird. Wenn Sie die Anleihe bis zur Fälligkeit halten, erhalten Sie diesen Zinssatz (solange das Unternehmen zahlungsfähig bleibt). Wenn Sie Aktien kaufen, kaufen Sie im Grunde die künftige durchschnittliche Gewinnrendite, die wahrscheinlich etwas höher ist als die aktuelle Gewinnrendite. Wenn Sie Anleihen kaufen, entspricht die künftige durchschnittliche Anleiherendite der aktuellen Rendite. Aus diesem Grund muss die aktuelle Gewinnrendite nicht höher sein als die Anleiherendite, damit Aktien im Vergleich attraktiv sind.

Interessanterweise haben sich die Gewinnrendite des US-Aktienmarktes und die Anleiherendite in der Vergangenheit ziemlich eng parallel entwickelt – zumindest seit 1985 (siehe Abbildung 1.4). Wenn die Gewinnrendite über der Anleiherendite lag, war der Abstand zwar meist nicht groß, doch es waren in der Regel gute Zeiten, um Aktien zu halten. Warum? Wenn die Gewinnrendite über der Anleiherendite liegt, sind Aktien im Vergleich zu Anleihen in der Regel unterbewertet. Übersetzt heißt das: Aktien sind relativ günstig.

Auch hier möchte ich Sie daran erinnern, dass dies keineswegs ein Prognoseinstrument ist. In den meisten Jahren zwischen 2002 und 2024 lag die Gewinnrendite über der Rendite zehnjähriger US-Staatsanleihen.[15] Dennoch durchliefen wir 2008 einen Zyklus vom Bullen- zum Bärenmarkt. Darauf folgte der längste Bullenmarkt der Geschichte, der mit dem kürzesten Bärenmarkt der Geschichte endete – dem durch die Covid-Lockdown-Maßnahmen ausgelösten Einbruch im Jahr 2020.

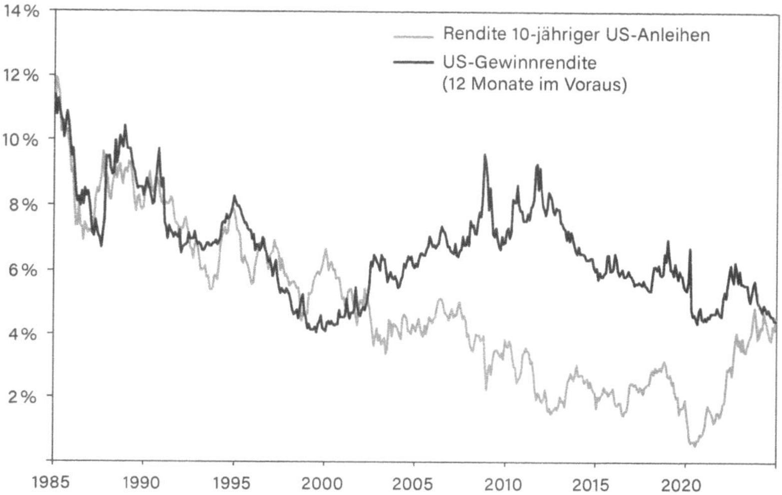

Abbildung 1.4 Rendite 10-jähriger US-Anleihen im Vergleich zur Gewinnrendite.

Quelle: Finaeon, Inc., Stand: 28.2.2025.

Und nun taucht ein weiteres Problem auf: Viele Experten zitieren diese Kennzahl fälschlicherweise als Prognoseinstrument. Sie haben sie sogar als „Fed-Modell“ bezeichnet, was suggeriert, die Zauberer, die in den USA die Geldpolitik gestalten, könnten daraus die Zukunft der Aktienmärkte vorhersagen. (Wenn Sie hier Sarkasmus erkennen, lesen Sie richtig.) Heute werden Zentralbanker von vielen vergöttert. Das bedeutet lediglich, dass diese Kennzahl zu viel Beachtung findet, um überhaupt funktionieren zu können. Sie hat Mythosstatus erreicht. Glauben Sie keinen Prognosen, die allein darauf beruhen.

Wenn Sie sich wirklich, wirklich irren

Wir haben über jene Mythen gesprochen, die von Anlegern aufrechterhalten werden, die kausale Zusammenhänge erfinden oder sich vorstellen, wo keine existieren. Doch was ist mit jenen Mythen, die so falsch sind, dass das Gegenteil tatsächlich wahr ist? Manchmal wird Ihnen Frage Eins ganz deutlich zeigen, dass Sie sich nicht nur geirrt haben, sondern sich wirklich, wirklich geirrt haben. Machen Sie sich keine Sorgen. Die Erkenntnis, dass Sie sich geirrt haben, und die Tatsache, dass Sie dadurch eine umgekehrte Wahrheit aufgedeckt haben, liefern eine weitere Grundlage für eine Marktbewegung. Eine mächtige Grundlage, denn Sie wissen jetzt, dass sich fast jeder für genau das Gegenteil dessen positioniert, was wahrscheinlich passieren wird.

Es mag Ihnen schwerfallen, sich vorzustellen, dass Sie und andere Anleger sich so völlig irren können. Aber es gibt einige Mythen in der fehlgeleiteten Anlegerdoktrin, an denen so sehr festgehalten wird, dass es fast schon blasphemisch ist, sie anzuzweifeln. Der Vorschlag, eine solche Überzeugung zu hinterfragen, und sei es nur, um ihre Richtigkeit zu bestätigen, würde Empörung, Skandal und möglicherweise sogar Exkommunikation nach sich ziehen. Diese Mythen, die heiligsten Überzeugungen im Anleger- und Sozialkatechismus, die niemand zu hinterfragen wagt, sind manchmal so falsch, dass genau das Gegenteil zutrifft.

Das Allerheiligste: Der Mythos vom Bundeshaushaltsdefizit

Sie glauben wahrscheinlich, dass ein hohes Bundeshaushaltsdefizit schlecht ist. *Jeder* weiß, dass Haushaltsdefizite schlecht sind. Woher wissen wir das? Wir wissen es, weil es jeder weiß. Na klar! Experten, Politiker, Patrioten, Pokerpartner, Ihre Eltern, Ihr Wellensittich und, am schlimmsten von allen, Katy Perry, Brad Pitt und Dolly Parton. Alle! Noch wichtiger ist, dass alle daran *glauben*. Es gibt absolut keinen Grund, diese Überzeugung infrage zu stellen. Ich meine, wie kann man Dolly Parton infrage stellen? Damit ist dieser heiliggehaltene Mythos ein hervorragender Kandidat für Frage Eins. Was glauben Sie, das in Wirklichkeit falsch ist? Besser noch, betrachten Sie ihn neu, stellen Sie ihn auf den Kopf und stellen Sie sich die Gegenfrage.

Ist ein hohes Bundeshaushaltsdefizit gut – und gut für Aktien?

Wenn Sie diese Frage zu laut stellen, könnte Sie jemand in eine schöne, sichere Gummizelle einweisen lassen. Der Glaube, dass ein Haushaltsdefizit schlecht ist, gehört zu unserer kollektiven Weisheit in der westlichen Welt – nein, zu unserer Bürgerpflicht. Wie erwähnt, hat „Defizit" denselben lateinischen Ursprung wie „defizitär". Warum etwas hinterfragen, woran man seit Tausenden von Jahren glaubt? Weil es falsch ist!

Als Kinder lernen wir, Schulden als schlecht anzusehen, mehr Schulden als noch schlechter und viele Schulden als geradezu unmoralisch. Gleich nachdem wir unsere Papiertruthähne für Thanksgiving gebastelt hatten, bekamen wir einen Keks, etwas Apfelsaft, eine Belehrung über die Unmoral von Schulden – und dann war Mittagsschlaf angesagt.

Als Gesellschaft lehnen wir Schulden aus moralischen Gründen ab. In dieser Hinsicht haben wir uns nicht weit von unseren puritanischen Vorfahren entfernt. Und Defizite schaffen mehr Schulden. Aber die Abneigung gegen Haushaltsdefizite ist nicht nur eine amerikanische Haltung. Auch die Menschen in anderen westlichen Industrienationen sorgen sich über Defizite, so wie wir. An vielen Orten sogar noch mehr! Wenn man so darüber nachdenkt, sorgen sie sich auch über unsere Defizite – mehr als über ihre eigenen.

Ist diese Sorge berechtigt? Seit 1974 haben die USA nur in vier Jahren (1998, 1999, 2000 und 2001) einen Bundeshaushaltsüberschuss erzielt. Das war's! Während der Haushaltsüberschüsse Ende der 1990er-Jahre erreichte der Aktienmarkt seinen Höhepunkt; es folgten ein Bärenmarkt und der Beginn einer Rezession. Diese Rezession war relativ kurz und mild, doch der Bärenmarkt hielt drei Jahre lang an und war massiv. Offensichtlich hatte der Haushaltsüberschuss also keine herausragenden Aktienrenditen zur Folge. Wenn es keine empirischen Belege für die Hypothese gibt, dass Haushaltsdefizite schlecht für Aktien sind, könnte dann das Gegenteil zutreffen?

Offenbar ja. Abbildung 1.5 zeigt den Saldo des Bundeshaushalts seit 1947 in Prozent des jährlichen Bruttoinlandsprodukts (BIP). Alles oberhalb der horizontalen Linie steht für einen Haushaltsüberschuss, alles darunter für ein Defizit. Wir haben die relativen Hoch- und Tiefpunkte markiert. Die kontraintuitive Wahrheit ist, dass die Aktienmarktrenditen nach periodischen Defizitextremen im Durchschnitt deutlich höher waren als nach Überschusshochs oder sogar nach rückläufigen Defiziten.

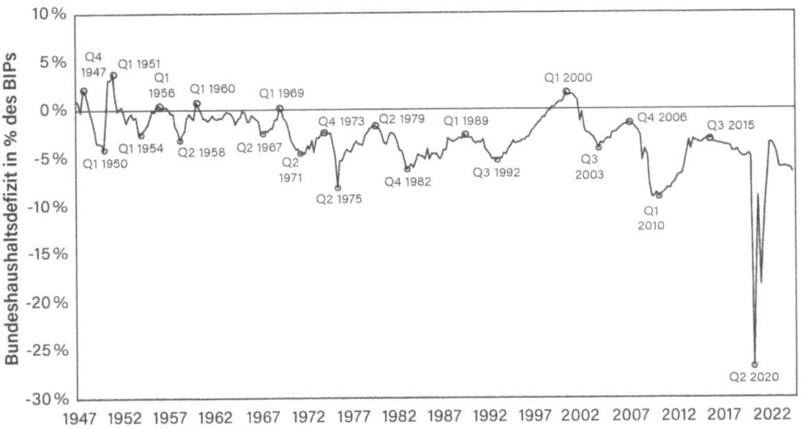

Abbildung 1.5 Haushaltsdefizite sind gut für Aktien.

Quelle: The White House, Bureau of Economic Analysis und FactSet, Stand: 20.2.2025.

Tabelle 1.2 zeigt die Kursrenditen nach dem höchsten Überschuss beziehungsweise dem geringsten Defizit jedes Zyklus – also zu dem Zeitpunkt, als Uncle Sam finanziell am solidesten dastand. Betrachten Sie die 12-Monats-Renditen nach Haushaltsüberschüssen oder dem geringsten Defizit des jeweiligen Zyklus und vergleichen Sie sie mit den Renditen nach den größten Defiziten.

In welcher Welt wollen Sie leben? In der mit einer durchschnittlichen Rendite von 0,0 Prozent oder in der mit einer durchschnittlichen Rendite von 18,8 Prozent? Betrachten Sie nun die 36-Monats-Renditen. Diese erschreckenden Defizite liefern eine durchschnittliche kumulierte Rendite von 29,2 Prozent, verglichen mit 12,7 Prozent bei den Überschüssen.

Die einfache Wahrheit ist: Hätte ein Anleger seit 1947 immer dann Aktien gekauft, wenn das Bundeshaushaltsdefizit am größten war, hätte er im Durchschnitt deutlich höhere 1-, 2- und 3-Jahres-Renditen erzielt als mit Käufen in Phasen von Haushaltsüberschüssen oder besonders niedrigen Defiziten. Käufe nach Haushaltsüberschüssen hätten zu deutlich unterdurchschnittlichen Renditen geführt.

Wenn Sie nun zu dem Schluss kommen, dass Haushaltsüberschüsse für Aktien vielleicht doch nicht so gut sind wie gemeinhin behauptet, dann haben Sie es verstanden. Wenn Sie an dieser Umkehrung der gängigen Logik die spöttische Handschrift von TGH erkennen, haben Sie es ebenfalls verstanden. Haushaltsüberschüsse sind kein Allheilmittel. Historisch gesehen führen sie zu schlechten Märkten. Also wünschen Sie sich keine.

Auf den ersten Blick mag das nicht einleuchtend sein. Nach gängiger Meinung ist ein Defizit eine Art gigantischer Anker, der die Wirtschaft nach unten zieht und ihr immer noch mehr Schulden aufbürdet. Als Verbraucher achten wir darauf, unsere Girokonten nicht zu überziehen, und sind der Meinung, dass der Staat dasselbe tun sollte. Viele Politiker wollen Ihnen weismachen, dass Defizite reduziert werden müssen, und zwar sofort. Es gibt keine Politiker, die sagen, dass mehr Schulden gut sind (obwohl ihre Politik uns oft unweigerlich genau dorthin führt).

Die wahre Bedeutung von Politik

Wenn Sie den alten amerikanischen Kalauer über die Herkunft des englischen Wortes *„politics“* nicht kennen, lassen Sie mich Sie aufklären: Angeblich setzt es sich aus *„poli“* für „viele“ und *„ticks“* für „Zecken“, also kleine blutsaugende Kreaturen, zusammen. Wenn ein Politiker nicht aufsteht und verkündet: „Ich lüge, betrüge und stehle regelmäßig, um meine Karriere voranzutreiben, und Sie sind mir völlig egal, wer auch immer Sie sind“, sollten Sie alles, was er sagt, mit Vorsicht genießen.

Tabelle 1.2 Aktienrenditen nach extremen Haushaltsbilanzen

Überschusshochs / geringste Defizite		**Nachfolgende Kursrendite des S&P 500**		
Datum		12 Monate	24 Monate	36 Monate
Q4 1947	Annualisiert	-0,7%	4,7%	10,1%
Q4 1947	Kumuliert	-0,7%	9,5%	33,4%
Q1 1951	Annualisiert	13,9%	8,7%	8,0%
Q1 1951	Kumuliert	13,9%	18,2%	25,9%
Q1 1956	Annualisiert	-9,0%	-6,8%	4,6%
Q1 1956	Kumuliert	-9,0%	-13,2%	14,4%
Q1 1960	Annualisiert	17,6%	12,1%	6,4%
Q1 1960	Kumuliert	17,6%	25,7%	20,3%
Q1 1969	Annualisiert	-11,7%	-0,6%	1,8%
Q1 1969	Kumuliert	-11,7%	-1,2%	5,6%
Q4 1973	Annualisiert	-29,7%	-3,8%	3,3%
Q4 1973	Kumuliert	-29,7%	-7,5%	10,2%
Q2 1979	Annualisiert	11,0%	12,9%	2,1%
Q2 1979	Kumuliert	11,0%	27,5%	6,5%
Q1 1989	Annualisiert	15,3%	12,8%	11,0%
Q1 1989	Kumuliert	15,3%	27,2%	36,9%
Q1 2000	Annualisiert	-22,6%	-12,5%	-17,3%
Q1 2000	Kumuliert	-22,6%	-23,4%	-43,4%
Q4 2006	Annualisiert	3,5%	-20,2%	-7,7%
Q4 2006	Kumuliert	3,5%	-36,3%	-21,4%
Q3 2015	Annualisiert	12,9%	14,5%	14,9%
Q3 2015	Kumuliert	12,9%	31,2%	51,8%
Durchschnitt	**Annualisiert**	**0,0%**	**2,0%**	**3,4%**
Durchschnitt	**Kumuliert**	**0,0%**	**5,2%**	**12,7%**

Quelle: FactSet und Finaeon, Inc., Stand: 20.2.2025. S&P-500-Kursindex.

Tabelle 1.2 Aktienrenditen nach extremen Haushaltsbilanzen

Überschusshochs / geringste Defizite		**Nachfolgende Kursrendite des S&P 500**		
Datum		12 Monate	24 Monate	36 Monate
Q1 1950	Annualisiert	23,8%	18,7%	13,5%
Q1 1950	Kumuliert	23,8%	40,9%	46,3%
Q1 1954	Annualisiert	35,8%	34,1%	17,9%
Q1 1954	Kumuliert	35,8%	80,0%	63,7%
Q2 1958	Annualisiert	29,2%	12,2%	12,6%
Q2 1958	Kumuliert	29,2%	25,8%	42,9%
Q2 1967	Annualisiert	9,9%	3,8%	-7,1%
Q2 1967	Kumuliert	9,9%	7,8%	-19,8%
Q2 1971	Annualisiert	7,5%	2,3%	-4,8%
Q2 1971	Kumuliert	7,5%	4,6%	-13,7%
Q2 1975	Annualisiert	9,5%	2,7%	0,1%
Q2 1975	Kumuliert	9,5%	5,6%	0,4%
Q4 1982	Annualisiert	17,3%	9,0%	14,5%
Q4 1982	Kumuliert	17,3%	18,9%	50,2%
Q3 1992	Annualisiert	9,8%	5,2%	11,8%
Q3 1992	Kumuliert	9,8%	10,7%	39,9%
Q3 2003	Annualisiert	11,9%	11,1%	10,3%
Q3 2003	Kumuliert	11,9%	23,4%	34,1%
Q1 2010	Annualisiert	13,4%	9,7%	10,3%
Q1 2010	Kumuliert	13,4%	20,4%	34,2%
Q2 2020	Annualisiert	38,6%	10,5%	12,8%
Q2 2020	Kumuliert	38,6%	22,1%	43,5%
Durchschnitt	**Annualisiert**	**18,8%**	**10,9%**	**8,4%**
Durchschnitt	**Kumuliert**	**18,8%**	**23,7%**	**29,2%**

Quelle: FactSet und Finaeon, Inc., Stand: 20.2.2025. S&P-500-Kursindex.

Die Menschen tun sich damit schwer. Sie mögen es nicht, wenn Politiker Dinge sagen, die ihrer eigenen politischen Überzeugung widersprechen. Und Sie wissen, dass Politiker unehrlich und widerwärtig sind – wenn Ihr Kind vorhätte, einen von ihnen zu heiraten, würden Sie lieber nach einem Sektenausstiegsberater suchen, der es wieder zur Vernunft bringt. Noch schwerer zu akzeptieren? Wenn Politiker Dinge sagen, die Ihnen gefallen und an die Sie glauben, lügen sie schlicht und einfach. Das ist natürlich nur meine Meinung. Nehmen wir an, ich liege falsch.

Politiker sind in der überwiegenden Mehrheit keine Kapitalmarktexperten. Viele von ihnen waren Anwälte. Viele waren einfach Berufspolitiker. Ja, heute haben wir Trump, der ein Unternehmen geführt hat. Aber ein Unternehmen zu führen, ist nicht dasselbe, wie Kapitalmärkte zu analysieren. Auf jeden Fall gilt als gute Faustregel: Erwarten Sie von Politikern keine Fachkenntnisse in Finanz- oder Wirtschaftsfragen. Sie mögen ehrlich genug sein, bis sie zu Großmäulern im Washingtoner Politikbetrieb werden, aber sie sind dennoch keine Experten für Märkte und Wirtschaft und werden niemals die Drei Fragen anwenden. Politiker denken nie darüber nach, wann sie sich irren, wie sie etwas verstehen können, was andere nicht verstehen können, und wie sie erkennen können, wann ihr Verstand sie in die Irre führt. Politiker könnten die Drei Fragen nicht anwenden, selbst wenn sie müssten. Bedenken Sie: Eine Tatsache aufzudecken, die niemand sonst sieht, hat für einen Politiker keinen Wert. Sie wollen populäre Dinge sagen, und populäre Dinge sind Dinge, an die die meisten Menschen glauben. Die Verbreitung von Mythen ist politisch nützlich! (Vielleicht habe ich in den letzten Absätzen aus komödiantischen Gründen etwas übertrieben, aber Sie werden ein besserer Investor sein und nachts besser schlafen, wenn Sie etwa 97 Prozent dessen, was Politiker sagen, ausblenden.)

Dass Haushaltsdefizite gut für Aktien sind, ist kein glücklicher Zufall. Wirtschaftlich ergibt das Sinn, wenn man sich dazu durchringen kann, richtig über Schulden und Defizite nachzudenken. (Wir behandeln das in Kapitel 6.) Nehmen wir vorerst einmal an, dass Haushaltsdefizite in den USA wirklich gut für Aktien sind und Überschüsse wirklich schlecht. Wenn das stimmt, sollten wir in anderen westlichen Industrienationen annähernd das Gleiche beobachten können. Dieser einfache Gegencheck ist wirklich raffiniert, wird aber von den meisten Leuten nie angewendet. Und tatsächlich beobachten wir das auch im Ausland.

In anderen Industrienationen (wie ich Ihnen in Kapitel 6 zeige) gingen Haushaltsdefizite guten Aktienmarktrenditen voraus, während Überschüsse düsterere Zeiten einläuteten. Das ist keine sozioökonomisch-politische Aussage. Ich betrachte lediglich die harten Fakten und ermutige Sie, dasselbe zu tun. Menschen, die durch Vorurteile gelähmt sind, leiden unter falschen Vorstellungen und können die Wahrheit nicht erkennen, selbst wenn sie direkt vor ihnen liegt. Fragen Sie sich stattdessen immer, ob das, was Sie glauben, in Wirklichkeit falsch ist.

Was ist mit den anderen Defiziten?

Das US-Bundeshaushaltsdefizit ist nicht das einzige Defizit-Schreckgespenst, das Anleger in Aufruhr versetzt. Sobald ich Ihnen sage, dass dieses Haushaltsdefizit nicht schlecht für Aktien ist, reagieren Sie vielleicht mit Ablehnung, Wut und dann mit einem Perspektivwechsel – nämlich dahin gehend, dass andere Defizite, etwa das Handelsdefizit, schlecht sein müssen. Das haben Sie schon so oft gehört. Sie haben außerdem gehört, dass es schlecht für den Dollar ist.

Wir betrachten solche Behauptungen in den Kapiteln 6 und 7, wo ich zeigen werde, dass diese beiden Formen von Defiziten weder für Aktien noch für den Dollar schlecht sind. (Ich möchte hinzufügen, dass das Handelsdefizit in keinem echten wirtschaftlichen Sinne des Wortes ein Defizit ist.) Ich erwähne das hier als weitere Variante von etwas, das alle glauben und das falsch ist. Man hört es, akzeptiert es, glaubt, dass es wahr ist, zuckt jedes Mal zusammen, wenn ein neuer Rekordwert beim Handelsdefizit bekannt gegeben wird, fragt sich aber nie: „Ich *halte* es für schlecht, aber ist es das wirklich, und wie könnte ich das überprüfen?" Denn tief in Ihrem Innersten wissen Sie: Wenn alle anderen sich irren und Handelsdefizite nicht schlecht für den Aktienmarkt und den Dollar sind, wäre das enorm bullish, denn dann gäbe es eine Sorge weniger, die für die meisten Menschen eine enorme Belastung darstellt. Und das ist wiederum etwas, das Sie wissen können und was andere nicht wissen.

Alles ist relativ – wirklich relativ

Ein Grund, warum Anleger wegen Defiziten – Haushaltsdefiziten, Handelsdefiziten und anderen Defiziten – ausflippen, ist, dass sie vergessen, relativ zu denken (ein kognitiver Fehler). Sie hören, dass wir ein geschätztes Handelsdefizit von 918 Milliarden Dollar haben (Stand: Ende 2024).[16] „Heilige Kuh! Das ist eine Menge Moos!", denken sie. „Neunhundert Milliarden??? Ich habe keine 900 Milliarden. Nicht einmal Elon Musk hat so viel." Nachrichtenredakteure und Fernsehkommentatoren kritisieren scharf diejenigen, die sie für verantwortlich halten, und verwenden Begriffe wie „rekordbrechend", „erschütternd" und „unverantwortlich", um die Höhe des Defizits zu beschreiben. Nun, natürlich klingt das hoch. Aber ist es das auch? Stimmt unsere Wahrnehmung?

Um das richtig einzuschätzen, müssen wir es ins Verhältnis setzen. Wir müssen unser Handelsdefizit als Prozentsatz unserer gesamten Wirtschaftsleistung betrachten. Wenn Sie 900 Milliarden Dollar für viel halten, was halten Sie dann von 29,2 Billionen Dollar?[17] Das ist ungefähr die Größe des Bruttoinlandsprodukts der USA (ebenfalls zum Jahresende 2024).[18] Als Prozentsatz unserer nationalen Wirtschaftsleistung beträgt das Handelsdefizit also lediglich 3,1 Prozent. Der historische Durchschnitt zeigt außerdem, dass es keinen Grund zur

Sorge gibt. Das aktuelle Handelsdefizit von 918 Milliarden Dollar ist gemessen am Bruttoinlandsprodukt geringer als die 3,25 Prozent, die in der ersten Ausgabe dieses Buchs genannt wurden – und die 3,4 Prozent in der zweiten!

Die sogenannten Experten erwähnen das Handelsdefizit jedoch nicht als Prozentsatz des Bruttoinlandsprodukts, weil sie davon ausgehen, dass Sie rational sind und sich nicht über ein Handelsdefizit aufregen, das 3,1 Prozent unseres Gesamteinkommens ausmacht und damit unter den Werten von Ende 2010 und Juli 2006 liegt.

Das gilt nicht nur für Defizite. Immer wenn jemand versucht, Sie mit riesigen Zahlen zu erschrecken, denken Sie relativ – denken Sie *in Relationen.*

Hinterfragen Sie alles, was Sie wissen

Um erfolgreich zu investieren, müssen Sie alles hinterfragen, was Sie zu wissen glauben – insbesondere die Dinge, von denen Sie glauben, dass Sie sie wirklich, wirklich wissen. Frage Eins richtig anzuwenden, gibt Ihnen die Disziplin, einige grundlegende Fehler zu vermeiden. Die Fähigkeit, Fehler zu vermeiden, ist der Schlüssel zu erfolgreichem Investieren. Wenn Sie die Mythologie untersuchen und fehlerhafte Logik entdecken, korrigieren Sie sie nicht nur einmal und vergessen Sie sie dann wieder. Investieren ist eine angewandte Wissenschaft, kein Handwerk. Wenn Sie eine validierte Antwort auf eine Hypothese erhalten, gehen Sie nicht davon aus, dass Sie die Ergebnisse immer und überall anwenden können und immer dasselbe Ergebnis erzielen. TGH ist ein sich ständig verändernder Gegner, der eine ständige Überprüfung von Hypothesen erfordert.

Zu wissen, dass hohe US-Bundeshaushaltsdefizite nicht unbedingt schlechte Zeiten ankündigen, sondern womöglich sogar das Gegenteil signalisieren, ist ziemlich schockierend, aber zweifellos wahr. Eines Tages, in irgendeinem künftigen Universum, werden Anleger diesen

Mythos vielleicht aufgeben und erkennen, dass die ganze Welt in diesem Punkt falschlag. Angesichts der Furcht davor in den USA, Europa und sogar in Australien und Kanada mit ihrer geringen Schulden- und Defizitlast ist das sicherlich noch nicht geschehen. Sollte es jedoch irgendwann eintreten, wird Ihr Wissensvorsprung verschwunden sein. Dann wissen Sie nichts mehr, was andere nicht wissen. Wenn jeder weiß, dass US-Bundeshaushaltsdefizite zu begrüßen und nicht zu verurteilen sind, wird der Markt dies effizient einpreisen. Solange Sie Frage Eins verwenden und Ihre Anlagedoktrin ständig überprüfen, werden Sie einem solchen Ereignis nicht zum Opfer fallen, so unwahrscheinlich es auch sein mag.

Sie könnten sagen (und das ist ein sehr guter Einwand): „Aber wenn Sie mir in diesem Buch sagen, dass das Markt-KGV nichts mit künftigen Renditen zu tun hat und dass hohe Haushaltsdefizite bullish und nicht bearish sind, wird dann nicht die ganze Welt davon erfahren? Und hört es dann nicht auf zu funktionieren?“ Wenn die Welt diese Wahrheiten akzeptiert, würden sie, da der Markt alle allgemein bekannten Informationen einpreist, in den Märkten berücksichtigt, und dieses Wissen würde Ihnen keinen Vorteil verschaffen. Sie würden nicht mehr funktionieren, weil sie allgemein bekannt wären.

Aber das ist nicht passiert, nachdem ich dieses Buch 2007 zum ersten Mal veröffentlicht habe. Auch nach 2012 ist das nicht passiert. Ich bezweifle, dass es diesmal anders sein wird. Die meisten Leute, die Kapitel 1 lesen, werden die darin beschriebenen Vorstellungen über KGVs und Defizite für so abwegig halten, dass sie sie völlig ignorieren und wieder auf die Mythen zurückgreifen. Das wäre bequem und einfach. Die meisten Anleger werden dieses Buch nie zu Gesicht bekommen, und von denen, die es kaufen, wird die Hälfte es nicht lesen. Von denen, die es schließlich doch tun, werden viele dieses Kapitel angewidert nicht zu Ende lesen. Sie werden die Wahrheit ablehnen, die Mythologie vorziehen und mich für dumm halten. Ich hoffe, dass sie das tun, denn wenn ich sehe, dass sie mich für dumm halten und denken, dass ich mich irre, weiß ich, dass ich diese Erkenntnisse noch lange Zeit verwenden kann. Wenn sie hingegen die meisten dieser Erkenntnisse übernehmen, muss ich mir neue ausdenken, um etwas zu wissen, was andere nicht wissen.

Während die Arbeit von Campbell und Shiller schnell Anklang fand und weltweit berühmt und beliebt wurde, weil sie die gängige Mythologie stützte, werden Beweise, die den Marktmythen widersprechen, glücklicherweise etwa so wahrgenommen wie ein Kieselstein, der in einen Teich fällt – kurz plätschert es, ein paar kleine Wellen breiten sich aus, und dann verschwindet alles fast sofort wieder aus dem gesellschaftlichen Gedächtnis. Das ist nicht das erste Mal, dass ich über den Mythos hoher KGVs schreibe. Ich habe schon vor über 25 Jahren damit begonnen. Ich wette, dass er in fünf oder zehn Jahren noch genauso verbreitet sein wird wie heute, sodass Sie weiterhin darauf setzen können. Aber natürlich könnte ich mich irren, und dann wenden Sie sich dem nächsten Mythos zu. So ist das Leben.

Der eigentliche Vorteil von Frage Eins besteht darin, dass sie Ihnen ermöglicht, etwas zu wissen, was andere nicht wissen: Sie erkennen, wo Sie sonst falschgelegen, aber geglaubt hätten, recht zu haben. Wenn Sie diese Fähigkeit beherrschen, können Sie sich damit immer weiter verbessern. Sie können weiterhin Dinge lernen, die andere nicht wissen, und zugleich Ihre eigene Fehleranfälligkeit verringern.

Die Entdeckung neuer Investment-Wahrheiten ist ein zufälliges Ergebnis der Anwendung von Frage Eins – ein glücklicher Zufall. Wenn Sie gezielt nach Dingen suchen, die niemand sonst weiß, müssen Sie auch lernen, Frage Zwei zu nutzen und anzuwenden: Was können Sie verstehen, was andere für unverständlich halten? Allein darüber nachzudenken, scheint den meisten Menschen ziemlich unverständlich zu sein, aber genau damit beginnen wir, wenn Sie einfach die Seite umblättern und mit Kapitel 2 fortfahren.

2

FRAGE ZWEI

Was kann ich verstehen, was andere nicht verstehen?

FRAGE ZWEI

2

Was kann ich verstehen, was andere nicht verstehen?

Das Unverständliche verstehen

Das Unverständliche zu verstehen, scheint per Definition unverständlich zu sein, daher versuchen es nur wenige Menschen. Genau wie bei Frage Eins sind jedoch keine zusätzlichen wissenschaftlichen Kenntnisse, genetische Überlegenheit oder magische Superheldenkräfte erforderlich. Alles, was Sie brauchen, ist Frage Zwei: Was kann ich sehen, was andere nicht sehen können? Je öfter Sie diese Frage stellen, desto mehr können Sie sehen. Da die einzige Grundlage für eine Marktentscheidung oder -prognose darin besteht, etwas zu wissen, was andere nicht wissen, kann diese Frage die zweite Grundlage für eine Entscheidung liefern. Fragen Sie sich selbst: Was weiß ich, was andere nicht wissen? An dieser Stelle lautet Ihre Antwort vielleicht: „Nun ... nichts." Das ist die unmittelbare Reaktion der meisten Menschen.

Lassen Sie sich nicht entmutigen. Sie werden nicht so sehr mit Frage Zwei bombardiert wie mit Frage Eins. Allerdings werden wir täglich mit Investment-Unsinn bombardiert. Etwas zu entdecken, was andere nicht wissen, ist kein „Heureka"-Moment. Es ist nicht der Apfel, der Newton auf den Kopf fällt. Es ist das, was danach geschah, als Newton fragte: „Ich frage mich, was zum Teufel das verursacht hat?" und darüber nachdachte, welche Kräfte – natürliche oder unheimliche – dabei eine Rolle spielen könnten. Es ist das Nachdenken in einem ruhigen Raum, fernab vom unaufhörlichen Lärm des Marktes und der Medien, wenn Sie sich fragen, ob Faktor Q Ergebnis Y verursachen könnte, während alle anderen unablässig davon reden, dass Y durch X verursacht wird.

Die Welt ist damit beschäftigt, darauf zu bestehen, dass hohe KGVs zu schlechten Aktienrenditen führen (falsch – meistens), dass Schulden schlecht für Aktien sind (falsch), dass man sich nicht gegen die Fed stellen sollte (meistens falsch) und dass hohe Handelsdefizite zu einem schwachen Dollar führen (falsch, falsch, falsch). Aber um etwas zu wissen, was andere nicht wissen, blendet man den Lärm aus und fragt sich: Wenn all das, von dem alle behaupten, es bewege Währungen, sie gar nicht bewegt – was bewegt sie dann tatsächlich? (Darauf gehen wir in Kapitel 7 ein.) Und wenn ich mich nicht gegen die Fed stellen sollte, kann mir dann die Zinsstrukturkurve etwas über Aktien sagen? Oder muss ich sie einfach nur irgendwie anders betrachten? Das frage ich mich! Sich Fragen zu stellen, ist wunderbar.

Sich Fragen zu stellen, ist wunderbar

Angenommen, niemand hat eine Ahnung, was Ergebnis Y verursacht. Wenn jeder weiß, dass niemand weiß, was Y verursacht, dann ist wahrscheinlich fast niemand bereit, darüber nachzudenken, was Y verursacht, weil alle glauben, es sei Zeitverschwendung. In unserer heutigen Welt behandeln die meisten Menschen in den USA – und anderswo noch stärker – alles, was als unverständlich gilt, als etwas, das man besser gar nicht erst anrührt. Diese Bereiche sind für Untersuchungen besonders ergiebig, weil sie unberührtes Terrain sind.

Wenn Sie Frage Zwei falsch anwenden, kann es passieren, dass Sie Zeit damit verschwenden, gängige Medienquellen nach Hinweisen zu durchforsten. Durch das Wunder der Massenproduktion und der Elektronik sind so gut wie alle Medien überall und jederzeit um uns herum präsent. Ihr Anlagevorteil wird sich Ihnen nicht fix und fertig in einer Titelgeschichte irgendeiner Publikation, einer Abendnachrichtensendung, einem Blog oder einem E-Mail-Newsletter präsentieren. Egal, wie versteckt eine Nachrichtenmeldung oder wie nischig ein Podcast auch sein mag, wir leben in einer schnelllebigen Welt. Ihr „Nachrichten"-Vorteil wird Ihnen mit ziemlicher Sicherheit schon wieder entrissen, bevor Sie ihn überhaupt gefunden haben.

Verzweifeln Sie nicht; Sie können all diesen allgegenwärtigen Lärm immer noch nutzen, um etwas zu finden, das sonst niemand weiß. Dazu müssen Sie nur gegen seit Urzeiten eingeprägte Verhaltensmuster ankämpfen. So geht's.

Ignorieren Sie den Steinwurf ins Gebüsch

Vor Tausenden von Jahren schlossen sich unsere Vorfahren zusammen, um sich vor anderen Stämmen und riesigen Tieren mit Reißzähnen zu schützen. Wenn es dunkel wurde, versammelten sie sich um Lagerfeuer, um sich zu wärmen, Schutz zu finden und gelegentlich gegrillte Mammutburger zu essen. Im Schein des glühenden Feuers unterhielten sie einander mit Jagdgeschichten und Mythen und gaben so ihre Kultur an jüngere Generationen weiter. An einem schönen Abend, warm und vollgestopft mit Mammutfleisch, spürten sie Sicherheit und Wohlbefinden und konnten sich eine verheißungsvolle Zukunft vorstellen.

Plötzlich riss sie in der Dunkelheit ein lautes, unerklärliches tierisches Geräusch aus ihrem Gefühl der Sicherheit. Sofort und instinktiv schauten sie alle in Richtung der Geräuschquelle – ins Gebüsch – und bereiteten sich auf eine mögliche Bedrohung vor. Vielleicht war es ein angreifender rivalisierender Stamm, ein Löwe oder eine Herde wild gewordener Gnus. Alle Ohren und Augen richteten sich auf das Geräusch, um die menschliche Fähigkeit, die Bedrohung zu erkennen und, wenn möglich, zu besiegen, zu maximieren.

Wenn Sie aus einem anderen Stamm kämen und eine Überfallgruppe anführten, die dieses Lager angreifen wollte, was würden Sie tun?

Wenn Sie clever wären, würden Sie vielleicht einen Stein werfen oder irgendeinen anderen Lärm verursachen, der das Lager ablenkt – und dann aus einer anderen Richtung angreifen. Natürlich würde eine heranrasende Herde das nicht tun. Aber für das Lager wäre im Fall eines geplanten Angriffs durch clevere Plünderer eine weiterentwickelte, militärähnliche Reaktion angebracht: Einige sollten nicht in Richtung der Geräuschquelle schauen, sondern die anderen dunklen Richtungen absuchen, um jede überraschende Bedrohung durch Plünderer zu erkennen.

Das Problem? Wenn eine Gruppe nicht gut organisiert ist, verhält sich keine Gruppe von Menschen so. Sie hören ein Geräusch in der Dunkelheit und wenden sich ihm zu. Gehen Sie einmal campen und probieren Sie es aus. Ihre instinktive Reaktion besteht nicht darin, sich vom Geräusch abzuwenden, sondern darin, sich ihm zuzuwenden. In der Steinzeit schützte dieser Instinkt Menschenleben vor den häufigsten Naturgewalten. Durch Zehntausende von Jahren der Evolution sind wir mental darauf programmiert, uns dem Geräusch zuzuwenden, ihm als Gruppe zu begegnen und instinktiv davon auszugehen, dass wir die Wahrnehmung der ganzen Gruppe sofort bündeln und reagieren können.

Ich vermute, dass einige Leser versucht sein könnten, zu sagen: „Ich nicht! Dafür bin ich zu clever. Ich würde in die andere Richtung schauen. Ich würde mich nicht täuschen lassen." Wenn Sie das nächste Mal ein unerwartetes Geräusch hören, achten Sie darauf, wie Ihre instinktive Reaktion ausfällt. Ich kann Ihnen fast garantieren, dass Sie in Richtung des Geräuschs schauen werden. Wenn Sie das nicht tun, sind Sie wirklich sehr, sehr sonderbar. Die Person, die am festesten glaubt, dass sie das nicht tun würde, ist mit Sicherheit die Person, die sich am schnellsten dem Geräusch zuwendet. Wer sich in seltenen Ausnahmefällen nicht dem Geräusch zuwendet, tut das nicht bewusst. Um zu wissen, was Ihre Mitinvestoren nicht wissen, müssen Sie überall hinschauen, nur nicht dorthin, wo alle anderen hinschauen. Sie müssen sich antrainieren, nicht mehr in Richtung des Geräuschs zu schauen.

Stattdessen sollten Sie, wenn alle in eine Richtung schauen, unabhängig davon, ob Sie ein Geräusch hören oder nicht, wegschauen – dorthin, wo alle anderen nicht hinschauen.

Die Medienmaschinerie einkalkulieren und Trendvermeidung für Fortgeschrittene

Vielleicht sind Sie versucht, die Medien ganz zu ignorieren, weil das, was Sie hören oder lesen, wahrscheinlich falsch ist oder bereits in den aktuellen Kursen eingepreist wurde. Diese Ansicht hat zwar einen rationalen Kern, ist aber falsch. Meiden Sie die Massenmedien auf keinen Fall – sie sind Ihr Freund und Verbündeter bei Ihrem Versuch, auf der Grundlage von Wissen zu investieren, das andere nicht haben. Die Medien sind eine Einpreisungsmaschine – Sie müssen die Medien verfolgen – lesen, sehen, hören –, um zu wissen, worauf sich alle anderen konzentrieren, damit Sie genau wissen, was Sie ignorieren und wovon Sie wegsehen können, um sich auf etwas anderes zu fokussieren.

Was auch immer ihnen Sorgen macht, darüber müssen Sie sich wahrscheinlich keine Sorgen machen, denn sie übernehmen das für Sie – als Dienstleistung – und Sie müssen sie dafür nicht einmal bezahlen. Ein so einfaches Konzept ist für Menschen mit unserem Stammesinstinkt nur schwer zu begreifen. Aber jeder kann sich darin üben.

Ich habe Ihnen beispielsweise bereits gesagt, dass die kollektive Hysterie um die sogenannten Haushalts- und Handelsdefizite in der Regel fehlgeleitet ist. Sie glauben mir vielleicht nicht, aber ich habe es Ihnen gesagt. Sie wissen auch, dass so gut wie jeder hohe KGVs falsch interpretiert. (Wir widerlegen weitere allgegenwärtige Mythen in späteren Kapiteln, aber Sie verstehen schon, worauf ich hinaus will.) Wenn Sie darauf achten, welche Themen die Medien aufgreifen, und konsequent verwerfen, was irrelevant ist, verhindern Sie, dass die Herdenmentalität Sie niedertrampelt, und können beginnen, neue Wege zu ergründen.

Sich nicht von der Herde mitreißen zu lassen, klingt ziemlich einfach – schauen Sie, wohin sie stürmt, und gehen Sie ihr aus dem Weg. Wenn es jedoch einfach wäre, würde man es nicht „Herdenmentalität" nennen. Dann würde es „ruhige, unverbindliche, kein Druck, kommen Sie mit, wenn wir von dieser Klippe springen, wenn Sie möchten, und wenn nicht, auch kein Problem"-Mentalität heißen. Erinnern Sie sich daran, als Ihre Mutter Sie fragte, ob Sie von einer Brücke springen würden, nur weil der coole Jimmy es getan hat? Natürlich würden Sie nicht springen, aber Sie könnten zum falschen Zeitpunkt Small-Cap-Aktien kaufen, wenn Ihre Pokerrunde Sie lange genug damit aufzieht, dass Sie damals nicht mitgekauft haben.

In meiner *Forbes*-Kolumne „Advanced Fad Avoidance" vom März 1995 habe ich beschrieben, wie man am besten vermeidet, sich von der Herde mitreißen zu lassen. Das ist immer noch ein guter Rat, daher wiederhole ich hier die vier Schritte zur Trendvermeidung:

1. *Wenn die meisten Leute, die Sie kennen, Ihrer Einschätzung einer Kursbewegung oder der Auswirkungen eines Ereignisses zustimmen, betrachten Sie das nicht als Bestätigung dafür, dass Sie recht haben. Es ist eine Warnung: Sie liegen falsch. Um richtigzuliegen, muss man allein sein und bereit sein, sich von anderen vielleicht für verrückt halten zu lassen.*

Das stimmt immer noch. Und viele Leute halten mich für verrückt. Es ist in völlig Ordnung, wenn die Leute Sie für verrückt halten. Das tut nicht weh. Mit der Entwicklung des Internets und von Blogs habe ich mich daran gewöhnt, dass Leute meine Artikel und Kolumnen lesen und mich scharf kritisieren. (Natürlich haben sie manchmal recht, nämlich dann, wenn ich unrecht habe, aber was sie von mir denken, geht mich so oder so nichts an.) Ich habe mir angewöhnt, zu ignorieren, was Leute, die ich nicht gut kenne, über mich oder meine Arbeit denken. Wenn meine Frau sich über mich aufregt, nehme ich das ernst.

Sie kennt mich und meine Stärken und Schwächen und möchte, dass es mir gut geht. Familie, Freunde, Kollegen! Ansonsten gilt: Wenn Sie sauer auf mich sind und etwas nicht gut finden, was ich gesagt habe, können Sie mich gern kritisieren, aber seien Sie sich bewusst, dass Ihre Kritik bei mir emotional ins Leere läuft. Sie können sich selbst antrainieren, emotional genauso unempfänglich zu werden. Was die meisten Menschen über Sie denken, geht Sie nichts an. Und wenn sie Sie für verrückt halten, könnte das sogar gut sein.

2. *Wenn Sie in den Medien mehr als einmal von einer Anlageidee oder einem bedeutenden Ereignis lesen oder hören, taugt es nicht mehr als Anlagevorteil. Sobald mehrere Kommentatoren darüber nachgedacht und geschrieben haben, sind selbst neue Meldungen schon zu alt.*

Das gilt heute umso mehr. Das Internet und die sozialen Medien haben die Verbreitungswege für Nachrichten und die Geschwindigkeit, mit der Nachrichten sich verbreiten, vervielfacht. Jetzt bewegt sich alles schneller und wird auch schneller in den Kursen eingepreist. Zusätzlich zu der seit Jahrzehnten zunehmenden Geschwindigkeit, mit der Informationen in Kurse eingepreist werden, handeln Trader rund um die Uhr, volle fünfeinhalb Tage pro Woche, rund um den Globus. Früher konnten Nachrichtenereignisse vom Vorabend Sie erst am nächsten Morgen am Markt kalt erwischen. Heute verbreiten sich Nachrichten nicht nur nachts über das Internet, sondern irgendwo handelt immer irgendwer in großem Stil, während Sie schlummern.

3. *Je älter ein Argument ist, desto weniger Gewicht hat es. So haben beispielsweise 1994 Inflationsängste die Märkte bewegt, aber irgendwann Anfang 1995 verlor dieses Argument an Kraft.*

Die Angst, die in diesem Jahr grassiert, ist im nächsten Jahr wahrscheinlich schon ein alter Hut. Es sind die neuen, unerwarteten Ereignisse, die die Herde rings um Ihr Dorf aufscheuchen – nicht der Lärm des Vorjahres. Um das besser zu verstehen, nehmen Sie ein beliebiges Thema und überlegen Sie, wann Sie zum ersten Mal davon gehört haben. Je älter es ist, desto sicherer können Sie sein, dass es Sie nicht mehr sonderlich beeinflussen wird. Je älter es ist, desto sicherer können Sie sein, dass jeder reichlich Gelegenheit hatte, es vollständig in die Kurse einzupreisen. Hier ist das beste Beispiel, an das ich mich erinnern kann: Die Menschen erwarteten, dass am 1. Januar 2000 alle Computer aufgrund eines vermeintlich weit verbreiteten Softwarefehlers abstürzen würden. Die Y2K-Panik war allgegenwärtig und schreckte im Herbst 1999 viele Menschen davon ab, Aktien zu kaufen. Ich widmete meine *Forbes*-Kolumne vom 18. Oktober 1999 mit dem Titel „Greater Fools" der Frage, warum Y2K den Aktien nicht schaden würde. Damals sagte ich: „Y2K ist die am meisten hochgespielte ‚Katastrophe' der modernen Geschichte. Sie ist gut dokumentiert: Die einzigen Menschen, die damit nicht vertraut sind, leben im oberen Amazonasbecken und fliehen schnell vor dem Rest der Menschheit. Ich muss Ihnen Y2K nicht erklären, damit Sie genau wissen, worauf ich mich beziehe. In meiner Kolumne vom 6. Juli 1998 habe ich ausführlich dargelegt, warum Y2K dem Aktienmarkt nicht schaden kann." Da es sich um ein altes Argument handelte, das bereits weitgehend eingepreist war, verzeichnete der S&P 500 in der Schlussphase des Jahres 1999 während der vermeintlichen Krise einen Anstieg und kam für das Gesamtjahr auf eine Gesamtrendite von 21 Prozent.[1] Mit dieser einfachen Regel hätte jeder wissen können, dass Y2K den Märkten nichts anhaben würde. Die Angst vor Y2K war bullish. Aber nur wenige wussten das, weil sie sich nicht dazu durchringen konnten, diese Regel anzunehmen. (Wenn Sie meine beiden Y2K-Kolumnen lesen möchten, finden Sie sie in den Anhängen B und C.)

4. *Jede Wertpapierkategorie, die in den letzten fünf Jahren angesagt war, wird es in den nächsten fünf Jahren nicht mehr sein und umgekehrt.*

Das gilt nach wie vor – auch wenn es nicht auf die genaue Zahl der Jahre ankommt. Anlagekategorien können lange angesagt sein, aber nicht für immer. Und dennoch fallen Anleger immer noch darauf herein. Energie im Jahr 1980. Technologie im Jahr 2000. Dieses Spiel kann man endlos spielen. Dass eine Kategorie in den letzten fünf Jahren angesagt war, bedeutet nicht, dass sie in den nächsten fünf Jahren am unbeliebtesten sein wird oder überhaupt unbeliebt sein muss; aber keine Kategorie bleibt für immer angesagt. Und wenn das eines Tages doch der Fall wäre, wäre es eine doppelte Warnung, sich anderswo nach sichererem Terrain mit höheren künftigen Renditen umzusehen.

Befolgen Sie diese vier Schritte vor jeder Anlageentscheidung, und Sie werden besser gerüstet sein, den Lärm zu ignorieren und das zu sehen, was andere nicht sehen können.

Anlageprofis – Informationen, die schon eingepreist sind

Eine weitere großartige Quelle für bereits eingepreiste Informationen sind Anlageprofis – Börsenmakler, Finanzplaner, Wirtschaftsprüfer, Inhaber eines CFA-Titels und so weiter. Nur sehr wenige haben Zugang zu Informationen, über die nicht auch ihre Kollegen oder sogar Kunden mit einer schnellen Internetverbindung verfügen. Worauf auch immer sie sich konzentrieren, damit sollten Sie keine Zeit verschwenden. Wenn sie darüber schreiben, konzentrieren Sie sich auf etwas anderes.

Universitäten vermitteln Finanz- und Wirtschaftsstudierenden weitgehend denselben Lehrplan. Sie unterrichten so ziemlich nach demselben Schema. Das ist auch ihre Aufgabe. Die Lehrbücher, Methoden und Theorien, die vermittelt werden, sind allgemein zugänglich; sie enthalten kaum Informationen, die nicht auch Hunderttausende andere lesen, lernen und dadurch in die Kurse einpreisen können. Seit Jahrzehnten haben Generationen von Studierenden all das gelernt und wurden unter Anleitung dieses Lehrplans darin geschult, auf diese Weise zu denken. Das ist grundlegend für dieses Handwerk.

Jedes Detail des Lehrstoffs ist so vielen Menschen bekannt, dass der Lehrplan zwar gut ist, aber nichts bietet, was andere nicht auch wissen. Er bietet keine besondere Art der Informationsverarbeitung, die nicht schon in den Kursen enthalten wäre – eingepreist durch das Handeln einer sehr großen Zahl von Marktteilnehmern, die den Lehrplan als Brille nutzen, durch die sie auf die Welt blicken. So wurde ihnen beigebracht, die Welt zu sehen. Daher steckt diese Sichtweise in den Kursen. Eine für Handwerker sehr schwer zu akzeptierende Tatsache ist, dass der Lehrplan selbst weithin bekannt ist und deshalb in den Kursen eingepreist wird.

Es ist völlig in Ordnung, diesen Lehrstoff zu lernen – nur vermittelt er Ihnen nichts, was andere nicht auch wissen. Wenn Fachleute als Gruppe die gleiche Ausbildung haben, die gleichen Informationen betrachten und diese weitgehend auf die gleiche Weise interpretieren, wo liegt dann ihr Vorteil? Über welche einzigartigen Informationen verfügen sie? Die Antwort lautet in den meisten Fällen: über gar keine. Aus diesem Grund sind Fachleute – zusammen mit den Medien – nützlich, um herauszufinden, welche Informationen in den Kursen eingepreist sind und getrost beiseitegelassen werden können.

Freunde lassen Freunde nicht zu Contrarians werden

Die Medien liegen meistens falsch. Anlageprofis haben wahrscheinlich keinen Vorteil, weil sie auf dieselben allgemein bekannten Informationen schauen wie alle anderen auch. Der Herde zu folgen, ist mit Gefahren verbunden. Bedeutet das, dass Sie genau das Gegenteil von dem tun sollten, was Sie von Experten und Anlageprofis hören? Sollten Sie ein klassischer Contrarian-Investor werden?

Auf keinen Fall. Nein, nein und nochmals nein!

Ich werde oft als Contrarian bezeichnet. Aber das bin ich nicht – zumindest nicht im üblichen Sinne dieses Begriffs. Natürlich hat man mich schon viel Schlimmeres genannt und wird das auch weiterhin tun, aber die Bezeichnung „Contrarian“ ist einfach falsch. Der Contrarian-Ansatz hat in den letzten Jahrzehnten zunehmend an Popularität gewonnen, sodass der Markt ihn genauso einpreist wie die Konsensmeinung. Wir sind inzwischen alle Contrarians, und keiner von uns ist es. Contrarian zu sein, bringt Sie langfristig ungefähr genauso weit, wie wenn Sie sich bei Ihren Anlageentscheidungen vollständig von der *New York Times* und den Abendnachrichten beeinflussen lassen.

Das Wort *„Contrarian“* bedeutet, gegen den Strom zu schwimmen – wenn die Leute bullish sind, wird ein klassischer Contrarian bearish und umgekehrt. Wenn alle denken, dass die Wahl eines bestimmten Politikers gut für Aktien ist, hält der Contrarian dies für schlecht. Technisch gesehen weiß ein Contrarian richtigerweise, dass das, was alle erwarten, wahrscheinlich nicht eintreten wird, geht aber fälschlicherweise davon aus, dass genau das Gegenteil eintreten wird.

Lassen Sie uns noch etwas tiefer einsteigen. Der Markt preist alle bekannten Informationen effizient ein. Aus diesem Grund – wie wir bereits mehrfach gesagt haben – wird etwas, bei dem sich die Menschen weitgehend einig sind, dass es an den Märkten passieren wird, in der Regel nicht eintreten – stattdessen passiert wahrscheinlich etwas anderes. Das bedeutet jedoch nicht, dass dieses andere Ergebnis genau das Gegenteil ist.

Angenommen, die meisten Menschen sind sich einig, dass der Markt steigen wird. Das bedeutet nicht, dass er fallen wird. Das könnte passieren, es könnte aber auch sein, dass er sich gar nicht bewegt – was ebenfalls bedeuten würde, dass alle falschliegen. Oder er könnte tatsächlich steigen, jedoch viel stärker, als irgendjemand erwartet. Auch das würde bedeuten, dass alle falschliegen. Im Laufe der Geschichte sind all diese Dinge schon passiert, und zwar ungefähr gleich häufig.

Wenn Sie ein klassischer Contrarian-Investor sind und richtig erkennen, dass die meisten Leute einen steigenden Markt erwarten, entscheiden Sie, dass er fallen wird. Wenn er dann jedoch steigt, und zwar viel stärker, als die meisten Leute angenommen haben, dann sind Sie am

Ende derjenige, der am weitesten danebenliegt. Ein Contrarian zu sein, ist besser, als der Masse zu folgen, aber nicht viel besser, und Sie werden weiterhin in etwas weniger als einem von drei Fällen richtigliegen.

Stellen Sie sich das wie einen Kompass vor. Der Konsens geht davon aus, dass der Markt nach Norden geht. Contrarians glauben, dass er nach Süden wandert. Aber er könnte genauso gut nach Osten oder Westen gehen – oder nach Nordosten oder Südwesten –, wodurch sowohl die Masse als auch die Contrarians falschliegen und der Einpreisungsmechanismus greift. Da diese anderen Ergebnisse weniger erwartet werden als die konträre Position, treten sie tatsächlich häufiger ein.

Mein 2015 erschienenes Buch „Kasse statt Masse“ befasst sich ausschließlich mit diesem Konzept. Der Schlüssel liegt, wie ich darin feststelle, nicht darin, das Gegenteil der Herde zu denken, sondern anders zu denken als die Herde und die Anti-Herde. Man möchte durch frischen Schnee stapfen – unberührten Pulverschnee genießen. Ein reflexhafter Contrarian tut das nicht. Er reagiert ebenfalls auf die Herde, nur zu wörtlich.

Muster, Muster überall

Um etwas zu wissen, was andere nicht wissen, müssen Sie sich vom Lärm abwenden. Fragen Sie sich, was Sie in Erfahrung bringen können, was anderen verborgen bleibt. Aber wie können Sie über etwas Bescheid wissen, von dem Sie noch nichts wissen?

Überall gibt es Muster zu entdecken. Zugegeben, viele sind einfach bedeutungslos. Aber es gibt noch so vieles, was wir nicht entdeckt haben. Die Menschen werden noch viele Jahrzehnte lang neue Entdeckungen über Kapitalmärkte machen. Es gibt keinen Grund, warum Sie nicht selbst daran beteiligt sein sollten. Wenn Sie gezielt nach ihnen suchen, gibt es viele Muster, die Sie selbst entdecken können, bevor der Rest der Investmentwelt darauf aufmerksam wird. Und darin liegt Ihr Vorteil – Ihre Handlungsgrundlage.

Im Wesentlichen suchen Sie bei Frage Zwei nach einem von zwei Dingen. Erstens möchten Sie ein Muster – eine Art Korrelation – zwischen zwei oder mehr Variablen finden, von denen die Menschen im Allgemeinen glauben, dass sie völlig unabhängig voneinander sind. Zweitens suchen Sie nach einem Muster, das viele Menschen sehen, aber ignorieren, verspotten oder falsch interpretieren. Wir zeigen Ihnen hier zwei solche Beispiele (weitere folgen in späteren Kapiteln).

Die schockierende Wahrheit über Zinskurven

Man kann kaum die Nachrichten einschalten, ohne von Zinssätzen zu hören. Doch trotz der großen Aufmerksamkeit, die Zinssätze auf sich ziehen, übersehen viele ein bemerkenswertes Muster und eine wichtige Lektion fürs Leben.

Bevor wir uns mit bemerkenswerten Mustern und kausalen Korrelationen befassen, wollen wir zunächst einmal etwas Klarheit in Sachen Zinssätze schaffen. Zinssätze bestimmen die Kosten für die Aufnahme von Krediten, sei es kurzfristig oder langfristig. Sie bestimmen auch die Rendite, die Anleger als Gegenleistung dafür erhalten, dass sie ihre liquiden Mittel für einen festgelegten Zeitraum binden.

Wie oft haben Sie schon gehört oder gelesen: „Die Zinssätze fallen", „Die Fed erhöht die Zinssätze" oder irgendeine ähnliche Meldung über Zinssätze (Zinssätze im Plural)?

Die Leute neigen dazu, die Zinssätze, die von der Zentralbank eines Landes – in den USA die Federal Reserve, auch bekannt als „Fed" – monopolartig kontrolliert werden, mit den vom Markt festgelegten Zinssätzen zu verwechseln.

Wenn die Fed in den USA der Meinung ist, dass sie die Geldmenge reduzieren oder erhöhen sollte, besteht eine Taktik darin, den Leitzins entsprechend zu erhöhen beziehungsweise zu senken. Der Offenmarktausschuss der Fed (FOMC) trifft sich achtmal im Jahr, um zu beraten, ob der Leitzins – manchmal auch als *Tagesgeldsatz* oder *Kurzfristzins* bezeichnet – angehoben, gesenkt oder beibehalten werden soll und um wie viel der Zinssatz gegebenenfalls angepasst werden soll.

Der Kurzfristzins ist der Zinssatz, zu dem sich Banken gegenseitig Geld leihen – und theoretisch die Grundlage für die Zinsen, die Banken ihren Einlegern zahlen. Diesen Zinssatz (Singular) meinen Anleger, wenn sie davon sprechen, dass die Fed mit den Zinsen herumspielt. Der Leitzins beeinflusst zwar andere kurzfristige Zinssätze, etwa die Renditen kurzlaufender US-Staatsanleihen, aber die Fed legt diese nicht im wörtlichen Sinne fest.

Die Zinssätze auf US-Staatsanleihen und alle anderen Anleihezinsen werden nicht von der Fed, der Regierung, dem Präsidenten oder irgendwelchen finsteren Verschwörern festgelegt. Diese Zinssätze werden von den globalen Marktkräften bestimmt. (Nebenbei bemerkt: In der Branche wird der Zinssatz für zehnjährige US-Staatsanleihen manchmal als *Langfristzins* bezeichnet.) In unserer heutigen globalen Wirtschaft handeln Trader länderübergreifend mit Anleihen in einem globalen, freien und offenen Markt.

Lassen Sie sich nicht täuschen: Auch wenn Anleger von „fallenden Zinsen", „steigenden Zinsen" und „Zinserhöhungen der Fed" schwadronieren, bewegen sich der von der Fed kontrollierte Kurzfristzins und alle anderen Zinssätze – die Renditen von US-Staatsanleihen, sonstigen Staatsanleihen, Unternehmensanleihen, Kommunalanleihen und so weiter – unabhängig voneinander, manchmal in die gleiche Richtung, manchmal in entgegengesetzte Richtungen.

Lassen Sie uns das noch einmal anders formulieren. Manchmal, wenn die Fed den Leitzins erhöht, steigen auch andere Zinssätze. Manchmal fallen sie. Häufiger kommt es zu einer Mischung aus beidem – die Zinssätze unterschiedlicher Laufzeiten und Anleihetypen steigen oder fallen unterschiedlich stark oder bleiben unverändert. Das gilt in den USA ebenso wie überall sonst.

Die Welt hat diese Lektion in den letzten Jahren erneut gelernt ... und behandelt sie, als wäre sie neu. Nehmen wir 2022. Als Reaktion auf die hohe Inflation hat die Fed, die ursprünglich erklärt hatte, sie werde nicht auf „vorübergehende" Preisanstiege reagieren, eine Kehrtwende vollzogen und die Zinsen rasch angehoben. Die Leitzinsspanne der Fed stieg zwischen März 2022 und Juli 2023 von 0 bis 0,25 Prozent auf 5,25 bis 5,50 Prozent.[2] Die Rendite zehnjähriger US-Staatsanleihen stieg ... allerdings nur von 2,19 auf 4,01 Prozent in diesem Zeitraum.[3] Das ist richtig – die Fed hob die „Zinsen" um 5,25 Prozentpunkte an, aber die Renditen zehnjähriger US-Staatsanleihen stiegen nur um etwa 1,82 Prozentpunkte.

Im Jahr 2024 kehrte die Fed ihren Kurs um und begann, den Leitzins zu senken. Am 18. September 2024 senkte sie ihn um 50 Basispunkte (ein Basispunkt entspricht einem Hundertstel eines Prozentpunkts). Die Schlagzeilen waren voll von Erklärungen darüber, was die „Senkungen" der Fed für Ihre Kreditkartenrechnung, Ihre Hypothek und Ihren Autokredit bedeuteten – nämlich, dass alles erschwinglicher werden würde. Die Rendite zehnjähriger US-Staatsanleihen lag an diesem Tag bei 3,70 Prozent.[4] Während ich das schreibe, hat die Fed zwei weitere Senkungen vorgenommen, sodass die Leitzinsspanne nun bei 4,25 bis 4,50 Prozent liegt. Die Rendite zehnjähriger US-Staatsanleihen? Sie liegt bei 4,51 Prozent.[5] Das ist weder neu noch eine Anomalie. Das Gleiche geschah 2003. Die Fed senkte die Zinsen im Juni von 1,25 auf 1,00 Prozent. Die langfristigen Zinsen stiegen sofort an. Später in diesem Bullenmarkt begann die Fed, die Zinsen schnell wieder anzuheben. Schauen Sie sich Abbildung 2.1 an. Sehen Sie, dass die Renditen zehnjähriger US-Staatsanleihen nicht parallel zur Leitzinsspanne der Fed verlaufen?

Sie können jedoch sicher sein, dass die Menschen, wenn die Fed das nächste Mal aktiv wird, mit hoher Wahrscheinlichkeit davon ausgehen, dass jede Maßnahme, die sie ergreift, einen ähnlichen, ungefähr gleich starken Effekt auf die langfristigen Zinsen haben wird. (Die Fed spielt eine zentrale Rolle für irrige Vorstellungen über die Märkte – umso mehr,

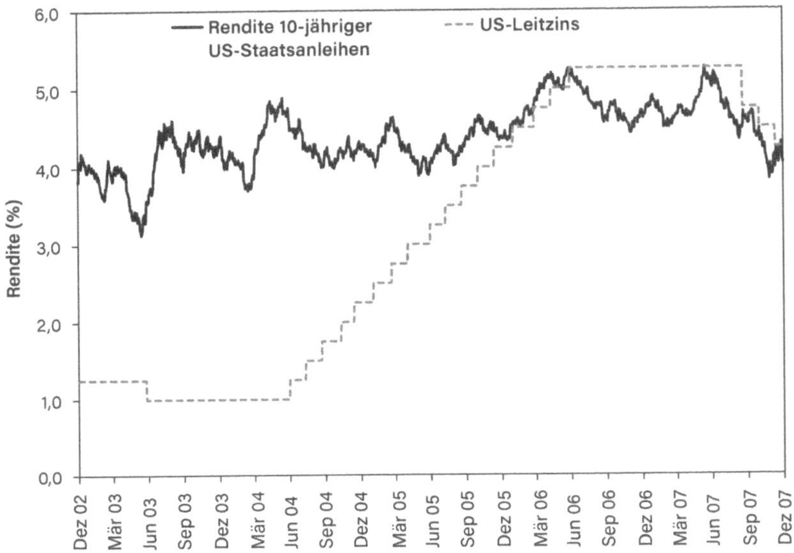

Abbildung 2.1 Die Fed bestimmt nicht die langfristigen Zinssätze.

Quelle: FactSet, Stand: 11.2.2025. Leitzins der Fed und Rendite 10-jähriger US-Staatsanleihen, 31.12.2002 bis 31.12.2007.

seit sie alle davon überzeugt hat, dass sie die Welt 2008 und 2020 vor einer Neuauflage der Großen Depression „gerettet" hat. Es ist wichtig, das zu hinterfragen.) Glauben Sie nicht an diese unlogische Schlussfolgerung. Sie wissen jetzt, dass sie falsch, falsch, falsch ist. Und das kann Ihnen helfen, etwas zu verstehen, was andere nicht verstehen können.

Nachdem wir das geklärt haben, wollen wir nun erörtern, warum der Unterschied zwischen kurz- und langfristigen Zinsen – die „Zinsstrukturkurve" – wichtig ist.

Für diejenigen, die sich mit diesem Thema noch nicht auskennen: Der Unterschied zwischen dem US-Schatzwechsel mit der kürzesten Laufzeit (der ein sehr kurzfristiger Zinssatz ist, nicht der „Kurzfristzins") und verschiedenen längeren Laufzeiten kann visuell in einem Diagramm dargestellt werden, wodurch eine Zinsstrukturkurve entsteht.

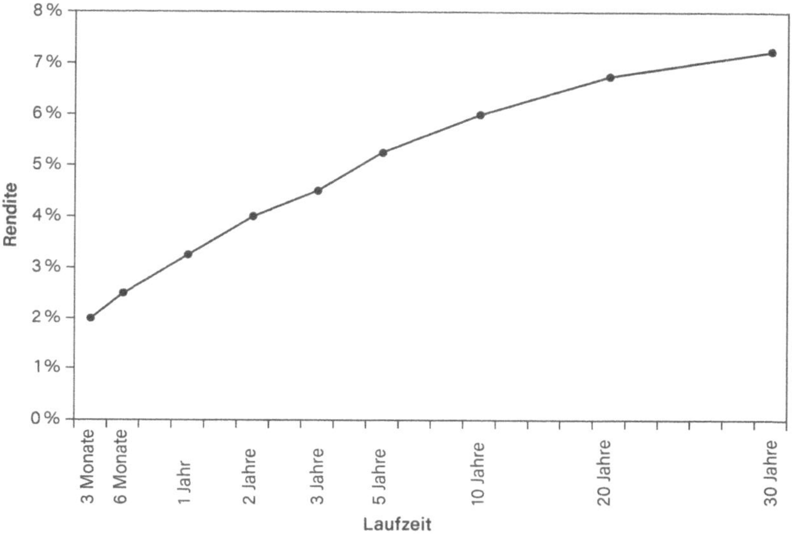

Abbildung 2.2 Hypothetische Zinsstrukturkurve.

(Das Gleiche lässt sich mit jeder anderen Form von Anleihen machen, solange sie vom gleichen Typ und derselben Bonität sind – Sie können Zinsstrukturkurven für Unternehmensanleihen, Kommunalanleihen et cetera erstellen.) Auf der vertikalen Achse werden die Zinssätze von null unten bis zu höheren Zinssätzen oben dargestellt. Die horizontale Achse zeigt die Zeit von heute auf der linken Seite bis zu längeren Laufzeiten auf der rechten Seite, wobei die rechte Seite zehn oder 30 Jahre in der Zukunft liegt. Eine typische Zinsstrukturkurve kann etwa wie die hypothetische in Abbildung 2.2 aussehen.

Kurzfristige Zinsen sind in der Regel niedriger als langfristige Zinsen, während langfristige Zinsen tendenziell höher sind, da sie das zusätzliche Risiko einer längeren Geldbindung kompensieren. Wenn die kurzfristigen Zinsen niedriger sind, steigt die Kurve nach rechts an und ist *positiv*.

In seltenen Fällen sind kurzfristige Zinssätze tatsächlich höher als langfristige, wie am Ende von Abbildung 2.1 zu sehen ist. In diesem Fall verläuft die Kurve nach rechts unten, und die Zinsstrukturkurve ist invers. Ebenfalls selten, aber weniger selten als eine inverse Zinsstrukturkurve, ist der Fall, dass alle Zinssätze ungefähr auf demselben Niveau liegen – diese Kurve wird als flach bezeichnet.

Der Wirbel um den Zinssatz

Vielleicht haben Sie schon einmal den alten Spruch „Don't fight the Fed“ gehört, der besagt, dass man Aktien verkaufen sollte, wenn die Fed den Leitzins erhöht. Das ist Unsinn – im Durchschnitt haben sich Aktien bei einer Erhöhung des Leitzinses durch die Fed durchaus gut entwickelt, wenn auch nicht immer. Aber nichts ist „immer“ so oder so. Abbildung 2.3 zeigt einige neuere Perioden mit steigendem US-Leitzins und den anschließenden Renditen des S&P 500.

Der S&P 500 und ein steigender Leitzins korrelieren manchmal ziemlich stark. Ich würde das nicht überbewerten – der Aktienmarkt ist im Allgemeinen eher positiv als negativ, daher ist das keine Überraschung. Manchmal war der Markt positiver als zu anderen Zeiten. Aber weil positive Märkte regelmäßig auf steigende Leitzinsen folgen, ist „Don't fight the Fed“ einer dieser Mythen von Frage Eins, die Sie ignorieren sollten. Das soll nicht heißen, dass steigende Leitzinsen ein Indikator für einen Bullen- oder Bärenmarkt sind – aber fallende Leitzinsen sind es auch nicht. Es gibt keinen glaubwürdigen, konsistenten Zusammenhang zwischen den Leitzinsen – egal, in welche Richtung sie sich bewegen – und Bullen- oder Bärenmärkten.

Ja, ich weiß. Im Jahr 2022 korrelierten steigende Zinsen tatsächlich mit dem Beginn eines Bärenmarktes. Aber sie waren nur eine von vielen, vielen Ängsten, die diesen rezessionsfreien, stimmungsgetriebenen Abschwung befeuerten. Es gab Inflation. Aber es gab auch den Krieg in der Ukraine. Lieferkettenprobleme, die noch von den Corona-Lockdowns herrührten. Eine gesetzgeberisch aktive US-Regierung. Rezessionsängste. All diese negativen Faktoren setzten Anfang 2021 ein, als die Anleger nach

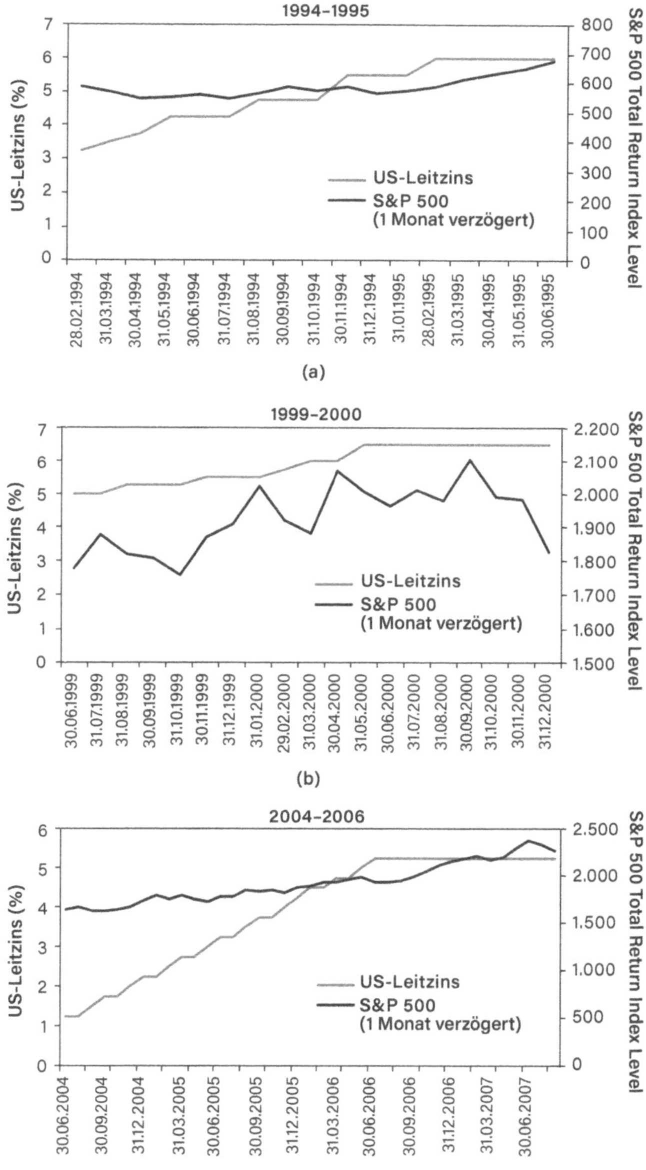

Abbildung 2.3 US-Leitzins und der S&P 500.

Quelle: FactSet, Stand: 25.2.2025.

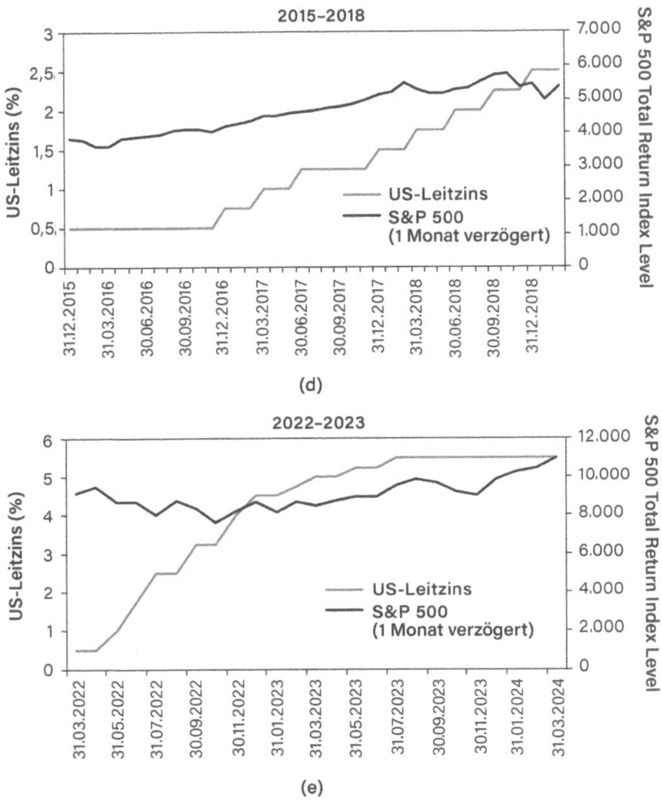

Abbildung 2.3 US-Leitzins und der S&P 500.

Quelle: FactSet, Stand: 25.2.2025.

dem Boom nach den Lockdowns euphorisch waren. All diese negativen Faktoren umschwirrten und stachen sie immer wieder und schürten Enttäuschung und einen Bärenmarkt. Es ging nicht nur um die Zinsen.

Brauchen Sie weitere Beweise? Hier sind sie. Der Bärenmarkt endete am 12. Oktober 2022. Die Leitzinsspanne der Fed lag an diesem Tag bei 3,0 bis 3,25 Prozent. Wenige Wochen später hob die Fed sie um satte 75 Basispunkte an … und bis Juli 2023 insgesamt um 225 Basispunkte. Der S&P 500 stieg in diesem Zeitraum um 28,5 Prozent.[6]

Zwischen dem Tiefstand im Oktober 2022 und der ersten Zinssenkung stieg er um 61,9 Prozent.[7] Einfach gesagt: Sich gegen die Fed zu stellen, hat nicht nur Spaß gemacht, sondern sich auch ausgezahlt.

Viele Anleger verpassten jedoch diese Chance, weil sie befürchteten, dass Zinserhöhungen der Fed mit Sicherheit Rezession und Untergang bedeuten würden. Was haben sie verpasst? Der erste Schritt, um Frage Zwei erfolgreich zu stellen, besteht darin, unproduktive Sorgen über Dinge, die keine Rolle spielen, beiseitezuschieben. Jeder kann das FOMC googeln oder die Website (https://www.federalreserve.gov/monetarypolicy/fomccalendars.htm) besuchen und sehen, wann es tagt. Die Maßnahmen werden aufmerksam beobachtet und analysiert. Eine ganze Branche zerlegt jede neue Rede eines Fed-Vertreters akribisch nach Hinweisen. Das macht es sehr, sehr schwer, nützliche Informationen zu finden. Aber bedenken Sie auch: Die Fed ist kein Markt. Die Entscheidungsträger sind ein Zirkel von zwölf unberechenbaren Stimmberechtigten, die eingehende Daten mit voreingenommenen, durch Gruppendenken geprägten Augen interpretieren. Man kann nicht vorhersagen, was sie tun werden. Ja, selbst in dieser Ära der „Forward Guidance" (dt. Orientierung über die künftige Geldpolitik), in der Fed-Chef Jerome Powell glaubt, er müsse endlos plaudern und Dot-Plots darüber veröffentlichen, was sie tun könnten, um die Märkte vorzubereiten.

Aber auch darüber hinaus neigen die Fed und die Zentralbanken im Allgemeinen dazu, den Märkten zu folgen oder auf sie zu reagieren. Sie führen sie nicht und haben auch keine besonderen Einblicke in sie. Und um auf unsere frühere Diskussion zurückzukommen: Wenn die Fed die Zinsen um 25 oder 50 oder sogar 100 Basispunkte erhöht (oder senkt), ist keineswegs sicher, dass dies die längerfristigen Renditen überhaupt bewegt. Man kann nicht davon ausgehen, dass dies automatisch günstigere Kredite für US-Unternehmen bedeutet.

Vergessen Sie also, sich auf Bewegungen des Kurzfristzinses zu konzentrieren. Es gibt jedoch einen wichtigen Bereich, den Sie im Auge behalten sollten: die Zinsstrukturkurve. Die meisten Anleger werden

Ihnen sagen, eine positive Zinsstrukturkurve sei gut und eine inverse schlecht. Das ist mehr oder weniger richtig. Die Zinsstrukturkurve ist normalerweise positiv geneigt. Eine wirklich inverse Zinsstrukturkurve ist selten und hat den Ruf, bearish zu sein.

Aber im Moment haben Sie noch falsche Vorstellungen von Zinsstrukturkurven, und das kann Ihnen schaden. Bevor wir etwas Neues entdecken, wollen wir mit Frage Eins überprüfen, ob unsere Vorstellungen von Zinsstrukturkurven richtig sind. Stimmt es, dass eine inverse Zinsstrukturkurve ein Vorbote des Untergangs ist? Die Antwort lautet: Es kommt darauf an, was Sie unter „Zinsstrukturkurve" verstehen, oder genauer gesagt, wo.

Ein Problem im Zusammenhang mit der Zinsstrukturkurve – ich würde es weniger als Mythos, sondern eher als Missverständnis bezeichnen – ist, dass die Leute Rezessionen und Bärenmärkte gern in einen Topf werfen. Sie sind jedoch nicht dasselbe. Es kann einen Bärenmarkt ohne Rezession geben und umgekehrt, obwohl sie in der Regel zusammen auftreten, da der Aktienmarkt die durch eine Rezession verursachte schlechte Stimmung und sinkenden Gewinne einpreist. Das ist jedoch nicht immer der Fall (zum Beispiel, wenn die Rezession seit Langem befürchtet wird und bereits gut eingepreist ist).

Zeit für zwei Definitionen: Ein *Bärenmarkt* ist ein typischerweise länger anhaltender Rückgang des Aktienmarktes um mehr als etwa 20 Prozent. (Der Unterschied zwischen einem Bärenmarkt und einer Korrektur besteht in Ausmaß und Dauer – eine Korrektur ist viel kürzer, dauert nur Wochen oder Monate und liegt in der Regel unter etwa 20 Prozent.) Im Gegensatz dazu wird eine *Rezession* im Allgemeinen als ein signifikanter Rückgang der wirtschaftlichen Aktivität definiert, der in der Regel länger als ein paar Monate andauert. Manche definieren sie als zwei aufeinanderfolgende Quartale mit negativem BIP-Wachstum; es ist jedoch schwer zu erkennen, ob man sich in einer Rezession befindet, während sie stattfindet, da die BIP-Zahlen danach stark revidiert werden. In den USA und der Eurozone gibt es offizielle

Gremien (das National Bureau of Economic Research, NBER, in den USA und das Euro Area Business Cycle Network), die Rezessionen ausrufen. Sie verwenden nicht die Definition von zwei aufeinanderfolgenden Quartalen mit negativem BIP-Wachstum, sondern eine undurchsichtige Mischung aus verschiedenen Datenpunkten.

Das NBER charakterisiert eine Rezession wie folgt:

> Das NBER definiert eine Rezession nicht als zwei aufeinanderfolgende Quartale mit einem Rückgang des realen BIP. Vielmehr ist eine Rezession ein signifikanter Rückgang der wirtschaftlichen Aktivität, der sich über die gesamte Wirtschaft erstreckt, länger als ein paar Monate andauert und normalerweise im realen BIP, im Realeinkommen, in der Beschäftigung, in der Industrieproduktion und in den Umsätzen des Groß- und Einzelhandels sichtbar ist.[8]

Unabhängig davon, welche Definition man zugrunde legt, werden Rezessionen in der Regel erst lange nach ihrem Beginn als solche erkannt – manchmal sogar erst, nachdem sie vorbei sind. So ging mit dem großen Bärenmarkt, der im Januar 1973 begann und bis Ende 1974 andauerte, eine Rezession einher, die 1974 heftig und breit angelegt war und sich bis 1975 hinzog. Es war eine der größten Rezessionen der Nachkriegszeit, wurde jedoch erst 1975 als solche erkannt. Unterdessen forderten Präsident Ford und seine Wirtschaftsberater im September 1974 noch immer Steuererhöhungen, um die Wirtschaft zu bremsen und die Inflation zu bekämpfen. Das lag daran, dass niemand wusste, dass die USA sich bereits in einer Rezession befanden.

Obwohl ich damals noch ziemlich jung war, erinnere ich mich sehr gut an diese Zeit. Für mich war es eine seltsame Zeit. Ich erinnere mich, dass alle Menschen, mit denen ich 1974 sprach, die Wirtschaft für stark hielten, während wir später erfuhren, dass sie inflationsbereinigt das ganze Jahr über rückläufig gewesen war. In vielerlei Hinsicht war ich in diesem Jahr nicht sehr aufmerksam oder gut informiert. Meine Frau und ich hatten gerade unsere junge Tochter verloren. Ich war am Boden zerstört und konnte etwa sechs Monate lang nur Teilzeit arbeiten. Ich traute meiner eigenen Einschätzung der Wirtschaftslage nicht, also verbrachte ich viel Zeit damit, andere zu fragen, was sie davon hielten. Unbeabsichtigt gelang es mir, eine große Bandbreite von Anlegern und Geschäftsleuten zu befragen. So gut wie niemand wusste 1974, dass die USA sich bereits in einer langen Rezession befanden. Das nominale BIP, das nicht inflationsbereinigt ist, wuchs jedes Quartal. Aber es handelte sich nicht um tatsächliches Wachstum, sondern nur um Inflation. Ich glaube, bis 1975 nahm kaum jemand das als Rezession wahr, und zu diesem Zeitpunkt war sie größtenteils schon vorbei – und es war eine gewaltige Rezession. Sie wurde durch die hohe Inflation stark verschleiert – für viele Unternehmen blieben die Umsätze in Dollarbeträgen hoch, während das Stückvolumen zurückging. Aber wenn schon so wenige eine derartige Rezession wahrgenommen haben, wie wenige würden dann einen leichten wirtschaftlichen Rückgang wahrnehmen?

Die Zinsstrukturkurve *kann* eine Rezession vorhersagen (tut es aber nicht immer). Warum? Sie gibt einen Hinweis auf die Kreditbedingungen – und Kredite sind das Lebenselixier von Wachstum und Investitionen. In jedem Mindestreservesystem wie dem der USA, Großbritanniens oder der Eurozone nehmen Banken kurzfristig Geld auf – untereinander oder von Einlegern –, um langfristige Kredite zu finanzieren. Die kurzfristigen Zinsen sind ihre Finanzierungskosten, die langfristigen ihre Zinserträge.

Historisch gesehen deutet eine steile Zinsstrukturkurve also auf ein Umfeld hin, in dem Finanzinstitute gewinnbringend Kredite vergeben können. Eine profitable Kreditvergabe bedeutet in der Regel eine reichliche Kreditvergabe, die wiederum das Wachstum ankurbelt! Eine inverse Zinsstrukturkurve hingegen hemmt die Kreditvergabe, wodurch die Liquidität sinkt (behalten Sie das für später in diesem Kapitel im Hinterkopf), und ist ein ziemlich zuverlässiger Indikator für Rezessionen. Aber denken Sie immer daran: Das ist keine Hexerei oder Zauberei. Es geht um die Auswirkungen auf Kredite. Viel zu viele Ökonomen und Experten verschmähen das.

Und sie ist nicht perfekt! Man kann nicht davon ausgehen, dass jede Inversion einer Rezession vorausgeht. Kehren wir zu unserem Beispiel aus dem Jahr 2022 zurück. Nach der Inversion der Zinsstrukturkurve zwischen zehnjährigen und dreimonatigen US-Staatsanleihen im Herbst war die Angst vor einer Rezession allgegenwärtig. Umfragen ergaben, dass die überwiegende Mehrheit der Ökonomen infolgedessen eine Rezession erwartete. Auch hier gilt: Wenn die Herde etwas glaubt, ist das ein Grund für Sie, es infrage zu stellen.

Im Jahr 2022 gab es einen Sonderfaktor, den zu viele Ökonomen übersahen. Weil sie auch hier nicht darüber nachdachten, warum die Zinsstrukturkurve eine Rezession vorhersagen könnte, sondern nur darauf achteten, was die historischen Daten zeigen, übersahen sie, dass die Banken mit Einlagen überschwemmt waren. Sie mussten sich nicht gegenseitig Geld zum Fed-Funds-Satz leihen. Sie brauchten auch keine weiteren Einlagen, sodass sie Sparguthaben deutlich niedriger verzinsen konnten als zum Fed-Funds-Satz. Das Ergebnis? Die Fed hat in den vergangenen zwei Jahren wirkungslos an den Zinsen herumgeschraubt.

Ob eine inverse Zinsstrukturkurve einen Bärenmarkt auslöst oder nicht, hängt außerdem davon ab, ob die damit verbundenen schlechten Nachrichten bereits vom Markt eingepreist sind. Zum Beispiel hatten wir 1998 in den USA eine sich abflachende Zinsstrukturkurve, die die Menschen in kollektive Aufregung versetzte. Die Angst vor einer bevorstehenden inversen Zinsstrukturkurve griff sehr rasant um sich. Zusammen mit der Rubelkrise in Russland und der Krise von Long-Term Capital Management wurde allgemein erwartet, dass all dies die Aktienkurse lange und heftig nach unten treiben würde. Es kam zwar zu einer starken Korrektur zur Jahresmitte, jedoch nicht zu einem Bärenmarkt – der S&P 500 schloss das Jahr 1998 mit einem Plus von 29 Prozent.[9] Die Angst vor einer Abflachung der Zinsstrukturkurve war so groß, dass sie ihre Kraft verlor, einen größeren Rückgang auszulösen.

Springen wir ins Jahr 2000, als die Zinsstrukturkurve tatsächlich invers wurde. Diesmal achtete niemand darauf. Stattdessen lobten die Leute die „New Economy“ und sagten: „Gewinne spielen keine Rolle“ und „Diesmal ist es anders“, während sie zu Partys eilten, um den Börsenstart von Dotcom-Aktien zu feiern. Unter anderem mag die noch frische Erinnerung an 1998 sie davon überzeugt haben, dass inverse Zinsstrukturkurven keine Rolle spielen. Im Jahr 2000 war die Zinsstrukturkurve, da sie nicht allgemein beachtet und gefürchtet wurde – die Menschen hatten ihren Blick auf andere Dinge gerichtet –, ein guter Vorbote für die wirtschaftliche Schwäche und den Höhepunkt der Tech-Aktienkurse, der zu einem fast dreijährigen Bärenmarkt führte. Wenn alle darüber reden, sich davor fürchten und sich dagegen wappnen, dann hat die inverse Zinsstrukturkurve wahrscheinlich etwas von ihrem bearishen Schwung verloren. Wenn alle wie Anfang 2000 fröhlich singen: „Tra-la-la! Diesmal ist es anders“, kann eine inverse Zinsstrukturkurve Aktien schwer treffen. Ich befürchte, dass die Blamage von 2022 die Menschen nun dazu verleitet, die nächste Inversion der Zinsstrukturkurve zu ignorieren.

Selbst wenn das geklärt ist, sehen die Menschen Zinsstrukturkurven immer noch auf die falsche Weise. Es ist jedoch wichtig, dass wir sie richtig sehen, weil eine inverse Zinsstrukturkurve bestimmte wirtschaftliche Bedingungen impliziert. Denken Sie an die Zinssätze hier in den USA und die Zinsstrukturkurve, die sich daraus ergibt. Warum sollten Sie nicht über US-Zinsen nachdenken? Welche anderen Zinsen würden Sie in Betracht ziehen? Frage Zwei, die ich Ihnen gleich vorstellen werde, lässt sich immer wieder in andere Problemlösungskontexte übertragen, wo sie genauso gut funktioniert. Also los geht's!

Frage Zwei: Gibt es eine Zinsstrukturkurve, die wichtiger ist als die der USA? Diese Frage haben Sie sich wahrscheinlich noch nie gestellt. Warum sollten Sie auch? Was könnte wichtiger sein als die USA? Vor allem für US-Amerikaner!

Wenn wir uns die US-Zinsstrukturkurven von vor 30, 50 und 100 Jahren ansehen, finden wir schließlich einige ziemlich überzeugende, langjährige Belege dafür, dass sie Aufschluss darüber geben können, wie gesund die Wirtschaft ist. Das weiß jeder (oder zumindest glauben das viele Leute – darunter die meisten Journalisten, also so ziemlich jeder). Es ist allgemein anerkannt, dass die Zinsstrukturkurve der USA wichtig und ein einigermaßen verlässlicher Indikator für kommende gute und schlechte wirtschaftliche Zeiten ist. Immer wenn der Kurzfristzins über den langfristigen Zinsen lag, verloren die Banken das Interesse daran, weiterhin so aggressiv Kredite zu vergeben. Und das ist nicht gut. Vor 50 Jahren, als die Zinsstrukturkurve der USA invers wurde, bestand für Banken die einzige Möglichkeit, mit Krediten Geld zu verdienen, darin, Kredite an Kunden mit schlechterer Bonität zu einem höheren Zinssatz als ihren eigenen Finanzierungskosten zu vergeben. Das war und ist riskant, und Banken tun das nur ungern. Je riskanter der Kunde ist, dem sie gewinnbringend Kredit gewähren müssten, desto weniger mögen sie das und desto weniger wollen sie es eigentlich tun. In früheren Zeiten waren die Zinsstrukturkurve der USA und ihre Form von Bedeutung. Von großer Bedeutung! Natürlich wussten damals die meisten Menschen nicht, dass die Zinsstrukturkurve von Bedeutung war.

Global denken, besser denken

Springen wir in die Gegenwart: Wir haben nicht nur nationale Banken, sondern global operierende Banken, eine breite Palette von Derivaten und Futures-Kontrakten zur Absicherung sowie elektronische Systeme, die weltweit sofortigen Zugriff auf präzise Buchhaltungs- und Handelsinformationen ermöglichen. Heute fließt Geld relativ frei über Grenzen hinweg. Eine globale Bank kann in einem Land Geld aufnehmen, in einem anderen Land Kredite vergeben und ihr Währungsrisiko absichern – und das alles so schnell, wie Sie diesen Satz lesen können. Ich kann Geld von einer Investmentbank leihen, die es von einem Zusammenschluss europäischer Versicherungsgesellschaften erhalten hat, der das Geld über globale Banken transferiert hat, und ich werde vielleicht nie erfahren, dass die Quelle im Ausland lag. Für mich als Kreditnehmer ist es einfach nur Geld.

Vor Jahrzehnten – in einer Welt mit nationalen Banken, kaum leistungsfähiger Elektronik für Buchhaltung und Handel in großem Umfang, ohne wesentliche Hedging-Instrumente und mit festen statt flexiblen Wechselkursen – war es die nationale Zinsstrukturkurve, die zählte. Das ist vorbei! Globale Tendenzen haben Vorrang vor lokalen – in jedem Land, auch in den USA, dem großartigsten Land der Welt. Ausländische Zinssätze und Zinsstrukturkurven schaffen Liquidität oder entziehen sie – mit erheblichen Auswirkungen auf unsere eigene Liquidität. Sie bestimmen auch, wie kosteneffektiv sich Hebel einsetzen lassen, um in- und ausländische Vermögenswerte aufzukaufen.

Die Analyse der Zinsstrukturkurve eines einzelnen Landes – selbst eines so großen Landes wie der USA – ist weniger aussagekräftig geworden. Die richtige Herangehensweise besteht heute in der Betrachtung der BIP-gewichteten globalen Zinsstrukturkurve – ein Ansatz, den ich erkannt habe und über den meines Wissens niemand geschrieben hatte, bevor ich es erstmals tat. Die globale Zinsstrukturkurve bildet die Kreditbedingungen weltweit ab. Wenn in der heutigen Welt die globale Zinsstrukturkurve das eine sagt und die der USA das andere, sollte man sich an der globalen orientieren. Der US-Aktienmarkt wie auch jeder andere einzelne Aktienmarkt wird sich der globalen Kurve unterordnen.

Abbildung 2.4 zeigt die globale Zinsstrukturkurve mit Stand Dezember 2024. Warum ist das wichtig? Wenn eine Bank in einem Land günstiger Geld aufnehmen und in einem anderen Land gewinnbringender Kredite vergeben kann, wird sie dies tun. Jeder, einschließlich Banken und ihrer Kunden, mag günstiges Geld. Beachten Sie, dass diese Darstellung auf der globalen Zinsstrukturkurve basiert, die BIP-gewichtet ist. Intuitiv erscheint es logisch, dass ein Land mit einem größeren BIP einen größeren Einfluss auf die globale Zinsstrukturkurve hat.

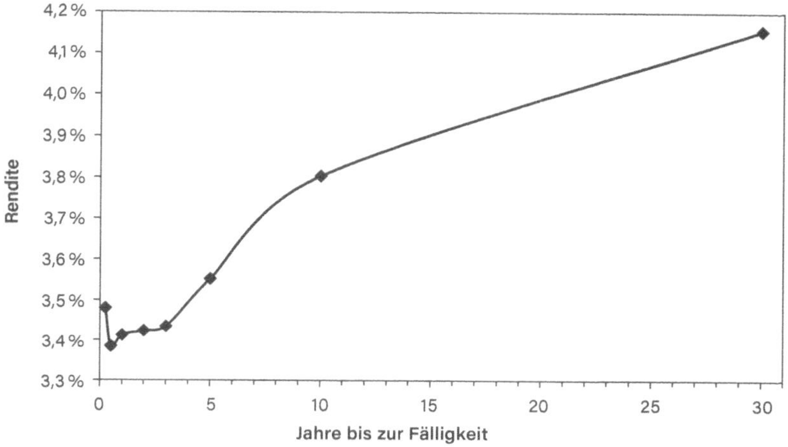

Abbildung 2.4 Globale Zinsstrukturkurve, Dezember 2024.

Quelle: FactSet und IWF, Stand: 28.2.2025.

Bei der Erstellung der BIP-gewichteten Zinsstrukturkurve habe ich zunächst eine Liste der im MSCI World Index enthaltenen Länder erstellt. Ich habe nicht die vollständige Liste der ACWI-Länder verwendet, weil die BIP-Werte der Industrieländer die der Schwellenländer in den Schatten stellen, sodass deren Zinssätze kaum ins Gewicht fallen würden – und genaue Daten zu einigen Schwellenländern sind verdammt schwer zu bekommen. Dann habe ich das aktuelle BIP jedes Landes eingetragen, das Sie auf der Website des Internationalen Währungsfonds (IWF; www.imf.org) finden können. Meine Liste sah in etwa so aus:

Land	BIP (in Mrd. USD)	BIP-Gewichtung (%)
Land A	50	14,3
Land B	50	14,3
Land C	250	71,4
Gesamt	**350**	

So global wie es nur geht

Bevor wir eine globale Zinsstrukturkurve erstellen können, müssen wir zunächst einmal beschreiben und definieren, wie der globale Markt aussieht. Zur Messung der globalen Märkte sind die besten derzeit verfügbaren Indizes die von MSCI, Inc. erstellten marktkapitalisierungs- und streubesitzgewichteten Indizes. Die beiden Indizes, auf die wir uns am meisten konzentrieren, sind der MSCI World Index und der MSCI All Country World Index (der Einfachheit halber als World Index und ACWI bezeichnet).

Der World Index repräsentiert 23 Industrieländer, darunter die USA, Großbritannien, Australien, Deutschland und Japan. Ich beziehe mich häufig auf den World Index, wenn ich über die Marktgeschichte spreche, da er umfangreiche historische Daten liefert – und messbare Daten helfen dabei, Geschichte zu entschlüsseln. Noch wichtiger ist, dass er umfassend ist und jede Komponente nach ihrem *Streubesitz* (englisch *float*) gewichtet wird, das heißt nach ihrer Marktliquidität. Das bedeutet, dass eine Aktie nur einen geringen Markteinfluss hat, wenn sie nicht aktiv gehandelt wird.

Als Stellvertreter für den *gesamten* globalen Markt ist der ACWI eine gute Wahl, weil er auch Schwellenländer umfasst. Derzeit sind 47 Länder vertreten – die Aktien des World Index plus Mexiko, Brasilien, China, Indien und so weiter. Da es für die Schwellenländer nur eine begrenzte Historie und weniger Daten gibt, ist er für die Messung der Performance-Historie weniger nützlich als der World Index. Doch er ist ein gut konstruierter Index und ein ausgezeichneter Stellvertreter für den globalen Markt.

Weitere Informationen zu diesen Indizes und zur historischen Performance finden Sie unter www.msci.com.

Nun zurück zu unserer globalen Zinsstrukturkurvendarstellung. Natürlich handelt es sich bei meinem Beispiel mit drei Ländern um rein hypothetische Informationen und um eine zur Veranschaulichung verkürzte Liste, aber Sie verstehen, worum es geht. Um die BIP-Gewichtung jedes Landes zu erhalten, addieren Sie das gesamte weltweite BIP und teilen dann das BIP jedes Landes durch diese Summe.

Geben Sie als Nächstes die kurz- und langfristigen Zinssätze ein. (Hier zeige ich die 3-Monats- und 10-Jahres-Zinssätze, die für die Analyse der Zinsstrukturkurve am aussagekräftigsten sind.) Ich habe Zugang zu einigen hervorragenden Datenquellen, mit denen ich Zinssätze schnell zusammenstellen kann, aber jeder kann diese Informationen kostenlos auf jeder guten Finanzwebsite finden.

Land	BIP (in Mrd. USD)	BIP-Gewichtung (%)	3-Monats-Zinssatz	10-Jahres-Zinssatz
Land A	50	14,3	3,25	6,50
Land B	50	14,3	2,50	7,20
Land C	250	71,4	4,50	4,25
Gesamt	**350**			

Dieser Teil ist reine Dateneingabe. Nun ziehe ich den 3-Monats-Zinssatz vom 10-Jahres-Zinssatz ab, um den Spread zu erhalten. Ein positiver Spread bedeutet eine positive Zinsstrukturkurve, ein negativer Spread eine inverse.

Land	BIP (in Mrd. USD)	BIP-Gewichtung (%)	3-Monats-Zinssatz	10-Jahres-Zinssatz	Spread
Land A	50	14,3	3,25	6,50	3,25
Land B	50	14,3	2,50	7,20	4,70
Land C	250	71,4	4,50	4,25	-0,25
Gesamt	**350**				

Sie sehen, Land C hat tatsächlich einen negativen Spread, was bedeutet, dass seine Zinsstrukturkurve leicht invers geworden ist. Außerdem hat Land C ein sehr hohes relatives BIP. Bedeutet dies das Ende für Land C? Wir sind noch nicht fertig. Als Nächstes multiplizieren Sie den Spread jedes Landes mit seiner BIP-Gewichtung und addieren die Spalte für den Spread der globalen Zinsstrukturkurve, wie hier gezeigt wird:

Land	BIP (in Mrd. USD)	BIP-Gewichtung (%)	3-Monats-Zinssatz	10-Jahres-Zinssatz	Spread	BIP-gewichteter Spread
Land A	50	14,3	3,25	6,50	3,25	0,46
Land B	50	14,3	2,50	7,20	4,70	0,67
Land C	250	71,4	4,50	4,25	-0,25	-0,18
Gesamt	**350**					**0,95**

Obwohl Land C eine inverse Zinsstrukturkurve aufweist, ist die globale Zinsstrukturkurve weiterhin positiv geneigt – die 10-jährige Rendite liegt über der 3-monatigen. Der globale Zinsstrukturkurven-Spread beträgt 0,95 – ein Spread vom Tief zum Hoch von fast genau 1 Prozentpunkt. Man kann sich Land C, dessen BIP viel größer ist als das seiner Nachbarn in diesem fiktiven Index, als ein Land wie die Vereinigten Staaten vorstellen. Die Zinsstrukturkurven der anderen Länder sind ebenfalls von Bedeutung, selbst für ein so großes Land wie Land C.

Wenn die Kreditbedingungen für die Banken und Finanzinstitute von Land C nicht optimal sind, können sie in anderen Ländern Geld aufnehmen, ohne dass sich ihre Kreditvergabe nennenswert verlangsamt – was sie vor Jahrzehnten noch nicht getan hätten. (Mit derselben Methode können Sie auch die globalen kurz- und langfristigen Zinssätze berechnen, wenn Sie eine tatsächliche globale Zinsstrukturkurve erstellen möchten. Multiplizieren Sie einfach den Zinssatz jedes Landes mit seiner BIP-Gewichtung und addieren Sie dann die Ergebnisse, um den globalen Zinssatz zu erhalten. In unserem hypothetischen Beispiel beträgt der globale 3-Monats-Zinssatz 4,04 und der 10-Jahres-Zinssatz 4,99. Wenn Sie den kurzfristigen Zinssatz abziehen, erhalten Sie immer noch denselben Spread der Zinsstrukturkurve von 0,95.)

Daher ist eine inverse Zinsstrukturkurve der USA an sich kein Grund zur sofortigen Panik. Sehen Sie sich stattdessen zunächst die Einzelheiten an. Dann müssen Sie sich ansehen, wie die globalen Zinssätze und die globale Kurve aussehen. Eine inverse Zinsstrukturkurve in einem einzelnen Land, während die globale Kurve positiv ist, könnte ein Grund sein, dieses Land unterzugewichten. Aber es ist bei Weitem kein sicherer Grund, global bearish zu werden. Die globale Zinsstrukturkurve ist ein nützlicherer Frühindikator für Aktienmärkte und die Weltwirtschaft als die Kurve eines einzelnen Landes.

Abbildung 2.5 zeigt die Differenz zwischen den globalen kurzfristigen und den globalen langfristigen Zinssätzen seit 1985 – eine weitere Möglichkeit, die relative Steilheit der globalen Zinsstrukturkurve darzustellen. Alles über null ist eine positive Zinsstrukturkurve, alles darunter eine inverse. Je höher die Linie, desto größer ist die Differenz zwischen den kurz- und langfristigen Zinssätzen und desto steiler die Kurve.

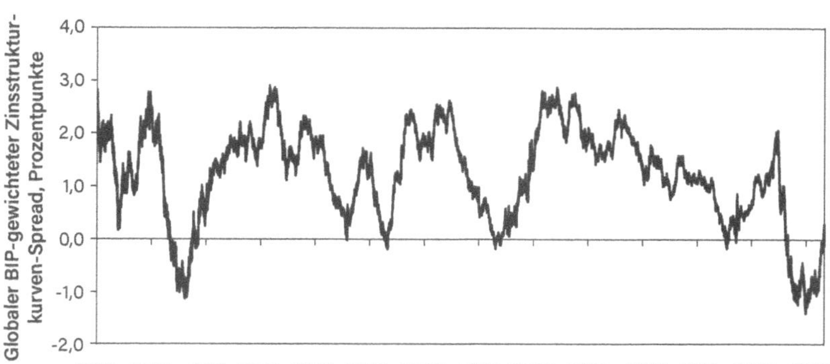

Abbildung 2.5 Spread der globalen Zinsstrukturkurve.

Quelle: FactSet, Stand: 28.2.2025.

Beachten Sie, dass die globale Zinsstrukturkurve 1989 invers wurde und damit eine nahende Rezession signalisierte (übrigens eine globale Rezession). Ende 2000 und Anfang 2007 wurde sie ebenfalls sehr flach – in beiden Fällen folgte eine globale Rezession. Zeitweise war die Zinsstrukturkurve der USA in den Jahren 2005 und 2006 sehr flach oder sogar invers, je nachdem, wie man sie gemessen hat. Invers! Die globale Zinsstrukturkurve war in diesen Jahren hingegen noch positiv – und es gab damals weder eine Rezession in den USA noch weltweit. Interessanterweise stiegen US-Aktien 2005 und 2006 um 4,9 beziehungsweise 15,8 Prozent und blieben damit in beiden Jahren hinter den weltweiten Aktien zurück, die um 9,5 beziehungsweise 20,1 Prozent zulegten.[10] Ein solches Ergebnis würde Sie nicht überraschen, wenn Sie wüssten, dass die Zinsstrukturkurve der USA invers war, die globale jedoch nicht.

Wenn die globale Zinsstrukturkurve invers oder flach ist, sollten Sie wissen, was das für die Zukunft bedeuten könnte. Egal, ob positiv oder invers: Die globale Zinsstrukturkurve sollte für Ihre globale Sichtweise wichtiger sein als die Zinsstrukturkurve eines einzelnen Landes.

Meines Wissens hat vor mir noch niemand eine BIP-gewichtete globale Zinsstrukturkurve erstellt, um die globalen Kreditbedingungen kompakt abzubilden. Das ist ein perfektes, einfaches Beispiel für Frage Zwei – dafür, etwas zu verstehen, was die meisten Menschen nicht verstehen: Nicht die nationale, sondern die globale Zinsstrukturkurve ist heute wichtiger. Das zu verstehen, was die meisten Menschen nicht verstehen, ist weder kompliziert noch übermäßig theoretisch noch schwer nachzuvollziehen. Es ist im Grunde einfach und grundlegend.

Ein wirklich interessanter Punkt, der bereits erwähnt wurde, ist, dass man dieses Prinzip auf viele andere Phänomene ausweiten kann. So ist es das globale Haushaltsdefizit, das für das globale BIP und die globalen Märkte von Bedeutung ist – oder eben nicht. Es ist die globale Inflationsrate, die die Inflation in den USA und anderswo antreibt. Man kann die gleiche Methodik, die ich gerade beschrieben habe, ebenso verwenden, um eine BIP-gewichtete globale Geldmenge zu erstellen und deren Wachstum zu beobachten. Warum? Weil es die globale Geldschöpfung ist, die die globale Inflation antreibt, und nicht das, was ein einzelnes Land tut. Vielleicht machen Sie sich Sorgen über Handelsdefizite und Leistungsbilanzdefizite. Per Definition verschwinden diese auf globaler Ebene einfach, aber wir werden später darauf eingehen, wie man darüber nachdenken sollte. Man kann globales Denken auf so viele Dinge anwenden, dass der alte, aber selten angewandte Grundsatz „global denken, lokal handeln" eine wirklich wertvolle Faustregel ist – seiner Zeit weit voraus.

Was Ihnen die Zinsstrukturkurve sagen will

Nachdem wir Zinsstrukturkurven richtig eingeordnet haben, können Sie nach weiteren Mustern und einer weiteren Handlungsbasis suchen. Eine weitere Anwendung von Frage Zwei lautet: Was kann Ihnen die Zinsstrukturkurve über Aktien sagen, was sonst niemand weiß? Inzwischen wissen Sie (oder sollten Sie wissen), dass alle Anlagestile abwechselnd in und aus der Gunst der Anleger geraten. Wir werden in späteren Kapiteln darauf eingehen, warum das so ist, aber Sie haben wahrscheinlich schon Ähnliches wie Abbildung 2.6 gesehen, die Veränderungen in der Führungsrolle unter den verschiedenen Aktiengrößen und -stilen zeigt.

Abbildung 2.6 zeigt, dass kein Größen- oder Stilsegment dauerhaft die Führung übernimmt. Noch auffälliger ist, dass es kein vorhersehbares Muster gibt, das darauf hindeutet, welches Größen- oder Stilsegment als Nächstes führen wird. Wenn Sie den Gewinner des Vorjahres kaufen, haben Sie oft den Verlierer des laufenden Jahres im Depot – außer in ungewöhnlichen Zeiträumen wie in den späten 1990er-Jahren, als US-amerikanische Large-Cap-Growth-Aktien lange Zeit führend waren. Natürlich wurden Sie dann für Ihre Jagd nach dem nächsten Trend mit einer langen Phase miserabler Performance ab 2000 belohnt (wie gesagt, Anlagestile sind so gut wie nie zehn Jahre lang angesagt).

2005	2006	2007	2008	2009	2010	2011	2012	2013	2014
MSCIEAFE 13,5 %	MSCIEAFE 28,3 %	MSCIEAFE 11,2 %	Barclays Agg 5,2 %	Russell 2000 Growth 34,5 %	Russell 2000 Growth 29,1 %	Barclays Agg 7,8 %	Russell 2000Value 18,1 %	Russell 2000 Growth 43,3 %	S&P500 Index 13,7 %
S&P500 Index 4,9 %	Russell 2000Value 23,5 %	S&P 500/Citi Growth 7,6 %	Russell 2000Value -28,9 %	MSCIEAFE 31,8 %	Russell 2000 26,9 %	S&P 500/Citi Growth 2,8 %	MSCIEAFE 17,3 %	Russell 2000 38,8 %	S&P 500/Citi Growth 13,3 %
Russell 2000Value 4,7 %	Russell 2000 18,4 %	Russell 2000 Growth 7,0 %	Russell 2000 -33,8 %	S&P 500/Citi Growth 29,1 %	Russell 2000Value 24,5 %	S&P500 Index 2,1 %	Russell 2000 16,3 %	Russell 2000Value 34,5 %	S&P 500/Citi Value 9,6 %
Russell 2000 4,6 %	S&P 500/Citi Value 18,2 %	Barclays Agg 7,0 %	S&P 500/Citi Growth -36,5 %	Russell 2000 27,2 %	S&P500 Index 15,1 %	Russell 2000 Growth -2,9 %	S&P500 Index 16,0 %	S&P500 Index 32,4 %	Barclays Agg 6,0 %
Russell 2000 Growth 4,2 %	S&P500 Index 15,8 %	S&P500 Index 5,5 %	S&P500 Index -37,0 %	S&P500 Index 26,5 %	S&P 500/Citi Growth 13,2 %	S&P 500/Citi Value -2,9 %	S&P 500/Citi Value 14,6 %	S&P 500/Citi Growth 30,4 %	Russell 2000 Growth 5,6 %
S&P 500/Citi Value 3,9 %	Russell 2000 Growth 13,3 %	S&P 500/Citi Value -0,6 %	Russell 2000 Growth -38,5 %	Russell 2000Value 20,6 %	S&P 500/Citi Value 12,5 %	Russell 2000 -4,2 %	Russell 2000 Growth 14,6 %	S&P 500/Citi Value 28,8 %	Russell 2000 4,9 %
S&P 500/Citi Growth 2,9 %	S&P 500/Citi Growth 9,6 %	Russell 2000 -1,6 %	S&P 500/Citi Value -41,9 %	S&P 500/Citi Value 17,6 %	MSCIEAFE 7,8 %	Russell 2000Value -5,5 %	S&P 500/Citi Growth 12,3 %	MSCIEAFE 22,8 %	Russell 2000Value 4,2 %
Barclays Agg 2,4 %	Barclays Agg 4,3 %	Russell 2000Value -9,8 %	MSCIEAFE -43,4 %	Barclays Agg 5,9 %	Barclays Agg 6,5 %	MSCIEAFE -12,1 %	Barclays Agg 4,2 %	Barclays Agg -2,0 %	MSCIEAFE -4,9 %

2015	2016	2017	2018	2019	2020	2021	2022	2023	2024
S&P 500/Citi Growth 3,7 %	Russell 2000Value 31,7 %	S&P 500/Citi Growth 25,3 %	Barclays Agg 0,0 %	S&P500 Index 31,5 %	Russell 2000 Growth 34,6 %	S&P 500/Citi Growth 31,0 %	S&P 500/Citi Value -6,2 %	S&P 500/Citi Growth 28,5 %	S&P 500/Citi Growth 35,1 %
S&P500 Index 1,4 %	Russell 2000 21,3 %	MSCIEAFE 25,0 %	S&P 500/Citi Growth -1,8 %	S&P 500/Citi Growth 29,8 %	S&P 500/Citi Growth 31,9 %	S&P500 Index 28,7 %	Barclays Agg -13,0 %	S&P500 Index 26,3 %	S&P500 Index 25,0 %
Barclays Agg 0,5 %	S&P 500/Citi Value 14,4 %	Russell 2000 Growth 22,2 %	S&P500 Index -4,4 %	S&P 500/Citi Value 29,5 %	Russell 2000 20,0 %	Russell 2000Value 28,3 %	MSCIEAFE -14,5 %	S&P 500/Citi Value 19,9 %	Russell 2000 Growth 15,2 %
MSCIEAFE -0,8 %	S&P500 Index 12,0 %	S&P500 Index 21,8 %	Russell 2000 Growth -9,3 %	Russell 2000 Growth 28,5 %	S&P500 Index 18,4 %	S&P 500/Citi Value 22,2 %	Russell 2000Value -14,5 %	Russell 2000 Growth 18,7 %	Russell 2000 11,5 %
Russell 2000 Growth -1,4 %	Russell 2000 Growth 11,3 %	Russell 2000 14,6 %	Russell 2000 -11,0 %	Russell 2000 25,5 %	MSCIEAFE 7,8 %	Russell 2000 14,8 %	S&P500 Index -18,1 %	MSCIEAFE 18,2 %	S&P 500/Citi Value 9,7 %
Russell 2000 -4,4 %	S&P 500/Citi Growth 5,3 %	S&P 500/Citi Value 12,6 %	S&P 500/Citi Value -11,9 %	Russell 2000Value 22,4 %	Barclays Agg 7,5 %	MSCIEAFE 11,3 %	Russell 2000 -20,4 %	Russell 2000 16,9 %	Russell 2000Value 8,1 %
S&P 500/Citi Value -5,4 %	Barclays Agg 2,6 %	Russell 2000Value 7,8 %	Russell 2000Value -12,9 %	MSCIEAFE 22,0 %	Russell 2000Value 4,6 %	Russell 2000 Growth 2,8 %	Russell 2000 Growth -26,4 %	Russell 2000Value 14,6 %	MSCIEAFE 3,8 %
Russell 2000Value -7,5 %	MSCIEAFE 1,0 %	Barclays Agg 3,5 %	MSCIEAFE -13,8 %	Barclays Agg 8,7 %	S&P 500/Citi Value -1,9 %	Barclays Agg -1,5 %	S&P 500/Citi Growth -29,5 %	Barclays Agg 5,5 %	Barclays Agg 1,3 %

Abbildung 2.6 Kein Stil ist für alle Zeiten der beste.

Quelle: FactSet, Stand: 15.3.2025.

Wenn es ein Muster gäbe, das anzeigt, wann man die Aktiensegmente wechseln sollte, wie hätten dann all die klugen Leute, die all die Jahre investiert haben, dieses Muster übersehen können?

Ganz einfach.

Abbildung 2.7 ähnelt Abbildung 2.5 – sie zeigt nicht die globale Zinsstrukturkurve, sondern deren Spread zwischen den kurzfristigen und langfristigen Zinsen. Sie ergänzt die relative Performance von Value- gegenüber Growth-Aktien. Beispielsweise übernahmen 1987 – nachdem die Zinsstrukturkurve steiler geworden war und einen Spread von fast 2,5 Prozentpunkten aufwies – Value-Aktien die Führung und übertrafen Growth-Aktien für den Rest des Jahrzehnts um beeindruckende 28 Prozentpunkte. Danach flachte die Zinsstrukturkurve ab und kehrte sich um, und Growth-Aktien übernahmen die Führung, bis sie wieder steiler wurde. Dieses Muster wiederholt sich – manchmal mit längeren Füh-

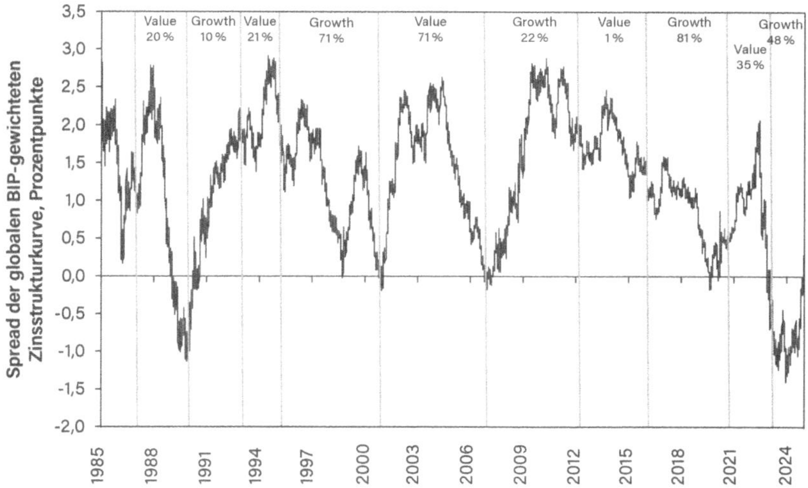

Abbildung 2.7 Performance globaler Growth- und Value-Aktien im Verhältnis zur globalen Zinsstrukturkurve.

Quelle: FactSet, Stand: 28.2.2025.

rungsperioden und noch deutlicherer Outperformance – 55 Prozentpunkte und 76 Prozentpunkte! Anleger, die sich darauf versteifen, nicht gegen die Fed anzukämpfen, oder sich Sorgen über zu hohe oder zu niedrige Zinsen machen, übersehen dieses bemerkenswerte Muster.

Abbildung 2.7 zeigt: Wenn der Spread der globalen Zinsstrukturkurve am größten ist, handelt es sich im Allgemeinen tendenziell um eine Phase, in der Value-Aktien eine Outperformance erzielen. Value-Aktien beginnen in der Regel schon *vor* dem Höhepunkt des Spreads, Growth-Aktien zu übertreffen, da sich Aktien zuerst bewegen. (Schließlich preist der Markt künftige Entwicklungen ein.) Das Muster ist nicht perfekt, da es keine Patentlösung gibt und die Kapitalmärkte äußerst komplex sind. Tatsächlich brach es von 2007 bis 2012 kurzzeitig zusammen, als Growth-Aktien trotz der über weite Strecken steiler werdenden globalen Zinsstrukturkurve insgesamt eine Outperformance erzielten.

Dieser Zeitraum umfasste jedoch die Kreditkrise und den Bärenmarkt von 2008, die Finanzwerte schwer trafen. Finanzwerte sind in der Regel eher Value-orientiert, sodass ihre starke Underperformance dazu beitrug, Value-Aktien insgesamt nach unten zu ziehen. Lässt man die Performance der Finanzwerte außer Acht, erzielten Value-Aktien in diesem Zeitraum tatsächlich eine Outperformance von 4,9 Prozentpunkten.[11] Hätten Sie jedoch die enorme Underperformance von Finanzwerten und den Bärenmarkt vorhersagen können, hätten Sie wahrscheinlich keine Entscheidung zwischen Value- und Growth-Aktien benötigt, um in diesem Zeitraum gut abzuschneiden. Denken Sie daran, dass es keine perfekte Prognose für die Zukunft gibt – selbst wenn ein Indikator in der Vergangenheit gut und konsistent funktioniert hat.

Die Fundamentaldaten, die erklären, wann und warum Value-Aktien Growth-Aktien übertreffen (und umgekehrt), haben sich jedoch nicht geändert. In den Jahren seitdem sieht man also, wie dieses Muster wieder einsetzt. Bei einem relativ großen, aber schrumpfenden Spread von 2012 bis 2015 gab es für keinen der beiden Stile einen nennenswerten Vorteil. Dann kam es von 2016 bis 2020 zu einer starken Abflachung, gepaart mit einer enormen Outperformance von Growth-Aktien. Das alles kehrte sich 2022 um ... und danach wieder zurück.

Wenn man also wissen könnte, wann die Zinsstrukturkurve sehr steil wird, wäre das ein guter Zeitpunkt, um Value-Aktien zu bevorzugen. Und wenn man wüsste, wann sie abflacht, wäre das ein starkes Argument für Growth-Aktien.

Darüber hinaus kann der Performanceunterschied zwischen den beiden Anlagestilen erheblich sein. Außerdem dauern diese Phasen in der Regel eine Weile an, sodass Sie den Zeitpunkt nicht perfekt treffen müssen (was ohnehin fast unmöglich ist). Aber Sie brauchen die globale Zinsstrukturkurve, um das richtig zu sehen.

Wenn Sie noch kein Seminar von mir oder meiner Firma besucht haben, haben Sie wahrscheinlich noch nie gesehen, dass der Spread der Zinsstrukturkurve und die Performance von Value- und Growth-Aktien so übereinandergelegt wurden. Niemand erkennt dieses Muster, und doch ist der Zusammenhang bemerkenswert. Aus gutem Grund.

Die meiste Zeit sehen Sie den Zusammenhang zwischen einer steiler werdenden Zinsstrukturkurve und der Outperformance von Value-Aktien sowie zwischen einer abflachenden oder flachen Zinsstrukturkurve und der Outperformance von Growth-Aktien – aber was bedeutet das? Wie bereits erwähnt, haben viele bestehende Muster nicht unbedingt eine Bedeutung. Bevor Sie voreilig handeln und aufgrund eines Musters Ihr Portfolio gravierend verändern, müssen Sie das Muster auf Kausalität prüfen. Ohne kausalen Zusammenhang haben Sie keine Grundlage für eine Entscheidung. Wenn etwas kausal ist – wenn etwas aufgrund von etwas anderem geschieht –, korrelieren diese Dinge immer bis zu einem gewissen Grad. Doch zwei korrelierende Variablen sind nicht immer kausal. Im Statistikunterricht wurde Ihnen beigebracht, dass eine hohe Korrelation nicht unbedingt Kausalität bedeutet, Kausalität aber eine hohe Korrelation. Das Wesentliche an Frage Zwei ist, zunächst nach hohen Korrelationen zu suchen und dann zu prüfen, ob sich die Kausalität mit einfachen wirtschaftlichen Zusammenhängen begründen lässt.

Growth- und Value-Aktien – was ist der Unterschied?

Was ist Wachstum? Was ist Wert? Woher weiß man das?
Zunächst einmal ist weder die Kategorie Growth-Aktien noch die Kategorie Value-Aktien nachweislich überlegen oder weist über sehr lange Zeiträume hinweg wesentlich andere Risikomerkmale auf. Allerdings geraten beide abwechselnd in und aus der Gunst der Anleger.
So gut wie alle sind sich einig, dass Growth-Aktien höhere KGVs und Value-Aktien niedrigere haben. Aber höher oder niedriger als was? Einige Profis wählen ein willkürliches Niveau und halten daran fest. Meiner Meinung nach ist es besser, sich an Ihrer Benchmark (dem Index, mit dem Sie sich vergleichen) als Referenzgröße zu orientieren. Ermitteln Sie das Forward-KGV Ihrer Benchmark. Aktien mit einem höheren KGV als die Benchmark weisen mehr Growth-Merkmale auf. Aktien mit einem niedrigeren KGV weisen mehr Value-Merkmale auf. Aktien, die nahe am KGV der Benchmark liegen, sind für Sie im Grunde genommen stilneutral. Behalten Sie das im Hinterkopf, denn das durchschnittliche KGV Ihrer Benchmark schwankt etwas. Je mehr Sie auf Growth setzen möchten, desto höher muss das durchschnittliche KGV Ihres Portfolios im Vergleich zum KGV Ihrer Benchmark sein. Das Gleiche gilt für Value, nur umgekehrt. Und es kann durchaus Zeiten geben, in denen Sie im Wesentlichen stilneutral sein möchten.
Es ist außerdem wichtig, sich daran zu erinnern, dass einige Unternehmen vorübergehend keine Gewinne und daher auch kein KGV haben können. Für solche Fälle benötigen Sie andere Kennzahlen wie das Kurs-Buchwert-Verhältnis oder das Kurs-Umsatz-Verhältnis. Bei beiden Kennzahlen können Sie dieselbe Methodik anwenden und erhalten ähnliche Ergebnisse.

Zwei Ereignisse können durch Zufall oder Koinzidenz (per Definition dasselbe) korrelieren. Das ist die umgekehrte Form des Spielerfehlschlusses – jedes Mal, wenn Sie eine Münze werfen, haben Sie eine 50/50-Chance auf Kopf, unabhängig davon, ob die letzten 100 Würfe Kopf ergeben haben. Nur weil Sie nach mehrmaliger Beobachtung von Q Anzeichen dafür haben, dass danach Y mit einer gewissen Regelmäßigkeit auftritt, können Sie sich nicht darauf verlassen, dass das erneut geschieht, ebenso wenig, wie Sie bessere Chancen darauf haben, dass beim einhundertersten Wurf Zahl kommt.

Wenn Y häufig auf Q folgt, Sie aber keine plausiblen wirtschaftlichen Zusammenhänge hinter der Korrelation finden können, sollten Sie wieder von vorne anfangen. Vielleicht passiert noch etwas anderes, wenn Sie Q beobachten, das tatsächlich Y verursacht, und Sie müssen herausfinden, was diese unbekannte Variable ist (vielleicht X?), bevor Sie darauf reagieren. Oder Sie haben nur eine statistische Kuriosität gefunden. Statistiken können seltsam sein. Wenn Sie eine Korrelation ohne Kausalität haben, haben Sie nichts. Ihre Entdeckungen müssen ökonomisch grundsätzlich plausibel sein, bevor sie nützlich sind.

Was ist, wenn Sie messen, dass Q anscheinend Y verursacht, und es darüber hinaus auch noch Sinn ergibt? Allerdings beobachten Sie, dass Q nur in 70 oder 80 Prozent der Fälle zu Y führt. Sollten Sie dieses Instrument aufgeben? Auf keinen Fall! Bei Investments gibt es niemals eine hundertprozentige Korrelation. Es gibt so viele Kräfte, die auf die Märkte einwirken, so viele ungewisse Faktoren – wenn Sie auf eine hundertprozentige Korrelation warten, werden Sie niemals handeln. Wenn etwas in 70 Prozent der Fälle korreliert, ist das enorm. Mit den anderen 30 Prozent können Sie sich später befassen. Oftmals im Leben wird Y zu 70 Prozent durch Q und zu 30 Prozent durch X oder X + L verursacht und ist einfach multifaktoriell. Dennoch ist eine 70-prozentige Korrelation mit guter Kausalität großartig. Wenn Sie in 70 Prozent der Fälle konstant gewinnen könnten, würden Sie praktisch alle professionellen Anleger in kürzester Zeit ausstechen. Wenn Sie zeigen können, dass Q mit einer gewissen Regelmäßigkeit Y verursacht, und verstehen, *warum* – wenn niemand sonst eine Ahnung hat, was Y verursacht –, dann haben Sie etwas Großes entdeckt.

Hat also die Veränderung des Spreads der Zinsstrukturkurve, die damit zusammenhängt, ob Value- oder Growth-Aktien den Markt anführen, einen Bezug zu grundlegenden wirtschaftlichen Zusammenhängen? Auf jeden Fall! Sie ergibt sich daraus, wie Unternehmen Kapital beschaffen und welchen Anreiz Banken haben, es zu verleihen.

Das Kerngeschäft der Banken ist und war schon immer, kurzfristig Geld aufzunehmen, um auf dieser Grundlage langfristige Kredite zu vergeben. In der Fachsprache der Branche heißt das: „kurzfristig aufnehmen und langfristig verleihen". Das ist der gesamte gesellschaftliche Zweck einer Bank. Der Spread der Zinsstrukturkurve bestimmt die Neigung oder Bereitschaft des Bankensystems, Kredite zu vergeben.

Wenn Sie als CEO einer Bank mit einer steilen Zinsstrukturkurve konfrontiert sind und nur ein bisschen Verstand haben, möchten Sie Ihre Kreditmanager dazu ermutigen, Kredite zu vergeben. Wenn die Kurve sehr steil ist, werden sie sehr eifrig sein. Wenn sie hingegen sehr flach ist, werden sie weniger eifrig sein. Komplizierter ist es nicht; es geht darum, die Kreditvergabebereitschaft einzuschätzen. Auch Untersuchungen der Fed stützen dies. Die Fed-Umfrage „Senior Loan Officer Opinion Survey" vom Oktober 2018, eine Umfrage unter leitenden Kreditverantwortlichen zu Kreditvergabestandards und Kreditnachfrage, enthielt spezielle Fragen zur Steigung der Zinsstrukturkurve. Sie ergab Folgendes:

> Die Banken wurden auch gefragt, wie sich ihre Kreditvergabepolitik als Reaktion auf eine hypothetische moderate Inversion der Zinsstrukturkurve, die im kommenden Jahr anhalten würde, möglicherweise ändern würde. Ein erheblicher Teil der Banken gab an, die Kreditstandards oder Konditionen in allen wichtigen Kreditkategorien strenger zu gestalten, wenn sich die Zinsstrukturkurve umkehren würde.

> Die Banken, die angaben, ihre Kreditvergabepolitik aufgrund einer Inversion der Zinsstrukturkurve zu verschärfen, wurden gebeten, Gründe für ihre Antwort anzugeben. Ein großer Teil der Banken gab an, dieses Szenario als Hinweis auf weniger günstige oder unsicherere Wirtschaftsaussichten zu interpretieren; außerdem dürfte darauf wahrscheinlich eine Verschlechterung der Qualität des bestehenden Kreditportfolios folgen. Darüber hinaus gaben die meisten Banken an, dass die Kreditvergabe in diesem Szenario weniger rentabel wäre und die Risikotoleranz ihrer Bank sinken würde.[12]

Da schrillen bei mir allerdings die Alarmglocken: Vielleicht sind die tatsächlichen Wirkungen der Zinsstrukturkurve mittlerweile weithin bekannt. Als sich die Zinsstrukturkurve 2022 umkehrte, schienen sich jedoch nur wenige daran zu erinnern und die Lektion anzuwenden. Diejenigen, die dies als Zeichen für Probleme sahen, taten dies nur oberflächlich. Sie haben nie untersucht, warum die Zinsstrukturkurve in der Vergangenheit funktioniert hat und nach der Pandemie nicht mehr.

Und trotzdem wenden das nur sehr, sehr wenige auf die Anlagestile an. Value-Unternehmen beschaffen sich Kapital in großem Umfang durch die Aufnahme von Fremdkapital. Sie nutzen Fremdkapital, um andere Unternehmen zu erwerben, Fabriken zu bauen, ihre Produktpalette zu erweitern, ihre Marketingreichweite zu vergrößern oder was auch immer. Wenn die Zinsstrukturkurve steil ist und Banken einen zusätzlichen Anreiz haben, Kredite zu vergeben, sind sie eher bereit, Value-Unternehmen Kredite zu gewähren (wir werden gleich sehen, warum), und Value-Unternehmen und ihre Aktionäre profitieren in der Regel davon.

Andererseits beschaffen sich Growth-Unternehmen ihr Kapital zu einem großen Teil durch die Ausgabe neuer Aktien. Sie können zwar auch Geld leihen, was sie auch tun, aber sie können eben auch Aktien ausgeben, was für sie in der Regel günstiger ist (auch hier werden wir gleich sehen, warum). Wenn die Zinsstrukturkurve flacher wird, haben Banken weniger Anreiz, Kredite zu vergeben, da ihre Gewinnspanne beim nächsten Kredit geringer wird – oder ganz verschwindet. Investmentbanker haben jedoch nach wie vor einen enormen Anreiz, Growth-Unternehmen bei der Ausgabe neuer Aktien zu unterstützen, weil Börsengänge und Neuemissionen für sie äußerst profitabel sind. In diesem Umfeld verlieren Value-Unternehmen in der Regel an Attraktivität, während Growth-Unternehmen die Führung übernehmen. Letztere haben dann besonders gute Gelegenheit, Kapital zu beschaffen, um höhere Gewinne zu erzielen, und das ausgerechnet genau dann, wenn Value-Unternehmen nicht so leicht Kapital beschaffen können.

Drehen wir den Spieß um

Auch hier gilt: Wenn Sie etwas nicht verstehen können, hilft es oft, es neu zu formulieren oder umzudrehen, damit Sie es anders sehen können. Um das zu verdeutlichen, drehen wir nun die KGVs um. Sie wissen, dass Growth-Aktien per Definition in der Regel ein höheres KGV haben als Value-Aktien. Außerdem genießen sie in der Öffentlichkeit tendenziell den Ruf großartiger Unternehmen. Angenommen, eine Growth-Aktie hat ein KGV von 50 und eine Value-Aktie ein KGV von 5. Sie wissen: Das KGV von 50 ist gleich 50 Dollar Kurswert geteilt durch einen Dollar Gewinn, das KGV von 5 ist gleich 5 Dollar Kurswert geteilt durch einen Dollar Gewinn. Kehren Sie diese KGVs nun in GKV-Werte um, erhalten Sie die Gewinnrendite (siehe Kapitel 1). So wird aus dem KGV von 50 eine Gewinnrendite von 2 Prozent. Wenn die Buchhaltung des Unternehmens korrekt ist und die Gewinne stabil sind, entsprechen diese 2 Prozent effektiv den Kosten nach Steuern (denken Sie daran, dass das KGV nach Steuern berechnet wurde, also gilt das auch für das GKV) für die Beschaffung von Wachstumskapital durch den Verkauf von Aktien – eine geringe Kostenbelastung im

Vergleich dazu, langfristige Schulden zu Unternehmensanleihezinsen aufzunehmen. Das Unternehmen mit einem KGV von 5 hat ein GKV von 20 Prozent – sehr hohe Kosten nach Steuern für die Beschaffung von Wachstumskapital durch den Verkauf von Aktien im Vergleich zur Aufnahme langfristiger Schulden durch Anleihen.

Noch einmal: Das Growth-Unternehmen wird, wann immer es kann, versuchen, Wachstumskapital durch den Verkauf von Aktien kostengünstig zu beschaffen. Das Value-Unternehmen wird dies nicht tun; stattdessen wird es versuchen, Wachstumskapital durch die Aufnahme von Fremdkapital in dem Umfang zu beschaffen, in dem dies möglich ist.

Drehen wir den Spieß um und betrachten die Situation aus einer anderen Perspektive. Sie sind jetzt kein Unternehmenskreditnehmer oder Aktienemittent mehr, sondern Kreditverantwortlicher einer Bank. Sie haben vier Kreditkunden:

1. Microsoft, ein bekanntes Big-Cap-Growth-Unternehmen
2. Chevron, ein bekanntes Big-Cap-Value-Unternehmen
3. Geewhizatronics, ein nicht bekanntes Small-Cap-Growth-Unternehmen
4. Local County Cement, ein nicht bekanntes Small-Cap-Value-Unternehmen

Diese vier sind Ihre einzigen Kunden, und jeder hat denselben Betrag von Ihnen geliehen. Nehmen wir an, diese Kredite wurden so vergeben, dass Sie sie jederzeit zurückfordern und den Kreditnehmer zur Rückzahlung zwingen können. Eines Tages kommt Ihr Chef zu Ihnen und sagt Ihnen, dass es für die Bank nicht mehr rentabel ist, so viele Kredite im Portfolio zu haben. Sie werden angewiesen, 25 Prozent Ihres Kreditportfolios abzubauen, indem Sie einen Ihrer Kunden streichen – die Wahl liegt bei Ihnen. Wen streichen Sie?

Nun, Microsoft werden Sie wohl nicht streichen, da es allgemein als eines der besten Unternehmen der Welt gilt. Wenn Sie das täten, würden die anderen Kreditverantwortlichen Sie auslachen. Chevron möchten Sie auch nicht streichen. Das Unternehmen genießt vielleicht nicht ganz denselben Qualitätsruf wie Microsoft, aber es ist ein großer, solider Name. Geewhizatronics streichen? Nein. Das Unternehmen ist klein, soll jedoch schnell wachsen. Vielleicht wird es das nächste Microsoft! Wenn Sie es streichen, werden die Leute wieder über Sie lachen, falls (oder eher: wenn?) Geewhiz tatsächlich durchstartet.

Das Unternehmen, das Sie streichen, ist das Small-Cap-Value-Unternehmen Local County Cement. Schwach, behäbig, seit Ewigkeiten dabei – aber wenn die Baukonjunktur einbricht, brechen auch seine Gewinne ein. Es gibt kein offensichtliches Wachstumspotenzial. Diese Entscheidung ist einfach. Sie behalten Microsoft, Chevron und Geewhizatronics und streichen Local County Cement. Die alten Hasen aus der Kreditabteilung werden Sie dafür nicht auslachen.

Was haben wir damit eigentlich erreicht? Wir haben Kapital aus dem Value-Bereich abgezogen, vor allem aus kleineren Value-Unternehmen. Selbst wenn Sie statt Local County Cement den großen Brocken Chevron getroffen hätten – und vielleicht tun Sie das beim nächsten Mal –, hätte es wieder den Value-Bereich getroffen, nicht den Growth-Bereich. Local County Cement hatte geplant, zu expandieren, muss diese Pläne nun jedoch auf Eis legen, weshalb sein Aktienkurs einbricht. Mit Blick auf die Zukunft kann das Unternehmen nur defensiv agieren und muss hauptsächlich von seinem Cashflow leben, ohne Zugang zu Wachstumskapital, das über das aus Gewinnen erwirtschaftete Kapital hinausgeht.

Unterdessen können Growth-Aktien Wachstumskapital durch den Verkauf von Aktien beschaffen, da sie hohe KGVs und niedrige GKV-Werte haben. Sie wachsen weiter und sehen für Investoren weiterhin attraktiv aus. Das Unternehmen mit hohem KGV kann sofort wachsen, wenn es will, indem es günstig Aktien ausgibt und die Expansion in den Zementbereich startet, die Local County Cement zuvor geplant hatte, und so dessen Geschäft wegnimmt.

Drehen wir den Spieß noch einmal um

Drei Jahre später. Sie haben glücklich und zufrieden mit Ihren drei Kreditkunden gelebt, aber eines Tages kommt Ihr Chef herein und sagt, dass das Kreditumfeld viel profitabler geworden ist – Sie müssen Ihr Kreditportfolio wieder erweitern. Die Zinsstrukturkurve ist sehr steil, und die Bank wird mit Ihrem nächsten Kredit hohe Bruttobetriebsgewinnmargen erzielen. „Also gehen Sie raus und vergeben Sie einen Kredit, Johnson." „Ich heiße nicht Johnson", murmeln Sie vor sich hin, aber dennoch rufen Sie Microsoft an. Das Unternehmen will keine weiteren Kredite aufnehmen, da es gerade einige Aktien ausgegeben hat. Chevron hat bereits mehr geliehen, als ein betrunkener Seemann auf Landgang verprassen könnte, und liegt bildlich gesprochen bewusstlos auf dem Fabrikboden. Geewhizatronics lacht Sie nur aus, weil es eine bevorstehende Aktienemission zum 1.200-Fachen des zukünftigen Gewinns plant und nicht dabei gesehen werden möchte, wie es mit einem Banker spricht, aus Angst, dies könnte seiner Emission schaden.

Und plötzlich kommt Ihnen eine seltsame Idee. Da war doch diese lokale Zementfirma: Local County Cement. Sie rufen dort an und bieten an, dem Unternehmen Geld zu leihen. Der CEO bricht vor Schreck fast zusammen. Aber nachdem er sich wieder gefangen hat, ruft er beim CFO in dessen Kellerbüro an und sagt: „Erinnern Sie sich an die Expansionspläne, die wir vor ein paar Jahren auf Eis gelegt haben? Holen Sie sie hervor und bringen Sie sie herauf! Da ist irgendein verrückter Banker, der uns Geld leihen will, und plötzlich können wir wachsen wie Geewhizatronics."

Tatsächlich wird Local County Cement wahrscheinlich nicht so wachsen wie Geewhizatronics, doch mit einer Finanzierung kann es mehr Growth-Charakter entwickeln als ohne. Daher bestimmt die Veränderung der Zinsstrukturkurve, wann die Bank Local County Cement Geld leiht und wann nicht – und wann seine Aktie eher wie die eines Growth-Unternehmens bewertet wird oder als Depotleiche gilt – wie alter, kalter Beton.

Diese hypothetische Anekdote zeigt die einfachen wirtschaftlichen Zusammenhänge hinter der Frage, warum Verschiebungen in der globalen Zinsstrukturkurve, die die Kreditvergabebereitschaft des Bankensystems widerspiegeln, darüber entscheiden, wann Growth-Aktien und Value-Aktien abwechselnd den Markt anführen beziehungsweise ihm hinterherhinken. Ganz einfach.

Jetzt haben Sie ein Korrelationsmuster, das durch ökonomische Zusammenhänge gestützt wird – sehr grundlegende Zusammenhänge. Hinzu kommt, dass andere Anleger nicht darüber nachdenken, wie sich die Zinsstrukturkurve auf die Kapitalbeschaffung von Unternehmen und diese sich wiederum auf die Marktrenditen auswirkt. Wahrscheinlich denken sie von vornherein nicht einmal richtig über die Zinsstrukturkurve nach.

Die Antwort auf diese Anwendung von Frage Zwei gibt Ihnen eine rationale Grundlage für eine Anlageentscheidung – sie hilft Ihnen zu verstehen, wann Growth und Value eher in oder aus der Gunst der Anleger geraten. Behalten Sie die globalen Zinsen im Auge – sie sind ein starker Wegweiser.

Der Präsidentschaftswahlzyklus

Wie sich Veränderungen im Spread der Zinsstrukturkurve auf das Verhältnis zwischen Growth und Value auswirken, lässt sich anhand von Daten leicht erkennen und ist nachvollziehbar. Dazu sind keine fortgeschrittenen Kenntnisse im Finanzwesen oder in Statistik erforderlich – nur öffentlich zugängliche Daten und eine Excel-Tabelle, zur Not sogar Millimeterpapier. Wie wir in Kapitel 1 gelernt haben, ist Ihre Hypothese wahrscheinlich falsch, wenn Sie ausgeklügelte mathematische Gleichungen dafür benötigen.

Was aber, wenn Sie ein Muster entdecken, das sich mit Daten nur schwer belegen lässt, obwohl es sehr einleuchtend ist? Und was, wenn dieses Muster recht gut vorhersehbar ist? Nehmen wir ein Beispiel: Tabelle 2.1 zeigt die US-Präsidenten seit 1925 und die jeweils folgenden jährlichen Renditen des S&P 500. Wenn man die ersten beiden Jahre der Amtszeit eines Präsidenten den letzten beiden Jahren gegenüberstellt, sieht man, dass die letzten beiden Jahre des Präsidentschaftszyklus in den meisten Fällen positiv sind.

Nehmen Sie einen Bleistift und streichen Sie die Jahre 1929 bis 1932 in Tabelle 2.1 durch. Diese Jahre kennen Sie sicher als Beginn der Weltwirtschaftskrise – eine Zeit, die sich wegen umfangreicher Banken- und Marktreformen sowie wegen des heute deutlich besseren Verständnisses der Funktionsweise von Volkswirtschaften und Zentralbanken so schnell nicht wiederholen dürfte. Ansonsten gibt es nur noch vier weitere negative Jahre in der zweiten Hälfte der Amtszeiten von Präsidenten. Mit einem Minus von gerade einmal 0,4 Prozent war 1939 kein so schlechtes Jahr. Selbst 1940 lag mit minus 10,1 Prozent zwar im Minus, aber nicht dramatisch. Der Rückgang über das gesamte Jahr war nicht größer als die Untergrenze einer klassischen Korrektur und lag damit 10 Prozentpunkte unter der Untergrenze eines klassischen Bärenmarktes. Außerdem sollte Sie die Negativentwicklung in diesen Jahren nicht schockieren, da der Markt den Beginn des Zweiten Weltkriegs bereits eingepreist hatte.

Das Jahr 2000 war ebenfalls ein ziemlich ungewöhnliches Jahr: Nach der fantastischen Hausse der 1990er-Jahre platzte die Tech-Blase, und die Aktien mussten irgendwann die Rezession einpreisen, die 2001 beginnen sollte. Außerdem kam es gegen Ende des Jahres im Zusammenhang mit der Präsidentschaftswahl beinahe zu einer Verfassungskrise.

Der ehemalige Vizepräsident Al Gore gewann die landesweite Stimmenmehrheit, aber George W. Bush gewann im Wahlmännerkollegium – und das war letztlich entscheidend. Damit betraten die USA bei der Feststellung des Wahlausgangs Neuland, denn Gore focht die Auszählung in Florida wegen der entscheidenden Wahlmännerstimmen, die dort zu vergeben waren, vor Gericht an. Diese Anfechtung schuf

Unsicherheit und verstärkte die seltsame Stimmung zum Jahresende 2000. Märkte hassen Unsicherheit. Um Ihnen zu zeigen, wie stark sich das auswirkte: Am 1. September 2000 lag der S&P 500 seit Jahresbeginn um 4,3 Prozent im Plus.[13] Das letztlich negative Jahr wurde wahrscheinlich stark von der Unsicherheit rund um die Wahl im letzten Quartal beeinflusst.

Und dann gab es noch die Kreditkrise von 2008 – verschärft (oder vielleicht sogar verursacht) durch FAS 157, eine äußerst problematische Rechnungslegungsvorschrift zur Fair-Value-Bilanzierung, die glücklicherweise inzwischen überarbeitet wurde, sowie durch die planlose Reaktion der Regierung im Laufe jenes Jahres. Wir können sagen, dass die zweite Hälfte einer Präsidentschaftsperiode historisch gesehen eine Zeit ist, in der der Aktienmarkt keine negativen Renditen erzielen will, sofern keine Ereignisse von epischem Ausmaß eintreten. Wenn man sich diese Daten ansieht, wird auch deutlich, dass das dritte Amtsjahr eines Präsidenten die beste Zeit ist – mit den regelmäßigsten positiven Ergebnissen und den höchsten durchschnittlichen Renditen.

Dieses Wissen kann Ihnen beim Erstellen von Prognosen etwas Sicherheit geben. Unterm Strich sollten Sie in den letzten beiden Jahren eines Präsidentschaftszyklus leicht bullish eingestellt sein. Im Gegensatz dazu konzentriert sich das Marktrisiko tendenziell auf die ersten beiden Jahre der Amtszeit eines Präsidenten; dort zeigt sich ein weiteres Muster. Fällt in der ersten Hälfte ein Jahr negativ aus, gibt es in der Regel (wenn auch nicht immer) nur ein einziges. Wenn das erste Jahr negativ ist, ist das zweite Jahr in der Regel nicht negativ – und umgekehrt. Zwar gibt es gelegentlich zwei positive Jahre in der ersten Hälfte, aber zwei negative Jahre in Folge sind selten. Auch hier sollten Sie die Jahre 1929 und 1930 als Jahre der Weltwirtschaftskrise und damit als Anomalie außer Acht lassen. Ein zweites negatives Jahr gab es auch während der verkürzten zweiten Amtszeit von Nixon, doch das war ebenfalls eine ziemlich seltsame Zeit.

Tabelle 2.1 Anomalie im Präsidentschaftszyklus

Präsident	**Partei**	**Erstes Jahr**		**Zweites Jahr**		**Drittes Jahr**		**Viertes Jahr**	
Coolidge	R	1925	29,50 %	1926	11,10 %	1927	37,10 %	1928	43,30 %
Hoover	R	1929	**-8,90 %**	1930	**-25,30 %**	1931	**-43,90 %**	1932	**-8,90 %**
Roosevelt, F. 1	D	1933	52,90 %	1934	**-2,30 %**	1935	47,20 %	1936	32,80 %
Roosevelt, F. 2	D	1937	**-35,30 %**	1938	33,20 %	1939	**-0,90 %**	1940	**-10,10 %**
Roosevelt, F. 3	D	1941	**-11,80 %**	1942	21,10 %	1943	25,80 %	1944	19,70 %
Roosevelt, F. / Truman	D	1945	36,50 %	1946	**-8,20 %**	1947	5,20 %	1948	5,10 %
Truman	D	1949	18,10 %	1950	30,60 %	1951	24,60 %	1952	18,50 %
Eisenhower 1	R	1953	**-1,10 %**	1954	52,40 %	1955	31,40 %	1956	6,60 %
Eisenhower 2	R	1957	**-10,90 %**	1958	43,30 %	1959	11,90 %	1960	0,50 %
Kennedy / Johnson	D	1961	26,80 %	1962	**-8,80 %**	1963	22,70 %	1964	16,40 %
Johnson	D	1965	12,40 %	1966	**-10,10 %**	1967	23,90 %	1968	11,00 %
Nixon	R	1969	**-8,50 %**	1970	4,00 %	1971	14,30 %	1972	18,90 %
Nixon / Ford	R	1973	**-14,80 %**	1974	**-26,50 %**	1975	37,30 %	1976	23,70 %
Carter	D	1977	**-7,40 %**	1978	6,40 %	1979	18,40 %	1980	32,30 %
Reagan 1	R	1981	**-5,10 %**	1982	21,50 %	1983	22,50 %	1984	6,20 %
Reagan 2	R	1985	31,60 %	1986	18,60 %	1987	5,20 %	1988	16,60 %
Bush	R	1989	31,70 %	1990	**-3,10 %**	1991	30,50 %	1992	7,60 %
Clinton 1	D	1993	10,10 %	1994	1,30 %	1995	37,60 %	1996	23,00 %
Clinton 2	D	1997	33,40 %	1998	28,60 %	1999	21,00 %	2000	**-9,10 %**
Bush, G.W. 1	R	2001	**-11,90 %**	2002	**-22,10 %**	2003	28,70 %	2004	10,90 %
Bush, G.W. 2	R	2005	4,90 %	2006	15,80 %	2007	5,50 %	2008	**-37,00 %**
Obama 1	D	2009	26,50 %	2010	15,10 %	2011	2,10 %	2012	16,00 %
Obama 2	D	2013	32,40 %	2014	13,70 %	2015	1,40 %	2016	12,00 %
Trump	R	2017	21,80 %	2018	**-4,40 %**	2019	31,50 %	2020	18,40 %
Biden	D	2021	28,70 %	2022	**-18,10 %**	2023	26,30 %	2024	25,00 %
Durchschnitt		**11,30 %**		**7,50 %**		**18,70 %**		**12,00 %**	

Quelle: Finaeon, Inc., S&P 500 Total Return Index, 31.12.1924 bis 31.12.2024.

Vielleicht empfinden Sie diese Prognosetechnik als Beleidigung für Ihre Intelligenz. „Das ist doch offensichtlich absurd und viel zu stark vereinfacht", könnten Sie sagen. Sie ist einfach – und genau deshalb so großartig. Dieses Muster ist nicht irgendwo verborgen und auch nicht in Geheimnisse gehüllt. Es liegt offen zutage, klar und leicht zu erkennen. Sie haben wahrscheinlich schon vom Präsidentschaftswahlzyklus gehört – ein Begriff, der allgemein bekannt ist und typischerweise als Voodoo abgetan wird (obwohl ihn meines Erachtens niemand so nutzt, wie ich es hier empfehle). Wenn alle ihn für ein nützliches Instrument hielten, hätte der Markt ihn eingepreist und er hätte seine ganze Kraft verloren. Solange die Leute darüber spotten, wissen Sie, dass Sie einen Vorteil haben. Und da Politik eine Quelle hochkochender Emotionen ist – insbesondere in den 2020er-Jahren –, verfestigen sich Vorurteile gegenüber Parteien und Kandidaten noch stärker.

Niemand kann vorhersagen, was ein echter Blender tun wird

Starke Trends, die nicht allgemein beobachtet oder anerkannt werden, sind mächtig. Dennoch ist dieser Trend mit Rohdaten statistisch nur schwer zu belegen – Kalenderjahre funktionieren so nicht. Allerdings ergibt er wirtschaftlich sehr viel Sinn. Der Markt verabscheut nichts so sehr wie Unsicherheit, und ein neuer Präsident, selbst ein wiedergewählter, bedeutet für den Markt enorme Unsicherheit. Unter allen politischen Taktierern ist der Präsident der größte – derjenige, der letztlich weiß, wie er im Wahlkampf die wenigsten Menschen verärgert und danach die meisten. Wenn ein Politiker in diesem Sinne ein Blender ist, dann ist einer, der eine Präsidentschaftswahl gewinnen kann, ein durch und durch echter, äußerst fähiger Blender. Niemand kann vorhersagen, was ein echter Blender als Nächstes tun wird.

Präsidenten sind vor allem politische Profis. Und sie kennen eine wichtige Tatsache: Bei den Zwischenwahlen, die im November ihres zweiten Amtsjahres stattfinden, verlieren sie fast immer einen Teil ihrer Macht an die gegnerische Partei. Daher müssen sie versuchen, die schwierigsten Gesetzesvorhaben, die sie durchbringen wollen – jene, die am schwersten durch den Kongress zu bringen sind und die Meilensteine ihrer Präsidentschaft darstellen –, in den ersten zwei Jahren zu verabschieden. Gelingt ihnen das bis dahin nicht, werden sie es in der zweiten Hälfte ihrer Amtszeit mit ziemlicher Sicherheit nicht mehr schaffen.

Die größten und hässlichsten Versuche, Vermögen, Eigentumsrechte und regulatorische Besitzstände umzuverteilen – auch sie sind letztlich eine Form von Eigentumsrechten –, fanden fast immer in der ersten Hälfte präsidentieller Amtszeiten statt.

Grundlegend für den Kapitalismus selbst und die Stabilität der Kapitalmärkte ist das Vertrauen in die Unantastbarkeit der Eigentumsrechte. Wir halten Eigentumsrechte oft für selbstverständlich, weil Amerika das beste, ausgereifteste und stabilste System von Eigentumsrechten in der Weltgeschichte hat. Diese Eigentumsrechte sind ein wesentlicher Bestandteil dessen, was auf George Masons grundlegenden Einfluss auf die Gründerväter zurückgeht und Amerika zu einer so großartigen Nation gemacht hat. Alles, was die Unantastbarkeit der Eigentumsrechte bedroht, erhöht die Risikoaversion und versetzt die Kapitalmärkte in Angst und Schrecken.

Zu Beginn ihrer Amtszeit befinden sich Präsidenten in einer Art politischer Flitterwochen und sind bestrebt, das während des Wahlkampfs erworbene politische Kapital einzusetzen. Mit rosigen Wangen und funkelnden Augen stürmt der neue Präsident in der Regel aus den Startlöchern und versucht, die schwierigsten Themen durchzusetzen – das sind die berüchtigten ersten 100 Tage seiner Amtszeit, in denen er seine Agenda auf den Tisch legt. Schon die Aussicht auf solche Verschiebungen bei Eigentumsrechten oder eine politisch erzwungene Umverteilung von Vermögen hat in der Vergangenheit zu höherer Risikoaversion geführt, sodass die erste Hälfte präsidentieller Amtszeiten ein idealer Nährboden für Bärenmärkte ist. Daher ist die erste

Hälfte präsidentieller Amtszeiten in der Regel durch einen vollen Gesetzgebungskalender und eine überproportional hohe Anzahl von Bärenmärkten gekennzeichnet. Das bedeutet nicht, dass die vom Präsidenten vorgeschlagenen Gesetze verabschiedet werden, sondern nur, dass er es versucht. Aber natürlich besteht das Risiko, dass er seine Agenda durchsetzt, und die Märkte mögen dieses Risiko nicht.

Nach seiner Wahl 1992 erhöhte Bill Clinton 1993 die Steuern, obwohl er im Wahlkampf Steuersenkungen versprochen hatte – und 1994 drängte er auf eine Verstaatlichung des Gesundheitswesens (eine Verschiebung von Eigentumsrechten). All das ist typisch für das politische Taktieren eines echten Blenders in der ersten Hälfte seiner Amtszeit. Auch bei Präsident Obama lagen die großen Agenda-Punkte in der ersten Hälfte seiner ersten Amtszeit. Die zweite Hälfte verlief ruhig. Ähnlich ruhig verlief auch seine zweite Amtszeit – in beiden Hälften. Das ist typisch. In anderen Fällen, etwa bei Präsident George W. Bush, gab es überhaupt keine wesentlichen Gesetzesvorhaben – weder in der ersten noch in der zweiten Amtszeit. Als dann überraschend doch Gesetze verabschiedet wurden, wie beispielsweise das schreckliche Sarbanes-Oxley-Gesetz von 2002, das die Kosten für die Einhaltung der Rechnungslegungsvorschriften für Unternehmen massiv erhöhte und CEOs bei Fehlern strafrechtlichen Sanktionen aussetzte, traf die Enttäuschung die Märkte hart und verlängerte den Bärenmarkt von 2000 bis 2002. Seit über 20 Jahren ernten wir nun schon die unbeabsichtigten „Früchte" dieses Gesetzes – weniger Börsengänge, weniger börsennotierte Aktien, mehr private Unternehmen wie „Einhörner" mit einem Wert von über 1 Milliarde Dollar, risikoscheue CEOs, die 2008 Vermögenswerte aggressiv abschrieben, und der Boom der Special Purpose Acquisition Companies (SPAC), also börsennotierter Mantelgesellschaften für spätere Übernahmen, im Jahr 2021, der viele Anleger hart traf, als sich herausstellte, dass er übertrieben war. Aktive Regierungen und umfassende Gesetzgebung – das ist der Nährboden für einen unverhältnismäßig hohen Anteil unserer Bärenmärkte.

Jedes neue Gesetzesvorhaben bedeutet potenzielle Veränderungen und eine Neuverteilung von Geld und Eigentumsrechten. Ganz gleich, was die Regierung beschließt, wie wunderbar die neuen Programme auch klingen mögen, wie unbestreitbar ihr Nutzen auch sein mag – neue Gesetze bedeuten, dass Geld und Rechte verschoben werden. Günstige Medikamente für Arme und Ältere! Wer könnte das schlecht finden? Härtere Strafen für die schlimmsten Straftäter der Gesellschaft – Pädophile, Vergewaltiger und Menschen, die Welpen quälen? Da bin ich dabei! Kostenlose Ponys für alle Kinder? Man müsste schon ein Monster sein, um sich dagegenzustellen! Was auch immer es ist: Uncle Sam nimmt einer Gruppe Geld oder Rechte weg, hantiert damit herum und gibt das, was übrig bleibt, an eine andere Gruppe weiter.

Wir wissen bereits, dass wir Verluste stärker hassen, als wir Gewinne mögen. Das bedeutet: Die Gruppe, die bei der Umverteilung den Kürzeren zieht, hasst den Verlust sehr viel stärker, als die Gruppe, die davon profitiert, den Gewinn schätzt. Für die Gruppe, die an dieser Umverteilung nicht beteiligt ist und das Ganze nur von außen beobachtet, wirkt es so, als müsste sie einen Raubüberfall mitansehen. Denken Sie noch einmal an die vom Sarbanes-Oxley-Gesetz betroffenen CEOs: Ihnen wird gesagt, dass jeder Fehler potenziell ein Verbrechen ist. Nicht Betrug! Das war bereits illegal, und ironischerweise waren es Führungskräfte von Enron, die genau dafür angeklagt wurden. Fehler. Die Risikoaversion unter den für die Strategien und Investitionsentscheidungen von Unternehmen entscheidenden Personen stieg sprunghaft an.

Auch die Märkte betrachten die Umverteilung von Vermögen oder Eigentumsrechten, als müssten sie einen Raubüberfall mitansehen. Das löst Ängste aus, die über das Ausmaß der Maßnahme selbst hinausgehen, weil allen Zeugen klar wird, dass sie als Nächstes überfallen werden könnten. Folglich kann der Markt irgendwann in den ersten zwei Jahren schwach sein, weil er politisch erzwungene Veränderungen nicht mag.

Im dritten und vierten Jahr kennen wir unseren Präsidenten. Er mag ein politischer Taktierer sein, und wir mögen ihn vielleicht nicht, aber inzwischen wissen wir, mit wem wir es zu tun haben. Es gibt nicht mehr viele Überraschungen – wir glauben zu wissen, was er vorhat, wie seine Agenda aussieht und ob er fähig ist, etwas durchzusetzen. Und wenn er dazu nicht fähig ist, kann gerade das in einer Welt, die erzwungene politische Veränderungen nicht mag, positiv sein. Darüber hinaus neigen Präsidenten dazu, in der zweiten Hälfte ihrer Amtszeit potenziell kontroverse Gesetze zu vermeiden, weil sie entweder selbst wiedergewählt werden wollen oder einfach nur müde sind und durchhalten – was oft im siebten und achten Jahr einer Präsidentschaft der Fall ist.

Ein besonders geschickter politischer Taktierer hält sich im dritten Jahr zurück, erreicht wenig und schiebt dann im Wahlkampf der Politik der gegnerischen Partei die Schuld an der Ineffizienz der Regierung zu. „Ich hätte Ihnen die versprochenen kostenlosen Ponys beschaffen können", könnte er sagen, „wenn mich diese unkooperativen Senatoren der anderen verdammten Partei nicht behindert hätten! Also wählen Sie diese Versager ab, geben Sie mir im Kongress eine Mehrheit, und beim nächsten Mal bekommen Sie Ihre kostenlosen Ponys." Ruhige Gesetzgebungsjahre führen zu glücklicheren Märkten. (Zu kostenlosen Ponys führen sie fast nie.)

Wir sind mit den Amtszeiten von Präsidenten noch nicht fertig. Fragen Sie sich: Was passiert sonst noch, das niemand bemerkt oder ernst nimmt? Wir wissen, dass in den ersten zwei Jahren wahrscheinlich das meiste Marktrisiko steckt. Gibt es auch in der ersten Hälfte der *zweiten* Amtszeit eines wiedergewählten Präsidenten etwas Besonderes? Lassen Sie alle ersten und einzigen Amtszeiten außen vor und schauen Sie, welche Muster Sie in Tabelle 2.2 erkennen können.

Auch hier gilt, dass zwei negative Jahre hintereinander selten sind – außer bei diesem verrückten Nixon. Aber wenn keines der beiden Jahre negativ ist, ist in der Regel eines davon sehr positiv. Die positiven Jahre in den ersten beiden Jahren der Amtszeit eines wiedergewählten Präsidenten lagen im Durchschnitt bei 26,5 beziehungsweise 21,1 Prozent – also Jahre mit kräftigem Aufschwung und deutlich positiven Entwicklungen.[14] Diese Jahre sind in der Regel entweder negativ oder sehr positiv – extrem in die eine oder andere Richtung –, eine Art Barbell-Effekt. In diesen Jahren ist es noch wichtiger und hat noch größere Auswirkungen, auf der richtigen Seite des Marktes zu stehen. Das ist ein gutes Beispiel dafür, über Durchschnittswerte hinauszuschauen und herauszufinden, woraus sie sich zusammensetzen. Die historischen Durchschnittswerte des ersten und zweiten Amtsjahres von Präsidenten liegen unter dem Durchschnitt. Doch innerhalb dieser Durchschnittswerte gibt es eine sehr große Spreizung zwischen schlechten und sehr guten Jahren. Durchschnittswerte können sehr irreführend sein. (Technisch gesehen wurde Truman 1948 nicht wirklich wiedergewählt. Das Gleiche gilt für Johnson im Jahr 1964. Aber ich bin mir nicht sicher, ob das für das Phänomen wirklich von Bedeutung ist – beide waren bereits bekannte politische Größen, als sie in diese Amtszeiten gingen.)

Tabelle 2.2 Ungehinderte Amtsinhaber

Wiederwahl gewonnen			Erstes Jahr der 2. Amtszeit S&P 500		Zweites Jahr der 2. Amtszeit S&P 500	
Wahljahr der zweiten Amtszeit	**Partei**	**Präsident**				
1924	R	Coolidge	1925	29,5 %	1926	11,1 %
1936	D	Roosevelt, F.	1937	**-35,3 %**	1938	33,2 %
1948	D	Truman	1949	18,1 %	1950	30,6 %
1956	R	Eisenhower	1957	**-10,9 %**	1958	43,3 %
1964	D	Johnson	1965	12,4 %	1966	**-10,1 %**
1972	R	Nixon / Ford	1973	**-14,8 %**	1974	**-26,5 %**
1984	R	Reagan	1985	31,6 %	1986	18,6 %
1996	D	Clinton	1997	33,4 %	1998	28,6 %
2004	R	Bush, G.W.	2005	4,9 %	2006	15,8 %
2012	D	Obama	2013	32,4 %	2014	13,7 %

Quelle: Finaeon, Inc., Stand: 28.2.2025. S&P-500-Gesamtrendite.

Sollten Sie alle anderen Prognosen aufgeben und Ihren politischen Kalender zum einzigen entscheidenden Faktor für Ihre Aufteilung auf Aktien, Anleihen und Cash machen? Nein! Das wäre mehr als töricht! Der Präsidentschaftswahlzyklus ist zwar ein Trend und ergibt aus sozioökonomischer Sicht durchaus Sinn, aber Sie sollten bedenken, dass es noch viele andere Marktkräfte gibt, darunter auch solche außerhalb der USA. Die US-Märkte korrelieren in unserer zunehmend globalisierten Wirtschaft mit den ausländischen Märkten. Ausländische Kräfte können und werden die USA beeinflussen. Gehen Sie niemals davon aus, dass Sie die eine Wunderwaffe gefunden haben.

Zusammenfassend lässt sich sagen, dass das Marktrisiko in der ersten Hälfte präsidentieller Amtszeiten tendenziell höher ist. Die zweite Hälfte ist tendenziell positiv, wobei das dritte Jahr am positivsten ist. Wenn die erste Hälfte nicht negativ ausfällt, steigt der Markt tendenziell stark – besonders in zweiten Amtszeiten (2005 und 2006 war das zwar nicht der Fall, 2009 und 2010 sowie 2013 und 2014 aber sehr wohl). Dass der Markt in Jahren, die nicht negativ ausfallen, häufig kräftig zulegt, ist durchaus nachvollziehbar. Wenn die Sorgen über politische Risiken nachlassen, kann das Euphorie auslösen – und damit zu stark positiven Jahren führen.

Interessanterweise mehrten sich gegen Ende 2010 Stimmen, die aus Obamas „drittem Jahr" 2011 ein bullishes Vorzeichen ableiteten. Nach der Logik des Präsidentschaftszyklus sprach das für Rückenwind am Aktienmarkt im Jahr 2011. Das machte mich skeptisch: Wenn plötzlich viele an diese Prognosetechnik glauben, kann sie an Wirkung verlieren. Das veranlasste mich – neben anderen Gründen – zu der Prognose, dass die Märkte 2011 volatil sein, das Jahr insgesamt aber weitgehend unverändert beenden würden. In meiner *Forbes*-Kolumne vom 26. Januar 2011 schrieb ich:

> Meine Untersuchungen zeigen nun, dass es da draußen zu viele Optimisten gibt. Das ist bearish! Aber Moment mal: Die Untersuchungen

> zeigen auch, dass es noch immer zu viele Pessimisten gibt – viele langjährige, unbeirrbare Schwarzseher – sowie neue Stimmen, denen nach dem starken Anstieg die Höhenangst kam. Sie fürchten sich vor allem wegen des rasanten Anstiegs der letzten zwei Jahre. Das ist bullish. Bären und Bullen stehen sich gegenüber – eine Stimmungsspaltung mit zwei extremen Polen. Ich habe den Markt regelmäßig als „The Great Humiliator" (den großen Demütiger) bezeichnet, eine fast allmächtige spirituelle Instanz, die einzig und allein dazu existiert, möglichst viele Menschen um möglichst viele Dollar und möglichst lange zu demütigen. Er hat es auf Sie, auf mich und auf Ihre alte Tante abgesehen. Sein Ziel erreicht er jetzt am besten, indem er Bullen und Bären gleichermaßen frustriert – in einem Jahr, in dem der Aktienmarkt am Ende nur haarscharf im Plus oder Minus liegt.

Und genau das geschah. US-Aktien und Aktien weltweit lagen zum Jahresende nahezu unverändert, obwohl es unterwegs viel Volatilität gab. Allerdings ist 2011 heute als angstbesetztes Jahr in Erinnerung geblieben, wodurch die Wirkung des Musters wiederhergestellt wurde. Daher fielen sowohl Trumps drittes Jahr (2019) als auch Bidens drittes Jahr (2023) enorm stark aus.

Das ist ein einfaches Beispiel dafür, etwas zu verstehen, was andere nicht verstehen können oder wollen. Wenn aber aus irgendeinem Grund andere anfangen, es ebenfalls zu verstehen, funktioniert es nicht mehr so gut, weil es in die Kurse eingepreist wird. (Weitere Möglichkeiten, die Anomalie des Präsidentschaftszyklus zu nutzen, finden Sie in meinen Büchern „Debunkery" aus dem Jahr 2010 und „Markets Never Forget" aus dem Jahr 2011.)

Testen und immer wieder testen

Vielleicht überrascht es Sie, dass ich Ihnen in diesem und anderen Kapiteln etwas verrate, von dem ich glaube, dass andere es nicht wissen.

Warum sollte ich etwas preisgeben, von dem ich glaube, dass es mir einen Vorteil verschafft? Dann wissen doch viele Menschen, was ich weiß; das hieße, dass es bald in den Märkten eingepreist wäre und daher nicht mehr funktionieren würde, oder?

Vielleicht, vielleicht auch nicht. Ich spreche und schreibe schon seit langer Zeit über den Präsidentschaftswahlzyklus, und jedes Mal, wenn ich das tue, will mich jemand am liebsten in eine Gummizelle stecken. Genauso ist es mit meiner Meinung zu hohen KGVs. Die Leute halten mich für verrückt, weil ich glaube, dass es funktioniert – und gerade deshalb weiß ich, dass diese kleine Prognosetechnik nach wie vor Wirkung hat. Dasselbe gilt für die meisten anderen Beispiele, die ich in diesem Buch anführe. Wenn ich etwas gefunden habe, das funktioniert, teste ich es kontinuierlich, um sicherzustellen, dass es nicht in die Kurse eingepreist wurde. Wenn ich glaube, etwas Neues entdeckt zu haben, prüfe ich, ob andere es ebenfalls verstehen können oder wollen. Eine Möglichkeit, das zu testen, besteht darin, es weiterzugeben. Je mehr Leute es für verrückt halten, desto weniger verstehen sie, was ich verstehe – und desto sicherer bin ich mir, dass es wahrscheinlich immer noch funktioniert. Wenn sie anfangen, es zu akzeptieren, und es für gut statt für verrückt halten, dann ist es weniger wirkungsvoll. Vielleicht wird es sogar nutzlos. Wenn etwas Unverständliches allgemein verständlich wird, ist es Zeit, es aufzugeben und neue unverständliche Wahrheiten zu ergründen.

Das Ziel von Frage Zwei ist es, jetzt etwas zu wissen, das in drei oder 30 Jahren vielleicht allgemein bekannt ist. Sobald jeder Ihre neue Erkenntnis kennt, ist sie für Sie vielleicht nicht mehr nützlich. Testen Sie sie also. Fragen Sie Ihre Freunde und Kollegen, ob ihnen bewusst ist, dass Verschiebungen in der Zinsstrukturkurve einen Führungswechsel zwischen Anlagestilen signalisieren. Fragen Sie, ob am Präsidentschaftswahlzyklus etwas dran ist. Solange die Antwort ein verständnisloser Blick, ein „Was?", ein „Das ist verrückt!" oder noch besser ein „Du bist verrückt!" ist, wissen Sie, dass es noch Wirkung hat. Wenn die grundlegende, fest verdrahtete menschliche Psychologie Menschen für eine grundlegende Wahrheit blind macht, ganz gleich, welche Beweise vorgelegt werden, werden nur wenige Menschen am Markt diese Wahrheit akzeptieren. Durch regelmäßiges Testen und erneutes Testen im Laufe der Zeit können Sie also feststellen, ob das, was Sie gelernt haben, von anderen angenommen und in den Markt eingepreist wurde – oder ob dies nicht der Fall ist und es daher immer unwahrscheinlicher wird, dass es jemals geschieht.

Ich gebe einige – nicht alle – meiner im Laufe der Jahre gewonnenen Erkenntnisse weiter, damit ich weiß, was ich weiterhin gefahrlos nutzen kann und was seinen Nutzen überlebt hat. Viel zu viele meiner Kollegen halten daran fest, immer nur das zu wiederholen, was sie von ihren Mentoren gelernt haben, und fragen sich dann, warum sie den Markt nicht schlagen können. Um beim Investieren erfolgreich zu sein, sind ständige Innovation und ständiges Testen erforderlich.

Jetzt können Sie Frage Eins nutzen, um sich von Ihrer Blindheit zu befreien, und Frage Zwei, um das Unverständliche zu verstehen. Allerdings wird Sie nichts davon abhalten, Ihre alten Anlagefehler fortzusetzen, wenn Sie Ihr Gehirn nicht im Griff behalten können. Investieren ist von Natur aus kontraintuitiv. Sie können sich das so oft vor Augen führen, wie Sie wollen, aber die Kommandozentrale in Ihrem Schädel wird sich dagegen auflehnen. In einem Kampf zwischen Ihnen und Ihrem Gehirn wird Ihr widerspenstiges Gehirn gewinnen – es sei denn, Sie lernen, Frage Drei zu stellen. Weiter zum nächsten Kapitel!

3

FRAGE DREI

Womit zum Teufel überrumpelt mich mein Gehirn diesmal wieder?

FRAGE DREI

3

Womit zum Teufel überrumpelt mich mein Gehirn diesmal wieder?

Sie können nichts dafür. Schuld ist die Evolution.

Eines der ersten Dinge, die wir über Finanzen lernen, ist: „Günstig kaufen, teuer verkaufen." Im Film „Die Glücksritter", als Eddie Murphy und Dan Aykroyd sich darauf vorbereiten, den Markt für Orangensaft unter ihre Kontrolle zu bringen – illegal und unrealistisch, aber komisch –, merkt man, dass der Drehbuchautor nach etwas gesucht hat, das sich nach Finanzen anhört. Also sagt Dan zu Eddie: „Günstig kaufen, teuer verkaufen." Was braucht man da noch an Ratschlägen?

Wir alle wissen, worauf es ankommt, aber am Ende tun wir meistens genau das Gegenteil. Wie schwer kann das schon sein? Kaufen, wenn die Preise niedrig sind; verkaufen, wenn sie hoch sind. Das ist keine Raketenwissenschaft. Und doch ist dieses Problem zeitlos und endlos. Anleger kaufen und verkaufen regelmäßig genau umgekehrt. Als Beweis dafür sehen Sie sich Abbildung 3.1 an: Sie zeigt die Kapitalflüsse – also die Geldbeträge, die jeden Monat in Aktienfonds hinein- oder aus ihnen herausfließen – für die Zeit kurz vor und nach dem Höhepunkt des Technologiebooms im Jahr 2000.

Die Zuflüsse in Aktienfonds erreichten ihren Höhepunkt im Februar 2000 – ausgerechnet zu einem Zeitpunkt, an dem man besser hätte verkaufen sollen –, kurz vor einem dreijährigen Bärenmarkt. Springen wir ins Jahr 2002: Da kehrte sich das Bild um. Im Juli zogen Anleger scharenweise Geld aus ihren Fonds ab, kurz bevor ein neuer Bullenmarkt begann – rückblickend ein fantastischer Zeitpunkt zum Kauf. Das ist ein Beleg dafür, dass Anleger im großen Stil teuer kaufen und billig verkaufen. Es handelte sich dabei nicht um ein paar verrückte Ausreißer; vielmehr zeigt sich darin ein weit verbreitetes Gruppendenken – eine aufgewühlte Masse, die genau falsch herum in den Markt ein- und wieder aussteigt.

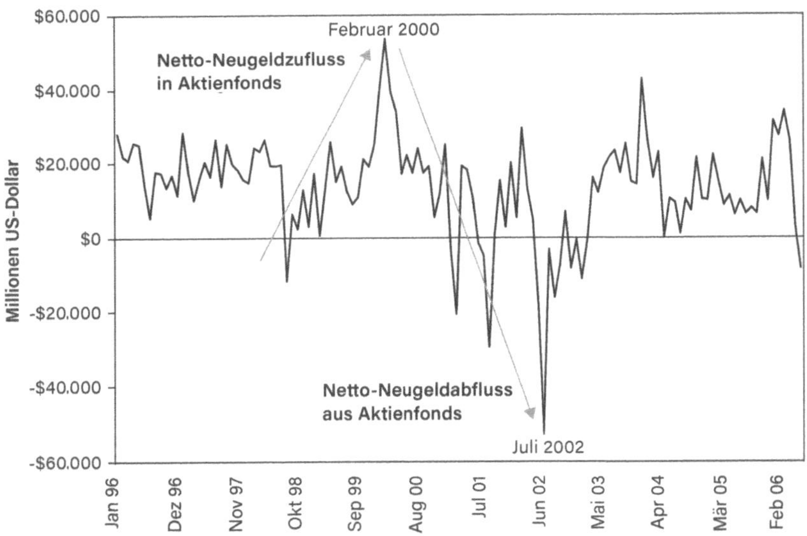

Abbildung 3.1 Netto-Neugeldflüsse in Aktienfonds.

Quelle: Investment Company Institute, Stand: 30.4.2006.

Niemand kauft absichtlich teuer und verkauft billig. Das wäre einfach dumm. Aber warum tun dann so viele von uns am Ende etwas Dummes? An Sündenböcken, denen man bequem die Schuld geben kann, mangelt es nicht. Nach dem Bärenmarkt von 2000 bis 2002 gaben die Leute korrupten Unternehmenschefs und Bilanzbetrug die Schuld – Enron, WorldCom und anderen. Nach dem Bärenmarkt von 2007 bis

2009 waren es gierige Banker, zu hohe Schulden, Freddie Mac und Fannie Mae. Oder korrupte Politiker. Oder irgendein gesellschaftliches Anliegen, das Sie hassen. Oder, oder, oder. Es findet sich immer ein Sündenbock, dem man bequem die Schuld geben kann.

Hören Sie auf, mit dem Finger auf alle anderen zu zeigen. Wenn Sie wissen wollen, warum Ihre Investments schlechter abschneiden, als Ihnen lieb ist, schauen Sie in den Spiegel. Besser noch, lassen Sie eine Computertomografie machen. Denn Ihr größter Feind beim Investieren ist Ihr Gehirn. Genauer gesagt: Schuld ist die Evolution, die Ihr Gehirn so geformt hat, dass es vor allem auf eines ausgerichtet ist: Sie am Leben zu erhalten – trotz drohenden Verhungerns, Verrats und zottiger Bestien mit Reißzähnen.

Um als Spezies zu überleben, hat sich unser Gehirn auf bestimmte Ziele hin entwickelt – in erster Linie auf das körperliche Überleben in einer primitiven Welt. Die einfache Möglichkeit, im Supermarkt oder Bistro um die Ecke gutes Essen zu bekommen und nicht ständig fürchten zu müssen, von Raubtieren getötet oder zerfleischt zu werden, ist in der menschlichen Entwicklung noch relativ neu. Über den größten Teil ihrer bisherigen Entwicklungsgeschichte hinweg lebten die Menschen als Jäger und Sammler: Sie zogen in nomadischen Gruppen umher, jagten wilde Tiere, sammelten Nahrung, die oft alles andere als frisch war, fanden Partner, um die Spezies zu erhalten (was weitaus verlockender war, als in Aktien zu investieren), mieden Raubtiere und suchten Schutz. Das sind die Aufgaben, für die sich unser Gehirn entwickelt hat – uns zu ernähren, warm und trocken zu halten und vor wilden Tieren zu schützen.

Denken Sie an unsere Vorfahren aus der Steinzeit und daran, wie ihr Überlebenskampf unser Verhalten heute beeinflusst. Die Freunde unserer Vorfahren waren die Mitglieder ihres Stammes (Männer wie Frauen) – Menschen, denen sie vertrauen konnten. Ihre Feinde waren andere Stämme, tobende Bestien und die dunklen Dinge, die sie nicht verstehen konnten. Also schlossen sie sich zu ihrem Schutz zusammen und machten Feuer, um die Dunkelheit (und die dunklen Dinge) fernzuhalten. Erinnern Sie sich an unser Beispiel mit dem Geräusch jenseits des Lagerfeuers? Dieselben kognitiven Prozesse haben unsere Vorfahren am Leben erhalten und ihnen über Zehntausende von Jahren gute Dienste geleistet. Erst seit kurzer Zeit verleiten sie uns zu Fehlern, und auch dann nur in begrenzten Bereichen. In anderen, alltäglicheren Lebensbereichen schaden sie uns bis heute nicht – das gleicht ihre Schwächen weitgehend aus.

Trotz aller technologischen Fortschritte und trotz der Komplexität der modernen Gesellschaft bleibt der größte Teil dieser von vornherein angelegten Verdrahtung bestehen. Das Konzept einer solchen „Vorverdrahtung" (Prewiring) ist unter Psychologen etwas umstritten. Kritiker tun evolutionäre Psychologie manchmal als bloß populärwissenschaftliche Spekulation ab. Ich werde hier nicht versuchen, die Forschungsliteratur zur evolutionären Psychologie nachzuzeichnen. Einen Einstieg in dieses Gebiet bietet Steven Pinkers Buch „Wie das Denken im Kopf entsteht". Es führt zügig durch ein breites Themenspektrum. Ich bin jedoch fest davon überzeugt: Die meisten unserer Schwächen, wenn es darum geht, Märkte richtig einzuschätzen, haben ihren Ursprung in fest im Gehirn verankerten Mustern. Diese sind in sehr langen Evolutionszeiträumen entstanden und sitzen so tief, dass wir ihnen nicht einfach entkommen können. Da wir keine Menschen, die vor 25.000 Jahren lebten, heute untersuchen können, lässt sich vieles davon nie endgültig beweisen oder widerlegen. Doch nach allem, was ich über die Befundlage gelesen habe – also darüber, was belegt ist und was nicht –, und nach dem, was mir plausibel erscheint, glaube ich: Wenn Sie Ihre psychologischen Überlegungen darauf beschränken, wie wir über Märkte denken, werden Sie erkennen, dass evolutionäre Psychologie und feste Verdrahtung hier eine grundlegende Rolle spielen.

Unser Gehirn ist so strukturiert, dass wir Informationen, die in einer Form vorliegen, mit der es gut zurechtkommt, korrekt, leicht und schnell verarbeiten. Wenn Informationen hingegen in einer Form bei uns ankommen, die unser Gehirn nicht gut verarbeiten kann, sind wir oft einfach blind dafür. Das liegt daran, dass die Evolution unser Gehirn so verdrahtet hat, dass es bestimmte Arten von Reizen auf festgelegten Bahnen verarbeitet – und nur dort. Einige Beispiele dafür haben Sie bereits beim Wechsel vom KGV zur Gewinnrendite gesehen. Und Sie werden dieses Phänomen in diesem Buch immer wieder sehen – an einem Beispiel nach dem anderen. Obwohl die Behavioral Finance nicht auf der Evolutionspsychologie beruht, wurden in ihr in den letzten 50 Jahren viele Entdeckungen gemacht, die deutliche Parallelen dazu aufweisen.

Behavioral Finance

Behavioral Finance ist ein relativ junges Forschungsgebiet, das sich mit der Schnittstelle zwischen Finanzwesen und menschlicher Verhaltenspsychologie befasst. Ihre Vertreter wollen unser bestehendes Wissen darüber erweitern, wie Märkte funktionieren – vor allem aber darüber, wie unser Denken in Bezug auf Risiken und Märkte funktioniert. Bis vor Kurzem konzentrierte sich die Finanzforschung hauptsächlich auf das Instrumentarium des Investierens, darunter Statistik, Geschichte, Theorie und Marktmechanismen. Erzielt Kategorie X in der Regel höhere oder niedrigere Renditen als Kategorie Y? Wie sollte ein Portfolio theoretisch aufgebaut sein? Wie sollte man Diversifizierung richtig verstehen? Wie lassen sich bestimmte Indizes mit anderen vergleichen? Was ist das beste Maß für Volatilität? Sollte man bei Verfahren zur Mittelwert-Varianz-Optimierung Varianz oder Kovarianz verwenden? Das ist alles gut und schön, doch im Grunde handelt es sich dabei in der einen oder anderen Form um Fragen der Mechanismen, Geschichte, Statistik und Theorie.

Akademische Finanzlehrbücher aus den 1990er-Jahren unterscheiden sich kaum von denen aus den 1970er-Jahren. Gewiss, sie behandeln neue Technologien, Vorschriften und Produkte, aber hauptsächlich geht es um Instrumente. Traditionelle finanztheoretische Vorstellungen beruhen auf traditionellen wirtschaftswissenschaftlichen Annahmen: dass Menschen in der Gesamtheit rational handeln, Märkte effizient oder zumindest halbwegs effizient sind und irrational handelnde Einzelne vernachlässigt werden können. Der Verrückte in der Zwangsjacke wurde identifiziert und weggesperrt und hat keinen Einfluss auf die Märkte – so die traditionelle Sichtweise.

Im Gegensatz dazu geht die Behavioral Finance davon aus, dass eigenartiges Verhalten ziemlich häufig vorkommt – ebenso wie Menschen, die die traditionelle Finanztheorie vielleicht als Spinner abtun würde. Irrationalität wird als mögliche Verhaltensweise mitgedacht. Anleger verhalten sich demnach mitunter auf eine Weise, die irrational erscheint. Vertreter der Behavioral Finance versuchen herauszufinden, warum das so ist.

Ich denke, das lässt sich am besten verstehen, wenn man akzeptiert, dass wir noch immer von unseren Vorfahren aus der Steinzeit geprägt sind. Es stimmt: In unseren modernen Schädeln stecken Gehirne aus der Steinzeit. Anleger sind keine rationalen Automaten, sondern Menschen, die bei finanziellen Entscheidungen regelmäßig verrückte Dinge tun. Das liegt daran, dass unser Gehirn nicht dafür gemacht ist, mit diesem ganzen Zeug umzugehen. Es ist für Überlebensfragen aus grauer Vorzeit gemacht.

Wenn wir verstehen, warum Menschen handeln, wie sie handeln, können wir besser verstehen, wie Märkte funktionieren, und auf der Grundlage unseres Wissens über menschliches Verhalten besser investieren. Wenn Sie Ihr Gehirn besser verstehen, können Sie auch besser verstehen, wie Sie sich selbst kontrollieren – und so allmählich viele typische Fehler von Anlegern vermeiden und Ihre Fehlerquote senken. Dafür brauchen Sie Frage Drei. Bevor Sie am Markt handeln, halten Sie inne und fragen Sie sich: Was zum Teufel stellt mein Gehirn gerade an, dass es mich durcheinanderbringt? Dass es mich jetzt blind macht? Dass es mich die Situation vollkommen falsch und genau verkehrt herum sehen und empfinden lässt? Schließlich ist der Markt nichts anderes als Millionen von Menschen, die sich wie – nun ja – Höhlenmenschen verhalten. Wenn Sie diesen Code knacken und Ihren eigenen Entscheidungsprozess besser verstehen, können Sie Ihr Steinzeitgehirn bezwingen und werden weniger von TGH gedemütigt – das ist das Ziel.

Es ist nicht Ihre Schuld, dass Ihr Gehirn unter Steinzeit-Anwandlungen leidet. Unser Denken ist auf kognitive Verzerrungen konditioniert, die uns dazu bringen, dumme Dinge zu tun, die in dem Moment tatsächlich klug erscheinen. Die Fragen Eins und Zwei sollen Ihnen einen Rahmen geben, um Chancen zu finden, die Sie für sich nutzen können. Doch diese beiden Fragen nützen Ihnen nichts, wenn Ihr Gehirn Ihnen einen Strich durch die Rechnung macht. Daher brauchen Sie Frage Drei.

In einer Hinsicht sind Sie sehr, sehr klug. Ihr Gehirn kann Muster erstaunlich gut erkennen, wenn ihm Informationen auch nur halbwegs korrekt dargeboten werden. Wenn Informationen ihm jedoch in der falschen Form dargeboten werden, können Sie überhaupt kein Muster erkennen. Die meisten Leser haben sicher schon einmal eine Version dieser albernen E-Mail erhalten:

> Wnen Sie deis lseen knönnen, haebn Sie acuh enien sltesmaen Vrestnad. Knönen Sie deis lseen?
>
> Ich knonte nciht galuebn, dsas ich tatishcläch vretsehen knonte, was ich las. Die phnäonmelae Krfat des mneschichlen Geitses! Es speilt kenie Rlloe, in welcehr Reiehnfloge die Bcuhstbaen in eniem Wort steenh, whictig ist nur, dass der estre und der ltzete Bcuhstbae an der rcihitgen Stlele steehn. Der Rset knan vlölig druechneiandr sien und man knan es ttrozedm onhe Porbelme lseen. Ertsuanlich, oedr? Ja, und ich dahtce imemr, Recshtchirebnug sei whictig!

Und die meisten Leser können es wahrscheinlich lesen. Es ist ein perfektes „Biespiel“ dafür, dass Ihr Gehirn Informationen gut verarbeiten kann, wenn sie Ihnen auch nur halbwegs richtig dargeboten werden. Werden Ihnen an sich brauchbare Informationen dagegen völlig falsch dargeboten, lassen sie sich oft überhaupt nicht erkennen.

Unsere früheren KGV-Beispiele passen hier perfekt. Vielleicht haben Sie sich mit KGVs schon immer schwergetan, weil sie Ihnen nie wirklich eingeleuchtet haben. Dreht man das KGV jedoch um und betrachtet es als Gewinnrendite – also als eine Art Zinssatz: Ihre Rendite nach Steuern, wenn Ihnen das gesamte Unternehmen gehörte –, wird die Sache viel verständlicher. Ein KGV von 8 entspricht einer Gewinnrendite von 12,5 Prozent. Das schlägt eine Anleihe mit 6 Prozent Vorsteuerrendite bei Weitem. Das versteht Ihr Gehirn ganz leicht. Die Frage ist nur, wann Ihr Gehirn klar sieht – und wann es Ihre Fähigkeit, die Realität zu erkennen, tatsächlich behindert.

The Great Humiliator

Am Ende läuft alles auf TGH hinaus.

TGH hat unendlich viele Möglichkeiten, uns zu demütigen. Die Endphasen von Bullenmärkten sind oft von intensiver, beruhigender Euphorie geprägt. Nie sind Anleger begeisterter von Aktien als dann, wenn so gut wie jeder, der je eine Aktie kaufen könnte, dies bereits getan hat und Aktien im Grunde nur noch fallen können. Schlimmer noch: Markthochs entstehen meist in einem zähen Hin und Her. Sie kündigen sich nicht mit einem plötzlichen Einbruch an wie eine Korrektur. Alle suchen nach einer Art Signal, das ankündigt, dass ein Bullenmarkt vorbei ist, aber so etwas passiert fast nie. Es gibt eine alte, aber nahezu immer zutreffende Börsenweisheit, die kaum jemand akzeptieren kann: „Bullenmärkte sterben mit einem Wimmern, nicht mit einem Knall." Bullenmärkte haben in der Regel keinen dramatischen, klar ausgeprägten Spitzenpunkt, wenn man historisch korrekt misst. Der durch die Corona-Lockdowns im Jahr 2020 ausgelöste abrupte Bärenmarkt ist die Ausnahme, die die Regel bestätigt. Er war so abrupt und schockierend, dass er unzählige Schlagzeilen machte. Effiziente Märkte hatten den wirtschaftlichen

Schaden der Lockdowns vorweggenommen und gingen schnell zur Tagesordnung über.

Die Tiefs von Bärenmärkten sind nur der Form nach anders. TGH verwirrt uns hier einfach auf andere Weise. Solche Tiefs treten oft heftig und abrupt auf, versetzen alle in Panik und sorgen so dafür, dass schließlich genug Anleger ihre Aktien abstoßen. Gerade wenn diejenigen, die erst am Hoch in Aktien eingestiegen sind, sie aus Erschöpfung aufgeben, schießen die Kurse steil nach oben und lassen Chaos und Masse hinter sich. „Das ist nur eine Gegenbewegung im Bärenmarkt", werden Experten sagen. (In meinem 2011 erschienenen Buch „Markets Never Forget" zeige ich, dass Experten einen neuen Bullenmarkt regelmäßig anzweifeln – manchmal über Jahre hinweg.) Es gibt immer eine kleine Gruppe von Experten, die am Hoch bearish sind (und es wahrscheinlich schon in den drei Jahren zuvor durchgehend bearish waren), dafür Lob bekommen und später auch am Tief bearish bleiben. Jahrelang bemerkt das niemand, weil die Menschen ihnen weiter zuhören und gedanklich noch immer im vergangenen Bärenmarkt feststecken. TGHs Potenzial, Sie hineinzuziehen, durchzukauen und wieder auszuspucken, ist nahezu unbegrenzt.

Glauben Sie nicht, dass TGH sich zwischen Hoch- und Tiefpunkten auf seinen Lorbeeren ausruht. Im normalen Verlauf eines Bullen- oder Bärenmarktes kann es mehrfach zu Korrekturen kommen – das heißt, der Markt läuft kurzzeitig um 10 bis 20 Prozent oder mehr gegen seinen längerfristigen Trend. Während der Korrektur von 1998 (erwähnt in Kapitel 2) rauschte der US-Markt in nur sechs Wochen vom 17. Juli bis zum 31. August um fast 20 Prozent nach unten.[1] Das kann Angst machen. Und obwohl Korrekturen dieser Größenordnung in Bullenmärkten ziemlich normal sind, erinnern sich nur wenige daran oder erkennen sie wieder, wenn es das nächste Mal passiert. Bei Korrekturen werfen Anleger ihre Aktien oft genau rechtzeitig auf den Markt, bevor dieser sich erholt und auf höhere Kursniveaus steigt. So wie 1998! Die Rendite des Marktes seit Jahresbeginn lag im Spätherbst gerade einmal bei null.[2]

Doch bis zum Jahresende stand sie bei plus 28,6 Prozent.[3] Die Korrektur verschwand so schnell, wie sie gekommen war. Ein sehr ähnliches Szenario spielte sich 2018 ab. Nachdem die Aktien am 20. September ein Hoch erreicht hatten, fielen sie in einer Korrektur, die an Heiligabend ihren Tiefpunkt erreichte, um 19,4 Prozent.[4] Viele befürchteten noch weitaus Schlimmeres. Dann erholten sich die Märkte kräftig, erreichten am 12. April 2019 neue Allzeithochs und waren auf dem Weg zu einem Jahresplus von 31,4 Prozent in diesem Jahr.[5] TGH handelt schnell.

Der Markt muss gar nicht annähernd so stark fallen, dass der Rückgang als echte Korrektur gelten würde, um scheinbar rationale, intelligente Menschen völlig in Angst und Schrecken zu versetzen. Selbst professionelle Anleger, die im Laufe der Zeit gelernt haben, normale Marktschwankungen an sich abprallen zu lassen, fragen sich regelmäßig, ob ein Rückgang um ein paar Prozent binnen weniger Wochen einen Bärenmarkt, eine Rezession, die Apokalypse oder gar die Nominierung von Jake Paul für das Board of Governors der Federal Reserve ankündigt. Nein, ein Rückgang um ein paar Prozent ist für TGH bloß Tagesgeschäft.

Den Steinzeit-Code knacken – Stolz und Bedauern

Der erste Schritt zur Besserung besteht darin, sich einzugestehen, dass man ein Problem hat. Nur erkennt man dieses Problem nicht, solange man Frage Drei nicht stellt: Womit zum Teufel überrumpelt mich mein Gehirn diesmal wieder? Wenn man fragt, wie das eigene Gehirn einen beeinflusst, bekommt man unweigerlich mehrere Antworten. Einige davon sollte man eher mit dem eigenen Ehepartner, der eigenen Mutter oder einem Psychologen besprechen. Uns interessieren hier jedoch nur die Antworten, die das Marktverhalten betreffen. Die meisten Anlagefehler gehen auf kognitive Fehler zurück; die häufigsten davon behandeln wir hier.

Guck! Ich töte riesige Bestie! Ich sehr geschickt!

Wie in Kapitel 1 erwähnt, haben Verhaltensforscher gezeigt, dass normale US-Amerikaner (wir gehen davon aus, dass Sie normal sind) Verluste etwa zweieinhalbmal so sehr hassen, wie sie Gewinne mögen.[6] Ein Gewinn von 25 Prozent fühlt sich etwa so gut an, wie sich ein Verlust von 10 Prozent schlecht anfühlt. Anders ausgedrückt: Wenn Sie an einer Stelle 13 Prozent gewinnen und an anderer Stelle 10 Prozent verlieren, haben Sie das Gefühl, hinten zu liegen. Daher bemühen sich Menschen in der Regel stärker, Schmerz zu vermeiden, als Gewinne zu erzielen. Dies wird allgemein als Verlustaversion bezeichnet, manchmal auch als *kurzsichtige Verlustaversion*; der Begriff deutet auf Kurzsichtigkeit und eine Überreaktion auf kurzfristige Bewegungen hin. Sie erklärt viele Anlagefehler. Im Grunde geht es bei der kurzsichtigen Verlustaversion und den Fehlern, zu denen sie führt, um zwei Dinge: *Stolz* und *Bedauern*.

Unser Steinzeitgehirn entwickelte sich so, dass es „Stolz aufbaut" und „Bedauern vermeidet" – beides war überlebenswichtig. Stellen Sie sich zwei Jäger vor, die in der Abenddämmerung zum Lager zurückkehren. Der eine trägt eine Gazelle. Der andere hat nichts dabei außer ein paar zerbrochenen Speeren, die ihr Ziel verfehlt haben.

Der Jäger mit der Gazelle begeistert das Lager schon mit seinem Erscheinen. In dieser Nacht erzählt er dem Stamm, wie er die mächtige Bestie geschickt und meisterhaft gejagt und erlegt hat. Er spricht darüber, wie geschickt er seinen Speer gefertigt hat und wie tödlich seine Speere sind. Er spricht über die Zeichen, die er gedeutet hat und die ihn zu den grasenden Gazellen geführt haben. Er beschreibt detailliert seine körperliche Leistungsfähigkeit, die es ihm ermöglichte, seinen Speer mit tödlicher Präzision in die Gazelle zu schleudern. Er baut Stolz auf. Das fühlt sich gut an und motiviert ihn, immer wieder eifrig auf die Jagd zu gehen, damit er dieses stolze Hochgefühl weiterhin erleben kann – selbst wenn danach möglicherweise viele Fehlschläge folgen. Und das ist gut für den Stamm, denn er braucht diesen jungen Mann, um energiereiche tierische Nahrung zu beschaffen, die damals wesentlich dazu beitrug, zu entscheiden, wessen Gene weitergegeben wurden und wessen nicht.

Der andere junge Jäger, der keine Gazelle erlegt hat, hat eine andere Geschichte zu erzählen. Es war nicht seine Schuld, dass er keine Gazelle erlegt hat. Er ist geschickt im Speerbau und hat auch Erfahrung im Aufspüren von Tieren. Aber an diesem Tag trieb ein Blitz die Gazellen auseinander, kurz bevor er zielen konnte. Oder vielleicht hatte jemand seine Speere ausgeliehen, sodass sie nicht mehr scharf genug waren. Oder vielleicht streiften Löwen durch sein Jagdgebiet. Oder der Wind war ungünstig. Er erfindet scheinbar plausible Ausreden, damit er am nächsten Morgen aufstehen und es erneut versuchen kann. Er *vermeidet Bedauern.* Auf diese Weise lassen ihn seine Lagergenossen auch am nächsten Tag wieder jagen; ihr Glaube an seine Geschichte motiviert ihn, es wieder und wieder zu versuchen. Auch sein Stamm braucht ihn für die Jagd. Vielleicht hatte er an diesem Tag wirklich nur Pech. Und selbst wenn er ein schlechter Jäger ist, könnte er zufällig auf ein verletztes Tier stoßen. Vielleicht stößt er morgen auf eine Gazelle, die gerade von einem Wildhund getötet wurde. So oder so lohnt es sich, wenn der Stamm dadurch an Protein kommt.

Stolz aufzubauen, wenn man Erfolg hat, und Bedauern zu vermeiden, wenn man scheitert, motiviert beide Jäger, es weiter zu versuchen. Beide Verhaltensweisen kommen dem Stamm zugute, dessen Überleben von ihrer Bereitschaft abhängt, immer wieder zur Jagd aufzubrechen. Der erfolgreiche Jäger geht immer wieder auf die Jagd. Der erfolglose Jäger geht ebenfalls wieder auf die Jagd.

Immer wieder liest und hört man, Gier und Angst trieben Anleger an. Verhaltensforscher würden dem widersprechen und sagen: Anleger – und über sie auch die Märkte – werden nicht von Gier und Angst angetrieben, sondern von dem menschlichen Drang, Stolz aufzubauen und Bedauern zu vermeiden. Nach außen sieht das nur wie Gier und Angst aus.

Stolz ist ein mentaler Prozess, der Erfolg mit Können und Wiederholbarkeit verbindet: Der Jäger, der eine Gazelle erlegt hat, glaubt nicht, dass er einfach nur Glück hatte. Er hält sich für meisterhaft. Noch wichtiger: Er glaubt, dass er es wiederholen kann. Auch ich mache da keine Ausnahme: In diesem Buch steckt der Stolz auf das, was ich im Laufe meiner Karriere erreicht habe. Ich möchte nicht glauben, dass alles nur Glück war – dass ich einfach jemand war, der beim Münzwurf über viel zu lange Zeit viel zu oft Kopf hatte. Wer möchte das schon glauben? Menschen neigen von Natur aus dazu, Erfolg auf Können und Wiederholbarkeit zurückzuführen – und nicht auf Glück.

Denken Sie daran, wie Sie reagiert haben, nachdem Sie eine Aktie gekauft hatten und ihr Kurs anschließend gestiegen ist. Vielleicht ist er sogar stark gestiegen. Haben Sie triumphierend die Faust hochgerissen? Sich selbst gratuliert? Vor Ihren Kollegen, Ihrem Ehepartner und Ihren Schwiegereltern damit angegeben? Und was noch wichtiger ist: Gab Ihnen dieser Erfolg das Gefühl, dass Sie es wiederholen können? „Ich habe sie gekauft. Der Kurs ist gestiegen. Ich bin schlau. Wollt ihr sehen, wie ich das noch einmal mache?" Genau wie der Jäger.

Bedauern ist ein mentaler Prozess, bei dem man die Verantwortung für ein Scheitern von sich weist – man führt es nicht auf fehlendes Können zurück, sondern meist auf Pech oder darauf, Opfer der Umstände geworden zu sein. Der Jäger ohne Gazelle ist kein schlechter Jäger. Er ist nur das glücklose Opfer widriger Umstände. Das nächste Mal wird er eine Gazelle erlegen. „Ich habe die Aktie gekauft. Sie ist gefallen. Der Broker hat sie mir verkauft. Die sind schuld." Oder: „Ich habe sie gekauft. Sie ist gefallen. Der Unternehmenschef war ein Gauner." Es gibt viele Möglichkeiten, sich auf Pech oder die Opferrolle zu berufen. „Ich hätte sie nicht gekauft, wenn mein Ehepartner an diesem Morgen nicht auf mir herumgehackt hätte." Die Denkweise lautet nicht: „Ich habe sie gekauft, sie ist gefallen, ich weiß nicht, wie das geht, also lasse ich es besser bleiben." Oder: „Ich sollte daran arbeiten, damit ich besser werde."

Hätten die Jäger nicht gelernt, Stolz aufzubauen und Bedauern zu vermeiden, wären sie an ihren Misserfolgen verzweifelt. Sie hätten die Jagd auf riesige Tiere als aussichtsloses Unterfangen aufgegeben. Ihr Gehirn musste so funktionieren, damit sie genug Nahrung beschaffen konnten, um ihre Gene weiterzugeben. Das war ein Motivationsinstrument. Wäre ein Jäger von quälendem Bedauern über seinen Misserfolg geplagt und schließlich depressiv geworden, wären diejenigen, die von seinen künftigen, möglicherweise erfolgreichen Jagdzügen profitiert hätten, verhungert und gestorben – keine besonders gute Methode, um die Spezies zu erhalten. Stolz aufzubauen und Bedauern zu vermeiden, war für das Überleben unserer Vorfahren grundlegend. Damals war beides notwendig, und wir tun es noch immer – wir motivieren uns selbst, es weiter zu versuchen.

Doch diese Verhaltensweisen führen zu Anlagefehlern. Angenommen, Jim besitzt eine Aktie, die um 40 Prozent steigt. Jim war klug, eine solche Aktie ausgewählt zu haben. Er ist ein versierter Stock-Picker und glaubt, dass er das wieder schaffen kann – er baut Stolz auf.

Dann fällt seine Aktie um 10 Prozent. Er empfindet den Verlust etwa zweieinhalbmal so stark wie den Gewinn und blendet aus, dass er insgesamt immer noch 26 Prozent im Plus ist. Der plötzliche Kursrückgang verursacht Schmerz, den er vermeiden möchte, also vermeidet er Bedauern. Er glaubt, dass er mit diesem Kursrückgang von 10 Prozent einfach Pech hatte, weil der zuvor aufgebaute Stolz ihn davon überzeugt, dass er insgesamt erfolgreich sein kann und wird. Er erwägt zu verkaufen, solange er noch kann. Er kommt zu dem Schluss, dass die Aktie weiter fallen wird, verliert seine langfristigen Ziele aus den Augen, konzentriert sich nur auf das Kurzfristige und handelt, um möglichen kurzfristigen Schmerz zu minimieren. Also verkauft er die Aktie und schützt sein Ego für einen weiteren Tag auf der Jagd. Doch die Aktie erholt sich und erreicht neue Hochs. Er beschließt, das zu ignorieren. Es anzuerkennen, würde zu viel Schmerz verursachen, und indem er es ignoriert, lässt sich Bedauern wunderbar vermeiden.

Das Bedauern bringt Jim dazu, Schmerz zu vermeiden, indem er aktiv wird – und zu einem vorübergehend relativ niedrigen Kurs verkauft. Sein Stolz hindert ihn daran, sein Verhalten genau zu analysieren, sodass er dazu verdammt ist, diesen Teufelskreis zu wiederholen. Verlustaversion bringt Anleger dazu, teuer zu kaufen und billig zu verkaufen – keine gute Strategie.

Speere schleudern – Selbstüberschätzung

Ein weiteres Verhalten, das sich in der Steinzeit herausgebildet hat und heute zu Anlagefehlern führt, ist *Selbstüberschätzung*. Eine Erkenntnis der Verhaltensforschung aus den letzten Jahrzehnten lautet, dass Anleger im Durchschnitt deutlich zu selbstsicher sind. Sie glauben, über mehr Können zu verfügen, als sie tatsächlich besitzen. Das ähnelt der bekannten Beobachtung, dass 75 Prozent der Autofahrer glauben, sie seien überdurchschnittlich gute Fahrer. Selbstüberschätzung wächst mit der Zeit, wenn wir Stolz aufbauen und Bedauern vermeiden. Wären die Jäger der Steinzeit nicht nahezu wahnsinnig vor Selbstüberschätzung gewesen, hätten sie niemals versucht, riesige Tiere mit steinbesetzten Stöcken zu erlegen. Sie mussten diese Tiere erlegen, sonst wären sie verhungert. (Oder Vegetarier geworden – was praktisch dasselbe war.)

Für frühe Jäger und Sammler war das Leben kurz und Nahrung knapp. Betrachten wir die jüngsten Erkenntnisse über den Kennewick-Mann, der vor etwa 9.000 Jahren im heutigen US-Bundesstaat Washington lebte. Wissenschaftler entdeckten eine Speerspitze, die in seiner Hüfte steckte. Es handelte sich nicht um einen tödlichen Treffer, sondern um eine verheilte Wunde. Offenbar hatte er auch mehrere verheilte Knochenbrüche und andere Verletzungen.[7] Das Leben war hart für den Kennewick-Mann und seine Gefährten im Jahr 7.000 vor Christus. Aber es lohnte sich, große Risiken einzugehen – eine einzige große Beute konnte einen Monat lang Protein für den Stamm bedeuten.

Unser tief verwurzelter Überlebensinstinkt drängt uns dazu, Risiken einzugehen – wir entscheiden uns häufig für „Kampf“ statt „Flucht“, wenn wir vor scheinbar aussichtslosen Widrigkeiten stehen.

Anleger sind definitionsgemäß zu selbstsicher, wenn sie annehmen, mehr zu wissen, als sie tatsächlich wissen – oder wenn sie ihre Fähigkeiten überschätzen. Das tägliche Lesen des *Wall Street Journal* und einer Handvoll Blogs und Newsletter macht noch niemanden zu einem Anlageexperten. Dennoch glauben unzählige ansonsten intelligente Menschen, dass ihre Fähigkeit, gängige Medienmeinungen zu übernehmen und zu verinnerlichen, sie in die Lage versetzt, die Märkte langfristig zu schlagen. Investieren ist schwierig. Zu viele hochgebildete und erfahrene Fachleute investieren genauso dumm wie blutige Anfänger. Das macht es nicht weniger gefährlich, sich zu übernehmen.

Verstehen Sie mich nicht falsch. Ich plädiere weder dafür, dass Sie Ihr Leben der wissenschaftlichen Beschäftigung mit Anlagewissen widmen, noch dafür, dass Sie einen kompetenten Fachmann beauftragen. Ganz im Gegenteil! (Denken Sie daran: Für den Erfolg beim Investieren müssen Sie nur etwas wissen, was andere nicht wissen, und dafür brauchen Sie nur die Drei Fragen.) Vielmehr sollten Sie sich vor Selbstüberschätzung hüten, denn sie begünstigt schwerwiegende Fehler – dieselben Fehler, die alle anderen auch machen.

Selbstüberschätzung verleitet Anleger beispielsweise dazu, in *Börsengänge* (IPOs; für Einsteiger steht IPO scherzhaft auch für „It's probably overpriced“, also: „Es ist wahrscheinlich überteuert“), Micro Caps, Hedgefonds, Kryptowährungen und andere volatile oder illiquide Anlageformen zu investieren, während sie die damit verbundenen Risiken ignorieren oder herunterspielen. Überlegen Sie einmal, wie oft Sie schon von Börsenexperten, Freunden oder Ihrem Broker gehört haben, dass eine Anlagechance das „nächste Nvidia“ sei. Vielleicht ist sie das auch! Aber die Chancen stehen gegen Sie – nur sehr wenige neue Unternehmen überleben überhaupt, geschweige denn werden zu dauerhaft erfolgreichen Börsenstars.

Selbstüberschätzung kann dazu führen, dass Sie an einer Aktie festhalten, in der Hoffnung, dass sie sich eines Tages erholt, selbst wenn Berge von Belegen dagegen sprechen. Wenn Sie Ihr gesamtes Vermögen in Nikola, den damaligen Elektrofahrzeug-Liebling, zu einem Kurs von über 600 Dollar investiert und Ihrem Ehepartner gegenüber darauf bestanden haben, dass Nikola ein großartiges Unternehmen sei und die Aktie sich eines Tages wieder erholen werde, während sie bis auf 50 Cent abstürzte, haben Sie Bedauern vermieden und Selbstüberschätzung an den Tag gelegt.[8]

Verhaltensforscher stellen fest, dass es ein häufiges Anlegerverhalten ist, an Verliereraktien festzuhalten, in der Hoffnung, dass sie wieder auf den Einstandskurs kommen – und sich bis dahin zu weigern, sie zu verkaufen. Wer auf den Einstandskurs wartet und deshalb nicht verkauft, muss sich den Verlust mental nicht eingestehen – und schiebt so den Moment hinaus, in dem er das Bedauern wirklich zulassen müsste. Es liegt in der menschlichen Natur, zu glauben, dass man keinen Fehler gemacht hat, und sich zu weigern, Verluste zu begrenzen. Zweifellos ist der Verkauf einer Aktie nur wegen ihres Kursrückgangs eine Strategie für Verlierer. Aber manchmal muss man auch zugeben, dass man sich geirrt hat und das Geld anderswo besser angelegt ist.

Abbildung 3.2 zeigt die schwache Kursentwicklung sehr guter Unternehmen im Energiesektor nach dem Bärenmarkt 1980, der von diesem Sektor angeführt wurde. Es dauerte Jahre, teils über ein Jahrzehnt, bis die Kurse wieder die jeweiligen Einstandskurse erreichten. Die Opportunitätskosten für das Festhalten an diesen Aktien nach 1980 waren hoch. Wie in Abbildung 3.3 dargestellt, übertraf der S&P 500 die angeschlagenen Energieunternehmen in den folgenden fünf und meist sogar zehn Jahren deutlich. Versuchen Sie das mit großen Technologiewerten nach der Technologieblase, und Sie werden dasselbe Phänomen beobachten. Dasselbe gilt für viele Finanzwerte nach dem von ihnen angeführten Bärenmarkt von 2007 bis 2009. Aktien folgen keinem willkürlichen Zeitplan für ihr Wachstum – und das sollten Sie auch nicht erwarten.

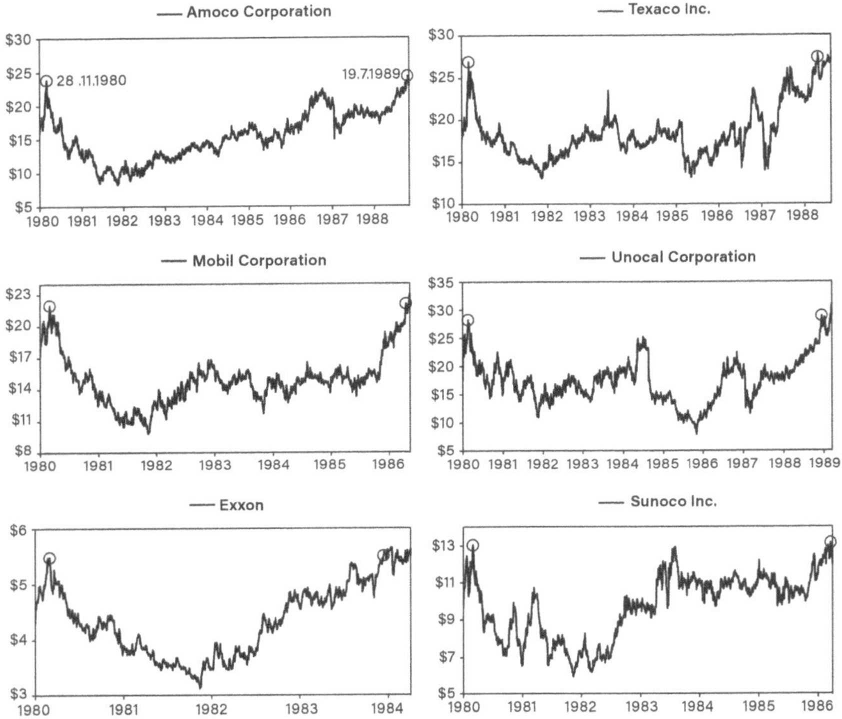

Abbildung 3.2 Darauf können Sie lange warten.

Quelle: FactSet, Stand: 26.2.2025.

Zu selbstsichere Anleger besitzen oft zu wenige Aktien – vielleicht nur eine Handvoll. Vielleicht haben Sie einen 401(k)-Plan – also einen steuerbegünstigten US-Altersvorsorgeplan – oder einen betrieblichen Aktienkaufplan, in dessen Rahmen Sie Aktien Ihres Arbeitgebers kaufen. Viele Anleger tun das. Aber macht Ihre gesamte Position in Aktien Ihres Arbeitgebers – oder in irgendeiner einzelnen Aktie – mehr als 5 Prozent aus? Oder liegt sie bei einem großen Unternehmen deutlich über dessen Indexgewichtung? Wenn ja, sind Sie zu selbstsicher – es sei denn, Sie wissen wirklich etwas Wesentliches, was andere nicht wissen. Die meisten, die so vorgehen, wissen jedoch nichts, was andere nicht auch wissen.

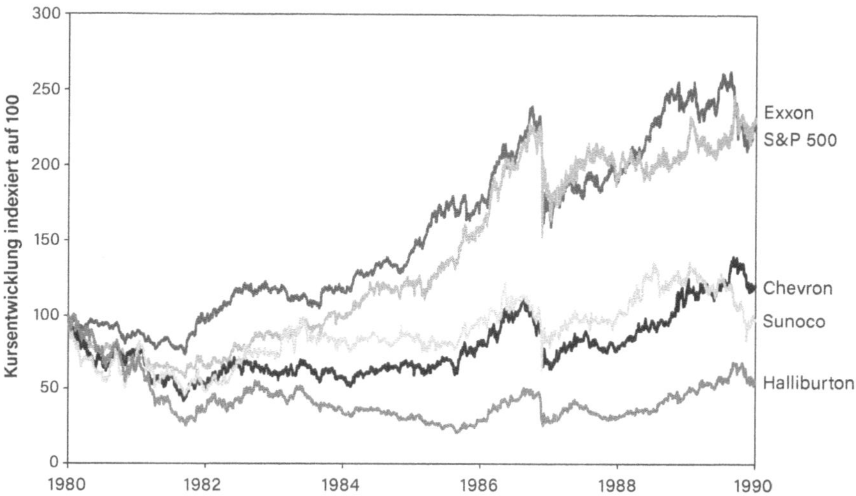

Abbildung 3.3 Die Opportunitätskosten des Festhaltens.

Quelle: FactSet, Stand: 26.2.2025.

Kein Unternehmen, egal wie robust und gesund es erscheinen mag, ist vor einem Niedergang gefeit. Anleger kaufen Aktien ihres Arbeitgebers, weil sie von Fällen gehört haben, bei denen es funktioniert hat – Fällen, in denen eine einzelne Aktie spektakulär erfolgreich war. Sie vergessen dabei die Fehlschläge. Anleger sagen Dinge wie: „Aber ich fühle mich wohl dabei, diese Aktie zu halten, weil ich das Unternehmen kenne." Sie mögen ein äußerst produktiver Mitarbeiter sein, aber so großartig Sie auch sind, Ihre Anwesenheit schützt Ihren Arbeitgeber nicht vor Marktwertverlusten, branchenspezifischen Trends oder anderen Problemen, die eine Aktie über Gebühr belasten können. Ihre finanzielle Sicherheit sollte nicht vollständig von einem einzigen Unternehmen abhängen.

Die Enron-Tragödie

Erinnern Sie sich an ein kleines Unternehmen aus Houston namens Enron? Es war in einen riesigen Betrugsskandal verwickelt, sein Wert stürzte ab, es ging in Konkurs, und die meisten Mitarbeiter standen kurzerhand ohne Arbeit da.

Zur Enron-Tragödie – dem grausigen, selbstverschuldeten Untergang des Unternehmens – kam hinzu, dass eine ganze Armee von Mitarbeitern ihre gesamten Ersparnisse verlor, weil ihre 401(k)-Pläne ganz oder größtenteils in Enron-Aktien investiert waren. Es waren nette, aufrechte Leute, die hart arbeiteten, jeden Cent zweimal umdrehten, sparten, gute, anständige Texaner waren und dachten: „Ich kenne das Unternehmen." Fast über Nacht sahen diese unglücklichen Seelen den Wert ihrer Altersvorsorge nahezu vernichtet.

Die eigentliche Enron-Tragödie bestand nicht darin, dass so viele fast alles verloren. Die eigentliche Tragödie war, dass all das ganz vermeidbar gewesen wäre. Was auch immer für böse Absichten in den Herzen von Ken Lay, Andrew Fastow und Jeff Skilling gelauert haben mögen: Es ist nie eine kluge Idee, alles oder fast alles in eine einzige Aktie zu stecken.

Hätten die Mitarbeiter meine Regel befolgt und eine Konzentration auf Enron vermieden, wäre die Enron-401(k)-Katastrophe von einer Apokalypse zu einem kleinen Ärgernis geschrumpft. Ja, die Mitarbeiter wären arbeitslos geworden. Ja, sie hätten in einem schwierigeren Arbeitsmarkt nach Arbeit gesucht und zugleich mit ihren ehemaligen Kollegen konkurriert, die alle relativ ähnliche Lebensläufe hatten. Ja, sie hätten Geld verloren. Aber all das wäre weniger demütigend, wenn man einen 401(k)-Plan und ein relativ intaktes Vermögen hat – geschmälert durch den Totalverlust einer kleinen Aktienposition statt einer riesigen.

Enron stockte die Barbeiträge der Mitarbeiter zu ihren 401(k)-Plänen mit Enron-Aktien auf – ein Grund mehr für die Mitarbeiter, keinen weiteren Cent in Enron zu investieren.[9] Daran ist Selbstüberschätzung schuld. Nicht Ken Lay. Nicht Jeff Skilling. Ja, an anderem, aber nicht daran. Und in den Jahren danach bekamen sie alle ihre Quittung.

Aber unabhängig von Umfang und Schwere ihrer Verbrechen haben sie niemanden mit vorgehaltener Waffe gezwungen, seine Altersvorsorge nicht zu diversifizieren. Schuld am vollständigen oder nahezu vollständigen Wertverlust ihrer Altersvorsorgekonten und sonstigen Ersparnisse war die eigene – wenn auch unbewusste – Selbstüberschätzung der Enron-Mitarbeiter, die ihr gesamtes liquides Nettovermögen in eine einzige Aktie gesteckt hatten. Das mag hart klingen, aber manchmal tut die Wahrheit eben weh. Sie müssen Ihr Bedauern zulassen.

Sehen Sie! Ich hab's doch gesagt – Bestätigungsfehler

Als Menschen suchen wir bewusst nach Belegen, die unsere Lieblingstheorien und vorgefassten Meinungen stützen. Wir neigen dazu, Belege zu ignorieren, die unseren Vorurteilen widersprechen. Mit unterschiedlichen Vorurteilen können zwei Anleger dieselben Daten betrachten und dennoch zu gegensätzlichen Schlussfolgerungen kommen – wobei beide schwören, dass die Daten ihre Sicht und nicht die des anderen stützen. Das habe ich mein Leben lang beobachtet. Darüber hinaus wird fast keiner der beiden Anleger einfache statistische Verfahren anwenden, um zu belegen, dass er recht hat. Jeder ist voreingenommen und zu selbstsicher, sodass keiner von beiden etwas überprüfen und validieren muss. Korrelationskoeffizienten? Das ist etwas für den anderen.

Eine weitere einfache Technik, um eine vorgefasste Meinung zu untermauern, besteht darin, einen bekannten Namen zu suchen, der dasselbe sagt, was man selbst glaubt, und sich auf ihn als Autorität zu berufen, um zu begründen, warum man das tun sollte, was man ohnehin schon tun will. Was für einen verrückten Unsinn jemand auch immer glaubt: Ich verspreche Ihnen, dass es jede Menge scheinbar glaubwürdige Autoritäten gibt, die diesen Irrsinn stützen.

Wie sind wir so geworden? Denken Sie noch einmal an die Steinzeitjäger. Jeder Jäger mag von vornherein eine Vorliebe für ein bestimmtes Jagdgebiet haben. Vielleicht hat ein Jäger seine erste Gazelle in der Gazellenschlucht im Norden erlegt. Er hält die Gazellenschlucht für das perfekte Jagdgebiet. Dieses Gefühl wird jedes Mal bestärkt, wenn er dort eine Gazelle erlegt. „Ja", denkt er, „genau hier bin ich richtig."

Wenn er keine Gazelle erlegt, rechtfertigt er das vor sich selbst damit: „Ich kann ja nicht jedes Mal eine erwischen." Nach vielen Jagdausflügen redet er sich ein, dass es eben auch Tage geben wird, an denen er mit leeren Händen nach Hause kommen muss. Über drei oder vier Monate hinweg betrachtet, ist die Gazellenschlucht im Durchschnitt – zumindest in seiner Vorstellung – das beste Revier. Wenn er nicht zu anderen Jagdgebieten geht, wird er seine Voreingenommenheit niemals widerlegen können.

Sein Jagdgefährte ist hingegen überzeugt, dass der Gazellencanyon im Süden der beste Ort ist. Beide jagen täglich. Sie beobachten, wie oft sie jeweils Gazellen erlegen. Beide haben gute und schlechte Phasen, in denen sie mehrere Tage hintereinander erfolgreich sind oder gar nichts erlegen. Und jeder bleibt fest von der Überlegenheit seines Lieblingsgebiets überzeugt, obwohl keiner von beiden diese langfristige Überlegenheit statistisch belegen kann. (Die Menschen in der Steinzeit haben keine Statistiken geführt – deshalb tun Sie das von Natur aus auch nicht.) Keiner der beiden Jäger wird seine These überprüfen lassen und damit riskieren, dass sie als falsch verworfen wird. Das wäre zu schmerzhaft.

Wir haben uns weniger weit weiterentwickelt, als Sie vielleicht hoffen. Erinnern Sie sich an das Beispiel aus Kapitel 1 über den Mythos, dass hohe KGVs den Untergang für Aktien bedeuten. Völliger Unsinn ohne jede Grundlage – und doch glauben fast alle daran! Das ist ein großartiges Beispiel für das, was Verhaltensforscher als *Bestätigungsfehler* bezeichnen: den Instinkt, nach Informationen zu suchen, die unsere vorgefassten Meinungen bestätigen, und widersprüchliche Belege zurückzuweisen oder zu übersehen. Anhänger des Mythos von hohen KGVs zitieren schnell Daten, die ihre Theorie stützen, neigen aber dazu, widersprüchliche Belege zurückzuweisen.

Der Bestätigungsfehler spielt in religiösen Vorstellungen durch die gesamte Menschheitsgeschichte hindurch eine große Rolle – von frühen heidnischen Zeiten bis zum Neuheidentum des heute verbreiteten Szientismus oder Säkularismus. Dort klammern sich Menschen unhinterfragt an einen einzelnen Befund und wenden sich vom eigentlichen wissenschaftlichen Prozess des fortgesetzten Hinterfragens und der Skepsis ab. Auch die Politik trieft geradezu vor Bestätigungsfehlern.

Viele Mythen werden also durch Bestätigungsfehler gestützt. Er ist ein mächtiger Bestandteil des Menschseins. Das ist natürlich. Aber an den Märkten schadet uns das Natürliche. Bestätigungsfehler geben uns ein gutes Gefühl – sie bestätigen unsere Überzeugung, dass wir klug sind (wieder einmal Selbstüberschätzung). Und wir denken gern, dass wir klug sind. Aber wie jeder Arzt Ihnen sagen wird: Dinge, die sich gut anfühlen, sind nicht unbedingt gut für Sie.

Der Bestätigungsfehler erklärt gut, warum sich der Mythos „Wie der Januar, so das ganze Jahr" so hartnäckig hält. Zu Jahresbeginn, insbesondere wenn die Aktienkurse anfangs fallen, trommeln die Experten für ihre Theorie. Einige eifrige Anhänger gehen sogar noch weiter und behaupten: „Wie die erste Woche verläuft, so verläuft der Januar, so verläuft das Jahr." Damit wird die Welt gewarnt, falls der Januar zufällig negativ ausfällt. Es ist eine großartige Geschichte mit dem Schuss Panik, den TV-Nachrichtenmacher und Schlagzeilenautoren lieben.

Jahre, in denen sowohl die Januar- als auch die Jahresrendite negativ sind, liefern den Anhängern dieser Theorie die Bestätigung, die sie brauchen. Dasselbe gilt für positive Ergebnisse, doch die Anhänger der „Wie der Januar, so das Jahr"-These scheinen negative Ergebnisse zu bevorzugen. So war beispielsweise im äußerst positiven Januar 2006 kaum etwas über diesen zweifelhaften Effekt zu lesen. Eine Google-Suche zum negativen Januar 2005 fördert dagegen zahlreiche Erwähnungen des gefürchteten Effekts zutage. Übrigens war das Jahr 2005 insgesamt, gemessen am MSCI World Index, mit 9,5 Prozent im Plus.[10] Die Anhänger dieses Mythos ignorieren das irgendwie.

Wie viele Experten, die im Januar die „Wie der Januar, so das Jahr"-These vertreten, melden sich im Dezember wieder zu Wort und räumen ihren Fehler ein, wenn sie falschlagen? Ich habe noch keinen gesehen. Und das müssen sie auch nicht. Jahre wie 2005 oder 2009, in denen das Jahr nicht so verlief wie der Januar, veranlassen Anleger dazu, *die Sache umzudeuten*. Plötzlich kann man nicht mehr erwarten, dass es jedes Jahr funktioniert. Vielmehr muss man längere Zeiträume betrachten, etwa 5, 7, 10 oder 23 Jahre. Oder eben warten, bis der Experte in den Ruhestand geht. Hier weist die „Wie der Januar, so das Jahr"-Fraktion widersprüchliche Belege zurück, hält an ihrer Voreingenommenheit fest und deutet die Sache neu, indem sie einen neuen, willkürlichen Zeitrahmen vorgibt. In der Zwischenzeit „funktioniert" der Mythos weiterhin gut genug, um am Leben zu bleiben. 2008 hat er funktioniert. Und nachdem der Bärenmarkt 2022 Anfang Januar begann, dürfte dieser Mythos nicht so bald verschwinden. Und das, obwohl der Januar-„Indikator" nicht nur 2009 versagt hat, sondern auch 2010, 2014, 2015, 2016 und 2021. In den letzten Jahren hat er mehr Fehlschläge als Treffer verzeichnet.

Reframing ist ein wichtiges Nebenprodukt des Bestätigungsfehlers und geht Hand in Hand mit ihm: Der Deutungsrahmen wird verschoben, damit die eigene Überzeugung weiter Bestand hat. Verhaltensforscher betrachten Framing als grundlegend für unsere Fähigkeit, Informationen richtig oder falsch wahrzunehmen. Wenn etwas so gerahmt ist, dass wir es gut erfassen können, dann können wir es auch erkennen – gnaeu iew bei dme fslach gbsecheirenen Asabtz. Wenn es dagegen so gerahmt ist, dass wir es schlecht erfassen können, sind wir blind. Das sollte Sie nicht überraschen. Nur wenige Menschen würden jemals innehalten und fragen: „Wie wäre es, wenn wir das ‚Wie der Januar, so das Jahr'-Spiel nicht im Januar beginnen, sondern im Juni oder in einem anderen Monat? Und wenn wir schon dabei sind: Denken wir statt über den US-Markt doch lieber über ein anderes Land nach, das sich ähnlich wie die Vereinigten Staaten entwickelt, etwa Großbritannien." Ich versichere Ihnen: Nur sonderbare Menschen denken so. Und wenn sie es tun, finden sie in den Daten nicht mehr Wirklichkeit als in der Vorstellung, dass der Januar die jährlichen Aktienrenditen in Amerika vorhersagt.

Obwohl wir Jahr für Jahr mit „Wie der Januar, so das Jahr"-Warnungen beglückt werden, bleibt dieser Mythos völlig unbelegt. Jeder, der über einen Internetanschluss und solide Excel-Kenntnisse verfügt, kann das herausfinden. Tabelle 3.1 zeigt, wie viel der Januar als Indikator für die Gesamtjahresergebnisse tatsächlich taugt.

Tabelle 3.1 zeigt seit 1926 vier mögliche Ergebnisse: Die Rendite von US-Aktien war sowohl im Januar als auch im Gesamtjahr positiv; die Januarrendite war negativ, während die Gesamtjahresrendite positiv war; die Januarrendite war positiv, während die Gesamtjahresrendite negativ war; und beide Renditen waren negativ.

Zunächst ist festzuhalten, dass 74 Prozent aller Jahre positiv sind, unabhängig davon, wie der Januar ausfällt – eine Tatsache, die viele offenbar kaum akzeptieren können. Außerdem ist zu beachten, dass der häufigste Fall mit 53 Prozent ein positiver Januar und ein positives Gesamtjahr ist. Ein Beweis dafür, dass der Januar prognosekräftig ist? Wohl kaum. Es ist lediglich ein Beleg dafür, dass Aktien historisch gesehen häufiger gestiegen als gefallen sind. Am seltensten ist mit 9 Prozent aller Jahre ein positiver Januar, auf den ein negatives Gesamtjahr folgt. Wenn der Januar jedoch negativ ist, ist es reine Glückssache, ob das Gesamtjahr positiv oder negativ ausfällt. Das hat keine Prognosekraft. Der Glaube an diesen Anlagemythos ist ein Symptom für ein Gehirn, das vom Bestätigungsfehler gelähmt ist.

Tabelle 3.1 Der Januar-Nichteffekt

S&P 500		**Januar**		
		Anstieg	**Rückgang**	**Gesamt**
Gesamtjahr	**Anstieg**	52 (53 %)	21 (21 %)	73 (74 %)
	Rückgang	9 (9 %)	17 (17 %)	26 (26 %)
	Gesamt	61 (62 %)	38 (38 %)	

Quelle: Finaeon, Inc., Stand: 20.2.2025. S&P-500-Gesamtrenditen, 31.12.1925 bis 31.12.2024.

Einer Spur folgen – Mustererkennung und Wiederholung

Unsere Vorfahren – diese gewieften Jäger und Sammler und ihre Stämme – lernten, sich wiederholende Belohnungen zu erkennen. Sie merkten sich, was zu ihrem eigenen Erfolg und dem ihrer Nachbarn führte, damit sie es wiederholen und noch mehr Erfolg haben konnten. Sie sagten beispielsweise: „Diese Waffe eignet sich gut für die Jagd, also werde ich sie immer benutzen" oder „Ich verirre mich nie, wenn ich dieser Spur folge, also werde ich ihr weiter folgen" oder „Diese Beeren haben meinen Nachbarn nicht umgebracht, also werde ich sie essen". Mustererkennung und Wiederholung waren eine sichere und rationale Vorgehensweise. Wer möchte schon ein Risiko eingehen und *möglicherweise* giftige Beeren essen?

Wie unsere Vorfahren aus der Steinzeit stellen viele Anleger immer noch Regeln auf und befolgen diese, anstatt jede einzelne Situation zu beurteilen. Dies führt zu dem allseits beliebten „Charting" – dem genauen Studieren von Charts auf der Suche nach vorhersehbaren Mustern. Um „Momentum-Investing" und „technische Analyse" ist ein ganzer Industriezweig entstanden, dessen Vertreter behaupten, dass bestimmte Chartformationen – Cup-and-Handle, Saucer-Bottom, Head-and-Shoulders, Deer-in-Headlights (okay, das habe ich mir ausgedacht) – die zukünftige Entwicklung einer Aktie vorhersagen können.

Jeder kann leicht sehen, wie sich eine Aktie entwickelt *hat*. Was wir wissen wollen, ist, wie sich eine Aktie entwickeln *wird*. Aber das kann niemand. Und wir können es auch nicht, denn trotz allem, was Ihnen vielleicht jemand erzählt hat, sagt uns kein noch so umfangreiches Charting etwas darüber, wie sich eine Aktie als Nächstes entwickeln wird – von gelegentlichen Zufallstreffern abgesehen. Niemals. Ende der Geschichte. Aktien sind das, was ein Statistiker als „nicht seriell korreliert" bezeichnen würde. Das bedeutet: Wenn sich eine Aktie in eine bestimmte Richtung bewegt, stehen die Chancen 50:50, dass sie sich in dieser Richtung weiterbewegt oder die Richtung umkehrt. Für jeden Chart, den Sie mir zeigen und der ein Muster zeigt, das zu einem erwarteten

Ergebnis führt, kann ich Ihnen viele weitere zeigen, in denen genau dasselbe Muster zu gar nichts führt. Aktienkursmuster haben nachweislich keine Vorhersagekraft. Dennoch verwenden die Leute sie weiterhin.

Wir betreiben Finanzwesen wie ein Handwerk – mit altbackener Technologie und zweifelhaften Indikatoren –, anstatt es für den modernen Gebrauch neu zu erfinden oder neue Kapitalmarkttechnologien zu entwickeln. Wir klammern uns an veraltete und nutzlose Handwerkerei, weil wir Muster lieben. Sie fühlen sich sicher, beruhigend und harmlos an. Anleger verehren die Vorhersagekraft einer Vielzahl von Mustern – Zinskurven, hohe KGVs, gleitende Durchschnitte, Verbraucherpreisindex, Haushaltsdefizite – die Liste lässt sich beliebig fortsetzen. Wir halten selten inne und fragen uns: „Was macht mein Gehirn gerade, dass ich etwas völlig Verkehrtes sehe und daher auch verkehrt handle?“ Gäbe es einen Indikator (oder eine Gruppe von Indikatoren), der oder die den Markt zuverlässig vorhersagen könnte, würde jeder davon wissen, und wir würden ihn (oder sie) alle nutzen und wären alle unvorstellbar reich. Da dies nicht der Fall ist und nur das Unbekannte die Macht hat, den Markt zu bewegen, müssen wir unsere Neigung, dem bekannten Pfad zu folgen, überwinden.

20/20-Rückschaufehler und Ordnungspräferenz

Der Rückschaufehler entsteht aus unserem Verlangen, einer Spur zu folgen: Wir neigen dazu, die Qualität unserer Voraussicht zu überschätzen und unsere anfänglichen Fehler bequem zu vergessen. Was Verhaltensforscher als Rückschaufehler bezeichnen, lässt keinen Raum für Glück. Anleger täuschen sich selbst, indem sie glauben, sie verfügten über eine besondere Fähigkeit oder besonderes Wissen, das zu einem guten Ergebnis geführt hat. Im Rückblick hat man immer 20/20-Sicht.

Hier ist ein gutes Beispiel für den Rückschaufehler. Ein Anleger behauptet, er habe bereits beim Kauf im Januar 2000 gewusst, dass Altria eine großartige Aktie sein würde (die in den nächsten sechs

Jahren um 352 Prozent stieg).[11] Diese Aktie schoss in die Höhe, als der globale Aktienmarkt zusammenbrach. Er ist also natürlich ein Genie, und die Kaufentscheidung beruhte auf seinem scharfen Verstand. Dieser Anleger verschweigt jedoch, dass er Yahoo-Aktien zu 108 Dollar je Aktie gekauft und zwei Jahre später für etwa 4 Dollar je Aktie verkauft hat. Wachsender Stolz und die Vermeidung von Bedauern gehen Hand in Hand mit dem Rückschaufehler. (All diese Verzerrungen wirken zusammen, und keine davon führt zu klugen Entscheidungen.)

Der Rückschaufehler verleitet uns auch dazu, anzunehmen, dass frühere Muster fortbestehen: Aktien, die sich gut entwickelt haben, bleiben weiterhin Stars; Aktien, die schlecht abgeschnitten haben, werden weiterhin schlecht abschneiden. Und wo es keine Bewegung gab? Dort wird es auch nie Bewegung geben. Die einfachste Form des Rückschaufehlers ist die Projektion der Vergangenheit in die Zukunft. Das ist leicht getan, und nur selten wird jemand widersprechen, wenn man es tut.

Die *Ordnungspräferenz* ist Ausdruck unseres Instinkts, vorherzusagen und zu sammeln. Beispielsweise möchten viele Anleger, dass jede einzelne Position ihres Portfolios eine gute Performance erzielt. Wenn sie Benchmarking betreiben (was Sie auch tun sollten: Ihr Portfolio anhand des S&P 500, des MSCI World oder eines anderen breit gefassten Indexes verwalten und es regelmäßig damit vergleichen), erwarten sie, dass jede einzelne Aktie, die sie besitzen, mindestens so gut wie die Benchmark abschneidet – oder besser. Das ist ein natürlicher Instinkt, aber unmöglich. Jede Benchmark, egal welche, enthält Aktien mit einer Vielzahl unterschiedlicher Renditen. Wenn die Renditen Ihrer Aktien nicht breit gestreut sind, verfügt Ihr Portfolio nicht über eine Diversifizierung, die der der Benchmark entspricht. Und selbst wenn Ihre Aktien einheitlich gut abschneiden, liegt das wahrscheinlich nur daran, dass Sie stark von der Benchmark abgewichen sind und vorübergehend sehr viel Glück hatten.

Einfach gesagt: Wenn ein Anleger beispielsweise 60 Aktien besitzt (was nicht unbedingt eine schlechte Zahl ist, wenn Sie weltweit investieren), führt die Ordnungspräferenz dazu, dass er möchte, dass jede der 60 Aktien ebenfalls im Plus liegt, genau wie das Gesamtportfolio. Dabei vergisst er, dass es in der Finanzwelt nur darauf ankommt, wie sich das gesamte Portfolio entwickelt. Darauf kommt es für Ihr Vermögen an.

Anleger leiden unter der Ordnungspräferenz, wenn sie mit einer Aktie prahlen, die sie gekauft haben und die um 800 Prozent gestiegen ist, sich aber nicht die Mühe machen, die Performance ihres Portfolios als Ganzes zu betrachten. Bei der Bewertung der Performance ist das Ganze wichtiger als die Einzelpositionen. Das wirklich zu verinnerlichen, ist für die meisten Anleger fast unmöglich.

Stellen Sie sich ein Portfolio vor, das nur zwei Aktien im Wert von jeweils 10.000 Dollar enthält. Eine steigt um 25 Prozent, die andere fällt um 15 Prozent. Der veraltete Teil unseres Gehirns sagt uns, dass wir die gefallene Aktie bedauern sollen. Die klassische Finanztheorie sagt uns, dass wir die einzelnen Positionen nicht bedauern sollen – das Gesamtportfolio hat sich gut entwickelt. Die klassische Finanztheorie hat recht. Die Kursbewegungen an sich sagen uns nichts über die Zukunft, und wir sollten nicht auf ihrer Grundlage handeln.

Betrachten Sie es einmal anders. Stellen Sie sich vor, Sie besäßen einen S&P-500-Indexfonds in einem Jahr, in dem er sich hervorragend entwickelte, wie beispielsweise 1997, als er um 33 Prozent zulegte.[12] Sie haben sich gut gefühlt, oder? Stellen Sie sich nun vor, Sie hätten statt des Indexfonds 500 Einzelaktien in derselben Gewichtung wie im Index besessen. 500 Aktien sind übrigens viel zu viele, um sie zu besitzen, aber nehmen wir für dieses Argument einmal an, Sie hätten es getan.

Von diesen 500 Aktien sind 85 im Minus – einige um 40, 50 und 60 Prozent.[13] Wie fühlen Sie sich jetzt in Bezug auf Ihr Portfolio? 85 Verlierer! Sie sollten sich genauso gut fühlen wie beim Indexfonds, denn die 500 Aktien, die Sie besitzen, sind genau die im Index enthaltenen Aktien – und identisch gewichtet. Es spielt keine Rolle, dass einige um 50 Prozent gefallen sind, genauso wenig wie es eine Rolle spielt, dass einige um mehr als 150 Prozent gestiegen sind.[14] Insgesamt haben Sie 33 Prozent Gewinn gemacht, und das ist es, was zählt. Die Ordnungspräferenz führt dazu, dass Sie sich auf die einzelnen Positionen konzentrieren und das Wesentliche aus den Augen verlieren.

The Great Humiliator und seine Lieblingstricks

Wären wir als Anleger weiterentwickelt, hieße TGH vielleicht „The Mild Humiliator" (TMH) oder sogar „The Softer, Gentler and Kinder Trickster" (TSGKT). Oder in der heutigen Zeit hätte TGH vielleicht einen Sponsor und hieße „The Gentle Trickster, präsentiert von Charmin". Unsere Vorkonditionierung führt dazu, dass wir durch psychologische Tendenzen, denen wir immer wieder erliegen, regelmäßig vom Markt gedemütigt werden. Leider wirken unsere Verzerrungen, wie bereits erwähnt, nicht isoliert, sondern in Wechselwirkung miteinander, sodass völlig unsinnige Investmententscheidungen selbst in dem Moment, in dem wir sie treffen, rational erscheinen. Ihr Gehirn wird Ihnen nicht sagen, wenn Sie einen dummen Fehler machen, weil es die kognitiven Fehler, die Sie machen, nicht für dumm hält. Vielmehr sagt es Ihnen, dass die Investments „einfach nicht funktioniert haben". Dann suchen Sie nach etwas, dem Sie die Schuld zuschieben können – Vermeidung von Bedauern.

Ihre einzige Waffe ist Frage Drei: Fragen Sie sich bei jeder Entscheidung, die Sie treffen: Was zum Teufel macht mein Gehirn, um mich diesmal in die Irre zu führen? Je vernünftiger und rationaler eine Entscheidung erscheinen mag, desto wichtiger ist es, diese Frage zu stellen. Ich habe Ihnen bereits einige Beispiele dafür gegeben, wie Ihr Gehirn gegen Sie arbeitet, und ich werde Ihnen später in diesem Buch noch weitere nennen. Notieren Sie sich diese Denkfallen und bewahren Sie die Liste auf Ihrem Schreibtisch oder Nachttisch auf. Aber Sie müssen sich bei jeder Entscheidung immer wieder fragen: Was macht mein Gehirn, um mich jetzt zu überrumpeln?

Betrachten Sie das folgende hypothetische (aber sehr plausible) Szenario mit einer Anlegerin, die wir Jane nennen. Überlegen Sie, ob Sie jemals ähnliche Entscheidungen getroffen haben.

Nehmen wir an, Janes Gesamtportfolio ist in den letzten zwei Jahren um 50 Prozent gestiegen. Das ist ein ziemlich glaubwürdiges Ergebnis nach der kräftigen Erholung der Aktienmärkte vom düsteren Börsenjahr 2022. Dann kommt es zu einer Marktkorrektur, und das Portfolio verliert innerhalb weniger Monate 18 Prozent an Wert. Korrekturen sind in einem Bullenmarkt völlig normal – man kann alle ein bis zwei Jahre mit einer rechnen. Historisch gesehen kommen sie in den meisten Jahren vor. Jane weiß das. Sie ist sich bewusst, dass die Märkte volatil sind und innerhalb kürzester Zeit um 10 bis 20 Prozent korrigieren können, aber danach dennoch weiter steigen. Sie weiß, dass sie einen langen Zeithorizont hat und kurzfristige Bewegungen keine große Rolle spielen. Trotzdem fühlt es sich schrecklich an, wenn es ihr selbst passiert. Einfach schrecklich!

Erstens: *Kurzsichtige Verlustaversion.* Dieser Verlust von 18 Prozent fühlt sich eher wie 45 Prozent an. Sie ist über ihren kurzfristigen Verlust von 18 Prozent genauso unglücklich, wie sie über die Gewinne der letzten Jahre glücklich ist. (Dass das Jüngere und Kurzfristige so stark wiegt, ist der kurzsichtige Teil der kurzsichtigen Verlustaversion. Wir neigen dazu, das Kurzfristige stärker zu gewichten als das Langfristige, obwohl es letztendlich das Langfristige ist, das wir bekommen.) Jane beginnt, darüber nachzudenken, etwas zu unternehmen, um diesen (kurzsichtigen) Schmerz zu beenden. Hätte Jane sich Frage Drei gestellt, hätte sie vielleicht die Abwärtsspirale des restlichen Szenarios stoppen können. Sie hätte erkannt, dass ihre kurzsichtige Verlustaversion sie dazu veranlasste, zu einem ungünstigen Zeitpunkt zu verkaufen – während einer wahrscheinlichen Korrektur. Leider hat Jane dieses Buch nicht gekauft, und ihr Steinzeitgehirn übernahm die Kontrolle.

Als Nächstes: *Ordnungspräferenz.* Sie bemerkt, dass einige ihrer Aktien gefallen sind – und zwar deutlich. Dabei übersieht sie, dass ihr gesamtes Portfolio trotz dieser Korrektur insgesamt immer noch um mehr als 20 Prozent gestiegen ist. Sie fixiert sich auf einige wenige Aktien, die um mehr als 40 Prozent gefallen sind. Eine davon, XYZ, ist um 65 Prozent gefallen. Sie denkt, ihr Leben wäre so viel besser, wenn sie XYZ nicht gekauft hätte. Vielleicht wissen ihre Freunde davon und warnen sie vor Schlimmerem. Das nagt an ihr. Sie hat noch einige Aktien, die immer noch um 80 Prozent oder mehr im Plus liegen. Diese Aktien sind so viel besser. Warum hat sie jemals diese Niete XYZ gekauft, die um 65 Prozent gefallen ist? Warum hat sie nicht mehr von den Aktien gekauft, die um 80 Prozent im Plus liegen?

Dann: *Vermeidung von Bedauern.* Sie hätte diese Entscheidungen niemals einem Broker überlassen sollen; sie hätte es besser machen können, wenn sie besser aufgepasst hätte.

Dann: *Bestätigungsfehler* und weitere *Vermeidung von Bedauern.* Die letzte Aktie, die sie selbst ausgewählt hatte, stieg sofort um 50 Prozent. Wenigstens geht XYZ nicht auf ihre Kappe. Sie hätte es nicht zugelassen, dass eine Aktie um 65 Prozent fällt, wenn die Entscheidung allein bei ihr gelegen hätte. Schuld ist dieser idiotische Broker.

Direkt danach: *Rückschaufehler.* Sie wusste, dass XYZ nichts taugte, als der Broker ihr die Aktie anbot. Sie wollte sie ablehnen und eine andere kaufen, die inzwischen um 140 Prozent gestiegen ist, und sie wusste, dass sie das hätte tun sollen. Sie hatte einfach nicht aufgepasst. Sie sollte öfter auf ihre Instinkte hören, da sie in solchen Dingen meistens recht hat. Aber warum fühlt sie sich dann so schlecht?

Noch mehr *Verlustaversion.* Wenn sie nicht bald etwas unternimmt, könnte ihr Partner fälschlicherweise denken, Jane sei die Idiotin und nicht der Broker – oder ihr zumindest vorwerfen, nicht reagiert zu haben.

Als Nächstes: *Selbstüberschätzung.* Vergessen Sie diesen idiotischen Broker. Obwohl Jane keinen Hintergrund im Finanzwesen oder in Kapitalmarktthemen hat, weiß sie, dass sie es besser kann. Schließlich war sie klug genug, um Medizin zu studieren. Was ist der Unterschied? Wenn man klug ist, ist man klug. Und Jane ist wirklich, wirklich, wirklich klug.

Jane hat genug. Sie kann den Schmerz eines 18-prozentigen Verlusts nicht ertragen, und erst recht nicht die noch größere Demütigung, dass diese Niete XYZ um 65 Prozent im Minus liegt. Also verkauft sie alle Aktien, die über irgendeinen willkürlich gewählten Zeitraum im Minus liegen, oder vielleicht einfach alle Aktien, die um mehr als einen willkürlich festgelegten Wert gefallen sind. Zwei Wochen später haben der gesamte Markt und die von Jane verkauften Aktien ihre Korrektur abgeschlossen und notieren höher als zuvor. Und Jane sitzt auf Bargeld in Höhe von etwa 40 Prozent ihres liquiden Nettovermögens. Sie versucht, an ihre Arbeit als Ärztin, bevorstehende Urlaube und alles Mögliche zu denken – nur nicht an den Markt.

Jane hätte heute mehr Vermögen, wenn sie entweder (1) Frage Drei gestellt oder (2) überhaupt keine Entscheidungen getroffen hätte – und wenn sie (3) erkannt hätte – und wenn sie (3) erkannt hätte, dass ihr Gehirn sie vor dem Angriff eines Säbelzahntigers schützen wollte – und nicht dazu da war, sie zu rationalen Investmententscheidungen zu führen. Unterdessen lernt unsere kluge Ärztin, die in ihrem Beruf ganz selbstverständlich wissenschaftlich denkt, nichts aus diesen kognitiven Fehlern, weil sie Bedauern vermeidet. „Wenigstens habe ich nicht noch mehr verloren“, sagt sie sich. Und sie lebt weiter, um diese und weitere Fehler an einem anderen Tag zu wiederholen.

Raus aus der Höhle

Jane ist vielleicht nicht hoffnungslos verloren. Sie auch nicht. Wir leiden zwar unter diesen Verhaltensweisen, aber wir sind nicht dem Untergang geweiht. Der Weg, das Denken der Steinzeit zu überwinden, liegt in der regelmäßigen und konsequenten Anwendung von Frage Drei. Nachdem Sie sich erstens gefragt haben, ob das, was Sie glauben, richtig ist, und nachdem Sie sich zweitens gefragt haben, was Sie verstehen können, was andere nicht verstehen, müssen Sie nun aus der Höhle herauskommen und sich fragen, ob Ihr Gehirn Ihnen falsche Botschaften sendet.

Es gibt praktische Dinge, mit denen Sie sofort anfangen können, um die häufigsten kognitiven Fehler zu bekämpfen. Sobald Sie gelernt haben, Frage Drei immer wieder zu stellen, und vermuten, kurz davorzustehen, einem kognitiven Fehler zu erliegen, können Sie folgende Methoden nutzen, damit Sie geistig im aktuellen Jahrtausend bleiben.

Noch eine Umkehrung: Bedauern zulassen, Stolz vermeiden

Die Bibel sagt: Hochmut kommt vor dem Fall. An den Kapitalmärkten kommt Hochmut vor kurzsichtiger Verlustaversion sowie übermäßigem Selbstvertrauen, Rückschaufehlern und so ziemlich allem anderen, was schlecht ist – einschließlich Verkäufen am Tiefpunkt. Sie müssen Ihre natürlichen Neigungen dauerhaft umkehren. Sie müssen Stolz vermeiden und Bedauern zulassen. Das ist der einfachste und grundlegendste Trick, den ich kenne, um ein besserer Anleger zu werden.

Wenn eine von Ihnen ausgewählte Aktie stark gestiegen ist, gehen Sie davon aus, dass Sie kein Genie sind. Gehen Sie davon aus, dass Sie Glück hatten. Und Glück hält nicht ewig. Wenn Sie danebengegriffen haben, laufen Sie nicht vor Ihrem Bedauern davon. Lassen Sie bei jedem Verlust Bedauern zu. Leben Sie damit. Lieben Sie es. Gehen Sie davon aus, dass Sie nicht Opfer des Enron-Managements, gieriger Banker, Ihres Brokers oder Ihres Ehepartners geworden sind (beim letzten Punkt bin ich allerdings auch machtlos). Gehen Sie davon aus, dass Sie und nur Sie bei jeder gefallenen Aktie falschgelegen haben und dass es Ihre Aufgabe ist, daraus zu lernen, warum Sie sich geirrt haben, damit Sie es beim nächsten Mal richtig machen. Wenn Sie Ihr Bedauern akzeptieren können, werden Sie weniger geneigt sein, an relativen Tiefpunkten zu verkaufen. Denken Sie daran: Es geht nicht darum, günstig zu kaufen und immer dann zu verkaufen, wenn Aktienkurse Sie in Panik versetzen.

Bedauern zuzulassen und Stolz zu vermeiden, hat viele Vorteile. Erstens können Sie aus Ihren Fehlern lernen. Zweitens verfallen Sie nicht der Selbstüberschätzung, sondern werden demütiger – und beginnen, die Märkte realistischer zu sehen. Studien zeigen, dass Anleger, die sich weniger überschätzen, besser abschneiden als solche, die sich stärker überschätzen, und Sie können mit der Zeit demütiger werden, indem Sie Bedauern zulassen und Stolz vermeiden.

Haben Sie jemals eine Aktie verkauft, weil sie gefallen war, etwas anderes gekauft und die Sache damit abgehakt? Sie waren froh, eine schlechte Aktie losgeworden zu sein, und das war's? Vielleicht haben Sie nicht nur eine Aktie verkauft, sondern Ihr gesamtes Portfolio aufgelöst und das Geld umgeschichtet – in Anleihen, in Bargeld oder in eine Rentenversicherung (oh je) –, weil Ihnen der gesamte Markt Angst gemacht hat. Viele Anleger machen das. Sie handeln emotional und überprüfen anschließend nie, ob sie mit ihrer Entscheidung besser oder schlechter gefahren sind. Und lernen nie dazu.

Akzeptieren Sie Ihr Bedauern. Machen Sie sich klar, dass Sie sich irren können und irren werden und dass Ihre Entscheidungen Konsequenzen haben. In diesem Spiel sind Sie langfristig enorm erfolgreich, wenn Sie in 70 Prozent der Fälle richtigliegen. Das bedeutet, dass Sie auch oft falschliegen werden. Es ist in Ordnung, falschzuliegen. Je mehr Sie Ihre Fehler akzeptieren und sie als Lernmöglichkeit betrachten, desto weniger Fehler werden Sie langfristig machen.

Klopfen Sie sich nicht dafür auf die Schulter, dass Sie „nicht noch mehr verloren" haben. Sonst übersehen Sie womöglich den eigentlichen, kolossalen Fehler: Sie sind aus dem Markt ausgestiegen oder haben das Falsche gekauft. Vielleicht war die Aktie, die Sie verkauft haben, gar kein Flop. Vielleicht war es die, die Sie stattdessen gekauft haben. Vielleicht hat sich die verkaufte Aktie in den folgenden Jahren als die Aktie mit der besten Performance herausgestellt – und Sie haben nur deshalb verkauft, weil Sie der Verlustaversion, dem Rückschaufehler oder einem anderen schlichten Denkfehler erlegen sind. Vielleicht befand sich der

Markt gar nicht in einer Abwärtsspirale. Vielleicht beendete er das Jahr mit einem Plus von 25 Prozent oder so. Sie dagegen erzielten mit Ihrer Flucht ins Bargeld nur 1,5 Prozent, blieben hinter dem Markt zurück und schmälerten Ihre Chancen erheblich, Ihre langfristigen Ziele zu erreichen. Machen Sie sich klar, dass Sie sich wieder – und wieder und wieder – irren werden. Sorgen Sie also dafür, dass Sie aus Ihren Fehlern lernen. Dann machen Sie künftig weniger davon.

Frage Drei bewahrt Sie davor, viele verrückte, irrationale Dinge zu tun. Noch wichtiger ist: Sie brauchen eine umfassende, übergeordnete Strategie, die jede Entscheidung leitet – und Sie brauchen unbedingt eine Benchmark. (Benchmarking – und warum es überlebenswichtig ist – behandeln wir in Kapitel 4.) Für den Moment sollten Sie wissen: Eine Benchmark kann jeder gut konstruierte Index sein; sie ist Ihre Roadmap für den Aufbau Ihres Portfolios. Wenn Ihre Benchmark zu 70 Prozent aus US-Aktien besteht, sollten Sie nur dann von diesem Anteil abweichen, wenn Sie glauben, etwas zu wissen, was andere nicht wissen – nämlich warum US-Aktien besser oder schlechter abschneiden sollten als internationale Aktien. Wenn Ihre Benchmark zu 5 Prozent aus Energieaktien besteht, sollten Sie 5 Prozent Energieaktien halten – es sei denn, Sie haben mithilfe der Drei Fragen etwas herausgefunden, was andere nicht wissen und was dafür spricht, Energieaktien über- oder unterzugewichten. Andernfalls sollten Sie sich einfach an Ihrer Benchmark orientieren. Das Ziel ist, ähnlich abzuschneiden wie Ihre Benchmark – und besser abzuschneiden, wenn Sie etwas Einzigartiges wissen. Mit der Zeit bringt Sie die Benchmark ans Ziel. Größere Abweichungen von Ihrer Benchmark, die dadurch entstehen, dass Ihr Gehirn Sie überrumpelt – etwa durch kurzsichtige Verlustaversion –, beeinträchtigen Ihre Fähigkeit erheblich, Ihre langfristigen Ziele zu erreichen.

Hier ein Beispiel: Im März 2000 habe ich das Hoch des Technologiezyklus ziemlich genau getroffen – einer meiner besseren Prognosetreffer. (Mehr dazu in Kapitel 8.) Mein Unternehmen senkte die Technologiegewichtung in den Portfolios unserer Kunden von einer leichten Übergewichtung (als der Technologiesektor ein Drittel des US-Aktienmarktes und 25 Prozent des globalen Aktienmarktes ausmachte) auf eine deutliche Untergewichtung. Im Nachhinein weiß ich, dass ich die Gewichtung noch weiter hätte reduzieren können. Aber ich weiß immer, dass ich mich irren kann. Selbst wenn ich glaube, etwas zu wissen, was andere nicht wissen – wie damals –, weiß ich dennoch, dass mein Gehirn mich überrumpeln kann. Daher versuche ich, mich nicht zu sehr mitreißen zu lassen – ich weiche nicht allzu stark von der Benchmark ab. Das sollten Sie auch tun. Suchen Sie immer nach dem, was andere nicht wissen – aber halten Sie sich ebenso immer vor Augen, dass Sie falschliegen können. Wenn Sie falschliegen und gegenüber dem Technologiesektor bearish eingestellt sind, während er sich als der Sektor mit der besten Performance erweist, sind Sie dennoch in gewissem Maße an seiner Entwicklung beteiligt und bleiben nicht allzu stark hinter dem Markt zurück. Wenn Sie recht haben, sind Sie in einem schwachen Bereich weniger stark engagiert und schneiden besser ab als der Markt – was langfristig das Ziel ist.

Lassen Sie Bedauern zu. Vermeiden Sie Stolz. Orientieren Sie sich an Ihrer Benchmark. Weichen Sie nur dann massiv von ihr ab, wenn die Drei Fragen Sie davon überzeugen, dass Sie etwas wissen, was andere nicht wissen. So überwinden Sie kurzsichtige Verlustaversion und Selbstüberschätzung. So nehmen Sie es mit TGH auf, ohne gedemütigt zu werden.

Weniger kann mehr sein

Im Kampf gegen Selbstüberschätzung haben Frauen einen nachweislich deutlichen Vorteil gegenüber Männern. Eine wunderbare wissenschaftliche Studie untersuchte, wer besser investiert – Männer oder Frauen. Das Ergebnis war keine Überraschung für mich: Frauen sind bessere Anleger und erzielen langfristig bessere Ergebnisse.[15] Warum? Während die Männer Wildschweine und Gazellen jagten, sammelten die Frauen

Beeren und Getreide. Das Sammeln von Beeren erfordert nicht so viel Selbstüberschätzung wie die Jagd auf anstürmende Tiere mit primitiven Speeren. Da Frauen nicht durch Äonen der Jägerevolution darauf programmiert sind, so stark zur Selbstüberschätzung zu neigen wie Männer, neigen sie dazu, weniger zu handeln und seltener ihre Portfolios umzuschichten.

In dieser Studie lagen Frauen und Männer gleich häufig falsch – und zwar häufiger, als sie richtiglagen. (Daher ist unser vorheriges Beispiel mit Jane keine Übertreibung.) Weil Männer jedoch stärker zur Selbstüberschätzung neigen, handeln sie häufiger, ohne etwas Einzigartiges zu wissen. Diese zusätzlichen sinnlosen Trades schaden ihrer Performance – verglichen mit den weniger zahlreichen sinnlosen Trades von Frauen. Weniger zu handeln, kann zu einer besseren Performance führen – es sei denn, man weiß tatsächlich etwas, was andere nicht wissen und was die zusätzlichen Trades rechtfertigt. Vielleicht leben Frauen deshalb länger. Sie haben mehr Geld, um für sich selbst zu sorgen. (Ich dachte immer, es liege daran, dass sie uns Männer für dumm und allzu selbstsicher halten und uns deshalb alle gefährlichen Dinge machen lassen, aber ich bin mir da nicht so sicher.) Das ist natürlich etwas, worüber die Herren nachdenken sollten.

Und worüber sollten die Damen nachdenken? Im Laufe der Geschichte waren so gut wie alle wirklich großen, berühmten und reichen Anleger Männer. In den letzten Jahrzehnten sind zwar zahlreiche Frauen hervorgetreten – etwa die legendäre Muriel Siebert, Liz Ann Sonders, Chefstrategin bei Charles Schwab, oder mehrere Frauen, die heute Großbanken, Vermögensverwaltungsbereiche oder andere Finanzunternehmen führen. Dennoch sind die meisten Investment-„Gurus" der Welt nach wie vor Männer. Vor dieser jüngeren Entwicklung waren Frauen, die im Investmentbereich berühmt wurden, sogar noch seltener. Die einzige wirklich große Ausnahme war Hetty Green im 19. Jahrhundert (ein kurzes Porträt von ihr findet sich in meinem Buch „100 Minds That Made the Market"). Frauen haben es fast nie in die Reihen der erfolgreichsten Anleger geschafft. Warum? Viele werden Ihnen sagen, dass historische (oder aktuelle) gesellschaftliche Vorurteile dies nicht zuließen oder Frauen sogar davon abhielten, es zu versuchen. Und das ist ganz sicher ein Faktor. Die gesellschaftlichen Normen früherer Jahrzehnte haben Frauen weitgehend davon abgehalten, in die ausgesprochen machistische Investmentwelt einzusteigen. (Meiner Meinung nach zum großen Nachteil der Wall Street.)

Natürlich ist TGH egal, wer Sie sind. Er demütigt alle gleichermaßen – Frauen genauso gern wie Männer. Dass Hetty Green vor mehr als 125 Jahren durch Investments zu Ruhm und Reichtum gelangte, beweist, dass es schon damals möglich war. Und in den letzten 40 Jahren waren viele Frauen in dieser Branche tätig. Mein Unternehmen beschäftigt viele brillante Frauen in allen Bereichen des Investmentgeschäfts: in der Analyse, im Vertrieb, in der Kundenbetreuung und in vielen weiteren Funktionen.

Ich vermute – ohne es wirklich sicher zu wissen –, dass ein weiterer Grund dafür, dass historisch nur wenige Frauen zu den berühmtesten Anlegern gehörten, folgender ist: Frauen neigen nachweislich weniger zur Selbstüberschätzung als Männer (wie die zuvor zitierte Studie zeigt) und sind im Durchschnitt bessere Anleger als Männer (ein Punkt, der zwar beweisbar, aber noch nicht allgemein anerkannt ist). Dennoch ist es immer ein Fehler, einen Einzelfall mit einem Durchschnitt zu verwechseln. Da Frauen weniger zur Selbstüberschätzung neigen als Männer, sind es die wenigen extrem selbstüberschätzten Männer am äußersten Ende der Glockenkurve, die richtigliegen, Glück haben oder beides – und dadurch die größeren Treffer landen. Diese wenigen Männer haben einfach mehr gewagt. Trotzdem bedeutet weniger Selbstüberschätzung weniger ungerechtfertigte Trades, und hier haben Frauen einen unbestreitbaren Vorteil.

Wenn Sie sich auf einen Trade vorbereiten, nutzen Sie die beiden anderen Fragen, um sicherzustellen, dass Sie nicht bloß falschen Anlagemythen aufsitzen und dass Ihre Entscheidung auf einem Vorteil beruht, den Sie Ihrer Meinung nach gegenüber anderen Anlegern haben. Wenn Sie sich nicht sicher sind, ob Ihr Grund für den Trade stichhaltig ist oder ob Sie über einzigartige Informationen verfügen – oder über einen einzigartigen Blick auf bekannte Informationen –, überschätzen Sie sich möglicherweise. Manchmal ist es das Aktivste und Vorteilhafteste, einfach gar nichts zu tun. Handeln Sie nicht nur um des Handelns willen. Üben Sie sich in Demut.

Genie? Oder nur Glück gehabt und alles vergessen?

Am ehesten erliegen Sie dem Rückschaufehler, wenn Sie mit der Prognose für eine einzelne Aktie, einen Sektor oder sogar einen breiten Markt Glück hatten. Das Schlüsselwort lautet hier: Glück.

Es hilft schon sehr, ein wenig Stolz zu vermeiden und Bedauern zuzulassen, um diese Verzerrung zu bekämpfen. Wenn Sie mit einem Trade richtigliegen, sollte Ihre Reaktion nicht lauten: „Ich wusste doch, dass ich richtiglag." Vielmehr sollte sie lauten: „Ich wusste, dass ich mich hätte irren können, und ich hatte wahrscheinlich zumindest teilweise Glück. Wo hatte ich Glück? Wie hätte ich mich irren können?" Bei jeder Entscheidung, die Sie treffen, sollten Sie davon ausgehen, dass Sie sich irren können. Wenn Sie so denken, werden Sie Maßnahmen ergreifen, um sicherzustellen, dass Sie durch falsche Annahmen nicht zu sehr geschädigt werden.

Denken Sie darüber nach, ein reines Energieaktienportfolio aufzubauen? (Wenn Sie Benchmarking betreiben, würde das nie passieren, aber nehmen wir es einmal an.) Vielleicht haben Sie irgendwann 2005 oder 2006 daran gedacht, nachdem Sie gesehen hatten, wie Ihre Aktien von Exxon, ConocoPhillips und Chevron über mehrere Jahre an Wert gewonnen hatten. Was waren Sie doch für ein Genie, diese Aktien ausgewählt zu haben! Sie wussten, dass eine globale wirtschaftliche Expansion nach der Rezession, einschließlich Arbeitsmarktreformen und eines Booms in China und Indien, zu höherer globaler Ölnachfrage und damit zu höheren Kursen von Energieaktien führen würde. Und Sie wussten, dass die Befürchtungen, höhere Benzinpreise würden der Wirtschaft schaden und Inflation verursachen, übertrieben und ohnehin am Markt eingepreist waren. Verdammt, Sie sind sich ziemlich sicher, dass Sie das Ihrer Tennisrunde bereits 2003 erzählt haben. Die anderen erinnern sich nicht an dieses angebliche Gespräch, aber Sie schon.

Stopp. Fragen Sie sich: Was wäre, wenn Sie sich geirrt hätten? Was wäre, wenn Ihr Erfolg nicht auf Ihrer geschickten Analyse des globalen Ölverbrauchs beruhte, sondern eher auf reinem Glück? Würden Sie so eine große Wette eingehen wollen? Nur weil Sie einmal (oder zweimal) recht hatten, heißt das nicht, dass Sie wieder recht haben werden. Viele Anleger setzten 1998 und 1999 stark auf Technologieaktien oder große Technologieunternehmen, 2022 und 2023 sogar auf die berühmten „Glorreichen Sieben" und Mitte der 2000er-Jahre auf Finanz- und Dividendenwerte, weil diese Aktien gut abgeschnitten hatten. Eine Übergewichtung in einem boomenden Sektor macht Sie zu einem hervorragenden Dartspieler, aber zu einem riskanten Geldmanager. Sie macht Sie definitiv nicht zu einem Marktgenie.

Wenn Sie zu den Anlegern gehörten, die Ende der 1990er-Jahre oder 2023 und 2024 stark auf Technologie gesetzt haben (oder Ende der 1970er-Jahre auf Energie, Mitte der 2000er-Jahre auf Finanzwerte, 2021 auf grüne Energieaktien oder, oder, oder), haben Sie sich vielleicht auf die Schulter geklopft, nachdem diese Aktien einige Jahre lang gut gelaufen waren. Wenn Sie jedoch stark übergewichtet waren und nicht umgeschichtet haben, als diese Aktien aus der Gunst der Anleger fielen (wie es bei heißen Kategorien immer der Fall ist), haben Sie möglicherweise sehr viel Geld verloren. Nach einem Boom Mitte der 2000er-Jahre erlitt der Energiesektor während der Finanzkrise 2008 massive Verluste, erholte sich wegen des Fracking-Booms, der die Umsätze schmälerte, viel langsamer als der Markt und brach Mitte der 2010er-Jahre aufgrund eines Überangebots ein. Dadurch blieb er während des längsten Bullenmarktes der Geschichte weit zurück.

Glück zu haben und recht zu behalten, ist keine geeignete Strategie für die Verwaltung Ihres Vermögens. Vorsichtig zu sein und häufiger richtig- als falschzuliegen, erhöht die Wahrscheinlichkeit, dass Sie Ihre langfristigen Ziele erreichen.

Vielleicht sind Sie versucht, damit zu prahlen, dass Sie es *wussten*: Sie *wussten*, Altria würde ein Superstar werden; Sie *wussten*, Apple würde einen Höhenflug erleben; Sie *wussten*, Tesla würde endlich seinen Ruf loswerden, Verluste zu schreiben, und die Aktie durch die Decke gehen. Wenn das so ist, dann fragen Sie sich auch: *Wussten* Sie, welche Aktien sich als Verlierer erweisen würden? Denn das wussten Sie nicht, sonst hätten Sie sie nicht gekauft. Vermeiden Sie diesen Stolz, lassen Sie Bedauern zu, respektieren Sie Ihre Benchmark und vermeiden Sie den Rückschaufehler.

Das Ganze versus die Summe seiner Teile

Bei der Ordnungspräferenz gilt: Entscheidend ist letztlich das Gesamtergebnis. Niemanden interessiert es überhaupt, ob Sie eine Aktie besitzen, die um 800 Prozent gestiegen ist, und auch Sie sollten sich nicht allzu sehr darum kümmern, ob Sie eine besitzen, die zwischenzeitlich um 80 Prozent gefallen ist. Ihre einzelnen Aktien werden stark schwanken, doch im Großen und Ganzen werden sie sich in etwa so entwickeln wie die meisten Aktien in ihrer jeweiligen Kategorie (zum Beispiel Technologie, Gesundheitswesen, Large Caps, Value-Titel oder japanische Aktien).

Und vor allem: Betrachten Sie die Entwicklung des Portfolios als Ganzes. Lernen Sie, die Performance Ihres Gesamtportfolios zu berechnen, und konzentrieren Sie sich weniger darauf, was einzelne Aktien tun (diesen anderen Teil behandeln wir später).

Ich sage nicht, dass Sie nicht berücksichtigen sollten, wie sich jede Aktie im Vergleich zu ihrer Kategorie entwickelt. Das sollten Sie tun – nur nicht obsessiv. Wenn Sie einzelne Aktien zu oft und zu intensiv beobachten, führt das zu starker Verlustaversion und anderen kognitiven Fehlern. Wenn Sie einzelne Aktien prüfen, sollte es nicht darum gehen, festzustellen, ob sie „im Plus oder im Minus" sind. Es sollte nicht einmal darum gehen, zu überprüfen, wie sie sich im Vergleich zu Ihrem Gesamtportfolio entwickeln. Wenn Ihr Gesamtportfolio im Laufe des Jahres um 25 Prozent gestiegen ist und Sie einige Aktien halten, die weniger stark gestiegen oder sogar gefallen sind, bedeutet das nicht, dass es sich um schlechte Aktien handelt. Wenn eine Aktie ähnlich abschneidet wie andere Aktien ihrer Kategorie, erfüllt sie ihren Zweck. Wenn sich eine Aktie hingegen deutlich anders verhält als ihre Kategorie – ob nach oben oder nach unten –, ist das durchaus ein Grund, innezuhalten. Wenn jedoch ein ganzer Sektor steigt oder fällt und eine einzelne Aktie in diesem Sektor ähnlich steigt oder fällt, dann erfüllt sie ihre Aufgabe.

Eine geringfügige Über- oder Unterperformance über ein oder zwei Monate hinweg ist wahrscheinlich kein Grund zur Sorge. Wenn eine Aktie jedoch über einen längeren Zeitraum deutlich schlechter oder sogar deutlich besser abschneidet als ihre Vergleichsgruppe, kann man sich fragen, warum sie sich anders verhält.

Wenn Sie Aktien auswählen, die die Kategorien in Ihrer Benchmark gut repräsentieren, und diese Aktien sich weitgehend entsprechend ihrer Kategorien entwickeln, brauchen Sie sich nicht den Kopf darüber zu zerbrechen, wie sich jede einzelne entwickelt.

Von Ihrer Benchmark sollten Sie nur dann abweichen – auch wenn es um die Gewichtung einer einzelnen Aktie gegenüber ihrer Kategorie geht –, wenn Sie begründet überzeugt sind, etwas zu wissen, was andere nicht wissen, und sich zugleich bewusst bleiben, dass Sie sich irren könnten. Das bedeutet: Sie sollten nicht obsessiv werden. Wenn Ihr Portfolio insgesamt eine ähnliche Performance wie Ihre Benchmark aufweist (auch hier wieder nicht über eine Woche, einen Monat oder ein Quartal, sondern langfristig gesehen), sind Sie auf dem richtigen Weg. Besser als die meisten Anleger.

Kaninchen oder Elefanten? Setzen Sie alles ins Verhältnis!

Eine weitere Möglichkeit, eine ganze Reihe kognitiver Fehler zu bekämpfen, ist relatives Denken. Jedes Anlageproblem, jedes Finanzthema, jede Nachricht lässt sich ins Verhältnis setzen.

Unsere Vorfahren aus der Steinzeit wussten, dass ein Kaninchen klein und ein Elefant groß war. Sie wussten auch, dass der Elefant furchterregend und schwer zu töten war und sie zertrampeln konnte, während das flauschige Kaninchen niedlich und kuschelig, leicht zu fangen und lecker war. Groß war beängstigend, klein war lecker (und nicht beängstigend). Aber wenn man denselben Steinzeitmenschen gefragt hätte, ob der Ford Raptor R größer oder kleiner als ein Mammut ist, hätte er keine Vergleichsgrundlage gehabt. Sprechen wir von Höhe? Gewicht? Hubraum? Mammutstärken? Kommt er auf Sie zu oder entfernt er sich? Natürlich gab es damals noch keine Raptor-Modelle. (Ich glaube, Fred Feuerstein fuhr ein frühes Modell des Sand Rover.)

Moderne Menschen können lernen, Dinge immer ins Verhältnis zu setzen und relativ einzuordnen. Dennoch tun Anleger bei Investmententscheidungen genau das nur selten. Diese Einordnung zu versäumen, ist ein kognitiver Fehler, zu dem uns unser Steinzeitgehirn verleiten will, wenn wir große Zahlen sehen. Große Zahlen wirken beängstigend – wie ein rasendes, heranstampfendes Mammut. Diese relative Einordnung kann uns jedoch helfen, große Zahlen richtig zu sehen – Schulden, Defizite, BIP, Arbeitsplätze, Kriege, was auch immer. Üben Sie diese Art des Einordnens, wenn Sie Nachrichten lesen. Sicher, der lokale ABC-Korrespondent liefert die neuesten schrecklichen Nachrichten über das Haushaltsdefizit in Höhe von vielen, vielen Milliarden (Oh Gott! Hunderte von Trillionen Fantastilliarden!), aber hilft er Ihnen wirklich, die Dinge ins Verhältnis zu setzen? Das können Sie ganz einfach tun, indem Sie darüber nachdenken, welchen Prozentsatz des BIP diese große Zahl ausmacht. Besser noch: des globalen BIP. In der Regel gibt es keinen Grund zur Sorge, sobald Sie anfangen, Dinge ins Verhältnis zu setzen (wir gehen darauf in Kapitel 6 noch näher ein).

Allmählich sollte sich hier ein Muster abzeichnen. Viele kognitive Fehler lassen sich vermeiden – sobald Sie mithilfe von Frage Drei erkennen, dass Ihr Gehirn verrückt spielt –, wenn Sie Stolz vermeiden, Bedauern zulassen, eine Benchmark nutzen, eine Strategie haben, relativ denken und sich auf Ihr langfristiges Ziel konzentrieren.

Frage Eins und Frage Zwei können Ihnen helfen, Anlagechancen zu finden – Vorteile, die andere Anleger nicht haben. Aber ohne Frage Drei treiben Sie orientierungslos umher und sind den mächtigen Einflüsterungen eines Gehirns ausgesetzt, das Sie vor längst ausgestorbenen Gefahren bewahren will. In Kapitel 9 zeige ich Ihnen, wie Sie die Drei Fragen zusammenführen und daraus eine Strategie entwickeln können, die Ihnen hilft, auch dann diszipliniert zu bleiben, wenn Ihr Gehirn am liebsten abschweifen würde. Aber zuerst wollen wir in Kapitel 4 darüber sprechen, wie Sie die Drei Fragen zusammen nutzen können, um eine Kapitalmarkttechnologie zu entwickeln, die ihrer Zeit voraus ist, über den neuesten Stand hinausgeht – und Ihnen helfen kann, den Markt zu schlagen. Vielen Dank fürs Weiterlesen.

4

Kapitalmarkt-technologie

4

Kapitalmarkt-technologie

Kapitalmarkttechnologie entwickeln und anwenden

Mittlerweile wissen Sie, wie die Drei Fragen ineinandergreifen und Ihnen dabei helfen, herauszufinden, was Sie wissen, was andere nicht wissen. Dieses Buch zeigt Ihnen zwar, wie Sie mithilfe der Drei Fragen einige verbreitete Mythen entlarven und überraschende Wahrheiten aufdecken können, doch bleiben Sie nicht bei den wenigen Beispielen stehen, für die auf diesen Seiten Platz ist. Es geht nicht darum, ein paar nützliche Investment-Tipps zu sammeln, sondern diese Fragen bei jeder Entscheidung zu nutzen. Halten Sie inne und fragen Sie sich: „Warum setze ich auf diese Aktie, diesen Sektor, diesen Fonds oder was auch immer – oder warum trenne ich mich wieder davon? Warum halte ich das für eine gute Idee? Was weiß ich, was andere nicht wissen? Was glaube ich hier, das in Wirklichkeit falsch ist? Was kann ich verstehen?" Schon wenn Sie sich diese Fragen stellen, sind Sie den meisten Anlegern einen Schritt voraus. Fragen Sie sich anschließend: „Spielt mir mein Gehirn gerade einen Streich?" Das ist kein Buch mit starren Handlungsanweisungen. Sein Ziel ist es, Ihnen einen dynamischen Prozess und ein Instrumentarium an die Hand zu geben, das Ihnen ein Leben lang dienen kann.

Die Antworten auf die Drei Fragen, für sich genommen oder in Kombination, eröffnen eine neue Herangehensweise an die Märkte –

eine Art Kapitalmarkttechnologie, die Sie immer wieder testen und anwenden können. Wenn Sie die Drei Fragen immer wieder stellen, bauen Sie mit der Zeit ein ganzes Arsenal an Kapitalmarkttechnologie dieser Art auf. Im Grunde schaffen Sie mit jeder Antwort auf eine Frage ein neues Werkzeug für die Kapitalmärkte. Einige dieser Werkzeuge können echte Gamechanger sein. Andere sind kleiner und einfacher. Dieses Buch ist voller Beispiele.

Wir wissen heute noch nicht viel darüber, wie Kapitalmärkte funktionieren – jedenfalls verglichen mit dem, was wir in 10, 20 oder 50 Jahren wissen werden. Wer schon heute die Kapitalmarkttechnologie der Zukunft entwickelt, kann etwas wissen, was andere noch nicht wissen. Wenn Sie heute etwas wissen, was andere erst in 5, 10 oder 20 Jahren wissen werden, verschafft Ihnen das einen großen Vorsprung. Kapitalmarkttechnologie wird dazu beitragen, Teile der Investmentwelt zu erklären, die bisher noch niemand verstanden hat, und wie jede andere Technologie ein zuverlässiges, nutzbares Werkzeug liefern. Die von Ihnen geschaffene Technologie unterstützt Sie dabei, genauer zu prognostizieren und zu lernen, Entscheidungen zu treffen, die häufiger richtig als falsch sind. Darüber hinaus ermöglicht Technologie Ihnen, weitere einzigartige Technologien zu entdecken und zu entwickeln.

Geschichte als Forschungslabor

Um das Investieren richtig anzugehen (wie ein Wissenschaftler, nicht wie ein Schmied), müssen Sie Ihre Kapitalmarkttechnologie testen. Und es gibt kein besseres Labor, um neue Technologien zu testen, als die Geschichte. Viel zu viele unserer Investmentmythen – die in der Investmentwelt überliefert und allgemein akzeptiert sind – beruhen auf Ideologie, theoretischer Willkür, politischen Neigungen oder, schlimmer noch, kognitiven Verzerrungen. Werden sie anhand historischer Daten überprüft, fallen sie oft in sich zusammen – genau wie der Mythos über hohe KGVs und die fehlgeleitete Angst vor US-Bundeshaushaltsdefiziten. Der Nachweis, dass etwas wahr ist, erfordert mehr methodische Strenge als der Nachweis, dass etwas nicht wahr ist. Um zu zeigen, dass etwas nicht wahr ist, muss man nur eine durchgängig schwache Korrelation nachweisen. Die Geschichte kann uns zeigen, ob etwas über das hinausgeht, was sich vernünftigerweise erwarten lässt.

Wenn X historisch nicht verlässlich mit Y korreliert hat, sondern mit allem Möglichen – nur nicht mit Y –, gibt es keinen Grund anzunehmen, X werde Y plötzlich verlässlich verursachen. Wenn Menschen hartnäckig an einer populären Behauptung festhalten, wonach X angeblich Y verursacht, obwohl es dafür keine belastbaren Belege gibt, ist genau das der Grund, warum sich Mythen in unserer Kultur festsetzen. Doch bis sich ein Mythos in der Kultur festsetzt, vergeht viel Zeit – und je länger er sich hält, desto weniger sind die Menschen geneigt, seine Gültigkeit zu überprüfen.

Die gute Nachricht ist: Sie brauchen kein teures Bloomberg-Terminal und keinen professionellen Datenzugang, um an solche Daten zu kommen. Riesige Mengen übersichtlich aufbereiteter Daten mit unterschiedlicher Detailtiefe sind kostenlos oder gegen eine geringe Gebühr auf einer Vielzahl von Websites verfügbar. Eine Auswahl nützlicher Websites finden Sie in Tabelle 4.1.

Wenn Sie nicht wissen, wie Sie Daten herunterladen oder mit Excel analysieren, nehmen Sie das Beispiel aus Kapitel 1 als Ausgangspunkt – oder bitten Sie einen Schüler aus der Oberstufe, es Ihnen zu zeigen.

Als Belege können Sie jedoch sowohl quantitative als auch qualitative Daten heranziehen. Wir haben den Mythos über hohe KGVs mit quantitativen Daten widerlegt. Sie haben gesehen, wie einfach es war, eine weit verbreitete Theorie mithilfe allgemein verfügbarer Daten zu widerlegen – durch einfache Tests, die auf den richtigen Fragen beruhen.

Tabelle 4.1 Datenquellen

Quelle	Website	Daten/Inhalte
Bloomberg	www.bloomberg.com	Globale Börsennachrichten und -kurse, Rechner, andere Medien
Bureau of Economic Analysis	www.bea.gov	BIP, Leistungsbilanzsaldo, Import/Export
Bureau of Labor Statistics	www.bls.gov	Verbraucherpreisindex, Arbeitslosigkeit, Produktivität, Inflation
Centers for Disease Control and Prevention (CDC)	www.cdc.gov	Statistiken: Geburten, Todesfälle, Gesundheitstrends und -statistiken, Demografie usw.
Center for Financial Stability	www.centerforfinancialstability.org	Alternative, umfassende Messgrößen für die Geldmenge in den USA
The Economist	www.economist.com	Weltweite Finanz- und Wirtschaftsnachrichten, wöchentlicher Überblick aktueller Ereignisse
Energy Information Administration	www.eia.gov	Statistiken zu Energiequellen, historische Daten
Eurostat	ec.europa.eu/eurostat	Amtliches Statistikamt der EU/Eurozone
FRED von der Federal Reserve Bank of St. Louis	https://fred.stlouisfed.org	Umfassende, kostenlose Zusammenstellung von Wirtschaftsstatistiken
Financial Times (Großbritannien)	www.ft.com	Internationale Börsen-, Wirtschafts- und Weltnachrichten
Internationaler Währungsfonds	www.imf.org	Internationale Wirtschafts- und Finanzstatistiken
MSCI	www.msci.com	MSCI-Indizes, Daten, Merkmale, Kursentwicklung
NASDAQ	www.nasdaq.com	NASDAQ-Börse sowie einige Charting-Tools und historische Kursdaten

Quelle	Website	Daten/Inhalte
National Bureau of Economic Research	www.nber.org	Konjunkturzyklen (Zeitpunkt von Rezessionen)
New York Stock Exchange	www.nyse.com	Daten der New York Stock Exchange
Office for National Statistics	www.ons.gov.uk	Amtliches Statistikamt des Vereinigten Königreichs
Organisation für wirtschaftliche Zusammenarbeit und Entwicklung (OECD)	www.oecd.org	Internationale Wirtschafts- und Handelsstatistik
Real Clear Politics	www.realclearpolitics.com	Wichtige politische Nachrichten, Schlagzeilen, Blogs, Umfragen usw.
Real Clear Markets	www.realclearmarkets.com	Wichtige Nachrichten, Schlagzeilen, Blogs, Umfragen usw. für die Märkte
FTSE Russell Index Service	https://www.lseg.com/en/ftse-russell	FTSE- und Russell-Indexdaten, Merkmale, Bewertungen
S&P Global	https://www.spglobal.com/spdji/en	S&P-Indizes, Daten, Merkmale, Bestandteile
Statistics Canada	www.statcan.gc.ca/en/start	Offizielle kanadische Wirtschaftsstatistiken
Thomas/US Library of Congress	www.loc.gov	Gesetzesinformationen
US Census Bureau	www.census.gov	Statistiken nach Region, Daten zu Einzelhandelsumsätzen und Unternehmensbeständen usw.
US Congress	www.house.gov	Websites der Abgeordneten, Gesetzesentwürfe, Gesetze, namentliche Abstimmungen
US Federal Reserve	www.federalreserve.gov	Bankbilanz, Kreditstatistik, Geldmenge, Geld- und Kapitalflüsse
US Government Official Web Portal	https://www.usa.gov/	Links zu allen Regierungszweigen, Behörden und Bereichen

Quelle	Website	Daten/Inhalte
US House of Representatives Office of the Clerk	clerk.house.gov	Details zur Legislative, Geschichte, Wahlstatistiken
US Office of Management and Budget	www.whitehouse.gov/omb	US-Haushalt
US Treasury	www.treasury.gov	Steuern, Zinssätze, Social Security, Medicare
Wall Street Journal	www.wsj.com	Internationale Börsen-, Wirtschafts- und Weltnachrichten
World Bank	https://data.worldbank.org	Internationale Vergleiche zu vielen statistischen Reihen, einschließlich BIP
Weltgesundheitsorganisation (WHO)	www.who.int	Globale Gesundheits- und Krankheitslaststatistiken, Mortalität, Nachrichten, Warnmeldungen

Was aber, wenn die Daten schwer zu finden oder zu messen sind? Kann Ihre Kapitalmarkttechnologie auch qualitativ sein, also nicht streng zahlenbasiert? Durchaus – solange Sie genügend Beispiele haben, die Sie analysieren können, und der Zusammenhang ökonomisch plausibel ist. Ein gutes Beispiel ist der Präsidentschaftswahlzyklus aus Kapitel 2. Er lässt sich schwer numerisch messen, hat sich bislang aber als wirkungsvoll erwiesen. Als Datenbasis können Sie alle Wahlzyklen seit 1926 untersuchen. Das ist nicht gerade quantitativ, aber es gibt ein klares Muster mit zugrunde liegender ökonomischer Logik. Und natürlich wirkt dieses Muster unter anderem deshalb, weil viele Anleger die ökonomische Logik dahinter nicht gut verstehen, es nicht allgemein als belastbar anerkannt ist und meist verspottet wird, sobald jemand darauf hinweist.

Aber das Muster muss sich ökonomisch plausibel begründen lassen. Wenn Sie ein zuverlässiges Muster finden, aber keine gute kausale Erklärung dafür haben, sollten Sie nicht darauf setzen. Wussten Sie, dass seit 1926 jedes Jahr, das auf eine 5 endete, für US-Aktien positiv war?[1] Sie könnten sich daher berechtigt fühlen, anzunehmen, dass 2025 oder 2035 ein gutes Börsenjahr wird. Tun Sie das nicht! Das ist schlichte Numerologie! Es gibt keinen bekannten wirtschaftlichen Grund, warum jedes zehnte Jahr immer positiv sein sollte. Während ich das hier Anfang 2025 schreibe, bin ich bullish, aber dieser Zufall ist nicht der Grund dafür. Übrigens gab es seit 1955 in Jahren, die auf 5 endeten, heftigere Hurrikans, die auf Land trafen (gemessen an der Zahl der aus der offiziellen Namensliste gestrichenen Hurrikannamen).[2] Na und? Ich bezweifle, dass sich die National Oceanic and Atmospheric Administration bei ihren Vorhersagen in irgendeiner Weise auf die „Jahr 5"-Theorie stützt. Und man kann sicher nicht behaupten, dass eine hohe Hurrikanhäufigkeit dazu führt, dass Jahre, die auf 5 enden, gute Aktienjahre sind. Was wir hier haben, ist eine statistische Anomalie – eine Laune der Natur. Ein Glückspilz, der 50 Mal hintereinander Kopf wirft. Solche Dinge kommen ständig vor, also seien Sie vorsichtig. Noch einmal: Korrelation ohne Kausalität ist keine Grundlage für Entscheidungen.

Andererseits finden Sie vielleicht eine stichhaltige ökonomische Erklärung dafür, warum Jahre, die auf 5 enden, für US-Aktien immer positiv sind – und daraus kann dann Ihre persönliche Kapitalmarkttechnologie werden. Gut für Sie. Dann haben Sie Frage Zwei angewandt und etwas verstanden, was dem Rest von uns, mich eingeschlossen, unverständlich bleibt. Das ist legitim – wenn Ihnen das gelingt, verfügen Sie über Informationen, die anderen fehlen.

Wenn Sie eine neue Kapitalmarkttechnologie getestet und erfolgreich eingesetzt haben, werden Sie nicht übermütig und gehen Sie nicht davon aus, dass dieses Vorgehen jedes Mal einen sicheren Gewinn bringt. Nichts ist perfekt oder zu 100 Prozent erfolgreich. Angenommen, X ist in 70 Prozent der Fälle die Ursache für Y. Das ist ziemlich gut. Es lohnt sich wahrscheinlich, diese Technologie zu nutzen. Allerdings geht Y in 30 Prozent der Fälle auf andere Faktoren zurück. Es lohnt sich also, davon auszugehen, dass X die Ursache für Y ist – aber in 30 Prozent der Fälle werden Sie sich wahrscheinlich irren. Nichts ist perfekt.

Darüber hinaus kann selbst die beste Kapitalmarkttechnologie an Bedeutung verlieren, weshalb Sie Ihre Hypothesen immer wieder überprüfen müssen. Dazu zwei Beispiele für großartige Technologien, die in vielerlei Hinsicht bahnbrechend waren. Eine davon hat ihre Nützlichkeit fast vollständig verloren. Die andere auch – kam aber wieder in Mode, nachdem die Menschen sie für falsch gehalten hatten.

Es ist gut, solange es dauert

Das Kurs-Umsatz-Verhältnis (KUV) ist ein gutes Beispiel für eine bahnbrechende Kapitalmarkttechnologie, die ich entwickelt habe und die zu ihrer Zeit sehr wirkungsvoll war, heute aber kaum noch wirksam ist. Es war eine Methode, die noch niemand zuvor genutzt hatte, um festzustellen, ob eine Aktie über- oder unterbewertet war – und das Thema meines 1984 im Original erschienenen Buches „Super Stocks“

(dt. „Die Kunst der richtigen Aktienauswahl", 2008). Benjamin „Ben" Graham, einer der Begründer des Value Investing, erwähnte zwar beiläufig, dass das Verhältnis zwischen Kurs und Umsatz potenziell interessant sein könnte, aber die erste Veröffentlichung zu diesem Verhältnis stammte von mir. Darauf bin ich sehr stolz – genauso wie auf meinen Schulaufsatz über Guatemala in der dritten Klasse. Aber ansonsten ist beides heute nicht mehr der Rede wert. Nur noch Erinnerungen.

Vor 40 Jahren konnte man, wenn man einfach Aktien mit niedrigem KUV herausfilterte (was nicht einfach war), den Markt in den meisten Fällen schlagen. Nach der Veröffentlichung meines Buches und der anschließenden Aufmerksamkeit wurde das KUV weit verbreitet und immer wieder sogar Teil des Pflichtstoffs für die CFA-Prüfung (Chartered Financial Analyst). Die meisten Aktienanalyse-Websites weisen es heute aus. Aber als Kapitalmarkttechnologie und Prognoseinstrument ist das KUV inzwischen weitgehend in den Markt eingepreist. Selbst eine großartige Entdeckung wird mit zunehmender Bekanntheit und im Laufe der Zeit obsolet. Wird sie populär, verliert sie ihre Kraft. Deshalb sollten Sie immer schon an der nächsten Entdeckung arbeiten.

Für alle, die mit dem Begriff nicht vertraut sind (falls der Name es nicht schon verrät): Das KUV gibt Auskunft über den Aktienkurs im Verhältnis zum Umsatz pro Aktie. Es ähnelt dem KGV, verwendet jedoch den Jahresumsatz beziehungsweise die Umsatzerlöse, während das KGV den Gewinn je Aktie heranzieht. Eine Aktie, die bei 25 Dollar notiert und einen Umsatz von 25 Dollar pro Aktie erzielt, weist ein KUV von 1 auf. Ganz einfach. Das klingt heute vielleicht nicht mehr revolutionär – so als würde man versuchen, sich eine Zeit vorzustellen, bevor jemand sagte: „Hey, was würde passieren, wenn wir den Aktienkurs durch den Gewinn je Aktie dividieren würden?" Aber als ich anfing, darüber zu schreiben, hatte das noch niemand getan.

Für dieses Buch ist es nicht notwendig, das KUV oder mein erstes Buch „Super Stocks" noch einmal ausführlich zu behandeln. Ein paar Punkte möchte ich aber ansprechen. Der erste betrifft das Buch selbst.

Alte Investmentbücher zu lesen, ist nützlich und eine gute Möglichkeit, sich einen Überblick darüber zu verschaffen, wie sich Kapitalmarkttechnologie entwickelt hat – wann, wie und von wem. Außerdem kann man von klugen Köpfen lernen, wie sie denken und kritisch an Fragen herangehen. Das kann auch dabei helfen, Werkzeuge wiederzuentdecken, denen die Anlegeröffentlichkeit keinen Wert mehr beimisst – eine Chance, zu testen und herauszufinden, ob in diesen alten Technologien heute wieder Leben steckt.

Gewinne finden, wo keine waren

Der zweite Punkt: Jeder, der mit Aktien Geld verdienen will, weiß, dass man eine Aktie kaufen sollte, bevor sie bei Anlegern an Beliebtheit gewinnt. Die Kehrseite der Medaille ist, dass man die Aktie kaufen muss, solange sie offenbar noch nicht gefragt ist. Die Kunst besteht nun darin, zu wissen, welche Aktien später bei Anlegern an Beliebtheit gewinnen dürften, während sie derzeit scheinbar noch nicht gefragt sind. Wie kann man das wissen? Genau diese Frage brachte mich ursprünglich zum KUV. Die Entstehung meiner KUV-Methode zeigt unmittelbar, wie man über die Entwicklung von Kapitalmarkttechnologie nachdenken sollte.

Anleger nutzen seit Langem das KGV, um günstige Aktien zu finden – seit gut hundert Jahren, wenn nicht länger! Einige aufstrebende Unternehmen weisen jedoch möglicherweise noch keine Gewinne aus. Selbst etablierte Unternehmen können in zyklischen Abschwüngen und unternehmensspezifischen Krisen keine Gewinne erzielen – und genau dann kann es interessant sein, eine Aktie in Betracht zu ziehen, solange sie nicht gefragt ist. In solchen Szenarien lässt sich kein KGV berechnen, weil man nicht durch null teilen kann. Manchmal weist ein Unternehmen ein KGV von 1.000 auf, weil seine Gewinne fast vollständig verschwunden sind. Manchmal weist ein Unternehmen ein KGV von 5 auf, weil seine Gewinnmargen vorübergehend hoch sind und sich nicht halten lassen.

Aber selbst wenn ein Unternehmen keine Gewinne erzielt, macht es dennoch Umsatz – zumindest sollte das so sein, sonst steckt es in großen Schwierigkeiten. Hier kam für mich vor Jahrzehnten Frage Zwei ins Spiel: Was konnte ich verstehen, was andere nicht verstanden? Der Gedanke war plausibel: Eine Aktie mit niedrigem Kurs im Verhältnis zum Umsatz der vergangenen zwölf Monate konnte steigen – sofern ihre künftigen Gewinne hoch genug ausfielen, sodass aus dem aktuellen KUV künftig ein niedriges KGV wurde (oder anders gesagt: eine hohe künftige Gewinnrendite). Was die Leute heute nicht mögen, würden sie morgen mögen. Was soll daran schwierig sein? Irgendwann würden die Anleger entdecken, dass diese unterbewertete Aktie hervorragende Umsätze erzielte, hohe künftige Gewinnmargen versprach und günstig bewertet war – und sie würden ihre Meinung ändern und den Kurs in die Höhe treiben. Rational betrachtet, möchte man also eine Aktie kaufen, wenn ihr Kurs im Verhältnis zum Umsatz des Unternehmens niedrig ist, sie auf Basis ihres KGV aber nicht günstig erscheint. Niedrig im Verhältnis zum Markt, vor allem aber niedrig im Verhältnis zu ihrer Kategorie und niedrig im Verhältnis zu ihren künftigen Gewinnen.

Als ich „Super Stocks“ schrieb, definierte ich Aktien mit niedrigem KUV im Allgemeinen als Aktien, bei denen der Börsenwert des Unternehmens weniger als 75 Prozent seines Jahresumsatzes betrug. Aktien mit hohem KUV definierte ich als Aktien, bei denen der Börsenwert des Unternehmens mehr als das Dreifache seines Jahresumsatzes betrug.

Das war die Theorie, aber mehr auch nicht. Damals gab es keine Quellen, die KUVs auswiesen, wie es heute der Fall ist. Es gab keine Datenbanken. Bloomberg.com und Morningstar.com existierten noch nicht, um das KUV jeder Aktie bequem für mich zu berechnen – so, wie es diese beiden Websites und viele andere Quellen heute tun. Ich leitete Daten aus öffentlich verfügbaren Informationen ab und stellte meine eigenen Datensätze zusammen, um meine Kennzahl zu berechnen. Damals ließ sich mit der Zusammenstellung von Daten tatsächlich

Geld verdienen, weil Daten noch rar und teuer waren. Heute sind Daten im Wesentlichen kostenlos. Wenn Sie jünger sind, fällt es Ihnen vielleicht schwer, nachzuvollziehen, wie schwer es damals war, an Daten zu kommen. 1981 zahlte ich Goldman Sachs über 20.000 Dollar für ein einfaches, einmaliges Screening der New York Stock Exchange auf der Grundlage der damals aktuellen KUVs. Heute entspricht das fast 75.000 Dollar. So teuer war etwas, das heutzutage jeder fast sofort kostenlos bekommen kann. Historische Daten mussten von Hand zusammengestellt werden, was praktisch unerschwinglich war, wenn man nicht genau wusste, was man tun wollte. (Das hat sich heute mit der Entwicklung datengesteuerter quantitativer Strategien, KI und der breiten Verfügbarkeit von Informationen völlig geändert. Es ist schwieriger denn je, einen reinen statistischen Vorteil zu finden, der Bestand hat. Wenn es jeder machen kann, machen es auch alle, und dann funktioniert es nicht mehr.)

Als ich historische KUVs gegen die späteren Aktienrenditen testete, bestätigte sich meine Theorie. Ich stellte Datensätze für mehrere Aktienuniversen zusammen – von einem Universum aus Technologiewerten der 1970er-Jahre, das die frühere Investmentbank Hambrecht & Quist zusammengestellt hatte, bis hin zu einem breiten Aktienuniversum der 1930er-Jahre, das auf händisch erschlossenen Moody's-Daten beruhte. Aktien mit niedrigeren KUVs schnitten um Längen besser ab als solche mit höheren KUVs. Nicht jedes Mal bei jeder einzelnen Aktie, aber oft genug, um einen zuverlässigen Prognoseindikator und eine gute Grundlage für Investments zu liefern. Mit anderen Worten: Aktien mit niedrigen KUVs waren überlegene Aktien – im Grunde „Super Stocks" –, was letztlich zum Titel meines Buches führte.

Bevor ich „Super Stocks" schrieb, nutzte ich diese raffinierte neue Technologie mit ziemlichem Erfolg. Tatsächlich hat der Einsatz des KUV meine Karriere in vielerlei Hinsicht vorangebracht. Sie fragen sich vielleicht erneut, warum ich in einem Buch für den Massenmarkt etwas öffentlich machen würde, das mir einen Wettbewerbsvorteil verschafft. Sie denken vielleicht, ich hätte mein Wissen über das KUV geheim halten sollen, um mir meinen Vorteil zu bewahren. Ganz und gar nicht! So sollten Sie nicht denken.

Jeder Vorteil, den Sie haben, ist wahrscheinlich nur vorübergehend. Direkt hinter Ihnen sucht schon jemand anderes nach dem, was Sie gerade gefunden haben. Ich wusste, dass ich etwas Tolles entdeckt hatte, aber ich hatte nichts Magisches, nichts mathematisch Unzugängliches oder eine Kombination aus beidem vollbracht. Ich hatte nichts getan, was andere nicht auch hätten tun können. Ich habe lediglich die verfügbaren Daten (die zwar schwer zu beschaffen, aber dennoch verfügbar waren) auf eine neue Art und Weise betrachtet, ein paar Tests anhand historischer Daten durchgeführt und eine Verbindung zur grundlegenden Theorie hergestellt. Andere würden früher oder später zwangsläufig das Gleiche entdecken wie ich. Wahrscheinlich eher früher! Also brachte ich die Idee weiter unter die Leute, um zu sehen, ob jemand anbeißen würde. Eine Zeit lang tat das niemand.

Nachdem ich das Buch veröffentlicht hatte, griffen andere die Idee auf – aber das dauerte. Etwa zehn Jahre hatte ich das KUV so gut wie für mich allein. Zum Beispiel schrieb James O'Shaughnessy 1997 einen Bestseller mit dem Titel „What Works on Wall Street", in dem er alle gängigen Kennzahlen analysierte, um herauszufinden, welche anschließend zu höheren Renditen führen könnten.[3] Er bezeichnete das KUV als „Top-Value-Faktor" und behauptete, seine Analyse habe damals gezeigt, dass KUVs höhere anschließende Renditen lieferten als jede andere einzelne Kennzahl. O'Shaughnessys handschriftliche Widmung in dem Exemplar, das er mir schenkte, lautet: „Mann, hast du dir da eine verdammt gute Kennzahl ausgedacht! Stell dir vor, wie schrecklich wir armen Geldmanager uns fühlen würden, wenn S&P seinen Index nicht nach Marktkapitalisierung, sondern auf Grundlage von Aktien mit niedrigem KUV aufgebaut hätte." O'Shaughnessys Buch verhalf dem KUV zu weiterer Bekanntheit, und bald verlor es den größten Teil seiner Aussagekraft. Das KUV war eingepreist.

War ich verärgert, dass sich meine Innovation verbreitete und schließlich vollständig eingepreist wurde? Keineswegs! Ich war begeistert. Wenn die Idee wirklich gut war, war ihre Verbreitung ohnehin unvermeidlich. Immerhin hatte ich ihre Verbreitung selbst angestoßen und sah kommen, was passieren würde. Spätestens mit dem Internet und seinen frei verfügbaren Daten musste irgendjemand auf das KUV stoßen und es populär machen. Diese Technologie hatte mir eine ganze Weile gute Dienste geleistet, und ich erkannte, wann es Zeit war, weiterzuziehen. Zu diesem Zeitpunkt arbeitete ich längst an anderen neuen Dingen, von denen ich zu Beginn meiner KUV-Arbeit nicht einmal zu träumen gewagt hätte. In den 1970er- und frühen 1980er-Jahren war ich nicht so selbstüberschätzt, dass ich angenommen hätte, ich würde allen Anlegern für immer überlegen bleiben – Selbstüberschätzung ist schließlich ein kognitiver Fehler. Das KUV war in den frühen 1980er-Jahren clever – so wie damals auch die Entwickler des Commodore 64 ziemlich clever waren: in einer Welt mit frühen, CP/M-basierten PCs, 5,25-Zoll-Disketten und ohne Festplatten. Doch die anschließende Computer- und Datenwelle der 1980er- und 1990er-Jahre sollte dieser Ära teurer Daten ein Ende setzen und das KUV für alle sichtbar machen. Märkte entwickeln sich weiter, und wir müssen uns ebenfalls weiterentwickeln.

Wenn das KUV nicht mehr viel bringt, warum sollte man dann Druckerschwärze verschwenden, um Ihnen davon zu erzählen? Erstens, weil einige Leute immer noch davon überzeugt sind, dass diese veraltete Technologie weiterhin so funktioniert wie früher. Bei jeder Kennzahl wie dieser, die einmal populär geworden ist, funktioniert sie manchmal und manchmal nicht – gerade genug, um das Interesse der Leute wachzuhalten –, genauso wie beim KGV, der Dividendenrendite, dem Kurs-Buchwert-Verhältnis (KBV) und so weiter. Man kann sogar die unsinnigsten Kennzahlen heranziehen und Zeiten finden, in denen sie offenbar überdurchschnittliche Renditen liefern. Wenn man sich nur die Unternehmen mit den höchsten Barmitteln je Aktie ansieht, findet man manchmal Aktien, die den Markt übertreffen. Wenn man sich Unternehmen mit den niedrigsten Barmitteln je Aktie ansieht, findet man manchmal ebenfalls Aktien, die den Markt übertreffen. Aber beides hat nichts damit zu tun, dass man den Markt langfristig schlagen kann.

In den vergangenen rund zwölf Jahren blieben Value-Aktien hinter dem Markt zurück, wodurch das KUV an den Rand gedrängt wurde. In den etwa 20 Jahren davor waren Aktien mit niedrigem KUV jedoch etwas weniger volatil als Aktien mit niedrigem KGV und auch weniger volatil als der Markt, erzielten aber keine langfristige, risikobereinigte Überrendite. Das ergibt Sinn: Sie waren eingepreist. Wenn Value-Aktien in diesem Zeitraum jedoch besser abschnitten als Growth-Aktien, schlugen Aktien mit niedrigem KUV im Allgemeinen sowohl den Markt als auch Value-Aktien und waren insgesamt volatiler als der Markt. Wenn Growth-Aktien in diesem Zeitraum Value-Aktien schlugen, blieben Aktien mit niedrigem KUV hinter dem Markt und hinter Value-Aktien zurück.

Sie haben in Kapitel 1 bis 3 gelernt, mit den Drei Fragen zu denken. Was können Sie nun mit diesem Wissen anfangen? Wie können Sie das, was ich Ihnen gezeigt habe, nutzen, um sich hier und jetzt einen Vorteil zu verschaffen – zumindest bis das Handeln auf Grundlage dieser Beobachtungen allgemein bekannt und populär wird? Wenden wir Frage Zwei an: Was können Sie hier verstehen, was sonst niemand versteht? In Kapitel 2 haben wir gesehen, wie man erkennt, wann Growth-Aktien Value-Aktien mit größerer Wahrscheinlichkeit schlagen und umgekehrt. Ich habe Ihnen gerade erklärt: In Phasen, in denen Value-Aktien die Marktentwicklung anführten, hatten Aktien mit niedrigem KUV historisch gegenüber Value-Aktien noch zusätzlichen Rückenwind – nicht jedoch in Phasen, in denen Growth-Aktien die Marktentwicklung anführten. Ich habe Ihnen also gerade gezeigt, wann Sie mit größerer Wahrscheinlichkeit eine vorübergehende Überrendite erzielen können, wenn Sie das KUV als Screening-Instrument einsetzen. Das KUV ist kein Allwetterinstrument – es ist ein Instrument, das zeitweise eingesetzt werden kann, wenn es mit anderen erfolgreichen Kapitalmarkttechnologien kombiniert wird. Ihr Ziel ist es, herauszufinden, wann Value-Aktien die Marktentwicklung anführen werden, und dann Aktien mit niedrigem KUV in Ihre Aktienauswahl aufzunehmen – nicht aber in Marktphasen, die von Growth-Aktien geprägt sind. Wenn Growth-Aktien die Marktentwicklung anführen, sollten Sie Aktien mit höheren KUVs wählen. Und wie bei jeder guten Kapitalmarkttechnologie sollten Sie dieses Muster auch künftig immer wieder testen, um sicherzustellen, dass es weiterhin trägt.

Der Aktienmarkt ist kein Hammer – aber er kann hart zuschlagen

Betrachten Sie es kurz aus einer anderen Perspektive: Eine bestimmte Aktienkategorie übertrifft den Markt fünf Jahre lang. Unzählige Anleger springen auf den Zug auf und tun alles, was in diesen Jahren so erfolgreich war. Doch in den darauffolgenden Jahren greifen diese Ansätze nicht mehr, weshalb Anleger glauben, sie hätten endgültig ausgedient. Gerade deshalb können sie durchaus wieder funktionieren. Sie werden nicht mehr in die Kurse eingepreist, sondern aufgrund eines kognitiven Fehlers einfach ignoriert. So ergeht es Faktoren wie einem niedrigen KUV, einem niedrigen KGV, der Dividendenrendite und anderen. Sie durchlaufen lange Phasen, in denen sie nicht funktioniert haben, und werden daher anschließend für eine weitere lange Phase ignoriert. Wenn dann Value wieder gefragt ist, können sie vorübergehend funktionieren – und tun es auch. Anleger, die Investieren als Handwerk begreifen, hassen diese sehr realen Marktphänomene, weil sie wollen, dass ihre Werkzeuge immer auf die gleiche Weise funktionieren.

Das verdeutlicht einmal mehr, wie wichtig fortlaufendes Testen und ständige Innovation sind. Ich habe meine KUV-Technologie wiederholt getestet, bevor ich sie eingesetzt habe, damit ich mich nicht irgendwann gutgläubig weiter auf sie verlassen würde, sobald sie bereits eingepreist und nutzlos geworden war. Ich habe sie schon vor langer Zeit als primäres Werkzeug aufgegeben und seitdem viele andere Kapitalmarkttechnologien entwickelt, denn in einem Markt, der sich ständig anpasst und weiterentwickelt, geht es genau darum: die nächste neue Idee zu entwickeln. Aber als ergänzendes Werkzeug lässt sich das KUV gelegentlich noch einsetzen.

Natürlich können Sie die Drei Fragen ein paar Mal nutzen und dabei auf ein oder zwei Dinge stoßen, die andere nicht wissen. Aber wenn Sie die Drei Fragen nicht dauerhaft zu einem Teil Ihrer Denkweise machen, verlieren Sie irgendwann jeden Vorteil, auf den Sie vielleicht gestoßen sind.

An dieser Stelle ein kurzer Exkurs zu Warren Buffett. Eine Eigenschaft, die viele an Buffett übersehen, ist seine Fähigkeit, sich zu wandeln. Das zeigt sich schon in seinen Texten aus den 1960er-Jahren: Dort beschreibt er einen ganz anderen Investmentansatz als in den 1970er- und frühen 1980er-Jahren. Anfangs kaufte er nach einfachen statistischen Maßstäben spottbillige Aktien, in der Regel kleinere Aktien, die man heute als Small-Cap-Value bezeichnen würde (obwohl dieser Begriff bis Ende der 1980er-Jahre noch nicht existierte). Später kaufte er das, was er als „Franchises" bezeichnete. Dann begann er, große Unternehmen mit großartigem Management zu kaufen und langfristig zu halten – was heute Large-Cap-Growth genannt würde –, was viele auf den Einfluss meines Vaters in Verbindung mit Charlie Munger zurückführten.

Als Buffett Coca-Cola und Gillette kaufte, ließen sich diese Käufe nicht recht mit den Arten von Aktien vereinbaren, die er zwei Jahrzehnte zuvor besessen hatte. Dann kaufte er erstaunlicherweise vor 25 Jahren wieder genau zum richtigen Zeitpunkt kleinere Unternehmen zu Spottpreisen – gerade als Value zu Beginn des 21. Jahrhunderts wieder ins Spiel kam. Obwohl Buffett nie den Kern dessen verlor, was er tat und wonach er suchte, änderte er seine Taktik über die Jahrzehnte hinweg stetig. Der Versuch, seine Taktik aus irgendeinem Jahrzehnt einzufrieren und in den folgenden Jahrzehnten zu wiederholen, hätte nie zu dem geführt, was er tatsächlich tat. Daran ist nichts auszusetzen. Es ist genau so, wie es sein sollte. Dass er keine Kapitalmarkttechnologie im hier gemeinten Sinn entwickelt, entspricht einfach seiner Art, denn er handelt – so sehe ich es – vor allem intuitiv. Wer das so erfolgreich kann, ist sehr selten. Aber ganz gleich, ob man Kapitalmarkttechnologie entwickelt oder wie Buffett instinktiv handelt: Sich zu verändern, anzupassen und zu wandeln, ist grundlegend für den Erfolg. Stagnation bedeutet langfristig Scheitern. Da ich selbst nicht weiß, wie man instinktiv handelt, verlasse ich mich auf die Drei Fragen und den Aufbau von Kapitalmarkttechnologien.

Treffsicher prognostizieren, nicht wie ein Profi

Ein weiteres Beispiel für eine von mir entwickelte Kapitalmarkttechnologie ist die sogenannte *sentimentbasierte Glockenkurvenprognose.* Wie die KUVs habe ich auch diese Technologie, die ich erstmals in den 1990er-Jahren eingeführt habe, mehrere Jahre lang genutzt, bevor auch sie in den Markt eingepreist wurde – in bestimmten Anwendungen und an bestimmten Orten. Doch die Zeit und die sich verlagernde Aufmerksamkeit der Welt haben sie wiederbelebt (darauf kommen wir gleich noch zu sprechen).

Wir wissen inzwischen alle: Wenn sich alle einig sind, dass eine bestimmte Marktbewegung eintreten wird, wird sie wahrscheinlich nicht eintreten. Aber gehen wir noch einen Moment der Frage nach, warum das so ist; so gelangen wir auf Umwegen zu einer wertvollen Technologie. Erinnern Sie sich an die Analogie aus dem Vorwort: Dort ging es darum, für eine Umfrage eine repräsentative Stichprobe von Anlegern zusammenzustellen. Wir wissen, dass Umfragetechnologie funktioniert, weil sie kurz vor dem Wahltag innerhalb einer vorhersehbaren Fehlermarge bestimmen kann, wie eine Präsidentschafts-, Gouverneurs- oder Senatswahl ausgehen wird. Diese Technologie ist ausgereift. Meinungsforscher beginnen damit, eine repräsentative Stichprobe der tatsächlichen Wählerschaft zusammenzustellen. Wird diese Stichprobe falsch zusammengesetzt, funktionieren die Umfragen nicht – wie die problematischen Wahlumfragen von 2016 gezeigt haben. Ist sie dagegen repräsentativ, muss sie nicht riesig sein. Man kann die Wahl in einem großen Bundesstaat mit einer Stichprobe von nur 500 Personen prognostizieren, sofern diese richtig ausgewählt sind.

Übertragen wir das nun auf unser Gedankenexperiment: Wir befragen die Anleger in unserer imaginären Stichprobe, wie sich der Markt ihrer Meinung nach im nächsten Monat entwickeln wird – sagen wir: im März. Kommen sie mit überwältigender Mehrheit zu dem Schluss, dass der Markt im März kräftig steigen wird, wissen wir: Genau das wird er vermutlich nicht tun. Denn wenn die Befragten überwiegend erwarten, dass der Markt stark steigt, und wenn sie die Gesamtheit der Investoren repräsentieren, dann wären alle Käufe, die sie noch tätigen müssten, schon vor Märzbeginn – oder jedenfalls sehr früh im März – erledigt. Danach bliebe kein zusätzlicher Kaufdruck mehr, der die Aktien weiter nach oben treiben könnte. Diese Erwartung wäre bereits eingepreist; genau deshalb könnte sie so nicht eintreten.

Leider verfügen wir derzeit nicht über eine Technologie, um eine repräsentative Stichprobe aller Anleger zusammenzustellen. Es gibt zwar Sentimentindikatoren, denen genau dieser Nutzen zugeschrieben wird, doch sie leisten ihn nicht. Häufig herangezogen wird etwa die Investors-Intelligence-Erhebung, die auf der Auswertung der Markteinschätzungen von Börsenbriefautoren beruht. Darüber hinaus gibt es eine regelmäßige Umfrage unter den Mitgliedern der American Association of Individual Investors. Meir Statman und ich haben uns diese Daten genauer angesehen und gezeigt, dass sie keine Prognosekraft haben, obwohl sie von vielen Anlegern oft so verwendet werden, als besäßen sie diese. (Eine detaillierte Darstellung dieser Untersuchung finden Sie in dem Aufsatz „Investor Sentiment and Stock Returns".)[4] Diese Instrumente halten einer statistischen Analyse nicht stand und weisen erhebliche Mängel auf.

Es gibt viele Gründe, warum wir bislang nicht wissen, wie man eine korrekte Stichprobe zusammenstellt. Zunächst einmal haben Privatanleger wenig Anreiz, gegenüber einem Meinungsforscher offen über ihre Ansichten zu Geld und Anlagen zu sprechen. Warum sollte ich Ihnen mehr über mein Finanzleben erzählen als über mein Sexualleben? Zudem verwenden verschiedene Anleger dieselben Wörter in unterschiedlicher Bedeutung, was bei Umfragen zu widersprüchlichen Schlussfolgerungen führt – sie sprechen nicht wirklich eine gemeinsame Sprache.

Außerdem tun sich Privatanleger schwer damit oder sind schlicht nicht in der Lage, Meinungsforschern gegenüber offen anzugeben, was für Anleger sie sind. Dieses Problem ist nicht neu. Es war bereits vor 1954 bekannt und dokumentiert, als Darrell Huff seinen Klassiker „How to Lie with Statistics“ schrieb (dt. „Wie lügt man mit Statistik“; eines der besten, kürzesten und am leichtesten lesbaren Bücher, die je geschrieben wurden; ich kann es jedem nur empfehlen).

Hier kann etwas diese Lücke füllen, bis wir herausgefunden haben, wie wir diese schwer fassbare Stichprobe zusammenstellen können. Professionelle Anleger sind eifrige Informationssucher. Als Gruppe haben sie Zugang zu denselben Informationen wie andere Anleger. Glücklicherweise bilden Profis jedoch eine kleinere Stichprobe, die sich statistisch besser handhaben und leichter kategorisieren und einordnen lässt. Zudem äußern sie ihre Ansichten sehr offen – tatsächlich haben sie sogar einen Anreiz, sie öffentlich zu äußern. Professionelle Anleger sprechen eine gemeinsame Fachsprache, sodass ihre Aussagen im Gegensatz zu denen von Privatanlegern relativ einheitlich sind. Für unsere Zwecke besonders nützlich ist, dass Profis ihre Ansichten mit größerer Überzeugung vertreten. Weil sie auf ihre Ausbildung und ihre professionellen Methoden vertrauen, halten sie in der Regel länger daran fest.

Außerdem neigen sie dazu, sehr spezifische Prognosen für Indexrenditen abzugeben – und zwar gebündelt zu Beginn jedes Jahres. Die Flut von Prognosen zwischen Ende Dezember und Mitte Januar ist das Ergebnis einer Ordnungspräferenz (in diesem Fall das Beharren auf bestimmten Dingen in einer bestimmten Reihenfolge – Prognosen zum Jahreswechsel –, ohne jeden anderen Zweck als gesellschaftliche Konvention), ein weiteres Symptom dafür, dass unser Gehirn verrückt spielt. Ob gut oder schlecht, richtig oder falsch: Jedes Jahr führen die meisten Investmentinstitute dieses Ritual durch. Große Banken haben hauseigene Ökonomen, die Prognosen erstellen. Fondsmanager haben eigene. Professionelle Geldmanager, die kleinere Anlagepools verantworten, melden sich vielleicht per Quartalsbericht an ihre Kunden zu Wort. Viele namhafte Gurus werden Ihnen sagen, dass Vorhersagen unmöglich sind, und Ihnen dann mitteilen, was ihrer Meinung nach passieren wird. Wer dafür bezahlt wird, eine Meinung zu haben, wird sie auch äußern. Jeder hat eine Meinung. Und daran ist nichts auszusetzen. Im Laufe der Jahre haben immer mehr Akteure öffentliche Prognosen abgegeben, sodass wir heute eine riesige Auswahl an Prognostikern haben.

Aber die meisten liegen öfter falsch als richtig. Und das wussten Sie bereits.

Zu jedem Zeitpunkt werden einige wenige recht haben: einige, weil sie etwas wissen, andere, weil sie Glück haben – genau wie der glückliche Münzwerfer mit seinen 50 aufeinanderfolgenden Kopfwürfen. Aber Sie werden feststellen, dass die meisten von ihnen nicht öfter recht haben als unrecht. Warum? Weil sie eifrig nach Informationen suchen und als Gruppe Zugang zu allen allgemein verfügbaren Informationen haben, ist das, worin sie übereinstimmen, in der Regel bereits in den Kursen eingepreist und wird daher wahrscheinlich nicht eintreten.

Anfang der 1990er-Jahre wollte ich herausfinden, wie stark sich die Vorhersagen voneinander unterscheiden. Ich habe alle veröffentlichten Jahresprognosen herangezogen, die ich finden konnte – aus möglichst vielen Quellen und so weit in die Vergangenheit zurück, wie es die Daten erlaubten. Als Nächstes habe ich die Prognosen für jedes Jahr und die tatsächliche spätere Rendite in einem Diagramm dargestellt. Die Prognosen verteilten sich in der Regel wie eine natürliche Glockenkurve: Die meisten lagen im mittleren Bereich; an den Rändern mit extrem bullishen oder bearishen Einschätzungen wurden es auf beiden Seiten immer weniger. Jedes Jahr gab es ein paar Ausreißer, doch die meisten Prognosen lagen nahe beieinander.

Abbildung 4.1 zeigt die glockenförmige Verteilung der Konsensprognosen von 1996 bis 2003 und die jeweiligen Renditen für jedes Jahr (mehr dazu, warum die Jahre nach 2003 hier ausgespart bleiben, gleich). Jede Zahl steht für die Vorhersage eines professionellen Prognostikers. Die Mitte der Glockenkurve bildet den Bereich ab, in dem ihre Prognosen übereinstimmen. Sie können sehen, dass die tatsächliche Rendite in keinem Jahr innerhalb des Konsenses lag, sondern entweder außerhalb der Bandbreite oder irgendwo in einer Lücke. In einigen Jahren lagen ein oder zwei (vielleicht glückliche) Personen richtig, aber es waren nicht jedes Jahr dieselben Personen. In einigen Jahren waren die Leute bullish und der Markt entwickelte sich schlecht. In anderen Jahren waren sie bullish und der Markt entwickelte sich viel besser als prognostiziert. In wieder anderen Jahren verhielt sich der Markt seltsam und anders als alles, worauf sie sich einigen konnten. Das ist ein perfektes Beispiel dafür, warum es nicht funktioniert, ein klassischer Contrarian-Investor zu sein – wie in Kapitel 2 beschrieben. Der Markt verhält sich in der Regel anders, jedoch nicht unbedingt umgekehrt zu dem, was die meisten Menschen erwarten.

Abbildung 4.1 zeigt, wo die Prognosen falschlagen und die erwarteten Ergebnisse selbst bereits eingepreist waren. Die Konsensprognosen bezogen sich auf einen Bereich von Ergebnissen – dieser Bereich entsprach dem, was die meisten Leute für wahrscheinlich hielten, sodass es nicht eintreten konnte. Daraus schloss ich, dass sich der Konsens in gewisser Weise für eigene Zwecke nutzen lässt.

Mit dieser Technologie wurde die Prognose zu einer Sache des Ausschlussverfahrens. Ich wusste, dass das Konsensergebnis unwahrscheinlich war, also berücksichtigte ich beide Extreme und alle potenziellen Lücken innerhalb des Konsensbereichs. Ich wusste außerdem, dass der Markt jedes Jahr nur eines von vier Dingen tut: Er kann stark

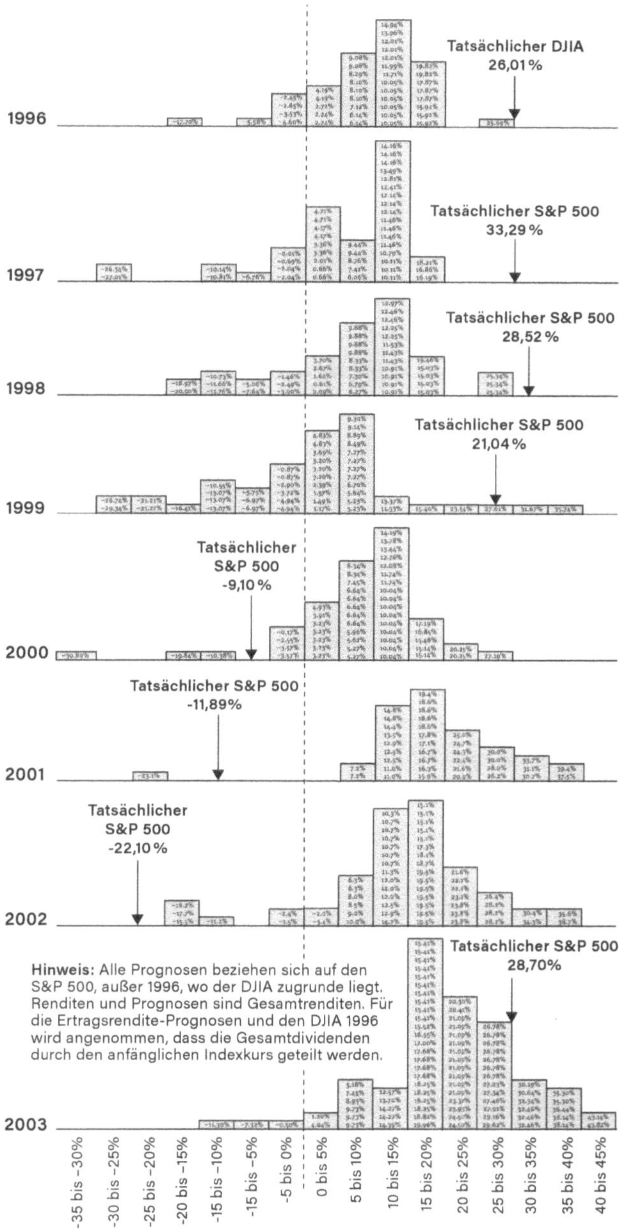

Abbildung 4.1 Jährliche Marktprognoseumfragen.

Quelle: Fisher Investments Research und FactSet, Stand: 28.2.2025.

steigen, leicht steigen, leicht fallen oder stark fallen – nur diese vier Dinge (mehr dazu in Kapitel 8). Also schloss ich Szenarien aus, die ich für unwahrscheinlich hielt, und meine Prognose war schließlich das Marktszenario, das mir von den übrigen am wahrscheinlichsten erschien. Diese Logik steht im Einklang mit der Tatsache, dass der Markt alle bekannten Informationen einpreist, und mit der historischen Erfahrung. Zugleich ist sie ein Beispiel für Frage Zwei – dafür, etwas zu verstehen, was die Prognostiker nicht verstehen konnten: dass sie selbst Teil des Marktes sind und kollektiv in die Irre geführt werden können.

Anders ausgedrückt: Man sollte seine Prognose erst nach Jahresende erstellen, wenn alle anderen ihre bereits abgegeben haben, und dann zumindest sicherstellen, dass man nicht das prognostiziert, was alle anderen prognostizieren. Manchmal hat man vielleicht erst Ende Januar eine Prognose. Das ist in Ordnung. Kalender sind ohnehin willkürlich.

Beispielsweise war man 1999 mit Blick auf das Jahr 2000 allgemein skeptisch und nach einem wunderbar positiven Jahrzehnt bereit, den Glauben an eine Fortsetzung der Rally aufzugeben. Der Konsens war verhalten bullish; die meisten Prognostiker sahen keinen Grund, warum der Markt zweistellig zulegen sollte, also wusste ich, dass es möglich war – vielleicht auch nicht, aber möglich. Einige waren bearish, mit einer großen Lücke auf der Abwärtsseite der Glockenkurve. In der Presse wurden täglich zahlreiche bearishe Befürchtungen wiedergekäut, aber ich sah nichts Schlechtes am Horizont, das nicht bereits im Markt eingepreist war, also schloss ich einen starken Rückgang aus.

Es gab eine weitere Lücke zwischen etwa 15 und 23 Prozent Aufwärtspotenzial. Ich sah Faktoren, die von der breiten Masse weitgehend nicht beachtet oder ignoriert wurden, die jedoch die Aktienkurse nach oben treiben könnten. Wie bereits in Kapitel 2 erwähnt, ging ich davon aus, dass Y2K wahrscheinlich folgenlos bleiben würde – sehr zur angenehmen Überraschung all jener, die Konserven horteten und Aluhüte bastelten. Die Menschen ignorierten auch den Wahlzyklus – 1999 war das dritte Jahr in Clintons zweiter Amtszeit. Sie erinnern sich vielleicht aus Kapitel 2, dass das dritte Jahr selten negativ, dafür aber oft äußerst positiv verläuft. Die Leute waren pessimistisch hinsichtlich der Aussichten für US-Unternehmen, aber ich ging davon aus, dass die Unternehmensgewinne weiter positiv überraschen würden. Ich hielt es für sehr wahrscheinlich, dass der amerikanische Aktienmarkt 1999 stark steigen würde, möglicherweise um über 20 Prozent. Deshalb prognostizierte ich in meiner *Forbes*-Kolumne vom 28. Dezember 1998 mit dem Titel „Bullish for '99" für den S&P 500 einen Anstieg um 20 Prozent. Und so kam es auch: Der S&P 500 schloss das Jahr 1999 mit einem Plus von knapp über 21 Prozent ab.[5] Ich hatte unglaubliches Glück, dass meine Prognose von 20 Prozent so nah am tatsächlichen Ergebnis lag – das war reines Glück –, aber dank der Glockenkurven-Technologie, die ich Mitte der 1990er-Jahre perfektioniert hatte, konnte ich erkennen, wie ich auf der richtigen Seite des Marktes stehen konnte.

Habe ich mir selbst auf die Schulter geklopft, weil ich 1999 fast genau richtiggelegen hatte? Nein. Das wäre ein Rückschaufehler gepaart mit Selbstüberschätzung gewesen. Mein Ziel bei Vorhersagen ist nicht, die tatsächliche Zahl richtig zu treffen. Die genaue Rendite vorherzusagen, ist mir nicht besonders wichtig (aber der damalige Herausgeber von *Forbes* wollte das von mir). Viel wichtiger ist es, anhand der Drei Fragen die richtige *Marktrichtung* zu ermitteln. Die Richtung ist weitaus wichtiger als die Höhe. Wenn ich die Richtung richtig einschätze und mich bei der Zahl irre, bin ich genauso zufrieden, wie ich es wäre, wenn ich die Zahl näher getroffen hätte (mehr dazu in Kapitel 8).

Das war nur ein Beispiel aus einem einzelnen Jahr, aber Sie verstehen, worauf ich hinaus will. Diese Technologie hat mich in den späten 1990er-Jahren und bis in die ersten Jahre des nächsten Jahrzehnts auf der richtigen Seite des Marktes gehalten und mir geholfen, den Markt zu schlagen, als er 2000 und 2001 einbrach. Meine jährlichen *Forbes*-Prognosen basierten Jahr für Jahr auf dieser Technologie, und ich hatte in diesen Jahren recht und sehr viel Glück. Ich wartete mit meinen Prognosen, bis alle anderen ihre abgegeben hatten – ich ließ ihnen den

Vortritt –, damit ich sie für meine Zwecke nutzen konnte. Klingt großartig, oder? Und das war es auch, für eine Weile. Allerdings gewann meine Technologie – wie zuvor das KUV – zunehmend an Popularität. Immer mehr Menschen begannen, sie zu beobachten und Vorhersagen zu erstellen. Mitte der 2000er-Jahre funktionierte sie eine Zeit lang nicht mehr. Zumindest nicht so wie früher.

Jahrelang funktionierte sie wunderbar, und man kann deutlich sehen, dass sie auch im Rückblick funktioniert hat. Als ich sie zunächst in *Forbes* beschrieb oder darüber im *Research Magazine* schrieb, wurde sie noch als Voodoo abgetan.[6] Ab etwa 2000 hörte man auf, sie als Voodoo abzutun. Zu diesem Zeitpunkt hatten andere diese oder ähnliche Technologien übernommen.

Ich war beruhigt, als die Glockenkurven zunächst fälschlicherweise als Contrarian-Instrument eingesetzt wurden. Wenn der Konsens bullish war, waren die frühen Anwender automatisch bearish und umgekehrt. Sie schauten auf die Jahre 2001 und 2002, als der Konsens ausgesprochen bullish war, die tatsächlichen Ergebnisse jedoch klar bearish waren. Das bestärkte die Contrarians zusätzlich darin, die Methode falsch anzuwenden. Sie verwendeten die Technologie falsch, hatten aber Glück, was sie weiter anspornte.

Aber eine falsche Anwendung bleibt falsch, auch wenn sie zufällig funktioniert. Wenn man sie richtig eingesetzt hätte, wäre man vielleicht ebenfalls bullish gewesen, obwohl auch der Konsens bullish war. Nehmen wir 1996, 1997, 1998, 1999 und sogar 2003. In jedem dieser Jahre war die Konsensprognose leicht bullish und blieb weit hinter den deutlich bullisheren Ergebnissen zurück. Hätten Sie in diesen Jahren Glockenkurven verwendet, um zu bearishen Schlussfolgerungen zu gelangen, hätten Sie fantastische Renditen verpasst.

Schließlich begannen andere, die Methode richtig anzuwenden. Als Richard Bernstein bei Merrill Lynch zum Chefmarktprognostiker aufstieg, wusste ich, dass es für mich eng wurde. Bernstein hatte eine sehr gute, ähnlich gelagerte Methode entwickelt, die sich im Rückblick auf die 1990er-Jahre bewährte. Meir Statman und ich haben seine Daten auch in dem zuvor erwähnten Aufsatz „Investor Sentiment and Stock Returns“[7] berücksichtigt. Bernsteins Modell hatte sich historisch als nützliches Prognoseinstrument erwiesen. Dass er nun zu einer Wall-Street-Größe wurde, kündigte das baldige Ende meiner Glockenkurven-Technologie in ihrer bisherigen Form an.

Sie funktionierte noch einige Jahre, aber ab etwa 2004 nicht mehr. Zu diesem Zeitpunkt fanden sich im Internet bereits mehrere Quellen, die meine ursprünglichen Glockenkurven aufgriffen oder mit ähnlichen Ansätzen arbeiteten. Einige nutzten sogar direkt meine alte Technologie. Genau wie beim KUV wurde das einst Neuartige so populär, dass es in den Markt eingepreist und damit obsolet wurde. Zugegeben: Dass sie 2004 nicht funktionierte, hätte ein einmaliger Ausreißer sein können. Aber als immer mehr professionelle Prognostiker diese Technologie eilig übernahmen, wusste ich, dass sie zum Scheitern verurteilt war.

In den folgenden Jahren begann ein erheblicher Teil der Prognostiker, die jeweils anderen im Blick zu behalten: Sie veröffentlichten Prognosen, beobachteten die Reaktionen und passten ihre eigenen Prognosen anschließend wieder an. Ihre ersten Prognosen hatten deshalb nicht mehr das Gewicht und die Verbindlichkeit, die solche Prognosen noch wenige Jahre zuvor gehabt hatten. Alle versuchten, einander auszuspielen; also war es Zeit, zu einem neuen Spiel überzugehen.

Zumindest galt das für US-Aktien.

Nachdem ich diese Technologie entwickelt hatte, stellte ich fest, dass sie auf jedem frei gehandelten Markt funktionierte, sofern es dort genügend Prognostiker gab, die öffentliche Prognosen abgaben. Wir nutzten sie regelmäßig, um unsere Einschätzung zum Nasdaq, für den es in den 1990er-Jahren eine Fülle von Prognosen gab, mit dem S&P 500 abzugleichen. Diese Technologie beeinflusste teilweise meine Entscheidung, mich Anfang 2000 bearish gegenüber dem Technologiesektor zu positionieren. (Sie können meine Prognose zur Tech-Blase in meiner *Forbes*-Kolumne vom 6. März 2000 mit dem Titel „1980 Revisited“

nachlesen, die ich für Sie in Anhang F wiedergegeben habe.) Als ich erkannte, dass diese Kapitalmarkttechnologie bei den wichtigsten US-Indizes nicht mehr wirksam war, prüften wir, ob man in anderen Teilen der Welt bereits auf die Idee gekommen war, sie dort einzusetzen.

Und sie funktionierte noch mehrere Jahre gut für internationale Aktien – solange es ausreichend viele öffentlich abgegebene professionelle Prognosen gab. Über Aktien hinaus funktionierte sie auch weiterhin für langfristige Zinsen in den USA und außerhalb der USA sowie für die wichtigsten Währungen.

Aber selbst dort verlor sie Mitte der 2000er-Jahre als eigenständiges Prognoseinstrument an Kraft. Wir beschäftigten uns jedoch weiterhin mit Glockenkurven. Denn wie bereits erwähnt: Was nicht mehr funktioniert, kann oft wieder wirksam werden, sobald die Menschen weitgehend das Vertrauen darin verloren haben. Und genau das geschah nach der Finanzkrise, als so viele Menschen das Vertrauen in Prognosen verloren hatten, nachdem sich die meisten Aussichten – meine eingeschlossen – als falsch erwiesen hatten.

Das verlieh ihr neue Kraft. Wie ich 2015 in meinem Buch „Kasse statt Masse" ausführlich dargelegt habe, schloss der S&P 500 die Jahre 2009 und 2010 außerhalb des Hauptbereichs der Glockenkurve ab. Im Jahr 2011 waren 70 Prozent der Prognosen zu bullish. Im Jahr 2012 waren 54 von 60 zu niedrig. Im Jahr 2013 übertrafen enorme Renditen alle Prognosen! 2014 wiederholte sich dieses Kunststück. Die Kraft war zurück!

Im Jahr 2015 erwiesen sich meine Prognosen (und die fast aller anderen Prognostiker) als etwas zu bullish, da US-Aktien nahezu unverändert schlossen.[8] Vielleicht habe ich die Lage nicht perfekt interpretiert, aber die Glockenkurve funktionierte. Das Jahr 2016, das inmitten einer auslaufenden Korrektur begann, überraschte die meisten positiv. Die bearishe Stimmung verfestigte sich 2017, sodass ich ein starkes Jahr erwartete. Das Ergebnis von 19,4 Prozent übertraf die Prognosen aller Prognostiker bis auf einen.[9] Zwischen 2018 und 2024 betrug die durchschnittliche Differenz zwischen Medianprognose und Ergebnis 17,2 Prozentpunkte und lag nie unter zehn Prozentpunkten.[10] Und 2024 setzte das Ausrufezeichen: Die Medianprognose war bearish und lag bei einer Rendite von 1,4 Prozent – weniger, als mit Bargeld beziehungsweise Online-Sparkonten zu erzielen war. Keine Prognose lag über 17 Prozent. Die Jahresrendite? 23,3 Prozent. Die Glockenkurve ist zurück, Baby! Vorerst.

Warum erzähle ich Ihnen das alles?

Vielleicht fragen Sie sich wieder, warum ich meine sprichwörtlich große Klappe aufmache. Könnte ich meine Technologie nicht länger nutzen, wenn ich schweigen würde? Vielleicht!

Warum also die Ergebnisse und Entdeckungen preisgeben? Aus zwei Gründen. Erstens: Ich habe keine Angst, eine Technologie zu verlieren, wenn wir ständig innovativ sind und wissen, dass wir ständig innovativ sein müssen. In meiner Firma sind noch Hunderte andere Kapitalmarkttechnologien im Einsatz. Und in den kommenden Jahren werden wir Hunderte, wenn nicht Tausende weitere entwickeln.

Zweitens: Wenn die Welt sich ständig über das lustig macht, was ich für gute Technologie halte – so wie sie es mit meiner Arbeit zum Präsidentschaftswahlzyklus oder vor langer Zeit mit meiner Arbeit zum KGV getan hat –, dann lerne ich, dass darin Kraft steckt. Ich weiß, dass ich mich auf die kognitive Verzerrung der Welt verlassen kann, die sie daran hindert, die Realität zu sehen, und dass das Werkzeug somit nützlich bleibt. Ich kann mich auf Innovationen in anderen Bereichen konzentrieren, weil ich weiß, dass dieser Bereich noch Potenzial hat. Meiner Meinung nach kann man das erst wissen, wenn man es preisgibt.

Wäre die Glockenkurvenprognose mein einziger Pfeil im Köcher, hätte ich dieses Geheimnis vielleicht streng gehütet. Aber wenn man die Drei Fragen nutzt und weiter Kapitalmarkttechnologien entwickelt, sucht man ständig nach dem nächsten Ansatz und hat keine Angst, das Alte zu verlieren. Ohne die Drei Fragen wäre ich, wenn ich ein oder zwei Werkzeuge verlieren würde, vielleicht gezwungen, mich mit meiner Frau, meinem Wald am See und meinen Katzen ins Privatleben zurückzuziehen. Aber mit den Drei Fragen wartet der nächste Nervenkitzel immer schon in der nächsten Frage. Ständige Innovation bringt mich immer wieder zu dem Teil der Vermögensverwaltung, der mir am meisten Spaß macht. Und wenn ich in der heutigen Zeit nicht innovativ bin, verdiene ich es nicht, Hunderte von Milliarden für andere Menschen zu verwalten.

Um wettbewerbsfähig zu bleiben, sind ständige Innovationen erforderlich, aber die meisten Menschen mögen das nicht oder verstehen es nicht einmal. Meiner Meinung nach versteht die Finanzdienstleistungsbranche das insgesamt nicht. Wenn ich über ein Unternehmensvorbild für meine Firma nachdenke, orientiere ich mich nicht an der Wall Street. Meine Vorbilder sind Intel aus den frühen 1970er-Jahren, Sam Walton und Walmart aus derselben Zeit, Procter & Gamble im Bereich Marketing und Taiwan Semiconductor im Bereich Management. Das waren die Innovationsvorbilder meiner Jugend. Ich bewundere Bob Noyce, den Miterfinder des integrierten Schaltkreises, Mitbegründer von Intel und langjährigem Partner von Gordon Moore.

Ich lernte Bob Noyce noch in einer überschaubareren Welt kennen, und er beeindruckte mich zutiefst. Noyce wusste schon damals, dass er und Moore niemals aufhören durften, sich weiterzuentwickeln. Ich selbst hatte zu dieser Zeit noch nicht verstanden, wie notwendig das war. Obwohl er nicht groß war (eigentlich sogar ziemlich klein), war er intellektuell ein Riese, sodass die meisten Leute davon ausgingen, dass Intel ohne ihn keine große Rolle mehr spielen würde. Dabei übersahen sie, welche Kraft in der intellektuellen Partnerschaft von Bob Noyce und Gordon Moore lag. Beiden war klar, dass ihre damaligen Kenntnisse in der Halbleiterfertigung schon bald von künftigen Innovatoren übertroffen werden würden. Diese Tatsache hat sich seither bestätigt: Andere Innovatoren traten auf den Plan und gründeten Unternehmen, die Intel überflügelten. Ihr Ziel war es, sich schneller entlang der Moore'schen Lernkurve zu bewegen als die anderen. Was wirklich einzigartig war, war ihr Glaube an die Lernkurve und an Innovation.

Dieses Vorbild ist seitdem in meinem Denken allgegenwärtig, weshalb mein Fokus immer auf ständiger Innovation lag, liegt und immer liegen wird. Ich möchte nicht, dass mein Unternehmen wie ein Wall-Street-Unternehmen ist. Ich möchte, dass es dem Intel von Noyce und Moore um 1975 ähnelt. Wenn ich also etwas entwickelt habe, das ich für wirklich gut halte, macht es mir nichts aus, wenn es anerkannt, in den Märkten eingepreist und anschließend unbrauchbar wird. Ich gehe davon aus, dass dies der Fall sein wird. Das ist Fortschritt.

Neue Kapitalmarkttechnologie – ständige Innovation

Eine Übersicht über die neuen Kapitalmarkttechnologien, die mein Unternehmen im Laufe der Jahre entwickelt hat, sowie über ältere Technologien, die noch immer im Einsatz sind, finden Sie in mehreren meiner neueren Bücher, darunter „Debunkery" aus dem Jahr 2010, „Markets Never Forget" aus dem Jahr 2011 und „Beat the Crowd" aus dem Jahr 2015. Die Originalausgaben dieser Bücher erschienen bei John Wiley & Sons; die deutsche Ausgabe von „Beat the Crowd" erschien unter dem Titel „Kasse statt Masse" im Börsenbuchverlag.

Besseres Leben durch globales Benchmarking

Nicht alle Kapitalmarkttechnologien dienen der Prognose. Sie können auch ein Instrument sein, um Sie diszipliniert zu halten. Eine solche ausgereifte Kapitalmarkttechnologie, die in meiner Firma (auf die ich bereits verwiesen habe) bis heute erfolgreich eingesetzt wird, ist das globale Benchmarking. Das ist nichts Neues, und ich habe es auch nicht erfunden! Wir haben in Kapitel 3 über Benchmarking als Heilmittel für viele Probleme der Steinzeit gesprochen.

Vielleicht belächeln Sie die Idee, einen Index auszuwählen, dem Sie folgen, an dem Sie sich orientieren und an dem Sie sich messen, und das dann als Technologie zu bezeichnen. Das ist zu simpel und kein neues Konzept – vielleicht sogar schon zu weit verbreitet. Und jeder kann es tun! Ja, es ist simpel, und jeder kann es tun – aber meistens tun es die Leute eben nicht. Und wenn sie es doch tun, machen sie es für gewöhnlich falsch. Würden sie es wirklich nutzen, hätten sie wahrscheinlich mehr Erfolg und würden weniger Fehler machen. Deshalb ist es so großartig. Sie können Ihre Renditen anhand Ihrer Benchmark messen, aber noch wichtiger ist, dass Sie Ihr Portfolio anhand dieser Benchmark verwalten sollten.

Viele US-Anleger meiden globale Investments und bevorzugen den S&P 500, US-Aktien und Investmentfonds. Schließlich glauben sie zu wissen, dass der US-Markt besser ist, und fühlen sich damit wohler. Cincinnati macht ihnen keine Angst, Cannes oder Köln vielleicht schon. Dennoch hilft globales Denken dabei, über alles klarer nachzudenken – auch über den eigenen Markt. Ein Hauptzweck des globalen Benchmarkings ist es, klarer zu denken.

Zum Beispiel glauben viele US-Anleger fälschlicherweise, sie müssten weder global denken noch internationale Aktien besitzen, weil ihnen US-amerikanische multinationale Unternehmen mit hohem Auslandsumsatz ein gleichwertiges globales Engagement böten. Diese weit verbreitete Ansicht lässt sich anhand der in Kapitel 1 erworbenen Kenntnisse leicht widerlegen. Wenn US-Multis Ihnen tatsächlich ein Engagement im Ausland ermöglichen, sollten sie doch eng mit ausländischen Aktien korrelieren, oder? Wenn nicht, erzielen Sie nicht das gewünschte Engagement. Wenn Sie jedoch eine Reihe von US-amerikanischen, japanischen, deutschen und niederländischen Multis betrachten, werden Sie feststellen, dass diese viel enger mit ihren eigenen Ländern korrelieren als untereinander. Das heißt, Exxon, Coca-Cola und Nvidia korrelieren viel enger miteinander und mit dem S&P 500 als mit Sony, Toyota, Hitachi und dem japanischen TOPIX-Index.

Die Korrelationen zeigen Ihnen, dass US-Multis sich wie US-Aktien verhalten und Ihnen kein Engagement außerhalb der USA bieten.

Jedes Land hat kulturelle Faktoren, die seine Aktien unabhängig davon beeinflussen, wo das Unternehmen seine Umsätze erzielt. Ein japanisches Unternehmen hat hauptsächlich japanische Mitarbeiter, ist stärker im japanischen Rechtsrahmen verankert als in ausländischen Rechtsordnungen und erhält mehr Finanzmittel aus Japan als aus dem Ausland. Entscheidend bleiben aber die Korrelationen. Erst der globale Vergleich zeigt, dass US-amerikanische multinationale Unternehmen trotz hoher Auslandsumsätze kein echter Ersatz für ausländische Aktien sind – und genau darum geht es mir. Um den US-Markt heute besser zu verstehen – ob es um globale Zinskurven geht oder um die Frage, wie US-Aktien mit anderen Märkten zusammenhängen und sich entwickeln –, müssen Sie global denken. Ja, selbst der heutige Zeitgeist von „America First“ hat daran nichts geändert.

Vielen fällt es schwer zu akzeptieren, dass der als Benchmark verwendete Aktienindex keine große Rolle spielt, wenn man einen sehr langen Anlagehorizont hat. Ob Sie es glauben oder nicht: Alle korrekt berechneten wichtigen Aktienbenchmarks landen über ausreichend lange Zeiträume ungefähr am gleichen Punkt – sie nehmen nur unterschiedliche Wege (wie ich später noch näher ausführen werde). Ein rational denkender Mensch würde jedoch eine Benchmark wählen, die diese langfristige Aktienrendite mit der geringsten Volatilität erzielt – also mit einem ruhigeren Verlauf. Das bedeutet nicht, dass ein ausländischer Aktienindex unbedingt anders verläuft als ein amerikanischer Aktienindex oder umgekehrt. In der Regel ist das nicht der Fall, da die Aktienmärkte der meisten Industrieländer direkt miteinander korreliert sind. Lediglich das Ausmaß der Bewegungen unterscheidet sich.

Darüber hinaus würde eine rational denkende Person die Benchmark wählen, die die meisten Möglichkeiten zur Wertpapierauswahl bietet und aus der sich anhand der Drei Fragen am meisten lernen lässt – also die ganze Welt. Damit sind wir wieder beim globalen Index.

Eine Benchmark ist absolut unerlässlich, da sie als Wegweiser für Ihr Portfolio dient. Ohne Benchmark zu investieren ist, als würden Sie mit einem fremden Auto auf einer fremden Straße in einem fremden Bundesstaat fahren, ohne Karte oder Routenbeschreibung umherirren und sich fragen, warum Sie Ihrem Ziel nicht näherkommen. Aber Sie sind sich nicht wirklich sicher, wo Ihr Ziel liegt – außer dass Sie es vielleicht erkennen, wenn Sie es sehen. Ihre Benchmark dient Ihnen als Fahrplan und gibt Ihnen Orientierung, was Sie in welchem Umfang und wann in Ihr Portfolio aufnehmen sollten.

Ihre Benchmark ist ein Fahrplan für Ihre lange Reise

Am Morgen des 11. September 2001 war ich mit einer Gruppe meiner Mitarbeiter von der Ostküste in einem Zug von Washington, D. C., nach Philadelphia unterwegs, wo wir Seminare für lokale Kunden abhalten wollten. Plötzlich erschütterten die Terroranschläge die Normalität. Von Philadelphia aus machten sich die Mitarbeiter eilig in alle Richtungen auf den Weg zu ihren Familien nach Hause – von New Hampshire bis Florida. Da Fliegen nicht möglich war, mieteten zwei Kollegen und ich einen Van und fuhren nach Westen Richtung Kalifornien. Wir überschritten die Geschwindigkeitsbegrenzung, wann immer es möglich war – also die meiste Zeit. Es gibt zwei Hauptrouten, die man nehmen kann. Wir nahmen die längere südliche durch St. Louis, weil wir davon ausgingen, dass auf der nördlichen Route weitere Großstädte lagen, die eher als potenzielle Ziele für weitere Terroranschläge infrage kamen (die glücklicherweise nie stattfanden). Wir nahmen die weniger befahrene Route. In St. Louis setzten wir eine Person ab, die mit dem Mitternachtszug nach Dallas zurückfahren wollte. Wir fuhren in Drei-Stunden-Schichten weiter, hielten an Tankstellen, um zu tanken und etwas zu essen zu kaufen, und wechselten uns dann für die nächste Drei-Stunden-Schicht ab. Erstaunlicherweise schafften wir es in 32 Stunden quer durch die USA.

Wenn man es wirklich darauf anlegt und nonstop durchfährt, schafft man die Fahrt in dieser Zeit.

Ohne eine Karte hätten wir es niemals geschafft. Sie half uns zu erkennen, dass die südliche Route kaum länger war, man auf ihr vielleicht sogar schneller vorankam und sie auf jeden Fall weniger befahren war. Sie zeigte uns, wohin wir fahren mussten und wie wir bei Umleitungen wieder auf den richtigen Weg kamen. Sie half uns bei der Entscheidung, welche Route wir bei Denver nehmen sollten. Von Denver aus mussten wir uns entscheiden, ob wir die nördliche Route über Salt Lake City und den Donner Pass oder die südliche durch die Mojave-Wüste nehmen wollten. Wir wählten die nördliche. Sie half uns bei Planung und Organisation unserer Reise. Sie ermöglichte es uns, Risiken zu kontrollieren. Eine gute Aktienmarkt-Benchmark bietet die gleichen Vorteile.

Die Benchmark dient auch als Maßstab für die Performance. Wenn Sie sich jedes Jahr Ihr Portfolio ansehen, überprüfen Sie dann, ob Sie Gewinne oder Verluste erzielt haben und in welcher Höhe? Wenn ja, woher wissen Sie, ob Sie ein gutes oder ein schlechtes Jahr hatten? Wenn Ihr Portfolio 20 Prozent im Plus liegt, ist das gut? Ist es immer noch gut, wenn der Gesamtmarkt um 35 Prozent gestiegen ist? Wenn Ihr Portfolio 5 Prozent verloren hat, ist das schlecht? Was ist, wenn der Markt um 25 Prozent gefallen ist? Wenn Sie von Philadelphia nach San Francisco fahren, gibt es Abschnitte, auf denen Sie schnell vorankommen, und Abschnitte, auf denen Sie nichts anderes tun können, als Geduld zu haben. So ist es auch an den Märkten.

Viele Anleger behaupten, ihr Ziel sei es, „den Markt“ zu schlagen, aber sie können nicht sagen, welchen Markt sie meinen und wie sie ihn schlagen wollen. Der Markt könnte sich auf die US-Aktienmärkte, die weltweiten Aktienmärkte oder sogar die Anleihemärkte beziehen. Ist es der japanische TOPIX? Der Schweizer SPI? Der brasilianische Bovespa? Wie kann man einen Markt schlagen, den man nicht definiert hat? Der von Ihnen ausgewählte Markt wird Ihre Benchmark sein und sollte jede bewusste Portfolioentscheidung bestimmen.

Sobald Sie Ihre Benchmark ausgewählt haben, können Sie versuchen, sie zu schlagen. Eine Möglichkeit wäre, alles in eine enge Aktienunterkategorie zu investieren. Doch wenn Sie sich irren, ist das Risiko entsprechend enorm. Die Benchmark hilft Ihnen, Ihr Risikoprofil zu definieren – also zu bestimmen, wie konzentriert oder diversifiziert Sie im Vergleich zu Ihrem Fahrplan sind.

Breite Aktienindizes wie der S&P 500, der MSCI World und der MSCI ACWI sind gute Stellvertreter für die Marktperformance und somit Benchmarks, an denen sich Ergebnisse messen und Portfolios steuern lassen. Ihre Benchmark kann jedoch jeder gut konstruierte Index sein – der Russell 2000, wenn Sie Small Caps mögen. Die meisten britischen Anleger verwenden den FTSE, die Deutschen den DAX. Unabhängig vom Index müssen Sie genau festlegen, woran Sie Ihr Portfolio und Ihre Anlageaktivitäten messen. Und dann müssen Sie sich in der Regel für lange Zeit an diese Benchmark halten.

Wählen Sie einen Index, irgendeinen Index (aber glauben Sie nicht, dass eine höhere Volatilität zu höheren Renditen führt)

Zwar kann jeder korrekt konstruierte (das heißt streubesitzbereinigte, nach Marktkapitalisierung gewichtete) Index als Benchmark dienen, doch sollte man auch die Breite berücksichtigen. Sie könnten den Nasdaq wählen. Oder den OMX Copenhagen, wenn Sie dänische Aktien bevorzugen. Oder den MSCI Singapore oder einen beliebigen anderen Index. Alle sind solide konstruierte Indizes. Aber je enger der Index, desto volatiler ist er in der Regel im Zeitverlauf. Sie haben weniger Spielraum, um zu reagieren, wenn etwas anderes passiert. Das gilt besonders für kleinere Länderindizes, wenn einzelne Aktien darin sehr stark gewichtet sind oder die Branchenverteilung deutlich von der globalen Verteilung abweicht. Der Nasdaq beispielsweise hat unzählige Komponenten, schwankt aber mit der US-Tech-Branche. Der OMX Copenhagen hängt von Novo Nordisk ab, einem einzelnen

Unternehmen aus dem Gesundheitswesen. Der MSCI Singapore besteht zu mehr als der Hälfte aus Finanzwerten. Sie könnten sich für diese Indizes entscheiden. Aber es gibt keinen Grund, sich einer so heftigen kurzfristigen Achterbahnfahrt auszusetzen. Über lange Zeiträume (wie Ihren Anlagehorizont von 20, 30 oder 40 Jahren) sollten alle gut konstruierten Indizes am Ende sehr ähnliche Renditen erzielen, auch wenn sie sehr unterschiedliche Wege dorthin nehmen. Vielleicht glauben Sie das nicht. Ich hoffe aber, ich kann Sie überzeugen.

Wenn Sie jedoch akzeptieren können, dass alle gut konstruierten wichtigen Aktienindizes Sie letztlich an ungefähr denselben Punkt bringen, sollte Ihr Hauptanliegen sein, wie ruhig die Fahrt dorthin verläuft. Abbildung 4.2 zeigt eine Vielzahl von Indizes oder Benchmarks, die im Laufe der Zeit konvergieren, aber unterschiedliche Wege nehmen. Dabei handelt es sich nicht um reale Indizes, sondern um eine schematische Darstellung verschiedener Typen.

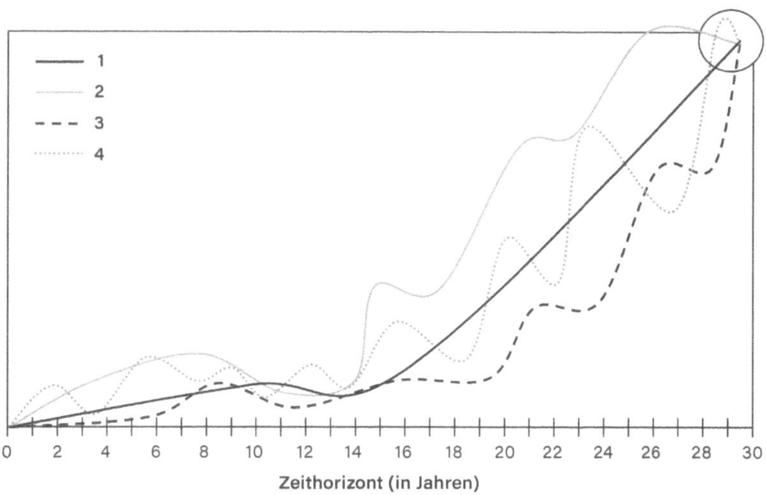

Abbildung 4.2 Benchmark und Zeithorizont.

Hinweis: Nur zu Illustrationszwecken. Nicht maßstabsgetreu. Nicht als Prognose zu verstehen.

Index 4 ist ein volatiler Referenzindex, der andere wichtige Indizes in seinen Hochphasen deutlich übertrifft, in seinen Tiefphasen jedoch deutlich hinter ihnen zurückbleibt. Stellen Sie sich diesen Index als einen sehr engen Index mit starker Sektorkonzentration vor, etwa den Nasdaq oder vielleicht den Index eines sehr kleinen Landes. Index 3 blieb zunächst etwas zurück, übertraf später jedoch die anderen Indizes – was einem größeren Index eines Industrielandes entsprechen könnte. Index 2 schnitt anfangs besser ab, fiel jedoch in den späteren Jahren etwas zurück – ähnlich wie Japan. Ein rationaler Anleger würde den Index mit der geringsten Volatilität bevorzugen, also Index 1, der den ruhigsten Verlauf aufweist. Der ruhigste Verlauf ist in der Regel bei den breitesten Benchmarks zu beobachten.

Zu den breitesten gängigen Aktienindizes zählen derzeit der global ausgerichtete MSCI World Index, der die Industrieländer abbildet und eine lange Datenhistorie aufweist, und der MSCI ACWI, der die Schwellenländer umfasst (die ich immer noch lieber als „weniger entwickelte Länder" bezeichne – schließlich steigen einige auf, während andere wieder abtauchen). Der MSCI ACWI hat eine kürzere Datenhistorie und ist für die Messung historischer Daten weniger nützlich, aber als Benchmark durchaus akzeptabel.

Beachten Sie jedoch, dass selbst ein sehr breiter Index Sie nicht vor systemischen Risiken schützt. Wenn breite Märkte fallen, fällt wahrscheinlich auch ein globaler Index stark. Vielleicht sogar sehr stark! Ein globaler Index mindert jedoch die länder- und sektorspezifischen Risiken, die mit engeren Indizes verbunden sind.

Risiko versus Rendite?

Wie kann der volatile Nasdaq Ihnen über lange Zeiträume hinweg ungefähr die gleichen Ergebnisse liefern wie der S&P 500 oder sogar der überaus breite MSCI ACWI? Wenn der Nasdaq volatiler ist, sollten Sie doch auch eine höhere Rendite erzielen, oder?

Viele, die Finanzwirtschaft studiert haben, glauben an diesen weit verbreiteten Mythos: dass höhere Volatilität langfristig höhere Renditen verspricht. Es handelt sich um eine gängige, aber falsche Annahme, die häufig von gut ausgebildeten Menschen verbreitet wird, die eigentlich in der Lage sein sollten, sie zu durchschauen, es aber aus irgendeinem Grund nicht tun. Die Vorstellung lautet: Höhere Renditen gibt es nur mit höherem Risiko – und Risiko wird dabei an der Volatilität gemessen. Das hieße, dass man ein volatiles Portfolio haben sollte, wenn man den Markt schlagen will. Für Aktien im Vergleich zu Anleihen und Bargeld trifft das über längere Zeiträume zu; historisch geht das Konzept auch auf diesen Vergleich zurück. Aber innerhalb verschiedener Aktiensegmente hat es sich in der Vergangenheit messbar als falsch erwiesen. Das ist ein Grund, warum der Blick in die Vergangenheit so wertvoll ist, um allgemein anerkannte Weisheiten zu überprüfen. Denn wenn diese Annahme wahr wäre, hätten Tech-Indizes höhere langfristige Renditen als weniger volatile Indizes – aber das ist nicht der Fall.

Sie können einen schmalen, volatilen Index erstellen, indem Sie fast jede reine Aktienkategorie nehmen, deren Titel sich kurzfristig alle ähnlich entwickeln. Auf diese Weise erhalten Sie Volatilität, die jedoch nichts mit langfristigen Renditen zu tun hat (mehr dazu in Kapitel 7, wenn es um Angebotsverschiebungen geht, die die langfristige Preisbildung bestimmen). Wäre das nicht der Fall, müssten alle Teilsektoren eines breiten Index, die für sich genommen volatiler sind als der Gesamtindex, höhere Renditen erzielen als der Index selbst. Das kann jedoch nicht sein – die Teile eines Index können auf Dauer nicht alle besser abschneiden als der Index, den sie gemeinsam bilden. Das ist eine sehr einfache Anwendung von Frage Zwei, an die die meisten Menschen nicht denken können oder wollen. Bei Aktien hat die kurzfristige Volatilität nichts mit den langfristigen Renditen zu tun. Alle korrekt berechneten Aktienindizes sollten über einen ausreichend langen Zeitraum hinweg in etwa die gleiche Rendite erzielen – die Aktienrendite. Wenn einzelne Indizes vorn liegen, dann nicht weit vorn – und nur aufgrund von Zufall oder einer ungewöhnlichen Verschiebung im Aktienangebot, die sich wahrscheinlich bald wieder umkehren wird.

Viele von Ihnen haben gelernt, dass das, was ich hier sage, falsch ist. Aber diese Annahme ist nachweislich falsch. Der Blick in die Vergangenheit sagt: „So ist es nicht." Wie großartig die Vergangenheit doch sein kann.

Dieser Mythos, den Frage Eins entlarvt, hält sich hartnäckig, weil wir unsere Annahmen nicht hinterfragen und die Vergangenheit nicht zur Überprüfung von Theorien heranziehen. Anleger sind zugunsten ihrer Lieblingskategorie voreingenommen, und der Bestätigungsfehler stützt ihre vorgefassten Meinungen. Viele Anleger halten ihre Lieblingskategorie – Small-Cap-Growth, Energie, Technologie, Large-Cap-Value, Schwellenländer, was auch immer – fälschlicherweise für von Natur aus überlegen. Gerade weil das nachweislich falsch ist und nur wenige es überprüfen, lohnt es sich besonders, diesen Mythos zu entlarven. Es gibt absolut keinen Beweis dafür, dass eine bestimmte Kategorie dauerhaft besser ist. Für jede Kategorie lässt sich ein Zeitraum finden, in dem sie den Markt übertroffen hat. Wählt man einen anderen Zeitraum, schwindet ihre Dominanz. Verändert man das Kategorieetikett nur leicht – etwa nach Größe, Stil, Branche oder Region –, verliert auch die vermeintliche Überlegenheit an Bedeutung.

Eine Datenfalle entsteht, wenn jemand absichtlich oder unabsichtlich Daten auswählt, die seine These scheinbar stützen. Wählt man jedoch leicht abweichende Daten oder ändert den Zeitrahmen, bricht das ganze Konstrukt zusammen. Nehmen wir den seit Langem bestehenden Mythos, dass Small-Cap-Aktien Large-Cap-Aktien schlagen. Historisch betrachtet hat diese These eine gewisse Gültigkeit, da Small-Cap-Aktien seit 1926 im Durchschnitt besser abgeschnitten haben als Large-Cap-Aktien. Die meisten Marktbeobachter allerdings verwechseln Durchschnittswerte mit (1) dem, was am häufigsten vorkommt, und (2) der Realität. Wir wissen, dass es sich um einen Mythos handelt.

Nimmt man nämlich aus der Datenreihe, die zur Untermauerung dieser These herangezogen wird, die Zeiträume nach den fünf größten Bärenmärkten heraus – also jene Phasen, in denen Small-Cap-Aktien immer gut abgeschnitten haben: 1932 bis 1935, 1942 bis 1945, 1974 bis 1976, 2002 bis 2004 und 2009 bis 2011 –, zeigt sich beim Blick auf die übrige Marktgeschichte, dass Large-Cap-Aktien in den restlichen Zeiträumen mit großem Abstand besser abschnitten als Small-Cap-Aktien. Die gesamte überdurchschnittliche Rendite von Small-Cap-Aktien stammt aus diesen wenigen Zeiträumen. Wenn man jedoch den Tiefpunkt der fünf größten Bärenmärkte richtig identifizieren könnte, bräuchte man keine Small-Cap-Aktien, um herauszufinden, wie man den Markt schlagen kann. (Oder wenn man die kleinsten, am wenigsten liquiden Small-Cap-Aktien aus der Studie herausnähme, fiele das Ganze wieder auseinander.)

Der von so vielen angepriesene vermeintliche langfristige Small-Cap-Effekt ist schlimmer als eine Datenfalle. Für die meisten Marktbeobachter ist er eine Quelle der Verwirrung (mit freundlicher Genehmigung von TGH). Davon abgesehen hat er schlicht keine Gültigkeit. In einigen langen Zeiträumen, etwa in weiten Teilen der 2000er-Jahre, lagen Small-Cap-Aktien deutlich vorn. In anderen Zeiten, etwa in weiten Teilen der 2010er- und frühen 2020er-Jahre, hinkten sie dauerhaft hinterher.

Anders ausgedrückt: Stellen Sie sich vor, Sie waren 1945 35 Jahre alt, gerade aus dem Zweiten Weltkrieg zurückgekehrt und begannen zu investieren. Wenn Sie damals glaubten, Small-Cap-Aktien schnitten im Durchschnitt besser ab als Large-Cap-Aktien, hätten Sie 1975 mit 65 Jahren das Rentenalter erreicht – und festgestellt, dass in diesem Zeitraum Large-Cap-Aktien im Durchschnitt besser abgeschnitten hatten als Small-Cap-Aktien. Das ist einfach zu lang, um auf etwas zu setzen, das sich in der Vergangenheit nur selten auszahlt. Oder nehmen wir an, Sie sind 1973 mit 25 Jahren aus Vietnam zurückgekehrt. Nachdem Sie das Trauma verarbeitet, protestiert und sich schließlich die langen Haare abgeschnitten hatten, begannen Sie 1978 im Alter von

30 Jahren zu investieren. In den nächsten mehr als 20 Jahren schnitten Large-Cap-Aktien im Durchschnitt besser ab als Small-Cap-Aktien (obwohl Sie in den ersten Jahren gut abgeschnitten hätten und dem Bestätigungsfehler erlegen wären). Ein Vierteljahrhundert ist eine lange, lange Zeit, um auf eine Rückkehr zum Durchschnitt zu warten.

Wenn man den Zeitraum sorgfältig auswählt, kann man scheinbar vieles beweisen. Aber obwohl die meisten Anleger einen längeren Zeithorizont haben, als sie glauben, können es sich nur sehr wenige leisten, ein ganzes Vierteljahrhundert lang falsch zu liegen. Dem kann man entgegenwirken, indem man sich nicht auf eine einzige Größenklasse, einen einzigen Stil, einen einzigen Sektor oder eine andere einzelne Kategorie konzentriert.

Wenn eine Kategorie nachweislich besser wäre als alle anderen, wüssten wir das inzwischen alle und würden unser Geld dort investieren; alle anderen Aktienkategorien würden verschwinden. Wir alle unterliegen den Gesetzen des Kapitalismus. Aktienkurse werden durch Angebot und Nachfrage bestimmt. Kein Index, keine Größenklasse, kein Stil und keine Kategorie ist für immer die beste. Keine. Und Sie haben keine 25 Jahre Zeit, um darauf zu warten, dass Kategorie X das nächste Mal die Führung übernimmt.

Globales Denken ist besseres Denken

Es sollte einleuchtend sein, dass Sie Ihr Risiko umso breiter streuen, je mehr Sie Ihr Engagement weltweit verteilen. Kein Land liegt verlässlich an der Spitze, und niemand weiß, welches als Nächstes vorn liegen wird. Tabelle 4.2 veranschaulicht die von Jahr zu Jahr wechselnden Spitzenpositionen bei den Länderrenditen. Die Opportunitätskosten einer fehlenden geografischen Diversifizierung können enorm sein. Anstatt das Unbekannte zu fürchten, sollten Sie eher fürchten, große Chancen im Ausland zu verpassen. Und Sie sollten fürchten, dass Ihr eigenes Land der Ort sein könnte, an dem das größte Risiko besteht.

Wenn Sie sich mit der Auswahl einzelner internationaler Aktien nicht wohlfühlen, können Sie ganz einfach über einen kostengünstigen Indexfonds oder einen börsengehandelten Fonds (ETF) ein globales Engagement erzielen. Der MSCI EAFE, der die meisten entwickelten Märkte außerhalb der USA abbildet, ist seit Jahren über kostengünstige Indexfonds breit zugänglich. Mit einem solchen Anlageinstrument streuen Sie Ihr Risiko und erhalten das gewünschte internationale Engagement, während Sie ansonsten völlig passiv bleiben. Und wenn Sie nichts wissen, was andere nicht auch wissen, ist Passivität immer ratsam.

Wenn Sie sich für Investmentfonds entscheiden, sollten Sie darauf achten, einen ausreichend breit angelegten Fonds oder eine entsprechende Auswahl von Fonds zu kaufen. Denken Sie auch daran, die Kostenquote zu überprüfen. Viele Fonds sind teuer. Eine globale Diversifizierung ist sinnvoll, aber nicht, wenn die Gebühren den gesamten Gewinn auffressen. Und wenn Sie über ein größeres Portfolio verfügen, können einzelne Wertpapiere steuerlich viel effizienter sein.

Außerhalb von Fonds können viele ausländische Aktien einfach in US-Dollar in Form von American Depositary Receipts (ADRs) gekauft werden. Darüber hinaus müssen Sie nur in Ihren Kühlschrank, Ihren Medikamentenschrank, Ihren Kleiderschrank, auf Ihre Werkbank oder in Ihre Garage schauen (oder vielleicht sogar auf Ihren eigenen Arbeitgeber), um viele bekannte Namen aus anderen Ländern zu finden.

Sagen Sie niemals Dow

Ich sage immer wieder, dass Ihre Benchmark ein „gut konstruierter" Index sein sollte. Aber was ist ein „schlecht konstruierter" Index? Darf ich vorstellen: den Dow Jones Industrial Average, einen in der Tat sehr schlecht konstruierten Index.

Viele Anleger richten sich ganz und gar nach dem Dow Jones Industrial Average, der häufig einfach „der Dow" genannt wird. Sie halten ihn für einen zuverlässigen Marktindikator, doch in Wirklichkeit ist der

Tabelle 4.2 Die Führung wechselt immer wieder – die fünf Aktienmärkte mit der besten Performance seit 1990

Jahr	**1**		**2**		**3**		**4**		**5**	
1990	Vereinigtes Königreich	10,3%	Hongkong	9,2%	Österreich	6,3%	Norwegen	0,6%	Dänemark	-0,9%
1991	Hongkong	49,5%	Australien	33,6%	USA	30,1%	Singapur	25,0%	Neuseeland	18,3%
1992	Hongkong	32,3%	Schweiz	17,2%	USA	6,4%	Singapur	6,3%	Frankreich	2,8%
1993	Hongkong	116,7%	Finnland	82,7%	Singapur	68,0%	Neuseeland	67,7%	Schweiz	45,8%
1994	Finnland	52,2%	Norwegen	23,6%	Japan	21,4%	Schweden	18,3%	Irland	14,5%
1995	Schweiz	44,1%	USA	37,1%	Schweden	33,4%	Spanien	29,8%	Niederlande	27,7%
1996	Spanien	40,1%	Schweden	37,2%	Portugal	35,7%	Finnland	33,9%	Hongkong	33,1%
1997	Portugal	46,7%	Schweiz	44,2%	Italien	35,5%	Dänemark	34,5%	USA	33,4%
1998	Finnland	121,6%	Belgien	67,7%	Italien	52,5%	Spanien	49,9%	Frankreich	41,5%
1999	Finnland	152,6%	Singapur	99,4%	Schweden	79,7%	Japan	61,5%	Hongkong	59,5%
2000	Schweiz	5,9%	Kanada	5,3%	Dänemark	3,4%	Norwegen	-0,9%	Italien	-1,3%
2001	Neuseeland	8,4%	Australien	1,7%	Irland	-2,8%	Österreich	-5,6%	Belgien	-10,9%
2002	Neuseeland	24,2%	Österreich	16,5%	Australien	-1,3%	Norwegen	-7,3%	Italien	-7,3%
2003	Schweden	64,5%	Deutschland	63,8%	Spanien	58,5%	Israel	57,1%	Österreich	57,0%
2004	Österreich	71,5%	Norwegen	53,3%	Belgien	43,5%	Irland	43,1%	Schweden	36,3%
2005	Kanada	28,3%	Israel	26,8%	Japan	25,5%	Österreich	24,6%	Dänemark	24,5%
2006	Spanien	49,4%	Portugal	47,4%	Irland	46,8%	Singapur	46,7%	Norwegen	45,1%

Jahr	1		2		3		4		5	
2007	Finnland	48,7%	Hongkong	41,2%	Israel	39,2%	Deutschland	35,2%	Norwegen	31,4%
2008	Japan	-29,2%	Israel	-29,3%	Schweiz	-30,5%	USA	-37,6%	Spanien	-40,6%
2009	Norwegen	87,1%	Australien	76,4%	Singapur	74,0%	Schweden	64,2%	Hongkong	60,2%
2010	Schweden	33,8%	Dänemark	30,7%	Hongkong	23,2%	Singapur	22,1%	Kanada	20,5%
2011	Irland	13,7%	Neuseeland	5,5%	USA	1,4%	Vereinigtes Königreich	-2,6%	Schweiz	-6,8%
2012	Belgien	39,6%	Dänemark	31,3%	Singapur	31,0%	Deutschland	30,9%	Neuseeland	29,3%
2013	Finnland	46,0%	Irland	41,2%	USA	31,8%	Deutschland	31,4%	Spanien	31,3%
2014	Israel	22,8%	USA	12,7%	Neuseeland	7,3%	Dänemark	6,2%	Hongkong	5,1%
2015	Dänemark	23,4%	Irland	16,5%	Belgien	12,1%	Israel	10,4%	Japan	9,6%
2016	Kanada	24,6%	Neuseeland	18,4%	Norwegen	13,3%	Australien	11,4%	Österreich	11,3%
2017	Österreich	58,3%	Hongkong	36,2%	Singapur	35,6%	Dänemark	34,7%	Niederlande	32,2%
2018	Finnland	-3,4%	Neuseeland	-4,0%	USA	-5,0%	Israel	-5,5%	Hongkong	-7,8%
2019	Neuseeland	38,2%	Irland	37,5%	Schweiz	32,3%	Niederlande	32,1%	USA	30,9%
2020	Dänemark	43,7%	Niederlande	24,1%	Schweden	23,9%	USA	20,7%	Finnland	20,4%
2021	Österreich	41,5%	Niederlande	27,6%	USA	26,5%	Kanada	26,0%	Norwegen	22,0%
2022	Portugal	0,2%	Hongkong	-4,7%	Dänemark	-4,8%	Vereinigtes Königreich	-4,8%	Australien	-5,3%
2023	Italien	37,1%	Spanien	31,9%	Dänemark	31,2%	USA	26,5%	Niederlande	25,8%
2024	Israel	38,3%	Singapur	32,3%	USA	24,6%	Österreich	18,3%	Irland	14,0%

Hinweis: Alle Angaben in US-Dollar, mit Nettodividenden.
Quelle: FactSet, Stand: 4.3.2025.

Dow schlecht konstruiert, sagt wenig aus und sollte niemals als Benchmark dienen. Ich beachte ihn seit Jahrzehnten nicht mehr und kann Ihnen nicht einmal seinen aktuellen Stand nennen, weil ich mir – ganz im Sinne des Titels meiner *Forbes*-Kolumne vom 19. November 1999, „Never Say Dow" – angewöhnt habe: Niemals Dow sagen.

Sie werden die Märkte besser verstehen, wenn Sie den Dow ignorieren. Das Wort „Dow" sollten Sie nur dann verwenden, wenn Sie von Dow Jones & Company, dem Chemiekonzern Dow oder – im Englischen gleich klingend, aber anders geschrieben – vom Tao sprechen. Den Dow Jones Industrial Average sollten Sie dagegen nie als Benchmark verwenden.

Erstens – auch wenn das nicht der wichtigste Punkt ist – umfasst der Dow nur 30 recht große Aktien: kaum eine faire und vollständige Abbildung des US-Aktienmarkts. Zweitens werden diese wenigen Dow-Aktien nach Gutdünken ausgewählt. Manche Unternehmen werden von anderen Unternehmen übernommen und fallen deshalb aus dem Index. Andere wiederum streicht das Dow-Komitee aus dem Index und ersetzt sie. (Das Komitee nahm Coca-Cola auf, Pepsi nicht. Microsoft nahm es auf, Alphabet nicht. Dann nahm es sowohl Merck als auch Pfizer auf. Warum? Keine Ahnung.)[11] Dass der Dow in den allgemeinen Medien noch immer dieses Ansehen genießt, hat vor allem sentimentale und kulturelle Gründe – er ist der älteste Börsenmaßstab –, also dieselben Gründe, aus denen sich Marktmythen über Jahrzehnte halten.

Sein größter Mangel ist jedoch: Der Dow ist ein preisgewichteter Index. Schenken Sie keinem preisgewichteten Index Beachtung – keinem einzigen, niemals. Lassen Sie mich das zur Betonung noch einmal wiederholen: Schenken Sie keinem preisgewichteten Index Beachtung.

Bedenken Sie: Zum Zeitpunkt der Aktualisierung 2025 konnte UnitedHealth die Bewegung des Dow potenziell doppelt so stark beeinflussen wie Apple – obwohl Apple gemessen an der Marktkapitalisierung achtmal so groß war.[12] Warum kann die Aktie eines weitaus größeren Unternehmens deutlich weniger Einfluss haben? So funktioniert Preisgewichtung.

Je höher der Kurs einer Aktie in einem „preisgewichteten" Index wie dem Dow ist – oder im japanischen Nikkei, den Sie übrigens ebenfalls nicht verwenden sollten; auch er ist preisgewichtet –, desto größer ist ihr Einfluss im Vergleich zu anderen Aktien im Index. In einem preisgewichteten Index hat eine 100-Dollar-Aktie künftig einen zehnmal so großen Einfluss auf den Index wie eine 10-Dollar-Aktie, obwohl die 10-Dollar-Aktie von einem Unternehmen stammen kann, das nach jedem Maßstab weitaus mehr wert und viel größer ist. Wahnsinn.

Preisgewichtete Indizes sind von Natur aus problematisch: Wird eine Aktie gesplittet, wird auch ihr Gewicht im Index um denselben Faktor geteilt. Das Gesamtniveau des Index bleibt davon unberührt, aber der Split verringert den Einfluss dieser Aktie gegenüber den übrigen Aktien im Index. Sie wollen das nicht glauben? Die meisten Menschen wollen es ebenfalls nicht, aber es ist wahr. Umgekehrt gilt: Wird eine Aktie per Reverse Split zusammengelegt – was selten vorkommt –, wird ihr Gewicht im Index um denselben Faktor vervielfacht. Erhalten Sie also beispielsweise für zwei zuvor gehaltene Aktien nur noch eine Aktie, verdoppelt sich ihr Gewicht im Index.

Aktiensplits und Reverse Splits sind rein kosmetisch und haben keinerlei Auswirkungen auf die Marktkapitalisierung oder Dividenden eines Unternehmens, das Nettovermögen der Anleger oder irgendeine andere wirtschaftliche Realität – überhaupt nicht. Aktiensplits beeinflussen jedoch sehr wohl, welche Aktien in einem preisgewichteten Index Einfluss und Gewicht haben. Solange Sie Aktiensplits nicht vorhersagen können – und bislang gibt es keine Technologie dafür –, haben Sie keine rationale Grundlage, um einen preisgewichteten Index auch nur für ein oder zwei Jahre vorherzusagen, selbst wenn Sie die Kursentwicklung jeder einzelnen Aktie im Index perfekt prognostizieren könnten. In manchen Jahren hätte der Dow um 10 Prozentpunkte besser oder schlechter abgeschnitten als tatsächlich, je nachdem, welche Aktien im Index am Ende gesplittet worden wären und welche nicht. Das bedeutet 20 Prozent Gewinn statt 10 Prozent – oder umgekehrt. Ein erheblicher Unterschied!

Mathematisch betrachtet ist die Jahresentwicklung des Dow rein technisch zufallsabhängig – je nachdem, welche Aktien wann gesplittet werden. Wenn in einem Jahr die gesplitteten Aktien schlechter abschneiden als die nicht gesplitteten, schneidet der Index besser ab als die durchschnittliche Aktie. Wenn die gesplitteten Aktien die nicht gesplitteten hingegen schlagen, bleibt der Index hinter der durchschnittlichen Rendite der Aktien im Index zurück.

Verrückt, oder? Anders ausgedrückt: Wenn die Aktien mit hohem Kurs je Aktie besser abschneiden als die Aktien mit niedrigem Kurs je Aktie, dann liegt die Dow-Rendite über der wirtschaftlichen Rendite der im Index enthaltenen Aktien. Umgekehrt gilt: Wenn die Aktien mit niedrigem Kurs je Aktie besser abschneiden als die Aktien mit hohem Kurs je Aktie, bleibt die Dow-Rendite hinter der Rendite der Aktien im Index zurück.

Sie haben sicher schon einmal gehört, dass der Dow einen sogenannten „Divisor" hat, um Splits auszugleichen. Jetzt stellen wir Ihr Verständnis der Realität einmal gründlich auf den Kopf. Wird eine Aktie im Dow gesplittet, passt Dow Jones & Company den „Divisor" tatsächlich an – genau wie bei jedem anderen preisgewichteten Index. Dieser Divisor hält den Stand des gesamten Dow vor und nach der Änderung konstant, sodass der Übergang kosmetisch nahtlos wirkt. Durch die Änderung des Divisors hat der Split angeblich keinen Einfluss auf den Gesamtstand des Dow zum Zeitpunkt des Splits. Der Divisor wird laufend angepasst, aber dennoch kann er nicht verhindern, dass sich der Dow immer weiter von der Realität entfernt.

Der Zwei-Aktien-Index

Hier ein einfaches Beispiel. Wir erstellen einen preisgewichteten Index, der nur aus zwei Aktien besteht – ABC und XYZ –, die zu Beginn jeweils bei 100 Dollar je Aktie notieren. Der Einfachheit halber haben sie denselben Gesamtmarktwert, und alle anderen quantitativen Merkmale sind identisch. Um den anfänglichen Indexwert zu erhalten, addieren wir einfach die Kurse von ABC und XYZ, teilen durch die Zahl der Indexbestandteile, also durch zwei, und erhalten 100 Dollar. Unser Zwei-Aktien-Index beginnt also bei 100. Ganz einfach! Dafür braucht man nicht einmal einen Taschenrechner.

Am Montag steigt ABC um 10 Prozent auf 110 Dollar, und XYZ fällt um 10 Prozent auf 90 Dollar. Addieren Sie 110 und 90, erhalten Sie 200; teilen Sie dann durch zwei – unseren ursprünglichen Divisor –, erhalten Sie immer noch 100 Dollar. Das ergibt Sinn, da sich die 10-prozentigen Bewegungen der beiden Aktien perfekt ausgleichen. Auch hier: einfache Mathematik! Nichts Ungewöhnliches – bis jetzt. Später am Montag kehren sich die Kurse um, und beide liegen wieder bei 100 Dollar, während der Index bei 100 bleibt.

Aber Moment mal!

Am Dienstag kündigt ABC einen Aktiensplit im Verhältnis 100:1 an. Wohlgemerkt, die meisten Splits erfolgen im Verhältnis 2:1 oder 3:1, aber um des Beispiels, der Klarheit und der Verrücktheit willen – preisgewichtete Indizes sind schließlich verrückt – ist es einfacher, extreme Zahlen zu verwenden. ABC wird nun zu 1 Dollar je Aktie gehandelt, obwohl der Gesamtwert des Unternehmens unverändert bleibt. Auch für die Aktionäre ändert sich nichts. Wenn ein Aktionär zuvor 100 Aktien von ABC zu jeweils 100 Dollar besaß, hat er jetzt 10.000 Aktien im Wert von jeweils 1 Dollar – und besitzt in beiden Fällen ABC-Aktien im Wert von 10.000 Dollar. ABC notiert bei 1 Dollar. XYZ notiert weiterhin bei 100 Dollar. Addiert man beide Kurse, erhält man 101 Dollar. Teilt man diesen Wert durch zwei, erhält man 50,50 Dollar.

Aber Moment mal, das stimmt nicht. Das kann nicht funktionieren. Wir wissen, dass der Index bei 100 bleiben muss, da sich außer dem Split nichts geändert hat. Zeit für eine Divisor-Anpassung! Genau wie beim Dow. Anstatt wie ursprünglich durch zwei zu teilen, fragen wir uns nun: „101 geteilt durch welche Zahl ergibt 100?“ Einfache Algebra – die Antwort lautet 1,01. Also setzen wir den neuen Divisor auf 1,01 –

das ist etwa die Hälfte des Wertes vor dem Aktiensplit –, und unser Index bleibt bei 100. Wir sind zufrieden, ahnungslos und glücklich.

Am Mittwoch steigt ABC erneut um 10 Prozent, und XYZ fällt um 10 Prozent. Aber anstatt dass der Index unverändert bleibt, wie es eigentlich sein sollte und wie vor dem Split, ändert er sich nun deutlich. ABC liegt nun bei 1,10 Dollar, XYZ bei 90 Dollar. Addiert man beide Kurse, erhält man 91,10 Dollar. Teilt man diesen Wert durch unseren neuen Divisor von 1,01, erhält man einen Indexwert von 90,20 Dollar. Was zum ...? Der Index fiel um fast 10 Prozent, ohne dass es dafür einen anderen Grund gab, als dass die beiden Aktien im Index identische, aber gegenläufige prozentuale Bewegungen aufwiesen. Wie kann das sein?

Willkommen bei der kleinen schmutzigen Wahrheit über preisgewichtete Indizes. Während sich die wirtschaftlichen Renditen der Unternehmen seit der Einführung des Index nicht im Geringsten verändert haben, hat sich der Index selbst sehr wohl verändert – und zwar deutlich. Wenn die Unternehmen den gleichen Wert haben, sollten sie sich identisch auf den Index auswirken, aber das ist bei keinem preisgewichteten Index möglich – nicht einmal beim hochheiligen Dow.

Noch einmal: Wenn in einem Jahr die gesplitteten Aktien schlechter abschneiden als die nicht gesplitteten, schneidet der Index besser ab als die durchschnittliche Aktie im Index. Wenn die gesplitteten Aktien hingegen besser abschneiden als die nicht gesplitteten, bleibt der Index hinter der durchschnittlichen Rendite der Aktien im Index zurück.

Ich bin immer wieder erstaunt, wie wenige handwerksorientierte Fachleute in ihrer Ausbildung je einen Kurs zur Indexkonstruktion besucht haben – obwohl gerade die Indexkonstruktion durch und durch handwerklich-technisch ist. Fast niemand! Schwer zu verstehen, warum das so ist. Für diejenigen unter Ihnen, die eine weiterführende, leicht verständliche Einführung in die Indexkonstruktion wünschen, empfehle ich Kapitel 5 von Frank Reillys „Investment Analysis and Portfolio Management“ (Dryden Press, 1996). Es ist eines meiner Lieblingsinvestmentlehrbücher.

Ein gut konstruierter Index ist nach Marktkapitalisierung gewichtet. Das bedeutet: Wertvollere Unternehmen haben tatsächlich mehr Gewicht im Index. Apple hatte mit seiner gigantischen Marktkapitalisierung von 3,8 Billionen US-Dollar einen viel größeren Einfluss auf den S&P 500 und den MSCI World als UnitedHealth mit einer Marktkapitalisierung von rund 466 Milliarden US-Dollar.[13] Und das ist auch gut so. Kaum jemand würde bestreiten, dass die Aktie eines größeren Unternehmens einen größeren Einfluss auf den Index haben sollte.

Niemals die Rendite maximieren

Benchmarking sollte also auf marktkapitalisierungsgewichteten Indizes basieren. Darüber hinaus soll diese spezielle Kapitalmarkttechnologie – das globale Benchmarking – wie bereits erwähnt nicht Renditen vorhersagen, sondern Sie auf Kurs halten und Sie zwingen, global zu denken. Das ist der Kern, wenn es darum geht, Ihr Steinzeitgehirn zu überwinden und Selbstkontrolle zu entwickeln, damit Sie Frage Drei meistern können.

Selbst nachdem sie eine Benchmark gewählt haben, schaden sich viele Anleger am Ende selbst, weil sie versuchen, die Rendite zu maximieren. Sie wollen jedes Jahr hohe positive Renditen erzielen – also einen Volltreffer landen – und vergessen dabei, die Entwicklung ihrer Benchmark zu prüfen, um das Risiko zu kontrollieren. Diese Ordnungspräferenz führt dazu, dass sie die *relative Rendite* gegenüber der *absoluten Rendite* vernachlässigen und stattdessen die absolute Rendite bevorzugen. Dabei vergessen sie das Risiko.

Die *relative Rendite* ist das Abschneiden Ihres Portfolios im Vergleich zu der von Ihnen gewählten Benchmark. Wenn Ihr Portfolio beispielsweise in einem Jahr eine Rendite von 5 Prozent erzielt, denken Sie vielleicht, dass das ein eher schwaches Ergebnis ist. Wenn Ihre Benchmark jedoch nur um 3 Prozent steigt, schlagen Sie den Markt um 2 Prozentpunkte, was sehr gut ist – besser, als die meisten im Durchschnitt abschneiden. Die absolute Rendite von 5 Prozent mag vielleicht nicht besonders beeindruckend erscheinen. Aber im Vergleich zur Benchmark haben Sie sehr gut abgeschnitten. Umgekehrt könnten Sie sich ziemlich gut fühlen, wenn Ihr Portfolio in einem Jahr eine Rendite von 15 Prozent erzielt. Wenn die Benchmark jedoch eine Rendite von 30 Prozent erzielt hat, liegen Sie um gewaltige 15 Prozentpunkte zurück. Einen so großen Rückstand aufzuholen, ist schwierig, wenn Sie im Durchschnitt marktähnliche Renditen erzielen wollen.

In der Regel sollten Sie sich auf die relative Rendite konzentrieren – also darauf, wie Sie im Vergleich zu Ihrer Benchmark abgeschnitten haben –, nicht auf die absolute Rendite.

Den Markt zu schlagen – welchen Markt Sie auch immer gewählt haben – ist ein ehrenwertes Ziel, aber sehr schwer zu erreichen. Machbar, aber schwer. Doch statt sich darauf zu konzentrieren, jedes Jahr einen Volltreffer zu landen, ist es womöglich sinnvoller, in etwa wie die Benchmark abzuschneiden. Wenn Ihre Benchmark in einem Jahr um 20 Prozent steigt, war es ein großartiges Jahr, wenn Sie dieses Ergebnis erreicht oder mit einer Rendite von 21 oder 23 Prozent sogar leicht übertroffen haben.

Warum ist ein so knapper Vorsprung großartig? Sehen Sie es einmal so: Wenn Ihre Benchmark um 20 Prozent steigt und Sie um 40 Prozent zulegen, sind Sie vielleicht begeistert und halten sich für ein Genie. (Hüten Sie sich vor wachsendem Stolz, Selbstüberschätzung und dem Rückschaufehler!) Wenn Sie jedoch so stark von der Benchmark abweichen, dass Sie sie um 20 Prozentpunkte schlagen können, fragen Sie sich: „Was wäre, wenn ich falschgelegen hätte?" Antwort: Wäre diese Abweichung falsch gewesen, wären Sie wahrscheinlich 20 Prozentpunkte hinter der Benchmark zurückgeblieben. Und wenn die Benchmark um 20 Prozent gestiegen wäre und Ihr Portfolio über das Jahr unverändert geblieben wäre, würden Sie sich nicht mehr so schlau vorkommen.

Denken Sie an das bewährte Instrument aus Kapitel 3, das Ihnen hilft, diszipliniert zu bleiben: Nehmen Sie sich nicht vor, Ihre Benchmark um sehr viel mehr zu schlagen, als Sie bereit wären, hinter ihr zurückzubleiben. Warum? Sie können sich irren und werden sich irren. Oft! Und wenn Sie in einem Jahr mehr Fehlentscheidungen als Treffer landen, werden Sie wahrscheinlich hinter der Benchmark zurückbleiben. Das ist in Ordnung, und Sie sollten damit rechnen. Langfristig schadet Ihnen das nicht allzu sehr, solange Sie nicht drastisch von der Benchmark abweichen.

Wenn Sie Ihre Benchmark um 30 Prozentpunkte schlagen, können Sie zu Ehren der Glücksgötter einen Freudentanz aufführen – aber versuchen Sie nicht, das zu wiederholen. Sie sind ein zu großes Risiko eingegangen. Untersuchen Sie, wie und warum, sonst könnten Sie beim nächsten Mal am falschen Ende dieser Spanne landen. Wer regelmäßig alles auf den großen Schlag setzt, erleidet viel häufiger als im Durchschnitt Fehlschläge. Wenn Sie versuchen, die Rendite zu maximieren, maximieren Sie am Ende womöglich den Rückstand oder die Verluste. Das gefällt niemandem.

Umgekehrt bedeutet das in der Regel: Wenn Ihre Benchmark verliert, verlieren auch Sie – auf die einzige Ausnahme gehen wir etwas später ein. Wenn Ihre Benchmark in einem Jahr um 10 Prozent sinkt und Ihre Verluste etwas größer oder kleiner ausfallen, hatten Sie ein gutes Jahr. Ihre Benchmark war im Minus. Das kommt vor. Das ist Realität, und Sie können nichts dagegen tun. Akzeptieren Sie diese Prämisse: Die langfristigen Aktienrenditen umfassen alle Bärenmärkte, alle Verlustjahre – ob dramatisch oder moderat – und alle Boomjahre. Es gibt keine Strategie, mit der man das Schlechte vermeidet und nur das Gute mitnimmt. Keine. Wer etwas anderes behauptet, verkauft Ihnen ein Märchen – auch wenn Sie sich dieses Märchen selbst erzählen. Es wird Zeiten geben, in denen es Ihnen gelingt, manche Verluste abzumildern, aber perfekt werden Sie nicht sein. Ich war es jedenfalls nie. Die gute Nachricht: Aktien steigen viel häufiger, als sie fallen, und auf Dauer überwiegen die Gewinne schlicht die Verluste. Genau das treibt die hohen langfristigen Renditen von Aktien.

Fangen Sie vorerst damit an, über relative Renditen nachzudenken, nicht über absolute Renditen. Wenn Sie Ihr Risiko gut managen, werden Sie wahrscheinlich bessere Ergebnisse erzielen als bisher. Beim Portfoliomanagement geht es darum, Risiken zu kontrollieren, nicht darum, Volltreffer zu landen. Wenn Sie zu viel oder zu wenig Risiko eingehen, werden Sie überrascht sein, wie schnell Sie Ihre Chancen, Ihre langfristigen Ziele zu erreichen, beeinträchtigen können.

Das größte Risiko von allen

Die meisten Anleger setzen Risiko mit kurzfristiger Volatilität gleich. Langfristig gesehen ist das größte Risiko, das Sie als Anleger eingehen, jedoch das *Benchmark-Risiko*. Das Benchmark-Risiko beschreibt, wie stark Sie von Ihrer Benchmark abweichen – im Positiven wie im Negativen. Wenn Sie eine reine Aktien-Benchmark haben, weil Sie langfristig marktähnliche Renditen benötigen, um Ihr Ziel zu erreichen, aber glauben, dass Sie sicher und konservativ handeln, indem Sie die meiste Zeit hohe Anteile in Barmitteln und Anleihen halten, ist das ein enormes Benchmark-Risiko und potenziell sehr schädlich für Ihr langfristiges Ziel. Es handelt sich dabei nicht einfach um das Volatilitätsrisiko, an das Sie denken. Damit unterstellen Sie stillschweigend, dass Aktien langfristig schlechter abschneiden als Barmittel und Anleihen – eine sehr gewagte Prognose, die historisch betrachtet genau falsch herum liegt.

Bedenken Sie dieses Risiko: Sie müssen – natürlich über einen langen Zeitraum – im Schnitt 8 Prozent pro Jahr erzielen, um das Wachstum zu erreichen, das Sie für Ihren gewünschten Lebensstil im Ruhestand brauchen, schaffen aber nur 4 oder 5 Prozent, weil Sie über lange Zeiträume zu viel in Barmitteln und Anleihen gehalten haben. Kurzfristige Volatilität kann sehr schwer zu verkraften sein. Aber wie wäre es, wenn Sie Ihren Lebensstandard in 20 oder 30 Jahren halbieren oder noch stärker einschränken müssten, weil Sie ein zu hohes Benchmark-

Risiko eingegangen sind und Ihre langfristigen Renditen zu niedrig waren? Das wäre noch viel schwerer zu verkraften! Wirklich gute Anleger haben sich genau aus diesem Grund gegen normale Volatilität abgehärtet. (Und ja, Volatilität ist normal. Mehr dazu finden Sie in Kapitel 3 meines 2011 erschienenen Buches „Markets Never Forget".)

Das Benchmark-Risiko gilt nicht nur für Aktien im Vergleich zu Anleihen. Sie gehen auch dann ein Benchmark-Risiko ein, wenn Sie eine Kategorie gegenüber der Benchmark übergewichten. Denken Sie an die Anleger, die beim Platzen der Tech-Blase Verluste erlitten haben. Wenn Ihre Benchmark 1999 zu 30 Prozent aus Technologiewerten bestand – etwa die damalige Gewichtung im S&P 500 – und Sie zu den vielen gehörten, die den Technologieanteil ihres Portfolios auf 50 oder 60 Prozent erhöhten, vielleicht sogar auf 80 oder 90 Prozent, gingen Sie ein enormes Benchmark-Risiko ein. Bei einer so starken Übergewichtung musste Ihr Portfolio im Vergleich zum Markt einbrechen, als der Technologiesektor implodierte. Das ist sehr, sehr vielen Menschen passiert, ohne dass sie je verstanden haben, was sie getroffen hatte. Was hat sie getroffen? Mangelnde Risikokontrolle, weil sie das Benchmark-Risiko nicht kontrolliert hatten! Wenn Sie das Benchmark-Risiko im Blick behalten, bleibt das Risiko, dass Ihnen etwa der Technologiesektor um die Ohren fliegt, immer in Ihrem Hinterkopf präsent. Das muss es sein!

Immer wenn eine Vermögenspreisblase Anleger schwer trifft, suchen sie nach Sündenböcken. Das ist ganz natürlich! Sie geben gierigen Bankern, dummen Zentralbankern und noch dümmeren Politikern die Schuld. Vielleicht sind einige oder alle von ihnen schuld, vielleicht auch nicht. Aber keiner von ihnen trägt Verantwortung für Ihre Portfolioentscheidungen. Wer einen Teil seines Portfolios aus dem Ruder laufen lässt und dann schwer getroffen wird, sollte in erster Linie seine eigene Selbstüberschätzung dafür verantwortlich machen: Sie hat ihn dazu verleitet, ein derart massives Benchmark-Risiko einzugehen.

Selbstüberschätzung kann auch zu einem Benchmark-Risiko in die andere Richtung führen. Eine starke Untergewichtung oder ein vollständiger Ausstieg aus einem Benchmark-Sektor kann genauso schädlich sein wie eine maßlose Übergewichtung. Wenn Sie einen großen Sektor auslassen – Technologie, weil Sie ihn nicht verstehen, Finanzwerte, weil 2008 schmerzhaft war, Europa, weil es Ihnen fremd und stagnierend erscheint, was auch immer –, müssen Sie sich klarmachen, dass Sie große Teile des globalen Marktes auslassen und ein Risiko eingehen. Wenn Sie sich irren, könnten Sie massiv hinter Ihrer Benchmark zurückbleiben.

Anleger, die einen Sektor massiv über- oder untergewichten, stellen sich Frage Drei nicht. Sie unterliegen unter anderem dem Fehler der Selbstüberschätzung und erkennen nicht, dass sie mit ihren Entscheidungen falschliegen könnten. Von diesem Bewusstsein ließ ich mich im Jahr 2000 leiten: Obwohl ich überzeugt war, etwas zu wissen, was andere nicht wussten – nämlich, warum dem Technologiesektor eine Implosion drohte –, behielt ich eine kleine Tech-Position bei. Ich war bereit, daraus Konsequenzen für mein Portfolio zu ziehen, ging dabei aber nicht zu weit, weil ich wusste, dass ich falschliegen könnte.

Wenn Sie drastisch von Ihrer Benchmark abweichen und sich irren, können die Opportunitätskosten enorm sein – also die Rendite, die Ihre Benchmark erzielt hätte. Anleger, die im Jahr 2000 Technologiewerte übergewichtet hatten, lagen falsch und zahlten den Preis. Anleger, die 2003 aus Angst in Deckung gegangen waren, lagen bei Technologie und dem übrigen Markt falsch, als die Aktien boomten. Weil sie stark von ihrer Benchmark abgewichen waren und sich geirrt hatten, blieben sie wahrscheinlich massiv hinter ihrer Benchmark zurück. Ein großer Rückstand hinter der Benchmark kann sehr schwer aufzuholen sein. Der Versuch, ihn aufzuholen, kann bedeuten, noch größere Risiken einzugehen – was zu noch größeren Fehlschlägen und einem noch größeren Rückstand, den Sie dann aufholen müssen, führen kann.

Die Lösung ist einfach: Wenn Sie nicht glauben, etwas zu wissen, was andere nicht wissen, bleiben Sie einfach nah an Ihrer Benchmark.

Seien Sie passiv! Wenn Sie glauben, etwas zu wissen, was andere nicht wissen, richten Sie Ihr Portfolio danach aus, aber treiben Sie es bloß nicht zu weit – denn Sie könnten sich immer noch irren. Und das werden Sie manchmal auch.

Meiner Ansicht nach gibt es genau einen einzigen Fall, in dem es sich lohnen kann, ein enormes Benchmark-Risiko einzugehen und deutlich von Ihrer Benchmark abzuweichen. Aber dafür sind wir noch nicht so weit – noch nicht ganz. Verinnerlichen Sie zunächst die Drei Fragen; in Kapitel 8 sprechen wir dann darüber, wie Sie Ihre Chancen verbessern können, einen echten Bärenmarkt zu erkennen.

Sie fragen sich vielleicht, wie Sie Ihr Portfolio benchmarkähnlich aufstellen können und wie Sie herausfinden, woraus eine Benchmark besteht. Alle wichtigen Aktienindizes haben Websites, auf denen sie übersichtlich nach Sektoren und sogar nach prozentualen Gewichtungen aufgeschlüsselt sind. Googeln Sie danach und suchen Sie nach einem Factsheet. Richten Sie sich nach diesen Prozentsätzen, nicht nach Ihrem überheblichen Steinzeitgehirn. Beginnen Sie mit diesen Gewichtungen und weichen Sie nur dann davon ab, wenn Sie glauben, etwas zu wissen, was andere nicht wissen. Wo Ihnen dieser Vorsprung fehlt, seien Sie passiv und bleiben Sie nah an der Benchmark. Benchmarks sind gute Fahrpläne für langfristige Aktienrenditen.

Den Markt zu schlagen ist schwer – aber möglich

Und wie steht es damit, den Markt zu schlagen? Es ist möglich, den Markt zu schlagen, wenn auch schwierig. Aber noch wichtiger ist: Es muss nicht bloß ein gelegentlicher Glückstreffer sein. Viele Finanzprofis und Finanzwissenschaftler möchten Ihnen weismachen, der Markt sei so verdammt effizient, dass es sich, wenn Sie ihn schlagen, um einen einmaligen Glücksfall handelt. Nach ihrer Darstellung hatten Bill Miller, Bill Gross und Peter Lynch einfach nur lange Zeit Glück. Unsinn! Was hatten sie gemeinsam? Sie wussten etwas, was andere nicht wussten.

Sie können Ihre Erfolgsquote steigern, wenn Sie etwas wissen, was andere nicht wissen – indem Sie die Drei Fragen stellen. Wie? Gehen Sie ein kalkuliertes Benchmark-Risiko ein. Die Idee dahinter ist, den Markt zu übertreffen, wenn Sie richtigliegen, und nicht zu viel zu verlieren, wenn Sie falschliegen. Sie müssen nicht bei jeder Entscheidung richtigliegen – und werden es auch nicht. Sie müssen im Durchschnitt nur öfter richtig entscheiden als falsch – solange Sie nicht versuchen, es zu weit zu treiben.

Denken Sie daran, was Sie in Kapitel 3 gelernt haben: Wenn Sie in einem Sektor wirklich bullish sind und dieser Sektor etwa 10 Prozent Ihrer Benchmark ausmacht, sollten Sie erwägen, die Gewichtung dieses Sektors auf 13 oder vielleicht 15 Prozent Ihres Portfolios zu erhöhen. Sie können die Benchmark-Gewichtung sogar auf 20 Prozent verdoppeln, wenn Sie anhand der Antworten auf die Drei Fragen zu der Überzeugung gelangt sind, etwas wirklich Einzigartiges gefunden zu haben – ohne dabei übermütig zu werden. Wenn Sie recht haben, profitieren Sie noch mehr von einem boomenden Sektor. Wenn Sie sich irren, ist der Schaden nicht allzu groß. Das Gleiche gilt umgekehrt: Wenn Sie einen Sektor für uninteressant halten und er 10 Prozent Ihrer Benchmark ausmacht, streichen Sie ihn nicht vollständig. Reduzieren Sie ihn stattdessen auf 5, 7 oder 8 Prozent. Wenn Sie recht haben, waren Sie in einem schlechten Sektor weniger stark engagiert. Wenn Sie sich in Bezug auf den Sektor geirrt haben und er in diesem Jahr die beste Performance erzielt, haben Sie zumindest nicht alles verpasst.

Sie haben jedes Jahr viele potenzielle Entscheidungen zu treffen. Mehr international oder stärker US-orientiert? Mehr Value oder mehr Growth? Small Caps oder Large Caps? Gesundheitswesen oder Technologie? Energie, Grundstoffe, Kommunikationsdienstleistungen, Versorger? Und wie sieht es mit Branchen und Unterbranchen aus? Die Liste lässt sich beliebig fortsetzen. Entscheiden Sie, welche Teile Ihrer Benchmark Sie wo, wann und in welchem Umfang über- oder untergewichten – beschränken Sie sich dabei immer auf das, was Sie

Ihrer Meinung nach wissen und andere nicht. Sie brauchen keine fundierte Einschätzung zu jeder einzelnen Kategorie. Sie wissen nicht, wie Sie den Energiesektor analysieren sollen? Bleiben Sie einfach benchmarknah. Hat Energie in Ihrer Benchmark ein Gewicht von 5 Prozent? Dann halten Sie 5 Prozent Ihres Portfolios in Energie – vielleicht ein paar verschiedene Energiewerte, um diversifiziert zu sein. Oder kaufen Sie einen Energie-ETF. Das ist ganz einfach.

Treffen Sie über einen langen Zeitraum hinweg im Durchschnitt mehr richtige als falsche Entscheidungen, haben Sie das Rezept, um den Markt zu schlagen. Wie Warren Buffett gern sagte, ist dies ein Spiel, bei dem Sie auf einen großartigen Pitch warten können – auf den Ball, der auf Sie zukommt und über den Sie etwas Einzigartiges wissen.

Wenn Sie mit einer Benchmark arbeiten, ist es gar nicht so schwer, den Markt zu schlagen, wie viele glauben. Und selbst wenn Sie sehr gut mit den Drei Fragen arbeiten, werden Sie den Markt nicht jedes Jahr schlagen, vielleicht sogar zwei, drei oder vier Jahre hintereinander nicht. Ich habe mehrere Phasen erlebt, in denen ich mehrere Jahre lang hinter dem Markt zurücklag! Aber weil ich das Benchmark-Risiko kontrollierte, fiel ich nicht weit zurück – und das kann man später wieder aufholen. Der Grund, warum so viele langfristig scheitern – darunter auch die meisten Investmentprofis –, ist, dass sie erstens ihre Anlageentscheidungen nicht auf das beschränken, was sie wissen und andere nicht wissen oder nicht wissen können, und zweitens keine Benchmark zur Risikokontrolle verwenden. Wenn ihre riskanten Entscheidungen dann schiefgehen, gehen sie richtig schief.

Einige Leute behaupten, eine Benchmark zu verwenden, und überprüfen tatsächlich jedes Jahr, wie der S&P 500 abgeschnitten hat. Aber meistens konzentrieren sie sich stärker darauf, die Rendite zu maximieren, als darauf, die Wahrscheinlichkeit zu maximieren, benchmarknah zu bleiben. Sie steuern das Benchmark-Risiko nicht laufend und vorausschauend. Sie verwenden die Benchmark-Rendite lediglich, um im Nachhinein zu beurteilen, wie gut oder schlecht sie abgeschnitten haben. Selbst Anleger, die sich auf die relative Rendite konzentrieren, verwenden ihre Benchmark oft falsch. Wenn Sie ihre Portfolios mit den Sektorgewichtungen ihrer Benchmark vergleichen, werden Sie feststellen, dass sie in ihren bevorzugten Sektoren viel zu stark engagiert sind und in den Sektoren, die sie „nicht verstehen" oder „nicht mögen", kaum oder gar nicht engagiert sind. Deshalb ist richtiges globales Benchmarking eine wunderbare Kapitalmarkttechnologie für Frage Drei: Sie können sie sofort einsetzen, und sie geht Ihnen nicht verloren, egal wie viele andere sie übernehmen.

Jetzt, da Sie die Drei Fragen kennen und die Antworten nutzen können, um Prognosewerkzeuge zu entwickeln und diszipliniert zu bleiben, sind Sie bereit für weitere Anwendungen der Drei Fragen – und für weitere Wege, etwas zu erfahren, was Ihre Mitinvestoren nicht wissen oder nicht wissen können. Mit anderen Worten: Sie sind bereit, den Markt zu schlagen. Los geht's!

5

Wenn dort nichts ist!

5

Wenn dort nichts ist!

Johns Hopkins, mein Großvater, Lektionen fürs Leben und die Gertrude-Strategie

Dieses Kapitel enthält weitere Beispiele dafür, wie Frage Eins hilft, falsche Mythen aufzudecken – Mythen, die „jeder" kennt, obwohl sich niemand die Mühe gemacht hat, sie auf ihren Wahrheitsgehalt zu prüfen. Zuvor aber entschuldigen Sie bitte, dass ich abschweife und etwas Persönliches erzähle, bevor wir mit diesen Beispielen beginnen.

Wie bei vielen von Ihnen spielte auch mein Großvater väterlicherseits in meiner Jugend eine sehr wichtige Rolle. Der Vater meiner Mutter starb, bevor ich geboren wurde. Den Vater meines Vaters dagegen verehrte ich, seit ich denken kann. Ich war sein Liebling. Bis zu seinem Tod – ich war damals acht Jahre alt – waren wir enge Spielgefährten. Bis heute habe ich überall dort, wo ich mich regelmäßig aufhalte, Bilder von ihm um mich herum. Er war mein Held. Ich wollte Arzt werden, genau wie er – einzig und allein, weil ich ihn so bewunderte. Erst später merkte ich, dass mir am Arztberuf eigentlich nichts gefiel. Vor allem Blut nicht. Natürlich weiß ich, dass wir Ärzte brauchen. Ich möchte nur nicht selbst einer sein.

Doch mein Großvater leistete tatsächlich etwas Großartiges. Arthur L. Fisher gehörte zum vierten Absolventenjahrgang der Johns Hopkins School of Medicine und schloss sein Studium 1900 als Arthur

L. Fisher, MD, ab. Damit hatte er sein Studium an der Johns Hopkins School of Medicine begonnen, bevor dort überhaupt der erste Jahrgang seinen Abschluss gemacht hatte – und lange bevor die Schule ihren Ruf begründete. Er war ein Pionier: Er tat etwas, bevor andere wussten, wie es geht – in einem ganz anderen Maßstab, aber mit einem ähnlichen Vertrauenssprung, wie ihn Bill Gates bei der Gründung von Microsoft wagte. Schließlich gab es schon vor Bill Gates Computer und Software. Mit seiner zukunftsweisenden Vision veränderte er jedoch alles. In der Medizin veränderte Johns Hopkins alles.

Hopkins war die erste moderne medizinische Fakultät Amerikas und führte von Anfang an zahlreiche Neuerungen ein, die später zum Standard wurden. Zum Beispiel verlangte sie eine naturwissenschaftliche Vorbildung bereits vor Beginn des Medizinstudiums – etwas, das andere medizinische Fakultäten damals meist nicht taten. (Mein Großvater hatte an der UC Berkeley einen Bachelor-Abschluss in Chemie erworben.) Hopkins war auch die erste Fakultät, die Wert auf praktische klinische Ausbildung am Patienten legte: die Arbeit mit echten Patienten unter Aufsicht und Anleitung erfahrener Ärzte – also echte praktische Erfahrung im ärztlichen Handwerk. Damals erhielten die allermeisten Ärzte ihre Zulassung, ohne überhaupt Erfahrung mit Patienten zu haben.

Außerdem nahm Hopkins bereits vom ersten Jahrgang an durchgehend Frauen auf – was damals mehr als ungewöhnlich war. In den folgenden Jahrzehnten prägte Hopkins die moderne Medizin in Amerika. Vor Hopkins gingen Amerikaner, die wirklich gute Ärzte werden wollten, zum Studium nach Europa. Auch nach Hopkins blieb diese Praxis verbreitet: Mein Großvater ging nach seinem Abschluss zur weiteren Ausbildung nach Europa, um sich auf Orthopädie zu spezialisieren (auch wenn es Fachgebiete damals noch kaum gab). Aber Hopkins war das frühe amerikanische Vorbild dafür, wie eine Hochschule Medizinwissenschaft auf dem neuesten Stand mit disziplinierter ärztlicher Praxis verbinden konnte.

Selbst vieles, was nicht unmittelbar aus Hopkins hervorging, hatte letztlich dort seine Wurzeln. Ein Beispiel ist die heutige Rockefeller University, die die Medizin nachhaltig geprägt hat: Sie wurde 1901 als Rockefeller Institute for Medical Research gegründet. Ihre Entstehung ging auf John Rockefellers Vision und Philanthropie zurück; gelenkt wurde sie jedoch durch den legendären Hopkins-Mediziner William Welch von Baltimore aus. Rockefeller wusste – und andere bestärkten ihn darin –, dass für diese Aufgabe nur Welch infrage kam. Mein Großvater war damals bei Hopkins in Baltimore. Von 1900 bis 1902 forschte er dort nach seinem medizinischen Abschluss unter William Welch – gefördert von John Rockefeller, während Welch gerade das Rockefeller Institute aufbaute. Mein Großvater, finanziert von John Rockefeller. Belegt ist das durch handschriftliche Briefe Welchs, die für mich wahre Schätze sind. Mein Großvater war möglicherweise der erste Mensch, der ein von Rockefeller finanziertes medizinisches Forschungsstipendium erhielt. Hopkins besitzt in seinen Archiven tatsächlich einige der originalen handschriftlichen Forschungsarbeiten meines Großvaters aus diesen Jahren. Hopkins war der Nährboden, auf dem sich Amerikas medizinische Erfolge zu Beginn des 20. Jahrhunderts explosionsartig entfalteten.

Als Kind sah ich in den 1950er-Jahren zu meinem Großvater auf – ohne zu ahnen, dass er einst mitten in einem frühen amerikanischen Beispiel für tiefgreifenden Wandel gestanden hatte. Später, als ich selbst miterlebte und mitgestaltete, wie sich Kapitalmarktwissenschaft und Kapitalmarkttechnologie wandelten, blieb Hopkins für mich genau deshalb ein dauerhaftes Modell: Dort zeigte sich, wie Wissenschaft, Technologie und praktisches Können in Amerika richtig zusammengeführt werden konnten – zu einer Zeit, als sich kaum jemand so etwas vorstellen konnte.

Wohin führt mich das alles? Nun, eine der ersten Frauen in dieser frühen Hopkins-Welt, die mit meinem Großvater studierte, war eine Frau, die ihr Studium abbrach und später zu einer internationalen literarischen Persönlichkeit wurde: Gertrude Stein. Wie mein Großvater interessierte sie sich schon seit ihrer Jugend für Wissenschaft und stammte aus einer deutsch-jüdischen Familie. (Die väterliche Seite meiner Familie stammt aus Buttenheim in Deutschland, derselben Stadt wie Levi Strauss. Tatsächlich war mein Urgroßvater, Philip I. Fisher, bis zu seiner Pensionierung im Jahr 1906 Chefbuchhalter von Levi Strauss.) Wie mein Großvater wurde auch Stein in Amerika geboren; sie wuchs in Oakland, Kalifornien, auf, also ebenfalls in der Bay Area. Deutsch-amerikanische Juden blieben damals weitgehend unter sich. Hinzu kam, dass Stein an Hopkins einen Jahrgang unter meinem Großvater war und es dort nur kleine Jahrgänge und wenige Frauen gab. Es lag also nahe, dass die beiden einander kannten und sich im selben Umfeld bewegten.

Von Gertrude Stein können wir mehrere Lektionen lernen. Als ich zum ersten Mal von ihr hörte, wusste ich noch nicht, dass mein Großvater sie gekannt hatte und gleichzeitig mit ihr an Hopkins gewesen war. Bekannt war mir ihr berüchtigter Satz über Oakland – auf der anderen Seite der Bucht, gegenüber der Gegend, in der ich aufwuchs: „There is no there there" (sinngemäß: Da ist nichts da). Eine abfällige Bemerkung! Vielleicht ihre berühmteste. Sie trifft ins Mark. Von 1902 an tat sie alles, um sich von ihrer Jugend im provinziellen Oakland zu distanzieren. Natürlich ist da etwas da. Dennoch ist ihre Wendung „there is no" eine berühmte literarische Erinnerung an Frage Eins. Sie stellte die richtige Frage, auch wenn sie zur falschen Antwort kam: Ist da etwas da – oder nicht? Diese Frage kann man zu allem stellen. Das ist meine Gertrude-Stein-Folgerung für das Investieren.

Nur wenige wissen, dass sie einen wohlhabenden Vater hatte. Ihre Zeit an Hopkins und tatsächlich auch ihre spätere literarische Laufbahn wurden vollständig aus den Erträgen des väterlichen Vermögens finanziert. Doch Väter leben nicht ewig, und für die praktischen Dinge des Lebens hatte sie wenig übrig. Zum Glück hatte sie einen fürsorglichen Bruder, Michael: einen hervorragenden Investor, der es gut mit ihr meinte und sich ihr Leben lang um ihr Geld kümmerte. So konnte sie ihr künstlerisches, wirtschaftlich lange ziemlich unproduktives Leben führen – bis ihre Werke spät in ihrem Leben endlich Erfolg hatten und Geld einbrachten, vor allem ihr berühmtestes Werk, „Autobiografie von Alice B. Toklas". Ich wollte Ihnen die zehn wichtigsten Investment-Lektionen aus dem Leben von Gertrude Stein präsentieren, brachte aber bestenfalls sechs zusammen. Tut mir leid, Opa!

Die sechs Investment-Lektionen aus dem Leben von Gertrude Stein

Erstens: Ein reicher Vater und ein fettes Erbe – das ist eine großartige Karriere, wenn man beides früh genug an Land ziehen kann. Stein machte daraus ihr Leben. Einheiraten geht auch. Wer das hat, braucht dieses Buch vielleicht nicht. (Weitere Möglichkeiten, reich zu werden, finden Sie in meinem Buch „The Ten Roads to Riches" aus dem Jahr 2008.)

Zweitens: Wenn Sie – wie Gertrude Stein mit ihrem Bruder Michael – einen hervorragenden Investor in der Familie haben, dem Sie wirklich vertrauen und der sich für den Rest Ihres Lebens um Ihr Geld kümmert (egal, was für dumme und peinliche Dinge Sie tun), brauchen Sie dieses Buch nicht zu lesen. Bis hierher haben Sie Ihre Zeit verschwendet. Gehen Sie nach Frankreich und verprassen Sie Ihr Geld, wenn Sie wollen. Niemand kann Sie daran hindern.

Drittens: Stein hätte von Frage Drei profitieren können. Lassen Sie sich nicht von Ihrem Gehirn überrumpeln und dazu verleiten, etwas Dummes zu tun. Sie brach ihr Studium an der Hopkins mitten in einem weltverändernden Umbruch ab – und schien nie wirklich zu begreifen, was um sie herum geschah. Was zum Teufel stellte ihr Gehirn mit ihr an? Die Ärzte und Wissenschaftler, die diese neue Hopkins-Welt schufen, waren viel cooler als ihre Pariser Künstlerfreunde aus den frühen 1900er-Jahren. Aus meiner Sicht sah Stein das Leben irgendwie verkehrt herum. Aber das tun auch sehr viele Investoren, weil sie Frage Drei nicht anwenden können. Die Ärzte und Wissenschaftler von der Hopkins retteten Leben und veränderten die moderne Medizin und unser modernes Leben für immer – was viel cooler ist als alles, was Gertrudes Freunde taten. (Vielleicht mit Ausnahme ihres Kumpels Ernest Hemingway. Ich gebe zu, er war ziemlich cool – eine Zeit lang. Aber er endete als Alkoholiker und nahm sich das Leben, was nicht besonders cool ist.)

Viertens: Wenn Sie etwas anfangen, bringen Sie es zu Ende. Warum? Brechen Sie nicht ab, solange noch wichtige Lektionen vor Ihnen liegen. Nur Bill Gates und Michael Dell kommen mit einem Studienabbruch durch – aber Sie sind keiner von beiden, sonst würden Sie dieses Buch nicht lesen. Wäre Stein an der Hopkins geblieben und hätte ihren Abschluss gemacht, hätte sie eine Realität kennengelernt, die die Welt auf eine Weise veränderte, die ihrer literarisch-künstlerischen Welt verschlossen blieb. Es dauert lange, Kapitalmärkte zu verstehen und Kapitalmarktwissenschaft und -technologie aufzubauen. Brechen Sie Ihr Studium nicht im ersten oder zweiten Studienjahr ab, nur weil Sie noch nicht genug wissen. Im Moment sind Sie gerade in der Mitte dieses Buches. Lesen Sie es zu Ende. Wenn Sie es weglegen wollen, können Sie das später immer noch tun, so wie Stein es auch hätte tun können.

Fünftens: Wenn Sie über den Aktienmarkt nachdenken, denken Sie daran, was Frau Stein nicht verstanden hat: Wissenschaft ist ohne Wenn und Aber viel wichtiger als Kunst. Die Leute sagen Dinge wie: „Märkte sind teils Wissenschaft, teils Kunst." Denken Sie in Kategorien der Kapitalmarktwissenschaft. In Wirklichkeit geht es bei Märkten teils um Wissenschaft – und teils darum, Dinge falsch zu machen. Finden Sie etwas heraus, was noch nie zuvor jemand wusste. Stellen Sie sich vor, Sie wären 1900 an der Hopkins, und Ihr Ziel wäre es, dazu beizutragen, etwas herauszufinden, was noch nie zuvor bekannt war. Sie profitieren von dem, was andere nicht wissen – nicht von fiktionalen Werken, die Sie schaffen. Wenn Sie Kunst machen wollen, gehen Sie nach Paris und werden Sie Künstler. Wenn Sie sich mit Märkten beschäftigen wollen, werden Sie Kapitalmarktwissenschaftler.

Die allerwichtigste Lektion aus dem Leben von Gertrude Stein

Sechstens: Ist da etwas da – oder nicht? Das ist im Grunde eine Neuformulierung von Frage Eins. Wer hätte gedacht, dass Gertrude Stein Frage Eins anders formuliert zu einer weltberühmten Aussage machen würde – einer Aussage, die ich schon lange kannte, bevor ich überhaupt daran dachte, Geldmanager zu werden?

Lassen wir Oakland hinter uns – jetzt geht es um Viren

Ich bin kein Experte für gesellschaftliche oder kulturelle Fragen – und schon gar nicht für Kunst. Daher verstehe ich Gertrude Steins Ablehnung von Oakland nicht wirklich. Oakland ist ein realer Ort mit vielen typisch amerikanischen Eigenschaften. Und Amerika ist der coolste Ort überhaupt. Wer das nicht versteht, begreift auch nicht die ganzen Wohltaten, die Größe und die Toleranz des Kapitalismus, der durch kreative Zerstörung über Jahrzehnte amerikanischen Wachstums hinweg einen beispiellosen Beitrag für die Menschheit geleistet hat. Kein Ort hat den Kapitalismus jemals so gut und so dauerhaft umgesetzt wie Amerika. Wenn Oakland also für einen Teil Amerikas steht, umso besser für Oakland.

Aber darin bin ich Experte: Frage Eins zu stellen. Genau damit beginnt man, wenn Ängste viral werden – erst recht, wenn die Angst selbst ein Virus ist! Als ich 2006 die erste Fassung dieses Buches schrieb, waren viele Menschen wegen der Vogelgrippe besorgt – nicht wegen Eierpreisschocks wie denen von 2024 und 2025, sondern teils aus Sorge um die Gesundheit, teils aus Sorge um die Börse. Die Börsenangst lautete, dass eine große Vogelgrippe-Pandemie zu einem Einbruch der Aktienmärkte führen würde. Diese Angst war unbegründet. Mit dem Beginn der Coronapandemie 2020 erlebten wir jedoch später ein vergleichbares Szenario. Doch selbst dann reagierten die Märkte nicht so, wie die Menschen es erwartet hatten. Wenn Sie die Drei Fragen nutzen, um sich in solchen Panikphasen zu orientieren, bewahrt Sie das nicht vor jeder Marktschwankung. Auch ich blieb vom heftigen Markteinbruch 2020 nicht verschont. Aber die Drei Fragen können Sie davor bewahren, Fehler noch zu verschlimmern.

Wenn eine große Angst die Schlagzeilen beherrscht, reagiere ich normalerweise folgendermaßen: Wenn ich vor einer großen Gruppe spreche, bitte ich die Leute, die Hand zu heben, wenn sie von dieser Angst schon gehört haben. In der Regel heben die meisten die Hand. Dann erkläre ich, dass alles, worüber breit diskutiert wird, mit Blick auf die Märkte wahrscheinlich kein Grund zur Sorge ist: Märkte preisen alle bekannten Informationen ein, und alles, was so weithin bekannt ist, muss nahezu vollständig eingepreist sein. Als Nächstes frage ich, ob sie schon seit längerer Zeit von dieser Angst wissen – etwa seit einem Jahr oder so –, und sie nicken zustimmend. Und wie in Kapitel 2 erläutert, erinnere ich sie daran: Alte Argumente haben nicht die gleiche Macht über die Märkte wie neue, weil sie bereits umfassender eingepreist sind.

Dann wendet jemand ein und sagt: Das mag ja gelten, wenn es um Finanzen geht – aber nicht bei einem großen Ereignis aus der nicht finanziellen, realen Welt. Wenn beispielsweise sehr viele Menschen an einem neuartigen Virus sterben und die Überlebenden vor Angst wie gelähmt sind, funktioniert der Einpreisungsmechanismus vielleicht nicht.

Ich habe immer zwei Beispiele angeführt. Das erste war für die Zuhörer leicht vorstellbar: Was passiert, wenn dieser neue Erreger nie zu einer großen Pandemie wird? Was, wenn daraus stattdessen nur eine einzige heftige Grippesaison wird, wie beim Ausbruch der Schweinegrippe 2009? Sie erkannten schnell, dass das nichts wäre, wovor man Angst haben müsste – im Gegenteil, für die Märkte wäre das sogar positiv. Wie schon bei der Jahr-2000-Angst, die lange Zeit weit verbreitet war, boomten die Aktienkurse im Vorfeld des eigentlichen Ereignisses enorm. Wenn so viele Menschen Angst vor einem neuen Virus haben, bevor es sich ausbreitet, bedeutet das: Sobald die Märkte es als Nicht-Ereignis betrachten, verbessert sich die Stimmung und damit die Nachfrage – was Aktien zugutekommt. Nur wenige widersprachen mir in diesem Punkt.

Dann kam mein zweites Beispiel. Ich fragte: Haben wir jemals zuvor eine große Pandemie erlebt? Wenn ja: wo, wann und was ist damals mit den Märkten passiert? Und danach? Gertrude war wissenschaftlich geschult. Sie hätte gewusst, wie man so eine Frage angeht. Es ist eine einfache, direkte „Ist da etwas da?"-Frage – nur kommen die meisten Menschen gar nicht so weit. Sie aber können es. Ich habe es 2020 getan – und ich bin überzeugt, dass es unseren Kunden geholfen hat, den verheerenden Fehler zu vermeiden, nach dem rasanten Kursrückgang zu verkaufen und die darauffolgende schnelle Erholung zu verpassen.

Ich habe mir das beste Beispiel angesehen: die Grippepandemie von 1918. Wenn Sie den Hintergrund dieser tragischen Pandemie, der größten einzelnen Todesursache der Geschichte, nicht kennen, empfehle ich Ihnen eine großartige und leicht verständliche Lektüre zu diesem Thema: The Great Influenza von John M. Barry (Penguin Books, 2004). Ein großartiges Buch! Ich werde hier nicht im Detail auf die Grippe von 1918 eingehen. Aber vereinfacht gesagt forderte sie bei einer viel geringeren Weltbevölkerung als heute in weniger als 24 Monaten etwa 100 Millionen Menschenleben und verwüstete die westliche Welt. Die absoluten Todeszahlen bei Covid-19 waren in mehreren Ländern aufgrund des Bevölkerungswachstums höher, aber die Sterblichkeitsrate beim Ausbruch von 1918 war weitaus höher.[1] Sie begann offenbar im Herzen Amerikas auf dem Höhepunkt des Ersten Weltkriegs, als die Welt kaum in der Lage war, sich gegen irgendetwas zu organisieren. Wenn Sie Barrys Buch lesen, werden Sie auch sehen, mit welcher Wucht Hopkins Med auf diese Pandemie einwirkte. Das Buch zeigt im Detail, dass der entscheidende Impuls im Kampf gegen Krankheiten damals nur von den Wissenschaftlern und Ärzten kommen konnte, die an der Hopkins ausgebildet worden waren. Darin können Sie über William Welch, eine Reihe anderer Persönlichkeiten und John Rockefeller lesen, aber über Gertrude Stein werden Sie nichts erfahren.

In Anlehnung an Gertrude fragte ich mit Blick auf den Aktienmarkt im Jahr 1918: „War da etwas da?" Und was geschah? Mit Ausnahme einiger kleiner Korrekturen (wie sie normal und zu erwarten sind) boomte der Aktienmarkt das ganze Jahr 1918 hindurch. Gegen Ende 1918 gab es eine kleine Korrektur – aber das war auch schon alles. Und als sich die Grippe 1919 weiter ausbreitete, schoss der Markt in die Höhe. Ein Börsencrash während oder nach einer massiven Grippepandemie? Das gab es nicht! Da war nichts da. Der Markt entwickelte sich inmitten der größten Pandemie aller Zeiten hervorragend.

Zugegeben, der Markt hatte 1917 aufgrund von Kriegsnachrichten einen ziemlich starken Einbruch erlebt, sodass er bereits vor Ausbruch der Pandemie etwas an Schwung verloren hatte. Und natürlich sind so alte Daten nicht hundertprozentig verlässlich. Dennoch deutete dies darauf hin, dass eine Pandemie zwar das Leben beeinträchtigen, aber nicht zwangsläufig auch den Markt aus dem Tritt bringen muss – selbst wenn die Märkte damals wenig Zeit hatten, sie vollständig einzupreisen. Was die Krankheit selbst betrifft: Da war nichts da.

Warum also wurden die weltweiten Aktienmärkte Anfang 2020 so schwer getroffen und stürzten zwischen dem 12. Februar und dem 23. März um 34,0 Prozent ab?[2] Nicht wegen des Virus, dessen weltweite Ausbreitung zu diesem Zeitpunkt bereits bekannt war. Nein, sondern weil die Regierungen der sogenannten freien Welt dem Beispiel Chinas folgten, ihre Bürger in den Lockdown schickten und große Teile der Wirtschaft zur Schließung zwangen. Unabhängig davon, wie Sie diese Maßnahme moralisch beurteilen oder welche Wirkung sie Ihrer Ansicht nach auf die Ausbreitung des Virus hatte, war dies ein massiver, nachteiliger Schlag für die Produktion und die Unternehmensgewinne, den die Märkte rasch einpreisen mussten.

Entscheidend ist: Das taten sie bemerkenswert schnell. Dieser Bärenmarkt war der kürzeste und heftigste der Geschichte – ein viereinhalbwöchiger Schlag in die Magengrube. Mehr Zeit brauchten die Aktienmärkte nicht, um die Folgen der erzwungenen Geschäftsschließungen zu verarbeiten. Ende März zogen sie bereits wieder an, obwohl laufend absolut düstere Wirtschaftsdaten hereinkamen. Bis August war der Rückgang vollständig wettgemacht. Im Jahresverlauf erzielten globale Aktien eine Rendite von 15,9 Prozent.[3]

Woher wissen wir, dass es nicht das Virus war, sondern die Lockdowns, die die Aktienkurse in den Keller trieben? Weil die Märkte weiter zulegten, obwohl die Fallzahlen und die Zahl der Todesopfer stiegen. Auch neue Coronavarianten im Laufe des Jahres 2021 konnten den mächtigen Markt nicht aufhalten. Der Bullenmarkt wartete nicht auf neue Behandlungsmethoden oder Impfstoffe. Er setzte ein, sobald die Aktienmärkte das Ausmaß der Schäden durch die Lockdowns eingeschätzt hatten. Sie wogen den Schaden ab und richteten ihren Blick dann auf die Erholung, die schließlich folgte.

Also nein, die Lehren aus dem Jahr 1918 hätten niemanden vor dem nervenaufreibenden frühen Einbruch bewahrt. Aber sie hätten viele davor bewahrt, gegen Ende des Rückgangs in Panik zu geraten und angesichts steigender Todeszahlen den Aktienmärkten fernzubleiben. Die langfristigen Renditen von Aktien sind sehr erfreulich – und sie schließen alle Bärenmärkte mit ein, die auf dem Weg liegen. Bärenmärkte zu vermeiden, kann helfen, und in Kapitel 8 erfahren Sie, wie das geht. Aber zwingend nötig ist es nicht. Bei Bullenmärkten dabei sein? Das ist Pflicht! Einen jungen Bullenmarkt zu verpassen, ist ein verheerender Rückschlag. Sie verpassen nicht nur die anfänglichen Renditen; Ihnen entgeht auch der Zinseszinseffekt über Ihren gesamten anschließenden Anlagehorizont hinweg. Dieses verpasste Wachstum können Sie niemals wieder wettmachen, ohne gewaltige Risiken einzugehen, was die Wahrscheinlichkeit noch größerer Verluste erhöht. Wenn die „Gertrude-Strategie“ Sie nach einem durchgestandenen Bärenmarkt vor diesem schrecklichen Schicksal bewahren kann, ist das in der Tat eine nützliche Fähigkeit.

Betrachten wir nun eine ausgefeiltere Variante der „Gertrude-Strategie“.

Manege frei: Öl gegen Aktien

Als Anleger scheinen wir gezwungen zu sein, kausale Zusammenhänge zu sehen, wo keine bestehen, und schaffen so die Grundlage für falsche Investment-„Binsenweisheiten". Da unser Steinzeitgehirn versucht, Ordnung in eine chaotische Welt zu bringen, betreiben wir Data-Mining, suchen nach Bestätigungen für unsere Vorurteile, ignorieren widersprüchliche Beweise und begehen andere kognitive Fehler. Leider gibt es keine Anzeichen dafür, dass diese Tendenz, zwei ansonsten unabhängige Ereignisse herzunehmen und durch die Behauptung eines kausalen Zusammenhangs Hysterie zu erzeugen, nachlässt. Deshalb brauchen wir Frage Eins.

Denken Sie daran: Bei Frage Eins geht es darum, die Faktoren zu belegen oder zu widerlegen, die Ihren Entscheidungen zugrunde liegen. Wenn Sie mit Frage Eins einen unbegründeten Mythos aufdecken, haben Sie nicht nur einen weiteren Anlagefehler vermieden. Sie haben möglicherweise auch die Grundlage für eine neue Portfoliopositionierung gefunden. Wenn sich alle über etwas aufregen, von dem sie glauben, dass es zwangsläufig zu fallenden oder steigenden Kursen führen wird, und Sie diesen Zusammenhang widerlegen können, können Sie sich gegen den Konsens positionieren und häufiger richtig- als falschliegen. Sie haben etwas gefunden, bei dem das Ergebnis, das alle anderen erwarten, schlicht nicht eintreten wird.

Ein hervorragendes Beispiel – und immer wieder ein beliebter Anlass zur Panik – ist der Ölpreis. Anleger gehen davon aus, dass hohe Ölpreise schlecht für Aktien sind. Nur wenige widersprechen dem: Wenn der Ölpreis weitersteigt, müssen Aktien darunter leiden. Das hört man ständig in zahllosen TV-Kommentaren, Influencer-Beiträgen und Podcasts – daher ist der Ölpreis ein großartiger Kandidat für Frage Eins.

Öl als Auslöser von Hysterie ist nichts Neues. Diese Hysterie verschwindet und kehrt alle paar Jahre wieder zurück. In den 1970er-Jahren hatten wir Disco, Jimmy Carter und Ölembargos. In den 1980er-

Jahren hatten wir Power Suits, Charlie Sheen in „Wall Street" und einen Ölpreissturz. Anfang der 1990er-Jahre und zu Beginn dieses Jahrhunderts hatten wir einige Kriege, die nach Ansicht mancher nur einem einzigen Zweck dienten: einem harmlos-schrulligen (und inzwischen beseitigten) mesopotamischen Despoten das ganze Öl zu stehlen. Einige Jahre später kratzte der Ölpreis an der Marke von 150 Dollar pro Barrel. Vor Kurzem löste Russlands Einmarsch in die Ukraine massive Sorgen aus, dass es bei Öl und Gas zu Angebotsengpässen kommen könnte.

Eine zentrale Sorge ist unsere Abhängigkeit von einem begrenzt verfügbaren Rohstoff – eine Abhängigkeit, die auch die stark subventionierte (und häufig fehlgeleitete) Revolution im Bereich der sauberen Energien bislang nicht aus der Welt geschafft hat. Früher einmal bestand die größte Sorge darin, dass uns in unmittelbarer Zukunft das Öl ausgehen würde. Die Produktion in den USA ging zurück, und die Schlaumeier der Ölbranche verwendeten lineare Hochrechnungen, um abzuschätzen, wann die weltweite Produktion ihren Höhepunkt erreichen würde und wie lange uns bliebe, Ersatz zu finden, bevor uns das Öl endgültig ausgehen würde.

Sie wissen, was dann geschah: Clevere Bohrunternehmen in den Becken oberhalb Amerikas gewaltiger Schieferformationen erkannten, dass sie zwei alte Technologien – Horizontalbohrung und Hydraulic Fracturing – kombinieren konnten, um Öl und Gas aus Schiefergestein zu gewinnen. Die Ölproduktion in den USA zog wieder kräftig an, erreichte schnell neue Höchststände und machte die USA zu einem der weltweit wichtigsten Swing-Produzenten, wie Abbildung 5.1 zeigt.

Jetzt macht sich niemand mehr Sorgen, dass der Welt das Öl ausgehen könnte. Die Kommentatoren sorgen sich nun um den „Nachfragehöhepunkt" und warnen davor, dass Ölvermögenswerte in den Bilanzen von Unternehmen (und Banken) als wertlose Altlasten hängen bleiben und kein Geld mehr einbringen werden, während die Welt mit batteriebetriebenen Verkehrsmitteln unterwegs ist, die mit Strom aus Wind- und Solarenergie angetrieben werden.

In Wirklichkeit hat die Welt schon immer Dinge verbrannt, um sich warm zu halten und mobil zu bleiben, und Öl zu verbrennen ist eine ziemlich effiziente Methode dafür. Arme afrikanische Staaten stehen in den Startlöchern, um mehr fossile Brennstoffe zu verbrennen, um ihre Entwicklung voranzutreiben und ihrer Bevölkerung den Lebensstandard zu ermöglichen, den wir alle für selbstverständlich halten. Vielleicht wird die Nachfrage nach Öl aus dem Boden in ferner Zukunft zurückgehen, wenn wir effizienter werden oder synthetische Kraftstoffe sich durchsetzen. Aber das ist eine akademische Gedankenspielerei, und die zukünftige Nachfrage ist genauso wenig berechenbar wie das zukünftige Angebot. Als Markt- und Wirtschaftsrisiko ist der „Nachfragehöhepunkt" genauso wenig real, wie es der „Angebotshöhepunkt" war.

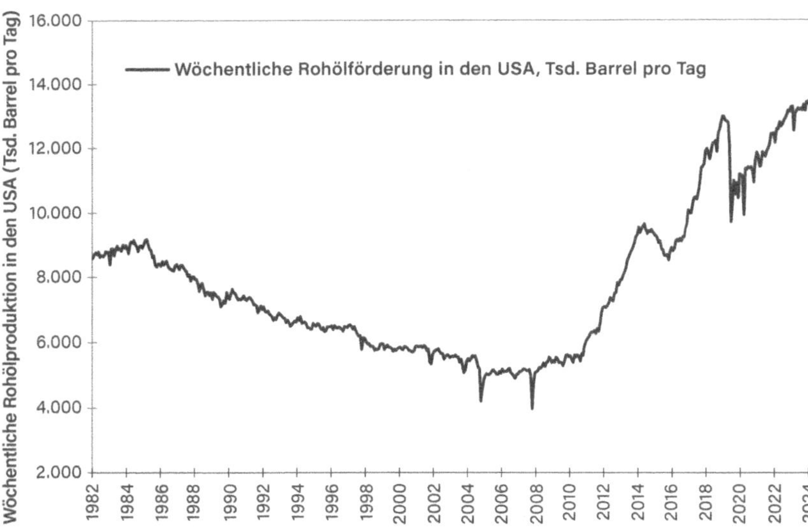

Abbildung 5.1 US-Ölproduktion widerlegt die Befürchtungen eines Förderhöchststands.

Quelle: FactSet, Stand: 4.3.2025.

Wir wissen es einfach nicht

Langfristig betrachtet wird der Markt Veränderungen sowohl auf der Angebots- als auch auf der Nachfrageseite einpreisen, sofern die Politik ihre Eingriffe durch Verbote von Verbrennungsmotoren und grüne Subventionen nicht ausweitet. Wenn die Schieferölvorkommen erschöpft sind, werden die Ölpreise so weit steigen, dass entweder eine Ersatzenergiequelle die Angebotsverknappung entschärft, neue Technologien bislang nicht zugängliche Vorkommen erschließen oder die Nachfrage sinkt – oder eine Kombination aus allen drei Faktoren eintritt. Der Schieferölboom kam zustande, weil hohe Preise diese zuvor schwer zugänglichen und teuer zu erschließenden Ölvorkommen attraktiv machten. Als dieses Öl dann sprudelte, fielen die Preise – was die Produzenten zwang, effizienter zu werden. Das taten sie auch. Danach waren nicht einmal mehr ähnlich hohe Preise nötig, um die Förderaktivität anzukurbeln.

Was definitiv nicht passieren wird, ist, dass Sie eines Tages zur Tankstelle fahren und – Überraschung, Überraschung – feststellen: Es gibt kein Öl mehr! Wenn Öl unerschwinglich wird, wird sich ein Ersatz finden, mit dem sich unsere Fahrzeuge antreiben und unsere Laptops betreiben lassen. Was das sein wird, weiß ich nicht. Aber dieser Ersatz wird kommen. Vielleicht Wasserstoff, Solarstrom, synthetischer E-Kraftstoff oder Kernkraft der nächsten Generation. Die frühen Erfinder der Dampfmaschine haben sich sicherlich genauso wenig Volvo-Autos mit Benzinmotor vorgestellt, wie Sie sich die nächste Innovation vorstellen können. Im Jahr 2125 werden unseren Ururenkeln benzinbetriebene SUVs genauso kurios erscheinen wie uns heute Dampflokomotiven.

Hinter der Fixierung auf Öl steht die unmittelbare Wirkung, die Menschen hohen Ölpreisen auf die Wirtschaft und den Aktienmarkt zuschreiben – hier und jetzt. Diese Sorge ist unangebracht und leicht zu widerlegen. Höhere Ölpreise fallen manchmal mit schwächeren Märkten zusammen, manchmal mit stärkeren. Aber das eine ist nachweislich nicht die direkte Ursache für das andere.

Viele glauben fälschlicherweise, dass höhere Ölpreise Inflation, wirtschaftliche Stagnation und Schlimmeres verursachen. Ich vermute, dass das darauf zurückzuführen ist, dass viele Menschen die späten 1970er-Jahre falsch in Erinnerung haben. Stellen Sie die Drei Fragen. Haben die hohen Ölpreise in den späten 1970er-Jahren die Inflation und Stagnation verursacht? 1979 befanden wir uns in einem Kräftemessen mit dem neuen iranischen Regime, das von glühenden religiösen Fundamentalisten angeführt wurde. Wütend über echte oder eingebildete – vermutlich aber eingebildete – Kränkungen durch den „Großen Satan" nahmen iranische Studenten 66 amerikanische Geiseln, von denen 52 insgesamt 444 Tage lang festgehalten wurden. Das war der Schlusspunkt eines Jahrzehnts voller Sanktionen und OPEC-Embargos, die dazu beitrugen, die Benzinpreise in die Höhe zu treiben, und lange Schlangen an den Zapfsäulen entstehen ließen – bis hin zu Rationierungen.

Aber die 1970er-Jahre waren über weite Strecken von einer furchtbar schlechten inflationstreibenden Geldpolitik geprägt, die zu unseren Schlaghosen, Polyesterklamotten, Schmetterlingskragen und unsäglichen Plateauschuhen passte. Angetrieben durch die endlose Geldschöpfung innerhalb und außerhalb Amerikas trug die galoppierende Inflation dazu bei, die ohnehin schon schwache Wirtschaft weiter abzuwürgen, was wiederum Ölpreise, langfristige Zinsen und alles andere in die Höhe trieb – und zu hoher Arbeitslosigkeit in den USA führte. Wirtschaftlich gesehen waren die Zeiten nicht so rosig, was vor allem auf schlechte Regierungsführung zurückzuführen war. Die hohen Ölpreise waren nicht die Ursache für diese Probleme. Das Öl war *aufgrund* dieser Probleme teuer. Es ist wichtig, Ursache und Wirkung nicht zu vertauschen.

Hohe Ölpreise werden der Wirtschaft nicht schaden

Ölpreisspitzen können vorkommen, aber sie können uns kaum etwas anhaben. Erstens sind wir heute, entgegen dem, was Sie vielleicht gehört haben, weniger abhängig von Öl als je zuvor. Abbildung 5.2 zeigt, dass die Energieintensität seit mehr als 40 Jahren stetig gesunken ist. Nicht nur in den USA, sondern weltweit.

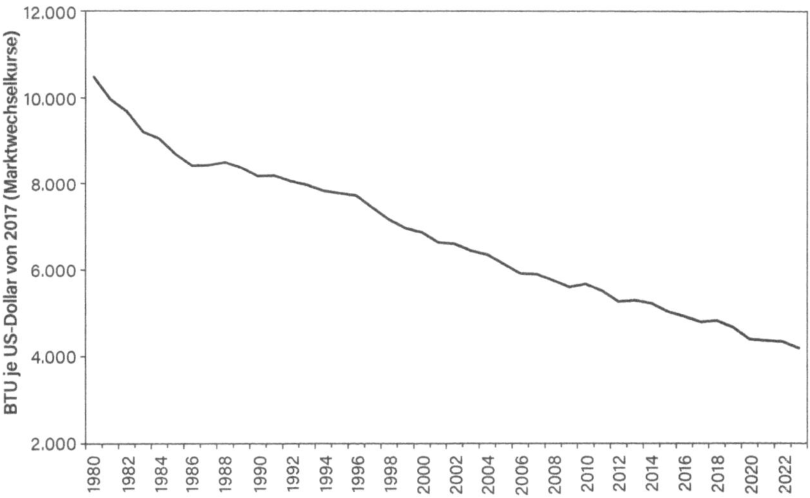

Abbildung 5.2 US-Energieintensität.

Quelle: U.S. Energy Information Administration (EIA), Stand: 26.2.2025. 1980 bis 2023.

Warum? Die Zusammensetzung unseres Bruttoinlandsprodukts hat sich stark verändert. Zwei der größeren Sektoren – Informationstechnologie und Finanzen – sind viel weniger energieintensiv als das verarbeitende Gewerbe und die Landwirtschaft, deren relative Größe jeweils zurückgegangen ist. All das bedeutet, dass wir seit den groovigen 1970er-Jahren viel effizienter geworden sind und pro Dollar Wirtschaftsleistung viel weniger vom Öl abhängen. Wenn die Energiepreise steigen, werden wir noch effizienter – das zukünftige Wachstum wird Öl noch unwichtiger machen, da wir vor allem in nicht energieintensiven Branchen wachsen. Aus diesem Grund haben die doppelten Preisspitzen bei Öl und Erdgas im Jahr 2022 keine globale Rezession ausgelöst.

Die deutsche Wirtschaft hatte bekanntlich Probleme, aber das lag an einem Angebotsschock, da sie sich in aller Eile von russischen Brennstoffen unabhängig machen musste. Außerdem steckt die deutsche Wirtschaft noch immer im 20. Jahrhundert fest, mit einer Vielzahl von Chemieunternehmen, die auf billiges, reichlich vorhandenes Erdgas als Rohstoff angewiesen sind. (Für diesen Gegenwind können Sie dem Merkantilismus danken, wie in Kapitel 6 erläutert wird.) Das ist die Ausnahme in unserer fortgeschrittenen Weltwirtschaft, nicht die Regel.

Glauben Sie dem Aktienmarkt, nicht mir – Aktien und Ölpreise korrelieren nicht

Doch trotz steigender US-Produktion, zahlreicher Effizienzsteigerungen, einer Verlagerung der Wirtschaft hin zu Dienstleistungen und zunehmender Nutzung nicht fossiler Energiequellen bleibt die angeblich inverse Beziehung zwischen Öl und Aktien ein Hauptanliegen der Anleger. Die Menschen glauben, dass bei steigenden Ölpreisen die Aktienkurse fallen und umgekehrt. Anleger sorgen sich um Ölkriege, schwindende Vorräte, Umweltzerstörung und ihre Nachbarn, die fahrlässig riesige SUVs fahren. Sie sind sich sicher, dass all das den Ölpreis in die Höhe treiben und die Aktienkurse nach unten drücken wird. Niemand will das. Diese Ansicht findet jedenfalls viel Unterstützung – sie taucht ständig in den Schlagzeilen der Medien auf: „Ölpreise belasten Aktien!" „Aktien fallen, wenn Öl steigt!" Suchen Sie bei Google nach dieser These, um zu sehen, wie oft Artikel eine inverse Beziehung zwischen Öl und Aktien behaupten. Das war eine der größten Befürchtungen, die die Stimmung während des eigenartigen Bärenmarkts 2022 belasteten.

Es klingt plausibel. Höhere Ölpreise führen zu höheren Benzinpreisen, was bedeutet, dass die Menschen weniger Geld für andere Dinge ausgeben können – für Lebensmittel, Flugtickets und T-Shirts. Unternehmen, die mit Lebensmitteln, Flugtickets und T-Shirts ihr Geld verdienen, müssen darunter leiden, weil Joe Sixpack stur seine löchrigen

Shirts trägt und Jane Jetset sich weigert, ins Urlaubsresort zu fliegen, sodass die Einnahmen sinken und die Aktionäre verunsichert werden. Bald wird aus Joe Sixpack Joe Fivepack, und aus Jane Jetset wird Jane Staycate, die nur noch Urlaub auf Balkonien macht. Öl steigt, Aktien fallen – Ende der Geschichte. Das weiß jeder. Nur Gertrude nicht. Sie würde fragen, ob da wirklich etwas ist. Stimmt es, dass Öl und Aktien in einem umgekehrten Verhältnis zueinander stehen – treiben steigende Ölpreise die Aktienkurse nach unten? Beide Preise existieren ständig. Wenn da etwas ist, können wir es messen.

Wir liefern Ihnen die Daten in Abbildung 5.3, aber wenn Sie es selbst testen möchten, können Sie historische S&P 500-Daten von Yahoo! Finance (oder anderswo) herunterladen. Historische Ölpreise finden Sie auf der Website der U.S. Energy Information Administration (EIA). Abbildung 5.3 zeigt die historischen Ölpreise im Vergleich zum S&P 500 von 1982 bis 2024. Sie können sehen, dass da insgesamt nicht viel ist, außer dass beide im Laufe der Zeit zu steigen scheinen. Das sollte nicht allzu überraschend sein, da die meisten Preise im Laufe der Zeit inflationsbedingt tendenziell steigen.

Aus wissenschaftlicher Sicht wirkt das Diagramm nicht besonders überzeugend – ähnlich wie das Streudiagramm zu hohen KGVs in Kapitel 1. Es gibt Phasen, in denen sich Öl und Aktien in die gleiche Richtung bewegen. Und Phasen, in denen Öl fällt oder stagniert, während Aktien steigen. Und ja, es gibt auch Phasen – wie in Teilen des Jahres 2022 –, in denen Öl nach oben schießt, während Aktien sinken. Aber ein bloßer Blick auf die Grafik beweist nichts.

Für eine schlüssigere Antwort benötigen wir den Korrelationskoeffizienten (siehe Anhang A). Ein Korrelationskoeffizient ist ein statistisches Maß, das die Beziehung zwischen den Bewegungen zweier Variablen misst. Eine Korrelation von +1,00 bedeutet vollständig gleichgerichtete Bewegungen; ein Wert von –1,00 bedeutet vollständig gegenläufige Bewegungen; ein Wert von 0,00 bedeutet keinerlei Beziehung.

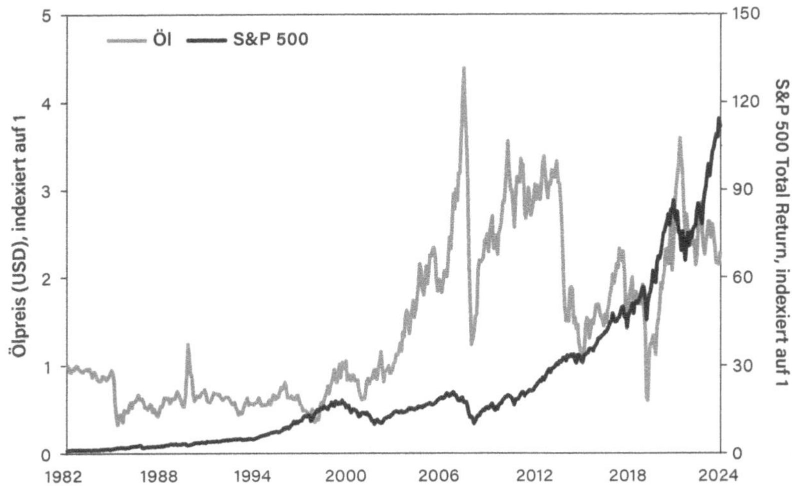

Abbildung 5.3 Hohe Ölpreise schaden Aktien. Ist das wirklich so?

Quelle: Finaeon, Inc., Stand: 26.2.2025. S&P 500 Total Return Index, West Texas Intermediate Ölpreis (USD/Barrel), 31.12.1982 bis 31.12.2024.

Fakt: Öl und Aktien haben einen Korrelationskoeffizienten von 0,13 – also praktisch keinen Zusammenhang. Um zu erfahren, wie eng die beiden Variablen zusammenhängen, berechnen Sie den R-Quadrat-Wert wie in Anhang A. (Denken Sie daran, dass der R-Quadrat-Wert den relativen Zusammenhang zwischen zwei Variablen angibt.) Hier beträgt der R-Quadrat-Wert 0,0167. Das bedeutet, dass nur 1,67 Prozent der Aktienkursschwankungen auf Ölpreisbewegungen zurückzuführen sind. Nichts. Da die Preise für Öl und Aktien stark schwanken und sich manchmal kurzfristig gemeinsam bewegen können, wie es 2022 kurzzeitig der Fall war, gibt es noch eine andere Möglichkeit, dies zu betrachten. Abbildung 5.4 zeigt die rollierende 12-Monats-Korrelation zwischen Öl und dem S&P 500.

Abbildung 5.4 zeigt deutlich die Spitzen und Tiefpunkte der Korrelation. Nach der Rezession von 1990 bis 1991 sind Anfang der 1990er-Jahre Tiefpunkte negativer Korrelation zu erkennen. Man sieht eine

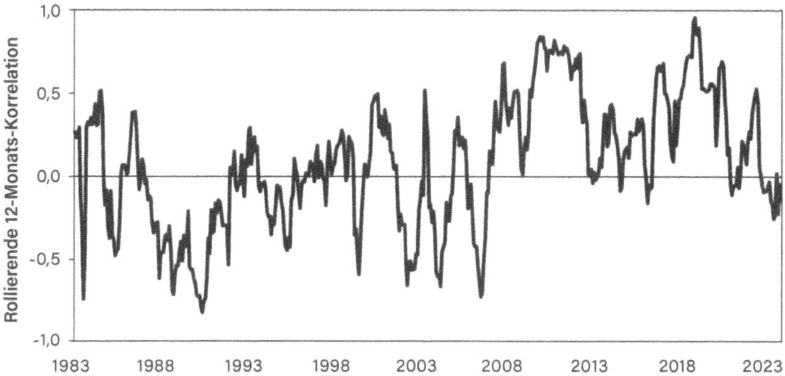

Abbildung 5.4 Öl versus S&P 500: rollierende 12-Monats-Korrelation.

Quelle: Finaeon, Inc., Stand: 26.2.2025. S&P 500 Total Return Index, West Texas Intermediate Ölpreis (USD/Barrel), 31.12.1982 bis 31.12.2024.

zunehmende Korrelation, als sowohl Öl als auch Aktien nach dem Tiefpunkt des globalen Aktienmarktes im Jahr 2009 stiegen. Und dann wieder eine negative Korrelation im Jahr 2022, als steigende Ölpreise mit Befürchtungen vor Angebotsschocks bei Öl und Gas, Putins Krieg in Europa, hoher Inflation, nachwirkenden Lieferkettenstörungen aus der Pandemiezeit, Zinserhöhungen der Fed und vielem mehr zusammentrafen und gemeinsam einen seltenen (und flachen) Bärenmarkt auslösten, der eher durch die Stimmung als durch Fundamentaldaten bedingt war. Im Allgemeinen waren diese und alle anderen Korrelationsspitzen und -tiefpunkte nur von kurzer Dauer und pendelten alle um einen Mittelwert nahe null.

Eine weitere Möglichkeit zur Veranschaulichung ist das rollierende R-Quadrat über fünf Jahre, das zeigt, wie stark die Variablen zusammenhängen (siehe Abbildung 5.5). Von Ende 1992 bis Anfang 1994 ließen sich über 20 Prozent der Aktienkursbewegungen auf Ölpreisbewegungen zurückführen – ein ungewöhnlich hoher Wert, den damals niemand bemerkte. Sie haben ihn nicht bemerkt. Kurzzeitig war da etwas, das wir alle übersahen. Seitdem erreichte der Wert in zwei Phasen – rund um

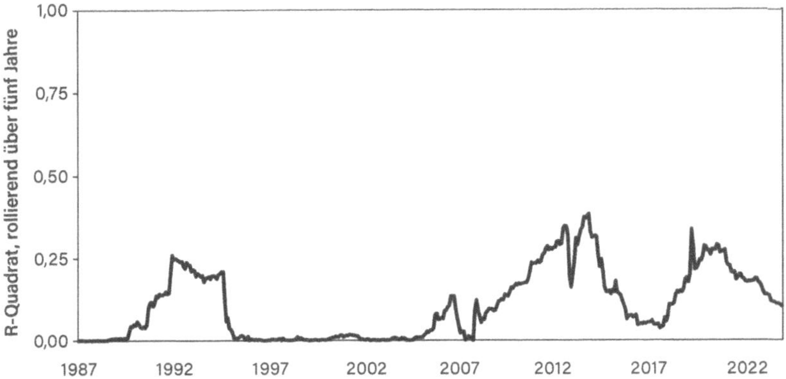

Abbildung 5.5 Öl versus S&P 500: rollierendes R-Quadrat über fünf Jahre.

Quelle: Finaeon, Inc., Stand: 26.02.2025. S&P 500 Total Return Index, West Texas Intermediate Ölpreis (USD/Barrel), 31.12.1982 bis 31.12.2024.

die Finanzkrise und 2022 – etwa 20 bis 30 Prozent. Das war's. Ansonsten erklärten sie kaum Aktienkursbewegungen. Da war nichts. Weder nach oben noch nach unten. Nichts. Dennoch glauben die Menschen daran. Ist das nicht cool? Aber Sie, ich und Gertrude wissen es besser.

Vielleicht sind Sie jetzt zufrieden, weil Sie wissen, dass Ölpreisbewegungen keinen großen Einfluss auf die Aktienkurse haben. Aber denken Sie daran: Wenn etwas in den USA wahr ist, muss es auch an den meisten anderen Orten wahr sein, sonst ist es nicht wirklich wahr. Wenn möglich, sollten Sie Ihre Schlussfolgerungen an internationalen Märkten überprüfen. Wenn etwas nur in den USA funktioniert, könnte es sich um etwas handeln, das für eine bestimmte US-Situation einzigartig ist (wie die Wahlzyklen) oder um einen Zufall. Selbst Gertrude dachte über Amerika hinaus, auch wenn sie nicht verstanden hat, dass Amerika ein besserer Ort zum Leben ist. Abbildung 5.6 veranschaulicht die Beziehung zwischen Öl- und Aktienkursen weltweit außerhalb der USA.

Die Ergebnisse fallen sehr ähnlich aus. Der Korrelationskoeffizient beträgt 0,19, das R-Quadrat 0,035. Auch außerhalb der USA gibt es so gut wie keine Korrelation.

Ich bestätige: Bestätigungsfehler

Dies ist ein überzeugender Beweis gegen einen besonders weit verbreiteten Mythos. Warum hält er sich dann trotzdem so hartnäckig? Hier kommt Frage Drei ins Spiel. Was Ihr Gehirn hier durcheinanderbringt, sind der *Bestätigungsfehler* und die *Gültigkeitsillusion*. Unser Gehirn klammert sich immer wieder an Beispiele, die unsere Vorurteile und unseren gesunden Menschenverstand bestätigen, und ignoriert Beispiele, die ihnen widersprechen – so wie sich die Menschen jetzt an den Bärenmarkt von 2022 klammern, um zu beweisen, dass Inflation, Zinserhöhungen und hohe Ölpreise schlecht für Aktien sind. Gertrude litt ihr ganzes Leben lang unter dem Bestätigungsfehler. Deshalb hielt sie die Pariser für besser als die langweiligen Amerikaner, egal ob in Oakland oder an der Johns Hopkins University in Baltimore. Sie sah die Bestätigung dessen, was sie sehen wollte. Das tun die meisten Menschen. Wann haben Sie das letzte Mal eine Schlagzeile gelesen, die lautete: „Ölpreis steigt und treibt Aktienkurse in die Höhe!" Niemals, denn das gibt einfach keine gute Schlagzeile her. Wenn der Ölpreis steigt, ist die Wahrscheinlichkeit, dass die Aktienkurse fallen, messbar und nachweisbar fast genau so hoch wie bei einem Münzwurf. Aber so erinnert sich unser Gehirn nicht daran. Und so wollen es uns die Medienkommentatoren und lautstarken Influencer auch nicht verkaufen. Sie – und wir – erinnern uns an Fälle, die unsere Vorurteile bestätigen – und konzentrieren uns dabei nur auf die Tage, an denen sich Öl und Aktien in entgegengesetzte Richtungen bewegen. Dass ich dieses Buch schreibe und Ihnen oder Reportern beibringe, wie man einfache Korrelationen berechnet, wird unseren menschlichen Bestätigungsfehler nicht ändern.

Wenn Öl und Aktien dagegen gemeinsam steigen oder fallen, erklären Anleger diesen Gegenbeleg womöglich einfach weg. Statt konsequent bei den täglichen Öl- und Aktienkursen zu bleiben, bestehen sie darauf, dass ein anderer willkürlicher Zeitrahmen zählt. Sie greifen zu einer Umdeutung und behaupten, man könne nicht

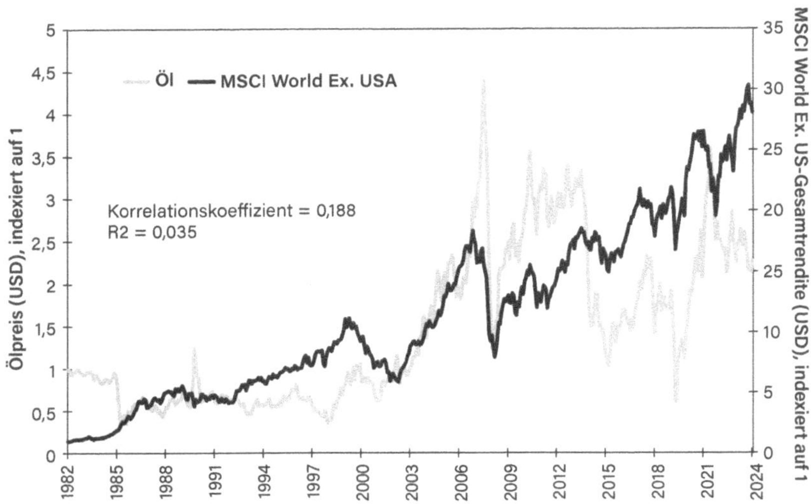

Abbildung 5.6 Ölpreise und internationale Aktien.

Quellen: FactSet, Stand: 27.2.2025. MSCI World Ex. USA Index mit Nettodividenden, West Texas Intermediate Ölpreis (USD/Barrel), 31.12.1982 bis 31.12.2024.

nur einen Tag betrachten, sondern müsse längere Zeiträume (etwa eine Woche, drei Monate oder ein Jahr) oder besonders extreme Beispiele heranziehen. (Natürlich belegen sie das dann nicht.) Dennoch bestätigen die täglichen Bewegungen, die zu ihrem Vorurteil passen, den Mythos in ihren Köpfen, während Gegenbelege angeblich plötzlich einen längeren oder anderen Beobachtungszeitraum oder Maßstab verlangen – der dann aber gar nicht wirklich berücksichtigt wird. Genau so aber vergleicht man Äpfel mit Birnen.

Einige behaupten, ein steigender Ölpreis drücke die Aktienkurse nicht noch am selben Tag; man müsse vielmehr eine zeitliche Verzögerung berücksichtigen, die Wirkung setze erst mit zeitlichem Abstand ein. Das ist eine weitere Umdeutung. Sie sagen das zwar, aber sie überprüfen es nicht. Ich habe selbst nachgeschaut. Ich habe bislang noch keine zeitliche Verzögerung gesehen, die eine nennenswerte Korrelation ergibt. Ich glaube nicht, dass es sie gibt (das müsste schließlich auch außerhalb der USA nachweisbar sein). Beim Test einer ganzen Reihe verschiedener Zeitverzögerungen – 3 Tage, 1 Woche, 2,5 Wochen, 7 Monate, 9,82 Monate – waren die Ergebnisse ähnlich. Egal, welche willkürliche Verzögerung man wählt, die Bewegungen der Öl- und Aktienkurse korrelieren nicht genug, als dass ein vernünftiger Mensch seine Portfolioentscheidungen darauf stützen könnte.

Das Beharren auf einer „Zeitverzögerung“ ist nur eine weitere Form von Data-Mining und Umdeutung – und eine weitere Art, dem eigenen Bestätigungsfehler nachzugeben. Es zeigt, wie sehr wir Menschen noch immer kognitive Fehlermaschinen aus der Steinzeit sind. Sie können so viel Data-Mining betreiben, wie Sie wollen, aber Sie werden keinen wirklich glaubwürdigen Zusammenhang zwischen Öl- und Aktienkursen finden. Oder vielleicht irre ich mich und Sie finden einen – umso besser für Sie –, dann sind Sie besser als ich, und das akzeptiere ich. Lassen Sie es mich unbedingt wissen, wenn Sie ihn finden. Aber ich wette, dass Sie ihn nicht finden werden. Ich wette, dass es weitaus mehr Leser dieses Buches gibt (nicht Sie – die anderen Leser), die einfach davon ausgehen, dass ich mich irre, und dennoch nie einen Finger rühren werden, um selbst Korrelationen zu überprüfen.

Das ist ein großartiges Beispiel für einen Mythos, der ohne die Zuhilfenahme teurer Werkzeuge oder komplizierter Gleichungen widerlegt wurde. Denken Sie daran: Wenn Ihre Analyse unnötig kompliziert oder gewunden sein muss, um Ihre Hypothese überhaupt zu belegen, ist sie wahrscheinlich falsch. Lassen Sie mich Ihnen an dieser Stelle noch etwas mehr Treibstoff liefern.

Das Tankstellen-Quiz

Mein Vorschlag, um die Ölpreis-Hysterie zu mindern, ist, dass jeder Verbraucher vor dem Tanken ein kleines Quiz bestehen müsste. Sie müssen drei der folgenden vier Fragen richtig beantworten, um Ihr Auto fahren zu dürfen:

1. Rohöl, der Hauptbestandteil des Benzins, mit dem die meisten Autos betrieben werden, ist:
   a. ein Werkzeug des Teufels
   b. eine Verschwörung, die in Texas ausgeheckt wurde
   c. ein Rohstoff
   d. die Hauptursache für den Klimawandel
2. Die Ölpreise werden bestimmt durch:
   a. eine böse Verschwörung
   b. Wladimir Putin
   c. Angebot und Nachfrage
   d. a und b
3. Die US-Regierung könnte die Benzinpreise *sofort* senken, indem sie:
   a. die Regulierung lockert
   b. Steuern senkt
   c. DOGE beauftragt, die Bücher aller Ölkonzerne im Namen der „Effizienz" zu prüfen
   d. a und b
4. Der größte Ölexporteur in die Vereinigten Staaten ist:
   a. der Irak (aber sagen Sie es denen nicht, denn wir stehlen es)
   b. Saudi-Arabien
   c. Halliburton
   d. Kanada

Keine Sorge, mein Test wird nicht eingeführt werden. (Und ehrlich gesagt ist er eine weitere Form der Regulierung, daher bin ich grundsätzlich dagegen.) Aber bis dahin haben Sie ein weiteres nützliches Stück Erkenntnis gewonnen. Wenn die meisten Leute ausflippen und vorhersagen, dass die Aktienkurse aufgrund steigender Ölpreise fallen müssen, wissen Sie, dass dieses Ergebnis wahrscheinlich nicht eintreten wird. Erstens, weil die Sorge wahrscheinlich bereits eingepreist ist, und zweitens, weil es keine konsistente Korrelation gibt, auf die man wetten sollte.

Was die Franzosen können, können wir besser

Wenn Sie allerdings wieder einmal einen Ölpreis von 20 Dollar pro Barrel und obendrein niedrigere Emissionen sehen wollen, ist das im Grunde ganz einfach. Ganz sicher. Technisch gesehen ist es trivial. Denken Sie einfach nur daran, dass die Franzosen derzeit mehr als die Hälfte ihres Energiebedarfs mit Kernkraft decken – und das bereits seit langer Zeit.

Wenn die USA, Großbritannien, Japan und China auf irgendeine Weise ein gemeinsames Abkommen zum Ausbau ihrer Kernkraftkapazitäten über einen Zeitraum von zehn Jahren verkünden würden, sodass diese vier großen Energieverbraucher am Ende genauso viel Energie aus Kernkraft beziehen würden wie die Franzosen derzeit, würde der Preis für Texas-Rohöl schneller implodieren, als man den texanischen Kampfruf „Remember the Alamo!" rufen kann. Da muss man wirklich nicht lange nachdenken. Ökoaktivistische Vandalen könnten aufhören, Sportveranstaltungen zu stören und unschätzbar wertvolle Kunstwerke mit Farbe zu bewerfen, weil die Marktkräfte die Ölförderung ganz von selbst begrenzen würden.

Dennoch haben wir in den USA seit den 1970er-Jahren nur sehr wenige Kernkraftwerke gebaut. Wir haben Angst vor Kernkraft! So war es nach dem Unfall von Three Mile Island im Jahr 1979. Nach Tschernobyl 1986 erst recht. Diese politischen und gesellschaftlichen Entscheidungen sind seit Langem getroffen und schwer zu ändern, aber trotzdem sind es politische Entscheidungen. Selbst wenn ich nur „Atomkraft" sage, sehe ich schon viele bei dem Gedanken daran zusammenzucken, die USA tun zu lassen, was die Franzosen seit Langem tun. Denken Sie an Gertrude. Ist da wirklich etwas? Die Franzosen leben seit Jahrzehnten sicher mit sehr viel Kernkraft. Und wenn die Franzosen das können, können wir es besser.

Manche mögen das Tohoku-Erdbeben vom März 2011 und die Tragödie in Japan als Beweis dafür anführen, dass wir Kernkraft nicht sicher betreiben können. Doch diese Tragödie beweist eher, dass wir es doch können. Der beschädigte Reaktor Fukushima Daiichi war darauf ausgelegt, einem massiven Erdbeben standzuhalten – und er hielt stand! Und zwar dem fünftstärksten Erdbeben, das je gemessen wurde. Der Schaden wurde nicht durch das Beben verursacht, sondern durch den massiven Tsunami, der das Stromnetz außer Gefecht setzte. Nur waren bereits vor dem Tsunami spätere Varianten desselben Reaktortyps verbessert worden, um solchen Flutwellen standzuhalten. Wir lernen aus früheren Unfällen und Ereignissen wie Tschernobyl.

Kernkraft ist unglaublich effizient, umweltfreundlich (ja, umweltfreundlich) und sicher (ja, sicher). Setzen Sie auf Kernkraft, und plötzlich verflüchtigen sich die Ängste vor der Endlichkeit von Energiequellen und vor den Skalierungsproblemen von Wind- und Solarenergie.

Erfreulicherweise könnte sich das Blatt wenden. Die Besessenheit der Politiker, im Namen der Rettung des Planeten die CO_2-Emissionen zu beseitigen, hat zu vielen Fehlinvestitionen geführt. Verschwendetes Geld, das ohne Rendite in Senklöchern versenkt wurde und anderswo besser angelegt gewesen wäre. Aber diese Besessenheit hat auch die Stimmung gegenüber der Kernenergie gerade rechtzeitig aufgetaut, damit Wissenschaftler modulare Minireaktoren feinabstimmen konnten. Dabei handelt es sich um kleine Kernkraftwerke, die in Fabriken zusammengebaut und überallhin transportiert werden können. Sie sind wirtschaftlicher als herkömmliche Kernkraftwerke, haben kürzere Bauzeiten und lassen sich leicht transportieren. Derzeit gibt es Bedenken hinsichtlich Effizienz und Rentabilität. Aber alle Technologien brauchen Zeit, um zu reifen und ihren Sweet Spot, also ihren optimalen Einsatzbereich, zu finden.

Was Gertrude dazu sagen würde, weiß ich nicht, aber meinem Opa hätte das gefallen – er liebte seinen Tourenwagen, mit dem er die Sierra Nevada erkundete. Ein Plug-in-Hybrid mit etwas zusätzlichem Atomstrom? Da wäre er sofort dabei.

Sell in May, weil der Januar-Effekt Ihre Weihnachtsrally dämpft – es sei denn, der Hexensabbat funkt dazwischen

Ein weiterer beliebter Mythos – oder vielmehr ein ganzes Bündel von Mythen – läuft bei mir unter der Kategorie „Sell in May". „Sell in May" stammt aus der alten Börsenweisheit „Sell in May, go away" – gemeint ist damit, dass die Renditen im Sommer eher mäßig sind. Zu diesen Mythen gehören alle Monats-, Wochentags-, Feiertags- und sonstigen Kalendermythen. Weihnachtsrallys. Der Oktober-Effekt. Der Montag-Effekt. Der Freitag-Effekt. Die Sommerrally. Triple Witching, der sogenannte Hexensabbat. Der Monatsende-Effekt. Der Effekt des dritten Donnerstags bei zunehmendem Mond. Der Effekt des zweiten Dienstags jedes Monats während der Baseball-Saison. Okay, Sie haben mich wieder erwischt. Die letzten beiden habe ich mir ausgedacht, aber sie klingen nicht viel alberner als die anderen.

Anleger glauben normalerweise nicht alles gleichzeitig. Sie glauben manches, anderes nicht. Aber sie überprüfen nicht, ob daran wirklich etwas ist. „Wer glaubt schon an einen Freitag-Effekt? Das ist doch Unsinn", könnte ein Anleger sagen, während er sich auf die Weihnachtsrally vorbereitet oder alles verkauft, weil Merkur rückläufig ist. Vielleicht wissen Sie instinktiv, dass das alles völliger Humbug ist. Trotzdem greifen die Medien solche Mythen gern auf und erzählen uns, der Markt habe am Freitag dies und das getan, sodass am Montag dies, das und jenes passieren müsste. Es gibt eine ganze Reihe veröffentlichter Studien – einige erscheinen in wissenschaftlichen Fachzeitschriften, die es besser wissen sollten, andere werden in den Publikumsmedien aufgegriffen –, die zeigen, dass man zwischen Zeitpunkt X und Zeitpunkt Y den Markt geschlagen hätte, wenn man an Tag A gekauft und an Tag C verkauft hätte. Wenn man jedoch die Start- und Enddaten variiert – oder einen Blick ins Ausland wirft –, verschwindet dieser Effekt, was auf geplantes oder unbeabsichtigtes Data-Mining hindeutet.

Der vielleicht beliebteste Mythos der letzten Zeit ist „Sell in May, go away" (wörtlich: „Verkaufe im Mai und geh weg"), weil sich die Formel im Englischen reimt und es, selbst wenn die Renditen über den Sommer hinweg gut sind, genug Schwankungen gibt, um den Mythos am Leben zu halten. Er existiert seit Jahrzehnten, und seine Popularität steigt und fällt mit seinen Erfolgen. Irgendwann mag er sogar wirtschaftlich sinnvoll erschienen sein. Vor langer Zeit waren die Sommer in den USA von einer leichten Konjunkturabschwächung geprägt, die mit den Landwirtschaftszyklen und später mit den Urlaubszyklen zusammenhing. Auch heute noch macht ein großer Teil Europas in den wärmeren Monaten Urlaub. Der ganze Mythos setzte sich durch, weil britische Broker bekanntermaßen von Mai bis zu den St Leger Stakes, einem traditionellen Pferderennen im September, Urlaub machten.

Aber trifft er heute noch zu, falls er jemals zutraf? Nein. Es war nie ein echter Börsenzyklus. Er ist lächerlich und nachweislich falsch. Soll es in einer Welt, in der Marktinformationen jederzeit und überall in Echtzeit verfügbar sind, wirklich jeden Sommer zu einer Art Arbitrage-Sommerschlaf kommen? Viele angesehene Investoren glauben fest daran, dass die Sommermonate schlecht für Aktien sind. Auch das lässt sich mit Frage Eins leicht überprüfen. Tabelle 5.1 veranschaulicht dies, indem sie das Jahr in zwei Zeiträume unterteilt: vom 30. April bis zum 31. Oktober, also den Zeitraum, der das „Sell in May"-Fenster umfasst, und vom 31. Oktober bis zum 30. April.

In Tabelle 5.1 beträgt die durchschnittliche Gesamtrendite für den Zeitraum von Mai bis Oktober 4,3 Prozent – die Renditen sind also im Durchschnitt positiv. Natürlich ist der Markt ohnehin in der Regel häufiger positiv als negativ. Hinweis: Es gab viele Phasen, in denen die Sommermonate sehr stark waren, zum Beispiel 2024. Der Zeitraum von Mai bis Oktober verzeichnete einen Gewinn von 14,1 Prozent, wobei Aktien in fünf von sechs Monaten stiegen und im Oktober nur um 0,9 Prozent nachgaben.[4] Dass dieser Zeitraum deutlich häufiger positive als negative Renditen liefert, zeigt Ihnen, dass die Strategie

Tabelle 5.1 Sell in May, Go Away?

Jahr	Rendite Mai-Oktober	Rendite November-April	Jahr	Rendite Mai-Oktober	Rendite November-April
1926	13,9 %	12,0 %	1953	2,7 %	18,4 %
1927	17,2 %	24,2 %	1954	14,9 %	22,4 %
1928	11,9 %	21,6 %	1955	13,7 %	16,4 %
1929	-5,4 %	5,2 %	1956	-3,9 %	2,3 %
1930	-30,5 %	-8,6 %	1957	-8,5 %	8,1 %
1931	-28,1 %	-42,5 %	1958	20,3 %	14,0 %
1932	23,6 %	23,1 %	1959	1,4 %	-3,9 %
1933	9,5 %	18,9 %	1960	-0,1 %	24,3 %
1934	-14,2 %	7,7 %	1961	6,6 %	-3,5 %
1935	36,9 %	12,4 %	1962	-11,8 %	25,5 %
1936	27,5 %	-2,4 %	1963	7,7 %	9,0 %
1937	-22,7 %	-18,6 %	1964	8,4 %	6,6 %
1938	39,7 %	-15,2 %	1965	5,3 %	0,0 %
1939	20,3 %	-2,5 %	1966	-10,4 %	19,2 %
1940	-6,1 %	-13,0 %	1967	1,5 %	5,4 %
1941	5,7 %	-16,1 %	1968	7,7 %	1,8 %
1942	27,5 %	26,5 %	1969	-4,8 %	-14,5 %
1943	5,4 %	2,2 %	1970	4,2 %	26,9 %
1944	10,4 %	18,9 %	1971	-7,9 %	16,0 %
1945	14,6 %	14,8 %	1972	5,1 %	-2,8 %
1946	-19,2 %	0,6 %	1973	2,8 %	-15,1 %
1947	8,6 %	3,2 %	1974	-16,2 %	20,9 %
1948	9,7 %	-7,9 %	1975	4,1 %	16,3 %
1949	12,6 %	16,6 %	1976	3,1 %	-2,3 %
1950	11,9 %	19,0 %	1977	-4,0 %	7,6 %
1951	5,8 %	4,8 %	1978	-1,3 %	12,2 %
1952	8,2 %	3,2 %	1979	2,7 %	7,2 %

Jahr	Rendite Mai-Oktober	Rendite November-April	Jahr	Rendite Mai-Oktober	Rendite November-April
1980	23,0 %	6,6 %	2003	15,6 %	6,3 %
1981	-5,8 %	-1,7 %	2004	3,0 %	3,3 %
1982	18,2 %	25,9 %	2005	5,3 %	9,6 %
1983	1,6 %	0,0 %	2006	6,1 %	8,6 %
1984	6,2 %	10,7 %	2007	5,5 %	-9,6 %
1985	7,8 %	26,3 %	2008	-29,3 %	-8,5 %
1986	5,3 %	20,0 %	2009	20,0 %	15,7 %
1987	-11,4 %	5,5 %	2010	0,7 %	16,4 %
1988	8,8 %	13,0 %	2011	-7,1 %	12,8 %
1989	11,9 %	-1,2 %	2012	2,2 %	14,4 %
1990	-6,4 %	25,6 %	2013	11,1 %	8,4 %
1991	6,3 %	7,3 %	2014	8,2 %	4,4 %
1992	2,5 %	6,6 %	2015	0,8 %	0,4 %
1993	7,8 %	-2,3 %	2016	4,1 %	13,3 %
1994	6,3 %	10,5 %	2017	9,1 %	3,8 %
1995	14,5 %	13,8 %	2018	3,4 %	9,8 %
1996	9,1 %	14,7 %	2019	4,2 %	-3,2 %
1997	15,2 %	22,5 %	2020	13,3 %	28,9 %
1998	-0,4 %	22,3 %	2021	10,9 %	-9,6 %
1999	2,7 %	7,2 %	2022	-5,5 %	8,6 %
2000	-1,0 %	-12,1 %	2023	1,4 %	21,0 %
2001	-14,6 %	2,3 %	2024	14,1 %	??
2002	-17,0 %	4,5 %			

Quelle: Finaeon, Inc., Stand: 4.3.2025. S&P 500-Gesamtrenditen, 30. April bis 31. Oktober und 31. Oktober bis 30. April, 1926 bis 2024.

„Sell in May, go away" tatsächlich Geld kostet. Im Durchschnitt hat der Zeitraum von Mai bis Oktober etwas weniger Rendite gebracht als die Winterhälfte, bleibt aber immer noch positiv. Was sagt Ihnen das? Wollen Sie wirklich auf Bargeld sitzen bleiben und viel weniger Rendite erzielen? Es gibt keinen wirtschaftlichen Grund, warum ein Halbjahr besser sein sollte als ein anderes. Warum Mai bis Oktober? Warum nicht „Sell in July, so you won't cry"? Wahrscheinlich, weil der Juli im Durchschnitt der stärkste Monat ist und damit den Mythos der Sommerflaute widerlegt!

Das ist etwas anderes als beim Mythos „Öl gegen Aktien", bei dem es praktisch 50:50 steht, ob die beiden Variablen die vorgefasste Meinung eines Anlegers bestätigen (obwohl diejenigen, die an diesen Mythos glauben, sicherlich ebenfalls der Gültigkeitsillusion und dem Bestätigungsfehler erliegen). Wenn ein bestimmter Sommer einmal positiv verläuft, werden die Anhänger von „Sell in May" einfach sagen, dass man längere Beobachtungszeiträume (oder kürzere, ganz bestimmte Zeiträume) verwenden sollte. Was sie dabei übersehen, ist in Wahrheit die harte, nüchterne Wahrheit, dass der Markt in den Sommermonaten nun einmal offensichtlich häufiger steigt als fällt. Dazu bedarf es keiner ausgeklügelten Analyse. Natürlich gibt es zwangsläufig auch Sommer mit negativen Renditen. Das gilt für jede Jahreszeit und jeden Monat.

Was ist mit anderen saisonalen Mythen – solchen, die uns vor bestimmten Tagen, Monaten, Feiertagen und so weiter warnen? Ist an ihnen etwas dran? Nein. Sie alle halten einer statistischen Überprüfung nicht stand. Denken Sie an Frage Zwei: Wenn zwischen zwei Dingen eine Korrelation zu bestehen scheint, müssen Sie zeigen können, dass sie auch in anderen Ländern gilt, und die grundlegenden wirtschaftlichen Zusammenhänge darlegen können, die erklären, warum sie gelten sollte. Das ist bei keinem dieser saisonalen Mythen möglich.

Nehmen wir einmal an, der Montag-Effekt sei real. In gewisser Weise ist er das auch. Der Montag-Effekt besagt, dass der Montag den

Trend vom Freitag fortsetzt. Ist der Freitag positiv, wird auch der Montag positiv sein; ist der Freitag negativ, ist mit einem negativen Montag zu rechnen. Das widerspricht offensichtlich einem anderen populären Mythos – dem Wochenendeffekt, der besagt, dass die Aktienkurse über das Wochenende fallen. Aber das macht nichts. Nehmen wir zunächst einfach an, dass der Montag-Effekt tatsächlich funktioniert. Das tut er, wenn man ihn falsch betrachtet. In Jahren, in denen der Markt steigt, sind Freitag und Montag und alle anderen Tage eher positiv als negativ.

In solchen Jahren folgt auf einen Freitag – egal, ob er positiv oder negativ war – tendenziell ein positiver Montag. Und da es in Bullenmarktjahren mehr positive als negative Freitage gibt, funktioniert das Muster. In Bärenmarktjahren sind Freitage, Montage und alle anderen Tage eher negativ als positiv. Auf einen Freitag in einem Bärenmarktjahr folgt eher ein schwacher als ein starker Montag – und das Gleiche gilt für jeden anderen Wochentag. Es funktioniert also.

Doch damit sieht man nur, was man sehen will: In einem Bullenmarktjahr kostet es Geld, wenn man in der Überzeugung handelt, dass ein schwacher Freitag zu einem schwachen Montag führt. In Bärenmarktjahren kostet es ebenfalls Geld, darauf zu setzen, dass ein positiver Freitag zu einem positiven Montag führt. Die Tatsache, dass der Markt im Durchschnitt an etwa zwei Dritteln der Handelstage im Plus ist, macht es wahrscheinlicher, dass zwei aufeinanderfolgende Tage beide im Plus liegen, als dass auf einen positiven ein negativer Tag folgt – und lässt damit das Grundprinzip der Fortsetzung des Freitagstrends funktionieren. Aber das macht daraus nur eine mythenhafte Strategie, mit der man Geld verliert.

Es gibt keine wirklich guten statistischen Belege für diese Mythen. Tabelle 5.2 zeigt die durchschnittlichen monatlichen Gesamtrenditen des S&P 500 seit 1926. Alle durchschnittlichen Renditen sind positiv, mit Ausnahme des im Durchschnitt leicht negativen Septembers, weil – sagen Sie es mit mir – der Markt häufiger steigt als fällt. Wenn an saisonalen Mythen etwas Wahres dran wäre, müsste ein Monat (oder mehrere) deutlich aus der Reihe fallen. Einige Monate sehen im Durchschnitt geringfügig besser aus als andere – aber denken Sie daran, dass es sich hierbei um Durchschnittswerte handelt, in die die kurzfristige Volatilität und Zufälligkeit des Marktes bereits eingehen. Natürlich können Sie nicht erwarten, dass Sie jedes Jahr im April eine Rendite von 1,61 Prozent und im November eine Rendite von 1,41 Prozent erzielen. Der Durchschnitt der Vergangenheit sagt nichts darüber aus, was künftig passieren könnte, da diese Zahlen die Zufälle der Vergangenheit enthalten, die sich von den Zufällen der Zukunft unterscheiden können. Dies zeigt, dass keiner dieser emotional aufgeladenen Mythen über Tage, Monate, Jahreszeiten und so weiter wirklich glaubwürdig ist. Alles, was Ihnen ein Monat im Jahr sagen kann, ist, wann Sie Ihre Uhren umstellen oder Ihren Mais pflanzen sollten.

Tabelle 5.2 Durchschnittliche monatliche Renditen des S&P 500

	1926–2024	**Durchschnittliche monatliche Renditen**
1	Januar	1,41 %
2	Februar	0,25 %
3	März	0,84 %
4	April	1,61 %
5	Mai	0,34 %
6	Juni	1,11 %
7	Juli	2,02 %
8	August	1,06 %
9	September	-0,75 %
10	Oktober	0,70 %
11	November	1,41 %
12	Dezember	1,59 %

Quelle: Finaeon, Inc., Stand: 27.2.2025. S&P-500-Gesamtrenditen, 31.12.1925 bis 31.12.2024.

Und was ist mit dem September? Ja, er ist der einzige Monat mit im Durchschnitt negativen Renditen. Aber gehen Sie nicht davon aus, dass Durchschnittswerte irgendetwas vorhersagen. Dieser negative Durchschnitt ist größtenteils auf einige Ausreißer während der Weltwirtschaftskrise und im Jahr 2008 zurückzuführen. Insgesamt legten Aktien in 52 Prozent der 99 Septembermonate seit 1926 zu.

Ich bin mir sicher, dass manche Broker solche Strategien aus gut gemeinten, aber falschen Analysen heraus empfehlen. Vielleicht haben sie das früher hauptsächlich getan, um Provisionen zu kassieren. Wenn Ihnen also jemand wegen einer angeblich bevorstehenden saisonalen Marktbewegung einen Aktienhandel nahelegt, bitten Sie einfach um Belege dafür. Möglicherweise finden Sie jemanden, der Ihnen einen „Forschungsbericht" seiner Firma oder einer anderen Quelle zusendet, in dem die saisonale Marktbewegung „detailliert" beschrieben wird. Dieser Bericht wird jedoch keine Rohdaten enthalten. Er wird auf Durchschnittswerten über einen bestimmten Zeitraum basieren, die die Vorannahme bestätigen, und nicht um die normale Tendenz des Marktes bereinigt sein, eher zu steigen als zu fallen. Sie können sich jedoch die Rohdaten beschaffen. Diese finden Sie im Internet. Sie haben Ihre Excel-Tabelle. Und Sie können Frage Eins stellen, um zu sehen, ob da etwas ist, und diese Frage ohne die „Hilfe" eines Brokers selbst beantworten. Tatsache ist: Wenn Sie das tun, ist da nichts.

Zeit für Hausaufgaben

Nachdem Sie nun einige Beispiele gesehen haben und einen Korrelationskoeffizienten sowie ein R-Quadrat berechnen können, können Sie selbst damit beginnen, Mythen zu überprüfen. (Informieren Sie sich in Anhang D auch über den Unterschied zwischen arithmetischen Durchschnitten und annualisierten oder geometrischen Durchschnitten.) Der Einstieg ist ganz leicht – wenden Sie Frage Eins einfach auf irgendetwas an. Zu allem Möglichen! Beginnen Sie mit den Dingen, bei denen Sie sich am sichersten sind, dass sie keiner Überprüfung bedürfen. Niemand wird Sie für verrückt halten. Und selbst wenn, tut das nicht weh. Wissen Sie, was auch nicht wehtut? Mit der Zeit seltener falschzuliegen. Sagen Sie das Ihrer Pokerrunde, wenn sie sich über Sie lustig macht.

Hier sind ein paar Investmentglaubenssätze, mit denen Sie Frage Eins üben können – gleich jetzt! Sie mögen an einige, alle oder keinen davon glauben, aber im Allgemeinen sind sie weit verbreitet und leicht zu überprüfen – und daher auch leicht zu widerlegen:

Viele Anleger glauben, dass eine hohe Arbeitslosenquote schlecht für Aktien ist und eine niedrige Arbeitslosenquote besser. Stimmt das? Ich würde sagen, dass in keinem der beiden Fälle ein Zusammenhang besteht, aber Sie können das leicht selbst überprüfen: Die US-Arbeitslosenzahlen finden Sie beim U.S. Bureau of Labor Statistics unter www.bls.gov.

Wenn Sie schon dabei sind, können Sie auch überprüfen, ob die Arbeitslosenquote – ob hoch oder niedrig – das Wachstum des Bruttoinlandsprodukts beeinflusst. Die meisten Anleger werden Ihnen sagen, dass eine hohe Arbeitslosigkeit das Ende des Wachstums des Bruttoinlandsprodukts bedeutet. Ich würde sagen, dass Wachstum Arbeitsplätze schafft und nicht umgekehrt. Aber überprüfen Sie es selbst!

Dann schauen Sie sich an, was Arbeitslosigkeit wirklich für die Inflation bedeutet ... und für die Löhne ... und was Löhne für die Inflation bedeuten. Alle, sogar die vermeintlichen Genies der Fed, glauben, dass niedrige Arbeitslosigkeit die Löhne in die Höhe treibt und Löhne die Inflation ankurbeln. Nach Phasen hoher Inflation, in denen die Gesellschaft eigentlich das Lohnwachstum begrüßen sollte, das unsere Kaufkraft wiederherstellt, sind Anleger darauf konditioniert, zu befürchten, dass ein schnelles Lohnwachstum zu neuen Preisspitzen führt. Milton Friedman und viele andere haben vor Jahrzehnten gezeigt, dass das Gegenteil der Fall ist – die Inflation treibt die Löhne an.

Aber der Mythos hält sich hartnäckig. Testen Sie ihn und nehmen Sie ihn auseinander. Die Daten, die Sie für diese Überprüfung benötigen, finden Sie im Datenportal FRED der St. Louis Fed.

Der VIX (der Volatilitätsindex der Cboe Options Exchange, kurz CBOE) gilt als beliebter Kontraindikator für den S&P 500. Wie man so schön sagt: „Wenn der VIX hoch ist, ist es Zeit zu kaufen!" Wirklich? Führen Sie einige Korrelationsanalysen durch, und ich wette, Sie werden feststellen, dass der VIX statistisch gesehen wertlos ist.

Lange Zeit galt die Annahme, dass hohe Dividendenrenditen gute Aktienrenditen und niedrige Dividendenrenditen schlechte Renditen vorhersagen. Suchen Sie im Internet nach historischen Dividendenrenditen, um zu sehen, ob Sie nach diesem Mythos handeln sollten. *(Hinweis: Sie sollten es nicht tun.)*

Experten und Fachleute klagen über niedrige Werte beim Verbrauchervertrauen und deren Auswirkungen auf das Bruttoinlandsprodukt und den Aktienmarkt. Ist diese Sorge gerechtfertigt? Ich würde sagen: Beim Verbrauchervertrauen ist da nichts – weder hier noch dort noch sonst irgendwo. Schauen Sie sich die beiden Verbrauchervertrauensindizes an, die vom Conference Board (http://www.conference-board.org/data/consumerconfidence.cfm) und der University of Michigan (http://www.sca.isr.umich.edu) veröffentlicht werden, um zu sehen, ob Sie mir das Gegenteil beweisen können.

Sie werden im Handumdrehen zum Profi, wenn es um Frage Eins geht. Der wahre Spaß an Frage Eins besteht jedoch darin, Mythen aufzuspüren, die so weit verbreitet sind, so leidenschaftlich vertreten werden und als so unumstößlich gelten, dass niemand es wagt, auch nur einen Hauch von Widerspruch zu äußern. Genau da finden Sie Anlageüberzeugungen, die so falsch sind, dass in Wahrheit das genaue Gegenteil zutrifft. Lassen Sie uns jetzt einige davon aufspüren.

6

Nein,
es ist genau
das Gegenteil

6

Nein, es ist genau das Gegenteil

Wenn Sie sich irren – wirklich, wirklich, wirklich irren

In Kapitel 5 wurde erläutert, wie Frage Eins hilft, falsche Mythen aufzudecken, die „jeder" kennt, obwohl sich niemand die Mühe gemacht hat, sie zu überprüfen. Noch spannender: Manchmal stößt man auf Mythen, an die so viele Menschen unbeirrbar und mit solcher Inbrunst glauben – und bei näherer Prüfung erweist sich gerade das Gegenteil als wahr. Wenn eine Mythologie wirklich, wirklich, wirklich, wirklich falsch ist, ist nicht nur die Behauptung falsch – der tatsächliche Zusammenhang verläuft genau umgekehrt – so wie bei unserem Beispiel: US-Haushaltsdefizite führen nicht in die Katastrophe, sondern gehen mit hohen Aktienrenditen einher. So verbinden Sie Frage Eins mit Frage Zwei und erkennen, dass das genaue Gegenteil der gängigen Mythologie eine handelbare Wahrheit sein kann. Einige solcher Fälle werden wir in diesem Kapitel durchspielen, damit Sie sehen, wie Sie selbst so vorgehen können. Beginnen Sie einfach mit etwas, bei dem sich Menschen besonders im Recht fühlen. Vielleicht stempeln Bekannte Sie als Ketzer ab, aber was macht das schon? (Was andere denken, ist nicht Ihre Sache, erinnern Sie sich?) Ein Grund, warum so viele Anleger scheitern, ist, dass sie Angst haben, Fragen zu stellen, die sie wie Spinner erscheinen lassen. Haben Sie keine Angst, als Spinner angesehen zu werden – fürchten Sie sich vielmehr davor, auf der Grundlage möglicher Unwahrheiten zu investieren.

Wenn Schulden gut sind!

Beginnen wir mit einem Thema, das mit Sicherheit fast alle Menschen, unabhängig von ihren Überzeugungen, in entsetzter Empörung vereinen wird: Schulden.

In Kapitel 1 habe ich gezeigt, dass das beklagte US-Haushaltsdefizit in der Vergangenheit nicht zu schlechten Aktienrenditen geführt hat, sondern zu guten. Ich habe Ihnen die Daten gezeigt – das Was –, aber nicht das Wie und Warum. Dazu müssen Sie Schulden und Defizite besser verstehen – etwas wissen, was andere nicht wissen, und sehen, wie sie genutzt, missbraucht und falsch interpretiert werden. (Wenn ich dieses Kapitel im Jahr 2025 aktualisiere, werden viele beim Thema Schulden empfindlich reagieren – wegen der hohen Defizite und des Schuldenanstiegs infolge der Corona-Hilfsprogramme. Doch an der ökonomischen Logik von Fremdfinanzierung hat sich nichts Grundlegendes geändert – auch wenn die Angst vor Schulden mal größer, mal kleiner sein mag.)

Von Kindesbeinen an wird uns beigebracht, dass Schulden schlecht sind, mehr Schulden noch schlimmer und hohe Schulden geradezu unmoralisch. Viele Jahrhunderte lang galt es in der gesamten Christenheit als Sünde, auf Kredite Zinsen zu erheben – sodass die Geldverleihung scheinbar zwielichtigen gesellschaftlichen Randgruppen überlassen blieb. Cato der Ältere, den wohl niemand je als Stimmungskanone bezeichnet hätte, setzte Wucher mit Mord gleich. Das frühe Christentum, das Judentum und der Islam verboten allesamt die Kreditvergabe gegen Zinsen. (Juden durften anderen Juden keine Zinsen berechnen, während die Scharia bis heute die Erhebung von Zinsen verbietet.)

Investoren betrachten unsere Schulden und unser Haushaltsdefizit als massive wirtschaftliche Belastung, weil letztlich irgendjemand dafür aufkommen muss – und angeblich legen sie sich wie ein Würgegriff auf unsere Kinder, unsere Kindeskinder, deren Kinder, deren Haustiere, auf die künftigen Außerirdischen, die diese Ur-Ur-Ur-Enkel kolonisieren, und auf die Kakerlaken, die sie alle zu Fall bringen – alle schuldenbeladen, lebend in einer Welt im Stil von „Die Tribute von

Panem“ nach dem Dritten Weltkrieg, in der es keine Jennifer Lawrence und keinen Liam Hemsworth gibt, die uns retten könnten. Und das alles wegen der Schulden!

Jeder weiß, dass wir überschuldet sind. Man liest es überall – und selten wird es (wenn überhaupt) infrage gestellt. Und alle sind sich einig, dass irgendjemand diese Schulden zurückzahlen muss. Und wenn es so weit ist, wird es entsetzlich. In so einem Umfeld können Aktien doch nicht steigen, oder? Stellen wir Frage Eins und sehen nach. Stimmt es, dass Schulden schlecht für die Wirtschaft und den Aktienmarkt sind? Sind wir wirklich so überschuldet, dass es problematisch wird?

Um diese Frage zu beantworten, müssen Sie wissen, wie hoch unsere Schulden tatsächlich sind, und sie ins richtige Verhältnis setzen. Dann müssen Sie eine Frage stellen, die so grundlegend ist, dass sie sonst niemand stellt (Sie aber sehr bald).

Aber zuerst ein paar Zahlen. Zum Zeitpunkt der Aktualisierung dieses Kapitels im Jahr 2025 belaufen sich die US-Staatsschulden auf fast 29 Billionen US-Dollar.[1] (Regierungsinterne Schulden zähle ich nicht mit, da es sich dabei um Geld handelt, das die Regierung sich faktisch selbst schuldet. Was zählt, ist, was die Regierung anderen Menschen und nicht amerikanischen staatlichen Stellen schuldet.)

29 Billionen US-Dollar sind in absoluten Zahlen eine Menge Geld. Zur Veranschaulichung: Schon eine Billion entspricht 1.000 Milliarden. Und bereits eine Milliarde ist für unsere steinzeitliche Informationsverarbeitung schwer vorstellbar. Vor einer Milliarde Stunden lebten unsere Vorfahren beispielsweise buchstäblich in der Steinzeit. Vor einer Milliarde Minuten, mehr oder weniger, wandelte Jesus auf Erden. 29 Billionen US-Dollar scheinen also überwältigend zu sein.

Aber ist das schlecht? Die meisten Menschen denken das. Aber erinnern Sie sich an die Hasen und Ford Raptors aus Kapitel 3? Wenn Sie große Zahlen sehen, müssen Sie relativ denken und Größenordnungen berücksichtigen. Dazu benötigen Sie ein genaues Bild der Gesamtbilanz der USA (siehe Tabelle 6.1).

Wahrscheinlich haben Sie noch nie eine so aufbereitete Bilanz der USA gesehen. (Obwohl all diese Daten öffentlich zugänglich sind, vermute ich, dass die Leute einfach nicht daran denken, so etwas zu tun.) Sie ist wie eine Unternehmensbilanz aufgebaut, in der alle Vermögenswerte und Verbindlichkeiten der USA – einschließlich staatlicher und privater Schulden – zusammengefasst sind. Addiert man die Posten auf der linken Seite, ergeben die Vermögenspositionen für die Vereinigten Staaten ein Gesamtvermögen von etwa 314 Billionen US-Dollar. (29 Billionen erscheinen sofort kleiner, nicht wahr? Größenordnung!)

Tabelle 6.1 Gesamtbilanz der Vereinigten Staaten

Vermögenswerte	Mrd. USD	Verbindlichkeiten	Mrd. USD
Bargeld und Äquivalente	39.501	Hypothekendarlehen	13.257
Börsennotierte Aktien*	61.325	Kreditkarten- und Autokredite	5.065
Sonstige Unternehmensaktien	1.966	Schulden von Personenunternehmen	12.483
Personenunternehmen	28.066	Schulden nicht finanzieller Kapitalgesellschaften	28.691
Festverzinsliche Wertpapiere	80.073	Schulden des Finanzsektors	19.781
Finanzanlagen gesamt	**210.930**	Spar- und Girokonten	21.010
Wohnimmobilien	52.329	Schulden der US-Regierung	29.472
Sonstige Immobilien	51.057	Schulden der US-Bundesstaaten und Kommunen	3.266
Immobilien insgesamt**	**103.386**	**Gesamtverschuldung**	**133.025**
		Nettovermögen	**181.291**
Gesamtvermögen	**314.316**	**Verbindlichkeiten und Nettovermögen gesamt**	**314.316**
Einkommen der USA (BIP)	**29.720**		

* Marktwert zum 10. März 2025.

** Ohne Immobilien in staatlichem Besitz.

Hinweis: Sonstige Vermögenswerte und Verbindlichkeiten, die sich eins zu eins ausgleichen, sind ausgeschlossen, etwa Lebensversicherungspolicen und -rückstellungen, langlebige Konsumgüter sowie Pensionsverpflichtungen und -leistungen.

Alle Zahlen in Milliarden US-Dollar.
Quellen: Standard & Poor's, Federal Reserve Flow of Funds Accounts (4. Quartal 2024) und US Bureau of Economic Analysis (BIP im 4. Quartal 2024).

Auf der rechten Seite (der Passivseite) steht eine Gesamtverschuldung von insgesamt 133 Billionen US-Dollar. Wie bei jeder Bilanz ergibt sich nach Abzug der Verbindlichkeiten von den Vermögenswerten ein Nettovermögen der USA von etwa 181 Billionen US-Dollar. (*Hinweis*: Unsere Bilanz berücksichtigt keine Vermögenswerte und Verbindlichkeiten, die sich vertraglich eins zu eins ausgleichen, wie Lebensversicherungspolicen und -rückstellungen sowie Pensionsverpflichtungen und -leistungen. Da sie sich perfekt gegenseitig ausgleichen, haben sie keinen Einfluss auf unsere Analyse; das gilt auch für außerbilanzielle Verpflichtungen wie Medicare und Social Security, die später leicht durch politische Abstimmung geändert werden können.)

Welches Maß an Verschuldung ist für eine Gesellschaft richtig?

Eine bessere Frage – die eigentliche Killerfrage, Frage Nummer Zwei – lautet jedoch: Welches Maß an Verschuldung ist für eine Gesellschaft richtig? Und woran erkennt man, dass es das *richtige* Maß ist? Diese Frage habe ich öffentlich noch nie gestellt oder kommentiert gehört – nie. Es ist eine Newton'sche Frage, denn ihr liegen Grundlagen zugrunde, die bisher undenkbar schienen. Wie hoch sollte die Gesamtverschuldung einer Gesellschaft sein, wenn man alle Schuldenarten zusammennimmt? Die meisten Menschen gehen davon aus, dass weniger Schulden besser sind und dass gar keine Schulden am besten sind.

Wir wissen jedoch, dass das unsinnig sein muss. Schauen Sie sich Unternehmen an. Sie nutzen Schulden in der Regel, um ihre Geschäftstätigkeit umsichtig zu finanzieren – und zwar ständig. Sie tun es, um ihr Nettovermögen im Laufe der Zeit zu steigern, indem sie mit dem aufgenommenen Kapital eine höhere Rendite erzielen, als sie für ihre Kredite zahlen müssen. Keine Schulden zu haben, ist nicht optimal, aber was ist dann optimal? Wie würde man das herausfinden? Optimal wäre ein Betrag, bei dem mehr Schulden schlecht wären, weniger Schulden aber ebenfalls – also genau der richtige Betrag. Niemand kommt jemals auf die Idee, nach dieser Höhe zu fragen, weil der Bestätigungsfehler zu der Annahme verleitet, dass weniger Schulden immer besser sind. Vielleicht geht es Ihnen genauso. Doch wenn Sie Frage Eins stellen und prüfen, ob Sie mit dieser Annahme falschliegen, können Sie davon profitieren. Und falls ja, sind Sie damit keineswegs allein.

Um das „richtige" Schuldenniveau (und das „falsche" Niveau) zu finden, müssen wir uns noch einmal mit den Grundlagen der Wirtschafts- und Finanztheorie befassen, aus denen hervorgeht, dass Schulden an sich nicht schlecht, unmoralisch oder ein Zeichen von Charakterschwäche sind. Schulden sind offensichtlich ein legitimes und notwendiges Instrument des Kapitalismus. Und wir haben den Kapitalismus bereits als grundsätzlich gut definiert. Eine der ersten Lektionen der Unternehmensfinanzierung ist die Berechnung der optimalen Kapitalstruktur für ein Unternehmen – also der richtigen Mischung aus Fremdkapital und Eigenkapital –, die in der Bilanz eines Unternehmens ausgewiesen werden sollte. Als CFO berechnen Sie die optimale Kapitalstruktur für Ihr Unternehmen, um eine maximale Kapitalrendite zu erzielen. Auch wenn diese von Unternehmen zu Unternehmen und sogar von Branche zu Branche unterschiedlich ist, liegt das richtige Schuldenniveau fast nie bei null. Die meisten Unternehmen können ohne Fremdkapital ihren Gewinn nicht maximieren. Daher ist es für eine Gesellschaft nicht optimal, keine Schulden zu haben. Also noch einmal: Wie viel?

Kredite aufzunehmen – egal, ob Sie als CEO ein Unternehmen mit einem Wert von 100 Milliarden US-Dollar leiten oder als Elternteil einen Haushalt mit fünf Personen führen – ist sinnvoll, wenn die Kreditkosten nach Steuern (also der Zinssatz) deutlich unter der vorsichtig geschätzten erwarteten Rendite einer geplanten Investition liegen. Dem stimmen die meisten ohne Weiteres zu. Die Differenz zwischen beiden ist schlicht Gewinn. Ein optimales Verhältnis von Fremd- zu Eigenkapital wird erreicht, wenn die zusätzlichen Kreditkosten genau der zusätzlichen Rendite aus diesen Mitteln entsprechen.

Der Teil „genau gleich“ macht manche nervös. Aber angenommen, unser Widget-Unternehmen erzielt mit Widgets eine Kapitalrendite von 15 Prozent und hat Kreditkosten von 6 Prozent vor Steuern (4 Prozent nach Steuern): Sie wären nicht verärgert, wenn wir Geld leihen und unser Werk erweitern würden. Sie wüssten, dass wir am Spread verdienen würden, und das gefiele Ihnen. Trotzdem: „genau gleich“ macht Angst.

Haben Sie mal einen Kurs in Mikroökonomie belegt? Wenn nicht, haben Sie bitte kurz Geduld, denn die nächsten Zeilen richten sich an diejenigen, die es getan haben. Sie erinnern sich vielleicht daran, dass in der Wirtschaftstheorie der Gewinn maximiert wird, wenn die Grenzkosten dem Grenzerlös (Umsatz) entsprechen. (Das können Sie in jedem Einführungslehrbuch zur Mikroökonomie nachlesen. Ich sage hier nichts Aufregendes.) Zu den Grenzkosten können auch die Zinsen für Kredite gehören. Wie Sie damals gelernt haben, ist das Optimum erreicht, wenn die Grenzkosten der Kreditaufnahme genau der zusätzlichen Rendite entsprechen, die durch den Einsatz der geliehenen Mittel erzielt wird. Denn wir hätten nur so viel geliehen, wie wir gewinnbringend einsetzen könnten – also maximal effizient – und nicht mehr!

Das „richtige“ Maß an Verschuldung

Das richtige Maß an Verschuldung ist für eine Gesellschaft erreicht, wenn die Grenzkosten aller Arten von Kreditaufnahme der Grenzrendite aller Arten von Vermögenswerten entsprechen. Das ist einfach, rein rational und direkt aus der Wirtschaftstheorie abgeleitet. Führen wir diesen Gedanken weiter. Wenn die Kapitalrendite einer Gesellschaft im Vergleich zu ihren Kreditkosten sehr hoch ist, könnte sie mehr Geld aufnehmen, es investieren und damit eine Rendite erzielen, die ihre Bürger reicher macht. Für alle, die sich immer noch an Moral und Schulden aufhängen: Eine reichere Bürgerschaft ist moralisch. Eine ärmere Bürgerschaft ist unmoralisch. Kapiert?

Wenn es darauf ankommt – ob mehr Schulden gut oder schlecht sind oder weniger Schulden besser oder schlechter –, dann geht es nur um die Kapitalrendite. Wenn diese im Verhältnis zu den Kreditkosten hoch ist, sind mehr Schulden gut, weniger Schulden schlecht. Wenn das Gegenteil der Fall ist – wenn die Kapitalrendite niedriger ist als die Grenzkosten der Kreditaufnahme –, sind weniger Schulden angebracht. Woher wissen wir also, ob die Vereinigten Staaten das richtige Schuldenniveau haben? Ganz einfach – indem wir unsere Kapitalrendite im Verhältnis zu den Kreditkosten betrachten. Wie macht man das?

Um unsere Kreditkosten zu ermitteln, schauen wir uns erneut die Passivseite unserer Bilanz an. Sie wissen ungefähr, wie hoch die Zinssätze für die verschiedenen Schuldenarten sind. Die Zinsen für Hypothekenkredite sind größtenteils steuerlich absetzbar, sodass diese Kosten niedriger sind, als Sie denken. Aktuell liegen sie bei neuen 30-jährigen Hypothekenkrediten unter 7 Prozent, nach Steuern sind es noch ein paar Prozentpunkte weniger.[2] Und das gilt für neue Kredite. Die meisten Hypothekenkredite sind älter und haben viel niedrigere Zinssätze. Kreditkarten haben zwar höhere Zinssätze, doch die Kreditkartenschulden machen prozentual einen viel geringeren Anteil an der Gesamtverschuldung aus, als viele denken. Wenn wir von der Gesellschaft insgesamt sprechen, weist die Fed in ihrer Flow-of-Funds-Statistik die gesamten nicht finanziellen Schulden mit 76,3 Billionen US-Dollar aus.[3] (Das sind die Schulden der US-Bundesregierung, der Bundesstaaten und Kommunen, der Unternehmen außerhalb des Bankensektors und der privaten Haushalte zusammen. Banken müssen herausgerechnet werden, weil die Kreditaufnahmen beziehungsweise Verbindlichkeiten anderer Unternehmen bei Banken als Vermögenswerte erscheinen und umgekehrt.) Die Kreditkartenschulden belaufen sich laut der New York Fed derzeit auf rund 1 Billion US-Dollar.[4] Das sind 2 Prozent der Gesamtsumme. Rechnet man Autokredite hinzu, machen die Verbraucherschulden 7 Prozent der Gesamtsumme aus.[5] Der Zinssatz für die gesamten Verbraucherschulden ist also gar nicht so hoch. Wir haben in diesem Buch sowohl die Zinssätze für Unternehmenskredite als auch die Schulden der US-Bundesregierung diskutiert. Und intuitiv wissen Sie, dass die Zinssätze für Schulden der Bundesstaaten und Kommunen, die steuerfrei sind, noch niedriger sind. Die durchschnittliche Rendite von US-Staatsanleihen lag Ende 2024 bei 3,3 Prozent.[6] Rechnen Sie also 1 oder 2 Prozentpunkte hinzu, was die Realität sogar noch überbewerten könnte. Insgesamt liegt der durchschnittliche Zinssatz wahrscheinlich zwischen 4,5 und 5,5 Prozent vor Steuern. Durch die Abzugsfähigkeit von Betriebsausgaben und Hypothekenzinsen ist der effektive Zinssatz niedriger. Vielleicht 2,5 bis 3,5 Prozent. So in etwa.

Überraschung!

Was wirklich wichtig ist, ist die Kapitalrendite der USA. Aber wie berechnen wir sie? Genau wie ein Unternehmen! Wir nehmen unser Gesamteinkommen (BIP) und dividieren es durch unser Gesamtvermögen. Nach den Daten in Tabelle 6.1 beträgt das BIP etwa 30 Billionen US-Dollar. Das BIP ist zwar keine perfekte Kennzahl, aber es ist eine gute Annäherung an unser Nationaleinkommen, und jeder Teil davon fließt irgendjemandem zu, der davon profitiert. Unser Einkommen ist unsere „Rendite" – in vielerlei Hinsicht nicht anders als bei Familien oder Unternehmen, die ihre Rendite so berechnen. Wenn wir mehr Einkommen haben, geht es den Menschen insgesamt besser (was das Ziel ist). Mehr Einkommen für mehr Menschen – das ist moralischer. Und auch wenn man es nicht so sieht, ist das BIP auch eine Größe nach Steuern – Steuern muss man nicht herausrechnen, weil Ihre Einkommensteuer immer noch im BIP enthalten ist. Es ist nur der Teil, den unsere Regierung erhält. Wenn wir also unser BIP durch unser Gesamtvermögen dividieren, erhalten wir eine Kapitalrendite von 9,5 Prozent. (Das gilt für das Jahr 2025. Als ich dieses Buch zum ersten Mal schrieb und es mit Daten aus dem Jahr 2011 aktualisierte, war sie mit 12 Prozent etwas höher. Unabhängig davon sind über 9 Prozent immer noch recht gut.)

Offensichtlich ist unsere Kapitalrendite viel höher als unsere Kreditkosten nach Steuern von etwa 2,5 bis 3,5 Prozent. Aus Sicht eines guten CFO sind wir also nicht überschuldet, sondern *unterverschuldet*. Und wenn unsere Schätzung des durchschnittlichen Kreditzinssatzes etwas danebenliegt oder das BIP oder das Gesamtvermögen aufgrund der naturgemäß groben staatlichen Rechnungslegung etwas abweichen, spielt das keine große Rolle. Wie falsch wir auch liegen mögen, unsere Kreditkosten sind im Vergleich zu unserer Kapitalrendite immer noch winzig.

Erstens: Eine Kapitalrendite von 9,5 Prozent ist beeindruckend – sehr sogar! Zweitens: Auch wenn dies für die Leser im Jahr 2025 schwerer zu glauben sein wird als für die Leser im Jahr 2006, sind wir nicht annähernd überschuldet.

Um an den Punkt zu gelangen, an dem unsere Kapitalrendite in etwa unseren Kreditkosten entspricht, müssten wir deutlich mehr Schulden aufnehmen und investieren – vielleicht zwei- oder dreimal so viel. Wenn wir viel mehr Schulden aufnähmen, würde das am Ende Druck auf die Zinssätze ausüben und sie hochtreiben. Und wenn wir genügend zusätzliche Vermögenswerte erwerben würden, würden wir uns am Ende auf immer marginalere Aktivitäten einlassen, und unsere Kapitalrendite müsste schließlich sinken. Bevor wir jedoch an diesen Punkt gelangen, müssten wir als Gesellschaft viel mehr Vermögenswerte erwerben, die ein höheres absolutes Einkommen erzielen. Und mehr Schulden aufzunehmen, um zu investieren und mehr Einkommen zu erzielen, ist genau das, was man in der Wirtschaftstheorie als Optimierung bezeichnet.

Wenn wir das tun, maximieren wir Gewinn und Wohlstand für unsere Bürger, und solange wir das nicht tun, sind wir unterverschuldet. Ich vermute, dass das allem widerspricht, was den meisten Lesern jemals beigebracht wurde. Es geht mir nicht darum, für mehr Schulden zu plädieren. Vielmehr möchte ich Ihnen zeigen, dass fast jeder befürchtet, wir seien überschuldet, obwohl sich anhand grundlegender Wirtschafts- und Finanztheorie leicht erkennen lässt, dass wir sehr, sehr weit von diesem Punkt entfernt sind.

Ist mehr Verschuldung schlecht … oder gut?

Das ist die ultimative Frage Eins. Niemand hat sich je die Mühe gemacht, zu fragen, ob wir zu wenig Schulden haben. Und zwar deshalb, weil die gängige Mythologie Schuldenabbau nahezu einhellig für richtig hält. Es ist wie eine Art soziologische Religion, in der man zum Ketzer wird, wenn man diese Mythologie infrage stellt. Aber mithilfe von Frage Eins die gängige Mythologie auf den Kopf zu stellen, ist so ziemlich das Lustigste, was man in der Finanzwelt machen kann. Dann werden wir doch mal richtig ketzerisch: Könnten höhere Schulden der US-Bundesregierung der US-Wirtschaft und dem US-Aktienmarkt tatsächlich nützen? Wie wäre es mit dieser Frage: Wenn wir unterverschuldet sind, wie viel mehr Schulden sollten wir dann haben und was könnten wir damit machen? Das ist der entscheidende Frage-Zwei-Kniff: Sobald Sie ihn beantworten, können Sie etwas verstehen, was andere nicht verstehen können. Um das zu zeigen, betrachten wir die Sache zunächst aus Unternehmenssicht, dann aus Sicht von Privatpersonen und schließlich mit Blick auf Staatsschulden.

Ein Faktor, auf den Unternehmen achten, ist ihr *Verschuldungsgrad*. Der optimale Verschuldungsgrad unterscheidet sich von Branche zu Branche und sogar von Unternehmen zu Unternehmen. Schauen wir noch einmal auf Tabelle 6.1: Die USA haben einen Verschuldungsgrad von etwa 73 Prozent (Schulden geteilt durch das Nettovermögen). Aber ist das hoch oder niedrig? Problematisch oder nicht?

Betrachten wir es einmal so: Comcast, ein völlig solides, gut geführtes Unternehmen, hat einen Verschuldungsgrad von 132 Prozent. Deere & Co., eines der ältesten Unternehmen der USA, hat einen Verschuldungsgrad von 287 Prozent. Bei Marriott liegt der Verschuldungsgrad häufig über 1.000 Prozent! Bei Sunoco liegt er bei 197 Prozent, bei Kellogg's bei 199 Prozent, bei Lockheed Martin bei 338 Prozent und bei Boeing bei 108 Prozent.[7] Ich könnte noch viele weitere Beispiele nennen.

Sie kennen all diese Unternehmen. Das sind keine kurzlebigen Klitschen. Es sind alteingesessene Unternehmen, darunter einige der größten des Landes. Sie haben weitaus höhere Verschuldungsgrade als unser Land insgesamt und sind keineswegs dem Untergang geweiht. Diese Unternehmen haben vielleicht nicht ihren optimalen Verschuldungsgrad, aber soweit ich das beurteilen kann, stehen sie nicht vor einer Katastrophe und erzielen im Laufe der Zeit ordentliche Gewinne – trotz ihrer relativ hohen Schuldenlast. Das soll nicht heißen, dass die USA einen so hohen Verschuldungsgrad haben sollten. Aber man sollte nicht automatisch davon ausgehen, dass 73 Prozent schlecht oder falsch sind. Hier ist noch etwas, was Sie vielleicht nicht bedacht haben: Als ich dieses Buch 2011 aktualisierte, hatten wir weniger Schulden, etwa 64,1 Billionen US-Dollar. Allerdings hatten wir auch ein weitaus geringeres Nettovermögen, nämlich 64,9 Billionen US-Dollar. Dann kam der längste Bullenmarkt der Geschichte, der bis 2020 andauerte. Gewerbe- und Wohnimmobilien erholten sich von der Immobilienkrise und stiegen weiter im Wert. Private Vermögenswerte stiegen sprunghaft an. Das Ergebnis: Die zweite Auflage dieses Buches zeigt, dass der Verschuldungsgrad der USA bei 99 Prozent lag. Jetzt liegt er bei 73 Prozent. Er ist gesunken! Und das trotz aller Erhöhungen der nominalen ausstehenden Schulden und so weiter!

Dennoch könnten Sie sagen: „Theoretisch habe ich kein Problem mit Unternehmensschulden. Und ich habe auch kein Problem damit, wenn Boeing Kredite aufnimmt, um eine Fabrik zu bauen und Geld zu verdienen, oder wenn Unternehmen allgemein so vorgehen – sie gehen rational mit Schulden um. Ein Problem habe ich aber mit idiotischen Verbrauchern oder, noch viel schlimmer, mit der idiotischen Regierung."

Was Sie nicht in Ordnung finden, ist ein Heroinjunkie, der Kreditkartenschulden anhäuft, um sich neuen Stoff zu besorgen und Pink-Floyd-Songs auf Spotify Premium zu streamen – der also das wenige geliehene Geld für Drogen und Blödsinn verschwendet. Was für ein Idiot! Dennoch finden viele von Ihnen die Streaming-Schulden dieses Heroinjunkies eher in Ordnung als die Schulden unserer US-Bundesregierung – weil Sie denken, dass der Heroinjunkie im Grunde klüger, disziplinierter und besser im Umgang mit Geld ist als die US-Bundesregierung. Was die staatliche Gesamtverschuldung angeht, so hassen Sie die Schulden Ihrer Kommune, halten sie aber für weniger dumm als die Ihres Bundesstaates, und die Ihres Bundesstaates für weniger dumm als die der US-Bundesregierung. (Es sei denn, Sie leben in Kalifornien – dann halten Sie Ihren Bundesstaat für noch dümmer, sofern Sie nicht die politische Kool-Aid aus Sacramento geschluckt haben.)

Um die Schulden der Regierung und des Heroinjunkies besser zu verstehen, beginnen wir wieder mit den Unternehmensschulden. Angenommen, Sie sind CEO eines Unternehmens durchschnittlicher Bonität mit einem mittleren BBB-Rating von Standard & Poor's. Mitte 2025 könnte Ihr Unternehmen sich für zehn Jahre Geld zu etwa 5,75 Prozent leihen.[8] Um diese Schulden bedienen und gleichzeitig zusätzliche Einnahmen generieren zu können, benötigen Sie eine Kapitalrendite, die höher ist als Ihre Kreditkosten nach Steuern. Nehmen wir an, Sie haben einen Körperschaftsteuersatz von 21 Prozent. Dann betragen Ihre Kreditkosten von 5,75 Prozent nach Steuern 4,5 Prozent. Wenn Sie nicht glauben, dass Sie langfristig mehr als 4,5 Prozent pro Jahr erwirtschaften können, sollten Sie gar nicht erst CEO sein, und Ihr Vorstand sollte Sie entlassen.

Wenn Sie also eine Fabrik bauen, ein Produkt auf den Markt bringen oder etwas anderes tun können, was Ihnen vielleicht eine Rendite von 12 Prozent bringt – aber wirklich alles, was deutlich über 4,5 Prozent liegt –, werden Ihre Aktionäre (und Ihre Kunden und Mitarbeiter, mit anderen Worten: alle, einschließlich der Allgemeinheit) Sie mehr schätzen, wenn Sie mehr Fremdkapital aufnehmen und investieren, um Wohlstand zu schaffen. Geld zu leihen ist in diesem Fall gut für alle – moralisch und richtig.

Dazu ein gutes Beispiel für Schulden und Unternehmensmoral: Angenommen, Sie sind CEO und die Aktie Ihres Unternehmens hat ein KGV von 16. Der Kehrwert davon, die Gewinnrendite, beträgt 6,25 Prozent. Denken Sie daran: Diese Zahl ist nach Steuern gerechnet, weil das KGV auf Gewinnen nach Steuern beruht. Wenn Sie sich nach Steuern zu 4,5 Prozent Geld leihen und Ihre eigenen Aktien zurückkaufen können, wodurch sich das verfügbare Aktienangebot verringert, steigern Sie den Gewinn pro Aktie und vereinnahmen den Spread von 1,75 Prozentpunkten als Gewinn – kostenloses Geld für Ihre Aktionäre. Wenn Sie es richtig machen, ist es praktisch ein Geschäft, bei dem Sie nicht verlieren können, solange Ihre Gewinne nicht ohnehin kurz vor dem Rückgang stehen. (Obwohl die Politik Sie heutzutage vielleicht teeren und federn und behaupten würde, das sei irgendwie ruchlos.) Und wenn Sie der CEO sind, wer wüsste das besser als Sie? (Auch hier gilt: Wenn Sie das nicht können, sollten Sie gefeuert werden.) Sie haben eine Pflicht gegenüber Ihren Aktionären. Es ist moralisch richtig, ihren Anteil an der künftigen Ertragskraft des Unternehmens zu erhöhen, die Sie gerade verbessert haben.

Aber vielleicht auch nicht! Vielleicht haben Sie eine bessere Verwendung für geliehenes Geld, weil Sie eine Fabrik bauen können, die Widgets produziert und 15 Prozent Rendite abwirft. Umso besser für Sie. Tun Sie das – anstatt eigene Aktien zurückzukaufen. Oder tun Sie beides. (In der Politik werden Rückkäufe oft als Gegensatz zu Erweiterungsinvestitionen oder F&E-Investitionen dargestellt, als eine Entscheidung für das eine oder das andere. Das sind sie in der Regel aber nicht.) Sie leihen sich verantwortungsbewusst Geld – und sollten möglicherweise noch mehr Geld leihen –, solange Sie reichlich Möglichkeiten haben, Gewinne zu erzielen, die Ihre Kreditkosten deutlich übersteigen. Das ist rational und sollte nicht mit den negativen Assoziationen verbunden sein, die Schulden in unserer Gesellschaft normalerweise haben.

So eingesetzt, stellen Schulden Kapital für Forschung, Entwicklung und Übernahmen bereit, steigern den Shareholder-Value und verbessern die langfristigen Aussichten für das Unternehmen – das verstehen wir alle. Das Unternehmen wiederum bietet bessere Waren und Dienstleistungen zu wettbewerbsfähigeren Preisen an, was den Verbrauchern zugute kommt. Und vergessen wir nicht die Mitarbeiter, die aufgrund des damit verbundenen Wachstums bessere Gehälter, eine bessere Gesundheitsversorgung und andere Vorteile erhalten. Das ist wunderbar!

Multiplikatoreffekte und der Heroinjunkie mit dem iPhone auf Pump

Wenden wir uns nun unserem Heroinjunkie mit Spotify Premium auf Pump und der ähnlich dummen Regierung zu. Leser, die im Studium einen Wirtschaftskurs belegt haben, erinnern sich vielleicht daran, dass eine Bank die Geldmenge erhöht, wenn sie einen Kredit vergibt – im Grunde ist das so, als würde sie Geld aus dem Nichts drucken. Einfach gesagt hat jeder Kredit einen „Multiplikatoreffekt“. In den USA wird Geld, das durch einen neuen Kredit entsteht, in den ersten zwölf Monaten seines Bestehens im Durchschnitt etwa sechsmal ausgegeben – es wechselt also den Besitzer. Ökonomen bezeichnen die Geschwindigkeit, mit der vorhandenes Geld den Besitzer wechselt, als *Umlaufgeschwindigkeit.*

Stellen Sie sich vor, es gäbe einen Banker, der dumm genug wäre, einem bekannten Heroinjunkie Geld zu leihen. Der Junkie hat es satt, Musik auf seinem alten iPhone zu streamen. Der Akku hält nicht mehr lange. Er möchte sich Geld leihen, um sich ein neues iPhone zuzulegen und mehr Heroin zu kaufen. (Sehr dumm.) Der Banker leiht ihm das Geld (vermutlich zu einem höheren Zinssatz als einem verantwortungsbewussteren Kreditnehmer – also jemandem wie Ihnen). Der Junkie kauft Heroin bei seinem Drogendealer und das iPhone bei seiner iPhone-Händlerin. Das Geld wurde also zunächst ziemlich dumm verwendet. Nun handelt die iPhone-Händlerin rational und ganz normal. Sie hat einen Teil des Geldes des Junkies erhalten; ein Teil davon geht als Umsatzsteuer an den Staat, ein Teil fließt in neue Ware von Apple – was ziemlich normal ist und Apple gefällt –, und ein Teil fließt in den Lebensunterhalt ihrer Familie, was ebenfalls normal ist – also überhaupt nicht dumm. Das ist die zweite Ausgaberunde: Im Durchschnitt wird das Geld vor Ablauf des ersten Jahres noch viermal weitergegeben. Und nach dieser ersten dummen Ausgaberunde des Junkies geschieht das ziemlich normal – stinknormal, von normalen, rationalen Menschen und Unternehmen. Anders gesagt: Nach der ersten dummen Ausgaberunde verlaufen die nächsten fünf Ausgaberunden ziemlich normal.

Dann gab es noch das Geld, das beim Drogendealer landete. Hier fällt aus offensichtlichen Gründen keine Umsatzsteuer an. Dieser Dealer ist nicht so dumm, sonst wäre er schon im Gefängnis. Dieser überdurchschnittlich kluge Drogendealer gibt sein frisches Geld also genauso aus wie die iPhone-Händlerin – für Lagerbestände (die aus ähnlich offensichtlichen Gründen nie in der BIP-Rechnung auftauchen) und für den Lebensunterhalt seiner Familie. Er kauft zum Beispiel Kleidung in einem Bekleidungsgeschäft, und dann gibt das Bekleidungsgeschäft das Geld wieder ganz normal aus. Vielleicht hat der Drogendealer sogar einige süchtige Angestellte, sodass er für deren Gehälter und Krankenversicherungsbeiträge aufkommt. Und all das wird anschließend ganz normal weitergegeben – im ersten Jahr im Durchschnitt noch etwa vier weitere Male.

Wenn jemandem ein Kredit gewährt wird, selbst einem Heroinjunkie mit iPhone auf Pump, bedeutet der Multiplikatoreffekt, dass das Geld weitergegeben und nach der ersten dummen Ausgaberunde ganz normal weiterverwendet wird. Wenn jemand Geld ausgibt – ob eine Person, ein Unternehmen oder sonst jemand –, geht es letztlich nur an wenige Arten von Empfängern: an ein Unternehmen oder eine Geschäftseinheit, an eine andere Person, an eine Regierung oder an eine Wohltätigkeitsorganisation. Das war's. Natürlich leihen sich Menschen normalerweise kein Geld, um es an Wohltätigkeitsorganisationen zu spenden, aber es kommt vor. Die Regierung macht das ständig! Die Wohltätigkeitsorganisation nimmt das Geld und gibt es für Babynahrung, Glühbirnen, Haftpflichtversicherungen, Berufsausbildung oder etwas anderes aus – für alles Mögliche! Und wieder wird es nach der ersten Ausgaberunde ziemlich normal weiterverwendet.

Wenn also der Heroinjunkie mit iPhone auf Pump Geld leiht und ausgibt, ist das nicht so gut, wie wenn Toyota das täte. Doch nach der ersten Ausgaberunde laufen die weiteren Ausgaberunden weitgehend gleich ab – ganz normal, und zwar auf dieselbe Weise. Wenn Sie und ich persönlich Geld leihen und ausgeben, ist das im Durchschnitt nur geringfügig klüger als die sechs Ausgaberunden des Heroinjunkies mit iPhone auf Pump (vielleicht ein Sechstel klüger), und vielleicht etwas weniger brillant, als wenn Toyota Geld leiht, um eine Fabrik zu bauen und damit Gewinn zu erzielen – der einzige Unterschied ist die erste Ausgaberunde oder vielleicht nur ein Teil davon. Nur die erste Ausgaberunde! Das Gleiche gilt, wenn die idiotische Regierung Geld leiht.

Das ist nur meine Meinung, aber ich glaube, dass unsere verschiedenen Regierungen im Durchschnitt von Natur aus dumme Geldausgeber sind. Das macht die wirtschaftliche Wirkung ihrer dummen Ausgaben nicht unbedingt schlecht. Das ist zwar nicht so gut, als würde Toyota das Geld produktiv investieren – so viel ist klar. Aber schlecht ist es trotzdem nicht, denn nach der ersten Ausgaberunde folgen fünf weitere, ganz normale. Wohlgemerkt: Wenn die Regierung klüger ausgeben würde, wäre das besser, als dümmer auszugeben. Aber ich behaupte, dass es insgesamt gut und nicht schlecht ist, selbst wenn die Regierung dümmer ausgibt, denn nur eine von sechs Ausgaberunden ist dumm und der Rest ist normal. Die anfängliche dumme Ausgabe der Regierung erzeugt nur etwas weniger wirtschaftliche Aktivität und Einkommen, als wenn die erste Ausgabe optimal klug und effizient wäre. Beachten Sie, dass ich dies nicht als Konjunkturimpuls bezeichne. Staatsausgaben schaffen keine neue Nachfrage. Sie lenken lediglich die Wirtschaftstätigkeit um. Anstatt Ihnen mehr Geld in der Tasche zu lassen, das Sie nach Belieben ausgeben können, verlagern sie die Ausgabenentscheidungen von Ihnen, Ihrem Nachbarn, dem Ladenbesitzer in Ihrer Straße, Ihrer lieben Tante Sally und ihrem Unternehmen auf Politiker und Bürokraten. Das bedeutet, dass Politiker und Bürokraten Gewinner und Verlierer auswählen, und das ist kein Turbo-Boost.

Ob sie es nun für sprichwörtlich überteuerte 500-Dollar-Hämmer, Brücken, überteuerte Kampfjets, Offshore-Windparks, ineffiziente und überteuerte Solarenergieprojekte ausgeben, die sie durch ihre eigene Politik zusätzlich verteuern, indem sie Zölle auf billige chinesische Solarmodule erheben, für Straßen oder für Schnaps für Heroinjunkies mit iPhone auf Pump, die viel lieber Heroin hätten – egal, wie dumm die Ausgabe auch sein mag: Das Geld kann nur auf wenige Arten abfließen. Entweder geht es an Staatsbedienstete – also letztlich an Menschen –, an Auftragnehmer, meist Unternehmen, manchmal Einzelpersonen; oder als Transferzahlung an Personen, Unternehmen, Wohltätigkeitsorganisationen oder andere staatliche Stellen. Denken Sie darüber nach.

Das Einzige, was sie sonst noch tun können, ist, es im Ausland auszugeben – was in seiner Wirkung nicht wesentlich anders ist, als wenn Sie im Ausland Urlaub machen und dort Geld ausgeben. Das mag Geld aus Amerika abziehen, aber wenn Sie global denken, wie Sie es sollten, wissen Sie, dass es zur Weltwirtschaft beiträgt. Und wenn sie es an eine andere staatliche Stelle weitergeben, etwa wenn die US-Bundesregierung Ihrem Bundesstaat Geld gibt und dieser wiederum Ihrem County, passiert dasselbe. Der County kann nur dasselbe tun – Geld für Menschen, Unternehmen, Wohltätigkeitsorganisationen oder andere dumme Regierungen ausgeben. Es gibt keine anderen Möglichkeiten. Anschließend geben die Empfänger das Geld normalerweise und im Durchschnitt fünfmal wieder aus.

Wenn eine Gesellschaft also technisch gesehen unterverschuldet ist, das heißt im Vergleich zu ihren Kreditkosten eine sehr hohe Kapitalrendite hat, wie die USA, dann ist eine höhere Kreditaufnahme nicht automatisch schlecht und kann sogar gut sein, selbst wenn die erste Ausgaberunde dümmer als normal ist – sogar sehr dumm, sogar völlig dumm. Warum? Mehr Geld, das ausgegeben, getauscht, investiert wird – oder was auch immer damit geschieht –, wird letztlich auf eine Weise ausgegeben, getauscht und investiert, die der Wirtschaft im Laufe der Zeit zugutekommt und mehr Wohlstand für mehr Menschen schafft.

Das erklärt auch, warum die Aktienrenditen nach Spitzenwerten bei den Haushaltsdefiziten deutlich besser und nach Haushaltsüberschüssen deutlich schlechter ausfielen, wie Tabelle 1.2 in Kapitel 1 zeigt. Zur Erinnerung: Nach Defizitspitzen – in Abbildung 1.5 als relative Tiefpunkte dargestellt – erzielten die Märkte über die folgenden zwölf Monate durchschnittlich 18,8 Prozent und über die folgenden 36 Monate kumulativ 29,2 Prozent. Kleine Defizite, Überschüsse oder sogar Phasen, in denen wir einem ausgeglichenen Haushalt nahe kamen, führten zu deutlich schlechteren Ergebnissen: Aktien erzielten über die folgenden zwölf Monate im Durchschnitt praktisch stagnierende Renditen und stiegen über die folgenden 36 Monate kumulativ um lediglich 12,7 Prozent. Sie sollten die höheren Renditen vorziehen. Aber vielleicht auch nicht. Vielleicht sind Sie ein Heroinjunkie!

Warum entwickeln sich Aktien nach größeren Defiziten besser? Ein wichtiger Grund: In Jahren mit größeren Defiziten nehmen wir mehr Schulden auf, während wir unterverschuldet sind – und nähern uns damit unserem optimalen Schuldenniveau. Daher sollten die künftigen Einkommen und Vermögen höher sein; der Markt weiß das und preist es ein. In Jahren mit einem Überschuss reduzieren wir dagegen unsere Schulden, obwohl wir unterverschuldet sind, und entfernen uns weiter vom Optimum – wir bewegen uns also weiter rückwärts. Auch das weiß der Markt, preist es ein und entwickelt sich entsprechend schwächer.

Denken Sie immer daran: Wenn es stimmt, dass ein Höchststand des Bundeshaushaltsdefizits gute Zeiten für US-Aktien signalisiert, dann muss dies auch in den meisten anderen westlichen kapitalistischen Industrieländern der Fall sein. Und das ist es auch. Hohe Haushaltsdefizite haben in anderen Industrieländern zu guten Aktienrenditen geführt, während Überschüsse im Durchschnitt zu schlechten Renditen geführt haben, wie Abbildung 6.1 zeigt. Defizite bringen diese Länder näher an ihre optimale Kapitalstruktur, während Überschüsse sie weiter davon entfernen.

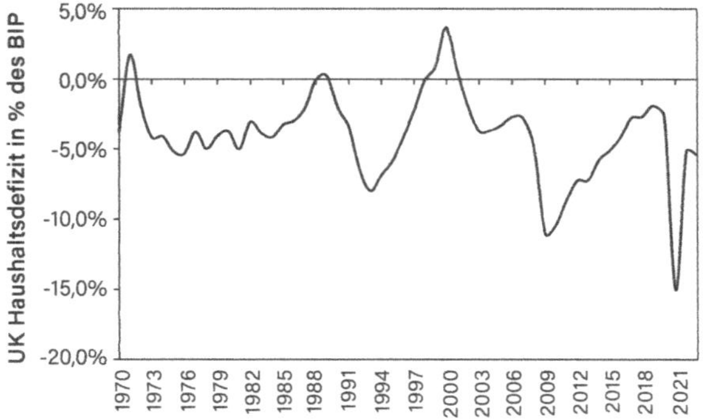

UK: Überschuss oder minimales Defizit		Anschließende Renditen des FTSE All-Share			UK: höchstes Defizit		Anschließende Renditen des FTSE All-Share		
Datum		1 Jahr	2 Jahre	3 Jahre	Datum		1 Jahr	2 Jahre	3 Jahre
1971	Annualisiert	16,40 %	-8,90 %	-26,30 %	1976	Annualisiert	49,20 %	27,20 %	21,40 %
1971	Kumuliert	16,40 %	-17,00 %	-60,00 %	1976	Kumuliert	49,20 %	61,80 %	78,90 %
1989	Annualisiert	-9,70 %	4,40 %	9,50 %	1993	Annualisiert	-5,90 %	8,00 %	10,80 %
1989	Kumuliert	-9,70 %	9,00 %	31,30 %	1993	Kumuliert	-5,90 %	16,60 %	36,10 %
2000	Annualisiert	-13,30 %	-18,10 %	-6,80 %	2009	Annualisiert	14,50 %	5,10 %	7,50 %
2000	Kumuliert	-13,30 %	-33,00 %	-19,00 %	2009	Kumuliert	14,50 %	10,60 %	24,20 %
2019	Annualisiert	-9,80 %	3,30 %	2,30 %	2021	Annualisiert	0,30 %	4,10 %	5,80 %
2019	Kumuliert	-9,80 %	6,70 %	7,10 %	2021	Kumuliert	0,30 %	8,30 %	18,50 %
Durchschn.	**Annualisiert**	**-4,10 %**	**-4,80 %**	**-5,30 %**	**Durchschnitt**	**Annualisiert**	**14,50 %**	**11,10 %**	**11,40 %**
Durchschn.	**Kumuliert**	**-4,10 %**	**-8,60 %**	**-10,10 %**	**Durchschnitt**	**Kumuliert**	**14,50 %**	**24,30 %**	**39,40 %**

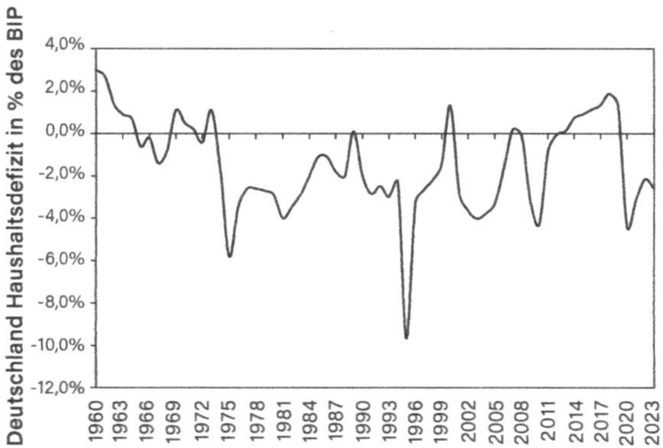

Deutschland: Überschuss oder minimales Defizit		Anschließende DAX-Renditen			Deutschland: höchstes Defizit		Anschließende DAX-Renditen		
Datum		1 Jahr	2 Jahre	3 Jahre	Datum		1 Jahr	2 Jahre	3 Jahre
1969	Annualisiert	-21,50 %	-7,30 %	0,00 %	1975	Annualisiert	-4,60 %	3,80 %	5,90 %
1969	Kumuliert	-21,50 %	-14,10 %	0,10 %	1975	Kumuliert	-4,60 %	7,80 %	18,90 %
1977	Annualisiert	10,30 %	0,50 %	1,80 %	1995	Annualisiert	22,10 %	31,10 %	25,70 %
1977	Kumuliert	10,30 %	1,00 %	5,50 %	1995	Kumuliert	22,10 %	72,00 %	98,70 %
1989	Annualisiert	-14,70 %	-5,50 %	-5,80 %	2003	Annualisiert	8,50 %	17,90 %	19,90 %
1989	Kumuliert	-14,70 %	-10,60 %	-16,40 %	2003	Kumuliert	8,50 %	39,10 %	72,60 %
2000	Annualisiert	-17,90 %	-29,80 %	-12,10 %	2010	Annualisiert	-14,80 %	4,90 %	11,70 %
2000	Kumuliert	-17,90 %	-50,70 %	-32,20 %	2010	Kumuliert	-14,80 %	10,10 %	39,60 %
2007	Annualisiert	-42,60 %	-15,10 %	-5,20 %	2020	Annualisiert	14,00 %	-2,70 %	4,10 %
2007	Kumuliert	-42,60 %	-28,00 %	-14,70 %	2020	Kumuliert	14,00 %	-5,30 %	12,70 %
2018	Annualisiert	25,10 %	14,50 %	14,30 %					
2018	Kumuliert	25,10 %	31,00 %	49,40 %					
Durchschn.	**Annualisiert**	**-10,20 %**	**-7,10 %**	**-1,20 %**	**Durchschn.**	**Annualisiert**	**5,00 %**	**11,10 %**	**13,50 %**
Durchschn.	**Kumuliert**	**-10,20 %**	**-11,90 %**	**-1,40 %**	**Durchschn.**	**Kumuliert**	**5,00 %**	**24,70 %**	**48,50 %**

Abbildung 6.1 Haushaltsdefizite sind gut für Aktien – weltweit.

Quelle: Finaeon, Inc., IWF und Office for National Statistics (UK), Stand: 14.3.2025.

Nicht schon wieder der Dow! Igitt!

Betrachten wir das noch einmal aus einem anderen Blickwinkel und kehren zu unserer ursprünglichen Frage zurück: Sind Schulden schlecht? Die Verschuldung auf US-Bundesebene ist das kumulative Ergebnis von Haushaltsdefiziten. Ähnliches gilt für Schulden auf Bundesstaaten- und Kommunalebene, wenn man sie auf vergleichbare Weise berechnet. Beginnen wir mit der dümmsten, größten und unvernünftigsten Regierung – Uncle Sam – und damit, warum es intuitiv einleuchtet, dass seine Defizite und damit seine Schulden zu guten Aktienrenditen und seine Überschüsse zu schlechteren Renditen geführt haben. Stellen Sie sich Uncle Sam einfach als ein Unternehmen vor, das Fremdkapital einsetzt, um das Wachstum anzukurbeln.

Abbildung 6.2 zeigt die Nettoverschuldung des US-Bundes im Verhältnis zum BIP im Zeitverlauf. Heute entspricht diese Verschuldung etwa 97 Prozent des BIP.

Dass die Verschuldung im Vergleich zur jüngeren Vergangenheit hoch ist, wird viele Leser nicht überraschen. Es gab jedoch auch Zeiten mit deutlich höherer Verschuldung – etwa zwischen 1943 und 1950. Manche mögen sagen: „Aber das waren Kriegsschulden." Gut, nur dass Schulden sich nicht um die Gründe dafür scheren. Schulden sind Schulden – sie müssen bedient werden, egal ob man sie als moralisch richtig (Kampf gegen die Nazis, Hilfe für arbeitslose Arbeitnehmer während Pandemien) oder als moralisch ambivalent (Konjunkturprogramme) ansieht. Und die Zeit nach der hohen Verschuldungsphase wird nicht als schrecklich in Erinnerung behalten. Die 1950er-Jahre werden allgemein als eine Phase mit gutem Wirtschaftswachstum und Innovationen in den USA in Erinnerung behalten (und das waren sie auch). (Mehr dazu in meinem Buch „Markets Never Forget" von 2011.)

Drehen Sie das Ganze einmal um. Haben Sie jemals jemanden über die berühmten 17 Jahre sprechen hören, in denen sich der Aktienmarkt von 1965 bis 1981 so schlecht entwickelte? Die Leute behaupten gemeinhin, dass der Markt von 1965 bis 1981 insgesamt stagnierte. Das

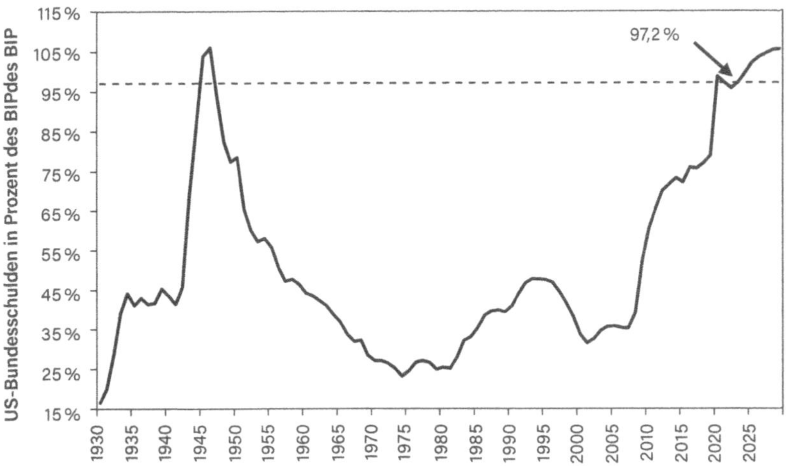

Abbildung 6.2 Nettoverschuldung des US-Bundes in Prozent des BIP.

Quelle: Haushalt der US-Regierung, Haushaltsjahr 2025.

liegt jedoch daran, dass sie den höchst fehlerhaften Dow Jones Industrial Average (in Kapitel 4 als völlig irreführender Index in Bezug auf die wirtschaftliche Realität behandelt) zur Messung der Renditen heranziehen. Wenn man den S&P 500 als angemessenen Stellvertreter für den US-Aktienmarkt heranzieht, betrugen die durchschnittlichen jährlichen Renditen in diesen Jahren 6,3 Prozent (Gesamtrendite) – sicherlich unterdurchschnittlich, aber dennoch positiv und keineswegs katastrophal![9] Dennoch war es für die meisten Anleger eine lange – fast zwei Jahrzehnte andauernde – Phase mit unterdurchschnittlichen Renditen. Das lag zum Teil daran, dass ein größerer Teil der Renditen aus Dividenden als aus Kurssteigerungen stammte, und es fühlte sich sicherlich so an, als würde sich der Markt nicht von der Stelle bewegen.

Nun, diese zäh unterdurchschnittlichen Renditen fielen genau in die Zeit, in der wir den Prozess abgeschlossen hatten, unsere Schulden im Verhältnis zum BIP auf den niedrigsten Stand seit Beginn Ihres Anlegerlebens zu senken. Die Reduzierung der Schulden im Verhältnis zur Größe der Wirtschaft hat nicht zu besseren Aktienrenditen geführt.

Eine lange Geschichte grosser Verschuldung

Was für die Vereinigten Staaten gilt, muss auch in anderen Ländern gelten. Und dass Schulden nicht katastrophal sind, gilt auch außerhalb der USA. Abbildung 6.3 zeigt die viel längere Geschichte der Verschuldung des Vereinigten Königreichs – zurück bis ins Jahr 1700! In manchen Phasen hatte das Vereinigte Königreich deutlich mehr Schulden im Verhältnis zum BIP, ohne dass dies langfristige wirtschaftliche Schäden zur Folge hatte. Von etwa 1750 bis 1850 hatte das Vereinigte Königreich Schulden von über 100 Prozent des BIP – mit einem Höchststand von über 250 Prozent. Zu dieser Zeit war das Vereinigte Königreich weltweit wirtschaftlich führend und trieb die industrielle Innovation voran. Schulden waren damals keine Katastrophe für das Land, und sie sind auch heute nicht automatisch eine Katastrophe für die USA.

Abbildung 6.3 Netto-Staatsverschuldung des Vereinigten Königreichs in Prozent des BIP.

Quellen: HM Treasury und UKpublicspending.co.uk, Stand: 14.3.2025.

Hatten die USA jemals überhaupt keine Staatsschulden? Viele Menschen glauben, dass Schulden eine Erfindung des 20. Jahrhunderts sind. Aber nein, wir hatten schon immer Schulden, außer einmal, Mitte der 1830er-Jahre, als Andrew Jackson sie mit Gold aus dem Verkauf von bundeseigenem Land im Westen der USA tilgte. (Eine Chronik dieses Missgeschicks finden Sie in meinem 1987 erschienenen Buch „The Wall Street Waltz“.) Jacksons Schuldentilgung war katastrophal und führte zur berüchtigten Panik von 1837 und zur Depression von 1837 bis 1843 – einer der drei größten, längsten und schlimmsten Depressionen samt Börsencrashs in der Geschichte der USA (die anderen begannen 1873 und 1929). Die Geschichte der Schuldentilgung ist weder für den Aktienmarkt noch für die Wirtschaft gut, da sie in die falsche Richtung geht, wenn wir unterverschuldet sind.

Muss jemand diese Schulden zurückzahlen? Nein

Dennoch schütteln einige Kritiker den Kopf und befürchten, dass wir uns heute gierig bereichern – zum Nachteil künftiger Generationen, die, wie sie befürchten, eines Tages alles zurückzahlen müssen.

Wenden Sie Frage Eins hier noch einmal an: Stimmt es, dass wir die Schulden abbauen müssen? Schauen Sie sich an, was passiert ist, als wir das früher getan haben. Nicht gut! Wenn wir uns unsere Schulden leisten können (das können wir) und eine gute Rendite auf unsere Vermögenswerte erzielen (das tun wir), besteht keine Notwendigkeit, jemals Cashflow für die Schuldentilgung einzusetzen. Wir refinanzieren einfach die alten Schulden und nehmen mit wachsender Wirtschaft weitere Schulden auf. Und, pssst: Genau das haben wir getan. Die Schulden aus dem Kampf gegen die Nazis? Die stehen immer noch in den Büchern! Dazu kommen die Schulden aus dem Kalten Krieg und aus der Pandemiebekämpfung. Wir haben die Kredite zur Finanzierung des Zweiten Weltkriegs nicht zurückgezahlt – die Wirtschaft ist einfach schnell genug gewachsen, um deren relative Größe zu reduzieren.

Die Antworten auf unsere Fragen lauten also: Schulden sind weder schlecht für den Aktienmarkt noch für die Wirtschaft. Ganz im Gegenteil. Verantwortungsvoll genutzte Schulden sind gut, richtig und wichtig, und wir haben unser optimales Schuldenniveau noch nicht erreicht. Die Verschuldung des US-Bundes sollte nicht gefürchtet oder verteufelt werden. Sie glauben mir nicht? Fragen Sie all die Banken, Pensionsfonds, Rentner und institutionellen Anleger weltweit, die sich auf US-Staatsanleihen verlassen. Würden wir das Angebot ihrer Lieblingsanleihe reduzieren – des liquidesten und stabilsten Wertpapiers mit der größten Markttiefe –, würden sie Zeter und Mordio schreien. Das wäre nicht schön. Sie würden vielleicht sogar den Krieg erklären, nur um Uncle Sam zu zwingen, das Anleiheangebot aufrechtzuerhalten. (Scherz.)

Aber hier ist noch ein weiteres kleines schmutziges Geheimnis: Die US-Schulden sind in den letzten Jahren stark gesunken. Sie haben es nur nicht bemerkt, weil niemand diese Dinge richtig betrachtet. Im Jahr 2020, bevor die Coronapandemie zuschlug, hatten die USA 27 Billionen Dollar Staatsschulden. Nur zum Spaß: Das ist die Gesamtverschuldung, einschließlich aller zuvor erwähnten regierungsinternen Schuldscheine, die sich gegenseitig ausgleichen. Im gleichen Zeitraum hatten wir offiziell eine Inflation von über 20 Prozent, wahrscheinlich eher 30 Prozent, wenn wir die tatsächlichen Lebenshaltungskosten berücksichtigen. Schulden werden in nominalen Dollarbeträgen des jeweiligen Zeitpunkts begeben. Wenn wir sie um die Inflation bereinigen, fallen je nach Inflationsschätzung etwa 6 bis 8 Billionen Dollar weg. Die hohe Inflation der folgenden Jahre hat auch die neuen Schulden sofort real entwertet.

Ich sage nicht, dass diese Phase der hohen Inflation gut war! Sie war schlecht, insbesondere für Haushalte mit niedrigem oder festem Einkommen! Für Durchschnittsamerikaner dauert es lange, sich aus diesem Loch wieder herauszuarbeiten. Aber für das US-Finanzministerium ist sie ein magisches Elixier zur Schuldenreduzierung. Schlecht für Sie, gut für den Fiskus – und ein weiterer Grund, sich über die heutigen schwindelerregenden Zahlen keine Sorgen zu machen.

Verstehen Sie mich nicht falsch. Ich bin ganz und gar für einen schlankeren Staat – und ich mag staatliche Ausgaben überhaupt nicht. Ich würde es begrüßen, wenn die staatlichen Ausgaben im Verhältnis zum BIP deutlich sinken würden. Ich habe Ihnen bereits gesagt, dass ich Regierungen für ziemlich dumme Geldausgeber halte. Ich bin eigentlich in fast jeder Hinsicht ziemlich gegen den Staat, aber entschieden nicht, weil dadurch unsere Schulden sinken würden! Ich bin gegen den Staat, weil ich ihn in den meisten Dingen, die er tut, als weitgehend antikapitalistisch betrachte, und für mich entspringt letztlich alles Gute dem Kapitalismus. Eine Reduzierung staatlicher Aktivitäten reduziert also antikapitalistische Aktivitäten und ist in diesem Sinne meiner Meinung nach gut. Sie können mir gern widersprechen.

Tauschen wir dieses Defizit gegen jenes aus

Vielleicht sind die Schulden und das Haushaltsdefizit also gar nicht die Schreckgespenster, als die sie von vielen gefürchtet werden. Allerdings gibt es andere schlagzeilenträchtige, panikauslösende Defizite, die Anlegern Angst machen – wie das Leistungsbilanz- und das Handelsdefizit. Lassen wir das Leistungsbilanzdefizit hier und jetzt beiseite. Es besteht im Großen und Ganzen aus dem Handelsdefizit. Wenn Leute sagen, dass sie sich darüber Sorgen machen, meinen sie damit vor allem das Handelsdefizit. Darüber hinaus wird das Leistungsbilanzdefizit per Definition immer vollständig durch den Kapitalbilanzüberschuss ausgeglichen. Es gleicht sich aus … per Definition! Wer sich über das Leistungsbilanzdefizit aufregt, verrät damit mehr über sein Unwissen als über sein Wissen.

Was das Handelsdefizit der USA angeht, so näherte es sich 2024 der Marke von 1 Billion Dollar![10] (Meine Güte! Eine riesige Zahl!) Das macht die Leute verrückt – vor allem diejenigen, die einen schwachen Dollar befürchten. Die Ablehnung des Handelsdefizits und der Wunsch, es umzukehren, sind außerordentlich weit verbreitet und werden mit großer Leidenschaft vertreten. Man liest nirgendwo, dass man sich darüber überhaupt keine Sorgen machen sollte. Das ist immer ein hervorragender Anlass für Frage Eins. Stimmt es, dass Handelsdefizite schlecht für unsere Wirtschaft, den Aktienmarkt und den Dollar sind? Und wenn wir schon dabei sind, legen wir auch gleich Frage Zwei nach: Ist es möglich, dass das Handelsdefizit eher etwas Gutes als etwas Schlechtes ist? Wenn ja, inwiefern?

Auch hier handelt es sich um eine Anlegersorge, die offenbar aus gesundem Menschenverstand, Bestätigungsfehler und fehlendem Gespür für Größenordnungen entsteht – alles kognitive Verzerrungen, denen man mit Frage Drei begegnen kann. Ein Handelsdefizit scheint zu bedeuten: Wir geben mehr für Importe aus, als wir mit Exporten einnehmen – und bluten dabei Geld aus. Manche sehen darin ein gigantisches Nullsummenspiel: Wer mehr Minus als Plus hat, verliert. Nach dieser Logik ist ein Handelsdefizit schlecht für die Wirtschaft, weil es nicht nachhaltig ist und in den Bankrott führt. Wenn Amerika ein riesiger Baumarkt wäre, könnte ein anhaltendes Handelsdefizit schlecht sein. Wenn alle verrücktspielen, rennt das Geld zur Tür hinaus. Man möchte, dass der Baumarkt mehr verkauft (Muttern, Schrauben, Bohrer), als er einkauft (Computer, Arbeitszeit der Mitarbeiter, Cheetos für den Pausenraum), sonst würde der Baumarkt in die Pleite schlittern.

Dennoch begehen Menschen, die so denken, mehrere kognitive Fehler. Erstens: Denken Sie global – das ist das beste Gegenmittel. Wenn Sie das tun, verschwinden die Sorgen über Handelsdefizite. Warum? Niemand macht sich Sorgen darüber, ob Montana gegenüber dem Rest der USA ein Handelsdefizit hat. Oder Kalifornien oder New York, wenn wir schon dabei sind. Es ist unmöglich, dass die ganze Welt ein Handelsdefizit oder einen Handelsüberschuss hat – der Handel gleicht sich aus. Unter den entwickelten Volkswirtschaften sind Handelsdefizite und -überschüsse für das Gesamtniveau der globalen Aktienmärkte nicht wesentlich wichtiger als die Handelsbilanz zwischen Montana und New York.

Ein wichtiger Punkt, um diesen Zusammenhang klar zu erkennen, ist, dass sich der US-Aktienmarkt und die entwickelten Auslandsmärkte, gegenüber deren Volkswirtschaften die USA Defizite verzeichnen, ähnlich entwickeln. Sie tendieren dazu, gemeinsam zu steigen und zu fallen. Manchmal schneidet der US-Markt besser ab. Manchmal sind es andere Länder. Und das gilt sowohl für Länder mit ähnlichen Defiziten als auch für solche mit Überschüssen. Die USA haben ein großes Handelsdefizit, ein Leistungsbilanzdefizit, ein Haushaltsdefizit und Schulden. Einige Länder haben nichts davon. Einige erzielen enorme Überschüsse. Wenn Defizite schlecht und Überschüsse gut sind, müssten sich der US-Aktienmarkt und verschiedene ausländische Märkte völlig unterschiedlich entwickeln. Der US-Markt müsste stark fallen, wenn ausländische Märkte stagnieren oder stark steigen. Aber das ist nicht der Fall.

Betrachten wir noch einmal die Korrelationen. Zur Erinnerung: Der Korrelationskoeffizient ist eine einfache Kennzahl, die zeigt, wie ähnlich die Schwankungen zweier Vermögenswerte sind, wobei 1,00 eine identische Bewegung, −1,00 eine genau entgegengesetzte Bewegung und 0,00 überhaupt keine Beziehung bedeutet. Auf Basis der monatlichen Kursrenditen in lokalen Währungen von 1969 bis 2024 beträgt die Korrelation zwischen dem S&P 500 und dem MSCI World Excluding the US 0,74.[11] Stark! Das bedeutet, dass sich beide Märkte deutlich häufiger in dieselbe Richtung bewegen, als dass sie auseinanderlaufen. Auf Basis der wöchentlichen Daten der letzten 20 Jahre ist die Korrelation mit 0,83 noch enger. Die Ausschläge variieren, aber die Aktien der entwickelten Märkte tendieren dazu, sich der Richtung nach fast im Gleichschritt zu bewegen.

Sie wissen, dass das auch wirtschaftlich gilt! Die Rezession von 2008? Global. Der Rückgang aufgrund der Corona-Lockdowns 2020? Global. Die Weltwirtschaftskrise? Global. Es gibt Ausnahmen. Australien hatte von Anfang der 1990er-Jahre bis 2020 keine Rezession. Aber in den meisten Fällen sind große Trends global – nicht lokal.

Denken Sie einen Moment über diese Logik nach. Wenn Sie wirklich verinnerlicht haben, dass der US-Markt zwar dem Rest der entwickelten Welt vorauslaufen oder hinterherhinken kann, aber keine deutlich andere Richtung einschlägt, wissen Sie, dass Handelsbilanzen für globale Aktienmärkte keine Rolle spielen. Das können sie einfach nicht. Wenn Handelsdefizite eine Rolle spielen würden und die USA ein großes Defizit gegenüber dem Rest der Welt hätten, warum wären der US-Aktienmarkt und die ausländischen Märkte dann eher positiv korreliert, als dass sie auseinanderlaufen? Wenn ein US-Handelsdefizit schlecht für die USA und US-Aktien ist, dann sollte ein Überschuss automatisch gut für die USA und US-Aktien sein. Einverstanden? Wenn ein Handelsüberschuss gut für die USA und US-Aktien ist, dann sollte ein Handelsüberschuss in einem anderen Land gut für dieses Land und seine Aktien sein. Das bedeutet, dass ein amerikanisches Handelsdefizit (das einen Handelsüberschuss anderswo impliziert) gut für Nicht-US-Aktien sein sollte. Und US-Aktien machen etwas mehr als 70 Prozent aller Aktien der entwickelten Märkte aus – daher müssten die globalen Märkte dauerhaft schwach sein, da ihr größter Bestandteil zu kämpfen hätte.[12] Ist das sinnvoll? Die Leute reden, als wäre das so. Aber wenn es so wäre, würden US- und Nicht-US-Aktien negativ korrelieren, nicht positiv.

Das setzt immer noch voraus, dass ein Handelsdefizit schlecht für US-Aktien ist, was ich nicht bereit bin, einzuräumen. Ich bin immer noch bei Frage Eins. Die Logik bricht zusammen, sobald man die Aktienmärkte global betrachtet. Wir sind uns alle einig, dass sich die Handelsbilanzen weltweit ausgleichen. Um überzeugend zu argumentieren, dass ein US-Handelsdefizit zu einem Einbruch des globalen Aktienmarkts führt, müsste man argumentieren, dass Handelsdefizite stärker negativ wirken, als Handelsüberschüsse positiv wirken. Bis heute hat noch niemand öffentlich eine solche Vorstellung geäußert, geschweige denn eine wirtschaftstheoretische Begründung dafür geliefert. Niemand denkt überhaupt so weit. Man bleibt einfach bei der Vorstellung „Der Himmel stürzt ein“ stehen, bevor man zu dem Gedanken gelangt, dass die Welt als Ganzes weder einen Handelsüberschuss noch ein Handelsdefizit haben kann.

Stellen Sie sich also die Frage: Ist unser Handelsdefizit tatsächlich schlecht für US-Aktien und unsere Wirtschaft? Zunächst sollten wir die Größenordnung betrachten: Handelsbilanzen beinhalten große Zahlen. Abbildung 6.4 zeigt die US-Handelsbilanz seit 1980 in Prozent des BIP sowie die Handelsbilanzen des Vereinigten Königreichs, Deutschlands und Japans.

Die Vereinigten Staaten haben durchgehend ein Handelsdefizit verzeichnet – mal größer, mal kleiner, gemessen in Prozent des BIP.

Derzeit liegt es bei etwa 3,1 Prozent.[13] Nun eine bessere Frage: Ist dieses Handelsdefizit zu groß und schlecht für unsere Wirtschaft und unseren Aktienmarkt? Oder Frage Zwei: Ist ein großes Handelsdefizit vielleicht eher ein Symptom für eine gesunde Wirtschaft und ein solides Finanzsystem und kein Indikator für einen zukünftigen finanziellen Ruin?

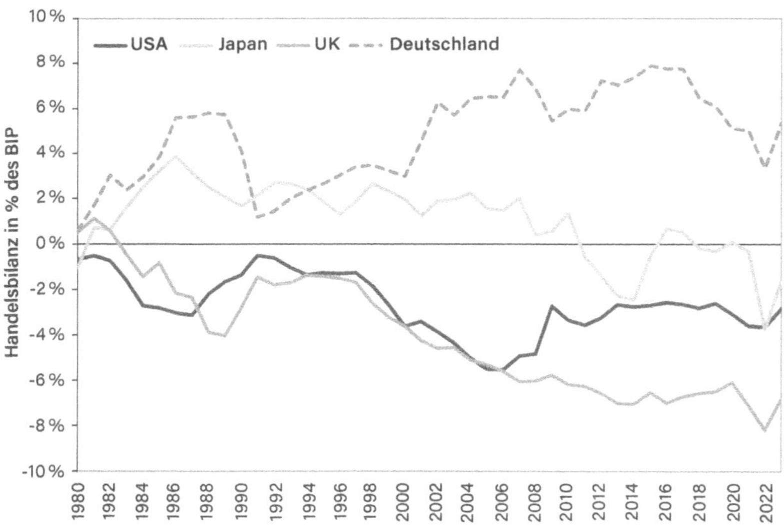

Abbildung 6.4 Handelsbilanzen in Prozent des BIP.

Quellen: FactSet und Thomson Reuters, Stand: 14.3.2025.

Ja, unser Handelsdefizit hat sich seit 1980 deutlich vergrößert. Doch selbst unter Berücksichtigung gelegentlicher Rezessionen hatten die Vereinigten Staaten insgesamt eine gute, gesunde Wirtschaft, die fast die ganze Zeit über wuchs. Seit wir 1980 begannen, durchgehend ein Handelsdefizit zu verzeichnen, haben wir ein durchschnittliches annualisiertes BIP-Wachstum von 5,4 Prozent (nominal) und annualisierte Marktrenditen von 11,7 Prozent erzielt.[14] Es lässt sich schwer behaupten, das sei allzu furchtbar gewesen.

Dennoch bringen Kritiker Einwände vor. Erstens sagen sie, dass es uns bisher nicht geschadet hat, aber dass die Rechnung dafür noch aussteht und bald kommt. Gut, aber bei welchem Handelsdefizit oder kumulierten Handelsdefizit soll das passieren? Bis heute habe ich nie gehört, dass jemand einen solchen Schwellenwert konkret benannt hätte – geschweige denn mit einer fundamentalen Begründung dafür, warum genau dort die kritische Grenze liegen sollte. Zweitens mögen einige einräumen, dass das Handelsdefizit nicht genug Schaden angerichtet hat, um unser Wachstum ins Negative zu drücken oder zum Erliegen zu bringen – aber sie fragen: „Woher wissen wir, wie unser Wachstum ohne das Handelsdefizit ausgesehen hätte? Ohne dieses schädliche Defizit hätten wir vielleicht sogar noch mehr Wachstum gehabt."

Spielen wir das Spiel: „Welches Land wären Sie lieber?"

Betrachten wir das Ganze noch einmal aus einem anderen Blickwinkel. Wenn ein Handelsdefizit schlecht und ein Handelsüberschuss gut ist, lässt sich diese Annahme leicht überprüfen: Schauen wir uns entwickelte Länder mit großen Defiziten und großen Überschüssen an. Sehen Sie sich Abbildung 6.4 an, ohne weiter zu analysieren – nur mit der Frage, welches Land Sie lieber wären. Wären Sie lieber die USA – mit großen und wachsenden Handelsdefiziten, aber robustem BIP-Wachstum und starken Marktrenditen in den letzten mehr als 30 Jahren? Oder wären Sie lieber ein Land mit einem stetigen Überschuss?

Wie wäre es mit den cleveren Deutschen – bekannt für ihre hervorragenden Autos und pünktlichen Züge? Bereits vor der Wiedervereinigung 1990 haben sie stetig Überschüsse erzielt. Dennoch ist das nominale BIP Deutschlands seit dem Fall der Mauer annualisiert um 3,1 Prozent gewachsen, deutsche Aktien annualisiert um 6,3 Prozent.[15] An der Inflation liegt es auch nicht. Das reale BIP-Wachstum der USA übertrifft das Deutschlands ebenfalls deutlich.

Darüber hinaus verzeichnete Japan von 1981 bis 2011 durchgehend einen Handelsüberschuss (seither schwankt die Bilanz). In diesem Zeitraum wuchs das nominale BIP annualisiert um nur 1,9 Prozent, während japanische Aktien annualisiert 5,6 Prozent erzielten.[16] Im selben Zeitraum wuchs das nominale BIP der USA annualisiert um 4,9 Prozent und der S&P 500 erzielte annualisiert 11,0 Prozent.[17] Trotz all ihrer „wirtschaftlich überlegenen" Überschüsse liegen ihre Wirtschaftswachstumsraten hinter denen des defizitstarken Amerikas zurück, und ihre Aktienrenditen sind weitaus geringer.

Welches Land wären Sie also lieber? Wären Sie lieber eines der Länder mit Handelsdefiziten und besseren Marktrenditen? Oder möchten Sie mit einem Handelsüberschuss prahlen und schlechtere Renditen vorweisen? Jeder rational denkende Anleger würde sich aus rein investitionstechnischer Sicht für das Defizit und die besseren Renditen entscheiden. Die Gesellschaft verbeißt sich in die Frage, wer was wo herstellt und welche Auswirkungen dies auf die Beschäftigung hat, insbesondere auf hyperlokaler Ebene. Aus soziologischer Sicht ist das bis zu einem gewissen Grad berechtigt, aber Aktien betreiben keine Soziologie. Sie reagieren auf makroökonomische Daten und deren Auswirkungen auf die Unternehmensgewinne. Und aus dieser nüchternen, logischen Perspektive ist ein Handelsüberschuss sicherlich kein wirtschaftliches Allheilmittel. Tatsächlich ist unser Handelsdefizit ein Symptom unserer wirtschaftlichen Dynamik, unserer langfristigen Entwicklung und unseres soliden Wachstums und kein politisches Problem, das angegangen werden muss.

Merkantilisten sind beinahe so schlimm wie Kommunisten

Das eigentliche Problem ist nicht das Handelsdefizit der USA. Das eigentliche Problem sind die Handelsüberschüsse in Deutschland, Japan und vielen europäischen Ländern. Warum verzeichnen sie solche Überschüsse, und warum ist das ein Problem? Bevor sich der Kapitalismus in den USA und Großbritannien als vorherrschende Wirtschaftstheorie entwickelte, gab es den Merkantilismus. Die Menschen vergessen den Merkantilismus. Schlagen Sie in irgendeiner Einführung zur Wirtschaftsgeschichte nach und lesen Sie ein wenig darüber. Mein persönlicher Favorit, der sich schnell lesen lässt, ist Douglass C. Norths „Growth and Welfare in the American Past" (Prentice Hall, 1966), aber über dessen Literaturverzeichnis lassen sich viele weitere Quellen erschließen.

Der eigentliche Kapitalismus kam etwa zur Zeit der Gründung der Vereinigten Staaten von Amerika auf. Adam Smiths legendäres Werk „Der Wohlstand der Nationen", das wegweisende Buch über den Kapitalismus, wurde 1776, im Jahr der amerikanischen Unabhängigkeitserklärung, veröffentlicht.

Damals war der Merkantilismus extremer ausgeprägt, folgte aber im Kern einer ähnlichen Logik wie die heutige Wirtschaftspolitik Japans und Deutschlands. Diese Länder setzen staatliche Wirtschaftskontrollen ein, um gezielt Handelsüberschüsse zu erzielen, weil sie der Theorie folgen, dass Überschüsse ihrer Wirtschaft helfen. Sie denken genauso wie diejenigen, die das Handelsdefizit der USA für schlecht halten. Sie glauben, dass Handelsüberschüsse helfen und Defizite schaden, und so erzeugen sie gezielt Handelsüberschüsse, indem sie den Konsum staatlich einschränken und die Exporte fördern.

Aber wenn man einer Wirtschaft eine Politik aufzwingt, um irgendetwas auf Kosten freierer Märkte und eines reineren Kapitalismus zu schaffen, führt das zu suboptimalen Ergebnissen und langsamerem Wachstum. Immer! Warum? Um das Wachstum zu maximieren, muss man dem Kapitalismus freien Lauf lassen. Ihn regelrecht entfesseln!

Das ist die grundlegende wirtschaftliche Lehre der letzten 200 Jahre. Defizitpessimisten sind mit ihren Vorstellungen davon, was gut und schlecht ist, oberschlau und begreifen die segensreiche Wirkung von Adam Smiths unsichtbarer Hand nicht. Sie wollen sich einmischen – mit einer politischen Hand, die im Weg steht und das Wachstum einfach erstickt. Kapitalismus und Wachstum sind der wahre Schlüssel zum nationalen Erfolg, nicht Merkantilismus und Handelsüberschüsse. Unser Wachstum schafft die Kapitalströme, die unsere Handelsdefizite aufrechterhalten; solange wir weiterhin schnell wachsen, werden unsere Leistungsbilanz- und Handelsdefizite hoch bleiben – und wir glücklich. Wenn sich unser Wachstum verlangsamt oder endet, wird auch unser Handelsdefizit zurückgehen oder verschwinden. Das ist alles, was es dazu zu sagen gibt.

Wenn wir Frage Eins konsequent anwenden und anschließend Frage Zwei hinzunehmen, zeigt sich also: Schulden, ein Haushaltsdefizit und ein Handelsdefizit sind nicht jene negativen Faktoren, als die sie Ihnen die meisten Menschen verkaufen wollen. Wenn Sie also wieder Warnungen vor einem Marktrückgang oder Schlimmerem hören, weil ein Defizit angeblich „zu groß" oder „untragbar" sei, die Schulden angeblich zu hoch seien oder beides zusammenkomme, sollten Sie wissen: Die Angst vor einer falschen Annahme ist bullish. Behalten Sie das im Hinterkopf, denn Defizite und Schulden werden immer wieder als Begründung für eine bearishe Haltung hervorgeholt.

Sie sollten jeden Versuch fürchten, diese Defizite durch staatliche Eingriffe nach merkantilistischem Muster in Überschüsse zu verwandeln. Und Sie sollten Überschüsse fürchten. Sprechen Sie mir nach: „Ich hätte in Amerika lieber keine Haushalts- und Handelsüberschüsse. Ich hätte in Amerika lieber schnelles Wachstum und Defizite." Sagen Sie das bei Ihrer nächsten Cocktailparty laut, und vielleicht schüttet Ihnen jemand einen Drink ins Gesicht. Erstens zeigt Ihnen diese Reaktion, dass diese Wahrheit immer noch Kraft und Wirkung hat. Zweitens: Hey, ein Freigetränk!

Der neue Goldstandard

Ein weiterer Mythos zu Frage Eins samt gegenteiliger Wahrheit führt uns zu William Jennings Bryan, dem amerikanischen Populisten und mehrfachen Präsidentschaftskandidaten. Schon einmal von ihm gehört? Er war jener Mann mit der donnernden Stimme und der Allerweltsfrisur, mit seiner berühmten „Cross of Gold"-Rede und seiner nur halbherzig unterstützten Kampagne für die Abkehr vom Goldstandard zugunsten eines Silberstandards in den Jahren vor 1900. (Lesen Sie mehr über ihn in Anhang E.)

Die USA lösten 1971 erneut die Goldbindung des Dollar, doch ein neuer Standard entstand – die weit verbreitete Überzeugung, dass Gold die ultimative Portfolioabsicherung sei. Diese Überzeugung kommt und geht, aber wenn sie Konjunktur hat, heißt es ständig, dass Aktien fallen, wenn Gold steigt – und umgekehrt. Gold wird als gute Absicherung gegen Abwärtsvolatilität verkauft. Eine seit Langem vertretene, daraus abgeleitete Theorie besagt, dass Gold Sie schützen werde, wenn der Kapitalismus unweigerlich scheitert. So in etwa.

Manchmal wird auch behauptet, dass Gold ein guter Inflationsindikator sei. Steigende Goldpreise sollten für Aktienanleger rundum schlechte Nachrichten sein, weil die Aktienkurse fallen und steigende Inflation das Wachstum abwürgt. Aber stimmt das wirklich? Die Liebe zu Gold kommt und geht, verstärkt sich aber natürlich, wenn die Goldpreise eine Zeit lang gut laufen.

Die goldene Absicherung

Der Glaube an Gold als Absicherung spricht wie viele andere fest verankerte Anlegerüberzeugungen unseren gesunden Menschenverstand an. Gold ist ein Rohstoff – es hat Gewicht und Substanz, man kann es sehen, fühlen und in der Hand halten. Aktien hingegen sind bloß Papier – und heute nicht einmal mehr das, sondern nur noch Datenbits irgendwo in der Cloud. Es erscheint sinnvoll, dass sich zwei so unterschiedliche Anlageklassen unterschiedlich verhalten. Und aufgrund der langen Geschichte, in der Regierungen sowohl in den USA als auch weltweit den Wert ihrer Währungen an Gold gekoppelt haben, hat der Besitz von Gold einen emotionalen Reiz.

Aber ist das richtig? Je mehr ich von alten, seit Langem bestehenden staatlichen Maßnahmen höre, die unseren Glauben an Gold widerspiegeln, desto skeptischer werde ich – vor allem, wenn ich daran denke, dass Goldstandards während der Blütezeit des Merkantilismus entstanden.

Wenden Sie Frage Eins an: Stimmt es, dass Gold eine gute Absicherung bietet? Wenn Gold tatsächlich eine gute Absicherung bietet, sollte es mit Aktien negativ korreliert sein. Denken Sie kurz- und langfristig. Als ich beispielsweise Mitte 2006 die erste Ausgabe dieses Buches schrieb, hatten Aktien gerade eine ziemlich normale globale Aktienmarktkorrektur durchlaufen. Wäre Gold eine geeignete Absicherung, hätte der Goldpreis weiter steigen müssen, während die Aktienkurse fielen – oder zumindest unverändert bleiben müssen. Abbildung 6.5 zeigt den Goldpreis und den S&P 500 vom Jahresbeginn bis Mitte 2006.

Gold verhielt sich nicht so, wie es diejenigen erwartet hatten, die auf Gold als Absicherung setzten. In diesem Zeitraum korrelierte Gold stark mit dem Aktienmarkt, statt sich gegenläufig zu entwickeln. Der Aktienmarkt fiel deutlich, und Gold fiel ebenfalls. Wer sich mit Gold gegen Abwärtsvolatilität absichern wollte, bekam sie stattdessen gleich doppelt. Gold bewegte sich mit dem Markt und war (und ist immer noch) fast genauso volatil wie der Markt. Auch über weite Strecken des nervenaufreibenden Jahres 2008 erlitt Gold zusammen mit Aktien herbe Verluste. Denken Sie außerdem an die Jahre 2009 und 2010. Aktien stiegen, und Gold tat es ihnen gleich! Während eines Großteils dieses Zeitraums waren beide der Richtung nach positiv korreliert. Und als Aktien 2010 und 2011 im Zuge globaler Korrekturen fielen, stieg Gold nicht kontinuierlich weiter – es korrigierte ebenfalls etwas. Dasselbe geschah während der Panik aufgrund der Corona-Lockdowns. Und während des Aktienbärenmarktes 2022. Immer wieder, wenn jemand theoretisch einen sicheren Hafen brauchte, spielte Gold nicht mit.

Kurzfristiges Denken macht Spaß, ist aber für die Zukunft nicht wirklich hilfreich. Wenn Gold als Absicherung nicht verlässlich funktioniert, könnte es dann als langfristige Anlage sinnvoll sein? Abbildung 6.6 zeigt das Wachstum eines Dollar, investiert in Gold, US-Aktien und US-Staatsanleihen mit zehnjähriger Laufzeit, seit Beginn des wirklich freien Goldhandels im Jahr 1973, als die letzten nach Bretton Woods verbliebenen Kontrollen aufgehoben wurden. In diesem Zeitraum wurde aus einem Dollar, der in Gold investiert wurde, 39,75 Dollar. In Staatsanleihen wurden es 24,16 Dollar und in US-Aktien 214,22 Dollar. Darin ist auch der Lauf enthalten, den Gold bis Ende 2024 hinlegte – berücksichtigt in der Aktualisierung für 2025.

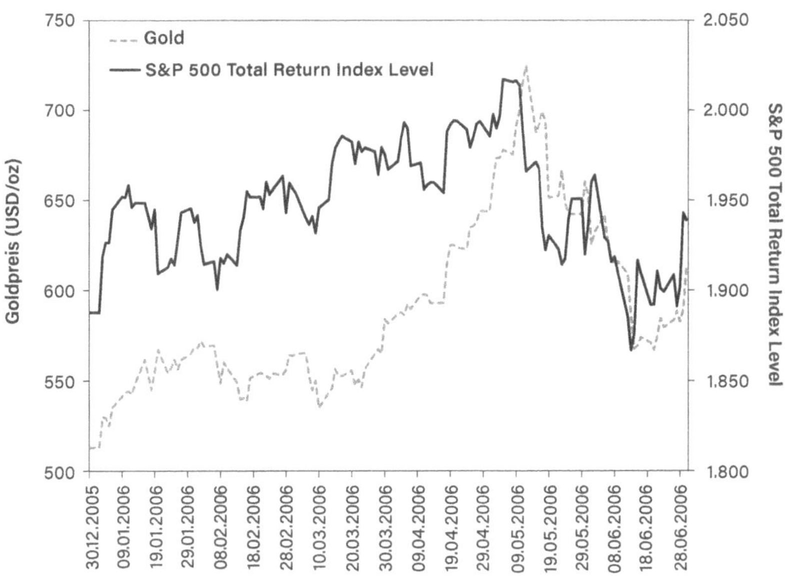

Abbildung 6.5 Goldpreis und S&P 500.

Quelle: FactSet, Stand: 14.3.2025.

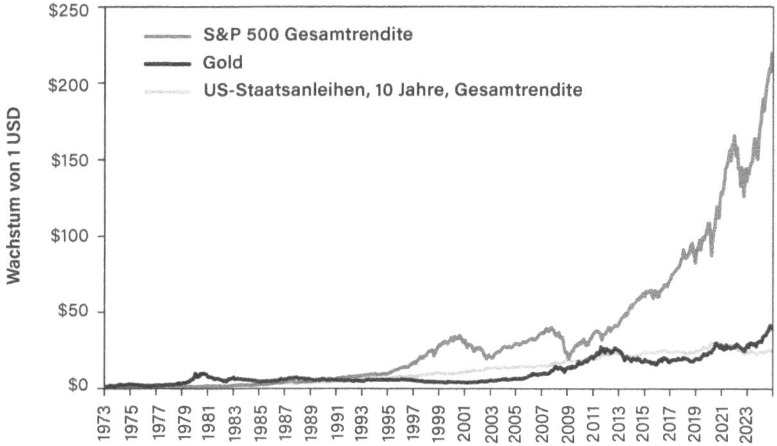

Abbildung 6.6 Wachstum von 1 USD in US-Aktien, US-Anleihen und Gold.

Quelle: Finaeon, Inc., Stand: 14.3.2025. Goldpreis je Feinunze, S&P 500 Total Return, Gesamtrendite des US 10-Year Government Bond Index, monatliche Renditen, 30.11.1973 bis 31.12.2024.

Gold könnte weiter steigen oder auch nicht – aber wenn Wachstum Ihr Ziel ist, ist Gold wahrscheinlich weder als Absicherung noch als langfristige Anlage die richtige Wahl. Um mit Gold erfolgreich zu sein, müssen Sie rechtzeitig rein- und wieder rauskommen. Wenn das Ihr Plan ist, sollten Sie sich fragen: Wenn Sie bei Aktien nicht gut darin sind, rechtzeitig rein- und wieder rauszugehen, warum sollten Sie es dann bei Gold sein? Die Antwort läuft, wie bei allem anderen auch, auf die Frage hinaus: Wissen Sie etwas über Gold, was andere nicht wissen? (Weitere Informationen dazu, warum Gold das ultimative Timing-Problem ist, finden Sie in meinem 2010 erschienenen Buch „Debunkery".)

Gold, Inflation und 206 Jahre langfristige Anleihen

Gold könnte nützlich sein, wenn sein Preis uns etwas darüber verraten würde, wohin sich die Inflation entwickelt. Viele Menschen glauben, dass höhere Goldpreise eine davongaloppierende Inflation ankündigen.

Doch Frage Eins zeigt uns, dass auch diese Annahme ein Mythos ist. Inflation ist ein monetäres Phänomen, das damit zusammenhängt, wie viel Geld in der Wirtschaft im Umlauf ist. Inflation entsteht, wenn die Geldmenge (die durch Maßnahmen der Zentralbank gesteuert wird) im Verhältnis zur Menge der in einer Wirtschaft verkauften Güter zu groß ist und dadurch die Preise dieser Güter nach oben treibt. Ein gewisses Maß an Inflation ist normal und gut. Vor sehr niedrigen Inflationsraten fürchten sich nur wenige, vor hohen jedoch alle.

Eine galoppierende Inflation, wie in den 1970er-Jahren oder 2022, ist ein Problem – eines, an das sich viele Leser noch gut erinnern werden. Am einfachsten lässt sich eine galoppierende Inflation an extremen Beispielen verstehen. Erinnern Sie sich an die Weimarer Republik in den frühen 1920er-Jahren. Die Zentralbank war so lax und druckte so viel Geld, dass Geld wertlos wurde. Die Deutschen verbrannten Geld als Brennstoff, weil sie mit ihren Kisten voller wertlosen Bargelds weder Kohle noch Holz kaufen konnten. Und nicht lange danach übernahmen die Nazis die Macht. Man sieht also: Hyperinflation ist keine gute Sache. Niedrige Inflationsraten sind hingegen nicht beängstigend. Was würden Sie bevorzugen – eine moderate Inflation oder eine moderate Deflation? Wahrscheinlich Inflation, obwohl sie statistisch gesehen zwei Schneiden desselben Schwerts sind. Deflation entsteht, wenn weniger neues Geld geschaffen wird als neue Waren oder Dienstleistungen, und tritt in der Regel während der schlimmsten Rezessionen auf, als Symptom einer Kreditknappheit. Sie geht einher mit einem anhaltenden Rückgang des BIP und massiver Arbeitslosigkeit – all den Dingen, die wir nicht wollen. Wir glauben, dass wir niedrigere Preise wollen, aber historisch gesehen – abgesehen von der industriellen Revolution – kommt unsere Gesellschaft mit Deflation einfach nicht gut zurecht. Sie ist ein Fehler, kein Vorteil. Kein Spaß.

Was hat das alles nun mit Gold zu tun? Nichts. Gold ist ein Rohstoff und wird auf einem freien, offenen Markt gehandelt. Inflation ist – wie Milton Friedman einmal so treffend sagte – „immer und überall“ ein monetäres Phänomen. Nur weil Gold im Laufe der Zeit in etwa um die Inflationsrate an Wert gewonnen hat, sollte man nicht zu dem Schluss kommen, dass Gold Aufschluss über die zukünftige Entwicklung der Inflation gibt. Daraus sollten Sie vielmehr schließen, dass Goldanleger über lange Zeiträume hinweg verdammt niedrige Renditen erzielen – was auch Abbildung 6.6 zeigt. Und genau das sollten Sie intuitiv von den meisten Industrierohstoffen erwarten.

Beachten Sie auch, dass Gold im entscheidenden Moment kein Schutz vor Inflation bietet. In den frühen 2020er-Jahren hatten wir die schlimmste Inflation seit Jahrzehnten. Der US-Verbraucherpreisindex erreichte im Juni 2022 mit 9,1 Prozent seinen Höchststand, ein 40-Jahres-Hoch.[18] Zwischen Ende 2020 und Januar 2025 stiegen die Verbraucherpreise um fast 22 Prozent.[19] Goldfans würden dies als Golds große Stunde bezeichnen. Doch der Goldpreis sackte ab, als sich die Inflation 2022 beschleunigte. Anschließend erholte sich Gold viel langsamer als Aktien, die sich in dieser Inflationsphase trotz des Abschwungs von 2022 als die eigentliche Absicherung erwiesen: Sie erholten sich schneller und schlugen Gold um Längen.

Wenn Gold also weder als langfristige Anlage eine gute Wahl noch ein guter Inflationsindikator ist, was ist es dann? Wenden Sie Frage Zwei an. Diese Frage ist wirklich einfach.

Was ist es? Was ist es nicht?

Bei Frage Zwei müssen wir hier global denken – also Frage Drei im Blick behalten. Aber zunächst sollten wir ganz konkret klären, was Inflation ist und was nicht. Sie ist nicht dasselbe wie Ihre persönlichen Lebenshaltungskosten, auch wenn diese oft mit Inflation verwechselt werden, insbesondere wenn die Lebensmittelpreise steigen. Sie ist nicht der Eierpreis, der ständig Schlagzeilen macht. Inflation ist ein Durchschnittswert aus den Preisen aller möglichen neu produzierten Waren und Dienstleistungen, unabhängig davon, ob Sie diese kaufen oder nicht. Sie bemisst sich nicht an den Preisen von Gold oder anderen Rohstoffen. Sie entsteht auch nicht durch Löhne, auch wenn Zentralbanker fälschlicherweise behaupten, steigende Löhne trieben die Inflation an. Sie ist ein Durchschnitt der Preise aller produzierten Waren und Dienstleistungen und spiegelt insofern lediglich wider, wie sich der Geldwert verändert, der nötig ist, um einen durchschnittlichen Artikel zu kaufen.

Vielleicht steigen einige Preise stark und andere nur geringfügig – einige sinken vielleicht leicht, andere stark. Eierpreise sind stark gestiegen. Gesundheitskosten sind stark gestiegen. Die Preise für elektronische Geräte sind stark gefallen. Die Preise für Schuhe sind leicht gefallen. In einer perfekten Welt mit einer korrekt berechneten Inflation von 0 Prozent würden nicht alle Preise unverändert bleiben. Nein, in einer solchen Welt würde etwa die Hälfte der Preise steigen und die andere Hälfte fallen – jeweils in unterschiedlichem Tempo.

Ältere Amerikaner, die viel für Gesundheitsleistungen sowie die Privatschul- und Hochschulausbildung ihrer Enkelkinder bezahlen, gehen oft davon aus, dass die Inflation grassiert und unsere Inflationsindizes massiv danebenliegen und damit die Inflation unterschätzen. Dabei verwechseln sie den Preisanstieg bei ihren eigenen Ausgaben mit der allgemeinen Inflation. Ich werde die Inflationsindizes nicht verteidigen, da meiner Meinung nach so gut wie alle wirtschaftlichen Indikatoren der Regierung sehr ungenau sind. Aber ob der Verbraucherpreisindex oder der Preisindex für persönliche Konsumausgaben die Inflation korrekt misst oder nicht, ist eine andere Frage. Entscheidend ist: Die Dinge, die Sie persönlich kaufen, entsprechen nicht unbedingt dem durchschnittlichen Waren- und Dienstleistungskorb, auf dem die Inflationsmessung beruht. Das tun sie nicht. Die Kaufgewohnheiten der Verbraucher sind sehr unterschiedlich. Es wäre seltsam, wenn sich der Warenkorb eines sehr jungen Menschen ähnlich zusammensetzte wie der eines älteren Ehepaars – oder eines Ehepaars mittleren Alters.

Gehen wir noch einen Schritt weiter. Im Jahr 1900 wurde das meiste, was man kaufen konnte, in den USA hergestellt. In der heutigen globalisierten Welt kommt vieles von hier, von dort oder von ganz woanders. Und vieles, was in den USA hergestellt wird, wird nur teilweise dort hergestellt. Heute können höhere Preise für bestimmte Waren aus einem Land ganz oder teilweise durch niedrigere Preise für andere Waren aus einem anderen Land ausgeglichen werden. Heute hat Inflation globale Aspekte. In den letzten 30 Jahren gab es in den USA Inflation, während Japan oft unter Deflation litt, weil dort mehr neue Güter entstanden als neues Geld geschaffen wurde und die produzierten Güter oft anfällig für Preisrückgänge waren. Dennoch stiegen in diesem deflationären Umfeld einige Preise, andere fielen und wieder andere fielen noch stärker.

Inflation ist immer ein Durchschnitt über viele Preise hinweg. Japans Deflation – auch bei Waren, die dort hergestellt und in die USA verkauft wurden – trug deshalb dazu bei, die US-Inflation niedriger zu halten, als sie sonst gewesen wäre: Amerikanische Käufer konnten teurere Waren teilweise durch günstigere japanische Alternativen ersetzen. Auf einer Ebene haben wir ihnen teilweise Inflation exportiert, und sie haben uns teilweise Deflation exportiert, wobei sich beides zum Teil gegenseitig ausglich.

Aber gibt es etwas, das anzeigen kann, ob die Inflation anzieht? Nun, Ihre Kaufgewohnheiten können es nicht sein. Die Kaufgewohnheiten in Montana können es nicht sein. Eigentlich sollten es nicht einmal die Kaufgewohnheiten in den USA sein. Es müsste etwas sein, das den Wert des Geldes weltweit misst, denn genau darum geht es bei Inflation. Wenden Sie Frage Zwei an und fragen Sie sich: Was ist ein gutes Maß für den Wert des Geldes? Was ist heute der Preis des Geldes? Und wie hoch wird dieser Preis morgen sein?

Nun, wir wissen mit Sicherheit, dass wir uns heute Geld leihen können, um es morgen zur Verfügung zu haben. Wir wissen, wie hoch die Kosten dieser Geldleihe sind. Langfristig gesehen ist der Preis gelienen Geldes das, was wir sonst als langfristige Zinssätze bezeichnen. Die Rendite zehnjähriger US-Staatsanleihen ist beispielsweise eine Möglichkeit, die Kosten langfristiger Kreditaufnahme in den USA zu messen.

Aus Sicht der Kreditgeber ist das Verleihen von Geld sehr anfällig für die verheerenden Auswirkungen steigender Inflation. Kreditgeber wollen für höhere Inflation und ein höheres Inflationsrisiko durch höhere Zinsen entschädigt werden. Die USA mögen die Kaufgewohnheiten der Welt nicht exakt widerspiegeln, aber die globalen Langfristzinsen reagieren auf weltweite langfristige Inflationssorgen. Daher reagieren sie sehr empfindlich auf veränderte Inflationserwartungen. Dazu verweise ich Sie zurück auf Kapitel 2, in dem wir das Konzept der globalen Kurz- und Langfristzinsen vorgestellt haben. Der globale Langfristzins ist ein hervorragender Indikator dafür, ob die globale Inflation ihr hässliches Gesicht zeigt.

Wenn das Inflationsproblem größer wird, werden wahrscheinlich auch die globalen Langfristzinsen steigen. Wenn das Inflationsproblem nachlässt, dürften die globalen Langfristzinsen dies in der Regel ebenfalls widerspiegeln.

Der globale Langfristzins ist der Preis für geliehenes Geld. Abbildung 6.7 zeigt anhand der Renditen langfristiger Staatsanleihen, wie der freie Weltmarkt genau das misst, worum es hier geht: den Wert des Geldes – weltweit insgesamt oder in einzelnen Ländern. Die aktuellen Langfristzinsen liegen zwar höher als auf dem ungewöhnlich niedrigen Niveau der 2010er-Jahre. Aber sie liegen genau im längerfristigen Trend. Kein Alarmsignal.

Das bedeutet: Die Märkte fürchten keine deutlich steigende Inflation. Damit haben Sie gerade etwas verstanden, was die meisten nicht begreifen. Noch wichtiger ist: Historisch lässt sich zeigen, dass langfristige Anleihen empfindlich auf Inflationsängste reagieren und deshalb eine gute Messgröße sind.

Nach dem starken Anstieg der Langfristzinsen im Jahr 2022 klingt es für viele fast schon beleidigend, wenn man behauptet, die Langfrist-

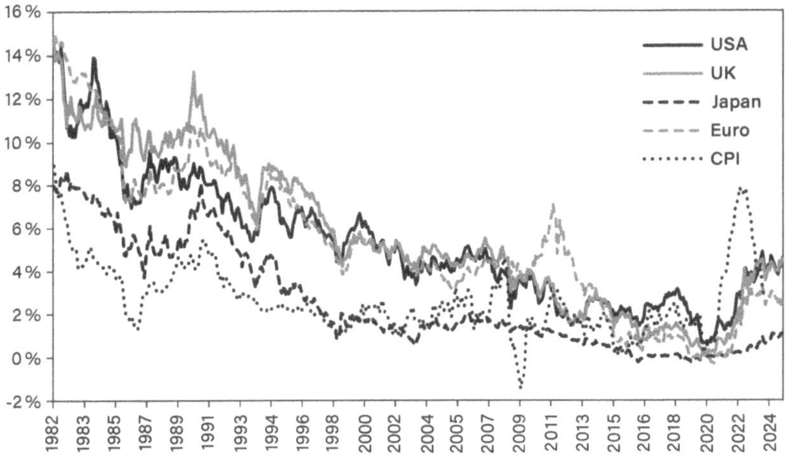

Abbildung 6.7 Renditen globaler langfristiger Staatsanleihen.

Quelle: Finaeon, Inc., Stand: 14.3.2025. Rendite zehnjähriger US-Anleihen mit konstanter Laufzeit, Rendite zehnjähriger britischer Staatsanleihen, Rendite zehnjähriger japanischer Staatsanleihen, Rendite zehnjähriger Staatsanleihen der Eurozone, G7-Verbraucherpreisindex, 31.1.1982 bis 31.12.2024. Der Verbraucherpreisindex wird aufgrund der Datenverfügbarkeit nur bis 2023 ausgewiesen.

zinsen seien kein Alarmsignal. Wie bitte – kein Alarmsignal, obwohl sie in die Höhe geschossen und seitdem kaum zurückgegangen sind? Aber das ist zu kurzfristig gedacht. Abbildung 6.8 zeigt die Langfristzinsen in den USA seit 1800 und relativiert das aktuelle Zinsniveau anhand historischer Daten. Aus ihr lassen sich zwei Dinge ablesen. Erstens: Das aktuelle Zinsniveau ist keineswegs außergewöhnlich hoch. Es entspricht Zinsniveaus, die es im Laufe der Geschichte schon oft gegeben hat, und ist weitaus niedriger als in mehreren langen Phasen, in denen die Inflation einen Großteil dieser hohen Renditen aufgezehrt hat.

Zweitens korreliert der Anstieg der Langfristzinsen eindeutig mit dem Beginn und der Überwindung einer katastrophalen Geldpolitik und der daraus resultierenden davongaloppierenden Inflation der 1970er-Jahre. Warum? Weil langfristige Anleihen auf einem freien, offenen Markt gehandelt werden und die tatsächlichen Inflations-

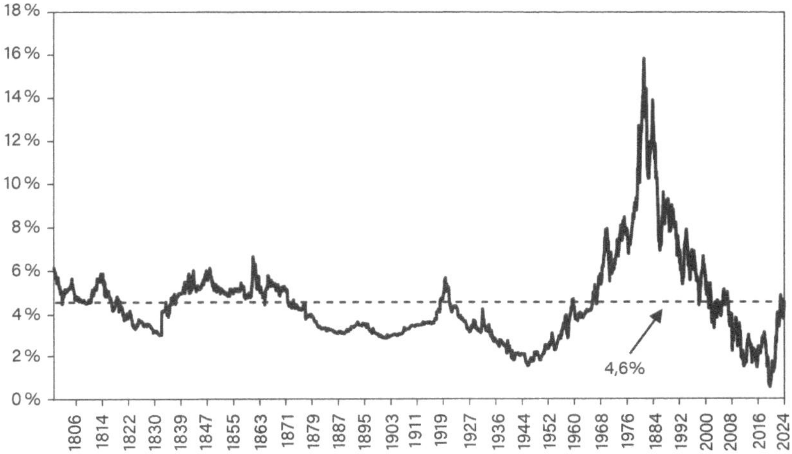

Abbildung 6.8 Rendite zehnjähriger US-Staatsanleihen.

Quelle: Finaeon, Inc., Stand: 14.3.2025. Rendite zehnjähriger US-Staatsanleihen mit konstanter Laufzeitt.

erwartungen des Marktes ziemlich genau widerspiegeln. Konzentrieren Sie sich nicht auf die kurzfristigen Zinsen – denken Sie daran, dass diese durch das Monopol der jeweiligen Zentralbank kontrolliert werden. Wie in Kapitel 2 gezeigt wurde, werden die Zinsen für langfristige Anleihen jedoch nicht kontrolliert, sondern vollkommen frei vom Markt bestimmt. Dies spiegelt die Erwartungen des Marktes daran wider, wie gut die Zentralbanken weltweit ihre Arbeit machen, und ist zumindest derzeit ein guter – wenn auch nicht perfekter – Indikator dafür, wie der Markt das zukünftige Inflationsrisiko einpreist.

Nachdem Sie nun gelernt haben, Frage Eins anzuwenden und Mythen zu entlarven, können Sie mit Frage Zwei nach neuen oder bislang übersehenen Mustern suchen, die Ihnen eine Grundlage für Portfolioentscheidungen liefern. Weitere Beispiele finden Sie in Kapitel 7.

7

Schockierend, aber wahr

7

Schockierend, aber wahr

Angebot und Nachfrage ... und das war's

In diesem Buch geht es unter anderem darum, wie man etwas wissen kann, was andere nicht wissen – indem man Informationen verarbeitet, die andere nicht verstehen, und dafür Kapitalmarkttechnologie entwickelt. Wenn unser Gehirn Informationen auf eine bestimmte Weise nicht gut verarbeiten kann, stellen wir sie in einen anderen, nützlicheren Rahmen, wie bei unserer KGV-zu-GKV-Umkehr. Oder wir schneiden sie gedanklich auf und betrachten sie neu. Oder wir fragen: „Womit korreliert das?"

Die Nachrichten stecken voller potenziell nützlicher Informationen – vorausgesetzt, man kann Frage Zwei nutzen, um die Zusammenhänge herzustellen. Seien Sie einfach kreativ und fragen Sie sich: „Ob das wohl etwas bedeuten könnte? Wäre das nicht irre?" Ein Phänomen, das gelegentlich auftritt, ist eine Zunahme der Fusions- und Übernahmeaktivität. Es ist normal, dass Fusionen und Übernahmen in einer Phase des Wirtschaftswachstums zunehmen. Unternehmen mit reichlich Liquidität in der Bilanz versuchen, weitere wertvolle Marktanteile, parallele Produktlinien, vertikale Integration, neue Kernkompetenzen oder neue Produktkategorien zu erwerben oder sich schlicht zu diversifizieren. In gewisser Weise ist das unauffällig und alltäglich.

Aber kann das für den Aktienmarkt von Bedeutung sein? Die gängige Marktweisheit lautet, dass Fusionswellen ein Vorzeichen für schwache Aktienmärkte seien, also kein Auslöser, sondern ein Warnsignal. Ein Grund dafür ist, dass Fusionen häufig dann stattfinden, wenn die Wirtschaft schon eine Weile wächst – und irgendwann danach kommt nun einmal die nächste Rezession. Daher ist leicht nachvollziehbar, warum die Leute Fusionswellen als Vorboten schlechter Zeiten betrachten. Man denke nur an die Fusionen Ende der 1990er-Jahre, die mit dem Börsengangsboom im Technologiesektor zusammenfielen. Nach einer Welle von Transaktionen wie der Übernahme von Time Warner durch AOL wurden wir mit einem schweren Bärenmarkt und einer Rezession „belohnt".

Es leuchtet ein, dass Übernahmen oft nach hinten losgehen. Schließlich kennen Verkäufer das, was sie verkaufen, in- und auswendig. Käufer dagegen kommen von außen und wissen über das, was sie erwerben, meist deutlich weniger. Müssten Käufer also nicht schlechter abschneiden als Verkäufer? Und müsste das nicht für später sinkende Kurse sprechen, sobald die Realität einsetzt und das kaufende Unternehmen und seine Aktionäre erkennen, dass sie über den Tisch gezogen wurden?

Ich habe diese These in meinem zweiten Buch „The Wall Street Waltz" angesprochen. Und ich lag falsch. Historisch gesehen hat das Argument durchaus eine gewisse Berechtigung, aber ich habe manche Zeiträume zu stark gewichtet und andere zu wenig. Meine Schlussfolgerungen hingen zu sehr von Übernahmen der 1920er- und späten 1960er-Jahre ab. Was ich damals schrieb, war stark von unbeabsichtigtem Data-Mining und Bestätigungsfehlern geprägt. Heute würde ich sagen: Damals lag ich falsch, und unter dem Strich ist die Sache ziemlich halbe-halbe. Entscheidend ist die Art der jeweiligen Transaktionen: wie sie strukturiert sind und wie sie auf das Aktienangebot wirken. Manche wirken so, manche anders – und das ändert sich mit der Zeit.

Barzahlung, Aktien oder eine Mischform?

Es gab einen entscheidenden Unterschied in der Zusammensetzung der meisten Fusionen der 1990er-Jahre sowie der Transaktionen der 1920er- und späten 1960er-Jahre im Vergleich zu den Transaktionen nach 2002. Der Großteil der Unternehmensfusionen in den Jahren 2003, 2004, 2005 und 2006 wurde überwiegend gegen Barzahlung abgewickelt, während die Fusionen in den drei früheren Zeiträumen hauptsächlich mit Aktien finanziert wurden. Bei Bartransaktionen erwirbt der Käufer die Aktien des übernommenen Unternehmens gegen Barzahlung; bei aktienfinanzierten Transaktionen gibt er einfach neu geschaffene Aktien aus, um die Übernahme zu finanzieren. Frage Zwei: Gibt es einen Unterschied zwischen diesen beiden Varianten und ihren möglichen Auswirkungen auf den Aktienmarkt? Was können Sie an dieser Situation erkennen, was andere nicht sehen? Was können Sie verstehen, was die meisten nicht können?

Wenn Unternehmen A Unternehmen B gegen Barzahlung kauft, erwirbt es die Aktien von Unternehmen B gegen Geld; diese Aktien werden anschließend aus dem Markt genommen. Nach der Transaktion gibt es genauso viele Aktien von Unternehmen A wie vor der Transaktion und keine Aktien von Unternehmen B mehr. Unternehmen A vereint nun seine eigenen Gewinne mit den Gewinnen von Unternehmen B, sodass der Gewinn pro Aktie von Unternehmen A steigt. Ganz einfach!

Dies setzt voraus, dass Unternehmen B aufs Jahr gerechnet profitabel ist und seine Gewinne höher sind als die Zinszahlungen, die Unternehmen A für die Schulden leisten muss, die es zur Finanzierung des Kaufs von Unternehmen B aufgenommen hat. (Die KGV-zu-GKV-Umkehr aus Kapitel 1 kann dabei helfen, das sichtbar zu machen!) Wenn diese Bedingung erfüllt ist, erhöht die Übernahme sofort den Gewinn pro Aktie des Käufers: Die Aktien von Unternehmen B werden aus dem Markt genommen, und bei sonst gleichen Bedingungen verteilt sich der gemeinsame Gewinn beider Unternehmen auf dieselbe Zahl von Aktien von Unternehmen A. Das Angebot an ausstehenden Aktien wird in diesem Fall reduziert, weil die Aktien des übernommenen Unternehmens nicht mehr am Markt sind. Lassen Sie mich das noch einmal wiederholen: Barübernahmen reduzieren das Angebot an ausstehenden Aktien. Wenn die Nachfrage konstant bleibt und das Angebot sinkt, sollten die Kurse steigen. Barübernahmen sind in der Regel bullish.

Rein aktienfinanzierte Übernahmen sind anders. Nach solchen Transaktionen sinkt in der Regel der Gewinn pro Aktie des Käufers, weil mehr Aktien in Umlauf kommen und der Gewinn dadurch auf mehr Aktien verteilt wird. Stellen Sie es sich so vor: Unternehmen A ist X wert. Unternehmen B ist Y wert. Damit die Aktionäre der Übernahme von Unternehmen B zustimmen, muss Unternehmen A den Preis für Unternehmen B in die Höhe treiben. Vielleicht erhöht Unternehmen A sein Angebot für Unternehmen B um 25 Prozent auf 1,25 Y. Diese zusätzlichen 25 Prozent werden finanziert, indem Unternehmen A sein Aktienangebot erhöht – durch neu geschaffene, zuvor nicht existierende Aktien. Unternehmen A gibt genügend neue Aktien aus, um den gesamten bisherigen Wert von Unternehmen B abzudecken, und zusätzlich genügend neu geschaffene Aktien, um den Aufschlag von 25 Prozent zu finanzieren. Nach der Transaktion gibt es also mehr tatsächliches Aktienangebot als zuvor.

Wenn Unternehmen B nun bei einer Bewertung von 1,25 Y ein höheres KGV hat als Unternehmen A, sinkt der Gewinn pro Aktie von Unternehmen A nach Abschluss der Transaktion. Dies war bei den meisten Transaktionen der 1920er-, späten 1960er- und 1990er-Jahre der Fall. Ein Beispiel dafür ist die noch immer berüchtigte Übernahme von Time Warner durch AOL aus dem Jahr 2000. Diese Transaktionen erhöhen das Aktienangebot, verwässern den Gewinn pro Aktie und lassen ihn sinken.

Es gibt noch eine dritte Art von Transaktion: Unternehmen A kauft Unternehmen B teilweise gegen Barzahlung und teilweise mit neu geschaffenen Aktien. Hybride Transaktionen sind weitverbreitet und weisen einige Eigenschaften beider Finanzierungsarten auf, ähneln in der Regel aber eher Bartransaktionen als rein aktienfinanzierten Transaktionen. Warum? Bei diesen Transaktionen kann der Käufer in der Regel nicht genügend Fremdkapital aufnehmen, um Unternehmen B vollständig gegen Barzahlung zu übernehmen. Also nimmt er so viel Fremdkapital auf, wie er kann, und gibt Aktien aus, um den fehlenden Betrag auszugleichen. In der Regel handelt es sich dabei um größere Transaktionen.

Angenommen, Unternehmen A ist 10 Milliarden Dollar wert und Unternehmen B 20 Milliarden Dollar. Unternehmen A kauft Unternehmen B. Dass das kleinere Unternehmen A das größere Unternehmen B schluckt, könnte Kreditgeber verschrecken. Vielleicht sind Kreditgeber bereit, Unternehmen A für den Kauf von Unternehmen B nur 14 Milliarden Dollar zu leihen – warum genau, spielt in diesem Beispiel keine Rolle. Vor der Transaktion waren Aktien von Unternehmen A und Unternehmen B im Gesamtwert von 30 Milliarden Dollar ausstehend (10 + 20 = 30). Um Unternehmen B zu kaufen, bietet Unternehmen A für Unternehmen B einen Aufschlag von 20 Prozent und hebt dessen Wert damit auf 24 Milliarden Dollar. Es verwendet die 14 Milliarden Dollar, die es sich geliehen hat, und gibt weitere 10 Milliarden Dollar in Form eigener, neu geschaffener Aktien aus, um auf die benötigten 24 Milliarden Dollar zu kommen. Am Ende der Transaktion sind Aktien im Wert von 20 Milliarden Dollar ausstehend – gegenüber 30 Milliarden Dollar vor der Transaktion. Das Aktienangebot ist um 10 Milliarden Dollar geschrumpft – nicht so stark, als wäre die gesamte Transaktion mit Fremdkapital finanziert worden –, aber es ist dennoch geschrumpft. Fast immer reduziert eine Mischtransaktion aus Aktien und Barzahlung das Aktienangebot und sollte den Gewinn pro Aktie erhöhen – nur nicht so stark wie eine rein gegen Barzahlung abgewickelte Transaktion.

Das sind keine radikal neuen Ideen. Jeder, der im Studium einen Einführungskurs in Rechnungswesen oder Volkswirtschaftslehre belegt hat (also viele Leute), sollte den Unterschied zwischen gewinnsteigernd und gewinnverwässernd kennen. Außerdem kann man leicht beobachten, welche Unternehmen Übernahmen tätigen und ob diese gewinnsteigernd oder gewinnverwässernd wirken. In unserer überregulierten Geschäftswelt werden wir ausführlich informiert, wenn ein Unternehmen eine Fusion, eine Übernahme, einen Börsengang, eine neue Aktienemission oder Ähnliches ankündigt. Wir wissen, wann solche Transaktionen stattfinden, zu welchem Preis und in welcher Form.

Mit neu geschaffenen Aktien finanzierte Fusionswellen erhöhen das Angebot an Aktien und sind bei sonst gleichen Bedingungen bearish. Fusionswellen, bei denen die Übernahmen überwiegend gegen Barzahlung abgewickelt werden, reduzieren das Aktienangebot – ein geringeres Angebot ist bullish. Doch nur wenige erkennen diesen Unterschied.

Was Aktienkurse wirklich bewegt

Bevor wir uns damit befassen, was sich über die Auswirkungen von Fusionen gegen Barzahlung auf den Aktienmarkt erkennen lässt, müssen wir klären, was Aktienkurse tatsächlich antreibt. Genau diese Frage verbindet Frage Eins und Frage Zwei. Es gibt unzählige Mythen darüber, was angeblich Kursbewegungen verursacht; mit Frage Eins können Sie diese Mythen widerlegen. Bei Frage Zwei hingegen – Was können Sie über die Ursachen von Aktienkursbewegungen verstehen, was andere nicht verstehen können? – ist die Antwort einfach. So einfach, dass Menschen es gar nicht verstehen wollen.

Es gibt nur zwei Dinge in dieser ganzen weiten, wunderbaren und verrückten Welt, die Aktienkurse bewegen. Immer und überall bewegen sich Aktienkurse durch Verschiebungen bei Angebot und Nachfrage. Ich habe das im gesamten Buch immer wieder gesagt, aber manchmal sind die einfachsten Konzepte für den menschlichen Verstand am schwersten zu akzeptieren. Angebot und Nachfrage sind allgemein bekannte Konzepte, doch nur wenige Anleger übertragen sie gedanklich auf die Preisbildung von Wertpapieren. Die meisten, die Wirtschaftswissenschaften studiert haben, haben Angebot und Nachfrage nach den Prüfungen so schnell wie möglich wieder vergessen und nie über Wertpapierpreise aus der Perspektive von Angebot und Nachfrage nachgedacht. Selbst promovierte Wirtschaftswissenschaftler werden akademisch meist in andere Richtungen geprägt – weg von der konkreten Frage, wie Angebot und Nachfrage die Preise von Wertpapieren bestimmen. Jahrzehnte später denken sie bei Wertpapieren oft nicht mehr in diesen einfachen Kategorien.

Unzählige Forschungsberichte, Newsletter und Medienberichte erklären Ihnen, wohin sich der Markt nach Ansicht der jeweiligen Autoren entwickeln wird. Doch fast nie stützen sie diese Einschätzungen auf eine Analyse der Veränderungen bei Angebot und Nachfrage. Von Nachrichtenmoderatoren, Politikern, Brokern oder Tennispartnern hören Sie vielleicht, dass alle möglichen wirtschaftlichen oder technischen Indikatoren, Themen aus der Popkultur, politische Verschwörungen oder sich selbst erfüllende Prophezeiungen die Aktienkurse beeinflussen. Ein Blick auf ein beliebiges Finanzportal genügt, und schon finden Sie Schlagzeilen wie:

„Zinsen treiben Aktien nach oben"
„Arbeitsmarktdaten schicken Aktien auf Talfahrt"
„Tech-Gewinne geben Aktien Auftrieb"
„Ölkrise schockt die Börsen"

Sie werden niemals einen Börsenkommentator sagen hören: „Das Angebot an Aktien blieb heute relativ stabil, aber die Nachfrage ist aus Gründen gestiegen, über die wir ohne harte Fakten nur spekulieren können; deshalb legten die Aktienkurse zu." Das ist langweilig! Eine reine Angebot-und-Nachfrage-Erklärung für Aktienkurse bringt keine Werbeerlöse – und sie zieht Sie auch bei politischen, gesellschaftlichen oder wirtschaftlichen Reizthemen in kein Lager. Sie sorgt nicht für Klicks oder das in der Welt der sozialen Medien so wichtige

„Engagement“ – Shares, Likes, Kommentare und dergleichen. Kein Wunder also, dass die Medien nicht so nüchtern formulieren.

Diese beiden gegensätzlichen Kräfte bestimmen die Preise für alles, was wir kaufen. Auch Dinge, die auf den ersten Blick wie eigenständige Ursachen für Kursbewegungen wirken – etwa strengere Regulierung oder eine Invasion von Außerirdischen –, beeinflussen Aktienkurse letztlich nur über Angebot oder Nachfrage: Eine Invasion von Außerirdischen würde wahrscheinlich die Nachfrage nach Aktien verringern, strengere Wertpapierregulierung wahrscheinlich das Angebot an Aktien. Unzählige Faktoren können Angebot oder Nachfrage beeinflussen – aber am Ende läuft es immer wieder auf Angebot und Nachfrage hinaus.

Verschiebungen von Angebot und Nachfrage erklären, warum Menschen bereitwillig außergewöhnliche Summen für eine Originalschallplatte der Beatles, einen Originalstuhl von Le Corbusier oder eine Vintage-Birkin-Bag von Hermès bezahlen – wenn Ihnen so etwas gefällt. Niemand zahlt jedoch viel Geld für ganz gewöhnliche alte Büroklammern. Erstens gibt es Milliarden von Büroklammern, die überall in Schreibtischablagen unbeachtet herumliegen. Zweitens kann man, wenn man keine mehr hat und keine Lust hat, zum nächsten Bürobedarfsladen zu laufen, eine Klemmklammer oder sogar ein Gummiband verwenden. Das nennt man *Substitution.* Dinge, für die es einfache Ersatzprodukte gibt, erzielen niemals so hohe Preise wie unersetzliche Sammlerstücke. Drittens sind Büroklammern leicht herzustellen und in Massen verfügbar. Wenn Andy Warhol nicht gerade eine bestimmte Büroklammer zu einer halbwegs erkennbaren Darstellung von Marilyn Monroe gebogen hat, würde niemand für eine Büroklammer einen Preis zahlen, der über ihren normalen Gebrauchswert hinausgeht. Deshalb halten die meisten Menschen den Krypto-Unternehmer Justin Sun für verrückt, weil er 2024 eine mit Klebeband an der Wand befestigte Banane für 6,2 Millionen Dollar gekauft hat – auch wenn der Künstler das Ganze wohl komisch-ironisch gemeint hatte.

In einem wirtschaftswissenschaftlichen Einführungskurs haben Sie wahrscheinlich gelernt, dass es bei Angebot und Nachfrage um Begehrtheit geht. Begehrtheit ist emotional. Die Nachfrage beschreibt, wie groß die Kaufbereitschaft der Verbraucher bei unterschiedlichen Preisen ist. In der Regel, aber nicht immer, wollen Verbraucher bei höheren Preisen weniger von etwas als bei niedrigeren Preisen. Das leuchtet ein! Das Angebot wiederum beschreibt, wie stark Anbieter bereit sind, eine bestimmte Ware oder Dienstleistung zu unterschiedlichen Preisen zu produzieren. Im Allgemeinen, aber nicht immer, wollen Anbieter bei höheren Preisen mehr von etwas produzieren als bei niedrigeren Preisen. Wenn der Preis zu niedrig ist, wollen sie gar nicht produzieren.

Interessant wird es, wenn Produzenten bei unveränderten Preisen mehr anbieten oder Verbraucher bei unveränderten Preisen mehr nachfragen wollen. Wenn die Produzenten mehr anbieten wollen – das Angebot also steigt –, die Verbraucher aber nicht entsprechend mehr kaufen wollen, entsteht ein Überangebot, und die Preise fallen. Sie fragen sich vielleicht: „Warum sollten Anbieter das jemals tun?" Vielleicht senkt eine neue Technologie ihre Kosten und erhöht damit ihre Bereitschaft, mehr anzubieten – ähnlich wie das Moore'sche Gesetz in der Halbleiterindustrie jahrzehntelang die Kosten und Preise nach unten trieb und Elektronikunternehmen dadurch immer stärker motivierte, mehr zu niedrigeren Preisen zu produzieren. Umgekehrt steigen die Preise, wenn die Verbraucher mehr kaufen wollen – die Nachfrage also steigt –, die Produzenten ihr Angebot jedoch nicht an die gestiegene Nachfrage anpassen. Ganz einfach.

Die Kaufbereitschaft oder die Bereitschaft, etwas anzubieten, kann sich aus psychologischen Gründen verschieben – ausgelöst durch alle möglichen Faktoren. Schließlich ist diese Kauf- oder Angebotsbereitschaft emotional, und Emotionen sind psychologisch. Und Märkte sind psychologisch. Das alles kommt in jedem wirtschaftswissenschaftlichen Grundkurs vor – daran ist nicht im Entferntesten etwas kontrovers.

Bei Wertpapieren funktionieren Angebot und Nachfrage jedoch in mehrfacher Hinsicht ein wenig anders. Sofern Sie sich im Studium nicht gerade mit sehr ungewöhnlichen Themen beschäftigt haben, sind Sie wahrscheinlich noch nie auf eine akademische Studie zu Angebot und Nachfrage bei Aktien gestoßen. Die Nachfrage nach Aktien hängt davon ab, wie stark Anleger bestehende Wertpapiere halten wollen – oder eben nicht halten wollen. Wollen wir lieber Microsoft-Aktien statt einer Anleihe halten? Lieber eine Andy-Warhol-Marilyn-Monroe-Büroklammer oder diese mit Klebeband an der Wand befestigte Banane besitzen? Hat sich das aus irgendeinem Grund geändert? Wie groß ist unser Wunsch, Microsoft-Aktien zu halten, verglichen mit Pfizer-Aktien?

Die Stimmung, die die Nachfrage nach Aktien insgesamt prägt, kann sehr schnell umschlagen und sich nahezu ungehindert verändern – innerhalb der ganzen Bandbreite menschlicher Emotionen –, genauso wie die Laune umschlagen oder ein Film Sie plötzlich zum Weinen oder Lachen bringen kann. Das lässt sich am täglichen Handelsvolumen von Aktien beobachten. In unserer hochvernetzten Welt können Menschen sich aufregen, beschließen zu kaufen oder zu verkaufen und innerhalb weniger Augenblicke eine Transaktion abschließen. Wenn ihre Kaufbereitschaft zunimmt oder abnimmt, können sie fast augenblicklich in großem Umfang handeln. Dieselben Anleger können Stunden, Tage oder Monate später, wenn ihnen emotional danach ist, ihre Entscheidung komplett umkehren – und aus Käufern werden Verkäufer oder umgekehrt.

Die Nachfrage kann sich schnell verändern, aber nur so weit, wie Menschen emotional kaufwillig werden oder das Interesse verlieren können. Stellen Sie es sich so vor: Sie können nur innerhalb Ihrer eigenen emotionalen Bandbreite wütend oder glücklich werden, und unter den richtigen Umständen können Sie schnell von einem Extrem ins andere umschlagen. Aber selbst im Extremfall schlagen Ihre Gefühle nur so weit aus, wie Ihre persönliche Bandbreite reicht. Jemand anderes könnte viel wütender oder viel euphorischer sein als Sie.

Vielleicht leiden Sie unter Depressionen. Manche Menschen leiden darunter. Andere wiederum nie. Vielleicht sind Sie sehr ausgeglichen – vielleicht sogar zu sehr, sodass Ihr Ehepartner sich darüber beschwert. Individuell unterscheiden wir uns sehr stark, doch als Gruppe gleichen sich diese Unterschiede aus. Über alle Anleger hinweg verschiebt sich die Gesamtnachfrage nur innerhalb der durchschnittlichen Bandbreite unserer kollektiven Stimmung, obwohl das schnell – fast augenblicklich – geschehen kann. Denken Sie daran, wie stark sich die Stimmung in den Stunden nach dem 11. September verändert hat. Oder nach der US-Präsidentschaftswahl 2016 oder der Brexit-Abstimmung in Großbritannien. Daher hat die Nachfrage kurzfristig einen enorm starken Einfluss auf die Preisbildung, weil sie sich so schnell verändern kann. Langfristig hat sie weniger Einfluss, weil sie sich nur innerhalb unserer durchschnittlichen emotionalen Bandbreite verändern kann und nicht darüber hinaus. Sie kann nur bis zu einem bestimmten Punkt gehen.

Betrachten Sie es einmal anders. Niemand kann lange in emotionalen Extremen verharren. Deshalb hält rasende Wut oder überschwängliche Freude bei den meisten Menschen nicht sehr lange an. Denken Sie an diese großartige Party, als Sie 23 waren, an diesen warmen Sommerabend mit den richtigen Freunden – alles war einfach perfekt, und Sie fühlten sich perfekt. Aber am nächsten Tag waren Sie erschöpft. Natürlich hinterlassen manche Erfahrungen bei einigen von uns Narben; wer so etwas erlebt, wird es nie ganz los. Solche Erfahrungen verändern uns – zum Guten oder zum Schlechten. Doch auch dann reichen unsere emotionalen Hochs und Tiefs nur bis zu einem bestimmten Punkt. Insgesamt neigen wir dazu, nicht allzu lange vor Wut zu kochen oder in Hochstimmung zu sein, weil das zu viel Energie kostet.

Daher sind Nachfrageverschiebungen in der Regel heftig, schnell, in ihrer Reichweite aber begrenzt, und mit der Zeit kehren sie zum Mittelwert zurück. Das ist einer der Gründe, warum Nachfrageverschiebungen die kurzfristige Preisbildung so viel stärker prägen als die langfristige.

Bei Angebotsverschiebungen verhält es sich anders. Kurzfristig lässt sich das tatsächliche Angebot an Wertpapieren kaum verändern, da es Zeit, Aufwand und das Zusammenspiel vieler Beteiligter erfordert, neue Aktien auszugeben oder bestehende aus dem Umlauf zu nehmen. Denken Sie daran, wie lange es dauert, bis Börsengänge oder Fusionen – oder auch nur eine Anleiheemission – zustande kommen, und wie lange im Voraus Unternehmen verpflichtet sind, die Öffentlichkeit darüber zu informieren. Jede Ausweitung des Angebots bedeutet technisch gesehen eine gestiegene Bereitschaft, Aktien anzubieten. Diese anfängliche Angebotsbereitschaft wird jedoch frühzeitig gedämpft, da niemand sicher ist, ob die Transaktion tatsächlich gelingt. Es gibt keine Garantie dafür, dass dieses Vorhaben alle notwendigen Hürden nimmt – ein Prozess, der viele Monate dauern kann, falls es überhaupt so weit kommt. Solange man weiß, dass eine Transaktion womöglich scheitert, hält sich die Bereitschaft dazu zwangsläufig in Grenzen. Sie wächst erst in dem Maße, in dem die Transaktion erfolgreich vorangetrieben wird.

Nehmen wir eine neue Aktien- oder Anleiheemission. Wenn ein Unternehmen erwägt, Aktien oder Anleihen öffentlich auszugeben, muss es zunächst eine Investmentbank finden, die den Prozess begleitet. Das braucht Zeit, insbesondere wenn mehrere Investmentbanken um das Mandat konkurrieren, was häufig der Fall ist. Zu diesem Zeitpunkt weiß der potenzielle Emittent noch nicht, wie eine solche Emission konkret aussehen könnte, ob sie zustande kommt, ob sie überhaupt machbar ist oder wann sie stattfinden könnte. Vielleicht entscheidet sich das Unternehmen am Ende auch gegen den öffentlichen Kapitalmarkt und beschafft sich Kapital lieber auf privatem Weg!

Die Investmentbank benötigt frisch geprüfte Finanzdaten von einer großen Wirtschaftsprüfungsgesellschaft – in der Regel einer der „Big Four" –, was ebenfalls Zeit in Anspruch nimmt. Dann arbeitet die Investmentbank bei einer Anleiheemission in einem ähnlich ungewissen Prozess mit dem Emittenten zusammen, um ein passendes Rating von den drei wichtigsten Ratingagenturen Moody's, Standard &

Poor's und Fitch zu erhalten. Parallel dazu beginnt sie mit dem Zulassungs- und Genehmigungsverfahren bei den Aufsichtsbehörden, die die Emission genehmigen müssen – von der Securities and Exchange Commission (SEC) auf US-Bundesebene bis hin zu den Aufsichtsbehörden in jedem US-Bundesstaat, in dem die Emission verkauft werden soll; bei Auslandsplatzierungen ist die jeweils zuständige Aufsichtsbehörde einzubeziehen, zum Beispiel die Financial Conduct Authority (FCA) im Vereinigten Königreich. Anschließend vermarktet sie die Emission, was weitere Monate in Anspruch nimmt. Erst gegen Ende des Prozesses bekommt der Emittent ein wirklich klares Gefühl dafür, wie groß seine Bereitschaft ist, die Wertpapiere tatsächlich anzubieten – oder eben nicht.

Vielleicht hat sich der Markt bis dahin bereits abgeschwächt. Vielleicht schwächt er sich während der gesamten Vermarktungsphase ab. Vielleicht ist Ihnen ein ähnlicher Wettbewerber zwei Monate zuvorgekommen, hat sich den Vorteil des früheren Marktauftritts gesichert und die Nachfrage in Ihrer Kategorie geschwächt. Viele Transaktionen werden in letzter Minute zurückgezogen. Stellen Sie sich vor, wie frustrierend das sein kann.

Selbst wenn alles optimal läuft, sind Emissionen niemals ein schneller, schmerzloser Prozess – deshalb lässt sich das tatsächliche Wertpapierangebot kurzfristig nur schwer verändern. Das gilt sogar für SPACs (Special Purpose Acquisition Companies), die 2021 wie Pilze aus dem Boden schossen. Diese Unternehmen haben kein eigenes operatives Geschäft und gehen an die Börse, um Kapital für die Übernahme eines anderen Unternehmens zu beschaffen, das dadurch selbst an die Börse gelangt. (Aktien auszugeben, um einen Zusammenschluss zu finanzieren – aus Sicht des Aktienangebots nicht gerade ideal.) Das Genehmigungsverfahren ist bei ihnen kürzer, aber auch dann reden wir noch immer von Monaten. Und weil dieses Manöver im Kern darauf beruht, Anleger für eine Börsenhülle ohne eigenes Geschäft zu gewinnen, muss die Nachfrage der Anleger entsprechend groß sein.

Umgekehrt kann niemand, ganz gleich, was man Ihnen weismachen will, das Aktienangebot in ferner Zukunft auch nur annähernd seriös vorhersagen. (Mehr dazu finden Sie in Kapitel 6 meines 2011 erschienenen Buches „Markets Never Forget".) Das ist einer der Gründe, warum langfristige mechanische Prognosemodelle in der Regel weit, weit danebenliegen. Niemand weiß, welche verrückten Dinge in den nächsten 5 bis 20 Jahren mit dem Aktienangebot passieren können – wie viel neues Angebot entsteht und wie viel bestehendes Angebot verschwindet. Wenn Sie jemanden hören, der prognostiziert, Aktien seien für die nächsten 10 oder 20 Jahre eine gute oder schlechte Anlage, haben Sie es mit jemandem zu tun, der Ihnen mehr darüber erzählt, was er nicht über die Funktionsweise der Kapitalmärkte weiß, als darüber, was er weiß.

Die Aktienkurse in 10 Jahren werden stärker davon abhängen, was in 7, 8 und 9 Jahren mit dem Aktienangebot geschieht, als von irgendetwas anderem. Zum Zeitpunkt des Verfassens verfügt niemand über Kapitalmarkttechnologie oder Know-how, um solche Vorhersagen treffen zu können. Generell sind Aktien eher positiv als negativ zu sehen. Abgesehen von dieser allgemeinen Aussage sollte niemand Prognosen über einen Horizont von 3 bis 30 Monaten hinaus erstellen. Anders ausgedrückt: Nachfrageverschiebungen wirken kurzfristig oft stärker, Angebotsverschiebungen dagegen langfristig meist stärker. Manchmal lassen sich Nachfrageverschiebungen vorhersehen, die andere nicht sehen – das kann eine Prognose über 3 bis 30 Monate rechtfertigen. Aber darüber hinaus stochert man nur ohne jede klare Sicht und ohne Kompass im Nebel. Auf sehr lange Sicht wird die Nachfrage viele Male von sehr niedrig auf sehr hoch schwanken, aber das Aktienangebot kann, weil es grundlegenden Kräften unterliegt, fast unbegrenzt bullish oder bearish wirken, wenn die richtigen Bedingungen dafür gegeben sind, dass viel neues Aktienangebot entsteht oder viel bestehendes Aktienangebot verschwindet.

Die drei Treiber der Aktiennachfrage

Weil das am Markt verfügbare Aktienangebot kurzfristig weitgehend konstant bleibt, sollten Sie sich meist darauf konzentrieren, die Nachfrage zu messen. Wenn Sie herausfinden, in welche Richtung sich die Nachfrage bewegt, können Sie eine kurzfristige Prognose erstellen. Jedenfalls in der Regel – manchmal spielt auch das Angebot eine Rolle, aber darauf kommen wir später noch zu sprechen. Das erkennen andere Anleger wahrscheinlich nicht klar; Sie hingegen können es wissen – und damit etwas, was sie normalerweise nicht wissen. Aber nur weil ich dieses Buch geschrieben habe, wissen sie es noch lange nicht. Lassen Sie alles andere beiseite – was Sie in den Medien hören, was Sie von Freunden hören, was Ihnen sogenannte Experten über technische Analyse oder Fundamentalanalyse erzählen – und konzentrieren Sie sich auf das, was die Nachfrage beeinflusst. Hierfür sind die Drei Fragen hilfreich. Drei große Treiber beeinflussen die Nachfrage der Anleger: Wirtschaft, Politik und Anlegerstimmung.

Wirtschaftliche Treiber

Phänomene wie BIP-Wachstum, Unternehmensgewinne, technologische Innovationen, Haushaltsdefizite, monetäre Bedingungen und Ähnliches sind wirtschaftliche Treiber. Wenn beispielsweise das BIP schnell wächst und die Unternehmensgewinne die Erwartungen übertreffen, sind die Menschen in der Regel zuversichtlicher mit Blick auf die wirtschaftliche Zukunft und eher bereit, Aktienrisiken einzugehen (es sei denn, sie denken, dass alles zu gut ist und es daher zwangsläufig schlechter werden muss – was manchmal vorkommt). Befindet sich die Wirtschaft in einer Rezession und werden CEOs öffentlich in Handschellen abgeführt, sind Anleger wahrscheinlich insgesamt weniger geneigt, sich am Aktienmarkt zu engagieren.

Bei der Deutung solcher Wirtschaftsnachrichten geraten Anleger in Schwierigkeiten, weil entweder sie selbst oder ihre Informationsquellen sie falsch interpretieren. Hinzu kommt, dass Anleger sich auf bereits bekannte Informationen konzentrieren. Wenn ein überraschend guter BIP-Bericht veröffentlicht wird, ist es zu spät, darauf zu reagieren. Der Markt reagiert meist bereits im Vorfeld oder unmittelbar mit der Veröffentlichung auf gute wie schlechte Nachrichten. Sobald diese Informationen jedoch allgemein bekannt werden, sind sie in der Regel bereits eingepreist. Wirtschaftsdaten können dabei helfen, ein genaueres Bild der aktuellen (oder jüngsten) Wirtschaftslage zu zeichnen. Auf dieser Grundlage müssen Sie Ihre eigene zukunftsorientierte Einschätzung darüber entwickeln, wie sich diese Treiber verändern könnten und wie sich dies positiv oder negativ auf die Nachfrage auswirken dürfte.

Politische Treiber

Wahlen, große Gesetzesinitiativen und Verschiebungen bei den Mehrheitsverhältnissen in diesem oder jenem Gremium sind allesamt politische Treiber. Erinnern Sie sich an Kapitel 2: Die Gefahr weitreichender neuer Gesetze, insbesondere solcher, die Eigentumsrechte bedrohen, kann zu Verlustaversion und Angst vor politischen Übergriffen führen. Politiker beeinflussen die Risikoaversion des Marktes stärker, als ihre narzisstischen kleinen Hirne je begreifen könnten.

Kapitalmärkte fürchten im Allgemeinen politische Veränderungen – genau deshalb funktioniert der Präsidentschaftswahlzyklus als Marktsignal. Der Markt ist sich nie sicher, ob ein Politiker ein Fanatiker, ein Heuchler, ein Überzeugungstäter, einfach nur ein Idiot oder eine Kombination aus all dem ist. Politisch gesehen ist politischer Stillstand in der Regel das Beste, wie wir Ende der 1990er-Jahre oder von November 2010 bis 2017 gesehen haben, weil er kaum Veränderung bringt. Es ist kein Zufall, dass sich der Markt von den Wahlen im November 1994 an – die dazu führten, dass die Republikaner den Kongress kontrollierten, während der Demokrat Bill Clinton Präsident war – bis zum Jahr 2000 bei perfekter politischer Blockade so gut entwickelt hat. In ähnlicher Weise hatte der demokratische Präsident Barack Obama während der meisten seiner acht Jahre mit einem republikanischen Kongress zu tun. In beiden Fällen war politische Untätigkeit das Ergebnis, was die Sorgen der Märkte vor großen Veränderungen milderte.

Ein politischer Mythos, den Sie mit Frage Eins prüfen und – wie Sie wissen – für Ihre Markteinschätzung nutzen können, lautet: Steuersenkungen führten angeblich zu Haushaltsdefiziten, und diese seien schlecht für die Wirtschaft. In Meinungsbeiträgen und Medienkommentaren wimmelt es von ansonsten vernünftigen Leuten, die ihre politische Agenda vorantreiben, indem sie Ihnen einreden, durch Steuersenkungen verursachte Defizite entzögen der Regierung dringend benötigtes Kapital, um ordentlich zu regieren – was schließlich zu Rezession, Bärenmärkten, hoher Arbeitslosigkeit und enttäuschten Hoffnungen führe.

Nun, ich will damit nicht sagen, dass Steuersenkungen extrem bullish sind. Vielmehr möchte ich darauf hinweisen, dass diese Leute nicht verstanden haben, was wir in Kapitel 6 behandelt haben – nämlich dass höhere Defizite historisch in der Regel mit deutlich schnellerem BIP-Wachstum und starken Aktienmarktrenditen einhergingen. Am wichtigsten ist jedoch, dass die Regierung nichts wirklich richtig macht – unabhängig davon, ob Demokraten oder Republikaner den Kongress kontrollieren oder das Präsidentenamt innehaben. Oder wie Präsident Ford einmal sagte: „Wenn die Regierung Bier brauen würde, würde ein Sixpack 50 Dollar kosten und schlecht schmecken."

Anlegerstimmung

Der dritte Treiber, die Anlegerstimmung, ist reine Emotion. Diese Stimmung verändert sich ständig – wöchentlich, täglich, sogar von Sekunde zu Sekunde. Sie umfasst alles, was die Gefühle der Anleger sonst noch beeinflusst. In vielerlei Hinsicht ist das nicht komplizierter als bei der bereits erwähnten Party. Dort haben Sie sich großartig gefühlt. Doch am nächsten Morgen ging es Ihnen nicht mehr so gut.

Am Tag danach fühlen Sie sich wahrscheinlich wieder besser. Das liegt zum Teil daran, dass wir unsere Emotionen, wie bereits erwähnt, nicht lange auf einem Extremniveau halten können. Allerdings können wir sie vorübergehend künstlich auf ein solches Niveau treiben.

Die Mauer der Sorgen

Wenn die Schlagzeilen besonders düster sind und Ihre Freunde und Kollegen beklagen, wie schrecklich alles sei, sollten Sie sich bewusst machen, dass dies nur eine Momentaufnahme der Gegenwart ist. Schauen Sie nach vorn. Später werden sie sich wieder zuversichtlicher fühlen, und die Stimmung wird sich irgendwann ebenfalls verbessern. Diejenigen, die am meisten besorgt waren und ihre Aktien, wie sich im Rückblick zeigt, zu niedrigen Kursen verkauft haben, gewinnen allmählich wieder Vertrauen und kaufen erneut. Die erste Reaktion auf höhere Kurse ist Freude. Doch Höhenangst zieht Anleger zurück in die Mitte ihres emotionalen Spektrums. Neue, höhere Kurse machen den Menschen Angst. Da sie nicht damit gerechnet haben, dass die Aktien so stark steigen würden, befürchten sie nun, dass sie fallen könnten. Weil Anleger Verluste mehr fürchten, als sie sich über Gewinnaussichten freuen, steigt die Angst. Das ist die sprichwörtliche „Mauer der Sorgen", die Bullenmärkte erklimmen müssen. Je höher der Markt steigt, desto größer ist die Angst derjenigen, die den Anstieg nicht vorhergesehen haben. Da sie nicht verstanden haben, warum der Markt steigen sollte, können sie auch nicht verstehen, warum er nicht fallen sollte. Da sie Verluste viel mehr hassen, als sie Gewinne mögen, dominiert die Angst vor einem Rückgang.

Ein gutes Beispiel dafür sind die Renditen im ersten Jahr nach einem Bärenmarkt. Rund um den Tiefpunkt eines Bärenmarktes gehen die Menschen davon aus, dass sie dem größten Marktrisiko ausgesetzt sind. Sie können nicht verstehen, dass sie sich in einer Phase mit bemerkenswert geringem Risiko und historisch hohen Renditen befinden.

Die Renditen im ersten Jahr nach echten Bärenmärkten liegen weit über dem langjährigen Durchschnitt, wie Tabelle 7.1 zeigt.

Tabelle 7.1 Aktienmarktrenditen nach Bärenmärkten

Bärenmarkttief	12-Monats-Renditen des S&P 500 ab Tiefpunkt
01.06.1932	120,9 %
28.04.1942	53,7 %
13.06.1949	42,0 %
22.10.1957	31,0 %
26.06.1962	32,7 %
07.10.1966	32,9 %
26.05.1970	43,7 %
03.10.1974	38,0 %
12.08.1982	58,3 %
04.12.1987	21,4 %
11.10.1990	29,1 %
09.10.2002	33,7 %
09.03.2009	68,6 %
23.03.2020	74,8 %
12.10.2022	21,6 %
Durchschnitt	**46,8 %**

Quelle: Finaeon, Inc., Stand: 7.3.2025. S&P 500 Kursrenditen, 1932 bis 2024.

Die Glockenkurven in Kapitel 4 waren deshalb nützlich, weil sie ein guter Gradmesser für die Anlegerstimmung waren. Sie zeigten den jeweiligen Stand der Stimmung – nicht ihre künftige Richtung. Wer das weiß und akzeptiert, kann daraus die wahrscheinliche künftige Richtung ableiten. Die Glockenkurven waren eine gute Innovation im Bereich der Kapitalmarkttechnologie, um die Anlegerstimmung zu messen und festzustellen, ob die Nachfrage zu niedrig oder zu hoch war.

Angebot: So funktioniert es

Das Angebot ist wie eine unendliche Ziehharmonika, die sich kontinuierlich ausweiten oder zusammenziehen lässt. Solange der Markt es aufnehmen kann, gibt es keine Begrenzung dafür, wie viele Aktien bei Börsengängen oder Sekundäremissionen ausgegeben werden können oder wie viel Fremdkapital aufgenommen werden kann, wenn die zugrunde liegenden wirtschaftlichen Rahmenbedingungen dies rechtfertigen. Begrenzt ist nur die Zahl der Aktien, die durch Aktienrückkäufe oder Übernahmen gegen Barzahlung zurückgekauft und vernichtet werden können: Diese Grenze bildet das gesamte bestehende Aktienangebot. Das wird wohl nur dann geschehen, wenn ein einzelnes Unternehmen von der Börse genommen wird – nicht am breiten Markt.

Wenn es genügend Anreize gibt, den Markt mit neuem Angebot zu überschwemmen, werden die Kurse irgendwann fallen, weil das neue Angebot die Nachfrage übersteigt. So funktioniert das. Nehmen wir einen boomenden Sektor wie den Tech-Sektor Ende der 1990er-Jahre. Weil die Preise rapide steigen, will jeder dabei sein. Nehmen wir an, Unternehmen A stellt ein neuartiges Produkt her und wird vor dem Börsengang insgesamt mit 1 Milliarde Dollar bewertet. Ein Einhorn, wie man heute sagen würde! Es bringt eine heiß begehrte Emission zu einem hohen Preis an den Markt, sammelt viel Geld ein und gibt dabei nur sehr wenig Kontrolle über das Unternehmen ab – es sammelt 250 Millionen Dollar ein, gibt aber nur 20 Prozent des Unternehmens ab. Die zuvor bestehenden 80 Prozent der Anteile bleiben in Privatbesitz. Damit wird Unternehmen A vor der Kapitalaufnahme mit 1 Milliarde Dollar bewertet. Nach der Kapitalaufnahme kommt die Transaktion auf einen Gesamtwert von 1,25 Milliarden Dollar. Die Gründer und anderen Aktionäre, die ursprünglich nicht börsennotierte Aktien mit zweifelhafter Liquidität besaßen, verfügen nun über ein öffentlich gehandeltes Wertpapier mit einem Tageskurs, der sie zu Multimillionären macht. Sie sind glücklich. Die Investmentbanker sind begeistert von ihren 7 Prozent der 250 Millionen Dollar – 17,5 Millionen Dollar an Gebühren!

Aufmerksame Beobachter verfolgen den Kursanstieg nach dem Börsengang und hoffen, dass der Markt das Angebot eines weiteren ähnlichen Unternehmens aufnehmen kann. Also suchen sie einen Unternehmer, beschaffen Risikokapital und gründen das nicht börsennotierte Unternehmen B, das Unternehmen A ähnelt. Sie beauftragen ihre Investmentbank, Unternehmen B an die Börse zu bringen, um sich das billige Geld zu sichern. Vielleicht haben sie nur einen Plan und keine Einnahmen, wie viele Dotcoms in den 1990er-Jahren. Wenn der Börsengang von Unternehmen B gut verläuft, versucht es jemand anderes mit den Unternehmen C, D, E, F und so weiter. (Das war nicht nur in den 1990er-Jahren so. So entstand auch der SPAC-Boom von 2021. Aber die 1990er-Jahre sind das klassische, typische Beispiel dafür.)

Unternehmen A erkennt nun, dass es als Qualitätsanbieter der ersten Stunde in der neu entstehenden Produktkategorie mit weiteren neu geschaffenen Aktien mehr Kapital beschaffen kann. Es merkt, dass es gegenüber dieser Schar unerfahrener Nachahmer eine Bewertungsprämie erzielen kann. Dieses Mal beschafft es weitere 350 Millionen Dollar, gibt aber nur 17,5 Prozent des Unternehmens in Form neu geschaffener Aktien ab. Jetzt wird Unternehmen A mit 2 Milliarden Dollar bewertet.

Nun beschließt Unternehmen X, ein etablierter, langweiliger Konzern mit einem Wert von 100 Milliarden Dollar, dass es das Risiko nicht eingehen kann, in der neuen, angesagten Produktkategorie nicht dabei zu sein. Es startet ein feindliches Übernahmeangebot, um Unternehmen A für 3 Milliarden Dollar zu erwerben, bezahlt in Form neu ausgegebener Aktien von Unternehmen X. Die Aktien von Unternehmen A verschwinden und werden durch neue Aktien von Unternehmen X ersetzt, die 1 Milliarde Dollar mehr wert sind als die 2 Milliarden Dollar, mit denen Unternehmen A zuvor bewertet worden war. Auch hier werden die Aktionäre von Unternehmen A belohnt, doch plötzlich gibt es viel mehr neu geschaffene Aktien. Die Gewinne sind die gleichen wie zuvor. Das verwässert, wie die meisten aktienfinanzierten Fusionen, den Gewinn je Aktie. Die Gewinnsumme bleibt gleich, verteilt sich aber auf viel mehr Aktien. Alle Börsengänge und Sekundäremissionen überschwemmen den Markt mit Aktien aus der boomenden Kategorie. Schließlich übersteigt das Angebot die Nachfrage und die Kurse brechen ein. Wenn die Nachfrage sinkt, implodieren die Kurse.

Genau das geschah beim Zusammenbruch des Technologiemarktes unmittelbar nach dem Boom der Tech-Börsengänge im März 2000.[1] Die Nachfrage sank weiter, bis der Weltaktienmarkt 2002 einen Tiefpunkt erreichte und 2003 noch einmal in die Nähe dieses Tiefs zurückfiel.[2] Für die Tech-Blase gab es viele Sündenböcke. Viele machten die Tech-Unternehmen verantwortlich: Sie seien überbewertet gewesen. (Der Begriff „überbewertet" wird oft missbraucht – Unternehmen sind das wert, was die Leute zu einem bestimmten Zeitpunkt für sie bezahlen.) Auch gierige CEOs bekamen ihren Teil der Schuld ab. Nachdem die Betrugsfälle von Enron und WorldCom aufgedeckt worden waren, kamen viele zu dem Schluss, dass die Rechnungslegungsvorschriften für Unternehmen zu lax oder nicht umfassend genug waren. Diese Sündenböcke ließen sich auch nach Belieben kombinieren!

In Wirklichkeit platzte die Tech-Blase jedoch, weil der Markt mit neuem Aktienangebot überschwemmt wurde, die Nachfrage dieses zusätzliche Angebot nicht mehr aufnehmen konnte und schließlich einbrach. Das ist die treffendste Erklärung. Manche würden den Investmentbankern die Schuld geben, aber das ist weder fair noch richtig – egal, wie man zu ihnen steht. Investmentbanker reagieren lediglich auf die hohe Nachfrage der Anleger nach immer neuen Aktien aus der heißen Kategorie. Die wahren Schuldigen waren die Selbstüberschätzung der Anleger und ihr Drang, ungebremst immer mehr Kapital in einen einzigen Sektor zu stecken. Die Anleger waren zu gierig – die Nachfrage war zu hoch. Ohne ihre Nachfrage können Investmentbanker und Emittenten den Markt nicht mit neuem Aktienangebot überschwemmen.

Der SPAC-Boom von 2021 verlief ähnlich, wenn auch in kleinerem Maßstab. Der Technologiesektor legte stark zu, aber in der Welt nach Sarbanes-Oxley (diesem schrecklichen Gesetz, das im Gefolge von

Enron und WorldCom verabschiedet wurde) überschwemmten traditionelle Börsengänge den Markt nicht. In einigen Bereichen flammte jedoch Euphorie auf. Und SPACs, für die einfachere Emissionsregeln galten, profitierten davon.

Man sollte bei übertriebener Euphorie rund um Börsengänge im jeweils „heißen" Sektor grundsätzlich vorsichtig sein. Jedes Mal, wenn wir einen „heißen" Sektor sehen – und das war in der gesamten Geschichte des Investierens schon immer so –, behaupten Anleger: „Diesmal ist es anders." Aber diesmal ist es nie wirklich anders – nur die unwichtigen Details, die Fassade. Daran ist nie etwas anders: Wenn das Angebot die Nachfrage übersteigt, fallen die Kurse. (Weitere Belege dafür, dass es diesmal nie anders ist, finden Sie im Nachdruck meiner *Forbes*-Kolumne vom 6. März 2000, „1980 Revisited", in Anhang F; darin benannte ich aufgrund der Parallelen zur Energieblase von 1980 den Höhepunkt der Tech-Blase.)

Fusionswahn

Das Aktienangebot kann unendlich steigen (was langfristig nicht besonders gut für die Aktienkurse wäre), aber auch sinken, wenn ein Unternehmen, das seine Aktien für zu günstig hält, Bargeld zum Rückkauf eigener Aktien verwendet. Durch Aktienrückkäufe, wie in Kapitel 6 erläutert, und Barübernahmen, wie oben erläutert, kann das Angebot nahezu unbegrenzt reduziert werden. Dank Frage Zwei wissen wir, dass Wellen von Barübernahmen zu guten Aktienmarktrenditen führen können. Wenn die Nachfrage gleich bleibt (oder sogar steigt), das Angebot aber reduziert wird, sollten die Kurse steigen, sofern alles andere gleich bleibt.

Wie hilft Ihnen diese mit Frage Zwei gewonnene Erkenntnis? Behalten Sie einfach den Unterschied zwischen aktienfinanzierten (verwässernden) und bar finanzierten (den Gewinn je Aktie steigernden) Fusionen und Übernahmen im Hinterkopf. Gibt es viele Börsengänge auf dem Markt, und finden im Durchschnitt mehr aktienfinanzierte Fusionen und Übernahmen statt? Das ist ein potenziell bearisher Faktor. Nicht der einzige Faktor, den Sie berücksichtigen sollten – aber einer von vielen, der Ihre zukunftsorientierte Einschätzung beeinflussen sollte. Umgekehrt stellen viele Barübernahmen wahrscheinlich eine wenig beachtete bullishe Überraschung dar – eine Nachricht, die die meisten Anleger nicht richtig verarbeiten, weil sie nicht wissen, wie.

Das Wissen, dass mehr Barübernahmen bullish sind, kann Ihnen helfen, bessere zukunftsorientierte Erwartungen zu formulieren. Aber liefert es zusätzliche Erkenntnisse darüber, welche Sektoren Sie übergewichten und welche einzelnen Aktien Sie kaufen sollten? Auf jeden Fall! Schauen Sie sich die Sektoren an, in denen Fusionen und Übernahmen stattfinden, und arbeiten Sie sich von oben nach unten zu einem guten Übernahmeziel vor. Wenn Sie mit einigen Ihrer Übernahmeziele richtigliegen, könnten Sie einen schönen Kursanstieg erzielen, wenn (und sobald) die Übernahme bekannt gegeben wird.

Auf der M&A-Welle reiten

Sie können auf der M&A-Welle – also der Welle von Fusionen und Übernahmen – reiten, indem Sie Aktien finden, die reif für eine Übernahme sind. Die Übernahmeprämien, die an die Aktionäre übernommener Unternehmen gezahlt werden, führen oft zu starken Kursanstiegen. Gute Übernahmeziele weisen wahrscheinlich einige oder alle der folgenden Merkmale auf:

- Niedrige Bewertungen
- Hoher freier Cashflow
- Starke Bilanzen
- Starke Marken
- Regionale Stärke
- Hoher relativer Marktanteil

- Kleinere Unternehmensgröße
- Starke Vertriebsnetze
- Keine beherrschenden Großaktionäre

Die gute Nachricht ist, dass Sie diese Eigenschaften anhand der Geschäftsberichte überprüfen können, die kostenlos auf den Websites der Unternehmen verfügbar sind.

Generell gilt: Der Großteil der Barübernahmen wird Aktien betreffen, die gemessen an ihrer hohen Gewinnrendite im Verhältnis zu den Vorsteuerkosten langfristiger Kreditaufnahme des Käufers günstig sind. Angenommen, der durchschnittliche Zinssatz für Unternehmenskredite (der Zinssatz für zehnjährige BBB-Anleihen) beträgt 5,7 Prozent (Stand: 31. Dezember 2024) und der durchschnittliche Körperschaftsteuersatz 21 Prozent.[3] Die durchschnittlichen Kreditkosten nach Steuern betragen also 4,5 Prozent. Übernahmeziele weisen in der Regel eine Gewinnrendite von mehr als 4 Prozent auf, nachdem sie mit einem Preisaufschlag von vielleicht 25 Prozent bewertet wurden. Daher weisen die meisten Übernahmeziele vor Bekanntgabe der Transaktion eine Gewinnrendite von über 5 Prozent auf, was einem KGV von unter 20 entspricht. Um den Gewinn je Aktie des Käufers durch die Transaktion möglichst stark zu steigern, ist eine möglichst hohe Gewinnrendite von Vorteil. Bei den meisten Barübernahmen handelt es sich in der Regel um Value-Aktien mit niedrigeren KGVs (hohe Gewinnrenditen). Suchen Sie nach solchen Aktien, um von der Welle der Barübernahmen zu profitieren.

Es gibt keinen Aktienstil, der immer besser ist – Punkt!

Da Angebot und Nachfrage die einzigen bestimmenden Größen für die Aktienkursbildung sind – und das Potenzial zur Schaffung oder Vernichtung neuer Aktien nahezu unbegrenzt ist –, gibt es keinen korrekt berechneten Index, keine Größenklasse, keinen Stil, kein Land und keine Kategorie, die für alle Zeiten überlegen ist. (Erinnern Sie sich an Kapitel 4?) Auch wenn Anleger, die auf eine bestimmte Aktienkategorie schwören (Small-Cap-Value, Large-Cap-Growth, USA, Japan, Biotech, KI-Aktien), glauben, die von ihnen bevorzugte Kategorie schneide dauerhaft besser ab, ist das nicht der Fall und kann es auch nicht sein.

Wenn jemand auf eine bestimmte Aktienkategorie schwört und Ihnen sagt, seine Kategorie schneide dauerhaft besser ab – und viele glauben das –, dann zeigt er Ihnen im Grunde, was er an den Märkten nicht versteht. Die Schaffung neuen Angebots ist unter den richtigen Umständen und mit genügend Zeit unbegrenzt elastisch. Und die Nachfrage schwankt kurz- bis mittelfristig ständig. Es gibt keine Belege dafür, dass das Angebot einer Aktienkategorie begrenzt ist, nicht zurückgekauft und vernichtet werden kann oder auf lange Sicht in irgendeiner Weise vorhersehbar ist. Bedenken Sie Folgendes: Wenn es Nachfrage nach einer Kategorie gibt, werden die Investmentbanker diese bedienen – ganz gleich, ob Anleger glauben, eine bestimmte Kategorie müsse langfristig überlegen sein.

Beispielsweise gibt es viele Anleger, die auf Small-Cap-Value schwören. Ich gebe Ihnen einen einfachen Tipp: Immer wenn Large-Cap-Growth hinterherhinkt, liegt Small-Cap-Value vorn – die beiden sind Gegenpole unter den Aktienstilen. Zu sagen, dass das eine gut abschneidet, heißt zugleich, dass das andere schlecht abschneidet. Man findet immer Anleger, die fest davon überzeugt sind, Small-Cap-Value schneide dauerhaft besser ab.

Ich beschäftige mich seit über vier Jahrzehnten mit Small-Cap-Value-Aktien, lange bevor praktisch jemand danach suchte. Mein erstes, 1984 erschienenes Buch „Super Stocks“ handelte von Kurs-Umsatz-Verhältnissen – genauer gesagt davon, wie man KUVs nutzen kann, um Small-Cap-Value-Aktien zu finden, die andere nicht finden konnten. Damals gab es den Begriff „Small-Cap-Value“ noch gar nicht. Er entstand Mitte der 1980er-Jahre im Anschluss an jene frühere Phase, in der Small-Cap-Value-Aktien gut abgeschnitten hatten. Heute wirbt kaum noch jemand dafür. Warum? Diese Kategorie blieb über weite Strecken der letzten 15 Jahre hinter anderen Aktienkategorien zurück.

Doch 1989, nach einer starken Führungsphase von Small-Cap-Value-Aktien, führte Callan Associates, eine große Beratungsfirma für institutionelle Anleger – vor allem leistungsorientierte Pensionspläne –, die allererste Small-Cap-Value-Peergroup für institutionelle Anleger ein, um zu messen, wie gut oder schlecht ein bestimmter Manager abgeschnitten hatte. Nur zwölf von uns wurden in diese erste Gruppe aufgenommen. Callan konnte keine anderen reinen Small-Cap-Value-Manager finden. Daran sieht man, wie sehr diese Kategorie vor nicht ganz 40 Jahren noch in den Kinderschuhen steckte.

Heute verwaltet mein Unternehmen immer noch Vermögen in dieser Kategorie für große leistungsorientierte Pensionspläne, Endowments – also langfristig angelegte Stiftungsvermögen etwa von Hochschulen – und Stiftungen. Sie ist ein vollkommen legitimer Teil des Marktes, den man in ein viel breiter aufgestelltes Portfolio aufnehmen kann (und über solche Portfolios verfügen alle diese institutionellen Anleger). Allerdings hat diese Kategorie Zeiten, in denen sie glänzt, und Zeiten, in denen sie es nicht tut. Das vergessen die Leute – darunter auch viele, die es besser wissen sollten.

Ich spreche mich weder gegen Small-Cap-Value-Aktien aus noch dafür, Large-Cap-Aktien zu halten oder breit in den Gesamtmarkt zu investieren. Ich sage nur, dass es schmerzlich lange Phasen gibt, in denen Dinge, die auf sehr lange Sicht zu funktionieren scheinen, tatsächlich nicht funktionieren. Und diese Phasen sind lang genug, um jeden in den Wahnsinn zu treiben – auch Sie. Über Zeiträume von fünf, zehn oder 20 Jahren werden Verschiebungen im Angebot den größten Teil der Rendite des Marktes und seiner Teilbereiche bestimmen. Auch das hat die Welt in den letzten 15 Jahren bei Small-Cap-Value-Aktien erlebt. Und jetzt wird wieder mehr über die langfristige Überlegenheit von Large-Cap-Growth-Aktien gesprochen. Glauben Sie auch das nicht. Auf sehr lange Sicht (und in vielen kürzeren Abschnitten innerhalb dieser langen Zeiträume) sollten alle wichtigen Kategorien, richtig berechnet, sehr ähnliche Renditen erzielen. Sich dauerhaft in eine bestimmte Kategorie zu verlieben, garantiert Ihnen keine dauerhaft überlegenen zukünftigen Renditen.

Schwacher Dollar, starker Dollar – was spielt das schon für eine Rolle?

Lässt sich Ihr Wissen über Angebot und Nachfrage im Wesentlichen auf alle frei handelbaren Wertpapierkategorien übertragen? Sicher. Wir können es auf den Dollar anwenden und weitere übersehene Investmentwahrheiten zu Frage Zwei entdecken (und gleichzeitig weitere Mythen widerlegen).

Der arme US-Dollar kommt einfach nicht zur Ruhe. Wenn er schwach ist, glauben alle, das führe zum wirtschaftlichen Ruin. Diese Überzeugung wird mit fast religiöser Gewissheit vertreten. Im Jahr 2010 war ständig davon die Rede, dass der Dollar als weltweit führende Reservewährung abgelöst werden könnte. (Diejenigen, die das behaupten, haben fast nie eine praktikable Vorstellung davon, was an seine Stelle treten könnte.)

Anleger vergessen: Ende der 1990er-Jahre war in den USA die Sorge groß, ein zu starker Dollar könne ausländische Handelspartner vom Handel mit den Vereinigten Staaten abhalten und so die US-Wirtschaft ruinieren. Was führt nach dieser „Logik" eigentlich nicht zu wirtschaftlichem Ruin? Vielleicht gibt es einen optimalen Wechselkurs gegenüber jeder anderen Weltwährung, den wir anstreben sollten. Ich weiß nicht, wie dieser Wechselkurs aussehen würde oder wie wir ihn auf einem freien Markt aufrechterhalten könnten. Und ich ziehe einen freien Markt jederzeit staatlicher Manipulation vor. Aber Anleger müssen glauben, dass es so etwas wie perfekte staatliche Feinsteuerung gibt, weil sie es lieben, sich über den Dollar und seine Entwicklung zu beschweren, die uns angeblich in die Hölle führe.

Hier ist Frage Zwei: Spielt es überhaupt eine Rolle, ob der Dollar schwach oder stark ist? Doch zuerst müssen wir Frage Eins klären: Was glauben Sie über die Ursachen von Währungsschwankungen – und was davon ist wirklich falsch? Beginnen wir mit einigen verbreiteten Mythen.

Mythos Nummer 1: Das Haushaltsdefizit wird den US-Dollar schwächen

Haushaltsdefizite sind immer wieder ein beliebter Sündenbock für einen schwachen Dollar. (Auch hier gilt wieder die Annahme, dass ein schwacher Dollar schlecht und ein starker Dollar gut ist.) Diese Überzeugung geht ungefähr so: Das Ausland fürchtet die Unfähigkeit der USA, ihre Staatsfinanzen in Ordnung zu bringen, was zu einer geringeren Dollar-Nachfrage führt.

Erstens ist, wie in Kapitel 6 erläutert, ein US-Bundeshaushaltsdefizit nicht automatisch schlecht für die Wirtschaft oder den Aktienmarkt. Vielmehr gibt es historisch keine Belege dafür, dass ein hohes Haushaltsdefizit zu schlechten Zeiten geführt hätte; tatsächlich scheint eher das Gegenteil der Fall zu sein. Wie Kapitel 1 zeigte, folgten auf Phasen, in denen das Bundeshaushaltsdefizit Höchststände erreichte, positive Entwicklungen am Aktienmarkt, während Haushaltsüberschüsse oder relativ geringe Defizite weniger rosige Bedingungen nach sich zogen.

Zweitens sind Wechselkurse monetäre Phänomene, während Haushaltsdefizite fiskalischer Natur sind – beide haben überhaupt nichts miteinander zu tun. Das eine bedingt nicht das andere. Es gibt keinen verbindenden Mechanismus. Ja, wenn die Zentralbank die durch das Defizit entstandene Verschuldung monetarisieren würde, würde sie neues Geld schaffen, das den Dollar später schwächen könnte. Aber warum konzentriert man sich dann nicht direkt auf die Geldschöpfung? Denn sie ist es, die den Ausschlag gibt. Die Geldschöpfung kann den Dollar schwächen, unabhängig davon, ob ein Defizit besteht oder nicht – sofern andere Zentralbanken nicht ebenfalls Unmengen neuen Geldes schaffen. Stärke oder Schwäche haben nur im Verhältnis zu etwas anderem Bedeutung. Wenn alle Zentralbanken ihre Geldmenge massiv ausweiten – Stichwort: 2020 –, könnte sich der Effekt ausgleichen.

Drittens hatten die USA in den 1980er-Jahren, Anfang der 1990er-Jahre, in den 2010er-Jahren und Anfang der 2020er-Jahre hohe Haushaltsdefizite. In vielen dieser Zeiträume, auch von 2020 bis 2024, legte der Dollar stark zu. Auch Großbritannien verzeichnete Haushaltsdefizite, wenn auch geringere. Deutschlands Defizit war noch geringer. Aber das Pfund und der Euro waren schwach. Bei keinem großen westlichen Land besteht ein Zusammenhang zwischen Haushaltsdefizit oder -überschuss und der Relativen Stärke seiner Währung.

Mythos Nummer 2: Währungen werden durch Handelsbilanzen, Außenpolitik, internationales Ansehen et cetera bestimmt

Als ich die erste Fassung dieses Buches 2006 schrieb, befand sich der Dollar in einer einjährigen Schwächephase, die viele auf das US-Handelsdefizit zurückführten. Dabei übersahen sie, worauf ich schon damals hinwies: Großbritannien hatte ein starkes Pfund ... und zugleich ein Handelsdefizit. In den folgenden Jahren hat die Realität die Vorstellung, dass Handelsdefizite die Stärke einer Währung bestimmen, vollständig widerlegt.

Seit den 1970er-Jahren verzeichnen die USA jedes Jahr ein Handelsdefizit. (Ein weiteres Zeichen dafür, dass Handelsdefizite kein Wachstumshemmnis sind, wenn man bedenkt, dass das US-BIP in diesem Zeitraum enorm gewachsen ist.) Aber schauen Sie sich Abbildung 7.1 an. Sie zeigt die monatlichen Werte des US-Handelsdefizits (linke Achse) im Vergleich zu einem Index, der den US-Dollar gegenüber einem handelsgewichteten Währungskorb abbildet (rechte Achse). Schauen Sie sich nun die Jahre von 2018 bis 2024 genauer an. Das Handelsdefizit ist enorm gestiegen. Aber wenn man bis ins Jahr 2013 zurückblickt, hat der Dollar gegenüber einem handelsgewichteten

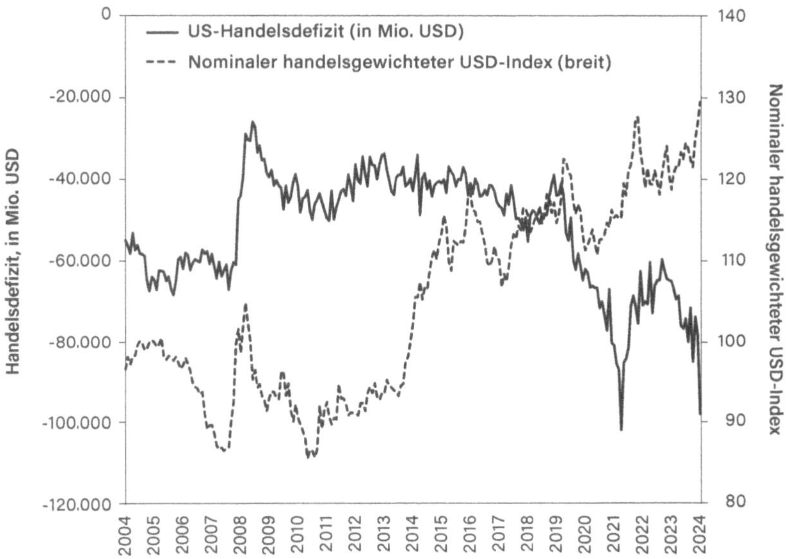

Abbildung 7.1 Handelsdefizite bedeuten nicht das Ende des Dollar.

Quelle: FactSet, Stand: 7.3.2025.

Währungskorb ziemlich regelmäßig an Wert gewonnen. Wann wirkt sich das Handelsdefizit negativ auf den Dollar aus?

Nun kommen wir zur nächsten Wahrheit: Der Dollar bestimmt auch nicht, wohin sich die Aktien entwickeln.

Schließlich Mythos Nummer 3: Der Dollar ist schlecht für Aktien – ob schwach oder stark

Wenn Sie in einer Phase, in der der Dollar fällt, ausländische Wertpapiere halten, kann deren Rendite zusätzlich vom Wechselkurseffekt profitieren. Umgekehrt gilt dasselbe: Aktien aus Ländern mit einer relativ schwachen Währung können scheinbar weniger gut abschneiden. Sie erhalten die Rendite der Aktie und den Währungseffekt. Wenn Sie also eine britische Aktie halten und das Pfund gegenüber dem Dollar aufwertet, erhalten Sie die Rendite der britischen Aktie plus die Aufwertung des Pfund. Und umgekehrt. Denken Sie jedoch nicht zu viel darüber nach: Währungen werden immer paarweise gehandelt, und auf lange Sicht gleichen sich zyklische Stärken und Schwächen in der Regel aus.

Aber was kann uns der Dollar darüber sagen, wohin sich der Aktienmarkt bewegt? Mithilfe von Frage Eins erkennen wir leicht: sehr wenig.

Ob schwach, stark oder irgendwo dazwischen – man hört Experten nie sagen, der Dollar sei genau richtig. Oder unwichtig. Nein, offenbar ist es ein Problem, wenn der Dollar stärker wird, weil US-Exporte dann im Ausland preislich weniger wettbewerbsfähig sind. Wenn er schwach ist, könnte das problematischerweise höhere Importkosten bedeuten – also Inflationsdruck. Wenn er stark ist, kann man sicher sein, dass einige Experten die „asiatische Ansteckung" Ende der 1990er-Jahre heranziehen werden, um zu behaupten, dass den Schwellenländern ihre dollarbasierten Schulden bald um die Ohren fliegen werden. (Dabei ignorieren sie, dass das eigentliche Problem damals die Währungsbindung war, nicht Stärke oder Schwäche an sich.) Wenn der Dollar schwach ist, schüren viele erneut Ängste, dies signalisiere das Ende des Status des Dollar als Reservewährung oder das globale Vertrauen in den Dollar sei verloren gegangen oder, oder, oder.

Wenn man jedoch die historischen Daten ansieht, findet man Belege dafür, dass ein starker Dollar bullish ist. Und bearish. Und dass ein schwacher Dollar bullish ist. Und bearish. Wie Gertrude sagen würde: Da ist nichts da. Tabelle 7.2 macht das deutlich. Sie ordnet die Jahre danach, ob Aktien und Dollar gemeinsam steigen, gemeinsam fallen oder gegenläufig verlaufen. Wie Sie sehen, steigen Aktien viel häufiger, als sie fallen – in etwa 80 Prozent der Jahre seit 1973, dem Beginn des breiten handelsgewichteten Dollar-Index. Wenn der Dollar stärker wurde, stieg der S&P 500 in 25 von 33 Jahren, also in 76 Prozent der Fälle. Wenn der Dollar schwächer wurde, stiegen die Aktien in 16 von 18 Jahren, also in 89 Prozent der Fälle. Das sind nur Schwankungen um den Gesamtdurchschnitt herum – nichts, was eine Anlageentscheidung beeinflussen sollte.

Tabelle 7.2 Der Dollar und Aktien

		US-Dollar		
		Anstieg	**Rückgang**	**Gesamt**
S&P 500	**Anstieg**	25	16	41
	Rückgang	8	2	10
	Gesamt	33	18	

Quelle: FactSet und Finaeon, Inc., Stand: 10.3.2025. S&P-500-Gesamtrendite und breiter handelsgewichteter US-Dollar-Index, jährlich, 1973 bis 2024.

Darüber hinaus können die Aktienrenditen, wie wir in Abbildung 7.2 sehen können, stark – sogar sehr stark – sein, selbst wenn der Dollar schwächer wird.

Und das gilt sowohl für die Vereinigten Staaten als auch für den Rest der Welt. Währungen bestimmen nicht die Richtung des Aktienmarktes und umgekehrt (siehe Abbildung 7.3).

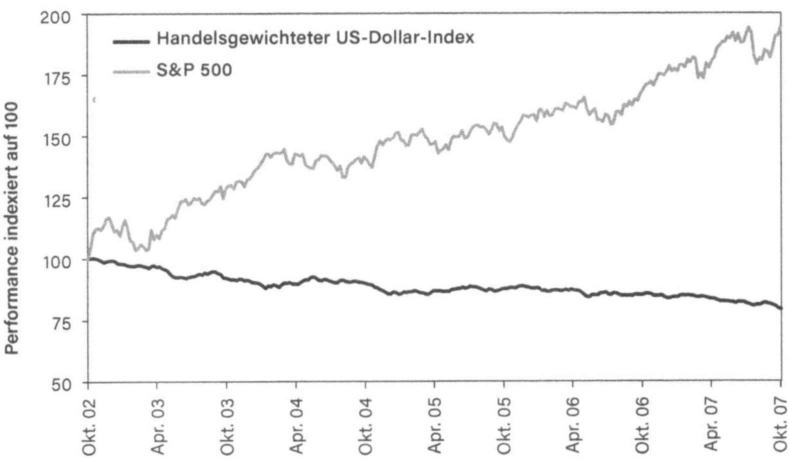

Abbildung 7.2 Eine schwache Währung bedeutet nicht zwangsläufig einen schwachen Aktienmarkt: USA.

Quelle: Finaeon, Inc. und Federal Reserve Bank von St. Louis, Stand: 07.03.2025.

Es gibt keinen Grund zu der Annahme, dass ein starker oder schwacher Dollar zu guten Aktienrenditen führt – oder umgekehrt. Der Dollar bestimmt weder die Performance von US-Aktien noch die globaler oder polnischer Aktien – keine dieser Aktienmärkte. Ob schwach oder stark: Für sich genommen sollten Währungen Ihnen keine Sorgen machen.

Kommen wir zu Frage Drei und denken über den Dollar so nach, wie wir über das US-Handelsdefizit und den US-Aktienmarkt gegenüber dem Rest der Welt nachgedacht haben. Wenn globale Aktien steigen, wissen Sie, dass der US-Markt wohl mitzieht, oder? Die beiden sind positiv korreliert. Und zwar stark. Wenn globale Aktien implodieren, fallen US-Aktien wahrscheinlich ebenfalls. Manchmal legt der US-Markt stärker zu als der Rest der Welt, manchmal fällt er stärker. Bei nennenswerten Trends tendieren beide dazu, sich in dieselbe Richtung zu bewegen. Und die USA machen über 70 Prozent des Aktienmarkts der Industrieländer aus. Wenn also ein fallender Dollar angeblich schlecht für US-Aktien ist (oder umgekehrt), sollte dann die Aufwertung anderer Währungen gegenüber dem Dollar nicht gut für Aktien außerhalb der USA sein? Ja! Das ist der entsprechende Ausgleichseffekt.

Eine Währung kann nicht weltweit fallen; es kann nur globale Inflation geben. Ebenso kann es kein globales Handelsdefizit geben, doch die Menschen verhalten sich, als wögen negative Effekte schwerer als positive, auch wenn sie das nie ausdrücklich sagen. Igitt! Merkantilisten! (Auch wenn sie das nie sagen, gibt es dafür eine verhaltenswissenschaftliche Grundlage – das Konzept der kurzsichtigen Verlustaversion.)

Anders ausgedrückt: Die USA machen Stand 2025 etwa 26 Prozent des globalen BIP aus, der Rest der Welt 74 Prozent.[4] Wenn ein fallender Dollar schlecht für die US-Wirtschaft ist, sollte dann eine Aufwertung anderer Währungen zum Dollar nicht gut für die übrigen 74 Prozent sein und die Schwäche der US-Wirtschaft durch Stärke in der übrigen Welt mehr als ausgleichen? Leider denkt niemand wirklich global, also sieht das auch niemand so. Diese Merkantilisten stecken nicht in den 1960er-Jahren fest, sondern in den 1690er-Jahren.

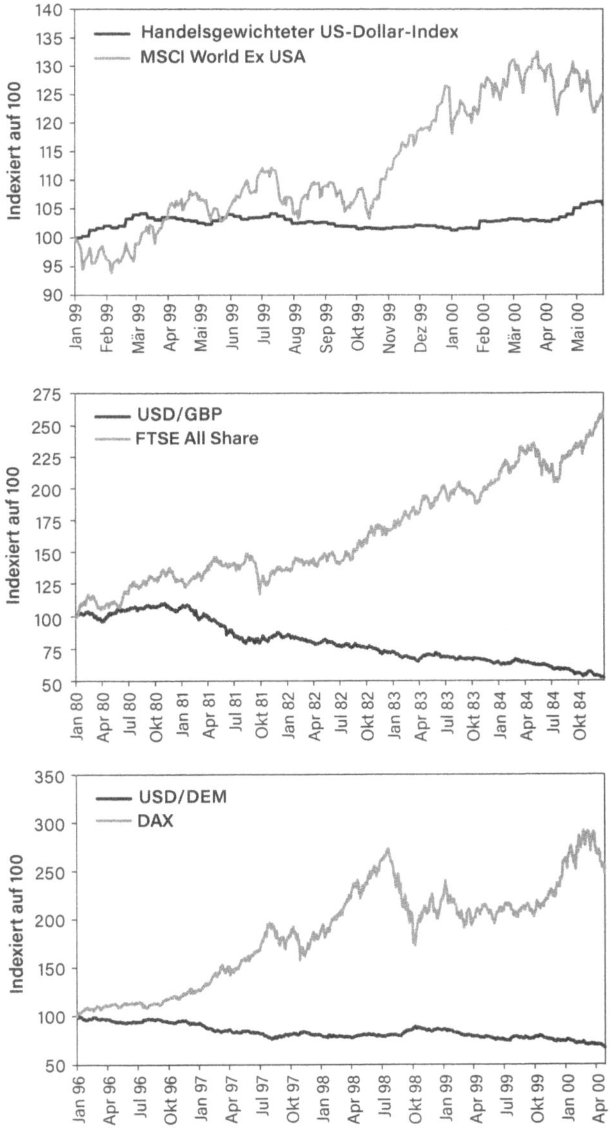

Abbildung 7.3 Eine schwache Währung bedeutet nicht zwangsläufig einen schwachen Aktienmarkt: weltweit.

Quelle: FactSet, Finaeon, Inc. und Federal Reserve Bank of St. Louis, Stand: 7.3.2025.

In den letzten Jahren fiel die Dollarstärke mit einer überdurchschnittlichen Performance des US-Markts zusammen. Das bedeutet jedoch nicht, dass der Dollar diese überdurchschnittliche Performance verursacht hat. Gleichzeitigkeit ist keine Kausalität. Das widerlegt vielleicht die Vorstellung, dass seine Stärke bearish ist. Es beweist jedoch nicht, dass sie bullish ist. Dafür müsste man viel mehr Forschung betreiben.

Ja, Angebot und Nachfrage bestimmen auch Währungskurse

Verschiedene Währungen sind unterschiedliche Geldformen, die durch ihre Emittenten (Zentralbanken) und die jeweiligen Bankensysteme gekennzeichnet sind. Da sie wie Rohstoffe auf freien und offenen Märkten gehandelt werden, ergibt sich ihr relativer Wert auf gleiche Weise wie bei anderen Vermögenswerten – durch Angebot und Nachfrage.

Ein Wechselkurs spiegelt den in einer anderen Währung ausgedrückten Wert einer Währung wider. Er ist rein relativ und hat ansonsten keine absolute Bedeutung. Jeder einzelne Wechselkurs wird durch eine komplexe Kombination der Angebots- und Nachfrageverhältnisse der beiden Währungen bestimmt. Ein relativer Anstieg der Nachfrage nach einer Währung oder ein relativer Rückgang ihres Angebots lässt ihren Wechselkurs gegenüber einer anderen Währung steigen – und umgekehrt.

Währungsangebot

Das Basisangebot einer Währung wird ausschließlich von der emittierenden Zentralbank bestimmt und von den ihr unterstehenden Banken umgesetzt. Die Zentralbank hat das Monopol auf die Schaffung oder Vernichtung ihrer Währung. Zentralbanken streben relativ stabile Preise bei moderatem Geldmengenwachstum an, was wiederum zu relativ niedrigen Inflationsraten führen sollte. Wenn sie verantwortungsbewusst handeln, sollten die wichtigsten Währungen langfristig relativ stabile Wechselkurse aufweisen – auch wenn kurzfristige Volatilität normal ist.

Eine unverantwortliche Zentralbank oder eine Regierung, die die Kontrolle über die Zentralbank ihres Landes übernimmt, kann jedoch die Position ihres Landes als bedeutendes Industrieland untergraben. Wie im Deutschland der Weimarer Jahre. Das war wohl ein einzigartiges Beispiel in der modernen Geschichte, da die deutsche Währung Anfang der 1920er-Jahre aufgrund übermäßiger Geldschöpfung vollständig entwertet wurde, was zu einer Hyperinflation führte. Entwicklungsländer wie Argentinien in den letzten Jahrzehnten verfügen oft nicht über unabhängige Zentralbanken und können viel längere Währungsbewegungen in eine Richtung erleben, fast immer in Richtung Abwertung. Aber große Industrieländer haben relativ disziplinierte und unabhängige Zentralbanken, etwa die Fed, und erleben in der Regel keine Währungsbewegungen, die permanent nur in eine Richtung gehen.

Langfristig bestimmt – genau wie bei Aktien – das Angebot die Relative Stärke oder Schwäche einer Währung. Wenn eine Zentralbank im Verhältnis zu den realen wirtschaftlichen Erfordernissen zu viel Geld schafft, drückt das Überangebot den Kurs der Währung und treibt die Inflation in die Höhe. Mehr Geld für die gleiche Menge an Vermögenswerten mindert die Wertspeicherfunktion der Währung. Das Gegenteil gilt, wenn die Zentralbank bei der Geldschöpfung zu restriktiv ist – aber eine zu starke Währung ist auch kein Ziel. Investoren können absolut nichts gegen das Zentralbankmonopol unternehmen, außer zu hoffen, dass es nicht zu viele Fehler macht, und es gibt auch keine Möglichkeit, die langfristige Entwicklung des Angebots vorherzusagen. Fans von Kryptowährungen mögen über diese Realität aufheulen, aber Bitcoin und Co sind einfach zu volatil, um jemals als Geld dienen zu können. Stabilität ist für den Tausch von zentraler Bedeutung.

Glücklicherweise sind die Zentralbanker in jüngerer Zeit größtenteils besser geworden. Das macht sie aber nicht gut! Oder klug! Oder zu den allwissenden Orakeln, als die sie von Experten häufig dargestellt werden! Aber die Fed war zwischen 1929 und 1932 eine absolute Katastrophe, als sie die Geldmenge zum ungünstigsten Zeitpunkt um

30 Prozent reduzierte, was die Weltwirtschaftskrise weitaus schlimmer machte als nötig und sie womöglich sogar auslöste. Das war sicherlich ihr Tiefpunkt. Seitdem war die Fed nicht großartig, aber im Durchschnitt war sie auch kein Desaster dieses Ausmaßes. Es gab gelegentliche Fehlschläge, etwa die Entscheidung der Fed unter Ben Bernanke, Lehman Brothers im September 2008 in die Insolvenz zu treiben, und dann das planlose Bemühen, den selbst ausgelösten Flächenbrand zu löschen. (Und ja, ich habe gesagt, dass sie Lehman Brothers in die Insolvenz getrieben hat. Lesen Sie die Mitschriften der Fed – nicht die Protokolle, sondern die Mitschriften – von der Sitzung am 16. September 2008.) Die quantitative Lockerung, die im Grunde eine hinterhältige Rekapitalisierung der Banken ist und die Zinsstrukturkurve abflacht, war ziemlich dumm. Wir hatten jedoch keine kolossalen, die Wirtschaft zerstörenden Fehlentscheidungen, wie sie in der ersten Hälfte des 20. Jahrhunderts üblich waren.

Traditionell wurden ehemalige Fed-Vorsitzende für ihre vielen Fehler beim Missmanagement der Wirtschaft verspottet. William McChesney Martin Jr., Arthur Burns, G. William Miller, sogar der legendäre „Maestro" Alan Greenspan – sie alle wurden nach ihrer Amtszeit breit und heftig kritisiert. Bevor er Vorsitzender wurde, kritisierte Burns Martin fast ununterbrochen. Martin leitete die Fed von 1951 bis 1970, was Burns reichlich Zeit gab, ihn anzugreifen. Burns behauptete, Martin hätte es besser wissen müssen und solche Fehler nicht begehen dürfen.

Martin behauptete später, wenn man Fed-Vorsitzender werde, nehme man eine kleine Pille, die einen alles vergessen lasse, was man jemals gewusst habe, und deren Wirkung genauso lange anhalte, wie man Fed-Chef sei. Nachdem Burns selbst Fed-Chef geworden war und angegriffen wurde, behauptete er, er habe „Martins kleine Pille" genommen. (Für alle unter 70: Das war eine Anspielung auf ein berühmtes Gesundheitsmittel namens „Carter's Little Liver Pill" – das nichts mit der Lebergesundheit zu tun hatte –, später in „Carter's Little Pill" umbenannt und übrigens ein Abführmittel.)

Sie alle wurden kritisiert. Und das zu Recht, denn sie alle machten viele Fehler – über die Jahrzehnte allerdings weniger, weil sie aus früheren Fehlern lernten.

Paul Volcker war der erste Fed-Chef, der nicht durchweg kritisiert wurde – obwohl Volcker die Rezessionen von 1980 und 1982 herbeiführte, um die Inflation zu brechen. Manche sagen: Das war zu hart. Insgesamt machte er seine Sache besser als jeder Fed-Chef vor ihm. Dann kam Greenspan, der noch besser abschnitt, weil er fähig war und dazulernen konnte. Die Fed-Chefs vor ihnen waren sicherlich keine Idioten (auch wenn Miller politisch gesehen vielleicht einer war, aber das ist eine ganz andere Geschichte) – sie arbeiteten schlicht mit dem, was ihnen zur Verfügung stand, und stocherten im Dunkeln: mit weitgehend empirisch ungeprüfter Theorie, nach heutigen Maßstäben sehr begrenzten Möglichkeiten der Datenerhebung und weitaus schwächeren elektronischen Auswertungsmöglichkeiten. Erst mit dem Aufkommen verbesserter Technologien und ständig verfügbarer Informationen konnten die Fed-Chefs Theorien testen und Korrelationen überprüfen (das heißt, Frage Eins stellen), bevor sie Maßnahmen mit schlimmen Folgen ergriffen. Und sie konnten schneller reagieren und aus früheren Fehlern lernen. Infolgedessen gab es in den letzten Jahrzehnten weniger schwere geldpolitische Fehler. Nicht gar keine, aber weniger.

Fehler passieren immer noch – etwa, als Greenspan 1999 aus Angst vor möglichen Jahr-2000-Problemen viel zu viel Geld schuf und damit die Wirtschaft anheizte. Dann zog er das Geld 2000 wieder ab, nachdem sich Y2K als unproblematisch erwiesen hatte – was dazu beitrug, dass der Boom-Bust-Zyklus der Jahre 1999 und 2000 heftiger ausfiel als sonst. Aber Fehler werden weniger routinemäßig und weniger massiv begangen als vor Volcker. Greenspans schlimmste Fehler waren im Vergleich zu den größten Fehlgriffen früherer Jahrzehnte ziemlich harmlos.

Bernanke nahm natürlich Martins kleine Pille und machte einen großen Schritt zurück von diesem Fortschritt, was den schlimmsten Abschwung seit den 1930er-Jahren auslöste. Janet Yellens kurze Amtszeit an der Spitze der Fed verlief glücklicherweise ereignislos – was ihr bis zu einem gewissen Grad zu verdanken ist. Über Jerome Powell wurde noch kein Urteil gefällt. Er hatte mit der Pandemie und der damit verbundenen Unsicherheit aufgrund beispielloser Lockdowns eine schwierige Aufgabe zu bewältigen. Allerdings hat er während dieser Lockdowns dummerweise die Geldmenge aufgebläht, was die hohe Inflation der letzten Jahre angeheizt hat. Viele scheinen ihm dafür Anerkennung zollen zu wollen, dass er angeblich die Preise ohne eine Rezession abgekühlt hat, aber das ist ein bisschen so, als würde man einen Brandstifter dafür loben, dass er als Erster vor Ort war, um den Feueropfern zu helfen.

Wenn Zentralbanken heute Fehler machen, liegen sie damit jedoch meist in derselben Richtung falsch. Die meisten Zentralbanker haben aus denselben Lehrbüchern gelernt, was das Gruppendenken festigt. Sie sind größtenteils nicht einmal Banker, sondern Akademiker und Juristen. Da auch ihre großen Stäbe ähnlich ausgebildet sind, weichen ihre geldpolitischen Entscheidungen meist nur geringfügig voneinander ab. Das bedeutet, dass die Währungsvolatilität nicht mehr so ausgeprägt ist wie früher, auch wenn die Geldpolitik selbst zweifelhaft ist.

Währungsnachfrage

Die Nachfrage nach einer Währung wird von mehreren Faktoren bestimmt. Der wichtigste davon ist das Ausmaß der wirtschaftlichen Aktivitäten, die in dieser Währung abgewickelt werden (zum Beispiel verwendet ein Lebensmittelgeschäft in Dallas Dollar und nicht Yen). Je mehr wirtschaftliche Aktivität in dieser Währung abgewickelt wird, desto größer ist die Nachfrage nach dieser Währung. Eine weitere wichtige Quelle der Währungsnachfrage ist die Frage, worin Investoren Wert erkennen. Wenn Investoren glauben, dass Vermögenswerte, die auf eine bestimmte Währung lauten, gegenüber Vermögenswerten in anderen Währungen ihren Wert behalten oder steigern werden, wächst die Nachfrage nach dieser Währung.

Zu den kurzfristigen Faktoren (von Minuten bis Monaten), die die Nachfrage beeinflussen, zählen öffentliche Äußerungen hochrangiger Regierungs- oder Zentralbankvertreter – etwa wenn sie sich positiv oder negativ über eine Währung oder Zinssätze äußern – oder Forward Guidance, also Hinweise zur künftigen Ausrichtung der Geldpolitik. All das kann die kurzfristige Stimmung beeinflussen und die Nachfrage verschieben – meist nur vorübergehend – und die Devisenmärkte für einige Minuten bis vielleicht einen Monat bewegen. Und nichts davon sollte man für bare Münze nehmen. Zentralbanker sagen oft das eine und tun das andere, wie etwa 2022, als praktisch alle führenden Zentralbanker erklärten, sie würden über die steigende Inflation hinwegsehen, ohne die Zinsen anzuheben … nur um dann einen rasanten, heftigen, weltweiten Zinserhöhungszyklus einzuleiten. Vieles von dem, was sie als „Transparenz" bezeichnen, ist nur Wortsalat.

Auch diskretionäre Devisenmarktinterventionen von Zentralbanken – wenn eine Zentralbank eine Währung gegen eine andere kauft – können kurzfristige Auswirkungen haben. Aber keine einzelne Zentralbank verfügt über genügend finanzielle Feuerkraft, um alle anderen Einflussfaktoren am Devisenmarkt allein durch Währungstausch dauerhaft zu überstimmen.

Selbst die häufig verteufelten „Spekulanten" können einen geringen und vorübergehenden Einfluss auf die Nachfrage und die relativen Kurse von Währungen haben, allerdings einen noch geringeren als Zentralbanken, da ihre Bilanzen so viel kleiner sind. Viele sagen, George Soros habe Anfang der 1990er-Jahre die Bank of England durch Leerverkäufe des Pfund in die Knie gezwungen. Aber was auch immer man von Soros halten mag, Tatsache ist, dass die Bank of England das Pfund irrtümlich über den Europäischen Wechselkursmechanismus – eine Vorbereitung auf die Einführung des Euro – an andere europäische Währungen gekoppelt hatte. Soros erkannte diese Mischung aus widersprüchlichen wirtschaftlichen Bedingungen und geldpolitischen Erfordernissen beiderseits des Ärmelkanals. Er kam zu dem richtigen

Schluss, dass die Bank of England die Wechselkursbindung aufheben würde, obwohl sie dies abstritt. Er verursachte den Zusammenbruch nicht – er sah ihn voraus, indem er Frage Zwei effektiv nutzte und davon profitierte.

Der Einfluss von Spekulanten wird zusätzlich dadurch abgeschwächt, dass sie in der Regel nicht koordiniert vorgehen. Sie spekulieren auf unterschiedliche Währungen und Kursrichtungen, sodass sich ihre Wirkung teilweise gegenseitig aufhebt.

Wie Aktienkurse sind auch Währungskurse auf sehr kurze Sicht äußerst unbeständig. Sie sollten sich ohnehin nicht allzu sehr darum kümmern, wie sich eine Währung von Tag zu Tag oder sogar von Monat zu Monat entwickelt (es sei denn, Sie spekulieren mit Währungen – was dieselben Merkmale aufweist wie das Spekulieren mit sonstigen Rohstoffen).

Was die Währungsnachfrage wirklich antreibt

Stellen wir also wieder Frage Zwei: Welche Faktoren, die andere übersehen, treiben Währungen und die Nachfrage nach ihnen an? Es gibt einige offensichtliche Faktoren, die zu kurzfristigen Verschiebungen von Angebot und Nachfrage bei Währungen beitragen. Erstens: nicht diskretionäre Zentralbankoperationen. Wenn ein Land seine Währung an eine andere Währung koppelt (zum Beispiel den Saudi-Riyal an den US-Dollar), muss die betreffende Zentralbank entweder die andere Währung kaufen oder verkaufen, um das Wechselkursverhältnis aufrechtzuerhalten. Zweitens: Wenn die Wirtschaft eines Landes schneller wächst als die eines anderen, steigt die Nachfrage nach seiner Währung, da mehr Transaktionen in dieser Währung stattfinden. Beides ist leicht zu verstehen – dafür braucht man keine Frage Zwei. Aber was könnte Währungen noch beeinflussen? Was können Sie sich vorstellen?

Jeden Tag spekulieren Spekulanten mithilfe sogenannter Carry Trades auf Wechselkurse. Ein Carry Trade funktioniert wie folgt: Man nimmt kurzfristig einen Kredit in einer Währung auf, legt das Geld dann in einer anderen Währung an und kauft in dieser neuen Währung eine kurzfristige Anleihe (wobei manche sich für länger laufende Anleihen entscheiden, um höhere Renditen zu erzielen). Die Idee dahinter ist, Geld zu einem niedrigeren Zinssatz zu leihen und eine Anleihe mit einem höheren Zinssatz zu kaufen, in der Annahme, dass der höhere Zinssatz nicht so stark fällt, dass sich die Zinsdifferenz während der Laufzeit der Anleihe umkehrt. Geht die Rechnung auf, ist die Differenz zwischen den beiden Zinssätzen der Gewinn. (Geschenktes Geld lässt niemand liegen.)

Damit ein Carry Trade aufgeht, müssen Sie sich in einer Währung verschulden, die gegenüber der höher verzinsten Anlagewährung nicht deutlich aufwertet – genau hier setzt Frage Zwei an. Denn Sie verkaufen die geliehene Währung und kaufen die Währung, in der Sie das Geld anlegen. Wenn viele Anleger das gleichzeitig tun, wertet die gekaufte Währung tendenziell gegenüber der geliehenen Währung auf. Dann profitieren Sie nicht nur von der Zinsdifferenz, sondern obendrein von der Währungsaufwertung. Das ist das i-Tüpfelchen. Sehr attraktiv.

Es wäre völlig irrational, Kredite zu einem höheren Zinssatz aufzunehmen und eine Anleihe mit einem niedrigeren Zinssatz zu kaufen. Das ist das Gegenteil von geschenktem Geld. Wenn also der kurzfristige Zinssatz von Land A niedriger ist als der von Land B, werden Anleger eher Kredite zum niedrigeren Zinssatz von Land A aufnehmen und das Geld zum höheren Zinssatz von Land B anlegen, was Verkaufsdruck auf die Währung von Land A und Kaufdruck auf die Währung von Land B ausübt. Die Währungskurse werden dann zu einer Art selbsterfüllender Prophezeiung, da täglich Carry Trades in großem Umfang stattfinden.

Theoretisch leuchtet das ein, aber sehen wir uns einige reale Szenarien an, um zu prüfen, ob das zutrifft. Abbildung 7.4 zeigt die Zinsstrukturkurven für die USA, Großbritannien, Japan und die Eurozone zu Beginn des Jahres 2004. Bei den kurzen Laufzeiten liegt die US-Zinskurve deutlich unter der britischen und der Eurozonen-Kurve,

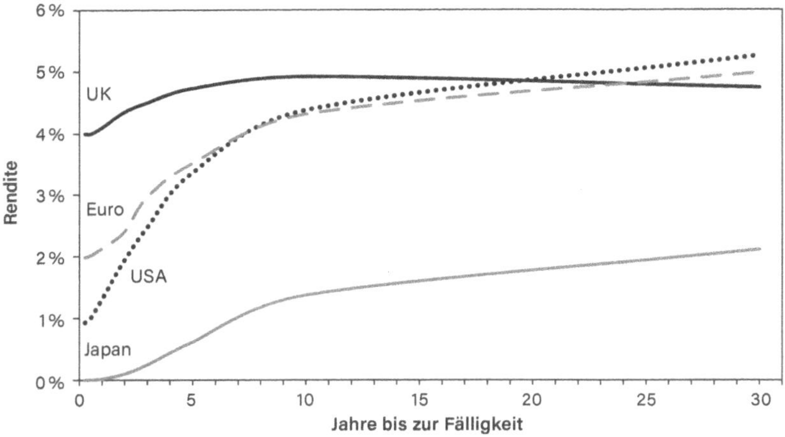

Abbildung 7.4 Globale Zinsstrukturkurven, 1. Januar 2004.

Quelle: FactSet und Finaeon, Inc., Stand: 10.3.2025

aber immer noch über der japanischen. Zufälligerweise war der Dollar das ganze Jahr über schwach. Investoren nahmen Kredite in Amerika auf und investierten in kurzfristige Instrumente im Ausland, was den Dollar zusätzlich schwächte. Wenn man in Amerika zum 6-Monats-Zins von 1 Prozent einen Kredit aufnahm und das Geld in der Eurozone zu einem Zinssatz von über 2 Prozent anlegte, erzielte man einen Spread von 1 Prozentpunkt als geschenktes, leicht verdientes Geld, solange der Euro nicht an Wert verlor. Da viele Anleger dies gleichzeitig taten, verkauften sie Dollar und kauften Euro, was den Dollar nach unten und den Euro nach oben trieb. Die Gelegenheit war noch extremer, wenn man das Geld in Großbritannien anlegte, was der Grund für die Stärke des Britischen Pfund war.

Im Jahr 2005, nach mehreren Anhebungen des Leitzinses der Fed, lag die US-Zinskurve bei den kurzen Laufzeiten über der deutschen und der japanischen Kurve und näherte sich der britischen Kurve deutlich an. Der Dollar legte im Laufe des Jahres 2005 gegenüber fast allen wichtigen Weltwährungen erheblich zu, da sich die Carry Trades

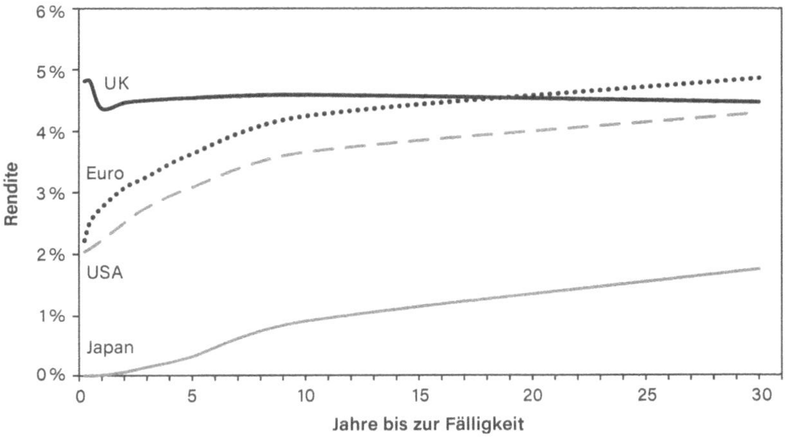

Abbildung 7.5 Globale Zinsstrukturkurven, 1. Januar 2005.

Quelle: FactSet und Finaeon, Inc., Stand: 10.3.2025.

umzukehren begannen. Indem die Fed die kurzfristigen Zinsen anhob, würgte sie die Carry Trades, die den Dollar zuvor gedrückt hatten, effektiv ab (siehe Abbildung 7.5). Unter sonst gleichen Bedingungen fließt Geld in die Anlage mit der höchsten Rendite.

Von einigen Ausnahmen unter den westlichen Industrieländern abgesehen, haben Länder mit höheren und weiter steigenden kurzfristigen Zinsen tendenziell stärkere Währungen. Länder mit niedrigen kurzfristigen Zinsen, die unerwartet niedrig bleiben, haben tendenziell schwächere Währungen. Dieses Muster ist schlüssig und lässt sich aufgrund der Carry-Trade-Aktivitäten wirtschaftlich gut erklären. Anders ausgedrückt: Die Nachfrage nach einer Währung steigt und damit auch ihr Kurs, wenn die Zinsdifferenzen zwischen den Ländern Anleger dafür belohnen, mehr von einer bestimmten Währung zu halten.

Aus diesem Grund war das Britische Pfund Sterling lange Zeit gegenüber dem US-Dollar (und vielen anderen Währungen) so stark: Großbritannien hielt seine kurzfristigen Zinsen über dem Niveau anderer Länder. Ganz einfach! Als die Fed 2005 die Zinsen erhöhte, hörten Anleger auf, Kredite in US-Dollar aufzunehmen, Dollar zu verkaufen und das Geld außerhalb der USA anzulegen. Stattdessen begannen sie, das Gegenteil zu tun – außerhalb der USA Kredite aufzunehmen und Dollar zu kaufen –, woraufhin der Dollar stärker wurde. Die Nachfrage nach einer Währung steigt in den meisten Fällen, wenn Zentralbanken Anleger durch höhere Zinsen dafür belohnen, mehr von ihrer Währung zu halten – das hängt mit Maßnahmen zusammen, mit denen sie das Währungsangebot steuern. Was ich Ihnen hier erzähle, ist nichts Neues, aber nur wenige bemerken es und noch weniger glauben daran, weshalb es noch einige Jahre lang Bestand haben wird. Sie können diese Informationen nutzen, um stark ausgeprägtes Währungssentiment zu relativieren, das auf Mythen beruht, die wir zuvor in diesem Kapitel widerlegt haben.

Anleger reden zwar über Angebot und Nachfrage und wissen intuitiv, dass diese beiden Kräfte die Kurse bestimmen, wenden diese Konzepte jedoch nicht auf die Wertpapiere, Währungen und Rohstoffe an, die sie kaufen. Und wenn sie es tun, durchdenken sie die Angebots- oder Nachfrageseite meist nicht sauber. Jetzt, da Sie wissen, dass die Preisbildung bei Wertpapieren immer und überall das Ergebnis von Angebot und Nachfrage ist, können Sie Ihre Energie auf das Wesentliche konzentrieren und zuverlässigere 12-Monats-Prognosen erstellen. Und das können Sie wissen – andere nicht. Aber wie können Sie eine Prognose erstellen? Und wie können Sie wissen, wie sich der Markt wahrscheinlich entwickeln wird? Damit befassen wir uns in Kapitel 8.

8

The Great Humiliator und Ihr Steinzeitgehirn

8

The Great Humiliator und Ihr Steinzeitgehirn

Dieser vorhersehbare Markt

Gehen Sie grundsätzlich davon aus, dass der Markt es auf Sie abgesehen hat. Ich bin nicht paranoid – es stimmt. Ich nenne den Markt nicht umsonst The Great Humiliator – TGH. Stellen Sie sich ihn als eine gefährliche, räuberische, animalische, instinktgetriebene Bestie vor, die alles tut, um Sie bis auf den letzten Cent zu demütigen. Das zu wissen und zu akzeptieren, ist der erste Schritt, um TGH zu überlisten. Ihr Ziel ist es, sich auf TGH einzulassen, ohne dabei zu sehr gedemütigt zu werden. In Kapitel 9 sprechen wir darüber, wie Sie eine Strategie entwickeln können, um die Wahrscheinlichkeit zu erhöhen, dass Sie Ihre langfristigen Ziele erreichen. Aber zuerst wollen wir uns damit befassen, wie Sie die Fragen genau einsetzen können, um klar und nüchtern zu erkennen, wie der Markt tatsächlich funktioniert, damit Sie die Wahrscheinlichkeit einer Demütigung verringern können.

TGH täuscht Sie mit ungeordnet wirkenden Bewegungsmustern. Wir wissen, dass der Markt in der Vergangenheit über lange Zeiträume hinweg eine Rendite von durchschnittlich etwa 10 Prozent pro Jahr erzielt hat.[1] Ist es also im normalen Marktverlauf wirklich vernünftig, jedes einzelne Jahr eine absolute Rendite von etwa 10 Prozent zu erwarten? Auf keinen Fall. Seit 1926 gab es relativ wenige Jahre, in denen der Aktienmarkt tatsächlich eine Rendite erzielte, die nahe am langfristigen Durchschnitt lag. Gewöhnliche Börsenjahre sind alles andere als durchschnittlich. Das ist eine einfache Wahrheit aus Frage Eins, wie Tabelle 8.1 belegt.

Tabelle 8.1 Durchschnitt ist nicht normal: Normale Renditen sind extrem – USA

Jährliche Renditespanne des S&P 500			Vorkommen seit 1925	Häufigkeit	
	>	40 %	5	5,1 %	Starker Anstieg (38,4 % der Zeit)
30 %	bis	40 %	15	15,2 %	
20 %	bis	30 %	18	18,2 %	
10 %	bis	20 %	21	21,2 %	Leichter Anstieg (35,4 % der Zeit)
0 %	bis	10 %	14	14,1 %	
-10 %	bis	0 %	13	13,1 %	Leichter Rückgang (20,2 % der Zeit)
-20 %	bis	-10 %	7	7,1 %	
-30 %	bis	-20 %	3	3,0 %	Starker Rückgang (6,1 % der Zeit)
-40 %	bis	-30 %	2	2,0 %	
	<	-40 %	1	1,0 %	
Gesamtzahl der Vorkommen			**99**		
Einfacher Durchschnitt			**12,2 %**		
Annualisierter Durchschnitt			**10,4 %**		

Quelle: Finaeon, Inc., Stand: 10.03.2025. S&P-500-Gesamtrenditen, 31.12.1925 bis 31.12.2024.

Nicht nur in den USA schwanken Renditen stark; das gilt weltweit. Denken Sie global und schauen Sie auf andere Länder. Auch Großbritannien bestätigt dieses Muster, wie Tabelle 8.2 zeigt. Dort wird aus TGH augenzwinkernd „Ye Olde Humiliatour“ (YOH). (In Deutschland heißt TGH „Der große Demütiger“.) Auch dort schwanken Renditen von Jahr zu Jahr stark.

Durch diese Unordnung erkennt Ihr Gehirn nicht klar, dass der Markt in jedem Jahr nur eine von vier Richtungen einschlagen kann. Diese vier Marktszenarien sind:

1. Der Markt kann stark steigen.
2. Der Markt kann leicht steigen.
3. Der Markt kann leicht fallen.
4. Der Markt kann stark fallen.

Der Markt kann in kurzen Zeiträumen auf scheinbar ungeordnete Weise unzählige Dinge tun. Aber im Laufe eines Jahres tut er tatsächlich nur eines dieser vier Dinge.

Diese vier Szenarien vereinfachen mögliche Ergebnisse, damit Sie klarer sehen und disziplinierter entscheiden können. Sie bieten Ihnen zudem Gelegenheit, Selbstkontrolle auszuüben – es geht um Verhalten, nicht um Können –, und genau darin liegt der Kern von Frage Drei.

Tabelle 8.2 Durchschnitt ist nicht normal: Normale Renditen sind extrem – UK

Jährliche Renditespanne des UK FTSE			Vorkommen seit 1925	Häufigkeit	
	>	40 %	7	7,1 %	Starker Anstieg (29,3 % der Zeit)
30 %	bis	40 %	6	6,1 %	
20 %	bis	30 %	16	16,2 %	
10 %	bis	20 %	26	26,3 %	Leichter Anstieg (43,4 % der Zeit)
0 %	bis	10 %	17	17,2 %	
-10 %	bis	0 %	20	20,2 %	Leichter Rückgang (22,2 % der Zeit)
-20 %	bis	-10 %	2	2,0 %	
-30 %	bis	-20 %	4	4,0 %	Starker Rückgang (5,1 % der Zeit)
-40 %	bis	-30 %	0	0,0 %	
	<	-40 %	1	1,0 %	
Gesamtzahl der Vorkommen			**99**		
Einfacher Durchschnitt			**12,3 %**		
Annualisierter Durchschnitt			**10,3 %**		

Quelle: Finaeon, Inc., Stand: 10.3.2025. UK FTSE All-Share jährliche Gesamtrendite, 31.12.1925 bis 31.12.2024.

Im Bunde mit TGH redet Ihr Gehirn Ihnen ein, der Markt könne unzählige Verläufe nehmen. Sie müssen sich jedoch nur darauf konzentrieren, was Sie für das kommende Jahr für am wahrscheinlichsten halten: dass der Markt stark steigt, leicht steigt, leicht fällt oder stark fällt. Alles andere ist TGH, der Sie nur ablenken will. Vier Dinge! Stark rauf, leicht rauf, leicht runter oder stark runter?

Richtung, nicht Größenordnung

Wenn Sie sich auf diese vier Marktszenarien konzentrieren, können Sie die Entscheidungen treffen, die den größten Einfluss auf Ihr Portfolio haben – Entscheidungen zur Vermögensallokation. Die vier Szenarien bilden einen Rahmen, der Ihr Verhalten lenkt und Ihr Gehirn daran hindert, Sie in die Irre zu führen.

Außerdem ist für Ihre Prognose am wichtigsten, die Marktrichtung richtig einzuschätzen, nicht die Größenordnung. Warum? Weil Sie mit der richtigen Einschätzung der Marktrichtung in den meisten Fällen auf der richtigen Seite des Marktes bleiben.

Wenn Sie einen starken Anstieg, einen leichten Anstieg oder sogar einen leichten Rückgang erwarten, sollten Sie maximal in Aktien investiert sein – so, wie es Ihre Benchmark vorgibt. Es spielt keine Rolle, ob Sie glauben, dass der Markt eine Rendite von 8 oder 88 Prozent erzielen wird. In beiden Fällen sollte Ihre wichtigste Entscheidung zur Asset-Allokation darin bestehen – wenn Ihr Ziel langfristiges Wachstum ist –, das von Ihrer Benchmark vorgegebene maximale Aktienengagement zu erreichen. Ihre Sektorgewichtungen können davon beeinflusst werden, ob Sie einen starken oder nur einen leichten Anstieg erwarten. Aber selbst wenn Sie sich dabei völlig irren und dennoch die Entscheidung treffen, vollständig in Aktien investiert zu bleiben, und mit dieser Entscheidung recht behalten, sollten Sie sich über die Rendite freuen, die Sie durch die richtige Asset-Allokation erzielen. Es geht darum, das Pferd vor den Karren zu spannen und nicht umgekehrt.

Wenn Sie ein Jahr mit leichtem Rückgang erwarten, könnten Sie sich dagegen sträuben, maximal in Aktien investiert zu bleiben. Sollten Sie versuchen, einen leichten Rückgang zu vermeiden, indem Sie in Bargeld umschichten? Meiner Meinung nach nur, wenn Sie absolut sicher sind (und nicht übermütig), dass Sie Dinge wissen, die andere nicht wissen. Andernfalls überwiegt das Risiko, sich zu irren, den geringen Vorteil, recht zu haben. Der Versuch, ein leicht rückläufiges Jahr zu vermeiden, ist das perfekte Beispiel für ein Gehirn, bei dem die Selbstüberschätzung die Oberhand gewinnt. Es kommt selten vor, dass ein Jahr allmählich und gleichmäßig auf ein Minus von 3,8 Prozent zusteuert und sich schon zu Beginn klar ankündigt. Für gewöhnlich sind Jahre mit leichten Rückgängen von großer Volatilität geprägt – mit starken Auf- und Abwärtsbewegungen. Wenn das Jahr im Minus begonnen und seine Verluste erst spät verringert hätte, hätten Sie dann die Weitsicht und den Mut gehabt, wieder einzusteigen, um den Aufschwung mitzunehmen? Was wäre, wenn die Renditen bis Oktober durch die Decke gehen, bevor eine Korrektur zum Jahresende sie wieder zunichtemacht? Würden Sie sich von den anfänglich starken Renditen dazu verleiten lassen, zu einem hohen Kurs zu kaufen? Selbst wenn Sie einen leichten Rückgang erwarten, konzentrieren Sie sich auf die relative Performance. Den Markt zu schlagen bedeutet, den Markt zu schlagen, auch wenn Ihre absolute Rendite negativ ist.

Wenn Sie glauben, dass der Markt leicht fallen wird, und Ihr Aktienengagement deutlich reduzieren möchten, stellen Sie sich Frage Drei. Erstens leiden Sie möglicherweise unter kurzsichtiger Verlustaversion; deshalb sollten Sie sich klarmachen, dass Sie diesen Schritt später bereuen könnten. Zweitens sollten Sie daran denken, dass Sie sich irren könnten und der Markt stattdessen leicht oder stark steigen könnte. Der Unterschied zwischen einem Anstieg von 5 Prozent und einem Rückgang von 5 Prozent in einem Jahr kann durch bloßen Zufall nur eine stimmungsbedingte Schwankung gegen Jahresende sein. Selbst wenn Sie mit Ihrer Erwartung eines leichten Rückgangs recht behalten, sollten Sie mögliche Steuern auf realisierte Gewinne bedenken. Noch wichtiger: Timing-Fehler beim Aus- und Wiedereinstieg können den Vorteil, den Sie durch das Vermeiden eines leichten Rückgangs erzielen könnten, erheblich schmälern.

Wenn Sie aussteigen: Wissen Sie, wann Sie wieder einsteigen sollten? Werden Sie den richtigen Zeitpunkt erwischen? Wahrscheinlich nicht – und perfekt treffen werden Sie ihn ganz sicher nicht! Wenn Sie wirklich marktähnliche Renditen anstreben (und wenn Sie dieses Buch lesen, gehe ich davon aus), denken Sie daran, dass die langfristige durchschnittliche Marktrendite auch schlechte Jahre umfasst. Rechnen Sie über Ihren langen Anlagehorizont hinweg immer wieder mit Rückgängen. Das kann schmerzhaft sein, ist aber Teil des langen Anlagewegs. Fassen Sie neues Vertrauen in den Kapitalismus. Beißen Sie die Zähne zusammen und seien Sie sich bewusst, dass bessere Zeiten auf Sie warten.

Aus demselben Grund gehen viele davon aus, dass sie ein Portfolio bevorzugen würden, das bei fallenden Märkten steigt. Doch ein solches Portfolio bleibt wahrscheinlich zurück – möglicherweise sogar ziemlich deutlich –, wenn Aktien steigen. Der Markt ist viel häufiger positiv als negativ. Wenn Sie ein Portfolio haben, das sich gegenläufig zum Markt entwickelt oder das Abwärtsrisiko auf Kosten des Aufwärtspotenzials begrenzt, werden Sie damit im Durchschnitt nicht glücklich werden.

Denken Sie immer daran: Wenn Sie in Bargeld umschichten, gehen Sie ein massives Benchmark-Risiko ein. Sie weichen dann vollständig von Ihrer Benchmark ab. In dem Maße, in dem Sie Wachstum anstreben, entfernen Sie sich von den Vermögenswerten, die dieses Wachstum am besten liefern. Und denken Sie nur daran, was passiert, wenn Sie sich wirklich, wirklich irren und es zu einer starken Aufwärtsbewegung kommt. Möglicherweise haben Sie Steuern gezahlt oder durch den Verkauf Verluste realisiert. Und dennoch könnte die verpasste Chance relativ gesehen 25 Prozent oder mehr betragen. Dieser Rückstand verstärkt sich noch, wenn die Märkte weiter steigen. Daher holen Sie ihn nicht einmal auf, wenn Sie die Märkte in den nächsten

25 Jahren jährlich um 1 Prozentpunkt übertreffen. Das ist schwer! Doch genau das tun Anleger am Tiefpunkt eines Bärenmarktes, wenn sie auf Bargeld sitzen bleiben und darauf warten, dass „die Lage klarer wird". Um eine geringe Abwärtsbewegung zu vermeiden, verzichten sie auf einen Markt mit hohem Aufwärtspotenzial. Für langfristige Anleger, die marktähnliche Renditen erzielen wollen, gibt es meiner Meinung nach keinen schädlicheren Fehler.

Vorsicht, es geht abwärts!

Das vierte Szenario, also ein starker Rückgang, ist meiner Meinung nach der einzige Fall, in dem es vorteilhaft sein kann, ein massives Benchmark-Risiko einzugehen, indem Sie Ihr Aktienengagement stark reduzieren – durch den Aufbau einer Bargeldposition oder durch eine andere defensive Ausrichtung. Nur dann – und nur dann – sollten Sie sich mehr auf die absolute Rendite als auf die relative Rendite konzentrieren und versuchen, den Markt deutlich zu übertreffen. Aber wenn Sie recht haben, erzielen Sie auch relativ zum Markt eine starke Rendite. Wenn Sie sehr zuversichtlich sind, dass der Markt wahrscheinlich massiv fällt – um 20, 35, 40 oder sogar 50 Prozent –, kann es sinnvoll sein, auf Renditen wie bei Bargeld oder Anleihen zu setzen. Eine Rendite wie bei Bargeld klingt nicht nach viel, aber wenn Sie recht haben und der Markt stark einbricht, haben Sie den Markt relativ betrachtet weit hinter sich gelassen. Wenn Ihnen das gelingt, haben Sie die Möglichkeit, später zu niedrigeren Kursen wieder einzusteigen und Ihre Ziele schneller zu erreichen.

Das ist jedoch immer nur ein netter Bonus, keine Notwendigkeit. Auch hier gilt: Die langfristige annualisierte Rendite von Aktien von etwa 10 Prozent umfasst alle Bärenmärkte, die es im Laufe der Zeit gab. Das bedeutet, dass die historischen Renditen, die Sie bei der Auswahl einer Benchmark berücksichtigen, alle Bärenmärkte umfassen, selbst die schlimmsten. Bei der Wahl Ihrer Benchmark sollten Sie niemals davon ausgehen, dass Sie alle – oder auch nur einen einzigen – Bärenmarkt vermeiden können. Die von Ihnen gewählte Benchmark sollte Ihnen auch dann helfen, Ihre Ziele zu erreichen, wenn Sie jeden Rückgang auf diesem Weg mitmachen. Bärenmärkte sind keine dauerhaften Rückschläge.

Verpasste Bullenmarktrenditen hingegen schon. Diese Renditen können Sie niemals zurückholen, es sei denn, Sie gehen mit Hebel oder extremer Portfoliokonzentration ein unangemessenes Risiko ein. Auch hier geht es nicht nur um die Renditen, die Sie verpassen, sondern um das gesamte Wachstum, das diese Renditen im Laufe der Zeit durch den Zinseszinseffekt erzeugt hätten.

Für mich ist es leicht, das zu schreiben. Für die meisten ist es schwer, das zu verstehen. Schauen Sie sich daher Abbildung 8.1 an. Sie zeigt zwei hypothetische Anleger, Pam und Pete. Pam investierte am 9. März 2009 – dem Tag, an dem die Aktien nach der globalen Finanzkrise ihren Tiefpunkt erreichten – 500.000 Dollar in einen S&P-500-Indexfonds. Ein wunderbarer, glücklicher Zeitpunkt! Sie war auch diszipliniert und blieb bei jedem Rücksetzer und jeder Korrektur in diesem elfjährigen Bullenmarkt investiert. Sie erwischte die nächsten beiden Bärenmärkte nicht punktgenau und musste vorübergehend Verluste hinnehmen, doch ihr Depot erholte sich mit dem Markt; nun kommt sie auf eine kumulative Rendite von 1.096 Prozent. Ihre 500.000 Dollar sind jetzt fast 6 Millionen Dollar wert!

Pete dachte am 9. März 2009 darüber nach, in den S&P 500 einzusteigen, aber er tat es nicht. Die Lage sah immer noch düster aus. Die Rezession tobte weiter, Gewinne brachen ein, die Autohersteller wurden gerade staatlich gerettet, die Arbeitslosigkeit stieg, die neue Obama-Regierung schien keine schnelle Lösung für die Wirtschaft zu haben – er brauchte Klarheit! Ein grünes Licht, ein Signal, dass alles in Ordnung war! Also wartete er sechs Monate. Der Aktienmarkt war inzwischen gestiegen, was ihn erleichterte. (Er hätte diesen verpassten Einstieg bedauern sollen, tat es aber nicht.) Pete investierte seine 500.000 Dollar am 9. September 2009 in einen S&P-500-Indexfonds. Von da an blieb er vollständig investiert, genau wie Pam. Seine Rendite fällt mit 674 Prozent jedoch viel geringer aus; damit kommt er nur auf 3,9 Millionen Dollar.

Abbildung 8.1 Das unterschiedliche Schicksal von Pam und Pete.

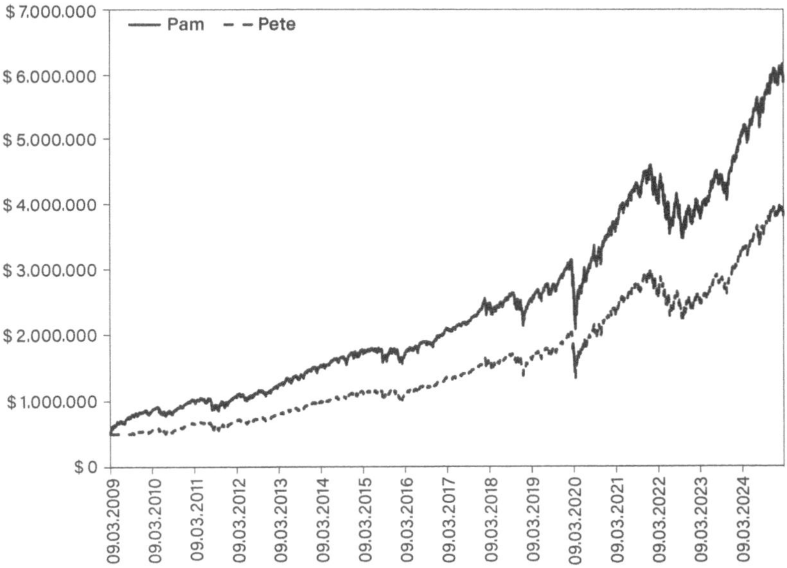

Quelle: FactSet, Stand: 5.3.2025. S&P 500 Total Return Index, 9.3.2009 bis 28.2.2025. Indexiert auf 500.000 am 9.3.2009 und 9.9.2009.

Warum entfernen sich diese Linien immer weiter voneinander? Durch den Zinseszins! Als Pete einstieg, war der S&P 500 seit dem 9. März bereits um 54,6 Prozent gestiegen. Das bedeutete, dass Pams 500.000 Dollar bereits auf 772.797 Dollar angewachsen waren. Vom 9. September an erzielten beide eine identische Rendite von 673,9 Prozent. Doch Pam hatte einen Vorsprung, da sie über zusätzliche 272.797 Dollar verfügte, die ebenfalls mit dem Markt wachsen konnten. Je mehr die Aktien stiegen, desto mehr wuchsen diese zusätzlichen 272.797 Dollar.

Pam und Pete zeigten beide bemerkenswerte Disziplin. Beide blieben während der Bärenmärkte 2020 und 2022 investiert. Aber im Laufe der Zeit kostete Pete sein sechsmonatiges Warten auf Klarheit im Jahr 2009 mehr als 2 Millionen Dollar an entgangenem Vermögenszuwachs. Wahrscheinlich weiß er gar nicht, dass ihn das so viel gekostet hat! Schließlich hinterfragen die meisten Menschen ihre eigenen Entscheidungen überhaupt nicht, schon gar nicht solche, die mit so hohen Kosten verbunden sind.

Wenn ich also den Markt untersuche, um zu sehen, ob sich ein Bärenmarkt bildet, geht es mir nicht ausschließlich darum, ihn richtig einzuschätzen, damit wir aussteigen können. Die wichtigere Aufgabe besteht darin, sich nicht von TGH täuschen zu lassen und fälschlicherweise in die Defensive zu gehen und dadurch große Renditen zu verpassen. Eines der schlimmsten Dinge, die Sie tun können, ist, sich von einer Korrektur täuschen zu lassen – von diesen scharfen, stimmungsgetriebenen Einbrüchen um 10 bis 20 Prozent. Wenn Sie während einer Korrektur verkaufen, weil Sie glauben, es handle sich um einen Bärenmarkt, und Sie sich irren, verkaufen Sie zu niedrigen Kursen und kaufen zu hohen Kursen. Damit schreiben Sie diese Verluste fest und verpassen dann die Erholung, die sie wieder ausgleicht. Selbst wenn Sie wieder einsteigen, haben Sie diese Chance auf Zinseszinswachstum verpasst. Dann sind Sie Pete. Und geschlagen.

Daher sollten Sie nur selten defensiv werden – und nur dann, wenn Sie absolut sicher sind, etwas zu wissen, was die meisten anderen nicht wissen. Werden Sie nicht aus einem Bauchgefühl heraus defensiv, nicht aus Angst und nicht aufgrund der Meinung Ihres Nachbarn. Die Drei Fragen sollten hier eine zentrale Rolle spielen. Machen Sie sich jetzt klar, dass Sie nicht jeden Bärenmarkt punktgenau erwischen werden, nicht einmal die meisten. Vielleicht gelingt Ihnen das ein- oder zweimal. Aber wenn Sie den Prozess befolgen, den ich Ihnen in diesem Kapitel zeige, können Sie die Wahrscheinlichkeit erhöhen, auch nur ein einziges Mal erfolgreich defensiv zu werden, und gleichzeitig das

Risiko verringern, sich in einer Korrektur durch falsches Hin und Her selbst zu schaden. Ich kann es nicht genug betonen: Genau das ist wirklich entscheidend – und viel wichtiger dafür, ob Sie Ihre langfristigen Ziele erreichen.

Ich bin nur dreimal defensiv geworden – Mitte 1987, Mitte 1990 und Ende 2000. Ich hatte jedes Mal großes Glück. In der Erstauflage dieses Buches von 2006 schrieb ich an dieser Stelle: „Das nächste Mal werde ich es wahrscheinlich vermasseln." Ich führte mir diese Möglichkeit selbst vor Augen, um meine Selbstüberschätzung im Zaum zu halten. Wie sich herausstellte, hatte ich mit dieser Einschätzung ebenfalls recht: Den Bärenmarkt von 2007 bis 2009 erkannte ich nicht rechtzeitig genug, um darauf zu reagieren. Enttäuschend? Sehr! Aber jede verfehlte Prognose ist eine Gelegenheit, zu lernen und besser zu werden. Im Jahr 2008 habe ich gelernt, dass mein Werkzeugkasten zwar sehr gut für Bärenmärkte geeignet ist, die aus überhitzten Aktienkursen und euphorischen Anlegern entstehen ... aber nicht vollständig ausreicht, wenn ein Bärenmarkt anders ausgelöst wird. Also habe ich dazugelernt, mich angepasst und verbessert. Die Lektionen, die wir in meinem Unternehmen damals gelernt haben, kommen unseren Kunden auch heute noch zugute. Das Gleiche gilt für die Lektionen aus dem korrekturähnlichen Bärenmarkt von 2020 und dem flachen, hauptsächlich von der Stimmung getriebenen Bärenmarkt von 2022. Vielleicht helfen uns diese Lektionen, den nächsten Bärenmarkt punktgenau zu erwischen. Aber auf dem Weg dorthin helfen sie uns, den Versuchungen der TGH-Korrektur zu widerstehen.

Die Mauer der Sorgen – oder der Schlag

Keine zwei Bärenmärkte sind genau gleich. Historisch betrachtet dauerten sie wenige Wochen bis mehrere Jahre. Einige sind regelrechte Monster, die Ihnen 50 Prozent oder mehr entreißen. Andere erreichen kaum die traditionelle 20-Prozent-Schwelle.

Aber im Allgemeinen beginnen sie auf eine von zwei Arten: mit der „Mauer“ … oder mit dem „Schlag“.

Die „Mauer“ ist die sprichwörtliche Mauer der Sorgen, die Aktienkurse in Bullenmärkten erklimmen. Die unbegründeten Ängste, aus denen diese Mauer besteht, sind wunderbare Kräfte: Sie halten die Stimmung niedriger, als sie sonst wäre, und schaffen so Raum für positive Überraschungen, die die Aktienkurse in die Höhe treiben. Die Stimmung verbessert sich für gewöhnlich im Laufe eines Bullenmarktes, während die Kurse diese Mauer erklimmen. Der tiefe Pessimismus zu Beginn eines Bullenmarktes wandelt sich allmählich in Skepsis. Dann keimt Optimismus auf und wächst langsam. Mit der Zeit steigert er sich zu Euphorie, wenn die Erwartungen so unrealistisch werden, dass sie unmöglich zu übertreffen, ja nicht einmal zu erfüllen sind. Den Anlegern gehen die Sorgen aus und es gibt keine Mauer mehr zu erklimmen.

Euphorie allein verursacht noch keinen Bärenmarkt, aber sie macht Aktien schon für die geringste wirtschaftliche Eintrübung oder Gewinnschwäche anfällig. Dann schlägt TGH zu – mit einem Bärenmarkt, der alle verspottet, die behauptet hatten, Aktien würden ewig steigen. Der Bärenmarkt, der nach dem Platzen der Dotcom-Blase im Jahr 2000 entstand, war ein klassisches „Mauer“-Szenario. Die Menschen waren zu euphorisch, um zu akzeptieren, dass die Umkehrung der Zinsstrukturkurve gegen Ende jenes Jahres auf echte Probleme hindeutete. Dieses Signal ignorierten sie … auf eigene Gefahr.

Manchmal jedoch versetzt etwas Massives und Hässliches einem Bullenmarkt einen „Schlag“, noch bevor die Anleger euphorisch werden. Der Bärenmarkt von 2007 bis 2009 war ein solcher „Schlag“. Damit etwas als „Schlag“ zählt, muss es genug Wucht haben, um eine Rezession auszulösen. Während ich dies schreibe, beziffert der IWF das weltweite BIP auf etwa 115 Billionen Dollar. Jeder Schlag muss also genug Zerstörungskraft haben, um das erwartete Wachstum und noch mehr auszulöschen – mindestens 4 Billionen Dollar, wahrscheinlich eher 5 Billionen Dollar.

Außerdem muss ein solcher „Schlag“ überraschend kommen: Entweder trifft er ohne Vorwarnung, oder er liegt offen zutage, ohne dass jemand ihn als Gefahr erkennt. Die Corona-Lockdowns von 2020 waren ein Schlag ohne Vorwarnung. Der Schlag von 2007 bis 2009 war die zweite Variante: eine falsch angewandte Rechnungslegungsvorschrift, deren Folgen niemand genau erkannte, bis es zu spät war. Auf diese Vorschrift und ihre Folgen komme ich später in diesem Kapitel zurück; ausführlich habe ich diesen Zusammenhang in meinem 2015 erschienenen Buch „Kasse statt Masse“ dargestellt.

Das „Mauer oder Schlag“-Konzept ist ein hervorragender Filter. Es schärft Ihren Blick, wenn Sie prüfen wollen, ob sich ein Bärenmarkt bildet oder unmittelbar bevorsteht – also bei genau der Art von Prüfung, für die Frage Zwei gedacht ist. Damit können Sie alles herausfiltern, was zu klein oder zu allgemein bekannt ist, um als „Schlag“ infrage zu kommen; zugleich bewahrt es Sie davor, überall nach Aktienblasen zu suchen. Es garantiert Ihnen nicht, dass Sie jeden Bärenmarkt rechtzeitig erkennen, um handeln zu können (Sie müssen, müssen, müssen ihn frühzeitig erkennen, um handeln zu können – niemals zu spät!), aber das kann Ihnen nichts und niemand garantieren. Stattdessen hilft Ihnen das Denken in den Kategorien „Mauer“ und „Schlag“, Ihre Chancen zu erhöhen, in Bullen- wie in Bärenmärkten richtig zu liegen. Es geht immer darum, häufiger richtig als falsch zu liegen.

Aufbau eines defensiven Portfolios

Angenommen, Sie wenden Ihre Drei Fragen an und sind zuversichtlich, dass das wahrscheinlichste Marktszenario für das nächste Jahr oder so ein starker Rückgang ist – ein echter Bärenmarkt. Sie haben den drohenden „Schlag“ ausgemacht oder sind nach sorgfältiger, nüchterner Prüfung zu dem Schluss gekommen, dass von der Mauer der Sorgen nichts mehr übrig ist. Was tun Sie? Wie sollte ein defensives Portfolio aussehen? Das hängt vom jeweiligen Bärenmarkt ab.

Ich weiß, dass Sie das vielleicht nicht gern hören, aber es ist wahr: Jeder Bärenmarkt ist anders. In manchen Bärenmärkten kommen einige Sektoren problemlos durch, doch Sie wissen erst im Nachhinein, welche das sind – und vielleicht nicht einmal dann.

In anhaltenden Bärenmärkten – sofern Ihre Prognose stimmt – kann ein stark bargeldlastiges Portfolio am sinnvollsten sein. Liquidität ist entscheidend: Die Märkte bewegen sich schnell, wenn ein neuer Bullenmarkt beginnt, daher müssen Sie bereit sein, wieder einzusteigen. Wenn Sie nicht liquide genug aufgestellt sind oder sich nur langsam wieder in den Markt hineinbewegen, verpassen Sie wahrscheinlich wie Pete den großen Aufschwung nach dem Tiefpunkt. Sie können Geldmarktanlagen und kurzlaufende US-Staatsanleihen nutzen. Sie sollten wahrscheinlich keine Anlagen mit langer Laufzeit kaufen, es sei denn, sie lassen sich sofort verkaufen. Ein Rentenversicherungsprodukt ist genau das Gegenteil dessen, was Sie wollen: Es ist illiquide und potenziell sehr teuer aufzulösen. Seien Sie defensiv, aber liquide.

Marktneutral

Ein Beispiel: Während des Bärenmarktes von 2000 bis 2002 wollte ich ein Portfolio, das sich wie Bargeld verhielt, aber höhere Renditen als Bargeld erzielte. Ich wollte gegen Abwärtsvolatilität abgesichert und hochliquide sein, damit ich jederzeit schnell und ohne größere Verzögerung wieder in den Markt einsteigen konnte. Ich wollte Steuereffizienz. Und ich wollte ausnutzen, dass ich etwas über bestimmte Sektoren wusste, was andere nicht wussten, indem ich bestimmte Sektoren übergewichtete und andere untergewichtete. Da ich davon ausging, dass der Technologiesektor schwächeln würde, und erhebliche Ressourcen in diese Einschätzung investiert hatte, wollte ich daraus Kapital schlagen. Dazu musste ich marktneutral sein – also Aktien halten, um Sektor-Exposure zu haben, aber ohne Netto-Aktienexposure. Was bedeutet das?

Ich schuf ein von mir sogenanntes „synthetisches Cash"-Portfolio, das all diese Ziele abdeckte. Meine Asset-Allokation belief sich während dieser Zeit auf insgesamt 130 Prozent meines tatsächlichen Portfolios. Und so ging ich vor.

Zunächst hatte ich 30 Prozent in großen, defensiven Blue-Chip-Aktien aus Europa und den USA – in Aktien großer Pharmaunternehmen, Banken und Basiskonsumgüterkonzerne. Kurz: alles, was als „defensiv" galt; zyklische Werte waren ausgeschlossen. Ich wollte Unternehmen, deren Produkte stetig nachgefragt wurden und deren Geschäft nicht empfindlich auf konjunkturelle Schwankungen reagierte, da Bärenmärkte in der Regel mit Rezessionen einhergehen, in denen die Menschen dazu neigen, Ausgaben für nicht unbedingt Notwendiges zu kürzen. Viele davon gehörten zu den größten Large-Cap-Aktien aus meinen Käufen Ende der 1990er-Jahre; weil ich sie behalten hatte, waren darauf Kapitalgewinne aufgelaufen, die noch nicht realisiert waren. Man kann sich das im Grunde so vorstellen: Wenn es an der Zeit ist, synthetisches Cash aufzubauen, verkauft man das, was angesichts der eigenen Prognosen und steuerlichen Überlegungen sinnvoll ist, behält das, was angesichts derselben Überlegungen sinnvoll ist, und verkauft dann den Index leer (Leerverkäufe; darauf komme ich gleich noch zurück), um das Risiko von Kapitalverlusten durch den Rückgang im Bärenmarkt zu verringern.

Als Nächstes hatte ich etwa 38 Prozent in liquiden US-Staatsanleihen (nicht besonders riskant).

Ich hatte 2 Prozent in Index-Puts auf den S&P 500. Ich kaufte Puts mit einer Laufzeit von etwa einem Jahr. Index-Puts sind in diesem Szenario sehr nützlich. Dabei handelt es sich um Kontrakte, die dem Inhaber das Recht geben, den Index zu einem vorab festgelegten Stand zu verkaufen. Ihr Wert steigt, wenn der Index in Richtung dieses Standes fällt oder ihn sogar unterschreitet. An Markttops oder in deren Nähe ist die Nachfrage nach ihnen gering, sodass sie in der Regel eine relativ günstige Versicherung mit relativ niedrigen Prämien sind. (Umgekehrt sind sie zu den falschen Zeiten, etwa an Marktböden, in volatilen Phasen und so weiter, extrem teuer.) Index-Puts sind wie eine Unfallversicherung, bei der der Unfall in einem starken Rückgang des Index besteht. Wenn das geschieht, zahlen sich die Puts kräftig aus; wenn nicht, verfallen sie einfach wertlos. Mit einer so kleinen Position hatte ich wenig zu verlieren. Falls sie sich nicht auszahlten, wäre ein Verlust von 2 Prozent größtenteils durch meine Anleihezinsen gedeckt. Umgekehrt würde das Portfolio erheblich profitieren, wenn meine Einschätzung aufging. Jedes Mal, wenn die Aktien nachgaben, schoss der Wert der Put-Optionen in die Höhe.

Dann verkaufte ich im Umfang von 30 Prozent den Nasdaq 100 und den Russell 2000 leer (20 beziehungsweise 10 Prozent), nahm den Erlös und hielt ihn als Cash – weitere 30 Prozent. (30 + 38 + 2 + 30 + 30 = 130 Prozent. So kam ich auf 130 Prozent.) Meine These war, dass der Nasdaq und der Russell zusammen stärker fallen würden als die Aktien, die ich hielt. Also lieh ich mir die Indizes und verkaufte sie leer, in der Hoffnung, sie, wenn sie fielen, zu einem niedrigeren Kurs zurückkaufen zu können. Die Differenz wäre mein Gewinn – und größer als die Kursverluste meiner langweiligen Aktien. Anstatt den Erlös aus dem Leerverkauf der Indizes zu reinvestieren, behielt ich den Cash-Bestand für den Fall, dass ich mich irrte. Aber selbst dieser Cash-Bestand brachte etwas Ertrag. Das war vor der langen Nullzinsphase.

Dieses Mal lag ich richtig, und der Markt brach während dieser Bärenmarktjahre stark ein. Dieses Portfolio schnitt unter diesen Bedingungen sehr gut ab. Die Short-Position auf den Nasdaq 100 schnitt viel besser ab als die auf den Russell 2000, aber zusammen entwickelten sie sich sehr gut und stiegen im Wert, während die Aktien, die ich hielt, fielen. Ich weiß noch nicht, wie ich mein nächstes Bärenmarkt-Portfolio aufbauen werde. Es gibt zu viele Unbekannte, darunter die künftigen Bedingungen am Anleihemarkt, die Inflation und sektorspezifische Treiber, ganz zu schweigen von der möglichen Entwicklung neuer, nützlicher Instrumente. Aber wenn es so weit ist, wird das grundsätzliche Ziel auf Grundlage der dann herrschenden Bedingungen darin bestehen, ein wenig volatiles, liquides und steuerlich effizientes Portfolio zu schaffen, das dennoch eine gewisse Titel- und Sektorauswahl ermöglicht.

Anatomie einer Blase

Wie bereits erwähnt, habe ich die Bärenmärkte von 1987, 1990 und 2000 richtig vorausgesehen, aber die Jahre 2008, 2020 und 2022 verpasst.

Auf diese verpassten Bärenmärkte werde ich gleich noch eingehen. Was mich im März 2000 zu meiner Prognose eines vom Technologiesektor getriebenen Bärenmarkts brachte, waren beunruhigende Realitäten, die andere meiner Ansicht nach übersahen. Etwas Schreckliches zu sehen, das andere übersehen, ist die Grundlage für eine erfolgreiche Bärenmarkt-Jagd – egal, ob dieses Schreckliche nun die Mauer oder der Schlag ist.

Die Profis waren zu bearish und erwarteten 1996, 1997, 1998 und 1999 negative oder allenfalls einstellige Renditen, obwohl US-Aktien in jedem einzelnen Jahr tatsächlich sogar um mehr als 20 Prozent zulegten. Das sagte mir, dass Aktien noch eine mächtige Mauer der Sorgen zu überwinden hatten. Im Jahr 2000 drehte der Konsens schließlich stark ins Bullishe, gemessen an meinen Glockenkurven zur Anlegerstimmung, und man war sich einig, dass der Markt um 10 Prozent zulegen würde. (Die Glockenkurve für 2000 ist in Abbildung 8.2 noch einmal dargestellt.)

Ich wusste, dass ich alles unter der Konsensglocke ausschließen konnte – von einer Seitwärtsbewegung bis zu einem Anstieg von 20 Prozent. Übrig blieben ein Jahr mit starkem Plus und zwei Lücken auf der bearishen Seite: ein leichter oder ein starker Rückgang. Ich würde nicht bearish werden, nur um Contrarian-Investor zu sein.

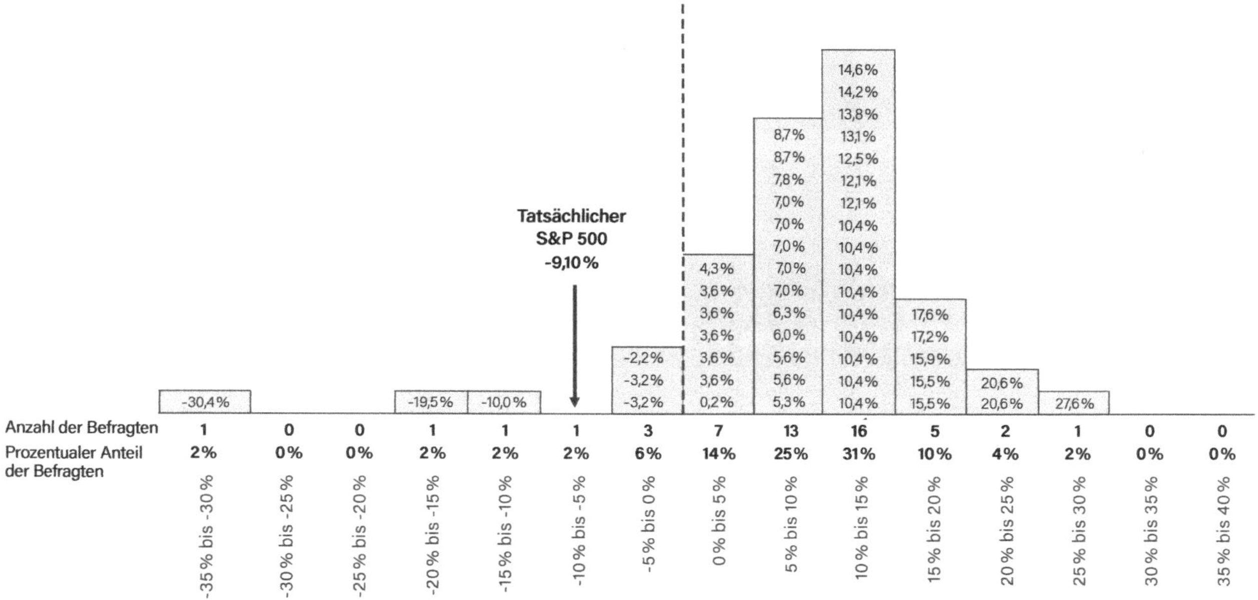

Abbildung 8.2 Die Glockenkurve zur Anlegerstimmung verschiebt sich nach rechts (S&P-500-Prognose, 2000).

Quelle: *BusinessWeek* und Fisher Investments Research.

Aber es wurde immer deutlicher, dass sich die Aktien nahe am Top der Mauer befanden. Die Anleger hatten im Großen und Ganzen keine Sorgen, und die Euphorie machte die Leute risikoblind. Frage Zwei machte eine Reihe von schleichenden, weitgehend ignorierten Problemen sichtbar.

Wie ich bereits zuvor angedeutet habe, war ich wegen einer sich umkehrenden Zinsstrukturkurve besorgt – gerade weil niemand darüber sprach. Inverse Zinsstrukturkurven sind ziemlich zuverlässige Vorboten von Bärenmärkten und Rezessionen, wenn sie nur wenige bemerken. Und damals kehrten sich die Zinsstrukturkurven weltweit und fast unbeachtet um. Aber niemand sprach darüber, also hatte auch niemand Angst davor. Im Gegensatz dazu konnte die Finanzpresse 1998 nicht aufhören, über eine inverse US-Zinsstrukturkurve zu berichten, obwohl die Zinsstrukturkurve nicht einmal über eine flache Kurve hinauskam. 2000 jedoch tat die Finanzpresse das nicht. (2005 sprach man darüber, wahrscheinlich weil niemand darüber gesprochen hatte, als es 2000 passierte – und natürlich gab es 2005 keine Rezession und keinen Bärenmarkt. Das Gleiche gilt für 2022, als sich die Zinsstrukturkurve kurz nach dem Ende dieses Bärenmarktes umkehrte … und keine Rezession folgte.) Die Anleiherenditen waren im Vergleich zu den Gewinnrenditen ebenfalls sehr hoch (siehe Abbildung 1.5 in Kapitel 1). Es hatte viele aktienfinanzierte Übernahmen gegeben, wodurch das Aktienangebot stieg. Das einzige wirklich bullishe Merkmal war, dass es das vierte Jahr der Amtszeit des Präsidenten war.

Und Angst gab es ganz sicher nicht. Punkt. Keine Sorgen, keine Mauer. Die Titelgeschichte von *BusinessWeek* vom Januar 2000 pries die „New Economy“.[2] (Anmerkung zu dieser Quelle: Jüngere Anleger kennen diesen Namen vielleicht nicht, aber jahrzehntelang, mein ganzes Leben lang bis zu diesem Zeitpunkt, war *BusinessWeek* enorm wichtig und eines der drei großen Wirtschaftsmagazine – eine feste Größe, die alle kannten und respektierten und die in diesen Jahrzehnten hinsichtlich Bedeutung und Größe mit *Forbes* und *Fortune* vergleichbar war. Beide haben heute nur noch einen Bruchteil ihres damaligen Einflusses. *BusinessWeek* existiert heute nicht mehr. Das Magazin implodierte im Gefolge des Zusammenbruchs der Tech-Blase und wurde 2009 von Bloomberg für 2 bis 5 Millionen Dollar übernommen und in das heutige *Bloomberg BusinessWeek* umgewandelt, eine ganz andere und weniger bekannte Publikation.)[3]

Die Prämisse war nicht nur, dass die himmelhohen Bewertungen im Technologiesektor von Dauer sein würden, sondern dass sie bald auch auf andere Branchen und weltweit übergreifen würden. Aber *BusinessWeek* stand damit nicht allein. Ich stieß kaum auf bearishe Einschätzungen – abgesehen vom üblichen Kreis der Dauerbären. Nur ein Jahr zuvor sollte das Jahr-2000-Problem das Ende des Lebens, wie wir es kannten, bedeuten. Zwei Jahre zuvor befürchtete man allgemein, dass die russische Rubelkrise und die Insolvenz eines zweitrangigen Hedgefonds die Welt lahmlegen könnten. Nachdem man all das überstanden hatte, setzte man auf Optimismus. Allein aufgrund der Anlegerstimmung war es vernünftig, über die Vorteile einer defensiven Haltung nachzudenken. Aber von da aus ist es noch ein großer Schritt, tatsächlich bearish zu werden, insbesondere wenn die Euphorie eine Weile anhalten und schöne Renditen bringen kann.

Es gab etwas grundlegend Schlimmeres, das niemand sah. Nach Jahren von Tech-Börsengängen und dem Trend zu aktienfinanzierten Übernahmen drohte das Aktienangebot die Nachfrage zu erdrücken. Der Tech-Boom Ende der 1990er-Jahre war strukturell messbar fast identisch mit dem Ungleichgewicht zwischen Angebot und Nachfrage bei Energieaktien im Jahr 1980. Ich habe darüber in meiner *Forbes*-Kolumne vom 6. März 2000 mit dem Titel „1980 Revisited“ geschrieben (Nachdruck in Anhang F). Dass der Artikel nur wenige Tage vor dem Höchststand des Tech- und US-Marktes veröffentlicht wurde, war reines Glück – ich hatte keine Ahnung, dass diese spezielle Marktprognose so treffsicher getimt sein würde.

Probleme mit Blasen – es ist immer ein neues Paradigma

Ich zögere, etwas als Blase zu bezeichnen, da dieser Begriff von so vielen Menschen, die so wenig von Blasen verstehen, inflationär gebraucht wird. Blasen werden häufig vorhergesagt, kommen aber selten vor. Allzu oft sprechen die Leute von Blasen bei einzelnen Aktien, in einer winzigen Branche oder bei einer neuen Technologie mit begrenztem Anwendungsbereich. Für mich sind das keine Blasen. Es mag sich um Modeerscheinungen handeln. Aber ihnen fehlt die Breite.

Wenn sich eine echte Blase aufbläht, wird sie oft übersehen, wegdiskutiert oder als etwas Positives angepriesen. Bevor sie platzen, gelten echte Blasen häufig als „neues Paradigma“ oder „neue Ära“: als etwas grundlegend anderes als die Vergangenheit, bei dem die alten Regeln nicht mehr gelten und hohe Renditen mit wenig oder gar keinem Risiko möglich scheinen – weil „diesmal alles anders ist“. (Lesen Sie in meinem 2011 erschienenen Buch „Markets Never Forget“ mehr über die Gefahr, zu glauben, dass „diesmal alles anders ist“.) Bevor Japans Blase 1990 zu platzen begann, sagten alle, dass es dort hervorragende Manager gebe, mit denen der Westen nicht konkurrieren könne. Als der Technologiesektor tatsächlich eine Blase war, sprach man von der „New Economy“. Wenn jedoch etwas als Blase bezeichnet wird, das noch nicht geplatzt ist, bedeutet das, dass der Kurs stark gestiegen ist und viele Menschen befürchten, dass er wieder fallen wird. (Das ist wieder unsere Höhenangst.) Diese Angst ist oft bereits im Markt vorhanden und minimiert allein durch ihre Präsenz das Risiko.

Wenn etwas wirklich eine Blase ist, wird es normalerweise nicht als Blase bezeichnet, und die Menschen fürchten sich nicht davor. In den Jahren 1997, 1998 und 1999 gab es in der überregionalen US-Presse keine Berichterstattung, die Tech als Blase einordnete. Der US-Techpublizist Tony Perkins beschrieb Internetaktien Ende 1999 in einem Buch als Blase, doch es fand wenig Beachtung. Meine *Forbes*-Kolumne, in der ich Tech als Blase bezeichnete, gehörte zu den ersten Verwendungen dieses Wortes in der überregionalen US-Presse im Zusammenhang mit Tech.

Was ich Anfang 2000 sah, ähnelte auf unheimliche Weise dem, was ich 1980 im Energiesektor miterlebt und später anhand von Daten gemessen hatte, ohne es damals tatsächlich prognostiziert zu haben: eine echte Blase mit dem Potenzial, einen sich ausweitenden, heftigen, vom Sektor ausgehenden Bärenmarkt auszulösen.

Im Jahr 1980 schien der Energiesektor unaufhaltsam zu sein. Aufgrund geldpolitischer Fehlentscheidungen der Zentralbanken weltweit in den 1970er-Jahren stieg die Inflation sprunghaft an, und Rohstoffe boomten. Die OPEC war mächtig, während der Iran-Irak-Krieg tobte. Öl kostete 33 Dollar je Barrel, und man war sich damals einig, dass der Ölpreis innerhalb von vier Jahren 100 Dollar je Barrel erreichen würde. Niemand rechnete mit fallenden Ölpreisen. Ganz ähnlich war man sich Anfang 2000 einig, dass sich die Zahl der Internetnutzer weltweit innerhalb von vier Jahren verdreifachen würde, und die meisten Leute wiederholten die typischen New-Economy-Mantras: Gewinne spielen keine Rolle. Das ist ein neues Paradigma. Klicks statt Ladengeschäfte!

Es gab zahlreiche Parallelen zwischen dem Energie- und dem Technologiesektor. Die relativen Bewertungskennzahlen des Energiesektors gegenüber dem Gesamtmarkt im Jahr 1980 ähnelten denen des Technologiesektors im Jahr 2000.

Eine weitere wichtige, oft übersehene Parallele war die Zahl der Börsengänge als Anteil am gesamten Aktienuniversum – ein stark anschwellendes Angebot. Auch die Energieblase war von einem Boom an Börsengängen und einem anschließenden Kurssturz geprägt. Mein Ausgangsgedanke war, dass eine Flut neuer Technologieaktien die Kurse unter Druck setzen könnte. Tabelle 8.3 zeigt den raschen Anstieg des Aktienangebots in beiden Sektoren infolge der jeweiligen Booms bei Börsengängen Ende der 1970er- und Ende der 1990er-Jahre. Im Jahr 1980 stammte fast die Hälfte des Wertzuwachses aller neuen und bestehenden US-Unternehmen aus dem Energiesektor. Im Jahr 1999 stammte fast der gesamte Wertzuwachs aus dem Technologiesektor.

Tabelle 8.3 Die Entstehung zweier Blasen

US-Energieaktien				**US-Technologieaktien**			
	31.12.79	**31.12.80**	**Veränderung**		**31.12.98**	**29.12.99**	**Veränderung**
Anzahl der Energieunternehmen	229	301	72	Anzahl der Unternehmen	1.460	1.652	192
Wert der Energieunternehmen (in Tsd.)	$189.795	$324.629	$134.833	Wert (in Tsd.)	$2.307.384	$4.930.559	$2.623.175
Alle US-Aktien				**Alle US-Aktien**			
	31.12.79	**31.12.80**	**Veränderung**		**31.12.98**	**29.12.99**	**Veränderung**
Anzahl der Unternehmen	4.291	4.417	126	Anzahl der Unternehmen	8.656	8.785	129
Wert (in Tsd.)	$1.024.832	$1.325.489	$300.656	Wert (in Tsd.)	$12.881.072	$15.748.729	$2.867.657
Anteil neuer Energieunternehmen an Gesamtzahl neuer Unternehmen in %			20,3 %	Anteil neuer Technologieunternehmen an Gesamtzahl neuer Unternehmen in %			21,2 %
Anteil neuer Energieunternehmen an Gesamtzahl der Unternehmen			1,7 %	Anteil neuer Technologieunternehmen an Gesamtzahl der Unternehmen in %			2,2 %
Anstieg des Energiewertes im Verhältnis zum Gesamtmarktwert			44,8 %	Anstieg des Technologiewertes im Verhältnis zum Gesamtmarktwert			91,5 %
KBV von Energieaktien			x 2,6	KBV von Technologieaktien			x 13,9
KBV des S&P 500			x 1,3	KBV des S&P 500			x 5,6
KBV Energie/S&P 500			2:1	KBV Technologie/S&P 500			2,5:1

Quelle: Standard & Poor's Capital IQ, Stand: 21.11.2011.

Beachten Sie auch die Ähnlichkeiten zwischen den Anteilen neuer Tech-Aktien an allen neuen Aktien sowie am gesamten US-Aktienuniversum im Jahr 1999 und den entsprechenden Werten bei Energieaktien im Jahr 1980. Und das Kurs-Buchwert-Verhältnis jedes Sektors lag bei etwa dem Doppelten des Marktmultiplikators. Wer erinnert sich heute schon daran, dass Energieaktien, die historisch gesehen zyklische Value-Aktien sind, 1980 wie Growth-Aktien bewertet wurden? Beängstigende Zeiten. Das Entscheidende ist, dass nur wenige diesen Zusammenhang sahen oder erwähnten.

Aus meiner Sicht musste Tech noch weiter fallen. Aber es musste nicht viel weiter fallen, um denselben großen Bärenmarkt auszulösen, den Energie zwischen 1980 und dem Sommer 1982 ausgelöst hatte. Diese beiden Beobachtungen hatten großen Einfluss auf meine Entscheidung, meine Tech-Bestände im Jahr 2000 zu reduzieren.

In mancher Hinsicht konnte ich mir vorstellen, dass Tech sogar schlimmer werden könnte als die Energieblase. Im Jahr 1980 war keines der 50 größten Energieunternehmen erst wenige Jahre zuvor an die Börse gegangen, beispielsweise 1978 oder 1979. Die Börsengänge von 1978 bis 1980 waren zwar zahlreich, hatten aber ein geringeres Marktgewicht. Im Jahr 2000 waren dagegen elf der 50 größten Technologieaktien erst 1998 oder 1999 an die Börse gekommen. Das erhöhte meiner Meinung nach das Risiko.

War ich mir sicher, dass Tech implodieren und der gesamte Markt einbrechen würde? Nein, aber es war logisch. Erstens schienen alle unschönen Parallelen zu 1980 für alle anderen unsichtbar zu sein. Zweitens musste man sich fragen, wer überhaupt noch kaufen sollte, wenn er es nicht schon getan hatte. Wer blieb TGH noch als frisches Futter? Aufgrund der Anlegerstimmung, der Zinsstrukturkurve, der Haushaltsüberschüsse, der aktienfinanzierten Übernahmen und der Parallelen zum Energiesektor konnte ich die Möglichkeiten eines starken oder leichten Anstiegs für das Jahr 2000 für mich ausschließen. Allerdings schien auch ein starker Rückgang unwahrscheinlich. Wie der Blick auf 1981 zeigte, dauerte es lange, bis sich der Ölcrash auf andere Sektoren auswirkte. Das Platzen einer Sektorblase greift normalerweise nicht schnell auf andere Sektoren über. Daher ging ich davon aus, dass Tech zunächst fallen würde – und zwar stark. Es würde jedoch einige Zeit dauern, bis der Rest des Marktes allmählich ebenfalls mit nach unten gezogen würde. Für einen größeren Markteinbruch müssten wir also noch länger warten. Schließlich wusste ich: Bullenmärkte sterben nicht mit einem Knall, sondern mit Gewimmer. Bullenmärkte haben normalerweise keinen dramatischen Höchststand, sondern kippen langsam. Um den Höchststand im Jahr 2000 gab es einen Zeitraum von über zehn Monaten, in dem der weltweite Aktienmarkt innerhalb einer Bandbreite von 9 Prozent blieb (siehe Abbildung 8.3).

Zu Beginn des Jahres 2000 machte der Technologiesektor 30 Prozent des gesamten S&P 500 aus. Wenn ein Sektor mit einem Anteil von 30 Prozent um 39 Prozent fällt, wie es 2000 beim Nasdaq der Fall war, und alles andere unverändert bleibt, dann müsste der Gesamtmarkt um 11,7 Prozent fallen. Der S&P 500 verlor im Jahr 2000 jedoch nur 9 Prozent.[4] Technisch gesehen legte der Rest des Marktes – der Nicht-Tech-Teil – also leicht zu. Der Einbruch im Technologiesektor hatte noch nicht auf den übrigen Markt übergegriffen und ihn mit nach unten gezogen.

Im Laufe des Jahres 2000 verschlechterte sich die Lage im Technologiesektor jedoch weiter. Ich konnte beobachten, wie neu börsennotierte Technologieunternehmen ihre liquiden Mittel in rasendem

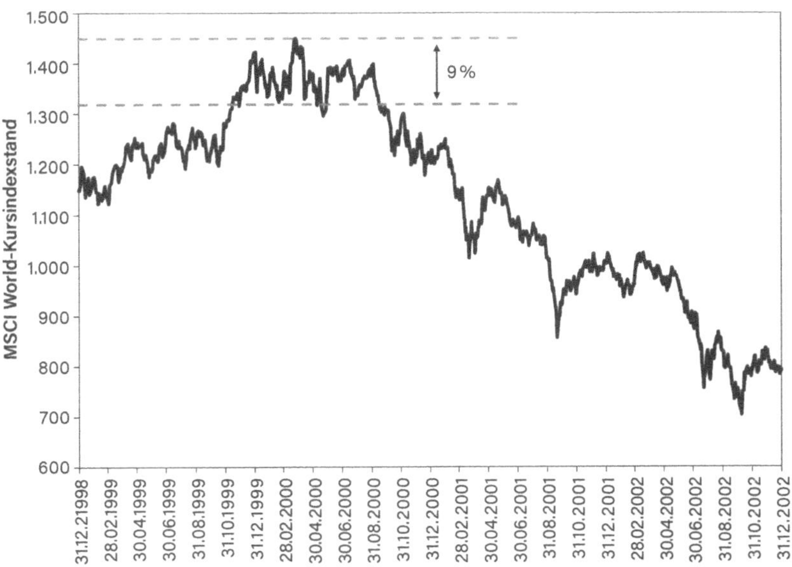

Abbildung 8.3 Bullenmärkte sterben nicht mit einem Knall, sondern mit Gewimmer.

Quelle: FactSet, Stand: 17.3.2025.

Tempo aufbrauchten, genau wie neu börsennotierte Energieunternehmen im Jahr 1980 – in fast identischem Ausmaß. Wir konnten berechnen, wie viele Unternehmen ihre liquiden Mittel aufbrauchen würden, wenn sie nicht erneut an den öffentlichen Kapitalmarkt gingen, um mehr Geld zu beschaffen – was entweder einen Unternehmenszusammenbruch oder eine noch größere neue Aktienemission bedeutet hätte; beides musste für die weitere Entwicklung schlecht sein.

Als Kennzahl berechneten wir die Burn-Rate für so viele neue Tech-Aktien, für die wir Daten finden konnten. Die Burn-Rate misst, wie schnell einem Unternehmen das Geld ausgeht, wenn kein neues Geld hinzukommt. Um sie zu messen, verglichen wir die liquiden Mittel und Nettoverluste bis einschließlich des zweiten Quartals 2000 (es war September, als wir diese Berechnung zuletzt durchführten). Unter der Annahme, dass diese Unternehmen keine weiteren externen Finanzmittel finden würden, teilten wir die aktuellen liquiden Mittel durch den Nettoverlust des zweiten Quartals, um die Burn-Rate zu ermitteln.

Insgesamt fanden wir 223 nennenswerte börsennotierte Unternehmen, die so knapp bei Kasse waren, dass sie ohne eine sehr schnelle neue Aktienemission bald nur noch eine schöne Erinnerung sein würden. Tabelle 8.4 zeigt die 25 schlimmsten Fälle. Binnen nur eines Quartals stieg die aggregierte Marktkapitalisierung der Unternehmen, die diesem Muster entsprachen, von 140 Milliarden auf über 312 Milliarden Dollar – nicht weil die Kurse stiegen, sondern weil immer mehr dieser Unternehmen kurz davorstanden, finanziell gegen die Wand zu laufen, und niemand erfasste, wie groß diese Gruppe inzwischen geworden war. Immer mehr Unternehmen, die keinen Gewinn machten, drängten mit neuen Aktienemissionen an den Markt. Als der Markt für neue Aktienemissionen kippte, waren zwölf Monate später fast alle diese Unternehmen verschwunden. Die Blase hatte gerade erst begonnen zu platzen.

(Diese Tabelle zusammenzustellen, ist ziemlich einfach, falls Sie Burn-Raten einmal selbst berechnen möchten. Alle Angaben, die wir darin aufführen, sind öffentlich zugänglich.)

Tabelle 8.4 Internet-Burn-Raten

	Ticker	Unternehmen	Marktkapitalisierung	Gesamtverschuldung	Liquide Mittel Q1	Liquide Mittel Q2	Q4 1999	Nettoergebnis Q1 2000	Nettoergebnis Q2 2000	Burn-Rate
1	ONEM	ONEMAIN.COM INC	282,12	30,45	17,06	1,42	-32,73	-39,84	-35,88	0,04
2	FLAS	FLASHNET COMMUNICATIONS INC	52,3	8,61	0,23		-11,42	-4,96		0,05
3	GENI	GENESISINTERMEDIA COM INC	86,98	33,15	0,35	0,41	-6,66	-5,13	-7,34	0,06
4	HCOM	HOMECOM COMMUNICATIONS INC	8,14	0,48	·0,08		-2,3	-1,49		0,06
5	3EFAX	EFAX.COM INC	16,07	1,5	1,6	0,18	-10,14	-5,38	-2,56	0,07
6	CLAI	CLAIMSNET COM INC	23,19	0	2,49		-2,39	-1,93	-9,31	0,27
7	NETZ	NETZEE INC	120,52	16,22	1,33	5,41	-18,85	-15,67	-17,77	0,3
8	LUMT	LUMINANT WORLDWIDE CORP	235,83	6,79	9,44		-24,47	-29,65	-29,12	0,32
9	3ESYN	ESYNCH CORP	83,41	0,11	0,5		-2,14	-1,49		0,33
10	RMII	RMI NET INC	66,39	3,78	3,26		-12,24	-7,4	-8,41	0,39
11	DGV	DIGITAL LAVA INC	26,88	0,27	2,59	0,68	-2,25	-1,54	-1,74	0,39
12	ECMV	E COM VENTURES INC	22,18	54,42	2,91		-0,13	-6,62		0,44
13	ZDZ	ZDNET	135,59	0	0,02	1,21	2,05	-1,57	-2,64	0,46
14	MRCH	MARCHFIRST INC	2.679,63	20	369,83	176,43	8,36	-117,33	-374,45	0,47
15	GEEK	INTERNET AMERICA INC	48,92	0,73	3,3	1,72	-0,9	-1,58	-3,27	0,53
16	ROWE	ROWECOM INC	51,25	6,96	9,29	10,13	-1,61	-15	-19,16	0,53
17	PRGY	PRODIGY COMMUN CORP-CL A	677,28	109,36	21,13	20,73	-29,76	-34,91	-38,95	0,53
18	WAVO	WAVO CORP	22,19	3,37	10,23	4,77	-14,42	-3,51	-8,91	0,54
19	ELTX	ELTRAX SYS INC	150,96	17,7	14,2		-1,66	-5,24	-26,34	0,54
20	KANA	KANA COMMUNICATIONS	5.575,49	1,72	35,67	162,84		-14,45	-284,94	0,57
21	ATHM	AT HOME CORP	7.578,71	873,23	502,28	388,73	-723,01	-676,52	-668,26	0,58
22	PILL	PROXYMED INC	30,88	1,75	7,91	7,38		-5,72	-10,48	0,7
23	AHWY	AUDIOHIGHWAY.COM	14,36	0,46	8,34	3,47	-5,86	-4,01	-4,78	0,73
24	BFLY	BLUEFLY INC	10,77	2,87	3,91	3,93	-5,69	-5,67	-5,3	0,74
25	ELIX	ELECTRIC LIGHTWAVE-CLA	941,85	710,4	25,99		-35,02	-35,14	-34,96	0,74

Quelle: Standard & Poor's Capital IQ.

Am beunruhigendsten war, dass niemand die Parallelen zwischen dem Tech-Boom und der letzten Branchenblase 20 Jahre zuvor erkannte. Ich war keineswegs der einzige Investmentprofi, der den Energiecrash miterlebt hatte. Ich war auch nicht der einzige Mensch auf der Welt, der Zugang zu den Daten hatte, um solche Vergleiche anzustellen. Viele andere hätten das vor mir erkennen müssen. Aber ich sah nirgendwo, dass sie es taten – und das war beängstigend. Am Lagerfeuer sitzend spähten sie alle angestrengt in eine andere Richtung.

Noch hatte sich nichts geändert, was die Angebotsflut aus Tech-Börsengängen und Folgeemissionen nach Kapital hungernder Unternehmen hätte verringern können. Meiner Ansicht nach hatte das Angebot die Nachfrage zum Ende des Jahres 2000 endgültig erdrückt. Einer Dotcom nach der anderen ging das Geld aus. Das musste über ein sektorspezifisches Phänomen hinaus auf den übrigen Markt übergreifen – der Rest des globalen Marktes würde beginnen, die Angebotsschwemme einzupreisen. Hätte es am Markt auch nur ein wenig Angst vor Tech, der Zinsstrukturkurve oder irgendetwas anderem gegeben, hätte ich mir vorstellen können, dass der Markt 2001 nur noch leicht fallen würde. Wenn fast niemand Angst hat, ist das der beste Zeitpunkt, um wirklich ängstlich zu werden. Das wunderbare Mantra, das Mr. Buffett zugeschrieben wird, lautet: „Man sollte gierig sein, wenn andere ängstlich sind, und ängstlich, wenn andere gierig sind." Ende 2000 konnte ich mir vorstellen, dass es 2001 schlicht keinen nennenswerten Kaufdruck mehr geben würde, der den Markt vor einem starken Rückgang bewahren könnte.

Als das Jahr 2000 ausklang, der Nasdaq um 39 Prozent gefallen war, der S&P 500 im Jahresverlauf 9 Prozent verloren hatte und Anleger und professionelle Prognostiker immer noch bullish waren, kam ich schließlich zu dem Schluss, dass die Zeit reif war, vollends ins Bearishe zu drehen.[5] Nicht nur gegenüber Tech bearish, sondern gegenüber dem Markt insgesamt.

Vorsicht vor interessanten Statistiken

In meiner *Forbes*-Kolumne aus dem Jahr 2000 und in früheren Auflagen dieses Buches habe ich darauf hingewiesen, dass der S&P 500 in den Jahren 1980 und 2000 stark auf wenige große Werte konzentriert war – ebenso auf die vergleichbaren Sektorgewichte von Energie und Technologie. Anfang 2025 ist diese Konzentration noch ausgeprägter: Die 30 größten Unternehmen stellen einen größeren Anteil der Marktkapitalisierung, und alles, was man als Technologie einstufen würde – Informationstechnologie plus „Interaktive Medien und Dienstleistungen" im neuen Sektor Kommunikationsdienste –, macht fast 40 Prozent der Marktkapitalisierung des S&P 500 aus.[6] Aber ich bin nicht bearish, und Tech scheint mir keine Blase zu sein.

Wie passt das zusammen? Anders als im Jahr 2000 sieht diesmal jeder diese Konzentration und den Einfluss des Sektors – und fürchtet beides. Jeder, von der Mutter über den Bruder, den Friseur, den Uber-Fahrer und den Nachbarn bis hin zum Buchhalter, sagt: Tech sei eine Blase, die einen extrem fragilen Markt künstlich oben halte und verdecke, wie schwach der Markt jenseits der großen Tech-Werte tatsächlich sei. Darum kreist die tägliche Medienfixierung auf die sogenannten „Magnificent 7"-Aktien. Die Leute geraten wegen eines KGVs des Technologiesektors ins Schwitzen, das nur etwas mehr als halb so hoch ist wie im März 2000. Außerdem läuft das Aktienangebot heute nicht aus dem Ruder, weil der Sarbanes-Oxley Act von 2002 den Markt für Börsengänge zerschlagen hat. Die Silicon-Valley-Hypes entstehen und platzen heute an den privaten Kapitalmärkten, nicht in den Portfolios gewöhnlicher Anleger. Während ich dies Anfang 2025 schreibe, bin ich gegenüber US-Technologieaktien nicht besonders bullish; wahrscheinlich werden sie zumindest mittelfristig hinter Value-Aktien und Europa zurückbleiben. Aber die Befürchtungen einer Blase entkräften sich selbst. Derselbe Frage-Zwei-Prozess, eine andere Schlussfolgerung.

Ansteckungsverkäufe

In einem Bärenmarkt gerät häufig (wenn auch nicht immer) zuerst ein bestimmter Sektor unter Druck. Der Verkaufsdruck greift dann auf andere Sektoren über – in einem Prozess, den ich Ansteckungsverkäufe nenne. Das funktioniert so: Angenommen, Sie sind ein typischer Tech-Investmentfonds. Sie halten kleine Dotcoms und große, etablierte Tech-Giganten. Aus heiterem Himmel implodieren einige Ihrer Dotcom-Beteiligungen, zugleich kommt es zu Rücknahmen. Sie müssen Titel verkaufen, um die nötige Liquidität für diese Rücknahmen zu beschaffen. Was verkaufen Sie? Die kleinen Dotcoms, die so stark unter Druck stehen, können Sie kaum verkaufen – sie sind wenig liquide, und Sie hoffen, dass sie sich wieder erholen. Also verkaufen Sie Ihre Aktien von Apple, Microsoft und Oracle, weil sich diese großen, liquiden Titel verkaufen lassen. Dieser Verkaufsdruck belastet dann auch die Kurse dieser Aktien. Doch genau das passiert auch bei allen anderen typischen Tech-Fonds. Einige Growth-Aktienfonds wiederum halten Tech-Aktien, Pharma- und Konsumgüterwerte und vieles mehr. Wenn Apple, Microsoft und Oracle unter Druck geraten, müssen deren Fondsmanager andere Positionen verkaufen, um Rücknahmen zu bedienen; also greifen sie zu Merck und Procter & Gamble und verkaufen diese Aktien. So pflanzt sich der Verkaufsdruck von Fonds zu Fonds fort. Am stärksten wirkt er dort, wo der Prozess begonnen hat, doch schließlich breitet er sich so weit aus, dass zwar nicht der gesamte, aber doch der größte Teil des Marktes betroffen ist. Von 2000 bis 2002 blieben nur kleine, extrem günstig bewertete Value-Aktien verschont – also genau das Gegenteil des Bereichs, in dem der Schaden mit hochwertigen Growth-Tech-Aktien begonnen hatte. (Übrigens war dieser Effekt der Ansteckungsverkäufe auch 2008 bis 2009 zu beobachten, als der Schaden im Finanzsektor auf andere Sektoren übergriff.)

Also verkaufte ich im Jahr 2000 meine Positionen im Technologiesektor und stellte mich zum Jahresende vollständig defensiv auf – eine Haltung, die ich weitere 18 Monate beibehielt.

Einige grundlegende Regeln für Bärenmärkte

Warum 18 Monate, fragen Sie sich? Während Bullenmärkte sehr unterschiedlich lang dauern, dauern die meisten Bärenmärkte etwa ein Jahr bis höchstens 18 Monate. Nur sehr wenige Bärenmärkte der neueren Marktgeschichte dauern volle zwei Jahre oder länger. Wenn Sie eine defensive Haltung einnehmen, sollten Sie wahrscheinlich nicht davon ausgehen, dass ein Bärenmarkt so lange dauert. Je länger ein Bärenmarkt läuft, desto wahrscheinlicher ist es, dass Sie zu lange warten, um wieder einzusteigen. Der Bärenmarkt von 2000 bis 2002 war ungewöhnlich – er dauerte länger als der Bärenmarkt von 2008! Der Bärenmarkt von 2008 hatte ein enormes Ausmaß, ebenso wie der von 2000 bis 2002. Dass wir zwei große Bärenmärkte hintereinander hatten, verleitete wahrscheinlich viele zu der Annahme, Bärenmärkte seien normalerweise so lang oder so heftig – ein Beispiel für den kognitiven Fehler des *Recency Bias*, also die übermäßige Gewichtung jüngster Erfahrungen. Die nächsten beiden waren natürlich kürzer: ein paar Wochen im Jahr 2020, als es zu einem korrekturartigen, durch Lockdowns ausgelösten Bärenmarkt kam; neuneinhalb Monate im Jahr 2022. Beide waren auch weniger tief. Wenn Sie davon ausgehen, dass der nächste Bärenmarkt deutlich länger als 18 Monate dauern wird, stützen Sie sich dabei auf historische Ausreißer – und Sie müssen starke, fundamentale Gründe haben, die nicht auf Angst oder Emotionen beruhen, um diese Ansicht zu untermauern. (Genauso brauchen Sie einen starken, fundamentalen, emotionslosen Grund, wenn Sie argumentieren wollen, dass ein Bärenmarkt historisch betrachtet kurz sein wird.) Wenn Sie länger als 18 Monate bearish bleiben, könnten Sie außerdem den raketenartigen Anstieg verpassen, der fast immer den Beginn des nächsten Bullenmarkts einläutet. Diesen zu verpassen kann sehr kostspielig sein, wie unser Freund Pete weiter oben in diesem Kapitel gezeigt hat.

Wenn Sie erfolgreich ausgestiegen sind und sich mit der Zeit zeigt, dass Ihr Ausstieg richtig war, könnte Ihr Steinzeitgehirn davor zurückschrecken, Sie wieder der Gefahr von Verlusten auszusetzen – was dazu führen könnte, dass Sie erst nach dem anfänglichen raketenhaften Anstieg des nächsten Bullenmarkts wieder einsteigen. An der Seitenlinie zu bleiben, mag sich angenehmer anfühlen – so fühlen Sie sich länger im Recht, insbesondere wenn Sie sich wie die meisten einreden, dieser raketenhafte Start sei noch kein echter neuer Bullenmarkt. (Bedauern vermeiden!) Ihr Gehirn möchte weiter stolz darauf sein, dass Sie erfolgreich ausgestiegen sind. Zurück zu einer bullishen Haltung zu wechseln bedeutet, dass Sie sich möglicherweise irren, und wenn das der Fall ist, werden sich die Leute über Sie lustig machen – und unser antiquiertes Gehirn hasst das nun mal.

Nach einem erfolgreichen Ausstieg redet Ihnen Ihr Gehirn schnell ein, der Bärenmarkt werde länger dauern, als Bärenmärkte es gewöhnlich tun. Man hört viel Gerede über „zyklische Bullenmärkte innerhalb langfristiger säkularer Bärenmärkte“ – gemeint ist damit, positive Jahre seien nur Ausreißer in einem insgesamt abwärtsgerichteten Superzyklus. Doch die Vergangenheit spricht hier eine eindeutige Sprache: Aktien steigen historisch viel häufiger und langfristig viel stärker, als sie fallen, und echte säkulare Bärenmärkte gibt es schlicht nicht – zumindest nicht so, wie viele denken. (Warum die Jagd nach säkularen Bärenmärkten in die Irre führt, erläutere ich in „Markets Never Forget“.) Ja, man kann sich renditeschwache oder sogar negative Jahrzehnte herauspicken, aber solche Jahrzehnte verschwinden meist, wenn man den Zeitrahmen auch nur um ein paar Monate verschiebt. In der Regel bedeutet das nur, dass der gewählte Zeitraum zufällig mit einem Bärenmarkt begann und mit einem Bärenmarkt endete, während dazwischen viele gute Jahre lagen. Mehr steckt nicht dahinter.

Wenn man die Natur von Bärenmärkten versteht, wird klar, warum es sinnvoll ist, im Voraus ein Zeitfenster für den Wiedereinstieg festzulegen. Historisch gesehen tritt nur etwa ein Drittel der Verluste eines Bärenmarkts in den ersten zwei Dritteln seiner Dauer auf – das nenne ich meine „Zwei-Drittel-Ein-Drittel-Regel“. (Bedenken Sie jedoch: Keine dieser Regeln ist in Stein gemeißelt, und umfassende Änderungen der Asset-Allokation sollten immer von weiteren fundamentalen Gründen gestützt werden.) Das ist eine grobe Verallgemeinerung, aber etwa zwei Drittel der Verluste entstehen erst im letzten Drittel des Bärenmarkts. Der Bärenmarkt von 1973 bis 1974 war ein gutes Beispiel dafür, wie Abbildung 8.4 zeigt.

Abbildung 8.4 Die Zwei-Drittel-Ein-Drittel-Regel.

Quelle: FactSet, Stand: 17.3.2025. S&P-500-Kursindex, 31.12.1969 bis 31.12.1976.

Sie werden Ihren Wiedereinstieg nicht perfekt abpassen können (mir ist das 2002 jedenfalls nicht gelungen) – stellen Sie sich von vornherein darauf ein. Dass die Schlussphase von Bärenmärkten so brutal ist, ist TGHs Art, Sie zu demütigen: Er hält Sie aus dem ersten raketenhaften Schub eines neuen Bullenmarkts heraus.

Die andere Seite dieser Regel lautet: Ein Bärenmarkt beginnt in der Regel nicht mit einem jähen Absturz. Die Abwärtsbewegung beschleunigt sich meist erst später. In der Frühphase nach dem Höchststand gibt der Markt meist nur langsam nach. Wie Abbildung 8.3 zeigt, war der Verlauf ab 2000 ein perfektes Beispiel dafür. Das gilt nicht für jedes einzelne Land: Kleine Länder können wegen der hohen Branchen- und Unternehmenskonzentration ihrer Märkte unmittelbar nach dem Höchststand abrupt und stark fallen. Für breite Märkte – den US-Markt, den aggregierten Markt außerhalb der USA und den Weltmarkt insgesamt – trifft es aber sehr wohl zu. Wenn Sie also nach einem großen Bärenmarkt Ausschau halten, müssen Sie nicht versuchen, ihn schon vor seinem Höchststand vorherzusagen – das ist nahezu unmöglich. Einen Höchststand erkennt man leichter im Nachhinein, wenn sich bereits etwas bewegt hat, als im Voraus, wenn noch nichts passiert ist. Entscheidend ist, einen Bärenmarkt früh genug zu erkennen. Wenn Sie mithilfe von Frage Eins und Frage Zwei sicher sind, dass deutlich mehr Abwärtspotenzial noch vor Ihnen liegt als bereits hinter Ihnen, können Sie entsprechend handeln. Und das eigentliche Ziel ist es, zu vermeiden, dass TGH Sie wegen einer bloßen Korrektur aufs Glatteis führt.

Bei Markttiefs ist fast immer das Gegenteil der Fall. Während Bullenmärkte am Hoch in der Regel keine scharfe Spitze ausbilden, bilden Bärenmarkttiefs häufig einen V-Boden oder manchmal einen W-Boden. Das oft gefürchtete L ist in breiten Märkten ein Mythos. Stellen Sie sich den Boden wie ein V vor (oder wie ein W, wenn es einen Doppelboden gibt), wie in Abbildung 8.5. Wenn es Ihnen gelingt, sich irgendwann nach dem Hoch defensiv aufzustellen, spielt es dann eine Rolle, auf welcher Seite des V Sie wieder einsteigen? Nicht wirklich. Sie landen immer noch ungefähr am selben Punkt, egal ob Sie auf der linken oder der rechten Seite des V einsteigen.

TGH möchte, dass Sie sich in Verlustaversion und Rückschaufehler hineinsteigern und mit dem Wiedereinstieg warten, bis sich der Markt deutlich erholt hat. Zum richtigen Zeitpunkt auszusteigen erfordert Mut – wenn Sie den Bärenmarkt überhaupt rechtzeitig richtig erkennen, was verdammt schwer ist. Der Wiedereinstieg ist genauso qualvoll. Die Finanzberichterstattung wird Ihnen dabei nicht helfen. In der späten

Phase eines Bärenmarkts sind die Schlagzeilen meist düster. Die meisten Bärenmärkte (nicht alle!) gehen mit einer Rezession einher. Damit sollten Sie rechnen – ebenso mit all den beängstigenden Schlagzeilen über eine schrumpfende Wirtschaft, Arbeitslosigkeit, mögliche Kreditausfälle oder Insolvenzen, die damit verbunden sind. Deshalb brauchen Sie eine Regel. Die 18-Monats-Regel kann Ihnen helfen, Disziplin und Selbstkontrolle zu bewahren, damit Sie aus emotionalen Gründen nicht zu lange defensiv bleiben.

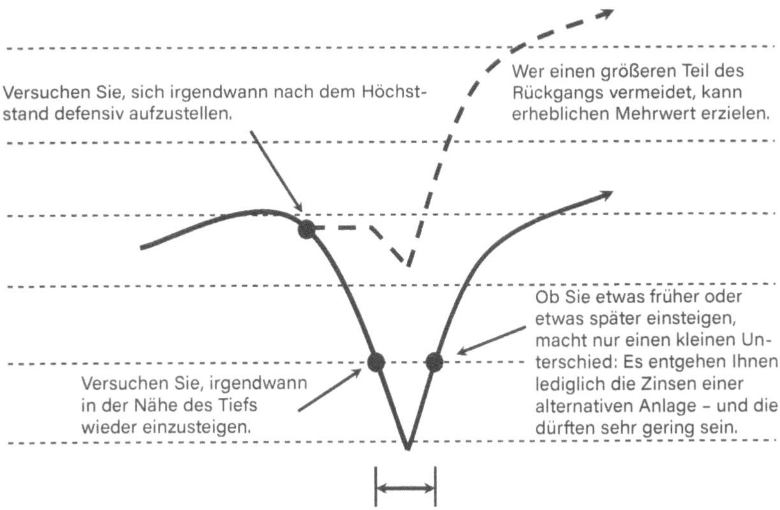

Abbildung 8.5 Auf jeden Bärenmarkt folgt ein Bullenmarkt.

Hinweis: Nur zur Veranschaulichung. Nicht maßstabsgetreu. Nicht als Prognose zu verstehen.

Wenn Sie über die 18-Monats-Regel hinausgehen möchten, ist das in Ordnung. Legen Sie jedoch vorher Ihr eigenes Limit fest, ob 20 oder 22 Monate oder was auch immer, und halten Sie sich daran. Eine Möglichkeit, meine Regel mit Ihrer zu kombinieren, besteht darin, die 18 Monate verstreichen zu lassen und dann zu sehen, wo Sie stehen. Wenn

Sie nach 18 Monaten immer noch glauben, etwas zu wissen, was andere nicht wissen, und deshalb davon ausgehen, dass der Markt weiter fallen sollte, dann lassen Sie ihn weiter fallen. Liegt er einen Monat später nicht tiefer, zwingen Sie sich zum Wiedereinstieg. Liegt er tiefer, lassen Sie ihn weiter fallen. Steigt er aber wieder auf das Niveau zurück, auf dem er nach 18 Monaten stand, zwingen Sie sich ebenfalls zum Wiedereinstieg. So können Sie sich Disziplin auferlegen. Sie befinden sich dann einfach auf der anderen Seite des V ungefähr am selben Punkt. Lassen Sie Ihr widerspenstiges Gehirn gar nicht erst mitreden.

Hier ist ein weiterer Grund, warum Sie den Beginn eines Bärenmarkts nicht perfekt abpassen müssen. Alle von uns untersuchten US-amerikanischen und globalen Bärenmärkte hatten – mit drei Ausnahmen, zuletzt 2020 – vom Höchststand bis zum Tief einen durchschnittlichen monatlichen Rückgang zwischen 1,25 und 3 Prozent; als grober Richt-

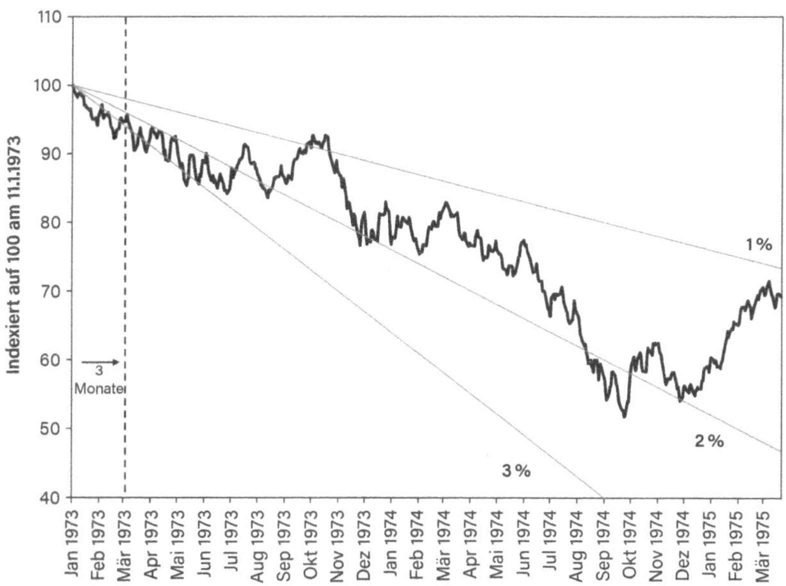

Abbildung 8.6 Die 2-Prozent-Regel.

Quelle: FactSet, Stand: 17.3.2025.

wert für diese monatliche Abwärtsbewegung taugen 2 Prozent. 1973 bis 1974 ist dafür erneut ein gutes Beispiel (siehe Abbildung 8.6). Die Ausnahmen sind 1987, weil dieser Bärenmarkt extrem kurz war, und 2008. Dieser Bärenmarkt – der größte seit der Weltwirtschaftskrise der 1930er-Jahre – hatte aufgrund eines jähen Einbruchs im letzten Drittel nach dem Zusammenbruch von Lehman Brothers höhere durchschnittliche monatliche Verluste und ist damit eine weitere Ausnahme. Dasselbe gilt für 2020: ein schrecklich steiler, aber glücklicherweise kurzer Bärenmarkt, der in Verlauf und Dauer eher einer Korrektur ähnelte.

Diese spezielle Regel soll verhindern, dass Sie wegen möglicherweise normaler Volatilität vorschnell aussteigen. Wenn Sie vermuten, dass Sie einen Bärenmarkt erleben, bleiben Sie geduldig und beobachten Sie den Verlauf. Fällt der Markt schneller als die durchschnittlichen 2 Prozent pro Monat, steigen Sie nicht sofort aus, sondern warten Sie eine Gegenbewegung ab. Vielleicht erleben Sie nur eine Korrektur. In einem typischen Bärenmarkt folgt bald eine kurze Gegenbewegung. Der Markt nähert sich dann wieder der vom Hoch aus gerechneten 2-Prozent-pro-Monat-Spanne – und genau das bietet Ihnen bessere Chancen auszusteigen. Geduld ist hier eine Tugend.

Joe Goodman war ein weiser Mann und langjähriger Kolumnist bei *Forbes*. Meiner Meinung nach war er der beste Kolumnist, den *Forbes* je hatte. In den 1940er- und 1950er-Jahren riet er den Lesern, nicht zu früh von einem Hoch zu sprechen. Seine Regel: Nach einem vermuteten Hoch drei Monate warten, bevor man von einem Bärenmarkt spricht.

Auch hier gilt: Das sind keine festen Regeln, an die man sich blind halten sollte. Sie sollen Ihnen vielmehr helfen, diszipliniert zu bleiben, und verhindern, dass Sie bei einer bloßen Korrektur zu früh die Reißleine ziehen und dann zusehen müssen, wie der Bullenmarkt weiter steigt. Und selbst wenn eine dieser „Regeln" greift – oder mehrere zugleich –, brauchen Sie meiner Ansicht nach weiterhin einen starken fundamentalen Grund für eine defensive Haltung: etwas fundamental und massiv Schlechtes, das nur wenige andere sehen.

Langweilig wird es nie

Wenn Sie ein langfristig wachstumsorientierter Anleger sind und nur eines aus diesem Buch mitnehmen, dann dies: Sprechen Sie nicht leichtfertig von einem Bärenmarkt. Die Welt ist ein beängstigender Ort – aber das war schon immer so. Dass große, beängstigende Ereignisse eintreten (und zwar häufig), reicht für sich genommen nicht aus, um einen Bärenmarkt auszulösen.

Als Anleger erinnern wir uns verzerrt an vergangene Ereignisse und an unsere Reaktionen darauf (Rückschaufehler), sodass wir glauben, besser damit umgegangen zu sein, als es tatsächlich der Fall war. Doch die Vergangenheit ist voller bedeutender Ereignisse, und Aktien sind trotz aller Volatilität langfristig gestiegen. Tabelle 8.5 enthält einige wichtige historische Ereignisse und die danach erzielten globalen Aktienrenditen. Es dürfte Sie überraschen, wie widerstandsfähig Aktien waren.

Schauen Sie sich die Liste der historischen Ereignisse in Tabelle 8.5 an und versuchen Sie, sich – ehrlich – daran zu erinnern, was Sie beispielsweise während der Kubakrise empfunden haben (falls Sie damals schon auf der Welt waren). Oder als JFK erschossen wurde. Oder als die US-Botschaft im Iran besetzt wurde. Oder als der Jahreswechsel 1999/2000 nahte. Oder während der US-Wahlen 2016, 2020 und 2024. Oder wann immer Terroristen Anschläge in Amerika und Europa verübten. Lassen Sie sich von Hysterie nicht so sehr verängstigen, dass Sie womöglich zum falschen Zeitpunkt massiv aus Aktien aussteigen. Genau das will TGH.

Wenn Bullen Süßes oder Saures rufen

TGH wird versuchen, Ihnen jeden Bullenmarkt als verkleideten Bärenmarkt zu verkaufen. TGH sorgt dafür, dass ein neuer Bullenmarkt mit allem Drum und Dran eines „säkularen Bärenmarktes" daherkommt. Bullenmärkte sind dreiste Halloween-Gäste. Ich habe noch nie einen Bullenmarkt gesehen, der nicht von Kopf bis Fuß als Bär verkleidet zur Party gekommen ist. Leider haben die meisten Anleger keinen Blick für Halloween-Kostüme. Sie merken es erst, wenn sie viel zu spät auf der Party sind – WHAMMO! Sie haben die ersten 50 Prozent Kursplus eines Bullenmarktes verpasst, weil TGH ihre Wahrnehmung verzerrt hat. Und genau wie Pete wird es sie über ihren gesamten Anlagehorizont hinweg Millionen kosten.

Tabelle 8.5 Es wird nie langweilig

Jahr	Ereignisse	Aktienrendite
1934	Umfassende Wall-Street-Reformen verabschiedet; National Recovery Act bringt Preiskontrollen; Hitler erklärt sich zum Führer	2,55 %
1935	Italien marschiert in Abessinien ein; Hitler lehnt den Versailler Vertrag ab; Dürrekatastrophe: Dust Bowl verwüstet die Great Plains; Social Security Act begründet Sozialversicherung in den USA; Supreme Court kippt New-Deal-Behörde NRA	22,78 %
1936	Hitler remilitarisiert das Rheinland; Westmächte betreiben Appeasement gegenüber Nazi-Deutschland; Spanischer Bürgerkrieg; US-Spitzensteuersatz erreicht 79 %	19,28 %
1937	Kurze, heftige Rezession in den USA; Investitionsausgaben und Industrieproduktion brechen ein; Japan marschiert in China ein	-16,95 %
1938	Nazi-Deutschland annektiert Österreich und marschiert in die Tschechoslowakei ein; schwerer Hurrikan trifft Neuengland	5,61 %
1939	Deutschland und Italien unterzeichnen Militärpakt; Großbritannien, Frankreich und Polen schließen Bündnis; Deutschland marschiert in Polen ein; Zweiter Weltkrieg beginnt	-1,44 %
1940	Frankreich kapituliert vor Nazi-Deutschland; Luftschlacht um England; US-Spitzensteuersatz übersteigt 81 %; Wall-Street-Regulierungen werden verabschiedet	3,53 %
1941	Angriff auf Pearl Harbor; Deutschland marschiert in die Sowjetunion ein; USA erklären Japan, Italien und Deutschland den Krieg	18,74 %
1942	Kriegsbedingte Preiskontrollen greifen; Schlacht um Midway; US-Spitzensteuersatz erreicht 88 %	1,19 %
1943	USA rationieren Fleisch und Käse; Preis- und Lohnkontrollen greifen; massive deutsche U-Boot-Angriffe auf alliierte Atlantikkonvois; US-Bundesdefizit übersteigt 30 % des BIP	19,89 %
1944	Konsumgüter werden knapp; Alliierte landen in der Normandie; US-Spitzensteuersatz erreicht Rekordwert von 94 %	-10,24 %
1945	Ökonomen prognostizieren Nachkriegsrezession; Schlacht um Iwo Jima; Franklin D. Roosevelt stirbt; USA werfen Atombomben auf Japan ab	11,03 %

Jahr	Ereignisse	Aktien-rendite
1946	US-Nettoverschuldung übersteigt 100 % des BIP; Employment Act von 1946 wird verabschiedet; Stahl- und Werftarbeiter in den USA streiken	-15,12 %
1947	Kalter Krieg; Inflation in den USA bleibt hoch; Debatte um Israel/Palästina verschärft sich; Indisch-Pakistanischer Krieg; Kommunisten übernehmen die Macht in Ungarn	3,20 %
1948	Berlin-Blockade; US-Regierung beschlagnahmt Eisenbahnen, um Streik zu verhindern; Israel wird unabhängig; arabische Nachbarstaaten greifen an; Rezession in den USA	-5,73 %
1949	Sowjetunion testet erste Atombombe; Großbritannien wertet das Britische Pfund ab; Kommunisten übernehmen die Macht in China; Spannungen zwischen Taiwan und China nehmen zu	5,42 %
1950	Koreakrieg beginnt; McCarthyismus und „Rote Angst" prägen die USA; China marschiert in Tibet ein; Weltbevölkerung übersteigt 2,5 Milliarden	25,48 %
1951	USA erheben Übergewinnsteuer; Rosenberg-Spionageprozess läuft; Koreakrieg dauert an; USA testen Wasserstoffbombe; Marshall-Plan endet	22,45 %
1952	US-Regierung beschlagnahmt Stahlwerke, um Streik zu verhindern; Revolution in Ägypten; Staatsstreich in Jordanien; Polio-Angst in den USA erreicht Höhepunkt	15,82 %
1953	Nordseeflut verwüstet Küsten Westeuropas; Sowjetunion testet Wasserstoffbombe; Rezession in den USA; Stalin stirbt; Koreakrieg endet	4,84 %
1954	Dow erreicht 300 Punkte – Anleger bekommen „Höhenangst"; Taiwan-China-Konflikt spitzt sich zu; Französisch-Indochinakrieg endet; Brown v. Board entfacht Debatte über Aufhebung der Rassentrennung an Schulen	49,82 %
1955	Präsident Eisenhower erkrankt; Warschauer Pakt wird gegründet; Nordvietnam marschiert in Südvietnam ein; 7. US-Flotte unterstützt taiwanische Streitkräfte	24,74 %
1956	Suez-Krise – Kämpfe zwischen Israel und Ägypten; Asiatische Grippe; Sowjetunion schlägt Ungarischen Volksaufstand nieder	6,58 %
1957	Sowjetunion bringt Sputnik in die Umlaufbahn; Rezession in den USA; Krise um Schulintegration an der Little Rock Central High School; Eisenhower erleidet Schlaganfall	-6,02 %
1958	Rezession in den USA; Taiwan-China-Konflikt spitzt sich zu; USA entsenden Marines nach Beirut; Chruschtschow versucht, die alliierte Kontrolle über Berlin aufzubrechen	34,46 %
1959	Castro kommt in Kuba an die Macht; Stahlstreiks in den USA; von Kuba unterstützter Aufstand in der Dominikanischen Republik scheitert	23,30 %

Jahr	Ereignisse	Aktienrendite
1960	Rezession in den USA; Sowjetunion schießt U-2-Spionageflugzeug ab; Castro verstaatlicht ausländisches Eigentum; Weltbevölkerung übersteigt 3 Milliarden	3,49 %
1961	Bau der Berliner Mauer beginnt; USA entsenden Green Berets nach Vietnam; Invasion in der Schweinebucht scheitert; Freedom Riders protestieren gegen Rassentrennung in den USA	20,78 %
1962	Kubakrise; John F. Kennedy geht gegen Stahlpreiserhöhungen vor; USA verhängen Kuba-Embargo; Grenzkrieg zwischen China und Indien	-6,21 %
1963	Präsident John F. Kennedy wird ermordet; Regierung Südvietnams gestürzt; Debatten über Schulintegration und Rassentrennung verschärfen sich	15,38 %
1964	Tonkin-Zwischenfall; Rassenunruhen in den USA; Militärputsch in Brasilien; Civil Rights Act verbietet gesetzliche Rassentrennung in den USA; Chruschtschow wird abgesetzt	11,25 %
1965	Bürgerrechtsmärsche in den USA; USA entsenden reguläre Truppen nach Vietnam; Indien und Pakistan führen Krieg; großer Stromausfall im Nordosten der USA betrifft 30 Millionen Menschen	9,83 %
1966	Vietnamkrieg eskaliert; Staatsstreich in Nigeria; chinesische Kulturrevolution beginnt	-10,12 %
1967	Rassenunruhen in den USA; britisches Parlament beschließt Verstaatlichung von 90 % der Stahlindustrie; Sechstagekrieg	21,28 %
1968	Kaperung der USS Pueblo; Tet-Offensive; Ermordung von Martin Luther King Jr. und Robert F. Kennedy; Sowjetunion schlägt den Prager Frühling nieder	13,94 %
1969	Rezession in den USA; Leitzins auf Rekordhoch; Nordkorea schießt US-Marineflugzeug ab; Gaddafi kommt in Libyen an die Macht	-3,86 %
1970	USA marschieren in Kambodscha ein; Penn Central geht insolvent; australische Poseidon-Spekulationsblase platzt; Nationalgarde schießt an der Kent State University auf Studenten	-1,98 %
1971	US-Regierung friert Löhne und Preise ein; Bretton-Woods-Ära endet, Dollar-Goldbindung aufgehoben; US-Dollar abgewertet	19,57 %
1972	USA vermienen vietnamesische Häfen; Attentat auf israelische Olympiateilnehmer in München; Irak verstaatlicht Ölunternehmen	23,55 %
1973	Energiekrise – arabisches Ölembargo; Rezession in den USA beginnt; Watergate-Skandal; US-Vizepräsident Agnew tritt zurück; Jom-Kippur-Krieg	-14,51 %
1974	Stärkster Markteinbruch seit vier Jahrzehnten; Nixon tritt zurück; Yen wird abgewertet; Franklin National Bank bricht zusammen	-24,48 %
1975	New York City ist zahlungsunfähig; Nordvietnam gewinnt den Krieg; Großbritannien verstaatlicht Automobilhersteller; Spaniens Diktator Franco stirbt	34,49 %

Jahr	Ereignisse	Aktien-rendite
1976	OPEC erhöht Ölpreise; US-Regierung übernimmt zahlreiche insolvente private Eisenbahngesellschaften; Bürgerkrieg im Libanon	14,71 %
1977	USA erhöhen Social-Security-Abgaben; spanische Neofaschisten greifen politische Versammlung an; Stromausfall in New York City	2,00 %
1978	Zinssätze in den USA steigen; US-Nettoverschuldung übersteigt 600 Milliarden Dollar; Cleveland (Ohio) ist zahlungsunfähig	18,22 %
1979	Inflation in den USA steigt sprunghaft an; Reaktorunfall von Three Mile Island; iranische Studenten besetzen US-Botschaft in Teheran; Sowjetunion marschiert in Afghanistan ein	12,67 %
1980	Zinsen in den USA auf historischem Hoch; Love-Canal-Umwelt-skandal; Iran-Irak-Krieg beginnt; US-Regierung rettet Chrysler; Crash am Silbermarkt	27,72 %
1981	Schwere Rezession in den USA beginnt; Reagan-Attentat; Ölblase platzt; AIDS erstmals als Krankheitsbild erkannt; Israel bombardiert irakische Atomanlage	-3,30 %
1982	Schwerste Rezession in den USA seit 40 Jahren – Unternehmensge-winne brechen ein; Arbeitslosigkeit in den USA steigt sprunghaft an; Falklandkrieg; USA verhängen Embargo gegen libysches Öl	11,27 %
1983	USA marschieren in Grenada ein; Bombenanschlag auf die US-Botschaft in Beirut; Washington Public Power Supply System mit Rekordausfall bei Kommunalanleihen; US-Nettoverschuldung erreicht eine Billion Dollar	23,28 %
1984	US-Haushaltsdefizit auf damaligem Rekordniveau; US-Einlagen-sicherung FDIC rettet Continental Illinois; AT&T-Monopol wird aufgebrochen; Tankerkrieg im Persischen Golf; Giftgaskatastrophe von Bhopal bei Union Carbide India	5,77 %
1985	Wettrüsten; Banken in Ohio werden geschlossen, um massenhafte Abhebungen zu verhindern; USA sind weltweit größte Schuldnernation; US-Nettoverschuldung erreicht 1,5 Billionen Dollar – doppelt so viel wie 1980	41,77 %
1986	USA bombardieren Libyen; Ivan Boesky bekennt sich des Insiderhandels schuldig; Raumfähre Challenger explodiert; Reaktorkatastrophe von Tschernobyl	42,80 %
1987	Rekord-Tagesverlust an der Börse; Untersuchung der Iran-Contra-Affäre belastet Reagan belastet Reagan; Weltbevölkerung erreicht 5 Milliarden	16,76 %
1988	First Republic Bank bricht zusammen; US-Justiz klagt Manuel Noriega an; Bombenanschlag auf Pan Am-Flug 103; „Big Bang"-Finanzmarktreformen in Großbritannien	23,95 %
1989	Massaker auf dem Platz des Himmlischen Friedens; Erdbeben im Raum San Francisco; USA setzen Truppen in Panama ein; Exxon-Valdez-Ölpest; US-Sparkassenkrise – über 500 Institute scheitern, staatliche Abwicklungsgesellschaft gegründet	17,19 %

Jahr	Ereignisse	Aktien-rendite
1990	Rezession in den USA; Verbrauchervertrauen bricht ein; Irak marschiert in Kuwait ein – Spannungen nehmen zu; Ängste vor deutscher Wiedervereinigung	-16,52 %
1991	USA beginnen Luftkrieg gegen den Irak; Arbeitslosigkeit in den USA steigt auf 7 %; IRA verübt Anschlag auf Downing Street; Zusammenbruch der Sowjetunion	18,97 %
1992	Hurrikan Andrew verwüstet Florida; Unruhen in Los Angeles; Rezessionsängste in den USA; erbitterter US-Wahlkampf	-4,66 %
1993	USA erhöhen Steuern; Bombenanschlag auf das World Trade Center; Europa rutscht erneut in Rezession; Großbritannien wertet das Britische Pfund ab	23,13 %
1994	Versuch, das US-Gesundheitswesen zu verstaatlichen; mexikanische Peso-Krise; ehemaliges Jugoslawien versinkt im Bürgerkrieg; Kim Il Sung stirbt	5,58 %
1995	Panik wegen des schwachen Dollar; Clinton schnürt Rettungspaket für Mexiko; Sarinanschläge der Aum-Sekte in Japan; Bombenanschlag in Oklahoma City	21,32 %
1996	Inflationsängste in den USA; Ermittlungen in der Whitewater-Affäre; Bombenanschlag auf die Khobar Towers; Greenspan warnt vor „irrationalem Überschwang" der Anleger	13,99 %
1997	„Mini-Crash" bei Technologieaktien im Oktober; Asienkrise; Hongkong geht an China zurück; Irak-Krise um die Abrüstung	16,23 %
1998	Russische Rubelkrise; Asienkrise; Debakel des Hedgefonds Long-Term Capital Management; Bombenanschläge auf US-Botschaften in Afrika	24,80 %
1999	Jahr-2000-Paranoia und Marktkorrektur; Amtsenthebungsverfahren gegen Präsident Clinton; Hugo Chávez kommt in Venezuela an die Macht; Kosovokrieg auf dem Balkan	25,35 %
2000	Dotcom-Blase beginnt zu platzen; umstrittene US-Präsidentschaftswahl zwischen Bush und Gore; Anschlag auf den US-Zerstörer USS Cole	-12,93 %
2001	Rezession in den USA; Terroranschläge vom 11. September; IRA-Bombenanschlag auf die BBC; US-Krieg in Afghanistan; umstrittener Patriot Act verabschiedet	-16,52 %
2002	Bilanzskandale bei US-Unternehmen; Sarbanes-Oxley Act verabschiedet; Terrorängste; Spannungen mit dem Irak und der „Achse des Bösen"	-19,54 %
2003	Skandale um Investmentfonds; Irakkrieg; SARS-Ausbruch; Raumfähre Columbia explodiert; israelische Luftangriffe auf Ziele in Syrien	33,76 %
2004	Sorgen über den schwachen Dollar und die drei US-Defizite; Madrider Zuganschläge; Tsunami im Indischen Ozean fordert über 100.000 Todesopfer	15,25 %

Jahr	Ereignisse	Aktien-rendite
2005	Atomstreit mit Nordkorea und Iran; Hurrikan Katrina; Ölpreis springt auf 70 Dollar; Bombenanschläge vom 7. Juli in London	10,02 %
2006	Nordkorea testet Atomwaffen; Kriege im Irak und in Afghanistan dauern an; mexikanischer Drogenkrieg beginnt	20,65 %
2007	Finanzunternehmen schreiben Vermögenswerte nach neuer Fair-Value-Bilanzierungsregel ab; Israel greift mutmaßliche syrische Atomanlage an; Ängste wegen Subprime-Krediten	9,57 %
2008	Globale Finanzpanik; stärkste Jahresverluste an den Aktienmärkten seit den 1930er-Jahren; Ölpreis überschreitet 140 Dollar je Barrel; Regierungen ergreifen Rettungsmaßnahmen	-40,33 %
2009	Arbeitslosenquote in den USA übersteigt 10 %; massive fiskalische und geldpolitische Konjunkturmaßnahmen weltweit; Rettungsmaßnahmen für die US-Automobilindustrie	30,79 %
2010	Sorgen über Staatsschulden in der Eurozone; Befürchtungen eines erneuten Konjunktureinbruchs; kurzer, heftiger „Flash Crash" an den Börsen; H1N1-Schweinegrippepandemie hält an	12,34 %
2011	Arabischer Frühling; Tōhoku-Erdbeben und Tsunami erschüttern Japan; Staatsschuldenkrise in der Eurozone; Osama bin Laden wird getötet; US-Kreditwürdigkeit herabgestuft	-5,02 %
2012	Griechenland gerät zweimal in Zahlungsausfall; Spannungen im Nahen Osten nehmen zu; MERS-Ausbruch; Terroranschlag auf US-Vertretung in Bengasi	16,54 %
2013	Rettungspaket für Zypern; Bombenanschlag auf den Boston-Marathon; Bürgerkrieg in Syrien; Shutdown der US-Regierung; Affordable Care Act startet in den USA	27,36 %
2014	Konflikt zwischen der Ukraine und Russland um die Krim; Ebola-Ausbruch; russischer Rubel bricht ein; globale Ölpreise fallen unter 60 Dollar je Barrel	5,50 %
2015	Griechenland bedient fällige IWF-Zahlung nicht; China wertet Yuan ab; europäische Flüchtlingskrise; Terroranschläge in Paris; Fed erhöht Leitzins	0,49 %
2016	Brüsseler Terroranschläge; Brexit-Referendum; Putschversuch in der Türkei; Amtsenthebungsverfahren gegen Dilma Rousseff in Brasilien und Park Geun-hye in Südkorea	7,28 %
2017	Nordkorea testet ballistische Raketen; Großbritannien beruft sich auf Artikel 50, um den Brexit-Prozess einzuleiten; Wahlen in Europa; Hurrikans und Waldbrände in den USA	23,07 %
2018	Shutdowns der US-Regierung; Wahlen in Italien und Sorgen über Staatsschulden; Zolldrohungen zwischen den USA und China; Schwäche der türkischen Lira	-8,20 %
2019	Sorgen vor einer globalen Rezession; US-Zinsstrukturkurve kehrt sich um; Handelskonflikt zwischen den USA und China eskaliert; Amtsenthebungsverfahren gegen Präsident Trump	28,40 %

Jahr	Ereignisse	Aktienrendite
2020	Covid-19-Pandemie; Bärenmarkt setzt ein; Rezession in den USA; Arbeitslosenquote in den USA steigt auf 14,7 %; umstrittene US-Wahl	16,50 %
2021	Sturm auf das US-Kapitol; Inflationsängste; Lieferkettenprobleme; Covid-Varianten breiten sich aus; Taliban übernehmen wieder die Macht in Afghanistan; Fed fährt Anleihekäufe zurück	22,35 %
2022	Russlands Krieg gegen die Ukraine; Inflation steigt auf den höchsten Stand seit 40 Jahren; Zentralbanken erhöhen Zinsen; Kryptounternehmen melden Insolvenz	-17,73 %
2023	Sorgen vor einer globalen Rezession; Silicon Valley Bank bricht zusammen; Streikwelle in den USA; Sprecher des US-Repräsentantenhauses abgesetzt; Krieg zwischen Israel und Hamas	24,42 %
2024	Inflation zieht wieder an; Handelsspannungen; Yen-Carry-Trades werden aufgelöst; US-Wahl; Sorgen über zu starke Marktkonzentration auf die „Magnificent 7"	19,19 %

Quelle: Finaeon, Inc., Stand: 17.3.2025.

Hinweis: Die Renditen von 1970 bis 2024 basieren auf dem MSCI World Index, der die Wertentwicklung von Aktien in 23 Industrieländern misst; sie werden einschließlich Dividenden und Quellensteuern ausgewiesen. Die Renditen vor 1970 stammen von Finaeon, Inc. und simulieren, wie sich ein Weltindex mit Dividenden entwickelt hätte, wenn er bis 1934 zurückberechnet worden wäre.

Wappnen Sie sich gegen TGH, indem Sie lernen, zwischen Halloween-Grusel und Realität sowie zwischen einer Korrektur und einem Bärenmarkt zu unterscheiden. Entscheidend sind Ausmaß und Dauer. Eine Korrektur ist ein kurzfristiger, beängstigender globaler Abschwung um 10 bis 20 Prozent – manchmal auch etwas stärker. Sie ist in der Regel kurz, heftig und kommt aus dem Nichts – mit plötzlichem Kurseinbruch und einer abenteuerlichen Geschichte, die Sie weitere Verluste erwarten lässt. Die Geschichte ist meist übertrieben oder einfach falsch, stellt die Lage viel schlimmer dar, als sie tatsächlich ist – die Stimmung, nicht die Realität, belastet die Aktien. Aber meist ist die Korrektur genauso schnell wieder vorbei und die Kurse schießen in die Höhe und erreichen neue Hochs fast so schnell, wie sie zuvor gefallen sind. Korrekturen sind gesund, setzen die Stimmung zurück und bauen die Mauer der Sorgen wieder auf. Sie sind in Bullenmärkten normal. Aber während die Aktien fallen, kann es sich wie das Ende der Kapitalmärkte anfühlen.

Sie denken vielleicht, dass ein Rückgang um 20 Prozent, wie Mitte 1998, viel ist und offiziell als Bärenmarkt gilt. Doch die entscheidenden Worte hier sind „kurz und heftig" – ein abrupter Absturz, nicht das schrittweise Abrutschen nach unserer 2-Prozent-Regel. Korrekturen sind in Bullenmärkten üblich (durchschnittlich alle ein bis zwei Jahre), und der richtige Zeitpunkt ist teuflisch schwer zu erwischen – Sie sollten es nicht versuchen, da sie so schnell fallen und wieder steigen. Sie folgen der Stimmung – also unbeständigen, unvorhersehbaren Gefühlen. Um sie erfolgreich zu timen, müssen Sie beim Ausstieg und beim Wiedereinstieg richtigliegen. Die Wahrscheinlichkeit ist groß, dass Sie entweder einen guten Ausstiegs- oder Wiedereinstiegspunkt oder beides verpassen. Versuchen Sie es gar nicht erst. (Niemand – und ich meine wirklich niemand – hat es in der professionellen Vermögensverwaltung geschafft, kurzfristige Abschwünge über längere Zeit zuverlässig zu timen, obwohl sich Zehntausende daran versucht haben. Wäre es möglich, hätte es längst jemand geschafft. Diese Person wäre eine Legende. Aber es gibt sie nicht. Und wenn Sie es könnten, würden Sie nicht dieses Buch lesen. Dann würden Sie sich auf dem Sonnendeck Ihrer mehrstöckigen Megajacht räkeln, die vor der Küste Monacos vor Anker liegt.)

Wenn Bären Süßes oder Saures rufen

Ganz anders der Beginn eines Bärenmarktes: Er fühlt sich überhaupt nicht wie eine Korrektur an. Meist fühlt er sich sogar gut an. Das Hoch eines Bullenmarktes kündigt sich nicht mit einem plötzlichen Kursverfall an. Es gibt kein Warnsignal (abgesehen von den Ausnahmen 1987 und 2020 – selbst 2008 war nicht so). Statt eines Bullen im Bärenkostüm tritt Ihnen ein Bär im Bullenpelz entgegen. Wie bereits erwähnt, entstehen die Hochs von Bullenmärkten meist zäh und wellenförmig – mit einem Wimmern und bei relativ wenig Bärenstimmung (abgesehen von den Dauerbären). Man hört keinen Knall. Sie werden wahrscheinlich nicht das Gefühl haben, dass ein längerer

Abschwung bevorsteht. Vielleicht kommt Ihnen sogar eher der Gedanke, dass Ihr diversifiziertes Portfolio langweilig ist und Sie große Positionen in einzelnen Aktien oder spektakulär laufenden Sektoren eingehen sollten, um Ihre Rendite zu steigern. Sie werden den Rückgang wahrscheinlich als Kaufgelegenheit betrachten. Wenn Bullenmärkte eine Mauer der Sorgen erklimmen, gleiten Bärenmärkte anfangs sanft einen Abhang der Hoffnung hinunter.

Historisch betrachtet lag der S&P 500 in 74 Prozent der Kalenderjahre im Plus.[7] Und da einige der Verlustjahre nur geringe Rückgänge brachten, bleiben nur sehr wenige wirklich beängstigende, klar bearishe Jahre mit heftigen Kurseinbrüchen. Sie kommen vor. Sie tun weh. Wenn Sie jedoch langfristig Renditen erzielen möchten, die denen von Aktien nahekommen, sind Sie solchen Rückschlägen wahrscheinlich ausgesetzt. Und wenn ein solcher Einbruch kommt, kann man leicht glauben, Aktien würden von nun an nur noch schlecht abschneiden – doch die Geschichte, die Fundamentaldaten, die Kraft des Gewinnstrebens und die menschliche Natur sprechen dagegen.

Eine andere Sichtweise: Wenn Sie in zwei Jahrzehnten mehr als drei- oder viermal einen Bärenmarkt erwarten, übertreiben Sie es wahrscheinlich. Erinnern Sie sich an Kapitel 3: Wir Menschen bemühen uns meist stärker, Schmerzen zu vermeiden, als Gewinne zu erzielen. Behalten Sie das im Hinterkopf. Wenn Ihr Gehirn Ihnen ständig einredet, der nächste Bärenmarkt stehe unmittelbar bevor, liegt es falsch. Um einen Bärenmarkt erfolgreich zu erkennen, müssen Sie praktisch allein dastehen. Sie müssen unabhängig handeln, ohne Rückhalt der Masse, und Dinge erkennen, die nur wenige sehen. Aber mit den Drei Fragen sind Sie nie wirklich allein.

Zu früh wiedereinsteigen

Eine erfolgreiche Bärenmarktprognose ist nur die halbe Miete. Wenn Sie sich am Aktienmarkt defensiv positionieren, müssen Sie dennoch entscheiden, wann Sie wieder einsteigen. Unser Steinzeitgehirn macht die Entscheidung, wann Sie wieder in Aktien einsteigen sollen, genauso heikel wie die Entscheidung, auszusteigen. So wie Sie sich beim Ausstieg nicht auf feste Indikatoren verlassen können, gibt es auch keine Zauberformel, die Ihnen sagt, wann Sie wiedereinsteigen sollen.

Nach meiner Prognose zur Tech-Blase und zum anschließenden Bärenmarkt beschlossen meine Firma und ich im Mai 2002, wieder bullish zu werden. Im Nachhinein betrachtet war das zu früh, weil die breiten Märkte erst im Oktober 2002 ihren Boden erreichten. Ich hatte nicht erwartet, den Boden perfekt zu timen, aber es macht nie Spaß, gerade so früh wieder in den Markt einzusteigen, dass TGH Ihnen noch einen steilen Kursrutsch verpasst.

Warum haben meine Firma und ich beschlossen, im Mai wieder in den Markt einzusteigen? Hier sind die wichtigsten Gründe. Und obwohl wir falschlagen und zu früh dran waren, war unsere Entscheidung rational, diszipliniert und von den Drei Fragen getragen:

- Nach meiner 18-Monats-Regel war ich entschlossen, bis Juni 2002 wieder in Aktien investiert zu sein. Mir war nicht wohl dabei, Kunden, deren Ziele langfristig Renditen erfordern, die denen von Aktien nahekommen, länger als 18 Monate ohne Aktienengagement zu lassen.
- Erstmals seit Beginn des Bärenmarktes rechnete der Marktkonsens mit weiteren Kursverlusten. Daher hielt ich einen starken Rückgang binnen zwölf Monaten für sehr unwahrscheinlich. Tatsächlich lag der globale Markt zwölf Monate später zwar noch leicht im Minus, aber nur geringfügig. Meiner Meinung nach ist es nach wie vor unmöglich, vorherzusagen, wie sich der Markt in den nächsten Monaten entwickelt. Dieses Mal hatte ich zwar recht, dass der Markt auf Jahressicht nicht stark fallen würde, doch unmittelbar danach fiel er deutlich stärker. Damit erwischte mich prompt ein kräftiger Rücksetzer. Niemand mag negative Renditen, aber ich kam zu dem Schluss, dass es klug wäre, mit Blick auf die ersten drei Szenarien wieder in Aktien investiert zu sein.

- Immer mehr Anlageprodukte kamen auf den Markt, die auf Bärenmarktphasen zugeschnitten waren – etwa Investmentfonds, die in Abwärtsphasen gut abschneiden sollten. Newsletter zum Thema Bärenmarkt waren damals äußerst beliebt, und ihre Autoren galten als Stimmen der Vernunft.
- Die wichtigsten Quellen immer neuer schlechter Nachrichten waren weithin bekannt und meiner Einschätzung nach bereits in den Kursen berücksichtigt. Nach zweieinhalb Jahren konnten Meldungen aus diesen Quellen die Märkte kaum noch überraschen: Rezession, sinkende Gewinne und mögliche Insolvenzen, Terroranschläge und der drohende Krieg, Bilanzskandale wie Enron und WorldCom und der ganze Rest.
- Zu diesem Zeitpunkt sah es so aus, als hätte sich mit den Tiefs vom September 2001 (unmittelbar nach den Terroranschlägen vom 11. September) und vom Mai 2002 ein scheinbar doppelter Boden gebildet.
- Die monetären Rahmenbedingungen waren insgesamt günstig. Das Wachstum der weit gefassten Geldmenge lag über der Inflationsrate, die kurzfristige Liquidität nahm zu, und die US-Zinsstrukturkurve wie auch die globale Zinsstrukturkurve waren steil. Am wichtigsten war jedoch, dass dies kaum jemand bemerkte.
- Zum ersten Mal entwickelten sich die internationalen Märkte stärker als der US-Markt. Das deutete auf eine mögliche Wende – vielleicht sogar auf das Ende des globalen Bärenmarktes – hin (auch wenn sich diese Entwicklung zunächst wieder abschwächte, bevor sie 2003 mit voller Wucht zurückkehrte).
- Eine von uns entwickelte Kapitalmarkttechnologie, der *Run Strength Indicator*, zeigte, dass der Markt massiv überverkauft und reif für einen Anstieg war. Leider beruhte er ausschließlich auf Daten aus kleineren globalen Bärenmärkten nach dem Zweiten Weltkrieg, und bei seinem ersten Einsatz unter Echtzeitbedingungen bildete er die tatsächliche Marktlage nicht angemessen ab.

Der Run Strength Indicator

Der Run Strength Indicator maß die Ermüdung der Marktstimmung. Er ist ein weiteres Beispiel für eine Kapitalmarkttechnologie, die mein Unternehmen mithilfe von Frage Zwei entwickelt hat. Zugleich dient er dazu, die kurzfristige Marktstimmung zu messen. Diese kurzfristige Marktstimmung ist ein wichtiger Treiber der Aktiennachfrage und hat großen Einfluss auf die kurzfristige Aktienkursbildung. Es handelte sich um einen komplexen Algorithmus, der viele Faktoren kombinierte. Im Grunde sollte er dabei helfen, zu erkennen, wann eine Marktbewegung – nach oben oder unten – einfach zu erschöpft war, um sich fortzusetzen. Wir ordneten ihm einen Indexwert von 0 bis 100 zu und beobachteten, dass immer dann, wenn der Indikator für verschiedene Aktienindizes jeweils unter 20 fiel, eine starke Rally folgte. Umgekehrt kam es bei einem Anstieg des Indikators über 80 zu einer extrem überkauften Marktlage und die Kurse fielen meist. Wir testeten das rückwirkend und der Befund hielt gut stand.

Im Mai 2002 fiel der Indikator auf extreme Tiefststände – deutlich unter 20 –, was dem Anschein nach auf eine extrem überverkaufte Marktlage hindeutete. Das zeigte sich bei den meisten wichtigen Indizes. Diese Konstellation hatte es seit Jahrzehnten nicht mehr gegeben und würde sich möglicherweise auch in den nächsten Jahrzehnten nicht wiederholen. Wenn wir den Indikator unter diesen Umständen nicht einsetzten, würden wir das wahrscheinlich auch auf absehbare Zeit nicht tun. Allerdings hatten wir ihn noch nie im laufenden Marktgeschehen eingesetzt. Wir hatten ihn zwar ausgiebig rückwirkend getestet, aber noch nie unter relevanten Echtzeitbedingungen testen können. Doch die Zeit drängte.

Ende Juni war uns klar, dass der Indikator als Instrument zur Bestimmung des richtigen Zeitpunkts eindeutig nicht richtig funktionierte. Rückblickend sehen wir, dass sich die Stimmung noch erheblich verschlechtern konnte – und genau das geschah. Tatsächlich war der Run Strength Indicator einfach nicht dafür geeignet, einen derart extremen Bärenmarkt zu erfassen; er bildete stattdessen eher weniger ausgeprägte Bärenmärkte ab.

Dennoch griffen alle anderen Regeln weiterhin, sodass wir keinen Grund hatten, eine Kehrtwende zu vollziehen und wieder auszusteigen. Ich hatte reichlich Anlass zum Bedauern und lernte einige gute Lektionen (eine kleine Möglichkeit, es TGH heimzuzahlen).

Die Entwicklung von Kapitalmarkttechnologien für seltene Extremphänomene erfordert den Rückgriff auf ältere historische Vergleichsdaten. Aber sind solche Daten dann auch belastbar? Das Grundproblem war mir bereits bewusst; durch diesen Prozess wurde mir jedoch noch klarer, dass ältere Daten häufig Verzerrungen oder Unzuverlässigkeiten enthalten, die schwer zu erkennen sind. Diese Erfahrung hat mir nachdrücklich eingeschärft, wie wichtig belastbare ältere Daten sind. Deshalb haben wir noch strengere und genauere Methoden zur Überprüfung älterer Daten entwickelt, um sicherzustellen, dass unsere Annahmen so nah wie möglich an der Realität liegen. Je extremer und seltener ein Phänomen ist, desto sicherer muss man sich sein. Saubere Daten grenzen ans Göttliche – und zugleich ans Unmögliche.

Noch eine wichtige Lektion: Ich habe gelernt, meinen Kunden genauer zuzuhören – allerdings nicht so, wie Sie vielleicht denken. Als wir im Mai 2002 wieder in den Markt einstiegen, hielt das so gut wie keiner unserer Kunden für eine schlechte Idee. Sie standen der Entscheidung, ihre Vermögenswerte aus reinen Bargeldpositionen und „synthetischem Cash" wieder in Aktienpositionen umzuschichten, die an ihren Benchmarks ausgerichtet waren, merkwürdig gelassen gegenüber. Als wir aus dem Technologiesektor ausgestiegen waren, wurde das allgemein als verpasste Chance gesehen – was es rückblickend natürlich nicht war. Sehr oft wollen Anleger genau das Falsche zum falschen Zeitpunkt tun.

Doch im Mai 2002 waren wir der Meinung, dass unser Kundenstamm nicht repräsentativ für die übrige Anlegerwelt war. Da wir den größten Teil der Verluste im Bärenmarkt vermieden hatten, gingen wir deshalb davon aus, dass unsere Kunden großes Vertrauen in uns setzten und deshalb keine Angst vor Aktien empfanden. Außerdem ist mein Unternehmen stark auf Kundenbetreuung ausgerichtet und verfügt über Kundenberater, die den Kunden damals hervorragend erklärten, was wir taten und warum. Innerhalb eines Monats stellten wir fest, dass ihre Stimmung tatsächlich ziemlich repräsentativ war: Als der Markt fiel, teilten uns viele Kunden mit, dass ihnen das gar nicht gefiel.

Aus dieser Erfahrung heraus haben wir ergänzende technische Systeme entwickelt, mit denen wir die Anlegerstimmung in unserem Kundenstamm fortan in Echtzeit messen können. Unser Kundenstamm ist groß genug, um die Stimmung vermögender US-Anleger in der Breite abzubilden. Damit eignet er sich hervorragend als Testfeld für Stimmungsanalysen. Wenn unsere Kunden keine Angst verspüren, ist Angst wahrscheinlich auch unter Anlegern insgesamt nicht weit verbreitet. Heute können wir die Zahl der täglich eingehenden Kundenanrufe messen, einordnen und daraus ableiten, wie stark unsere Kunden Angst oder extremen Optimismus empfinden. Das ist ein wertvolles Instrument zur Erfassung der Anlegerstimmung.

Natürlich habe ich auch andere Dinge übersehen. Ich hatte nicht kommen sehen, welche Wucht Sarbanes-Oxley im Juli 2002 entfalten würde – und wie rasch das Gesetz in dieser besonders scharfen Form verabschiedet werden würde. Für die Märkte war das damals eine Belastung – und die Folgen wirken bis heute nach. Ich unterschätzte, wie sehr sich Ende 2002 vorübergehend die Vorstellung durchsetzen würde, alle CEOs seien Gauner – eine Vorstellung, die zu Sarbanes-Oxley führte und offenbar teilweise auch durch das Gesetz selbst weiter angeheizt wurde. Im Juli kursierten beispielsweise zahlreiche Gerüchte, Jack Welch sei ein zwielichtiger Manager und GE könne das nächste Enron werden. Damals schien zu gelten: Wenn selbst GE unter Verdacht geraten konnte, war kein Unternehmen mehr über jeden Verdacht erhaben. Das war alles nur Stimmung, aber ich habe es nicht kommen sehen. Die Stimmungswechsel in den letzten Phasen eines Bullen- oder Bärenmarktes zu erkennen, ist jedoch schwierig und geht häufig schief. Dieses Mal war ich einfach zu früh dran und lag falsch. Zu früh einzusteigen war ein großer Fehler, aber solange man häufiger richtig als falsch entscheidet, kann man selbst dann, wenn man gelegentlich gründlich danebenliegt, trotzdem sehr gut abschneiden und langfristig seine Ziele erreichen – und darum geht es bei diesem Spiel ja letztlich. Als ich wieder einstieg, folgte meine Positionierung immerhin noch der Marktrichtung.

Nicht aussteigen

Beim Aktualisieren dieses Buches habe ich erneut eine „falsche Einschätzung" getroffen, die mir die Möglichkeit gegeben hat, weiterzulernen. Wie ich in diesem Buch bereits mehrfach erwähnt habe, ist Investieren kein Handwerk. Es ist ein fortlaufender Prozess des Fragens – aber auch ein nie endender Lernprozess. Jede falsche Bärenmarkteinschätzung ist eine große Chance, besser zu werden, und 2022 kamen weitere Lektionen zu denen aus dem Jahr 2008 hinzu.

Ich lag mit meiner Einschätzung für 2008 daneben, weil dieser Bärenmarkt in vielerlei Hinsicht nicht dem Muster entsprach, das die meisten früheren Bärenmärkte geprägt hatte. Am Markthoch gab es keinerlei euphorische oder auch nur optimistische Stimmung – ungewöhnlich für die Bärenmärkte, die ich zuvor gesehen oder gemessen hatte. Das Problem war kein Ende der Mauer der Sorgen, sondern ein Schlag; unsere damaligen Prozesse waren jedoch vor allem darauf ausgelegt, das Abtragen dieser Mauer zu erkennen. Für mich sah die Frühphase daher ganz typisch nach einer Korrektur aus. Und tatsächlich hätte es meiner Meinung nach nicht mehr als eine Korrektur werden müssen – wären da nicht die fatalen Folgen der FASB-Regel 157 zur Fair-Value- beziehungsweise Mark-to-Market-Bilanzierung sämtlicher Bankvermögenswerte, kurz FAS 157, gewesen.

Kurzum zwang diese Regel Banken dazu, nicht nur Aktien und Anleihen, sondern auch illiquide oder nahezu illiquide Vermögenswerte nach Bewertungsmaßstäben anzusetzen, die schlicht keinen Sinn ergaben. Wenn eine Bank ein illiquides Paket dünn gehandelter, besicherter Kredite abschrieb, mussten andere Banken mit ähnlichen Vermögenswerten nachziehen, auch wenn sie nie die Absicht hatten, diese Vermögenswerte zu verkaufen. So gerieten die Banken in einen sich nahezu selbst erhaltenden Kreislauf von Abschreibungen auf Vermögenswerte, der ihre Bilanzen massiv beschädigte und sie zwang, andere Vermögenswerte zu verkaufen, um ziemlich willkürliche Eigenkapitalquoten einzuhalten. Dadurch gerieten sogar mehrere große Institute an den Rand des Zusammenbruchs – was der Stimmung der Anleger überhaupt nicht guttat. Darüber hinaus begann der Bärenmarkt Ende 2007 – etwa zu dem Zeitpunkt, als die Regel in Kraft trat – und endete im März 2009, als klar wurde, dass die Regel wahrscheinlich ausgesetzt oder abgeschafft werden würde. (Und tatsächlich wurde sie seitdem so geändert, dass sie praktisch bedeutungslos geworden ist.) Meiner Meinung nach ist das kein Zufall.

Auch die Reaktion der Regierung auf die Probleme der Finanzunternehmen im Jahr 2008 war unglaublich planlos. Einige Unternehmen wurden in arrangierte Übernahmen gedrängt (wie Bear Stearns durch JPMorgan), andere wurden verstaatlicht (wie AIG sowie Fannie Mae und Freddie Mac), und wieder andere ließ man schlicht untergehen (Lehman, obwohl es sich in einer praktisch gleichen Lage wie Bear Stearns befand). Es schien keinerlei erkennbare Logik darin zu geben, wie mit den einzelnen Fällen umgegangen wurde – und die Märkte mögen keine Unsicherheit. Schlimmer noch: Die gescheiterten Unternehmen waren illiquide, nicht insolvent. Sie konnten schlicht nicht genügend Liquidität beschaffen, um ihren Finanzierungsbedarf über Nacht zu decken, obwohl die Vermögenswerte in ihren Bilanzen die Verbindlichkeiten überstiegen. Technisch gesehen waren sie nicht pleite. Und das, obwohl die ursprüngliche Aufgabe der Fed darin bestand, als Kreditgeber der letzten Instanz zu fungieren. Wie in Kapitel 7 angedeutet, entzog sich die Bernanke-Fed dieser Verantwortung im Namen der Vermeidung von „moralischem Risiko". Stattdessen definierten die Aufsichtsbehörden den Begriff „insolvent" einfach neu – mit chaotischen Folgen. Für Anleger wurde es unmöglich zu bestimmen, welche Unternehmen wahrscheinlich überleben und welche untergehen würden.

Meiner Meinung nach wäre es ohne FAS 157 und die anschließende planlose Reaktion der Regierung im Jahr 2008 zu einer großen Korrektur oder vielleicht zu einem eher kleinen Bärenmarkt gekommen. Die angeblich „toxischen Vermögenswerte" dieser Unternehmen warfen der Fed und dem US-Finanzministerium letztlich enorme Gewinne ab, als sie in die Regierungsbilanzen gelangten – und damit nicht mehr unter FAS 157 fielen. Die tatsächlichen Verluste der Finanzunternehmen waren während der Krise bei Weitem nicht so hoch wie ihre bilanziellen Verluste. Vielleicht liege ich mit dieser Einschätzung auch falsch; überprüfen lässt sich das nicht. Worauf ich hinauswill, ist: Wenn Sie ein langfristiges, aktienähnliches Wachstum anstreben, kann TGH Sie jederzeit hart erwischen. Da bleibt Ihnen nur eines: Lernen Sie, was sich lernen lässt, und investieren Sie weiter – mit Blick nach vorn, nicht zurück.

Eine wichtige Lektion aus dem Bärenmarkt von 2008 war, dass selbst kleine Änderungen an Rechnungslegungs- oder Regulierungsvorschriften unverhältnismäßig große Auswirkungen haben können. Deshalb haben wir in meinem Unternehmen die Fähigkeit aufgebaut, solche Änderungen zu prüfen und ihre möglichen künftigen Auswirkungen zu analysieren. Daraus entwickelte sich schließlich die Schlag-Komponente des „Mauer-oder-Schlag"-Konzepts, also die Suche nach massiven, überraschenden Belastungsschocks, und wir wenden viel Zeit und Energie darauf auf, weltweit nach solchen möglichen Belastungsschocks Ausschau zu halten. Nicht nur im regulatorischen Bereich, sondern in allen Bereichen der Kapitalmärkte und der Weltwirtschaft. Es war eine harte Lektion, aber Investieren ist ein ständiger Prozess des Fragens – manche Lektionen sind leichter, andere schwerer.

(Wer mehr über die Kreditkrise von 2008 und ihren Verlauf lesen möchte, dem empfehle ich nachdrücklich das Buch „Senseless Panic" von William Isaac, dem ehemaligen Vorsitzenden der US-Einlagensicherungsbehörde FDIC. Auch mein 2015 erschienenes Buch „Kasse statt Masse“ behandelt diese Zeit ausführlich.)

Manche würden 2020 vielleicht als falsche Markteinschätzung werten. Wenn Sie das so sehen wollen: von mir aus. Aber wie wir in Kapitel 5 gesehen haben, lässt sich dieser extrem kurze Abschwung einfach nicht in die zuvor in diesem Kapitel besprochenen Grundregeln einordnen. Der Bärenmarkt im MSCI World dauerte fünfeinhalb Wochen, der im S&P 500 viereinhalb Wochen. Beide verstießen eindeutig gegen die 2-Prozent-Regel und die 3-Monats-Regel.

Selbst wenn mein Unternehmen frühzeitig erkannt hätte, dass westliche Regierungen Lockdowns durchsetzen und damit eine tiefe, abrupt einsetzende Rezession auslösen würden, hätten die 2-Prozent-Regel und die 3-Monats-Regel nahegelegt, auf einen besseren Ausstiegszeitpunkt zu warten. Bis dahin wären wir bereits mitten in dem Bullenmarkt gewesen, der Ende März einsetzte. Ich bin dankbar, dass wir damals über gute Prozesse verfügten, die allesamt von den Drei Fragen geleitet waren und es unseren Kunden ermöglichten, den nachfolgenden Bullenmarkt in vollem Umfang zu nutzen.

Die interessantere Gelegenheit, etwas zu lernen, bietet für mich der Bärenmarkt von 2022. Damals zeigte er sich in einer seltenen Ausprägung. Er begann weder mit einer abgetragenen Mauer der Sorgen noch mit einem klar erkennbaren Schlag. Zwar gab es vereinzelte Euphorie bei Kryptowährungen, Meme-Aktien, kleineren Technologiewerten und neuartigen SPAC-Börsengängen, doch die Marktstimmung blieb von viel Angst geprägt und die Ausweitung des Angebots hielt sich in Grenzen. Der Bärenmarkt begann als ziemlich normaler, korrekturähnlicher Abschwung mit einem starken Rückgang von 9,0 Prozent in den ersten gut drei Wochen und zahlreichen Schreckensmeldungen, die die Stimmung aufwühlten. Beschleunigende Inflation. Wladimir Putins Einmarsch in die Ukraine. Daraufhin stark steigende Rohstoffpreise. Ebenfalls stark steigende Energiepreise, die auf Inflationsängste trafen. Sanktionen. Der

Lieferkettenwahnsinn nach der Coronapandemie. Die Fed, die erklärte, sie werde die Zinsen nicht erhöhen, sie dann aber doch rasch anhob. Zinserhöhungen, die Rezessionsängste auslösten. All dies ging ineinander über und traf Anleger wie die Stiche eines Bienenschwarms.

Keines dieser Probleme für sich genommen reichte aus, um einen Bärenmarkt auszulösen. Regionale Kriege haben in der Regel keine großen Auswirkungen, da sie nur einen winzigen Teil des globalen BIP betreffen (dazu gleich mehr). In Kapitel 5 haben Sie gesehen, dass man sich vor dem Ölpreis nicht fürchten muss. In Kapitel 6 haben Sie gesehen, dass Inflation kein marktzerstörendes Monster ist. Zinserhöhungen? Auch in Phasen steigender Zinsen entwickeln sich Aktien in der Regel gut. Nüchtern betrachtet: Wann erhöht die Fed normalerweise die Zinsen? Wenn sie eine wachsende Wirtschaft abkühlen will. Wachsende Volkswirtschaften sind gut für Gewinne – und Aktien.

Schon damals machten all diese Entwicklungen den meisten Anlegern gehörig Angst. Alle waren sich sicher, dass sie schlimm, sehr schlimm sein würden. Frage Zwei zeigte mir, dass es töricht wäre, wegen so allgemein bekannter Informationen bearish zu sein.

Rückblickend war es nach meiner Einschätzung der erste Bärenmarkt seit den 1960er-Jahren, bei dem allein die Anlegerstimmung den Ausschlag gab. Es war die kumulative Wirkung mehrerer Bienenstiche. Ein Bienenstich bringt Sie nicht ins Krankenhaus, es sei denn, Sie reagieren lebensgefährlich allergisch darauf. Ein Dutzend Stiche auf einmal – und Sie landen in der Notaufnahme. Deshalb bauen wir das jetzt in unser Instrumentarium für Bärenmärkte ein.

Gleichzeitig ist es wichtig, sich nicht in „hätte, hätte, Fahrradkette" zu verlieren. Ich hasse es, wenn meine Kunden in einem Bärenmarkt Verluste erleiden. Aber selbst wenn ich im Frühjahr erkannt hätte, dass sich wahrscheinlich ein Bärenmarkt abzeichnete, bin ich nicht sicher, ob es damals richtig gewesen wäre, das Portfolio defensiv auszurichten. Auch hier gilt: Die Anlegerstimmung ist sprunghaft; deshalb lassen sich Ausstieg und Wiedereinstieg bei einem solchen Bärenmarkt kaum timen.

Ein Bärenmarkt, der allein von der Anlegerstimmung getrieben wird, endet daher wahrscheinlich genauso plötzlich, wie er begonnen hat – ohne erkennbaren Grund. Und was ist mit dem verpassten frühen Aufschwung im neuen Bullenmarkt? Ich habe Ihnen bereits die kurz- und langfristigen Folgen aufgezeigt. Ich bin einfach nicht überzeugt, dass ich damals etwas hätte wissen können, was andere nicht wussten – und was uns einen verlässlichen Wiedereinstiegszeitpunkt geliefert hätte. Aber ich glaube, dass es langfristig von Vorteil war, etwas zu verstehen, was andere nicht verstanden hatten: dass relativ bald ein neuer Bullenmarkt kommen würde, auch wenn es zuvor noch etwas wehtun konnte.

Nachdem ich den Bärenmarkt zunächst falsch eingeschätzt hatte, suchte ich in der Börsengeschichte nach einer passenden Parallele – und fand sie im Bärenmarkt von 1966. Die Aktien hatten in diesem Abschwung mit einer Vielzahl von Ängsten zu kämpfen, die den Bienenstichen von 2022 gespenstisch ähnelten. Heiß laufende Inflation. Rezessionsängste. Steil steigende Fed-Zinsen. Spaltende US-Politik. Ein regionaler Krieg im Ausland.

Der Bärenmarkt von 1966 erwies sich letztlich als in jeder Hinsicht durchschnittlich: relativ kurz und moderat. Außerdem folgte darauf eine rasche Erholung – mit einem Bullenmarkt und dem „Summer of Love" im Jahr 1967. Als ich diese Parallele zu 1966 im Jahr 2022 bewertete, konnte ich keinen weiteren klar erkennbaren Belastungsschock ausmachen, der die Märkte noch deutlich tiefer hätte drücken können, nachdem sie im Sommer 2022 den Bärenmarktbereich erreicht hatten. Sich auf eine Wiederholung von 1967 einzustellen, schien die beste Entscheidung zu sein. In meiner Kolumne in der *New York Post*, die am Weihnachtstag 2022 veröffentlicht wurde, habe ich all das ausführlich beschrieben.[8] (Der Artikel ist in Anhang G abgedruckt.)

Die Parallele bestätigte sich, wie Abbildung 8.7 zeigt. Der MSCI World befand sich nur kurz im Bärenmarktbereich – nur wenige Tage im Juni und Juli und weniger als zwei Monate im Herbst. Als die Aktien im September letztmals in den Bärenmarktbereich fielen, dauerte

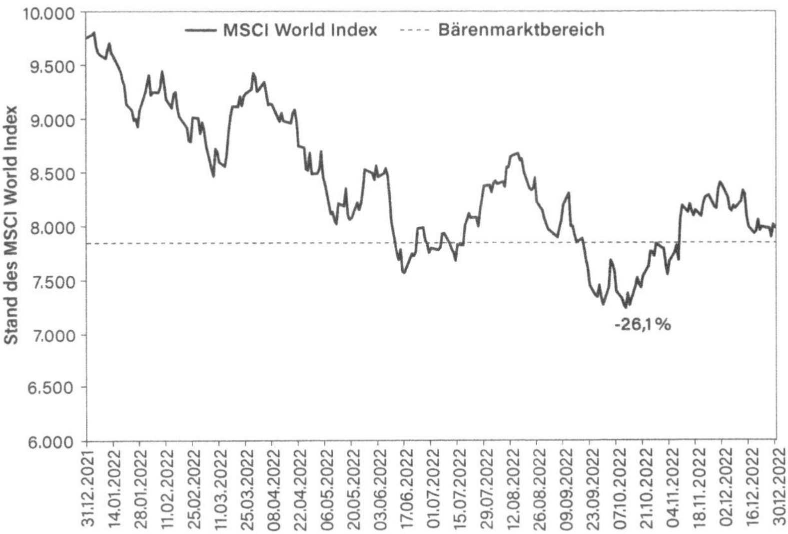

Abbildung 8.7 Ein flacher Bärenmarkt.

Quelle: FactSet, Stand: 7.3.2025. MSCI World Index, Rendite mit Nettodividenden, 31.12.2021 bis 31.12.2022.

es bis zum Tiefpunkt weniger als einen Monat. Die globalen Märkte holten 2023 verlorenes Terrain rasch wieder auf, und 2024 markierten sie ein neues Hoch nach dem anderen.

Hätte es geholfen, im Frühjahr 2022 das Portfolio defensiv auszurichten? Ich sehe durchaus mögliche Vorteile. Allerdings hätten Steuern auf Kapitalgewinne und das Risiko eines missglückten Wiedereinstiegs jeden Vorteil aufzehren können – oder sogar mehr Schaden anrichten können. Auch hier gilt: Wenn Sie auf langfristiges Wachstum angewiesen sind, ist es das größte Risiko, sich aus dem Markt zurückzuziehen. Keine Frage: Diese Zeit tat weh, und wir haben viel gelernt. Ich hoffe, Sie lernen ebenfalls aus unseren Erfahrungen. Aber wer daraus lernen will, darf nicht überreagieren und den Kopf verlieren. Sonst läuft man Gefahr, später zu heftig gegenzusteuern – zum eigenen Nachteil. Wenn beim nächsten Mal wieder mehrere Ängste gleichzeitig zusammenkommen, könnte TGH durchaus anders reagieren.

Was verursacht einen Bärenmarkt?

Wir haben bereits über die Mauer und den Schlag gesprochen, doch ich weiß, dass Sie Details wollen. Was macht einen Schlag aus? Und welche kleineren negativen Faktoren können sich festkrallen, sobald die Aktien die Mauer der Sorgen erklommen haben?

Eine einzige klare Antwort gibt es nicht. Es kann an den monetären Rahmenbedingungen liegen, doch Zinsen und allgemeine Kreditbedingungen, die in einer Phase als „straff" gelten, können in einer anderen „locker" sein. Inverse Zinsstrukturkurven deuten manchmal auf Probleme hin, aber nicht immer. Haushaltsüberschüsse, der Zusammenbruch eines Sektors, eine Rückbildung übermäßiger Nachfrage oder schlechte Gesetze, die Eigentumsrechte beeinträchtigen, können spürbare Folgen haben – aber nicht immer. Vielleicht sind Gesetze, die Sie für „schlecht" halten, gar nicht so „schlecht", wie alle befürchten, und die Märkte steigen aus Erleichterung sogar. Der Markt ist ein komplexes adaptives System – anders gesagt: TGH wechselt ständig die Gestalt.

Doch es gibt eine grobe Richtlinie: Der nächste Bärenmarkt wird wahrscheinlich nicht denselben Auslöser haben wie der letzte. Zwei Bärenmärkte in Folge haben selten dieselben Ursachen, weil die meisten Anleger immer noch den letzten Krieg ausfechten und sich gegen das wappnen, was sie beim letzten Mal zu Fall gebracht hat.

Vielleicht rechnen Sie mit einem Bärenmarkt, weil der Bullenmarkt Ihrer Meinung nach schon zu lange dauert. Frage Eins: Muss ein Bullenmarkt eine bestimmte „richtige" Dauer erreichen? Nein! Eine solche „richtige" Dauer gibt es nicht. Wenn Bullenmärkte überdurchschnittlich lange dauern, melden sich regelmäßig Leute zu Wort, die sagen, ein Bullenmarkt müsse bald enden, weil er schon so lange läuft. (Mehr zu diesem Phänomen lesen Sie in „Markets Never Forget".) Das stimmt nicht. Jeder Bullenmarkt endet irgendwann und aus konkreten Gründen – aber nicht einfach wegen seiner Laufzeit. Bereits 1994 erklärten manche den Bullenmarkt der 1990er-Jahre wegen seiner langen Laufzeit für überfällig – dabei sollte er noch etwa sechs Jahre weiterlaufen.

Der Ausdruck „irrationaler Überschwang“ fiel erstmals 1996 – ebenfalls viel zu früh. Den Bullenmarkt von 2009 bis 2020 hielten die Menschen schon Jahre vor seinem Ende durch die Corona-Lockdowns für überfällig. Der nächste Bullenmarkt dauerte nicht einmal zwei Jahre. Bullenmärkte können nach ganz unterschiedlicher Dauer enden.

Nutzen Sie Ihre Fragen, um einige solcher Vermutungen zu testen. Suchen Sie sich einige Ihrer Lieblingsindikatoren heraus und prüfen Sie, ob sie in der Vergangenheit zuverlässig Bärenmärkte angekündigt haben. Sie werden feststellen: Kein fundamentaler Indikator für sich genommen, kein technischer Indikator für sich genommen, keine einzelne Wunderwaffe – überhaupt nichts für sich genommen – kann perfekt vorhersagen, wann ein Bärenmarkt beginnt. Auch ein „Gefühl“ kann Ihnen nicht verlässlich sagen, wann Sie aussteigen sollten. Ich höre viel zu oft von Anlegern, sogar von Profis, dass sie zur künftigen Marktrichtung „ein komisches Gefühl“ haben, das sie „es nicht erklären können“, aber „es einfach wissen“. Das ist TGH. Wenn nicht, werfen Sie Aspirin und Rennie ein – und vergessen Sie die Sache. Stellen Sie sich dann Frage Drei, denn genau das brauchen Sie jetzt. Glauben Sie, dass Ihnen „komische Gefühle“ in der Vergangenheit gute Dienste geleistet haben? Vielleicht! Glück kommt vor. Aber Glück ist kein Plan. Wahrscheinlich leiden Sie auch unter einem Rückschaufehler und vergessen die Zeiten, in denen Sie „komische Gefühle“ hatten, die völlig falsch waren.

Terror versetzt Aktien nicht in Angst und Schrecken

Weil Märkte adaptive Systeme sind, müssen Sie Folgendes bedenken: Je öfter etwas Schlimmes passiert, desto stärker gewöhnen sich die Märkte daran. Das haben wir auf tragische und schreckliche Weise am Beispiel des Terrorismus gesehen. Die Anschläge vom 11. September 2001 fielen in einen bereits erheblichen Bärenmarkt und eine Rezession, die rückblickend schon etwa zwei Drittel ihres Verlaufs hinter sich hatten – und verzögerten möglicherweise die Markterholung (obwohl sich nicht messen lässt, ob das tatsächlich zutrifft). Dadurch blieben Anleger mehrere Jahre lang in Angst vor Terroranschlägen.

Der US-Aktienmarkt wurde an diesem Tag geschlossen, der Handel erst am 17. September wieder aufgenommen. Der S&P 500 stürzte bei Wiederaufnahme des Handels ab und verlor bis zum 21. September 11,6 Prozent. Doch erstaunlicherweise notierte der US-Markt nach nur 19 Tagen wieder über dem Niveau vom 10. September. Und er blieb monatelang darüber. Wir erinnern uns anders daran, weil sich die Weltwirtschaft schon lange vor dem Anschlag in einer Rezession und einem Bärenmarkt befand. Hat der Anschlag die Situation verschlimmert? Vielleicht! Aber auch hier machte der Markt den steilen Rückgang wieder wett und blieb monatelang über dem Niveau vor dem 11. September. Beachten Sie: Diese Phase höherer Kurse schloss all die Ängste vor Milzbrand im Herbst 2001 ein. Erinnern Sie sich an Milzbrand? Der Markt stieg während dieser Zeit ohne Unterbrechung weiter und erreichte Kurse, die durchgehend über denen vom 10. September lagen.

Betrachten Sie die Sache wie immer aus globaler Perspektive, um zu sehen, wie sich neuere Terroranschläge in westlichen Ländern auf Aktienmärkte ausgewirkt haben (Abbildung 8.8).

Am 11. März 2004 erschütterten koordinierte Anschläge auf Pendlerzüge in Madrid Spanien; später wurden sie einer islamistischen Terrorzelle mit Verbindungen zu al-Qaida zugeschrieben. Für viele Spanier waren die Anschläge „ihr 11. September" – eine verheerende nationale Tragödie. Und doch fiel der S&P 500 an diesem Tag um 1,5 Prozent und notierte fünf Handelstage später wieder auf dem Niveau vor dem Anschlag.[9] Der spanische IBEX 35 fiel nach den Anschlägen vom Höchst- bis zum Tiefststand um 6,8 Prozent – und erreichte innerhalb von 18 Handelstagen wieder das Niveau vor dem Anschlag.[10] Am 7. Juli 2005 verübten islamistische Attentäter Anschläge im Londoner Nahverkehr, und der S&P 500 schloss an diesem Tag im Plus. Auch der britische FTSE All-Share stieg leicht.[11] Der Markt zeigte sich von den Anschlägen unbeeindruckt.

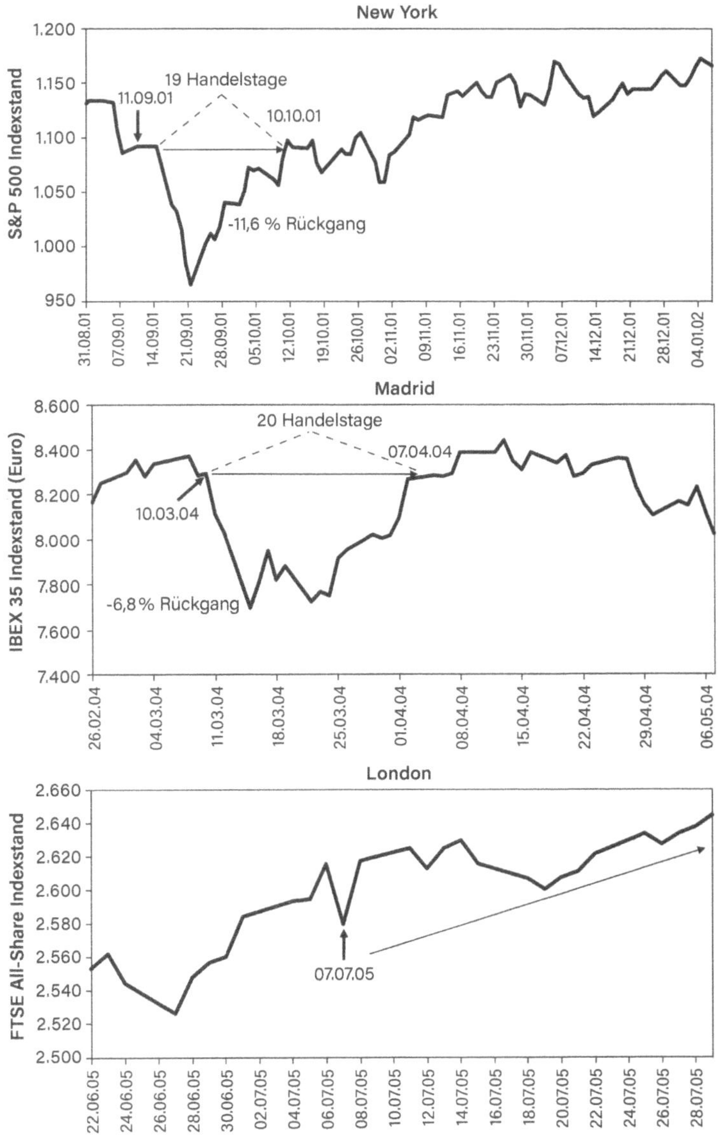

Abbildung 8.8 Keine Angst: Der Markt hat auch keine.

Quelle: FactSet, Stand: 17.3.2025. Alle Angaben in lokalen Währungen.

Seitdem hat es weitere Terroranschläge gegeben, auf die die Märkte kaum reagierten – sie folgten einfach weiter ihrem bisherigen Trend. Ob die Märkte das Risiko weiterer Terroranschläge inzwischen eingepreist haben, lässt sich diskutieren. Aber seit dem 11. September 2001 gab es nirgendwo terrorbedingte Marktpanik. Der Anschlag beim Boston-Marathon bewegte die Märkte kaum. Auch der Anschlag auf das Bataclan und die Morde bei *Charlie Hebdo* in Paris hatten nur geringe Marktwirkung. Dasselbe gilt für den Anschlag in der Manchester Arena, die Tragödien im Pulse-Nachtclub und in Las Vegas sowie eine schreckliche Serie von Angriffen mit Fahrzeugen auf Menschenmengen in Deutschland. Terrorismus ist nichts Neues, so verheerend seine Folgen für Menschen auch sein mögen. Aber wir sind widerstandsfähig – und unsere Märkte sind es auch.

Heute wissen die meisten, dass Terroranschläge zum modernen Leben gehören. Ihr Überraschungseffekt hat stark nachgelassen – und die Märkte reagieren am stärksten auf Überraschungen. Es müsste schon sehr viel zusammenkommen, damit ein Terroranschlag die Märkte noch einmal wirklich überraschen und stark bewegen könnte – zumal selbst der größte Terroranschlag der jüngeren Geschichte nur begrenzte direkte Auswirkungen auf den Markt hatte.

Was ist mit Naturkatastrophen?

Manche sagen, die eigentliche Gefahr für die Märkte gehe nicht von Menschen aus, die ganze Städte verwüsten, sondern von Naturkatastrophen – die wegen des Klimawandels angeblich immer häufiger auftreten und immer höhere Schäden verursachen. Hier geht es nicht darum, gesellschaftliche oder wissenschaftliche Fragen zu diskutieren. Doch an den Marktdaten lässt sich gut erkennen, dass selbst sehr große Naturkatastrophen in aller Regel keine Rezessionen oder Bärenmärkte verursachen. Schauen wir uns an, wie der Markt auf Hurrikan Katrina reagierte.

Im Jahr 2005 wurden New Orleans und Teile der Golfküste von den Hurrikanen Katrina und Rita verwüstet. Ein Großteil der Ölraffineriekapazitäten am Golf von Mexiko kam zum Erliegen. Hunderttausende Menschen in Texas, Louisiana und Mississippi wurden obdachlos oder mussten ihre Häuser verlassen. Unternehmen schlossen, Beschäftigte verloren ihre Arbeit. Und trotzdem stieg der US-Aktienmarkt am 29. August 2005, als Katrina in Louisiana an Land ging, um 0,6 Prozent.[12] Angesichts von Überschwemmungen und Chaos war das ein ziemlich normaler Tag. Das BIP wuchs im dritten Quartal 2005 um 3,2 Prozent und im vierten Quartal um 2,1 Prozent.[13] Der S&P 500 stieg vom Vortag, bevor Katrina in Louisiana an Land ging, bis zum Jahresende um 4,3 Prozent.[14] Kein atemberaubender Anstieg, aber auch nicht das von vielen Experten vorhergesagte Markt-Armageddon. Globale Aktien legten um 6,8 Prozent zu – der US-Markt lag also auch nach Katrina nicht allzu weit hinter den globalen Märkten zurück.[15] Natürlich wären Aktien ohne Katrina vielleicht noch stärker gestiegen. Aber wer kann das beweisen?

Hätte Katrina dem BIP nicht massiv schaden müssen, weil Arbeitskräfte ausfielen und Raffinerien am Golf von Mexiko stillstanden? New Orleans war verwüstet. Genau hier setzt Frage Zwei an. Drehen wir den Spieß einmal um: Warum sollten BIP-Wachstum und Aktienrenditen nach einer solchen Naturkatastrophe nicht trotzdem solide ausfallen? Wie immer kommt es auf die Größenordnung an!

Das BIP misst die jährlich erfasste wirtschaftliche Aktivität. Aktienrenditen spiegeln die Gewinne börsennotierter Unternehmen wider. Wenn die Medien über das Ausmaß einer Naturkatastrophe berichten, nennen sie in der Regel den Gesamtwert der zerstörten Sachwerte. Manche beschränken sich auf den Gesamtwert der versicherten Schäden. Zerstörte Sachwerte gehen nicht ins BIP ein. Paradoxerweise schlägt sich das in der BIP-Rechnung sogar positiv nieder, weil die Kosten für Ersatz und Wiederaufbau zerstörter Sachwerte in den folgenden Quartalen und Jahren zum BIP beitragen und als Konsumausgaben und Unternehmensinvestitionen erfasst werden. Niemand würde behaupten, dass dies gesellschaftlich wünschenswert ist, und es ist ein Trugschluss – genauer gesagt der Trugschluss vom zerbrochenen Fenster –, zu glauben, Ersatz schaffe wirtschaftlichen Auftrieb. Doch die BIP-Rechnung zählt das kalt und ungerührt als wirtschaftliches Plus. Der Ersatz zerstörter Güter würde auch Umsatz und Gewinne der betreffenden Unternehmen steigern, zum Beispiel bei Automobilherstellern. Ziemlich dreist! Versicherer würden durch die Auszahlungen belastet, aber der Versicherungssektor ist klein, und solche Belastungen werden in der Regel schnell eingepreist. Die Aktien der Branche verkraften den Schlag und machen weiter.

Der eigentliche wirtschaftliche Schaden entsteht, wenn Wirtschaftstätigkeit ausfällt, weil Unternehmen vorübergehend schließen oder ganz aufgeben. Nach Katrina – und nach neueren Hurrikanen wie Harvey im Jahr 2017 sowie Helene und Milton im Jahr 2024 – nahmen viele Unternehmen innerhalb weniger Wochen ihren Betrieb wieder auf, andere innerhalb weniger Monate. Im Kern geht es also um ausgefallene Wirtschaftsleistung in einem einzelnen Ballungsraum oder Bundesstaat.

Setzen Sie das nun ins Verhältnis! Im dritten und vierten Quartal 2005 sank Louisianas Bruttoinlandsprodukt auf Jahresbasis um 6,9 beziehungsweise 1,5 Prozent.[16] Das war wirklich sehr, sehr schlecht für Louisiana. Allerdings entfielen vor Katrina nur 1,5 Prozent des gesamten US-BIPs auf Louisiana.[17] Das war bei Weitem zu wenig, um die gesamte Wirtschaftstätigkeit und das Wachstum in den übrigen 49 Bundesstaaten aufzuwiegen.[18] Zur Erinnerung: Das US-BIP wuchs im dritten Quartal 2005 um 3,2 Prozent und im vierten Quartal um 2,2 Prozent.[19] Zu jedem Zeitpunkt wachsen einige Bundesstaaten, während andere schrumpfen. Jede Volkswirtschaft hat ihre Stärken und Schwächen. Entscheidend ist immer das Gesamtbild, nicht einzelne Ausreißer.

Dieselbe Logik lässt sich auf alle Katastrophen anwenden, über die sich die Menschen heute Sorgen machen. Waldbrände? Andere Ursache, derselbe wirtschaftliche Mechanismus. Anfang 2025 zogen Waldbrände durch Vororte und Randlagen von Los Angeles und zerstörten ganze Ortschaften und Stadtviertel in Malibu, Pacific Palisades und Altadena. Tausende Häuser wurden zerstört, einige davon im Wert von mehreren zehn Millionen Dollar. Unternehmen und Orte wurden dem Erdboden gleichgemacht. Für die Betroffenen war das eine absolute Katastrophe. Aber die Wirtschaft von Los Angeles besteht nicht aus den zerstörten Häusern, Geschäften und Restaurants. Sie umfasst die gesamte Bandbreite wirtschaftlicher Aktivität, die Tag für Tag stattfindet. Wirtschaftlich bedeutete das vor allem einige ausgefallene Arbeitstage, weil Menschen in gefährdeten Gebieten evakuiert wurden. Viele arbeiteten weiterhin aus Hotelzimmern und kurzfristig gemieteten Unterkünften. Zum Zeitpunkt der Aktualisierung dieses Buches liegen die BIP-Zahlen für das erste Quartal 2025 noch nicht vor, aber die monatlichen Indikatoren deuten nicht darauf hin, dass die Verwüstungen im Januar die US-Wirtschaft zerstört haben.

Erinnern Sie sich an Opa Fisher?

Zum Glück hilft auch ein Blick in die Geschichte. Als Katrina zuschlug, griff ich als Erstes zu meinen Aktiencharts und Geschichtsbüchern, um mir jene Naturkatastrophe ins Gedächtnis zu rufen, die meine Heimatstadt verwüstet hatte. Als das Erdbeben vom 18. April 1906 und die anschließenden Brände San Francisco dem Erdboden gleichmachten, blieb nur wenig übrig. Opa Fisher (siehe Kapitel 5) musste seine Hochzeit mit meiner Großmutter auf einen späteren Zeitpunkt im selben Jahr verschieben. Die beiden und ihre Familien lebten wie der Großteil der übrigen Stadtbevölkerung in Zeltlagern im Golden Gate Park. Die Arztpraxis meines Großvaters blieb monatelang geschlossen, da er sich der unentgeltlichen Behandlung der Verletzten widmete.

Der Markt knickte jedoch nicht ein. Die Daten sind nicht ganz verlässlich, aber der Vorläufer des S&P 500 gab im April nur minimal nach. Diese Schwächephase hatte allerdings bereits zwei Monate zuvor begonnen. Jedenfalls lag er im Mai und Juni schon wieder höher. Der eigentliche

Einbruch begann im September und traf den Markt im folgenden Jahr, 1907, mit voller Wucht: Ein gescheiterter Versuch, den Kupfermarkt unter Kontrolle zu bringen, löste eine New Yorker Bankenpanik aus; vom Höchststand bis zum Tiefpunkt brach der Markt um 34 Prozent ein.[20] Der noch weniger verlässliche Dow zeigt eine ähnliche Entwicklung, allerdings mit einem größeren Rückgang von fast 50 Prozent.[21]

San Francisco fiel 1906 für Amerika stärker ins Gewicht als New Orleans 2005. Dass die Zerstörung San Franciscos 1906 keinen Marktcrash auslöste, war ein ziemlich guter historischer Anhaltspunkt dafür, dass man sich mit Blick auf den Aktienmarkt keine allzu großen Sorgen um Katrina machen musste.

Es stimmt zwar im Großen und Ganzen, dass Naturkatastrophen heute teurer sind, doch dafür gibt es einen einfachen Grund: In den betroffenen Gebieten sind Bevölkerung und Wirtschaft massiv gewachsen. Wir bauen einfach immer mehr wertvolle Dinge. Die Menschen mögen schicke Strandhäuser und Hochhäuser direkt an der Küste. Die Stürme werden nicht unbedingt schlimmer. Es steht ihnen einfach mehr im Weg. 1989 beliefen sich die Sachschäden durch das Loma-Prieta-Erdbeben in der Bay Area um San Francisco auf magere 5,9 Milliarden Dollar.[22] Wenn heute, nach Jahrzehnten eines vom Tech-Boom befeuerten Wirtschafts- und Bevölkerungswachstums sowie stark gestiegener Immobilienpreise, ein ähnlich starkes Beben die Region erschüttern würde, wäre der Schaden in Dollar gerechnet sicherlich um ein Vielfaches höher.

Wladimir Putin und die Geister von Saddam Hussein und Kim Il-Sung kommen in eine Bar

Prüfen Sie mithilfe der Drei Fragen, ob ein geopolitisches Ereignis, eine Naturkatastrophe, eine Gesundheitskrise oder sonst etwas, worüber wir uns alle Sorgen machen, worauf wir uns vorbereiten, was uns beunruhigt und wovon wir in den Nachrichten hören, für sich genommen wahrscheinlich den Markt spürbar bewegen kann. Sie werden feststellen, dass keines dieser Ereignisse der Schlüssel zur Vorhersage von Bärenmärkten ist.

Das gilt auch für Kriege. Krieg ist die Hölle. Immer entsetzlich, immer eine furchtbare Tragödie. Selbst ein kleiner regionaler Krieg fordert unsäglich viele Opfer. Daher werden Anleger jedes Mal nervös, wenn ein Krieg auszubrechen droht. Sie fürchten die Folgen für den Markt und befürchten, dass Bomben einen ebenso verheerenden Bärenmarkt auslösen könnten. Da Russland unter Wladimir Putin zu Beginn des Bärenmarktes 2022 in die Ukraine einmarschierte, wird diese Angst so schnell nicht verschwinden. Anleger werden also auch künftig bei Kriegsnachrichten den letzten Krieg im Kopf haben. (Verzeihung.)

Aber die schlichte, kalte Wahrheit ist: Regionale Kriege haben in der Regel keinen Einfluss auf Aktien. Kein regionaler Krieg in der Geschichte war je der direkte Auslöser eines Bärenmarktes. Der Krieg in der Ukraine – und die daraus resultierenden Sanktionen des Westens gegen Russland – war eine der Ängste, die Anleger 2022 plagten. Aber während der Krieg weiter tobte, begann ein neuer Bullenmarkt. Der Krieg dauert an, während ich diese Zeilen schreibe, doch der Bullenmarkt hat seinen Vormarsch fortgesetzt. Auch der Krieg in Gaza, der nach dem schrecklichen Terroranschlag der Hamas im Oktober 2023 begann, beendete den Bullenmarkt nicht. Die Aktienkurse zuckten kaum, trotz der Angst vor einer Ausweitung dieser beiden Konflikte. Ein Blick in die Geschichte zeigt: Genau das ist bei regionalen Kriegen immer genau diese Angst. In den Jahren 2022 und 2023 war es zunächst die Angst, Putin könnte die NATO angreifen und den Dritten Weltkrieg auslösen. Später war es die Sorge, Israel und der Iran könnten direkt aufeinanderstoßen. In beiden Fällen blieben die Kämpfe regional begrenzt.

Auch der Irakkrieg führte nicht zu einem Bärenmarkt. Ebenso wenig der Bosnienkrieg in den 1990er-Jahren. Oder Israels Kämpfe gegen die Hisbollah Mitte der 2000er-Jahre. Oder die Stellvertreterkriege in Syrien in den 2010er-Jahren. Oder Putins erste Invasion in der Ukraine im Jahr 2014.

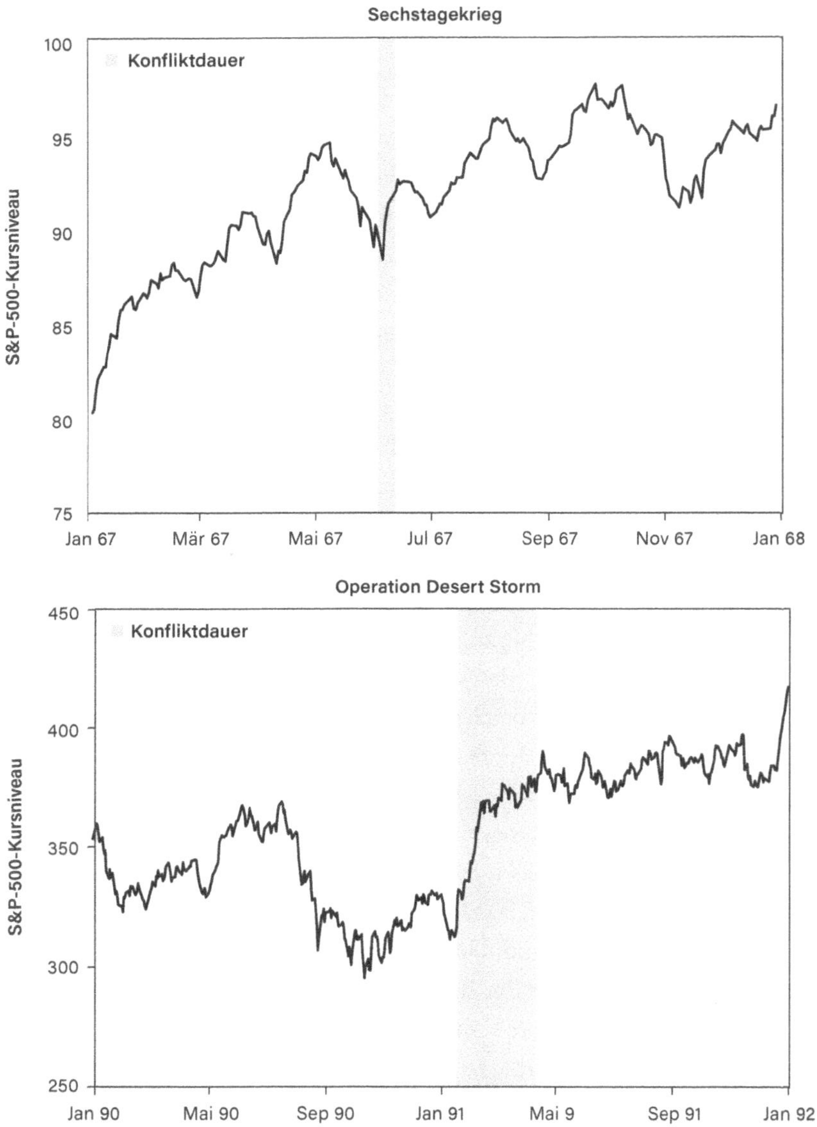

Abbildung 8.9 Regionale Konflikte werfen Aktien nicht aus der Bahn.

Quelle: FactSet, Stand: 14.8.2014.

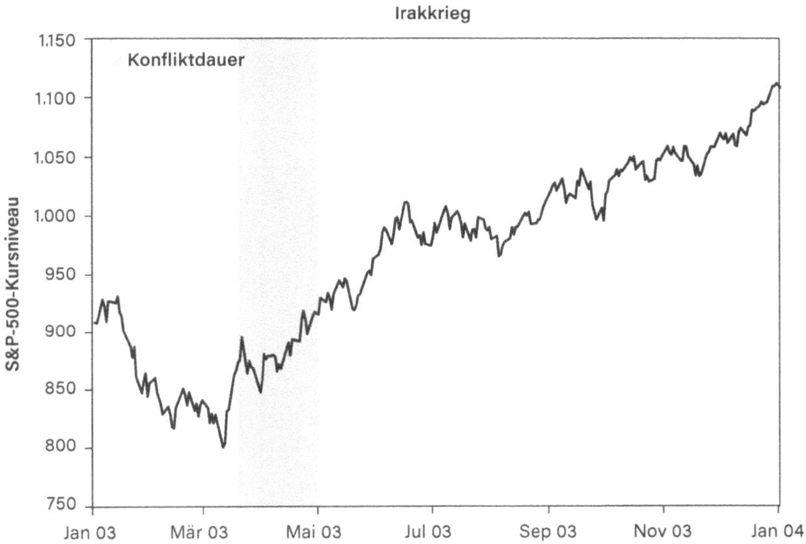

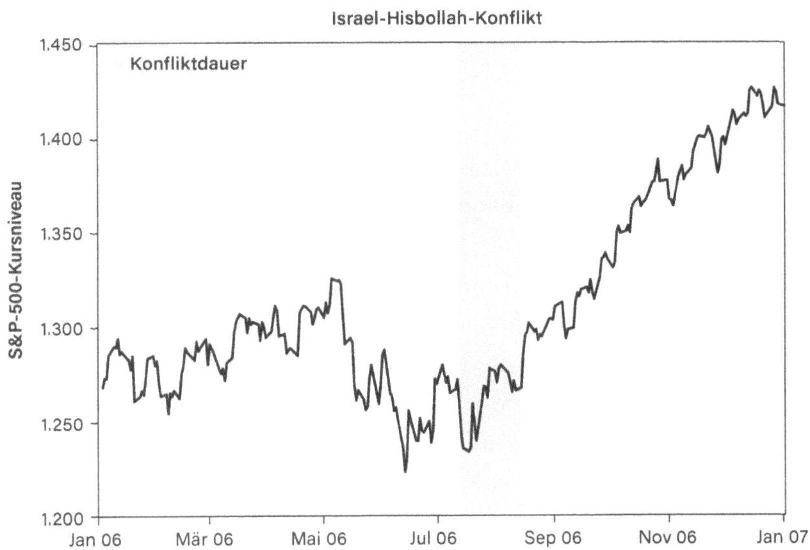

Abbildung 8.9 Regionale Konflikte werfen Aktien nicht aus der Bahn.

Quelle: FactSet, Stand: 14.8.2014.

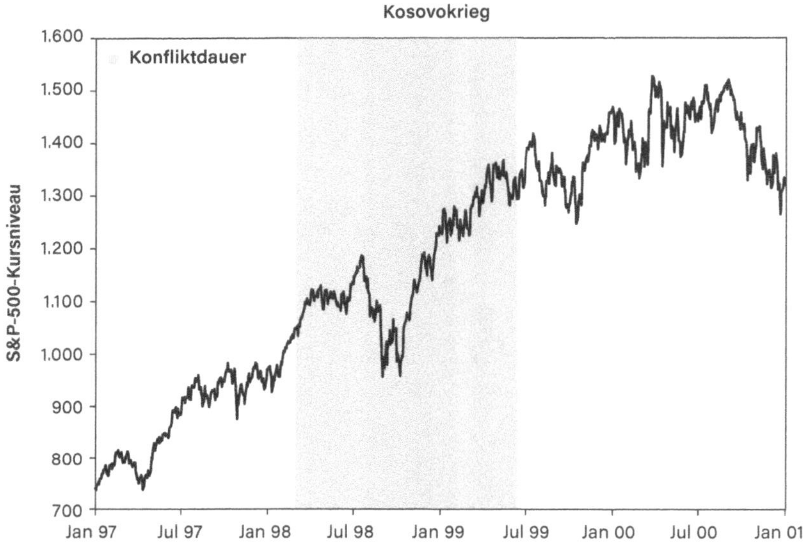

Abbildung 8.9 Regionale Konflikte werfen Aktien nicht aus der Bahn.

Quelle: FactSet, Stand: 14.8.2014.

Plötzlich aufflammende Unsicherheit im Vorfeld eines Krieges kann die Anlegerstimmung belasten und Verkaufswellen anheizen. Doch die Unsicherheit schwindet in der Regel, wenn erst Kugeln und Bomben fliegen, sodass sich die Märkte wieder fangen können. Dann ist geklärt, ob es zum Krieg kommt oder nicht, und die Welt sieht schnell, dass die Kämpfe auf einen winzigen Ausschnitt der Weltwirtschaft beschränkt bleiben – in der Regel auf eine Region, die für das globale Wachstum oder die Gewinne multinationaler Unternehmen kaum von Bedeutung ist. Auch hier hilft es, die Größenordnung zu betrachten. Nehmen Sie einen beliebigen regionalen Krieg der letzten 70 Jahre. Gehen Sie auf die Website der Weltbank, suchen Sie das BIP des Landes im Jahr vor Kriegsbeginn und vergleichen Sie es mit dem globalen BIP. Es wird immer verdammt nah bei null liegen. Die Märkte erfassen diese Größenordnung schneller als Menschen – und gehen zur Tagesordnung über. Der Sechstagekrieg zwischen Israel, Ägypten, Jordanien und Syrien im Jahr 1967 ist ein Musterbeispiel dafür. Siehe Abbildung 8.9.

Damit ein Krieg die globalen Aktienmärkte beeinflusst, muss er groß und global sein und so viel Wirtschaftstätigkeit lahmlegen, dass daraus eine Rezession entsteht – also ein wirklich harter Schlag. Nur der Erste und der Zweite Weltkrieg hatten solche Auswirkungen. Alte, nicht ganz verlässliche Daten zeigen, dass US-Aktien beim Ausbruch des Ersten Weltkriegs stark unter Druck gerieten. Bessere Daten zeigen, dass Hitlers Vorgehen gegen die Tschechoslowakei 1938/39 einen gerade entstehenden Bullenmarkt abwürgte; mit dem Fall Frankreichs brachen die Aktienkurse dann ein, weil die Märkte nun jahrelange Verwüstung in Europa einpreisen mussten. Doch selbst dann begann 1942, drei Jahre vor Kriegsende, ein neuer Bullenmarkt. Zwei Jahre bevor die heldenhaften Amerikaner, Briten und Kanadier in der Normandie landeten.

Menschen sind sentimental und emotional. Unsere Gesellschaft hasst und beklagt den Krieg zu Recht. Aber die Märkte sind kälter und rationaler. Sie setzen die Schäden ins Verhältnis, preisen sie ein und richten den Blick wieder nach vorn. Niemand hat jemals behauptet, Effizienz sei warmherzig, flauschig und knuddelig.

Jetzt, da Sie die Drei Fragen nutzen können, um die wahrscheinliche Marktrichtung zu erkennen, und verstehen, was einen echten Bärenmarkt im Allgemeinen ausmacht – und was nicht –, sind Sie bereit, eine tragfähige Strategie zu entwickeln, die Ihnen ein Leben lang gute Dienste leisten wird. Weiter geht's.

9

Alles zusammenfügen

9

Alles zusammenfügen

Bleiben Sie Ihrer Strategie treu und zeigen Sie es TGH

Wie Kapitel 3 bereits angedeutet hat, ist eine umfassende Strategie, an der Sie Ihre Entscheidungen ausrichten, ein wichtiges Instrument, um die Drei Fragen konsequent anzuwenden, Ihr widerspenstiges Gehirn unter Kontrolle zu halten und sich nicht von TGH demütigen zu lassen. Schon allein die Drei Fragen zu nutzen, ist großartig! Aber eine Strategie bietet Ihnen die Grundlage und den Rahmen, um die Drei Fragen zu stellen und kleine (oder große) Entscheidungen zu treffen, mit denen Sie auf Kurs in Richtung Ihrer Ziele bleiben.

Vielleicht denken Sie, dass Sie eine gute Strategie haben. Das ist verständlich – aber viele Anleger, die glauben, eine Strategie zu haben, verwechseln Taktik mit Strategie. Einige Anleger möchten etwa marktähnliche Renditen bei niedrigen Gebühren erzielen und halten daher den Kauf passiver Indexfonds für eine „Strategie". Das ist eine Philosophie, keine Strategie. Wenn Sie auf diese Weise ohne Strategie investieren, haben Sie 30 Jahre später vielleicht Gebühren gespart! Aber wenn Ihre Fondsmischung falsch ist, erzielen Sie möglicherweise unterdurchschnittliche Renditen, die nicht ausreichen, um Ihre längerfristigen Ziele zu finanzieren. Das gilt umso mehr, wenn Sie für Ihre Ziele die falsche Mischung aus Aktien, Anleihen, Cash und anderen Wertpapieren halten – oder nicht bei der richtigen bleiben können!

Eine weitere Taktik, die viele Anleger (darunter auch viele Profis) anwenden und für eine Strategie halten, ist das starre Festhalten an einer statischen Asset-Allokation, das heißt an festen prozentualen Anteilen in Aktien, Anleihen, Cash und anderen Wertpapieren. Anmerkung: Wer eine geringere Volatilität als bei einem reinen Aktienportfolio benötigt oder bewusst anstrebt, kann gute Gründe haben, Anleihen oder sogar Cash beizumischen. Eine solche Allokation ist dann an ihren Zielen und Bedürfnissen ausgerichtet. (In meinem 2012 erschienenen Buch „Plan Your Prosperity", das 2025 aktualisiert wurde, wird dieses Thema ausführlich behandelt.)

Von einer *statischen Asset-Allokation* spreche ich, wenn jemand dauerhaft Anleihen und Cash hält, ohne dass es dafür einen zielbezogenen Grund gibt. Gemeint ist eine Allokation, die nur auf der Haltung beruht, dass „man nie weiß", wie sich die Märkte entwickeln werden. So wird klar: Diese Taktik ist keine Strategie, sondern gerade das Fehlen einer Strategie. Sie folgt dem Motto: „Nicht nachdenken – einfach halten." Das mag ein guter Mechanismus zur Selbstkontrolle für einen Menschen sein, dem es sonst daran mangelt – so als würde Ihnen jemand ein strenges Taschengeld zuteilen, weil Sie Ihr Geld sonst ausgeben wie ein betrunkener Matrose. Eine statische Asset-Allokation kann Sie jedoch daran hindern, die Drei Fragen zu nutzen, wenn sich eine Gelegenheit bietet. Dadurch kann sie Ihre längerfristig erzielbaren Renditen unnötig schmälern.

Anleger nutzen auch Stop-Losses und Dollar Cost Averaging (beides Selbstkontrollmechanismen und, wie ich in Anhang H ausführlich beschreibe, nachweislich schlechte Taktiken), handeln mit Optionen und setzen Covered Calls ein (eine weitere miserable Idee, die ich in Anhang I behandle), verkaufen hier leer, gehen dort doppelt long – und glauben dabei alle, eine Strategie zu haben, die funktioniert, ohne zu erkennen, dass sie mit ihren Taktiken möglicherweise nur auf der Stelle treten. Einige dieser Taktiken mögen in Ordnung sein, andere nicht. Aber Taktiken bleiben sie alle. Ein ganzer Haufen ausgefallener, aber wirkungsloser Taktiken macht noch keine Strategie aus.

Daran ist nichts auszusetzen, zu einem bestimmten Zeitpunkt eine konkrete, geeignete Taktik einzusetzen (Betonung auf „geeignet“, das heißt: keine Stop-Losses). Das ist aber noch keine Strategie – so wenig wie ein Hammer der Bauplan für ein Haus ist. Außerdem: Was bringt es, Taktiken einzusetzen, wenn Sie nichts wissen, was andere nicht wissen? Sie greifen nur dann zum Hammer, wenn Sie wissen, dass das Einschlagen von Nägeln der richtige Ansatz ist. Wählen Sie die Werkzeuge erst aus, wenn Sie eine Strategie haben, zu der sie passen.

Eine Strategie ist ein Plan, der jede einzelne Ihrer Entscheidungen leitet. Sie hilft Ihnen, diszipliniert zu bleiben, wenn Sie versucht sind, von ihr abzuweichen. Der Markt funktioniert einfach nicht intuitiv – ein Grund, warum so viele an ihm scheitern. Meist fühlt sich das Richtige falsch an, und was sich falsch anfühlt, ist oft richtig. Deshalb brauchen Sie die Drei Fragen und eine Strategie, um Ihr Gehirn auf Kurs zu halten.

Bevor Sie über eine Strategie nachdenken, sollten wir zunächst klären, was Sie erreichen möchten. Wenn Sie jemanden nach seinen Anlagezielen fragen, bekommen Sie ganz unterschiedliche Antworten. Denken Sie über Ihre eigenen Ziele nach. Können Sie diese in ein oder zwei Sätzen beschreiben? Wenn Sie dafür zehn Seiten mit begleitenden Bildern benötigen, haben Sie wahrscheinlich keine so klar umrissene Strategie, wie Sie denken. Nein, sie sollte ziemlich einfach und auf Sie persönlich zugeschnitten sein.

Wachstum, Einkommen oder beides

Sie sind zweifellos ein einzigartiger, wunderbarer Mensch, aber wahrscheinlich sind Sie genauso einzigartig wie fast alle anderen auch. Statistisch gesehen sind Sie nicht einzigartig. Statistisch gesehen bedeutet Einzigartigkeit, dass man bei bestimmten Eigenschaften sehr, sehr weit am Rand der Glockenkurve liegt. Wenn Sie also ein langfristig orientierter Anleger sind, haben Sie wahrscheinlich ähnliche Anlageziele wie ein großer Teil der Menschheit. Auch hier behandelt mein Buch „Plan Your Prosperity“ diese Fragen ausführlicher, als ich es hier kann – es ist ein echter Praxisleitfaden, mit dem Sie Ihre Ziele definieren und eine Benchmark auswählen können, die Ihnen hilft, diese Ziele zu erreichen.

Vereinfacht gesagt lassen sich Anlageziele jedoch grob in folgende Kategorien einteilen:

1. Wachstum
2. Cashflow
3. Eine Kombination aus beidem
4. Kapitalerhalt (dieser wird jedoch oft missverstanden, ist mit den ersten beiden Zielen nicht vereinbar und entspricht nicht dem, was viele Anleger tatsächlich brauchen)

Wachstum

Wachstum ist unkompliziert. Wenn Sie ein finanzielles Polster für den Ruhestand ansparen, jetzt oder in Zukunft größere Anschaffungen oder Ausgaben finanzieren möchten (ein erstes oder zweites Haus, ein Studium, ein Boot und so weiter) oder Vermögen an Ihre Angehörigen oder eine Ihnen besonders wichtige Wohltätigkeitsorganisation weitergeben möchten, dann geht es Ihnen um Wachstum.

Cashflow

Viele Anleger brauchen ihr Vermögen, damit es „Einkommen“ zur Deckung ihrer Lebenshaltungskosten liefert – jetzt oder in Zukunft. Im Extremfall wären manche Menschen vielleicht sehr zufrieden, wenn sie ein Vermögen erbten, aus dem ihnen garantierte regelmäßige Zahlungen zufließen, aber keinerlei Mitspracherecht bei den Anlagen hätten und nicht einmal unbedingt wüssten, wie das Vermögen angelegt ist. Ganz wie Gertrude Stein. Partyzeit!

Natürlich geht es dem Party-Erben nicht wirklich um „Einkommen" im fachlichen Sinn, wie die Anlagebranche den Begriff verwendet. Ihm geht es um planbaren und sicheren *Cashflow.*

Besser ist es, vom Cashflow her zu denken. Die Finanztheorie ist eindeutig: Inflation, Steuern und Risiko herausgerechnet, sollte uns gleichgültig sein, woher der Cashflow stammt. Nach Steuern spielt es beispielsweise keine große Rolle, ob unser Cashflow aus Zinsen auf Anleihen (die riskant sein können oder auch nicht), Dividenden (die riskant sein können oder auch nicht) oder Kursgewinnen (die riskant sein können oder auch nicht) stammt. Laufende Erträge sind für die Erzielung der Gesamtrendite weder besser noch schlechter als Kursgewinne. Entscheidend ist die Gesamtrendite nach Steuern und Risikoanpassung – ansonsten ist es unerheblich, woher der Cashflow kommt.

Kombinieren Sie beides

Für viele Anleger geht es letztlich um eine Kombination aus Wachstum und Cashflow. Im Ruhestand benötigen Sie möglicherweise Cashflow, um Ihre Lebenshaltungskosten zu decken. Aber wahrscheinlich brauchen Sie dennoch zumindest ein gewisses Wachstum, damit Ihr Portfolio auch in 10, 20 oder 30 Jahren noch ausreicht, um Ihren Lebensunterhalt im Ruhestand zu finanzieren. Vielleicht sogar noch länger, wenn Ihr Ehepartner jünger ist oder Sie das, was übrig bleibt, einer Wohltätigkeitsorganisation wie der Save the Seals League hinterlassen möchten.

Ein 50-jähriger Anleger zum Beispiel sieht den Hauptzweck seines Geldes möglicherweise darin, für sich und seine Ehepartnerin bis ans Lebensende vorzusorgen. Zugleich möchte er vielleicht einen bestimmten Betrag seinen Nachkommen und einen weiteren Betrag einer Wohltätigkeitsorganisation hinterlassen. Er möchte möglichst sicherstellen, dass all das gelingt: Sein Portfolio soll wachsen, zugleich soll es den Cashflow liefern, den er zur Finanzierung seines Lebensstils benötigt, und am Ende soll noch etwas für seine Kinder übrig bleiben –

und vielleicht auch für die Robben. Damit ist für ihn klar, worauf es ankommt. Viele, viele langfristig orientierte Anleger brauchen in irgendeinem Verhältnis Wachstum, Cashflow oder beides. Selbst wenn Sie sich keine Gedanken über ein Erbe machen, ist ein gewisses Maß an Wachstum wahrscheinlich notwendig, um das Risiko zu verringern, dass Ihnen das Geld vorzeitig ausgeht.

Was ist mit Kapitalerhalt?

Es gibt noch ein viertes mögliches Ziel: echten Kapitalerhalt. Echter Kapitalerhalt bedeutet, keinerlei Risiko einzugehen, um den Nominalwert Ihres Vermögens zu bewahren. Meiner Erfahrung nach ist Kapitalerhalt als langfristiges Ziel eine Seltenheit. Er kommt zum Beispiel dann infrage, wenn Sie wissen, dass Sie bereits viel mehr Geld haben, als Sie jemals brauchen werden, und überzeugt sind, dass die Inflation Ihre Kaufkraft nicht aufzehren wird – das heißt, Sie wollen nicht mehr und Ihr Hauptziel ist es, Sorgen und Aufwand zu minimieren. In diesem Fall kann Kapitalerhalt sinnvoll sein. Aber für Anleger, die langfristig investieren, ist das meiner Erfahrung nach selten der Fall.

Kurzfristig kann Kapitalerhalt jedoch sehr wohl sinnvoll sein! Manche Menschen legen vielleicht Geld für eine Hausanzahlung zurück, die in sechs Monaten fällig wird. Dann ist es sinnvoll, das dafür benötigte Geld in Cash, einem Geldmarktfonds, auf einem Sparkonto oder als Festgeld zu halten. Bei einem solchen kurzfristigen Ziel sollten Sie die naturgemäß höhere Volatilität von Aktien vermeiden. Doch wenn Sie dieses Buch gekauft haben, verstecken Sie den Großteil Ihres Geldes wohl kaum unter der Matratze, sondern haben mit Ihrem Geld längerfristig etwas vor.

Echter Kapitalerhalt ist der Gegenpol zu Wachstum. Anleger wünschen sich oft „Kapitalerhalt und Wachstum“, und einige Anlageexperten stellen genau das sogar in Aussicht. Das klingt großartig! Wer möchte sein Kapital nicht erhalten und zugleich vermehren? Aber das ist wie ein fettfreies Steak. Kurzfristig lassen sich echter Kapitalerhalt und Wachstum schlicht nicht miteinander vereinbaren.

Warum? Um Wachstum zu erzielen, müssen Sie ein gewisses Maß an Volatilitätsrisiko tragen. Echter Kapitalerhalt bedeutet, dass jedes Volatilitätsrisiko ausgeschlossen ist. Die Vorstellung, beides miteinander zu verbinden, setzt eine risikolose Rendite voraus – und das ist unmöglich.

Wachstum ohne Volatilität? Gefährlicher, als Sie denken

Vielleicht erinnern Sie sich an die traurigen Folgen der Ponzi-Skandale um Madoff und Stanford, die im Zuge der Finanzkrise 2008 aufgedeckt wurden. Beide Herren warben mit hohen Renditen bei begrenztem Risiko und kaum schwankenden Jahresrenditen. Leider mussten ihre Kunden feststellen, dass so etwas unmöglich ist. (Mehr dazu lesen Sie in meinem 2009 erschienenen Buch „How to Smell a Rat", in dem ich Warnzeichen beschreibe, die Ihnen helfen können, nicht auf einen Ponzi-Betrug hereinzufallen.) Auch FTX unter Sam Bankman-Fried folgte beim Kryptobetrug von 2022 einer sehr ähnlichen Masche. Neue Technologie, dasselbe unmögliche Verkaufsversprechen.

Wenn Ihr Ziel Wachstum ist und sich Ihr Depotwert in 20 Jahren zwei- oder dreimal verdoppelt hat (was nicht unrealistisch ist, wenn Sie einen Aktienindex als Benchmark heranziehen), ist Ihr Vermögen gewachsen und Ihr ursprüngliches Kapital zugleich erhalten geblieben. In diesen 20 Jahren hat Ihr Depotwert jedoch mit dem Markt geschwankt. Sie haben Wachstum erzielt und dabei Volatilität und andere Risiken in Kauf genommen. Aber Sie hatten einen langen Zeithorizont und haben am Ende eine aktienähnliche Rendite erzielt. Wenn Ihr Ziel jedoch wirklich und wahrhaftig Kapitalerhalt im strengen Sinn ist, werden Sie in 20 Jahren immer noch Ihr Anfangskapital haben – und sonst nichts.

Wenn Ihnen ein Finanzprofi „Kapitalerhalt und Wachstum" in Aussicht stellt, sollten Sie wissen: Diese Person ist möglicherweise entweder inkompetent oder will Ihnen etwas andrehen – so oder so ist das gefährlich. Manchmal behaupten Finanzfachleute dann, sie hätten Wunderprodukte, die das Unmögliche angeblich doch schaffen. Doch das ist eine Verkaufsmasche! Keine Strategie und keine Beratung. Meistens geht es dabei um Produkte, die zwar Abwärtsrisiken begrenzen können, dies aber auf Kosten des Aufwärtspotenzials und des Zinseszinseffekts tun. Diese Produkte sind darauf ausgelegt, die kurzsichtige Verlustaversion Ihres Steinzeitgehirns anzusprechen. Doch diese Begrenzung des Aufwärtspotenzials ist der Preis – und langfristig kann eine solche Deckelung das Wachstum untergraben und heimtückische, mächtige und möglicherweise nicht mehr zu behebende Probleme verursachen. Im Alter ohne ausreichende Mittel dazustehen ist meiner Meinung nach weitaus katastrophaler als vorübergehendes Unbehagen angesichts von Volatilität.

Machen Sie sich nichts vor: Die meisten Anleger brauchen ein gewisses Maß an Wachstum, sonst würden sie gar nicht erst in Aktien, Anleihen oder andere risikobehaftete Anlagen investieren. Wenn es Ihr Ziel ist, in keinem Zeitraum auch nur einen Cent zu verlieren – also echter Kapitalerhalt –, hätten Sie sich das Geld für dieses Buch sparen und es stattdessen unter der Matratze verstecken sollen. Selbst wenn Ihr Ziel darin besteht, jede Möglichkeit eines finanziellen Verlustes auszuschließen, ist das Geld unter der Matratze wegen der langfristigen Wirkung der Inflation natürlich nicht die beste Wahl. Inflationsrisiko ist die Achillesferse all jener, die Kapitalerhalt anstreben. Wie kann man Kapital wirklich risikolos erhalten, wenn die Inflation anzieht? Und genau so wurde das Vermögen von Menschen, die ausschließlich auf Kapitalerhalt gesetzt hatten, in den Jahren 2021 bis 2024 real um 20 bis 30 Prozent geschmälert, je nachdem, wo sie lebten und welche laufenden Ausgaben sie hatten. Es ist wirklich schwer, wenn nicht sogar unmöglich, alle Risiken zu vermeiden.

Vier wichtige Regeln

Also: Wachstum, Cashflow oder beides? Wie erreichen Sie diese Ziele? Und wie erhöhen Sie Ihre Chancen, bei Anlageentscheidungen häufiger richtig als falsch zu liegen? So wie Sie weder akademisches Spezialwissen noch eine lange Lehrzeit brauchen, um die Drei Fragen anzuwenden, muss auch der Aufbau einer Strategie nicht kompliziert sein. Im Kern genügt es, vier Regeln zu befolgen, die meine Firma täglich in der Vermögensverwaltung anwendet:

Regel Nummer 1: Wählen Sie eine geeignete Benchmark.

Regel Nummer 2: Analysieren Sie die Komponenten der Benchmark und bestimmen Sie für jede Komponente das erwartete Risiko und die erwartete Rendite.

Regel Nummer 3: Kombinieren Sie unkorrelierte oder negativ korrelierte Wertpapiere, um das Risiko im Verhältnis zur erwarteten Rendite zu senken.

Regel Nummer 4: Denken Sie immer daran, dass Sie falschliegen können, und weichen Sie daher nicht von den ersten drei Regeln ab.

Betrachten wir diese vier Regeln einmal genauer.

Regel Nummer 1: Wählen Sie eine geeignete Benchmark

Sie wissen, dass die Benchmark entscheidend für Ihren Anlageerfolg ist. Sie wissen, wie eine Benchmark sein sollte (gut konstruiert und sehr breit angelegt) und wie nicht (preisgewichtet wie der Dow). Ebenso wichtig ist, dass Ihre Benchmark zu Ihren Zielen und Bedürfnissen passt. Sie bestimmt, welchen Schwankungen Sie wohl ausgesetzt sind, welche

Rendite Sie erwarten können und in gewissem Maß, wie Ihr Portfolio letztlich zusammengesetzt ist. Sie ist Fahrplan und Maßstab zugleich. Sie sollten sie nicht ändern, nicht in nächster Zeit, es sei denn, es ändert sich etwas wirklich Grundlegendes, das den Hauptzweck Ihres Geldes verändert: etwa ein Ereignis, das Ihren Zeithorizont wesentlich verkürzt oder verlängert – zum Beispiel der Tod eines Ehepartners, wenn das Vermögen danach nur noch für den kürzeren Zeithorizont des überlebenden Partners reichen muss, oder umgekehrt eine späte erneute Heirat mit einem jüngeren oder gesünderen Partner, durch die sich der Zeithorizont verlängert. Auch eine wesentliche Veränderung Ihres künftig benötigten Cashflows kann Ihre Ziele beeinflussen. Deshalb ist es entscheidend, dass Sie die richtige Benchmark für sich auswählen.

Ihre Benchmark kann ausschließlich aus Aktien, ausschließlich aus festverzinslichen Wertpapieren oder aus einer Mischung beider Anlageklassen bestehen. Ob Sie eine Benchmark ausschließlich aus Aktien, eine gemischte Benchmark oder sogar eine Benchmark ausschließlich aus festverzinslichen Wertpapieren benötigen, hängt in erster Linie von vier Faktoren ab. Anhand dieser vier Faktoren lässt sich bestimmen, welche Benchmark für Sie geeignet ist:

1. Ihr Zeithorizont.
2. Wie viel Cashflow Sie wann benötigen.
3. Ihre Renditeerwartungen und Ihre Risikobereitschaft – zwischen beiden besteht ein grundsätzlicher Zielkonflikt.
4. Alle anderen portfoliospezifischen Vorgaben, die nur Sie betreffen. Vielleicht sind Sie leitender Angestellter des Großunternehmens X und dürfen deshalb keine Aktien dieses Unternehmens besitzen. Oder Sie möchten keine sogenannten „Sin Stocks" besitzen, also Aktien aus Bereichen wie Tabak, Glücksspiel oder was immer Sie für sich ausschließen möchten. Oder Sie möchten ESG-Kriterien – Umwelt, Soziales und Unternehmensführung – berücksichtigen. Oder Sie möchten alle ESG-Überlegungen als „woke" abtun!

Der erste entscheidende Faktor: Zeithorizont

Ihr Zeithorizont kann Ihrer Lebenserwartung entsprechen, aber auch darüber hinausreichen. Wenn Sie Ihren Ehepartner nicht hassen, sollten Sie auch dessen Lebenserwartung berücksichtigen, wodurch sich Ihr Zeithorizont verlängern kann. Wenn Sie Ihre Kinder gern haben und ihnen etwas hinterlassen möchten, verlängert auch das Ihren Zeithorizont. Vereinfacht gesagt: Ihr Zeithorizont ist die Zeitspanne, für die Ihr Vermögen reichen muss, um Ihre Ziele zu erreichen. Ihr Zeithorizont ist keinesfalls die Zeit bis zu Ihrer Rente oder bis Sie beginnen möchten, von Ihrem Vermögen zu leben. Viel zu viele Anleger haben eine falsche Vorstellung von ihrem Zeithorizont; sie nutzen Frage Eins und Frage Zwei nicht, um diesen Unterschied zu erkennen.

Zeithorizont nach Schema F

Meiner Meinung nach hat die Finanzdienstleistungsbranche dazu beigetragen, dass viele Anleger ihren Zeithorizont falsch einschätzen. Sie kennen wahrscheinlich die alte Faustregel: „100 (oder 120) minus Ihr Alter ergibt den Prozentsatz, den Sie in Aktien anlegen sollten." Das setzt voraus, dass Ihr Alter der *einzige* entscheidende Faktor ist! Dabei gibt es unzählige andere Faktoren, die berücksichtigt werden sollten. In „Plan Your Prosperity" gehe ich ausführlicher auf den Zeithorizont ein.

Oft hört man Anleger etwa sagen: „Ich gehe in Rente, also muss ich konservativer anlegen und kann kein Risiko mehr eingehen." Aber nehmen wir an, Sie sind ein 65-jähriger Mann und Ihre Ehefrau ist 60 und wird voraussichtlich 90 Jahre alt (was keineswegs ungewöhnlich ist). Dann kann Ihr Zeithorizont 30 Jahre betragen – und damit ein Drittel ihres gesamten Lebens umfassen! Wenn Sie sich stark aus Aktien zurückziehen, steigt erfahrungsgemäß die Wahrscheinlichkeit, dass Ihre Ehefrau im Alter ohne ausreichende Mittel dasteht. Wenn Sie sie wirklich hassen, wäre das eine ziemlich gute Idee. (Hier bitte diabolisches Lachen dazudenken.) Ich vermute jedoch, dass das nicht die Absicht der meisten Menschen ist, die dieses Buch lesen.

Vielleicht haben Sie einen bestimmten Zeitpunkt vor Augen, ab dem Sie beginnen möchten, von Ihrem Vermögen zu leben. Trotzdem muss Ihr Vermögen Ihr Leben lang – oder sogar über Ihr Leben hinaus – weiterarbeiten, sonst reicht es für Sie oder Ihre Angehörigen am Ende nicht. Dieser gesamte Zeitraum ist Ihr Zeithorizont.

Vielleicht ist Ihr Zeithorizont aus irgendeinem Grund kürzer – vielleicht sind Sie 46 Jahre alt und brauchen in drei Jahren jeden Cent für die Anzahlung auf Ihr erstes Haus. Meist neigen Anleger jedoch dazu, ihren Zeithorizont deutlich zu unterschätzen. Da meine Eltern beide bis weit in ihre 90er hinein gelebt haben, kann ich mir einen langen Zeithorizont leicht vorstellen. Im hohen Alter brauchen Menschen ihr Geld, weil es so viele Hilfen und Erleichterungen im Alltag gibt, die älteren Menschen zugutekommen und die keine Krankenversicherung übernimmt.

Aktien oder Anleihen? Die 804-Prozent-Frage

Wenn Ihr Zeithorizont länger als 20 Jahre ist – und wenn Sie dieses Buch lesen, ist das wahrscheinlich der Fall –, dürfte für Sie ein Aktienengagement wichtig sein. Sie müssen auch den Cashflow-Bedarf und andere Faktoren berücksichtigen. Aber über lange Zeiträume hinweg haben Aktien unter den liquiden Anlageklassen historisch gesehen mit Abstand am besten abgeschnitten, und die Chancen stehen gut, dass Aktien Anleihen übertreffen. Von 1926 bis Ende 2024 gab es 80 rollierende 20-Jahres-Zeiträume. In 78 dieser Zeiträume haben US-Aktien besser abgeschnitten als US-Staatsanleihen.[1] Das entspricht 98 Prozent der Fälle. Wer über einen Zeitraum von 20 Jahren in Aktien investierte, erzielte im Durchschnitt eine Rendite von 804 Prozent, verglichen mit 230 Prozent bei US-Staatsanleihen – ein deutlicher Vorsprung von 3,5 zu 1.[2] In den beiden 20-Jahres-Zeiträumen, in denen US-Staatsanleihen Aktien übertrafen, erzielten diese eine durchschnittliche Rendite von 257 Prozent und Aktien von 239 Prozent – sie lagen also nur mit 1,1 zu 1 vorn.[3] Das ist nicht viel – und Aktien waren immer noch im Plus. Historisch gesehen war es besser, das Risiko einzugehen und die höhere Rendite mitzunehmen.

Über noch längere Zeiträume hinweg hatten Aktien schlicht die Nase vorn. In rollierenden 30-Jahres-Zeiträumen kamen Aktien im Durchschnitt auf eine Rendite von 2.356 Prozent, US-Staatsanleihen auf 543 Prozent – im Schnitt ein Vorsprung von 4,3 zu 1.[4] In 30-Jahres-Zeiträumen haben US-Staatsanleihen Aktien nie übertroffen.

Sie denken vielleicht, ich würde die Werbetrommel für Aktien rühren. Ich bin ein großer Fan von Aktien wegen ihrer überdurchschnittlichen langfristigen Renditen (und aus vielen anderen Gründen – denken Sie daran, dass ich die vielen Segnungen des Kapitalismus fast schon religiös verehre und dass es ohne Aktien keinen Kapitalismus gäbe). Und ich glaube, dass viele Menschen häufig unterschätzen, wie hoch der Aktienanteil in ihrer Benchmark sein sollte. Allerdings können Anleihen in den Portfolios vieler Anleger durchaus ihren Platz haben – und haben ihn auch. Nicht, um Rendite oder „Einkommen" zu erzielen, wohlgemerkt. Sie können die Volatilität dämpfen, und wenn Sie Cashflow entnehmen, kann das wertvoll sein.

Der zweite entscheidende Faktor: Cashflow

Nachdem Sie Ihren Zeithorizont bestimmt haben, sollten Sie als Nächstes den Cashflow-Bedarf berücksichtigen. Das ist jedoch nicht damit getan, einfach eine Formel anzusetzen: „Bei einem jährlichen Cashflow-Bedarf von 3 Prozent sollten festverzinsliche Wertpapiere X Prozent Ihrer Benchmark ausmachen, bei 4 Prozent entsprechend Y Prozent." Sie müssen solche Überlegungen gegen Ihre anderen

Ziele abwägen und zugleich prüfen, wie wahrscheinlich es ist, dass Ihr Vermögen langfristig reicht.

Anders ausgedrückt: Zwei Anleger mit identischem Zeithorizont, ähnlich großen Portfolios und bezogen auf ihr Portfolio demselben Cashflow-Bedarf benötigen möglicherweise sehr unterschiedliche Benchmarks. Schließlich sind sie unterschiedliche Menschen mit unterschiedlichen langfristigen Zielen.

Für einen Anleger, der einen jährlichen Cashflow von 4 Prozent benötigt, kann eine reine Aktienbenchmark geeignet sein, wenn ihm das Wachstum seines Portfolios ebenso wichtig ist – oder sogar noch wichtiger. Dem anderen Anleger geht es vielleicht viel stärker um den Cashflow allein – er möchte seinen Kindern oder Enkeln nichts hinterlassen. Er braucht lediglich ein Portfolio, aus dem sich der benötigte Cashflow entnehmen lässt. Für ihn könnte eine Benchmark mit einem höheren Anteil an festverzinslichen Wertpapieren geeignet sein.

Selbst bei einer gemischten Benchmark – 60 Prozent Aktien und 40 Prozent festverzinsliche Wertpapiere, 70/30 oder eine andere Mischung – kann es von Vorteil sein, das Aktienengagement weiter zu reduzieren, wenn Sie einen Bärenmarkt früh genug erkennen, um noch handeln zu können. Je nachdem, welches konkrete Szenario Sie erkennen – also das, was Sie wissen und andere nicht –, kann es sogar sinnvoll sein, auch das Anleihenengagement zu reduzieren. Damit ändern Sie jedoch nicht Ihre Benchmark. Das heißt lediglich, dass Ihre Asset-Allokation aus taktischen Gründen vorübergehend von Ihrer Benchmark abweicht.

Dividenden Marke Eigenbau

Ein weiterer Grund für die Panik vieler Anleger kurz vor dem oder bei Eintritt in den Ruhestand: Sie glauben, ihr gesamtes hart verdientes Vermögen in Anleihen und dividendenstarke Aktien investieren zu müssen. Dahinter steht häufig die Vorstellung, sie bräuchten Zinszahlungen aus Anleihen und Dividenden als Einkommen. Sie glauben:

Wenn ihr Portfolio laufende Erträge in ausreichender Höhe abwirft, können sie sich zurücklehnen und sich darauf verlassen, dass es ihnen einen finanziell abgesicherten Ruhestand ermöglicht. Wie bereits erwähnt, wird hier Einkommen mit Cashflow verwechselt.

Prüfen Sie diesen Mythos mit Frage Eins – und ja, es ist ein Mythos. Stimmt es, dass ein Portfolio, das vollgepackt mit Anleihen und dividendenstarken Aktien ist, Ihren gesamten Ruhestand hindurch Einkommen abwirft? Vielleicht! Vielleicht beträgt Ihr Vermögen 10 Millionen Dollar und Sie brauchen nur 50.000 Dollar pro Jahr. Vielleicht muss Ihr Vermögen nicht wachsen, um die inflationsbedingte Entwertung Ihres Einkommens auszugleichen. Vielleicht spielt es keine große Rolle, wenn das Wiederanlagerisiko Ihre Rendite schmälert oder die dividendenstarken Aktien im Wert einbrechen.

Aber die meisten Menschen, die dieses Buch lesen, können es sich wahrscheinlich nicht leisten, dass ihr Vermögen im Ruhestand stagniert oder deutlich schrumpft. Was aber, wenn Sie 2011 eine fällig gewordene 6-Prozent-Anleihe aus dem Jahr 2001 wiederanlegen mussten und risikolos nur noch 1,5 Prozent Rendite bekamen? Und was ist, wenn diese vermeintlich solide Versorgeraktie, die eine Dividende von 8 Prozent abwirft, im Kurs um 40 Prozent fällt? Das Unternehmen wird wahrscheinlich seine Dividende deutlich kürzen – eine nachvollziehbare Entscheidung. Aber eine niedrigere Dividende auf einen gesunkenen Marktwert ist wahrscheinlich nicht das, worauf Sie gesetzt haben. Und was ist mit der Inflation? Dabei geht es nicht nur um ein Jahr wie 2022, in dem stark steigende Inflation die Anleiherenditen schmälert, weil schnell steigende Zinsen die Anleihepreise einbrechen lassen. Sondern auch um das stille, langfristige Risiko, dass selbst durchschnittliche Inflation Ihre Ausgaben schneller steigen lässt, als Ihre Rendite mithalten kann.

Wenn Sie hohen Dividendenrenditen hinterherjagen, investieren Sie außerdem nicht in „sicherere" Aktien. So etwas gibt es nicht. Aktien sind und bleiben Aktien. Sie sind alle volatil. Alle haben gute und schlechte Phasen. Bei Anlegern sind sie mal gefragt und mal gemieden.

Aber dividendenstarke Titel konzentrieren sich häufig in bestimmten Sektoren: Immobilien, Versorger, vielleicht Finanzwerte oder einige Basiskonsumgüter. Dadurch kann schnell eine erhebliche Sektorkonzentration entstehen – und damit ein erhebliches Risiko. Das haben viele Anleger in der Rezession von 2008 auf die harte Tour gelernt. Viele andere machten Mitte der 2010er-Jahre eine ähnliche Erfahrung, als sie sich auf Energy Master Limited Partnerships (MLPs) konzentrierten – im Grunde börsennotierte Pipeline-Gesellschaften mit hohen Dividendenrenditen. Als die Ölpreise einbrachen, wurden sie hart getroffen. Oder nehmen wir börsennotierte Immobiliengesellschaften, sogenannte REITs. Sicher? Im flachen Bärenmarkt 2022 fielen sie stärker als der S&P 500.[5] Und während ich das schreibe, haben sie ihr Hoch vor dem Abschwung noch nicht wieder erreicht. Wenn ich hier von REITs spreche, meine ich börsengehandelte REITs. Nicht börsengehandelte oder private REITs sind noch viel schlechter, weil sie zusätzlich illiquide sind, hohe Gebühren haben und keine Preistransparenz bieten. Wenn Ihnen jemand solche REITs anbietet: Laufen Sie weg.

Selbst wenn Sie Ihr Vermögen über all diese verschiedenen Sektoren mit dividendenstarken Titeln streuen, müssen Sie noch etwas anderes berücksichtigen: Sie alle haben einen starken Value-Schwerpunkt. Was passiert, wenn über längere Zeit Growth-Aktien vorn liegen?

Es stimmt also einfach nicht, dass Kuponzahlungen und Dividenden eine absolut „sichere" Methode sind, um aus Ihrem Portfolio Einkommen zu beziehen. Eine solche Strategie könnte sogar deutlich riskanter sein. Aber wie kommen Sie sonst an Cash? Wenn Sie einen reinen Aktienindex als Benchmark haben und Cashflow benötigen, möchten Sie doch keine Aktien verkaufen, um Cash zu erzeugen. Oder doch?

Nun, warum eigentlich nicht? Wozu ist Ihr Portfolio denn da? Das ist eine Frage-Zwei-Lösung, die ich entwickelt habe, um am Wachstum festzuhalten und zugleich Cashflow aus dem Portfolio zu erzeugen. Ich nenne sie „Dividenden Marke Eigenbau".

Nehmen wir an, Sie haben ein Portfolio im Wert von einer Million Dollar und entnehmen jährlich 40.000 Dollar in gleichmäßigen monatlichen Raten von etwa 3.333 Dollar. Sie sollten jederzeit ungefähr den doppelten Monatsbetrag als Cash in Ihrem Portfolio halten, damit Sie nicht jeden Monat eilig kleine Aktienpakete verkaufen müssen. Dann können Sie taktisch entscheiden, was Sie wann verkaufen. Zugleich halten Sie immer Ausschau nach Positionen, die Sie reduzieren können, und planen Ihre Entnahmen ein oder zwei Monate im Voraus. Wenn es sich nicht um ein steuerbegünstigtes Altersvorsorgekonto handelt, können Sie sogar Aktien mit Verlust verkaufen, um realisierte Gewinne steuerlich auszugleichen. Sie können übergewichtete Positionen abbauen. Wahrscheinlich werden Sie ohnehin immer einige dividendenausschüttende Aktien im Portfolio haben, die zusätzlichen Cashflow liefern, aber das ergibt sich aus der Diversifizierung. Dividenden Marke Eigenbau sind steuerlich effizient, lassen sich kostengünstig anpassen oder erhöhen und sorgen dafür, dass Sie vollständig im Einklang mit Ihrer Benchmark investiert bleiben. Besser noch: Während Dividenden letztlich Kapital an Sie zurückführen, sind Dividenden Marke Eigenbau ein Teil Ihrer Kapitalrendite, der zu einem deutlich günstigeren Satz besteuert wird. Eine Win-win-win-Situation.

Der dritte Faktor: Renditeerwartung

Der dritte Faktor bei der Auswahl einer geeigneten Benchmark ist die Renditeerwartung. Wenn Sie 50 Jahre alt sind, in fünf Jahren in Rente gehen möchten, jährlich 500.000 Dollar Cashflow benötigen, um Ihren Lebensstil zu finanzieren, und insgesamt 2 Millionen Dollar in Ihrem Portfolio angespart haben, erwartet Sie ein ziemlich böses Erwachen. Ihre Renditeerwartungen sind absurd hoch. Wenn Sie nicht irgendwann in ferner Zukunft – in Ihren Träumen vielleicht – mit einem Geldsegen in der Größenordnung von 10 Millionen Dollar (oder so) rechnen, planen Sie stattdessen lieber mit Entnahmen von 80.000 Dollar pro Jahr oder weniger – und finden Sie sich damit ab. Oder arbeiten Sie weiter. Überlegen Sie sich schon jetzt, wie Sie das Ihrer Frau (oder Ihrem Mann) erklären wollen.

Stellen Sie sich nun eine Anlegerin vor – nennen wir sie Jane –, die für ihren Ruhestand bereits verlässliche Einnahmen hat (vielleicht Rentenbezüge und einige Mieteinnahmen). Ihr Vermögen muss nicht wachsen, um sie und ihren Mann zu versorgen. Jane möchte ihr Geld ihren Kindern hinterlassen, aber es ist ihr nicht wirklich wichtig, möglichst viel zu hinterlassen. Stattdessen macht ihr Volatilität Sorgen und sie sucht nach etwas, das sie nachts ruhig schlafen lässt.

Für Janes Situation könnte weiterhin eine reine Aktienbenchmark passen. Vielleicht aber auch nicht. Dafür müsste man mehr über Jane wissen – aber vorschnell ausschließen sollten Sie keine Benchmark-Lösung.

Warum? Weil Jane einen langen Zeithorizont hat und keinen zusätzlichen Cashflow aus ihrem Portfolio benötigt. Ich müsste genauer verstehen, was sie unter Volatilität versteht und wie sie darauf reagieren würde. Außerdem müsste ich ihre Ziele noch besser verstehen. Was genau bräuchte sie, um nachts ruhig zu schlafen? Was Anleger nachts ruhig schlafen lässt, kann sehr unterschiedlich sein. Wie bereits erwähnt, haben nur wenige Anleger eine realistische Vorstellung von ihrer künftigen Haltung zu Risiko. Wenn Sie eine langfristige Strategie ausschließlich auf Ihr momentanes Gefühl stützen und alle anderen Faktoren ignorieren, könnten Sie einen großen Fehler machen. Wird sich Jane in drei Monaten, neun Monaten oder einigen Jahren anders fühlen? Und wird Jane in 20 Jahren feststellen, dass sie tatsächlich nicht schlafen kann, weil sie Aktien zu stark gemieden hat und ihr Portfolio nun deutlich weniger Puffer bietet, als sie sich vorgestellt hatte? Das müssen Sie zusammen mit den anderen Faktoren berücksichtigen, die eine Entscheidung über die Benchmark beeinflussen.

Der vierte entscheidende Faktor: persönliche Eigenheiten

Nur weil die meisten Anleger ähnliche Ziele haben und nicht so einzigartig sind, wie sie denken, heißt das nicht, dass sie keine Eigenheiten haben. Es geht hier nicht darum, dass man Vorbehalte gegen Auslandsanlagen, Gesundheitsaktien, Tech, Emerging Markets oder Ähnliches hat. Das könnte eher Sturheit als echte Eigenheit sein. Es geht um feste persönliche Haltungen zu einem bestimmten Unternehmen oder einer bestimmten Kategorie, die auf Überzeugungen, Vorlieben, Abneigungen oder besonderen Umständen beruhen, die nur Sie betreffen. Und es ist in Ordnung, eine individuelle Benchmark zu definieren, die Ihre persönlichen Eigenheiten widerspiegelt.

Falls Ihnen die Verwüstungen der Napoleonischen Kriege noch immer nachhängen, möchten Sie vielleicht einfach nie und nimmer französische Aktien halten. Oder Aktien eines Unternehmens, das Tabakprodukte herstellt. Oder eines Unternehmens, das Tofu produziert (igitt!). Oder vielleicht arbeiten Sie für das börsennotierte Unternehmen ABC und dürfen dessen Aktien nicht halten. Wie auch immer! Es ist in Ordnung, mit einer individuellen Benchmark zu arbeiten, die Frankreich ausschließt. Oder Frankreich und Tofu. Oder ABC. Das sind alles legitime Gründe, die Sie bei der Auswahl Ihrer Benchmark berücksichtigen sollten.

Da alle großen Anlagekategorien langfristig ähnliche Renditen erzielen sollten, dürften die Renditeunterschiede, die durch solche kleinen persönlichen Ausschlüsse gegenüber einer viel breiteren, möglicherweise globalen Benchmark entstehen, kaum ins Gewicht fallen. Gleichzeitig fühlen Sie sich mit Ihrem Vorgehen wohler und bleiben eher dabei. Es gibt keine Anleger, die allein deshalb eine schlechte Anlagebilanz haben, weil sie sich für eine maßgeschneiderte Benchmark entschieden haben – etwa für eine Welt-Benchmark ohne Iowa –, sofern sie ansonsten ihr Portfoliomanagement richtig gemacht haben. Das gilt für alle, die sich einmal von jemandem aus Iowa scheiden ließen. Wobei ich mich an Ihrer Stelle lieber an den Leuten aus Iowa rächen würde, indem ich Aktien aus Iowa spottbillig kaufe.

Zunehmend richten manche Anleger ihre Anlagen nach religiösen Vorgaben oder persönlichen Wertvorstellungen aus. In Ordnung. Es gibt Benchmarks, die Sie dafür heranziehen können. Vielleicht passen sie nicht genau! Behalten Sie mögliche Einschränkungen im Blick. Doch solche Anpassungen der Benchmark an persönliche Eigenheiten werden immer üblicher.

Welcher persönliche Grund auch immer dahintersteht: Vielleicht haben Sie so starke Überzeugungen oder Vorbehalte, dass Sie bestimmte Aktien, einzelne Unternehmen oder bestimmte Gruppen von Unternehmen aus Ihrer individuellen Benchmark ausschließen möchten. Aber passen Sie auf, wenn sich Ihre Abneigung auf ganze Sektoren ausweitet, denn das könnte eher auf Verlustaversion und Rückschaufehler zurückgehen als auf eine echte persönliche Eigenheit. Viele Anleger kamen nach 2002 zu dem Schluss, dass sie eine schwere allergische Reaktion auf Tech-Aktien entwickelt hatten. Viele weitere gaben gierigen Bankern die Schuld für 2008 und schworen sich, niemals Finanzaktien zu halten. Das ist ein kognitiver Fehler, keine persönliche Eigenheit.

Wie viel Risiko zu Ihren langfristigen Zielen passt, sollte daher in erster Linie von (1) Ihrem Zeithorizont, (2) Ihrem Cashflow-Bedarf, (3) Ihren Renditeerwartungen und (4) Ihren persönlichen Eigenheiten abhängen. Jane mag sich heute als risikoscheu betrachten, aber hätte sie sich 1999 als offensiv positioniert und in Tech-Aktien übergewichtet gesehen? Je nachdem, wie sich der Aktienmarkt in der jüngeren Vergangenheit entwickelt hat, könnte sich ihre Einschätzung wieder ändern. Das ist eine gefährliche Grundlage für eine langfristige Strategie. Gefühle können sich schnell ändern. Deutlich stabiler sind dagegen Ihr Zeithorizont und Ihr Cashflow-Bedarf – sofern kein einschneidendes Ereignis eintritt. Und wenn Sie heute aus moralischen Gründen gegen Tabak sind, werden Sie das wahrscheinlich auch in Zukunft sein. Das löst sich nicht einfach in Rauch auf.

Ich sage nicht, dass die Volatilität von Aktien keine Rolle spielt. Das tut sie durchaus! Aber Sie müssen auch abwägen, welche Abstriche bei

Ihrem Lebensstil drohen und wie wahrscheinlich es ist, dass Ihr Portfolio Ihre Ziele und Bedürfnisse tatsächlich finanzieren kann. Es kann nicht nur darum gehen, dass Sie sich heute wohlfühlen, wenn das bedeutet, dass Ihre Bedürfnisse später mit geringerer Wahrscheinlichkeit oder womöglich gar nicht erfüllt werden.

Heat Chasing – wechseln oder nicht wechseln

Wählen Sie Ihre Benchmark sorgfältig aus, denn einmal ausgewählt, bleibt sie Ihnen sehr lange erhalten – vielleicht sogar über Ihren gesamten Anlagehorizont hinweg. Ein oberflächlicher Benchmark-Wechsel führt geradewegs in die Katastrophe. Nennen wir einen solchen Benchmark-Wechsel doch einfach beim Namen: Heat Chasing. Wenn jemand seine Benchmark 1999 vom Nasdaq auf den MSCI Emerging Markets Index in den 2000er-Jahren und in den späten 2010er-Jahren wieder zurück auf den Nasdaq umgestellt hat, dann wissen Sie, dass diese Person ihre Benchmark an das angepasst hat, was zuletzt heiß gelaufen war – klassisches Heat Chasing. Wer solchen heiß gelaufenen Trends mit Verzögerung hinterherläuft, hinkt dem Markt hinterher, weil er auf das setzt, was früher funktioniert hat, statt auf das, was künftig wahrscheinlich funktioniert.

Sie wissen jetzt, dass alle gut konstruierten Benchmarks auf sehr lange Sicht an ungefähr denselben Punkt führen sollten. Wenn Sie den Drang verspüren, die Benchmark zu wechseln, halten Sie inne und stellen Sie sich Frage Drei. Ein Benchmark-Wechsel kann unmittelbar daraus entstehen, dass Sie Bedauern aus dem Weg gehen, sich von früheren Erfolgen bestätigt fühlen, womöglich Ihrer Ordnungspräferenz nachgeben – und sich obendrein überschätzen. Geben Sie diesem Impuls nicht nach. Wenn Sie die Benchmark wechseln, könnten Sie am Ende dem hinterherlaufen, was zuletzt heiß gelaufen ist, und die Renditechancen womöglich ganz verpassen. Das bringt nur Kummer und Schaden.

Es gibt nur zwei triftige Gründe, von dieser Regel abzuweichen – wirklich nur zwei. Der erste: Es passiert etwas, das grundlegend verändert, was Ihr Geld vor allem leisten soll – und damit auch Ihren Zeithorizont. Ein Beispiel: Ein 75-Jähriger mit schlechter Gesundheit aus einer Familie mit kurzer Lebenserwartung hat eine 70-jährige Ehefrau mit guter Gesundheit aus einer Familie mit langer Lebenserwartung. Doch dann kommt seine Frau unerwartet bei einem Autounfall ums Leben. Keine Kinder, kein gemeinnütziges Engagement – sein Zeithorizont hat sich schlagartig verkürzt. Das ist ein triftiger Grund für einen Wechsel zu einer Benchmark, die besser zu seinem nun deutlich kürzeren Zeithorizont passt – so traurig der Anlass auch ist. Oder umgekehrt: Vielleicht heiraten Sie im hohen Alter noch einmal eine jüngere oder gesündere Person und verlängern damit Ihren Zeithorizont. Auch dann wäre es in Ordnung, die Benchmark zu wechseln. Darunter fällt auch eine Veränderung Ihres Cashflow-Bedarfs. Vielleicht stellen Sie später im Leben fest, dass Sie mehr Cashflow aus Ihrem Portfolio benötigen. Oder weniger! In beiden Fällen wäre eine Überprüfung der Benchmark gerechtfertigt.

Der zweite Grund für einen Benchmark-Wechsel betrifft nicht Ihre Lebensumstände, sondern die Benchmark selbst: Vielleicht wird künftig eine neue Benchmark aufgelegt, die dasselbe Anlageuniversum abbildet wie Ihre bisherige Benchmark, aber in irgendeiner Hinsicht besser konstruiert ist. Ein solcher Wechsel wäre rein taktisch. Hier ein Beispiel: Der MSCI World Index ist eine ausgezeichnete, breit angelegte Benchmark, aber er umfasst keine Schwellenländer, sondern beschränkt sich auf entwickelte Märkte. Dann legte MSCI den ACWI auf. Nach demselben Konstruktionsprinzip, aber breiter angelegt. Für die Abbildung des globalen Aktienmarkts sollte das besser sein.

Sollten Sie also wechseln? Aus meiner Sicht macht das keinen großen Unterschied. Eher spricht einiges dafür, bei der bisherigen Benchmark zu bleiben. Denn es lässt sich schwer begründen, dass der eine Index dem anderen klar überlegen ist. Wenn Sie derzeit den MSCI World

Index als Benchmark verwenden, käme ein Wechsel zum ACWI eher erst dann infrage, wenn dieser über eine längere, belastbare Datenhistorie verfügt und die Schwellenländer zuvor über mehrere Jahre schwach gelaufen sind. Hinzu kommen einige technische Fragen des Marktzugangs, die den ACWI leicht belasten.

Aber im Großen und Ganzen ist die Frage „MSCI World Index oder ACWI" ungefähr so, als müssten Sie entscheiden, ob Sie auf einer nördlichen oder einer südlicheren Route quer durch die USA fahren möchten. So oder so kommen Sie zuverlässig von der Ostküste an die Westküste. So ähnlich ist es mit den beiden Benchmarks: Beide sind brauchbar. Wenn es jedoch einen neuen Weltindex gäbe – einen verbesserten, der den gesamten Weltaktienmarkt deutlich besser abbildet –, würde auch das einen Wechsel rechtfertigen. Der Punkt ist: Es braucht einen wirklich gewichtigen Grund, um einen Benchmark-Wechsel zu rechtfertigen.

Regel Nummer 2: Analysieren Sie Ihre Benchmark-Komponenten und schätzen Sie deren erwartetes Risiko-Rendite-Profil ein

Die zweite Regel des Portfoliomanagements hilft Ihnen dabei, zu bestimmen, was genau in Ihr Portfolio gehört, wie stark die einzelnen Positionen gewichtet werden sollten und wann Sie diese Positionen eingehen oder anpassen sollten. Wie in Kapitel 4 erläutert, setzt sich Ihre Benchmark aus verschiedenen Komponenten zusammen – besonders dann, wenn Sie eine breit angelegte Benchmark verwenden. Beim Nasdaq ist die Sache relativ einfach: Glauben Sie, dass sich Technologieaktien in diesem Jahr gut entwickeln werden oder nicht? Doch wenn Sie keine allzu heftige Achterbahnfahrt erleben möchten, sollten Sie den Nasdaq wahrscheinlich nicht als Benchmark verwenden, wie wir bereits festgestellt haben.

Unabhängig davon, welche Benchmark Sie wählen, gibt sie Ihnen die Richtung für den Aufbau Ihres Portfolios vor. Wenn Ihre Benchmark zu etwa 70 Prozent aus US-Aktien besteht, sollte auch Ihr Portfolio zunächst zu etwa 70 Prozent aus US-Aktien bestehen – es sei denn, Sie haben mithilfe der Drei Fragen etwas herausgefunden, was andere nicht wissen. (Wenn Sie einen solchen Erkenntnisvorsprung haben, kann es zeitweise sogar richtig sein, im Portfolio überhaupt keine Aktien zu halten.) Wenn der Energiesektor in Ihrer Benchmark mit etwa 5 Prozent gewichtet ist, sollte Ihre Energiesektor-Gewichtung ebenfalls bei etwa 5 Prozent liegen, wenn Sie nichts wissen, was andere nicht auch wissen. (Wenn Sie dagegen überzeugt sind, mithilfe der Drei Fragen etwas erkannt zu haben, was andere nicht wissen, halten Sie möglicherweise gar keine Energieaktien oder gewichten den Energiesektor mit 10 Prozent doppelt so stark.) Ihr Ziel ist es, ähnlich abzuschneiden wie Ihre Benchmark, wenn Sie nichts wissen, was andere nicht auch wissen, und besser abzuschneiden als die Benchmark, wenn Sie glauben, einen solchen Erkenntnisvorsprung zu haben. Je belastbarer Ihr Erkenntnisvorsprung ist, desto stärker können Sie natürlich von Ihrer Benchmark abweichen. (Wenn Sie sich nicht mehr daran erinnern können, wie Sie herausfinden können, welche „Komponenten" in Ihrer Benchmark enthalten sind, schlagen Sie noch einmal in Kapitel 4 nach.) Ich rate Ihnen jedoch zur Vorsicht, denn wenn Sie ständig glauben, Dinge zu wissen, die andere nicht wissen, riecht das nach Selbstüberschätzung – und große Abweichungen bedeuten ein großes Risiko.

Machen Sie sich Sorgen, ob Sie es richtig machen? Kein Grund dazu. Wenn Sie weniger als etwa 500.000 Dollar anzulegen haben, sollten Sie ohnehin vor allem auf börsengehandelte Fonds (ETFs) setzen. Es gibt zahlreiche Index-ETFs, mit denen Sie das gewünschte Marktengagement aufbauen können. Wenn beispielsweise der S&P 500 Ihre Benchmark ist, sind Sie mit einem S&P 500-Indexfonds gut bedient; bei einer globalen Benchmark gilt das entsprechend für einen Fonds auf den MSCI World oder den ACWI. Glauben Sie, dass Sie etwas über Europa, Biotech, Australien oder Automobilhersteller wissen, was andere nicht wissen? Es gibt unzählige ETFs auf bestimmte Sektoren oder Anlagekategorien, die Ihnen dabei helfen können. Achten Sie jedoch darauf, sich nicht zu sehr in Nischen zu verlieren. Heute gibt es auch gehebelte, thematische oder sogar Einzelaktien-ETFs. Machen Sie sich vor dem Einstieg sorgfältig mit Ihren Anlagen vertraut. Prospekte und Factsheets lassen sich leicht per Google-Suche finden und prüfen.

Wenn Sie ein größeres Portfolio haben, beispielsweise eine Million Dollar, können und sollten Sie einzelne Aktien kaufen. Je größer Ihr Portfolio ist, desto höher sollte der Anteil direkt gehaltener Einzeltitel sein, denn bei größeren Portfolios sind Aktien im Vergleich zu Investmentfonds, ETFs oder anderen Formen der Aktienanlage kostengünstig zu halten. Ein Vorteil direkt gehaltener Aktien ist, dass sie günstig zu kaufen und so gut wie kostenlos zu halten sind, vor allem angesichts der heute niedrigen oder gar nicht mehr erhobenen Provisionen bei vielen Onlinebrokern. Aber egal ob ETFs oder einzelne Aktien: Achten Sie ab jetzt auf die einzelnen Sektoren und Teilsektoren. All diese Informationen finden Sie auch auf der Website des Indexanbieters. Googeln Sie einfach „[Name der Benchmark] Factsheet“. Das Ergebnis ist aufschlussreich. Oder sehen Sie sich Index-ETFs an, die auf der Benchmark basieren, um eine Aufschlüsselung ihrer Gewichtungen zu erhalten.

Sie sollten regelmäßig überprüfen, ob nichts aus dem Ruder gelaufen ist. Fühlen Sie sich nicht gezwungen, Ihr Portfolio neu zu gewichten, wenn sich die Gewichtungen in Ihrem Portfolio oder in Ihrer Benchmark hier und da um ein paar Prozentpunkte verschoben haben. Hängen Sie sich nicht an Kleinigkeiten auf. Behalten Sie als Faustregel im Kopf, Ihr Portfolio ein- oder zweimal im Jahr neu zu gewichten, es sei denn, es gibt eine größere Bewegung in einem Sektor oder Land oder Sie stoßen zwischenzeitlich auf etwas, das Ihnen einen echten Erkenntnisvorsprung verschafft. So machen Sie weniger Fehler. Zu häufiges Handeln ist eine Folge von Selbstüberschätzung: Sie glauben dann, eine Entscheidungsgrundlage zu haben, obwohl Sie keine haben.

Wenn Sie Ihre Benchmark-Komponenten kennen, schätzen Sie im nächsten Schritt für jede dieser Komponenten das erwartete Risiko und die erwartete Rendite ein. Angenommen, Sie verwenden den ACWI. Er umfasst 47 Länder, darunter auch die USA.[6] Welche Länder dürften sich in diesem Jahr gut entwickeln und welche eher schlechter? Verwenden Sie die Drei Fragen, um herauszufinden, ob Sie etwas erkennen, das dafür spricht, ein Land oder eine Region stärker und ein anderes Land oder eine andere Region schwächer zu gewichten.

Das Gleiche gilt für Sektoren. Wenden Sie die Drei Fragen an, um zu entscheiden, ob das, was Sie über die aktuellen Treiber aus Wirtschaft, Politik und Sentiment wissen, eher für den einen Sektor als für den anderen spricht. (Wenn Sie mehr über die Analyse von Sektoren erfahren möchten, empfehle ich Ihnen die Reihe „Fisher Investments On", die bei Wiley erschienen ist.)

Das Ziel ist, öfter richtig als falsch zu liegen und zugleich das Risiko gegenüber der Benchmark zu steuern. Richten Sie die Größe Ihrer Abweichungen von der Benchmark daran aus, wie belastbar Ihre Einschätzung ist – und achten Sie darauf, Selbstüberschätzung nicht mit echter Überzeugung zu verwechseln. Ja, eine stärkere Über- oder Untergewichtung kann sich auszahlen, wenn Sie richtigliegen. Aber solche großen Abweichungen können Ihnen genauso leicht um die Ohren fliegen.

Wenn der Energiesektor 5 Prozent Ihrer Benchmark ausmacht und Sie wirklich sehr, sehr überzeugt sind, dass der Energiesektor deutlich besser abschneiden wird, können Sie diesen Anteil vielleicht auf 10 Prozent verdoppeln. Vielleicht erhöhen Sie den Anteil sogar auf 12 oder 14 Prozent, weil es sich um einen kleinen Sektor handelt. Doch das ist eine ziemlich große Übergewichtung – vielleicht schon so groß, wie sie überhaupt sein sollte. Denken Sie daran, dass Sie diese Gewichtung zulasten eines anderen Bereichs oder mehrerer anderer Bereiche erhöhen müssen. Wenn Sie recht haben, ist das ein großer Gewinn für Sie – dieses Mal. Aber wenn Sie sich irren und der Energiesektor einbricht, haben Sie möglicherweise zulasten eines Bereichs umgeschichtet, der sich besser entwickelt hätte – und sich damit doppelt geschadet. Sind Sie darauf vorbereitet? Nutzen Sie Ihre Benchmark als Leitplanke, damit Ihre Positionierung zu Ihrer tatsächlichen Überzeugung passt.

Was ist, wenn Sie keinen Erkenntnisvorsprung finden, den andere nicht auch haben, und sich keine belastbare Prognose für ein Land oder einen Sektor zutrauen? Bleiben Sie einfach neutral gewichtet. Das Ziel ist, öfter richtig- als falschzuliegen. Ein paar Glückstreffer nützen Ihnen wenig, wenn Sie am Ende häufiger danebenliegen.

Regel Nummer 3: Kombinieren Sie unkorrelierte oder negativ korrelierte Wertpapiere, um das Risiko im Verhältnis zur erwarteten Rendite zu mäßigen

Die meisten Anleger, selbst Anfänger, verstehen intuitiv, dass Diversifizierung das Risiko senkt. Erinnern Sie sich an die armen Enron-Mitarbeiter aus Kapitel 3, deren 401(k)-Altersvorsorgepläne ganz oder größtenteils in Enron-Aktien investiert waren? Durch Diversifizierung lassen sich enorme Verluste durch Einzeltitel vermeiden. Unternehmen werden aus vielen Gründen insolvent. Aktien implodieren aus weitaus mehr Gründen. Der CEO hat vielleicht nichts falsch gemacht – vielleicht konnte er nur nicht mit seinen brandgefährlichen Konkurrenten mithalten. Die Aktien eines vollkommen gesunden Unternehmens können scheinbar grundlos einbrechen – ohne Vorwarnung. Aus diesem Grund sollte kein Einzeltitel einen zu großen Teil Ihres Portfolios ausmachen.

Mein Vater war zeitlebens ein Verfechter konzentrierter Portfolios. Warren Buffett war schon immer ein Verfechter konzentrierter Portfolios. Ich sage Ihnen jedoch: Die einzige Grundlage für ein konzentriertes Portfolio ist eine nahezu grenzenlose Gewissheit, dass Sie viel wissen, was andere nicht wissen. Für Selbstüberschätzung ist dabei kein Platz. Sie müssen sicher sein, dass Sie sich nicht überschätzen. Wenn Sie nicht wirklich viel wissen, was andere nicht auch wissen, dann ist ein konzentriertes Portfolio nichts anderes als Selbstüberschätzung und zusätzliches Risiko. Halten Sie sich an diese allgemeine Faustregel: Erstens sollten Sie wissen, welche Gewichtung eine Aktie in der Benchmark hat, wenn Sie ihren Kauf in Betracht ziehen. Zweitens sollten Sie bei dieser Aktie niemals um mehr als 5 Prozentpunkte von dieser Benchmark-Gewichtung abweichen.

Diese Regel gilt nicht für jedes Konto getrennt. Wenn Sie beispielsweise mehrere Konten haben – etwa einen 401(k)-Plan, ein IRA-Konto und ein steuerpflichtiges Wertpapierdepot, wie sie in den USA üblich sind –, achten Sie darauf, dass Ihre Gesamtposition in einer Aktie über alle Ihre Konten hinweg unter 5 Prozent bleibt, es sei denn, die Benchmark-Gewichtung dieser Aktie liegt darüber. Wenn Sie eine solche Aktie in diesem Fall übergewichten möchten, weil Sie glauben, etwas zu wissen, was andere nicht wissen, gehen Sie höchstens ein oder zwei Prozentpunkte über die Benchmark-Gewichtung dieser Aktie hinaus.

Die 5-Prozent-Regel?

In meinem 2010 erschienenen Buch „Debunkery" erläutere ich diese Regel etwas genauer. Die 5-Prozent-Regel gilt, wenn Sie börsengehandelte Aktien kaufen. Viele superreiche Gründer-CEOs sind jedoch reich geworden, indem sie alles in eine einzige Aktie gesteckt haben – in die Aktie des Unternehmens, das sie gegründet haben, besitzen und leiten. Der Weg zum Reichtum als Unternehmer kann unglaublich lukrativ sein, aber er ist auch sehr steinig. (Mehr dazu finden Sie in meinem 2008 erschienenen Buch „The Ten Roads to Riches.")

Eine bekannte Börsenweisheit lautet: „Um Vermögen aufzubauen, muss man konzentriert investieren; um Vermögen zu schützen, muss man diversifizieren." Diejenigen, die mit einem einzigen, zwei oder zehn Einzeltiteln reich geworden sind, hatten höchstwahrscheinlich unglaubliches Glück. Ja, mit einem einzigen Titel können Sie spektakuläre Kursgewinne erleben. Sie können aber auch vernichtende Verluste erleiden. Beachten Sie, dass die wenigen, die Glück haben und auf diese Weise Erfolg haben, sich wahrscheinlich viel auf ihren Erfolg einbilden und sich für schlau halten. Ihre Familien wissen es besser. (Damit meine ich natürlich nicht den Besitz von Aktien eines Unternehmens, das Sie gegründet haben und kontrollieren. So sind Bill Gates und viele andere Superreiche zu ihrem Reichtum gekommen – sie haben ein Unternehmen gegründet und aufgebaut, sonst nichts, und sind dabei unglaublich reich geworden. Ich spreche davon, konzentriert in einen oder wenige Einzeltitel zu investieren, die Sie nicht kontrollieren.)

Die Magie der Diversifizierung

Da keine einzelne Aktienkategorie immer am besten abschneidet (was Sie anhand von Frage Eins selbst überprüfen können), hilft Diversifizierung, das Risiko über verschiedene Länder, Branchen und Unternehmen zu streuen.

Auch wenn es tatsächlich viele Risikoarten gibt, definiert die klassische Finanztheorie Risiko als Volatilität, gemessen an der Standardabweichung oder Varianz der Renditen. Die meisten Anleger denken: Wenn der Markt steigt, ist alles gut; wenn er fällt, ist er volatil. Aber Volatilität ist ein zweischneidiges Schwert – und sie ist immer da. Ihre Frage sollte lauten: Ist diese Aktienkategorie oder dieser Einzeltitel volatiler oder weniger volatil als vergleichbare Kategorien oder Einzeltitel? Diversifizierung reduziert die Volatilität Ihres Gesamtportfolios und damit auch das Risiko. Die moderne Portfoliotheorie hat gezeigt, dass selbst eine zufällige Mischung von Anlagen weniger volatil ist als alles auf eine einzige Kategorie zu setzen.

Stellen Sie sicher, dass Ihr Portfolio Bestandteile enthält, die sich je nach Marktlage unterschiedlich entwickeln – was ganz von selbst geschieht, wenn Sie eine ausreichend breite Benchmark verwenden und sich konsequent daran orientieren. Jeder Sektor und jedes Land in Ihrer Benchmark entwickelt sich anders als die übrigen. Vielleicht etwas anders, vielleicht ganz anders – aber auf jeden Fall anders. Wenn Sie Regel Nummer 3 befolgen und stets Sektoren und Länder mit geringer oder negativer Korrelation im Portfolio belassen, auch wenn Sie vermuten, dass diese nicht zu den künftigen Leistungsträgern Ihres Portfolios gehören, senken Sie die Gesamtvolatilität.

Ein gutes Beispiel hierfür sind der Technologiesektor und die Pharmabranche (ein Teilbereich des Gesundheitssektors). Die meisten Sektoren sind langfristig positiv korreliert, und diese beiden bilden keine Ausnahme. Mit 0,35 ist die Korrelation der wöchentlichen Kursrenditen seit 2000 jedoch relativ schwach. Das deutet auf eine wenig beachtete Tatsache hin: Diese beiden Bereiche weisen oft eine sehr geringe oder sogar negative kurzfristige Korrelation auf – der eine steigt, während der andere fällt. Abbildung 9.1 zeigt die rollierende 26-Wochen-Korrelation. Beachten Sie den deutlichen Ausschlag in den negativen Bereich,

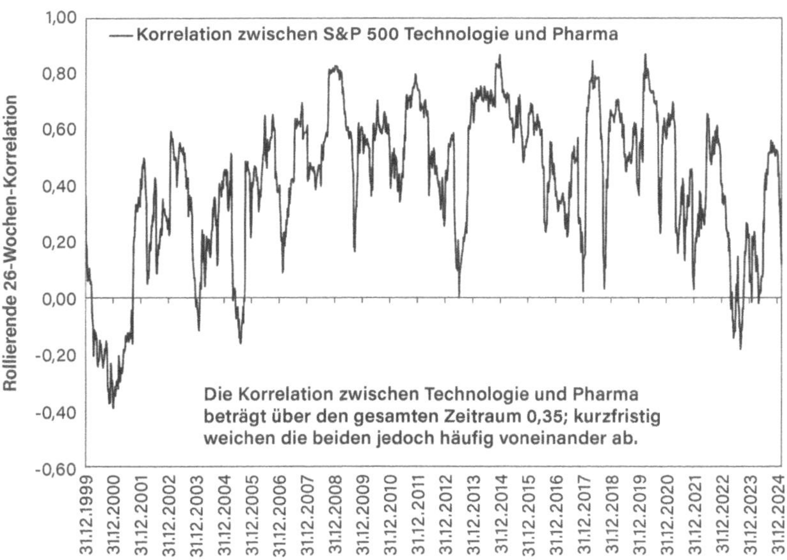

Abbildung 9.1 Korrelationsschwankungen zwischen Technologie und Pharma.

Quelle: FactSet, Stand: 18.3.2025. Rollierende 26-Wochen-Kursrenditekorrelation des S&P 500 Informationstechnologie-Sektors mit dem S&P 500 Pharma-Sektor, 31.12.1999 bis 28.2.2025.

als die Technologieblase platzte. Und beachten Sie auch die scharfen Ausschläge nach unten zu verschiedenen späteren Zeitpunkten. Abbildung 9.2 zeigt die Kursrenditen und Divergenzphasen derselben Aktienkategorien im gleichen Zeitraum.

Regel Nummer 3 – das Kombinieren unterschiedlicher Bestandteile – befasst sich damit, Risiko im Verhältnis zur Rendite zu steuern. Ganz offensichtlich fallen Renditen unterschiedlich hoch aus; Abbildung 9.2 macht das deutlich. Von dieser Kombination profitieren Sie also schon dadurch, dass die Ausschläge unterschiedlich stark ausfallen. Doch die Divergenzphasen bieten zusätzliche Chancen.

Vielleicht haben Sie die Drei Fragen genutzt, um zur festen Überzeugung zu gelangen, dass die eine Kategorie besser abschneiden wird als die andere. Dann sollten Sie selbstverständlich die eine übergewichten und die andere untergewichten. Regel Nummer 2 hilft Ihnen dabei.

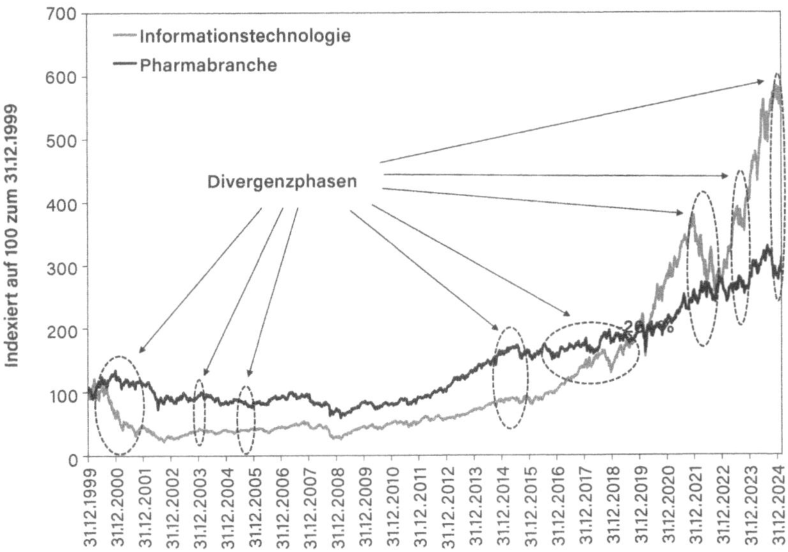

Abbildung 9.2 Divergenz zwischen Technologie und Pharma.

Quelle: FactSet, Stand: 18.3.2025. S&P 500 Informationstechnologie-Sektor und Pharmabranche des S&P 500, indexiert auf 100 zum 31.12.1999.

Achten Sie nur darauf, alle Komponenten Ihrer Benchmark einzubeziehen; dann sollte Ihr Portfolio ausgewogen zusammengesetzt sein.

Aber Positionen mit geringer oder negativer Korrelation in Ihrem Portfolio sind wie eine Absicherung gegen Fehler. Die Portfoliotheorie ist eindeutig: Eine Mischung unterschiedlicher Kategorien – unabhängig davon, ob sie negativ, gering oder gar nicht miteinander korreliert sind – sollte die Rendite im Laufe der Zeit verbessern und zugleich das Risiko senken. (Prüfen Sie das mit Frage Eins. Nehmen Sie zwei, vier oder sechs Aktien aus verschiedenen Kategorien und untersuchen Sie deren Entwicklung über lange Zeiträume.)

Regel Nummer 4: Denken Sie daran, dass Sie sich irren können – weichen Sie nicht von den ersten drei Regeln ab

Regel Nummer 4, die möglicherweise wichtigste Regel, betrifft die Kontrolle Ihres Verhaltens. Sie sorgt dafür, dass Sie Frage Drei immer einbeziehen. Ohne diese Regel können Sie sich von kognitiven Fehlern mitreißen lassen. Regel Nummer 4 zwingt Sie dazu, mögliche Fehler mitzudenken und sich nicht für klüger zu halten, als Sie sind. Mit dieser Regel verringern Sie das Risiko, sich selbst zu überschätzen. Immer wenn Sie versucht sind, die ersten drei Regeln zu missachten und eine Entscheidung nicht auf Grundlage der Drei Fragen zu treffen, sondern sich von Herdenverhalten oder einem Steinzeitimpuls leiten zu lassen, hält Regel vier Sie auf dem richtigen Weg. Bei jeder Entscheidung, die Sie treffen, können Sie sich irren – ganz gleich, wie überzeugt Sie sind. Wenn Sie das akzeptieren, ist es weniger wahrscheinlich, dass Sie etwas allzu Verheerendes tun.

Regel Nummer 4 zwingt Sie dazu, Ihre Benchmark wie eine Hundeleine beim Welpentraining einzusetzen. Mit einer kurzen Leine kann Ihr Welpe nicht allzu viel Unheil anrichten. An einer langen Leine kann derselbe Hund den Garten umgraben, alles Mögliche vom Boden fressen oder von einem Auto erfasst werden.

Nehmen wir zum Beispiel an, Sie sind überzeugt, dass Technologieaktien dieses Jahr gut abschneiden werden. Technologie macht 25 Prozent Ihrer Benchmark aus. Sie geben sich jedoch nicht damit zufrieden, Technologie auf 30 oder sogar 35 Prozent zu erhöhen. Sie wissen, dass Technologie ganz vorn liegen wird. Ihre Überzeugung verleitet Sie dazu, alle Ihre Pharmawerte zu verkaufen, um einen noch größeren Anteil an Technologieaktien zu erwerben, da Sie wissen, dass Pharma oft hinterherhinkt, wenn Technologie heiß läuft. Bevor Sie Ihr Portfolio ändern, fragen Sie sich: „Was ist, wenn ich mich irre?" Sind Sie auf die Folgen einer so großen Abweichung vorbereitet?

Kernstrategie versus Gegenstrategie

Diese Regel ist der Hauptgrund, warum ich davon überzeugt bin, Vermögen mit einer Kernstrategie und einer Gegenstrategie zu verwalten. Kernstrategien sind meine aktiven Abweichungen von der Benchmark – also bewusste Übergewichtungen gegenüber der Benchmark –, gestützt auf das, was ich meiner Einschätzung nach weiß und andere nicht wissen. Wenn ich beispielsweise davon ausgehe, dass US-Aktien besser abschneiden werden als ausländische Aktien, dass der Technologiesektor besser abschneiden wird als der Gesundheitssektor und dass Aktien aus dem Bereich zyklische Konsumgüter besser abschneiden werden als Aktien aus dem Bereich Basiskonsumgüter, dann gewichte ich diese Bereiche gegenüber der Benchmark über. Das sind meine Kernstrategien.

Anschließend entwickle ich meine geplanten Gegenstrategien. Dafür halte ich bewusst Aktienkategorien im Portfolio, die in meinem Hauptszenario nicht zu den Favoriten gehören, mir aber helfen können, falls ich mich irre. Ich halte sie trotzdem, denn: Was ist, wenn ich mich irre? Und wissen Sie was? Ich irre mich oft. Ich hatte das Glück, in meiner Karriere öfter richtig als falsch zu liegen, aber ich weiß, dass ich mich geirrt habe und mich definitiv wieder irren werde – und zwar häufig. Jede Gegenstrategie besteht darin, eine Aktienkategorie im Portfolio zu halten, von der ich erwarte, dass sie sich gut entwickelt, falls eine meiner Kernstrategien nicht aufgeht und die von mir favorisierte Kategorie schlecht läuft. Wenn ich mich beim Technologiesektor irre, dürfte der Gesundheitssektor besser abschneiden, weil die Pharmabranche nur schwach mit dem Technologiesektor korreliert. Entweder US-Aktien oder ausländische Aktien werden vorn liegen, deshalb möchte ich nichts verpassen, wenn ich bei dieser Einschätzung falschliege. Ich frage mich immer: „Welche Aktienkategorie wird sich wirklich gut entwickeln, wenn das, wovon ich eine gute Entwicklung erwarte, aus irgendeinem Grund tatsächlich schlecht läuft?" Davon will ich ebenfalls etwas im Portfolio haben. So denken die meisten Anleger nie.

Eine Gegenstrategie einzuplanen bedeutet, dass Sie immer auch Aktien im Portfolio haben werden, die im Minus liegen oder zurückbleiben. Wenn Ihre Haupteinschätzung tatsächlich aufgeht, sollten Ihre Gegenstrategie-Positionen im Minus liegen oder zurückbleiben. Das ist nicht schlimm. Diese Positionen können Sie davor bewahren, richtig unter die Räder zu geraten, wenn Sie sich irren. Das ist Risikomanagement, und das ist gut so.

Hier ist ein praktisches Beispiel für Kern- und Gegenstrategien, wobei ich der Einheitlichkeit wegen wieder beim Technologie- und Gesundheitssektor bleibe. Nehmen wir an, Sie sind in allen Sektoren außer im Technologie- und im Gesundheitssektor neutral gegenüber der Benchmark positioniert. Sie arbeiten noch nicht lange mit den Drei Fragen, also konzentrieren Sie sich zunächst nur auf den Gesundheitssektor. Sie glauben, etwas entdeckt zu haben, was sonst niemand sieht und was den Gesundheitssektor richtig heiß laufen lassen dürfte. Vielleicht haben Sie herausgefunden, dass sich alle Kongressmitglieder am Wochenende den Kopf gestoßen haben (ich wäre dafür). Sie wissen auch, dass am Dienstag im Kongress eine Abstimmung über die Arzneimittelregulierung ansteht. Die Kongressmitglieder wollen neue Schmerzmittel, und zwar schnell, also werden sie etwas tun, was ihrer Natur widerspricht – staatliche Regulierung zurückfahren. Daher glauben Sie, dass die FDA einer ganzen Reihe extrem wirksamer Medikamente grünes Licht geben wird. (Ich sagte ja, wir tun so, als ob.) Niemand sonst sieht das so. Alle anderen halten kopfschmerzgeplagte Kongressmitglieder für ein schlechtes Zeichen für diese Abstimmung, weil sie glauben, dass die Kopfschmerzen sie benommen und dumm machen. Aber Sie wissen es besser! (Sie wissen, dass sie schon vorher Dummköpfe waren.)

Ausgehend von dieser besonderen Einschätzung beschließen Sie, den Gesundheitssektor überzugewichten. Sie sind überzeugt, aber nicht übertrieben selbstsicher, also beschließen Sie, den Anteil des Gesundheitssektors in Ihrem Portfolio von der Benchmark-Gewichtung von 10 auf 15 Prozent zu erhöhen. Das ist eine ziemlich große Übergewichtung und macht Ihre Kernstrategie aus.

Nun müssen Ihre Portfolioanteile zusammen 100 Prozent ergeben, also müssen Sie an anderer Stelle Gewichtungen senken. Aber wo? Angenommen, auch der Technologiesektor hat ein Gewicht von 25 Prozent in Ihrer Benchmark. Wenn Ihre Pharma-These nicht aufgeht, federt Ihre volle Technologiegewichtung von 25 Prozent den Schlag ab – das ist Ihre Gegenstrategie. Wenn Sie jedoch sehr überzeugt von Ihrer Pharma-These sind, könnten Sie die gesamten 5 Prozentpunkte beim Technologiesektor kürzen, Ihre Technologiegewichtung von 25 auf 20 Prozent senken und das tatsächliche Ausmaß Ihrer aktiven Entscheidung vergrößern, indem Sie Ihre Gegenstrategie verkleinern. Sie haben immer noch eine Gewichtung von 20 Prozent, doch als Gegenstrategie fällt sie kleiner aus, als wenn Sie die Kürzung an anderer Stelle vorgenommen hätten.

Wenn Sie die Lage mithilfe der Drei Fragen durchdenken, stellen Sie fest, dass die meisten Anleger glauben, die von der Nachfrage nach KI getragene Rally im Technologiesektor werde weiter an Dynamik gewinnen. Außerdem war der Dollar zuletzt stark, und die Anleger gehen davon aus, dass sich daran nichts ändern wird. Daraus leiten sie ab, dass US-Aktien weiterhin stark laufen werden. Mit anderen Worten: Sie schreiben die Jahre 2023 und 2024 einfach fort und gehen davon aus, dass die jüngsten Trends anhalten.

Sie wissen jedoch, dass niedrige KGVs nicht automatisch für niedriges Risiko und hohe Renditen stehen. Sie wissen, dass ein im vergangenen Jahr starker Dollar nicht heißt, dass der Dollar auch in diesem Jahr stark bleibt. Sie wissen auch, dass das nicht bedeutet, dass US-Aktien automatisch besser abschneiden als ausländische Aktien. Angesichts des fast einhelligen Optimismus gegenüber Technologieaktien kommen Sie zu dem Schluss, dass Sie keine voll ausgebaute Gegenstrategie benötigen, und beschließen, den Technologiesektor um die vollen 5 Prozentpunkte unterzugewichten – damit liegt Ihre Gewichtung bei 20 Prozent.

Dennoch bleibt Ihnen eine Gegenstrategie, die greift, falls Ihre Pharma-/Gesundheitssektor-These scheitert. Wenn Sie mit Ihrer Einschätzung zum Gesundheitssektor richtigliegen, werden Sie wahrscheinlich – wenn auch nicht zwingend – auch mit Ihrer Einschätzung zum Technologiesektor richtigliegen. Dann sind Sie stärker in einem heiß laufenden Sektor investiert und weniger stark in einem schwachen Sektor. Sie schlagen den Markt schon deshalb, weil Sie mit Ihrer Kernstrategie und Ihrer Gegenstrategie richtigliegen.

Nun hätten Sie auch radikaler vorgehen können. Sie hätten Ihre Gewichtung des Gesundheitssektors von 10 auf 35 Prozent erhöhen und Ihre Technologiegewichtung von 25 auf 0 Prozent senken können. Und wenn diese Strategie aufgegangen wäre, hätten Sie damit einen Riesengewinn erzielt. Doch das haben Sie nicht getan. Sie haben die 20-Prozent-Gewichtung im Technologiesektor beibehalten.

Angenommen, Sie liegen mit Ihrer Kopfverletzungs-These falsch. Der Kongress tritt zusammen – doch von der vermeintlichen Kopfverletzung bleiben nur ein paar leichte Kopfschmerzen übrig. Die Politik verbietet alle Arzneimittel außer Aspirin. Niemand hat damit gerechnet, also bricht der Gesundheitssektor ein, und die Anleger strömen in einen „heißeren" Sektor wie Technologie. Beide Sektorentscheidungen waren falsch. Uff! Sie liegen hinter Ihrer Benchmark zurück. Aber nicht viel, denn Sie sind nicht vollständig aus dem heißen Sektor ausgestiegen und haben den Nachzügler nicht massiv übergewichtet.

Es ist nicht dramatisch, wenn Sie in einem einzelnen Jahr ein paar Prozentpunkte unter der Benchmark liegen – vielleicht erzielen Sie 16 oder 17 Prozent, während die Benchmark 20 Prozent erreicht. Schließlich fallen geringfügige Unterschiede bei der Jahresrendite nicht allzu sehr ins Gewicht, und niemand liegt Jahr für Jahr dauerhaft vorn. Auch hier gilt: Ihr Ziel ist es, öfter richtig als falsch zu liegen. Wenn Sie über ein paar Jahre hinweg ein wenig unter Ihrer Benchmark liegen, können Sie das wieder wettmachen – wobei die entscheidenden Worte „ein wenig unter Ihrer Benchmark liegen" sind. Sie haben Ihr ganzes weiteres Anlegerleben lang Zeit, um öfter richtig als falsch zu liegen.

In Jahren, in denen mehr Ihrer Kernstrategien richtig- als falschliegen, erreichen oder schlagen Sie Ihre Benchmark. Es gab Jahre mit steigenden Märkten, in denen ich mit den meisten meiner Kernstrategien falschlag, aber weil ich die wichtigste Grundsatzentscheidung richtig getroffen hatte – die Entscheidung, Aktien statt Bargeld oder Anleihen zu halten –, blieb ich hinter meiner Benchmark zurück, aber nicht allzu deutlich und nicht so weit, dass ich diesen Rückstand später nicht hätte wettmachen können. Warum? Weil ich nie darauf abziele, die Benchmark stärker zu schlagen, als ich bereit bin, im Irrtumsfall hinter ihr zurückzubleiben. Gegenstrategien verhindern, dass Sie in Jahren, in denen Sie falschliegen, zu weit hinter Ihre Benchmark zurückfallen.

Nur in einem Fall bin ich bereit, massiv von der Benchmark abzuweichen – und damit ein massives Benchmark-Risiko einzugehen: wenn ich glaube, dass ein starker Rückgang mit Abstand das wahrscheinlichste Szenario ist. Wenn ich einen solchen Rückgang erwarte, versuche ich, einen großen Vorsprung gegenüber der Benchmark zu erzielen, indem ich den Großteil eines Bärenmarktes vermeide. Das ist das Riskanteste, was man tun kann – viel riskanter, als den meisten bewusst ist. Einen solchen Schritt darf man niemals leichtfertig wagen. Aber über einen langen Zeitraum hinweg verschaffen Sie sich gegenüber TGH einen erheblichen Vorsprung, wenn Sie die Benchmark im Durchschnitt leicht schlagen und sie in nur einem Bärenmarkt klar hinter sich lassen.

Nur in diesem Fall bin ich bereit, ein massives Benchmark-Risiko einzugehen. Und selbst hier betone ich: Es ist nicht notwendig, um Anlageerfolg zu erzielen. Es ist wünschenswert und mein Ziel – aber keine Voraussetzung. Wie ich bereits erwähnt habe, müssen Sie bei der Auswahl Ihrer Benchmark berücksichtigen, dass Sie nicht jeden Bärenmarkt punktgenau erkennen werden.

Endlich! Wie man Aktien auswählt, die nur gewinnen

Diese Überschrift sollte Sie hereinlegen. Ich hoffe, es hat funktioniert! Ich weiß nicht, wie man Aktien auswählt, die nur steigen. Viele behaupten, sie könnten es. Aber niemand kann es. Ich habe noch nie jemanden gesehen, der das schafft. Bei der Aktienauswahl sollten Sie zwei Ziele verfolgen, und zwar nur diese beiden. Erstens: Finden Sie Aktien, die die Kategorien, die Sie im Portfolio abbilden möchten, gut repräsentieren. Zweitens: Finden Sie Aktien, von denen Sie glauben, dass sie sich am ehesten besser entwickeln werden als diese Kategorien. Beachten Sie, dass ich nicht gesagt habe: „Finden Sie Aktien, die am stärksten steigen werden." Ich habe gesagt: „Die sich am ehesten besser entwickeln werden als die jeweilige Kategorie." Ihr Ziel ist es, die Merkmale der jeweiligen Kategorie mitzunehmen – plus ein kleines Extra; entscheidend ist dieses „am ehesten", denn einige ausgewählte Aktien können und werden hinter ihrer jeweiligen Kategorie zurückbleiben.

Die Aktienauswahl ist wichtig, hat aber erstaunlicherweise auf lange Sicht den geringsten Einfluss darauf, wie sich Ihr Portfolio entwickelt. Das mag Sie schockieren und Ihnen fast ketzerisch erscheinen. Vielleicht haben Sie dieses Buch gekauft, in der Hoffnung, sich einen Vorteil bei der Aktienauswahl zu verschaffen, und nun habe ich mehrere hundert Seiten lang über alles Mögliche geschrieben, nur nicht darüber, wie man Aktien auswählt. Dafür gibt es mehrere Gründe: Erstens ist es einfach nicht so wichtig, wie viele annehmen. Es gibt zahlreiche wissenschaftliche Studien zu diesem Thema und in der Wissenschaft herrscht weitgehend Einigkeit darüber, dass der größte Teil Ihrer Rendite nicht auf die Aktienauswahl zurückgeht, sondern auf die Asset-Allokation – also auf die Entscheidung, in einem bestimmten Jahr Aktien, Anleihen oder Cash zu halten, und darauf, welche Arten von Aktien, Anleihen oder Cashpositionen Sie halten. Finanzwissenschaftler streiten im Detail darüber, wie hoch dieser Anteil maximal ist. Einige Studien kommen zu dem Ergebnis, dass mehr als 90 Prozent der Rendite aus der Asset-Allokation stammen. Andere setzen den Anteil niedriger an. Ich werde mich an dieser Debatte nicht beteiligen. Mir reicht: „der Großteil".

In meinem Unternehmen gehen wir davon aus, dass auf lange Sicht etwa 70 Prozent der Rendite auf die Asset-Allokation zurückzuführen sind – also auf die Mischung aus Aktien, Anleihen, Cash und gegebenenfalls anderen Wertpapieren, die Sie halten – und etwa 20 Prozent auf die Sub-Asset-Allokation. Damit meine ich die Entscheidungen darüber, welche Arten von Aktien und welche Anleihen Sie halten möchten und ob Sie ausländische oder US-Wertpapiere, Value- oder Growth-Titel, große oder kleine Unternehmen, bestimmte Sektoren et cetera über- oder untergewichten oder gegenüber der Benchmark neutral gewichten möchten. Aber nur wenige Finanzwissenschaftler würden bestreiten, dass die Aktienauswahl selbst nur einen kleinen Teil Ihrer gesamten Portfoliorendite ausmacht – sie ist eine Frage zweiter oder dritter Ordnung.

Sehen Sie es einmal so: Wenn Sie Ende der 1990er-Jahre oder über weite Strecken des vergangenen Jahrzehnts 30 Large-Cap-Growth-Aktien durch Dartpfeilwürfe ausgewählt hätten, hätten Sie wahrscheinlich recht gut abgeschnitten.

Blicken Sie zurück auf die Jahre 2000 bis 2002. In diesen Jahren war es die beste Entscheidung, defensiv positioniert zu sein und hauptsächlich Cash und Anleihen zu halten. Wenn Ihnen das nicht möglich war, waren Small-Cap-Value-Aktien die richtige Wahl. Damit sind Sie gut gefahren. Wenn Sie in irgendeinem anderen Marktsegment Stock Picking betrieben, haben Sie wahrscheinlich große Verluste gemacht. Entscheidend für die Rendite war, ob Sie überhaupt Aktien hielten – und wenn ja, in welcher Aktienkategorie –, nicht die Auswahl einzelner Titel. Im Bärenmarkt von 2007 bis 2009 verlor die überwiegende Mehrheit der Aktien an Wert. Ob Sie Google oder Microsoft hielten, spielte keine große Rolle. Selbst in dem vergleichsweise flachen, vom Sentiment getriebenen Bärenmarkt von 2022 fielen 89 Prozent der über 1.500 Aktien des MSCI World.[7] Die Hälfte davon fiel stärker als der Markt, der um 26,2 Prozent nachgab.[8] Wenn Sie in diesem Umfeld Stock Picking betrieben und abwägten, ob Sie Aktien der ausländischen Börsenbetreiber Hong Kong Exchanges & Clearing oder ASX Limited kaufen sollten, haben Sie das Wesentliche verpasst. Beide fielen um über 35 Prozent.[9] In einem Bullenmarkt steigen die meisten Aktien und entwickeln sich ungefähr wie ihre jeweilige Kategorie. In einem Bärenmarkt fallen die meisten Aktien.

Verstehen Sie mich nicht falsch – die Aktienauswahl ist wichtig. Die richtigen Aktien auszuwählen, bringt auf lange Sicht durchaus einen Mehrwert, sonst würde ich jedem empfehlen, ETFs zu kaufen, auch wenn er große Summen anlegt. Und wie bei allen anderen Anlageentscheidungen müssen Sie nicht immer die Aktien mit der besten Wertentwicklung auswählen, sondern es genügt, wenn Ihre Treffer Ihre Fehlgriffe überwiegen und Sie die Benchmark für sich arbeiten lassen.

Womit möchten Sie also den Großteil Ihrer Zeit für Anlageentscheidungen verbringen: mit der Entscheidung, die 70 oder sogar 90 Prozent Ihrer Rendite bestimmt, oder mit der Entscheidung, die für etwa 10 Prozent Ihrer Rendite verantwortlich ist?

Sagen Sie mir doch endlich, wie ich Aktien auswählen soll!

Okay! Das habe ich tatsächlich bereits einmal getan. Es war mein erstes Buch „Die Kunst der richtigen Aktienauswahl“. Heute mache ich es längst anders, aber was ich damals getan habe, war nicht schlecht. Seinerzeit war es durchaus auf der Höhe der Zeit. Wenn ich es recht bedenke, mache ich heute so gut wie nichts mehr so wie vor 40 Jahren – es wäre mir ziemlich peinlich, wenn es anders wäre. In diesem Stadium der Entwicklung ist Veränderung das A und O, und mein Ziel ist es, immer weiter Neues zu entwickeln und mich zu verändern. Wie würde ich es also heute machen?

So mache ich es: Ich gehe im Ausschlussverfahren vor.

Stellen Sie sich den Portfolioaufbau als Trichter vor, wie in Abbildung 9.3 dargestellt. In diesen Trichter schütten Sie alle Wertpapiere der Welt – Aktien, Anleihen, Cash, die ganze Bandbreite. Unten kommen nur die Wertpapiere an, die auf jeder Stufe den Auswahlfilter passieren.

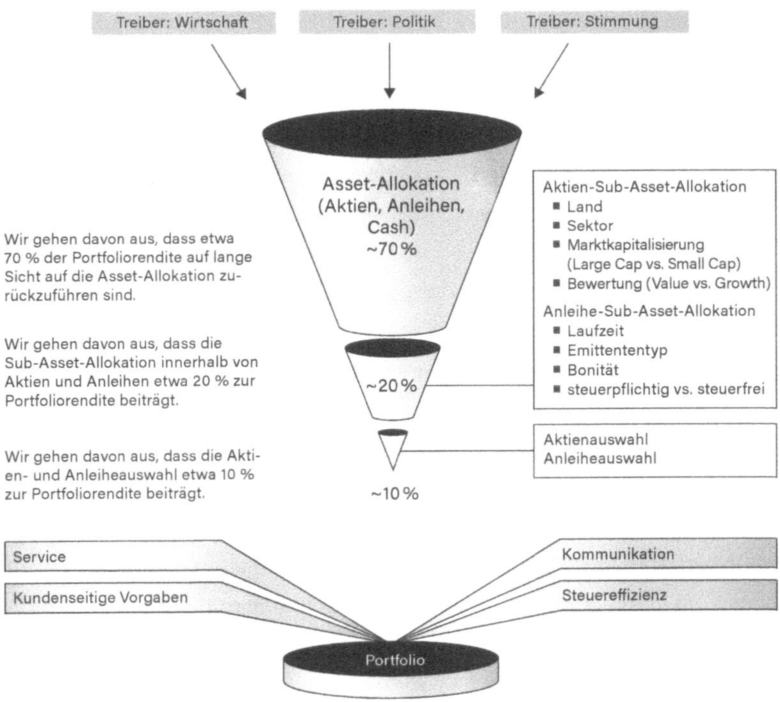

Abbildung 9.3 Portfolio-Engineering-Trichter.

Hinweis: Die zukunftsgerichtete Renditeattribution ist eine Annäherung zur Illustration und sollte nicht als Prognose künftiger Renditen oder der künftigen Renditeattribution angesehen werden.

Nutzen Sie die Drei Fragen, um die drei Treiber – Wirtschaft, Politik und Stimmung – zu analysieren und zu bestimmen, welches Marktszenario am wahrscheinlichsten ist. In dem sehr wahrscheinlichen Fall, dass Sie zu dem Schluss kommen, dass für den Markt eines der ersten drei Ergebnisse am wahrscheinlichsten ist – starker Anstieg, leichter Anstieg oder leichter Rückgang –, ist Ihre Aufgabe einfach: Sie sollten den gemäß Ihrer Benchmark vorgesehenen Aktienanteil vollständig ausschöpfen – ob das nun 100, 70, 60 Prozent und so weiter sind. Die Aktien der ganzen Welt passieren den ersten Filter und gelangen auf die nächste Stufe.

Als Nächstes folgen die Sub-Asset-Allokationsfilter. Nutzen Sie erneut die Drei Fragen, um zu entscheiden, wie Sie Länder, Anlagestile, Sektoren, Marktkapitalisierungsklassen und Branchen gegenüber Ihrer Benchmark gewichten möchten. (Das haben wir bereits weiter oben in diesem Buch getan.) Hier filtern Sie Aktien auf der Grundlage Ihrer Kern- und Gegenstrategien – also danach, was Sie über- und untergewichten möchten. In diesem mittleren Teil des Trichters legen Sie die prozentualen Gewichte Ihres Portfolios fest, ohne an einzelne Aktien zu denken. Wenden Sie dafür einige der in diesem Buch vorgestellten Methoden an. Am Ende Ihrer Analyse erhalten Sie eine einfache Liste mit Ländern, Sektoren und Gewichtungen, die Sie im erwarteten Umfeld für richtig halten.

Wenn Sie ETFs einsetzen, prüfen Sie als Nächstes, welche Produkte diese Sektoren abbilden, und vergleichen Kennzahlen wie Kostenquote und Tracking Error. Wenn Sie gezielt in eine enger gefasste Kategorie investieren wollen, beispielsweise Regionalbanken, sollten Sie auch bedenken, dass Sie möglicherweise über reine Banken- oder Finanz-ETFs hinausgehen müssen, weil solche ETFs womöglich von größeren globalen Unternehmen dominiert werden.

Einzelne Aktien passieren den nächsten Filter und landen in einer Kategorie, die auf Ihren Entscheidungen zur Sub-Asset-Allokation beruht; erst dann sind Sie bereit für die Einzeltitelauswahl.

Nehmen Sie sich jede Kategorie einzeln vor. Auf diese Weise wird die Aktienauswahl viel einfacher und leichter zu bewältigen. Anstatt sich durch das gesamte Aktienuniversum zu kämpfen, betrachten Sie nur die Aktien, die zu den konkreten Kategorien gehören, die Sie brauchen. Sie sehen sich nicht 15.000 Aktien an, in der Hoffnung, eine Handvoll guter Aktien zu finden, sondern prüfen 15 oder 20 Titel pro Kategorie, um drei oder vier Aktien auszuwählen.

Angenommen, aus Ihren übergeordneten Anlageentscheidungen ergibt sich, dass ein bestimmter Prozentsatz Ihres Portfolios in US-Small-Cap-Value-Industriewerten investiert sein soll. Sie brauchen ein paar ordentliche Titel – eine Gruppe, die wahrscheinlich mindestens so gut abschneidet wie die Kategorie insgesamt. Die Idee ist, Aktien zu finden, die im Vergleich zu ihren Vergleichsunternehmen relativ günstig bewertet sind. Noch wichtiger ist, dass Sie nach einer Investmentthese suchen, die, falls sie sich durchsetzt, die Rendite antreibt. Ich spreche hier nicht davon, was Sie auf der Titelseite des *Wall Street Journal* lesen können, sondern davon, was Sie mithilfe der Drei Fragen zutage fördern können.

Hier ein Beispiel: Zu Beginn des Jahres 2005 ging ich tatsächlich davon aus, dass sich US-Small-Cap-Value-Industriewerte weiterhin gut entwickeln würden. Eine Aktie, über die ich Anfang 2005 in *Forbes* schrieb, war Flowserve (FLS).[10]

Flowserve stellte Pumpen und Ventile für anspruchsvolle Flüssigkeiten her – etwa korrosive Flüssigkeiten in der Chemie-, Erdöl- und Lebensmittelverarbeitungsindustrie. Spannend, nicht wahr? Wer steht nicht jeden Tag auf und denkt über Pumpen und Ventile für korrosive Flüssigkeiten nach? Und darüber, wie man von Unternehmen profitieren kann, die bei Ventilen und Pumpen hervorragende Arbeit leisten? In der Regel findet man solche Aktien nicht, indem man nach einer Nadel im Ventilhaufen sucht. Man findet sie, indem man Kategorien eingrenzt.

Warum Flowserve? Warum nicht Kennametal oder Idex Corp? Beides waren ebenfalls hervorragende US-Small-Cap-Value-Aktien aus dem Industriemaschinenbau. An ihnen gab es nichts auszusetzen. Doch bei Flowserve glaubte ich etwas zu verstehen, was andere übersahen: Anfang 2005 reagierten Anleger noch immer äußerst empfindlich auf „Unregelmäßigkeiten" in der Rechnungslegung. Ende 2004 kündigte Flowserve einen neuen CFO an, was ziemlich verdächtig wirken kann. Einige Tage später trat der Leiter des Rechnungswesens zurück und machte diese Entscheidung nur wenige Tage später wieder rückgängig. Kurz darauf verzögerte Flowserve die Einreichung seines 10-Q-Berichts für das dritte Quartal bei der SEC. Das roch nach einer faulen Sache, und die Aktie bewegte sich daraufhin sprunghaft. Wenn Sie ein Fundamentalanleger waren, hätte Sie das vielleicht abgeschreckt, denn die Bilanz war wenig überzeugend. Selbst beim 26-Fachen der Gewinne der vergangenen zwölf Monate wirkte die Aktie nicht gerade günstig.

Alles Gründe, aus denen die meisten Anleger die Aktie gemieden hätten. Jeder weiß: Eine potenziell fragwürdige Rechnungslegung in Verbindung mit einer „überteuerten" Aktie verheißt Ärger. Aber Flowserve war günstig. Der Börsenwert lag nur bei 60 Prozent des Jahresumsatzes. Es bestand das Potenzial für ordentliche Gewinne, wenn sich die Gewinnmargen auf ein für Industrieunternehmen normales Niveau verbessern würden. Jede positive Nachricht über dieses Unternehmen hätte positiv überrascht und weiteres Aufwärtspotenzial eröffnet. Im Kurs waren keine guten Nachrichten eingepreist. Eingepreist waren weitere schlechte Nachrichten und weitere Rückgänge. Daher hätte jede gute Nachricht bullish gewirkt, und in einer Kategorie, die sich gut entwickeln sollte, hätte die Aktie im Vergleich zu ihrer Kategorie gut abschneiden sollen – was das Ziel ist.

Anhand von Frage Drei stellte ich sicher, dass ich mich nicht von Selbstüberschätzung oder anderen kognitiven Fehlern blenden ließ. Ich fragte mich: „Was, wenn ich mich irre? Was, wenn die Aktie nicht hält, was ich mir von ihr verspreche?" In diesem Fall hätte ich erwartet, dass sie sich ungefähr wie vergleichbare Titel entwickelt, vielleicht etwas schwächer. Weil ich davon ausging, dass sich die Kategorie insgesamt recht gut entwickeln würde, dachte ich, dass mich ein Nachzügler, von dem ohnehin alle eine schwächere Entwicklung erwarteten, nicht allzu sehr enttäuschen würde.

Anmerkung: Ich bin nicht zum Hauptsitz von Flowserve geflogen und mit Schutzhelm durchs Werk spaziert, um heiße Tipps aufzuspüren. Ich habe den CEO nie getroffen. Ich habe keinen Maulwurf angeheuert, der sich in die obere Führungsebene einschleusen sollte, um etwas in Erfahrung zu bringen, was andere nicht wussten (was nicht nur illegal, sondern auch lächerlich wäre, aber einen großartigen Matt-Damon-Film über Wirtschaftsspionage abgeben würde). Ich habe gelesen, was öffentlich zugänglich war – dieselben Informationen, die Sie ebenfalls ohne Weiteres finden können. Dann habe ich das getan, was ich immer tue, wenn ich einzelne Aktien prüfe. Ich frage mich: „Worüber machen sich alle anderen Sorgen?" Und das lege ich beiseite. Dann frage ich mich: „Was kann ich zwischen den Zeilen lesen? Welches schräge Ereignis könnte eintreten und positiv oder negativ überraschen? Wie wahrscheinlich ist es, dass dieses schräge Ereignis eintritt?" Schließlich sage ich wie Homer Simpson: „Also gut, Gehirn, du magst mich nicht und ich mag dich nicht", und überlege, wie meine mentale Verdrahtung, meine Vorurteile und mein Ego mich dazu bringen könnten, bei dieser Aktie eine schlechte Entscheidung zu treffen. Mehr steckt im Grunde nicht dahinter. So wählt man Aktien aus, die immer gewinnen. Nur ein Scherz. Meiner Meinung nach wählt man so Aktien aus, die in den meisten Fällen besser abschneiden als vergleichbare Titel.

Wenn Sie Flowserve aufgrund meiner Empfehlung gekauft hätten, wären Sie ziemlich zufrieden gewesen. Im Jahr 2005 erzielte die Aktie eine Rendite von 44 Prozent; zum Vergleich: Der globale Industriesektor kam auf 12 Prozent, der S&P 500 auf 5 Prozent und der breite globale Markt auf 9 Prozent.[11]

Flowserve war als Aktie eine ausgezeichnete Wahl – sie schnitt besser ab als ihre Kategorie. War sie die Aktie mit der besten Wertentwicklung unter den US-Small-Cap-Value-Werten aus dem Industriemaschinenbau? Nein. JLG Industries, Inc. und Joy Global, Inc., die beide lustigerweise mit J beginnen, erzielten mehr als doppelt so hohe Renditen. Beide hätten es ebenfalls durch den Top-Down-Auswahlprozess geschafft. Sie wären möglicherweise statt Flowserve am Ende Ihres Trichters herausgekommen (oder Sie hätten sich vielleicht entschieden, alle drei zu halten). Aber was hätte Sie dazu bewogen, genau diese beiden auszuwählen? Sie mussten etwas sehen, was andere nicht sehen konnten – und das ist einfacher, wenn man sich unten im Trichter eine kleine Auswahl von Aktien ansieht statt oben ein Aktienmeer. Wenn Sie zuerst die richtigen großen Entscheidungen treffen, erhöht sich die Wahrscheinlichkeit, dass Sie aus den Kategorien, die Sie benötigen, bessere Aktien wie Flowserve auswählen. Wenn Sie stundenlang Websites und CNBC durchforsten, um eine deutsche Small-Cap-Value-Aktie aus dem Versorgersektor zu analysieren, ohne vorher zu überlegen, ob Sie überhaupt Aktien halten wollen oder welche Arten von Aktien Sie in diesem Jahr halten wollen, verschwenden Sie wahrscheinlich Zeit und Gehirnenergie.

Wenn Sie diesen Vorgang für alle Ihre Aktienkategorien wiederholen, erhalten Sie eine gute Abbildung Ihrer Benchmark. Machen Sie sich klar, dass Sie niemals konsequent nur die besten Aktien auswählen werden. Gewöhnen Sie sich gleich daran. In Ihrem Portfolio werden immer eine, drei oder fünf Aktien liegen, die sich am Ende als Nieten erweisen. Selbst die besten Investmentmanager der Welt wählen keine Aktien aus, die nur steigen.

Ist es möglich, dass Sie bei der Sub-Asset-Allokation die richtigen Entscheidungen treffen – also die richtige Marktkapitalisierungsklasse, den richtigen Stil, das richtige Land, den richtigen Sektor, kurz: alles richtig einschätzen –, dann aber ausgerechnet die eine Aktie eines Unternehmens auswählen, das Gewinnerwartungen verfehlt, in einen Bilanzskandal oder in politische Turbulenzen gerät oder aus anderen Gründen schwächer abschneidet als vergleichbare Titel? Natürlich.

Wir haben bereits festgehalten, dass Sie diversifizieren sollten. Wenn der Gesundheitssektor 12 Prozent Ihres Portfolios ausmacht, sollten Sie darin drei, fünf oder sogar sieben verschiedene Aktien auswählen. Wenn

Sie einen schlechten Titel erwischen – das wird passieren –, schaden Sie sich damit nicht allzu sehr (Regel Nummer 4). Sie sollten drei, fünf oder sieben Aktien auswählen, die die Kategorie gut repräsentieren und wahrscheinlich gegenüber vergleichbaren Titeln im Vorteil sind. Ich habe Flowserve nicht ausgewählt, weil ich dachte, dass der Kurs so enorm steigen würde. Ich habe die Aktie ausgewählt, weil ich sie für einen guten Vertreter einer Kategorie hielt, die ich bullish einschätzte und die mit hoher Wahrscheinlichkeit besser abschneiden würde. Wenn Sie das tun, steigen einige dieser Aktien – wie in diesem Fall Flowserve – viel stärker.

Wenn Sie bei den Aktien diversifizieren, die ihre Kategorie Ihrer Einschätzung nach am ehesten schlagen, bedeutet das nicht, dass Sie die Aktienauswahl aufgegeben haben. Das haben Sie nicht. Aber es bedeutet auch, dass Sie nicht alles auf eine einzige Aktie setzen und dann feststellen, dass Sie falschlagen – dass diese Aktie miserabel abschneidet, obwohl die Kategorie gut läuft, und Ihrem Portfolio den Kategorieeffekt nicht verschafft. Ich möchte in meinem Portfolio immer vor allem den Effekt der Kategorie haben, die ich brauche. Aktienauswahl ohne Top-Down-Ansatz verwandelt für die meisten Anleger am Ende einen Sieg in eine Niederlage. Wer das nicht akzeptiert, hat oft mehr Ego als Verstand.

Wie sieht es mit der Aktienauswahl in einem kleinen Sektor oder einer kleinen Kategorie aus? Angenommen, Sie verwenden den MSCI World als Benchmark, möchten aber ein Engagement in Emerging Markets aufbauen. Sie möchten kein hohes Abweichungsrisiko gegenüber der Benchmark eingehen (und wenn Sie etwas halten, das nicht in Ihrer Benchmark enthalten ist, setzen Sie sich trotzdem einem Risiko aus), aber vielleicht sollen es 5 Prozent sein. Damit treffen Sie eine sehr wohlüberlegte, aktive Entscheidung. Sie möchten nicht nur eine Aktie kaufen – das würde Ihre Emerging-Markets-Kategorie kaum diversifizieren, obwohl diese an sich schon sehr breit ist. Welche wählen Sie? Eine saudische Aktie? Eine chilenische Aktie? Eine tschechische? Liquidität kann in solchen Märkten ein Problem sein, was eine gute

Diversifizierung erschwert. Hier könnten Sie einfach einen kostengünstigen ETF wählen und es dabei belassen. Oder, wenn Sie in einem bestimmten Sektor wie dem Technologiesektor eine breitere globale Streuung anstreben, könnten Sie große Technologiewerte aus weiter entwickelten Emerging Markets wie Südkorea oder Taiwan in Ihren Trichter aufnehmen und die Auswahl von dort aus fortsetzen.

Wann zum Teufel verkauft man?

Die Aktienauswahl ist nur die halbe Miete. Woher wissen Sie, wann Sie verkaufen sollten? Wie beim Aktienkauf sollten Sie auch bei Verkaufsentscheidungen dem Top-Down-Ansatz folgen. Die erste und einfachste Antwort auf die Frage, wann Sie verkaufen sollten, lautet: wenn Sie zu dem Schluss kommen, dass das wahrscheinlichste Marktszenario für das nächste Jahr ein starker Rückgang ist. Dann ist es sinnvoll, die meisten Ihrer Aktien zu verkaufen – aber das kommt selten vor. Was aber gilt in den Phasen zwischen echten Bärenmärkten? Woher wissen Sie, wann Sie die Reißleine ziehen sollten?

Die Antwort lautet: Sie haben die Drei Fragen angewendet und festgestellt, dass sich an den Gründen, aus denen Sie eine Aktie halten, etwas Grundlegendes geändert hat. Beispielsweise versteilert sich die Zinsstrukturkurve nach einer Phase, in der sie relativ flach war, plötzlich. Sie könnten beschließen, den Anteil Ihrer Growth-Aktien zugunsten von Value-Aktien zu reduzieren.

Wenn Sie glauben, dass Unternehmen mit elastischer Nachfrage (Technologie, zyklische Konsumgüter) besser abschneiden werden als Unternehmen mit unelastischer Nachfrage (Gesundheitswesen, Basiskonsumgüter), können Sie Ihre Gewichtungen ändern – was den Verkauf einiger Aktien erforderlich macht. Oder vielleicht erkennen Sie einen anderen wirtschaftlichen, politischen oder stimmungsbezogenen Faktor, der einen bestimmten Sektor oder eine bestimmte Branche beeinflusst. Sie wissen beispielsweise, dass der Kongress noch weitere Vorschriften zur Rechnungslegung erlassen wird, von denen Sie (und nur wenige andere) glauben, dass sie dem Finanzsektor schaden werden. Oder vielleicht sind nach einer langen Phase, in der Aktien mit hohen Dividenden besser abgeschnitten haben, alle regelrecht in Euphorie über Versorger verfallen, sodass Sie daraus schließen, dass es an der Zeit ist, Versorger unterzugewichten und auf Aktien ohne Dividende umzusteigen. Das bedeutet jedoch nicht, dass die Aktien, die Sie verkaufen, schlecht sind. Sie passen nur nicht zu dem, was Sie aufgrund der Drei Fragen jetzt brauchen – Sie brauchen Aktien, die Ihren Entscheidungen zur Asset- und Sub-Asset-Allokation entsprechen.

Gewinne sichern? Von wegen!

Was ist, wenn eine Aktie stark gestiegen ist? Sollten Sie nicht verkaufen und „Gewinne sichern"? Ich habe nie wirklich verstanden, wie Menschen „Gewinne sichern". Ich glaube, das sagen viele, ohne es zu Ende zu denken. Wie soll man Gewinne sichern? Die Gewinne, die Sie mit einer gestiegenen Aktie erzielen, werden nicht irgendwo in einem Tresor weggeschlossen. Sie reinvestieren dieses Geld doch wohl (oder nicht?), und die Aktien, die Sie mit den „Gewinnen" kaufen, die Sie „gesichert" haben, steigen nicht garantiert immer weiter. Die nächste Aktie, die Sie kaufen, könnte fallen und die Gewinne, die ein Anleger für „gesichert" hält, wieder zunichtemachen. Dann zahlen Sie Steuern auf den Gewinn aus der ersten Aktie und verlieren bei der zweiten dennoch Geld.

Investieren ist nicht wie Glücksspiel. Viele in der Branche – sogar ich in früheren Auflagen dieses Buches – verwenden Formulierungen, die beides gleichsetzen. Aber beim Investieren an den Märkten läuft es nicht so, dass Sie nach Las Vegas fahren, Glück haben, ein paar Mal gewinnen und dann nur einen Teil Ihrer Gewinne wieder aufs Spiel setzen. Erstens sind Aktien seit 1926 in drei Vierteln aller Jahre gestiegen, und je länger der Zeithorizont, desto häufiger sind positive Renditen. Das bedeutet:

Je länger Sie investiert bleiben, desto besser sind Sie dran. Das lässt sich über Casinos nicht sagen. Zweitens erzielen Sie kein Wachstum durch Wiederanlage und den Zinseszinseffekt, wenn Sie Ihre Gewinne nicht reinvestieren. Ohne diesen Effekt – warum sollten Sie dann überhaupt investieren? Das ist der springende Punkt!

Daher gibt es so etwas wie „Gewinne sichern" nicht. Verkaufen Sie also nicht, um „Gewinne zu sichern". Das ist kein sinnvoller Verkaufsgrund. Verkaufen Sie, wenn Sie aus einer Position aussteigen wollen, wenn Sie eine Gewichtung zurückfahren müssen oder weil die Aktie Ihrer Meinung nach nicht mehr das Thema oder die Kategorie repräsentiert, die Sie suchen.

Und nur weil eine Aktie stark gestiegen ist, heißt das nicht, dass sie nicht weiter steigen kann. Das kommt ständig vor. Denken Sie daran: Aktien sind nicht seriell korreliert; die vergangene Kursrichtung hat also keinen Einfluss auf ihre künftige Entwicklung. Halten Sie eine gestiegene Aktie weiter, wenn die Fundamentaldaten, die Sie dazu veranlasst haben, an ihr festzuhalten, weiterhin intakt sind.

Wann verkaufen?

Was ist, wenn eine Aktie stark gefallen ist? Sollten Sie nicht die Nieten aussortieren, den Verlust realisieren, steuerpflichtige Gewinne damit verrechnen und weiterziehen? Vielleicht, vielleicht auch nicht.

Zunächst einmal: Warum ist sie so stark gefallen? Liegt es daran, dass der gesamte Markt korrigiert und sie nur der Marktbewegung folgt? Wenn ja, macht es wahrscheinlich keinen Sinn, die Reißleine zu ziehen. Ist sie gefallen, weil ihr Sektor oder ihre Kategorie nachgegeben hat – entweder weil der Sektor korrigiert (auch Sektoren korrigieren) oder weil er nicht gefragt ist? Ist sie gefallen, weil die Aktie Teil Ihrer Gegenstrategie ist? Dann verhält sich diese Aktie so, wie es eine Aktie aus Ihrer Gegenstrategie tun sollte – auch das ist nicht unbedingt ein Grund, sie zu verkaufen. (Sich auf die Wertentwicklung einer einzelnen

Aktie oder eines einzelnen Sektors zu konzentrieren, anstatt auf die Wertentwicklung des gesamten Portfolios, ist Ausdruck von Ordnungspräferenz – ein kognitiver Fehler, den Sie mit Frage Drei bekämpfen können.) Ist die Aktie gefallen, weil eine schreckliche Nachricht bekannt geworden ist? Hat der CEO die Bücher frisiert, wurden auf Kosten der Aktionäre exzessive Themenpartys im griechischen Stil veranstaltet oder sind andere Gerüchte – glaubwürdig oder absurd – aufgetaucht?

Tatsache ist: Bis die schlechten Nachrichten bekannt werden, hat der Markt möglicherweise bereits reagiert und Sie haben wahrscheinlich die Chance verpasst, dem heftigen Kursrückgang zu entgehen. Nun können Sie am absoluten Tief verkaufen, Ihr Geld nehmen und weiterziehen – doch damit kaufen Sie hoch und verkaufen niedrig. Und es gibt keine Garantie dafür, dass die Aktie, in die Sie wieder investieren, nur steigen wird. Sie könnte ebenfalls fallen, und dann liegen Sie gleich doppelt daneben. Ob Sie die Aktie wechseln oder dieselbe behalten, ändert nichts daran, dass Aktienrenditen nicht seriell korreliert sind.

Verkaufen Sie nicht reflexartig, nur weil der Kurs stark gefallen ist. Betrachten Sie das Unternehmen stattdessen genauso wie beim Kauf. Ignorieren Sie das ganze Tamtam – der Anlass liegt bereits in der Vergangenheit, und Sie können nichts daran ändern. Suchen Sie nach Dingen, die Sie erkennen können, andere aber nicht. Ist die „schlechte Nachricht" etwas, von dem sich das Unternehmen erholen kann? Ist das Unternehmen fundamental solide?

Prüfen Sie auch sehr genau, ob die schlechten Nachrichten zutreffen oder glaubwürdig sind. Um es klar zu sagen: Häufig haben Journalisten in ihrer Eile, die Meldung als Erste zu bringen, den Sachverhalt nicht richtig erfasst. Oft ist das, was sie berichten, übertrieben oder schlicht falsch. Sie können voreingenommen sein. Möglicherweise haben sie kein besonderes Vorwissen über das Unternehmen, über das sie berichten. Wahrscheinlich haben sie das auch nicht! Etwas Routinemäßiges kann leicht falsch interpretiert oder aufgebauscht werden, damit es weltbewegend klingt. Oder ein geringfügiger Verstoß, der für das

Kerngeschäft des Unternehmens unerheblich ist, wird von schlecht informierten Medien groß aufgeblasen. Oder Journalisten stützen sich auf Hörensagen eines unzufriedenen Mitarbeiters, ohne die Fakten weiter zu überprüfen. Oder sie übersehen etwas wirklich Wesentliches, weil sie das Kerngeschäft des Unternehmens nicht gründlich genug verstehen. Das passiert ständig! Journalisten liegen mit ihren Meldungen häufig gründlich daneben.

Wenn das unter Beschuss geratene Unternehmen aller Hysterie zum Trotz solide ist, kann sich die Aktie sehr wohl wieder erholen – vielleicht sogar rasch und kräftig, da die Stimmung gegenüber einer Aktie nach einem plötzlichen, starken Einbruch ziemlich schlecht sein dürfte. Jede noch so kleine gute Nachricht kann den Kurs nach oben treiben und Ihnen eine bessere Gelegenheit geben, die Lage neu zu bewerten und die Aktie später vielleicht zu einem dann höheren Kurs zu verkaufen.

Was ist, wenn Sie einen kühlen Kopf bewahren und nicht verkaufen, nur weil alle anderen es getan haben (gut so), und sachlich prüfen, was an den Gründen für den plötzlichen Kursverfall tatsächlich zutrifft? Was aber, wenn die schlechten Nachrichten tatsächlich auf ein grundlegendes Problem hindeuten, das selbst eine umfassende Neuaufstellung des Managements nicht beheben kann und das Kerngeschäft untergräbt? Trotz des vergleichsweise niedrigen Kurses ist dann immer noch der richtige Zeitpunkt, um Ihre Verluste zu begrenzen, kurz zu fluchen und sich bewusst zu machen, dass Sie gegen gelegentliche Überraschungen einfach nichts tun können. Aus diesem Grund diversifizieren Sie und investieren nie mehr in eine einzelne Aktie, als Sie bereit sind zu verlieren.

Wenn Sie das höllisch deprimierend finden, bedenken Sie Folgendes: Wenn Sie ein gut verwaltetes Portfolio haben, halten Sie nicht viel mehr als ein paar Prozent in einer einzelnen Aktie. Wenn sich der Kurs einer Aktie morgen aufgrund plötzlicher schlechter Nachrichten halbiert, sinkt Ihr Portfolio vielleicht um 1 Prozent. Wenn Sie in Relationen und Größenordnungen denken (immer!), können Sie der Ordnungspräferenz entgegenwirken und sich auf das Gesamtportfolio konzentrieren, nicht auf die eine kleine, implodierte Position. Sie liegen damit 1 Prozent im Minus. In der Realität verlieren Aktien selten schnell 100 Prozent ihres Wertes. Es kann vorkommen, dass eine einzelne Aktie um 10 bis 20 Prozent fällt, aber dann sind die Auswirkungen insgesamt minimal. Selbst ein massiver Kursverlust einer einzelnen Aktie sollte nur minimale Auswirkungen auf ein gut verwaltetes Portfolio haben. Schütteln Sie es ab, verbuchen Sie es als Lehrgeld, lernen Sie daraus für das nächste Mal und machen Sie weiter. Wenn nichts Grundlegendes passiert ist, halten Sie vorerst weiter daran fest – aber behalten Sie solche Veränderungen im Auge.

An einem einzigen Vorfall lässt sich zeigen, wie mein Unternehmen bei recht ähnlichen Aktien zwei unterschiedliche Entscheidungen traf – eine Aktie zu verkaufen und die andere zu halten. (Dieses Beispiel stand schon in der früheren Buchfassung von 2006, doch die Lehre daraus gilt auch heute noch – selbst nach der Finanzkrise 2008, in deren Nachwirkungen AIG teilweise im Mittelpunkt stand.)

Am 14. Oktober 2004 entschied Eliot Spitzer, damals Generalstaatsanwalt des Staates New York (bevor er Gouverneur wurde und als Gouverneur in Ungnade fiel), dass Hank Greenberg, damals CEO von AIG, sich … nun ja, irgendetwas hatte zuschulden kommen lassen. (Ich glaube, es gab noch nie ein männliches Mitglied der Familie Greenberg, das Herr Spitzer nicht irgendeiner Sache für schuldig hielt – er ging so ziemlich gegen alle auf die eine oder andere Weise vor.)

Unterdessen führte einer von Greenbergs Söhnen, Jeff, ein weiteres großes börsennotiertes Versicherungsunternehmen namens Marsh & McLennan (MMC; zu dem auch die Putnam-Fondsgesellschaft gehörte, die Spitzer im Jahr zuvor heftig angegriffen hatte). Im Wesentlichen behauptete Spitzer, MMC habe sich bei Versicherungsverträgen der Angebotsabsprache schuldig gemacht, und nannte andere Versicherungsunternehmen, darunter AIG, als daran beteiligt. Später beschuldigte Spitzer öffentlich AIG und ausdrücklich auch Hank Greenberg, an den mutmaßlichen Verfehlungen beteiligt gewesen zu sein.

Im weiteren Verlauf zwang der Vorstand von MMC, der von Spitzer unter Beschuss geraten war, Jeff Greenberg zum Rücktritt. Dann zwang der Vorstand von AIG, der offenbar ebenfalls vor Spitzers Macht und Einfluss zurückschreckte, Hank Greenberg zum Rücktritt. Schließlich wurden die Vorwürfe gegen AIG fallen gelassen und MMC einigte sich auf einen Vergleich.

In der Zwischenzeit lieferten sich Spitzer und Hank Greenberg einen Schlagabtausch in der Presse. Einige Freunde Greenbergs mischten sich ein, darunter der frühere Goldman-Sachs-CEO John Whitehead, dem Spitzer – je nachdem, welcher Version man Glauben schenkt – persönlich wie beruflich massiv gedroht haben soll.

Die Märkte hassen Überraschungen, vor allem solche, in die der Generalstaatsanwalt von New York verwickelt ist. Beide Aktien fielen unmittelbar nach Bekanntwerden der Nachricht – AIG verlor am 14. Oktober 2004 10 Prozent und MMC sogar ganze 24 Prozent.[12] Was tun?

Es wäre nahezu unmöglich gewesen, dem Kursrückgang im Vorfeld zu entgehen. Niemand konnte wissen, dass Spitzer öffentlich gegen MMC und AIG vorgehen würde – es sei denn, man hatte besondere, illegale Einblicke in seine Absichten. Wenn ein solches Marktereignis eintritt, brauchen Sie vor allem Frage Drei. Plötzliche Kursrückgänge bringen die Verlustaversion auf Hochtouren. Nach einem starken Rückgang komplett auszusteigen, ist manchmal sinnvoll, manchmal aber auch kolossal dumm – und was davon zutrifft, wissen Sie erst im Nachhinein; brauchbare Hinweise bekommen Sie weder vom Markt noch aus der *New York Times*.

Ich war damals für Finanzwerte bullish, besonders für Versicherer. Aus Sicht meiner Top-down-These passten beide Aktien ins Portfolio. Der einzige Grund, eine Aktie zu verkaufen, die zu meinen größeren Portfoliothemen passte, wäre gewesen, wenn bei ihr unternehmensspezifisch etwas faul gewesen wäre. Nun hatte ich Hank Greenberg ein paar Mal getroffen. Und obwohl er manchmal etwas schroff sein kann, so ähnlich wie ich, war er sehr, sehr lange ein phänomenaler CEO –

wirklich phänomenal. Ich konnte nicht glauben, dass er tatsächlich etwas wirklich Unrechtes getan hatte, weil er es nicht nötig hatte. (Grundregel: Die fähigsten Menschen müssen keine Regeln brechen und tun es auch nicht.) Andererseits war er 80 Jahre alt, also würde seine phänomenale Zeit nicht mehr ewig dauern.

Aber ich hatte auch keine Ahnung, dass Spitzer Greenberg später im Jahr 2005 still und leise von jeglichem strafrechtlichen Fehlverhalten entlasten würde; die entsprechende Pressemitteilung wurde ausgerechnet in der Thanksgiving-Woche herausgegeben, in der Nachrichten zuverlässig untergehen. Wenn man eine Pressemitteilung untergehen lassen will, gibt man sie an Thanksgiving, Weihnachten, Ostern oder am 4. Juli heraus – dann bekommen das viel weniger Leute mit. Ich wusste – jeder wusste –, dass AIG ein riesiges Unternehmen mit gut diversifizierten Produktsparten war. Ich verstand den Vorwurf gegen AIG, konnte aber nicht erkennen, wie er sich langfristig auf die Gesundheit von AIG insgesamt auswirken würde – dafür wog der Vorwurf nicht schwer genug. Wenn sich herausstellte, dass mit der in die mutmaßliche Angebotsabsprache verwickelten Geschäftseinheit etwas nicht stimmte, konnte AIG diese Einheit leicht ausgliedern, die Übeltäter hinauswerfen oder auf andere Weise das (angebliche) Krebsgeschwür entfernen. Ich sah damals keinen Grund, warum der Rest von AIG davon in Mitleidenschaft gezogen werden sollte. Außerdem gab es Spekulationen über einen Rücktritt von Greenberg, und obwohl Greenberg AIG zu dem gemacht hatte, was es war, konnte sein Abgang mit 80 Jahren nicht allzu sehr schaden. Darüber hinaus könnte sein Rücktritt dem Markt gefallen und den Druck von der Aktie nehmen. Schließlich waren wegen der sehr negativen Stimmung gegenüber AIG schlechte Nachrichten bereits ziemlich umfassend eingepreist, sodass ich mir vorstellen konnte, dass jede gute Nachricht, wie schwach sie auch sein mochte, eine angenehme, bullishe Überraschung wäre. Ich entschied mich, an AIG festzuhalten.

Bei MMC sah die Sache anders aus. MMC wurde vorgeworfen, ausgerechnet dort getrickst zu haben, wo sein Kerngeschäft und seine eigentliche Kompetenz lagen. Der Fall gegen MMC wirkte stichhaltiger. Um das zu überstehen, würde MMC mindestens einen großen Rechtsstreit bewältigen müssen, samt möglichen ähnlich gelagerten Klagen aus anderen Bundesstaaten. Das Unternehmen würde wahrscheinlich eine strategische Neuaufstellung vornehmen, sich von Teilen seiner oberen Führungsebene trennen und monatelang, wenn nicht sogar jahrelang in erheblichem Durcheinander stecken. Aber das war noch der kleinere Teil des Problems.

Der neue CEO, den MMC an Bord holte, Michael Cherkasky, ein durchaus fähiger Mann, war CEO von Kroll, einem börsennotierten Unternehmen, das sich auf Unternehmenssicherheit spezialisiert hatte und das MMC im Jahr zuvor gekauft hatte. Cherkasky wurde nicht zum CEO berufen, weil er die optimale Besetzung für die Leitung eines großen Versicherungsunternehmens gewesen wäre und über umfangreiche Erfahrung und Erfolge in der Versicherungsbranche verfügt hätte. Das war nicht der Fall. Er wurde berufen, weil er zuvor in der Aufsicht tätig gewesen war, bereits mit Spitzer zusammengearbeitet hatte und man annahm, dass Cherkasky mit Spitzer gut auskommen würde. Für mich war daran alles falsch und schlecht. Cherkaskys wichtigste CEO-Erfahrung stammte von Kroll – einem kleinen Unternehmen, kleiner noch als mein Unternehmen damals. Cherkasky kam weder aus der Versicherungs- noch aus der Finanzdienstleistungsbranche und hatte noch nie ein Unternehmen auch nur annähernd in der Größenordnung geleitet, die nötig gewesen wäre, um wirklich für die Führung der weit verzweigten, diversifizierten Aktivitäten von MMC qualifiziert zu sein. Daher beschloss mein Unternehmen, unseren zweistelligen Verlust hinzunehmen und zu verkaufen.

Ich bin mir sicher, dass viele Leute das zunächst für eine seltsame Entscheidung gehalten hätten. Warum MMC verkaufen und AIG nicht? Sind sie nicht aus demselben Holz geschnitzt? Hatte Spitzer es nicht auf beide abgesehen? Sollten wir nicht die Nieten verkaufen und Gewinner kaufen? Das klingt in der Theorie großartig, aber wir alle wissen, dass die Aktien, die Sie kaufen, um Ihre Nieten zu ersetzen, sich am Ende selbst als Nieten erweisen können. Verkaufen Sie niemals eine Aktie, nur weil sie gefallen ist. Verkaufen Sie sie, weil sich etwas Grundlegendes an dem Grund geändert hat, aus dem Sie sie halten. Denken Sie noch einmal an den Trichter und an die fundamentalen Gründe, die von oben nach unten für einen Verkauf sprechen könnten. Der fundamentale Grund könnte sein, dass Sie ein Szenario mit starken Kursverlusten erwarten und sich weitgehend aus Aktien zurückziehen. Er könnte sein, dass Sie von Growth zu Value, von Small Caps zu Large Caps oder umgekehrt wechseln. Vielleicht hat sich Ihr Sektorausblick geändert und Sie müssen von einer Übergewichtung zu einer Untergewichtung wechseln. Vielleicht sind Sie stärker übergewichtet als beabsichtigt, weil die Aktie stark gestiegen ist. Oder vielleicht stellen Sie eines Tages fest, dass das Unternehmen etwas Illegales getan hat, von dem es sich nur langsam oder gar nicht erholen wird.

Als Spitzer AIG im Februar 2005 förmlich vorlud, erlitt die Aktie einen weiteren nervenaufreibenden Kursrückgang – um mehr als 31 Prozent bis auf ein relatives Tief im April. Seit Oktober des Vorjahres hatte sich nichts geändert, außer der zunehmenden Angst vor Spitzer, also hielten wir an der Position fest. Auf Grundlage einiger übergeordneter Portfoliothemen verkauften wir AIG schließlich im Januar 2006, nachdem sich die Aktie von ihrem Tief im Jahr 2005 um 42 Prozent erholt hatte, sodass seit dem 14. Oktober 2004, als die Misere begann, ein Nettogewinn von 19 Prozent zu Buche stand.[13] Hätten wir AIG am 14. Oktober verkauft und den Erlös anderswo investiert, wäre keineswegs sicher gewesen, dass dieses Ersatzinvestment ebenfalls 19 Prozent gewonnen hätte – AIG schnitt im gleichen Zeitraum etwa genauso gut ab wie der S&P 500. Als wir AIG verkauften, lag MMC immer noch mehr als 3 Prozent unter dem Stand vom 14. Oktober 2004, als die Spitzer-Vorwürfe erstmals bekannt wurden, und hinkte seiner Kategorie deutlich hinterher. Dennoch war ich ziemlich zufrieden damit, nicht in Panik geraten zu sein und AIG nicht verkauft zu haben, als die Aktie tief im Minus lag. (Rückblickend ist das interessant, da viele der Meinung sind, dass AIG den Schlamassel, in den es später geriet und der 2008 in seiner teilweisen Verstaatlichung gipfelte, hätte vermeiden können, wenn Greenberg an der Spitze geblieben wäre und nicht von einem profilierungssüchtigen Politiker aus dem Unternehmen vertrieben worden wäre.)

Machen Sie sich bewusst, dass Sie nicht einfach lauter Überfliegeraktien sammeln. Sie sind kein Aktiensammler. Aktiensammler sind durch Ordnungspräferenz und Selbstüberschätzung blockiert; sie konzentrieren sich auf die zwei Aktien, die gut gelaufen sind, und vergessen dabei, wie sich ihr gesamtes Portfolio entwickelt – ganz zu schweigen vom Risikomanagement. Ihr Ziel sollte es auf keinen Fall sein, die nächste heiße Aktie zu finden, mit der Sie vor Ihrer Pokerrunde (oder Ihrem Yoga-Kurs oder, schlimmer noch, Ihrer Tofu-Verkostungsparty) prahlen können. Vielmehr geht es darum, Ihre Chancen zu maximieren, die Benchmark zu schlagen. Sie brauchen Aktien, die sich wie die Bestandteile Ihrer Benchmark verhalten. Genau darum geht es hier.

Damit haben Sie eine Strategie, die Ihnen Disziplin abverlangt – eine Strategie, die die konsequente Anwendung der Drei Fragen erfordert. Marktähnliche Renditen zu erzielen, obwohl Ihr Steinzeitgehirn TGH nur allzu gern nachgeben will und entweder jeden Tag den großen Wurf landen oder sich mit ein paar Einlagenzertifikaten und Geldmarktfonds verkriechen möchte, ist eine beachtliche Leistung. Aber ich möchte, dass Sie nach mehr streben. Ich möchte, dass Sie mithilfe einer Strategie diszipliniert bleiben. Ich möchte, dass Sie die Kapitalmarkttechnologie als wissenschaftliche Disziplin voranbringen und zu denen gehören, die schneller dazulernen. Ich möchte, dass Sie die Drei Fragen beherrschen und immer anwenden. Ich möchte, dass Sie The Great Humiliator eins auswischen. Zeigen Sie es TGH mit Schmackes.

SCHLUSS

S

Zeit, sich zu verabschieden

Lassen Sie mich zum Schluss noch etwas Persönliches sagen und darauf eingehen, warum ich dieses Buch geschrieben und sogar zweimal aktualisiert habe. Schuld daran ist der US Forest Service. Als Kind habe ich mich in Wälder verliebt. Meine Eltern lebten in einem Vorort; hinter dem Gartenzaun unseres Hauses begann der Wald. Als Kind kletterte ich über den Zaun und lief hinein in einen Wald aus immergrünen Eichen. Von meinem Elternhaus aus konnte ich damals, in einer längst vergangenen Zeit, per Anhalter hinauf nach Kings Mountain fahren; nach 20 Minuten stand ich dort auf 2.000 Fuß Höhe mitten in den Redwood-Wäldern. Später, als ich die erste Ausgabe dieses Buches schrieb, lebte ich in dieser Gegend – wie schon seit mehr als 30 Jahren. Aber als Kind stellte ich mir immer vor, als Förster im Wald zu leben und zu arbeiten. Ich besuchte eine Forstschule, weil ich Bäume liebte.

Ein Sommerjob als Messgehilfe bei einem Vermessungstrupp des US Forest Service überzeugte mich davon, dass ich niemals, wirklich niemals, unter irgendwelchen Umständen für die Regierung arbeiten würde. Und heute bedeutet Forstwirtschaft fast immer, entweder für die Regierung oder mit ihr zu arbeiten – auf die eine oder andere Weise – oder sich mit ihr anzulegen. Dieser Sommer lehrte mich, dass alles an einer Beschäftigung im Staatsdienst beklemmend ist. Für mich stand nur fest: Mit der Regierung wollte ich nichts zu tun haben. Aus dem gleichen Grund wusste ich damals auch, dass ich niemals Berufspolitiker werden würde, denn auch das hieß: für die Regierung arbeiten. Das hat vielleicht meine Seele gerettet. Irgendwie hoffte ich, dass ich etwas Besseres mit meinem Leben anfangen könnte. Da ich keine Ahnung hatte, was ich als Nächstes tun sollte, wechselte ich zu den Wirtschaftswissenschaften, weil ich darin zuvor gut gewesen war.

Wälder begeistern mich immer noch – insbesondere die Redwood-Wälder. Ich bin sehr stolz darauf, dass der nach wie vor einzige Stiftungslehrstuhl weltweit, der sich einer einzigen Baumart widmet, meinen Namen trägt und den von mir geliebten Redwoods gewidmet ist. Ich habe mir rund um die Redwoods ein ernsthaftes Hobby aufgebaut und es über Jahre gepflegt: Ich habe mehr als 30 historische, dampfbetriebene Redwood-Sägewerke aus der Zeit vor 1920 aufgespürt und ausgegraben sowie die dabei gefundenen Artefakte gesammelt und katalogisiert. Außerdem habe ich die meiner Meinung nach weltweit größte Bibliothek zur Waldgeschichte in Privatbesitz mit mehr als 3.000 Bänden zusammengestellt. Aber Sie könnten mich niemals dazu bringen, für die Regierung zu arbeiten. Ernsthafte Hobbys sind in Ordnung, aber es ist wichtig, das, was man beruflich tut, von dem zu trennen, was man allein zum Vergnügen tut.

Kapitalmärkte machen Spaß, aber sie bedeuten auch Arbeit. Ich hoffe, dass die Drei Fragen für Sie gewinnbringend sind, aber ich hoffe auch, dass Ihnen dieses Buch Freude gemacht hat und Sie es lehrreich fanden. Als ich anfing, meine *Forbes*-Kolumne zu schreiben, lehrte mich Jim Michaels, damals Herausgeber von *Forbes* und allgemein als Doyen des amerikanischen Wirtschaftsjournalismus anerkannt, dass eine Kolumne dreierlei sein sollte: unterhaltsam, lehrreich und gewinnbringend. Auch sonst im Leben sind das ziemlich gute Ziele. Aber so unterhaltsam sie auch sind, Märkte machen viel Arbeit – was Sie an der Fülle an Daten und Analysen in diesem Buch sehen können. Die Drei Fragen sind ein Werkzeug, mit dem Sie herausfinden können, was Sie wissen müssen, um erfolgreich zu sein. Aber Sie müssen sich anstrengen. Kein Buch kann Ihnen das abnehmen.

Das Gegenteil eines Staatsbediensteten ist jemand, der freie Märkte und den Kapitalismus geradezu verehrt. Als ich mit der Ausbildung fertig war, hatte mich diese Vorstellung ziemlich gepackt. Also arbeitete ich anschließend erst einmal für meinen Vater. Ich lernte von ihm, so viel ich konnte – darunter auch, dass ich kein besonders guter Angestellter bin –, und machte mich selbstständig. Ich war zu jung, um zu wissen, dass ich damals eigentlich zu jung war, um auf eigene Faust Erfolg zu haben – und gerade deshalb gelang es mir. Über 50 Jahre und viele kräftige Hiebe von TGH später bin ich immer noch dabei. Warum eine so lange Karriere voller Selbstkasteiung durch TGH? Warum weiter arbeiten und mich mit all den langweiligen Sorgen der realen Welt herumschlagen, wenn ich mich zur Ruhe setzen und den Rest meines Lebens den Redwoods, meinen Katzen, meiner Frau, meinen Söhnen und Enkelkindern widmen könnte? Warum weiterhin sehr öffentliche Prognosen in mehr als 25 Medien weltweit veröffentlichen, die jeder überprüfen kann, der mir das Gegenteil beweisen oder mich angreifen will? Warum all das tun?

Transformationalismus

Darin liegt die Chance, immer wieder Neues zu entdecken und an neuen Entwicklungen mitzuwirken. Das Wichtigste daran, gerade in dieser historischen Phase zu leben, ist meiner Meinung nach die Möglichkeit, solche Veränderungen aktiv mitzugestalten. In den Kapiteln 5 und 9 habe ich ausführlich von meinem Großvater erzählt. Als er 1958 starb, hatte er erstaunliche Entwicklungen miterlebt, vom Auto über das Radio, den Film und Antibiotika bis zum Flugzeug und vielem mehr. Er konnte in seinem Wohnzimmer sitzen und den Präsidenten live aus einem Holzkasten zu sich sprechen sehen – direkt vor seinen Augen. Hätte er 1880, als Fünfjähriger, seinem Großvater beschreiben können, was er bis 1958 erleben würde, hätte Isaac Fisher, mein Ururgroßvater, meinen Großvater für verrückt gehalten. Er hätte sich an seinen Sohn Philip Isaac Fisher gewandt und gesagt: „Philip, was stellst du an, dass meinem Enkel solche verrückten Ideen in den Kopf kommen?"

Aber Isaac hätte sich geirrt. Die Generation meines Großvaters erlebte größere relative Veränderungen in den Grundlagen des Alltagslebens als jede andere Generation vor oder nach ihr. Sie stand an jenem Punkt, an dem diese Entwicklung explosionsartig einsetzte – an jenem nicht linearen Ausgangspunkt, den Amerikaner regelmäßig unterschätzen und den wir sonst als die industrielle Revolution in Amerika bezeichnen. Es war die gewaltigste Entfesselung menschlicher Geisteskraft, die es je gegeben hat. Kapitalistische Kraft – die mächtigste von allen! Vor der Generation meines Großvaters lebten die Menschen fast genauso wie ihre Großeltern. Sie zogen vielleicht um. Sie führten vielleicht Krieg. Sie ergriffen vielleicht einen anderen Beruf. Doch die Grundlagen des Lebens änderten sich in den langen Zeiträumen vor der Geburt meines Großvaters nur sehr, sehr langsam.

Mein Vater, geboren 1907, erlebte ebenfalls enorme Veränderungen – mehr absolute Veränderungen als mein Großvater, aber weniger relative Veränderungen. Er erlebte Düsenflugzeuge, integrierte Schaltkreise und die Anfänge der Biotechnologie, bevor er 2004 starb. Meine Generation hat enorme absolute Veränderungen erlebt und wird sie auch weiterhin erleben – aber weniger relative Veränderungen als mein Vater oder mein Großvater. Meine drei Söhne sind Mitte 40 oder älter. Sie halten Veränderung für normal. Ja, heute ist sie das, aber dass Veränderung als normal gilt, ist immer noch sehr neu. Jeden Tag als ganz normaler Mensch aufzuwachen und in kleinem Maßstab daran mitzuwirken, die Welt zu verändern, wie es mein Großvater als einer der Pioniere an der Hopkins School of Medicine oder mein Vater als Growth-Aktien-Investor getan hat – das ist neu. Vor einigen Jahrhunderten gab es das nicht, abgesehen von einigen wenigen Sonderfällen wie Isaac Newton. Normale Menschen taten so etwas nicht. Heute tun sie es. Wir leben in außergewöhnlichen Zeiten, weil wir jeden Tag aufstehen können, wenn wir wollen, und an der Entwicklung von Dingen mitwirken können, die es nie zuvor gegeben hat und die für diejenigen, die nach uns kommen, weitgehend selbstverständlich sein werden.

Ich nenne diesen Prozess *Transformation*. Heute können ganz normale Menschen etwas entwickeln – und danach sehen Medizin, Technik, Wirtschaft oder Märkte anders aus. Newton war ein Transformationalist, lange bevor solche Menschen verbreitet waren. Die industrielle Revolution brachte weltweit Transformationalisten hervor – Menschen mit grenzenloser Vorstellungskraft, die das Unfassbare begreifen konnten.

Solche Menschen findet man vor allem unter Wissenschaftlern und Kapitalisten. Julius Rosenwald war ein Transformationalist, als er Sears, Roebuck and Co. groß machte und ein Jahrhundert lang prägte, wie Menschen über Einzelhandel dachten. Carnegie war einer. Ford war einer. Adam Smith war einer, als er „Der Wohlstand der Nationen“ schrieb. Aber die meisten Autoren sind es nicht – sie sind in der Regel nur Inkrementalisten. Einstein war ganz sicher einer; auch die Wissenschaft kennt viele Transformationalisten – berühmte wie George Washington Carver und weniger berühmte. In jüngerer Zeit brachten Bob Noyce und Gordon Moore, die Mitbegründer von Intel, wissenschaftlich-technisches Wissen und unternehmerisches Gespür zusammen – und veränderten damit ihren kleinen Teil der Welt. Bill Gates ist einer. Er hat die Welt so verändert, dass kleine Unternehmen gegenüber großen Unternehmen bessere Chancen haben. Chuck Schwab war einer; er stand an der Spitze einer Revolution, die das Investieren demokratisiert hat. Estée Lauder, die Frau hinter der gleichnamigen Kosmetikfirma, gehörte ebenfalls dazu – und Mary Kay Ash folgte ihrem Beispiel! Coco Chanel. Christian Dior. Enzo Ferrari. Phil Knight. Die Liste ist lang – vielleicht sogar endlos. Aber Sie müssen nicht groß sein, um ein Transformationalist zu sein. Sie müssen nur Ihren eigenen kleinen Teil der Welt dauerhaft verändern, sodass andere ihn durch Ihre neue Wissenschaft, Ihr Wissen, Ihre Technologie oder Ihre Vision für immer anders sehen.

Jeder Transformationalist verändert unser Leben grundlegend – die Art, wie wir Tag für Tag leben. Manchmal merken wir das gar nicht, weil es uns nicht auffällt. Als ich den Kenneth L. Fisher-Lehrstuhl für Redwood-Waldökologie stiftete, tat ich das zum Teil, weil ich Redwoods liebe, aber auch, weil sein erster Inhaber, Steve Sillett, ein Transformationalist ist, der in rasantem Tempo verändert, wie wir über Redwoods denken. Im Vorwort habe ich erzählt, wie er sich bis in die Kronen dieser Baumriesen hinaufarbeitet. Aber sein Denken kennt keine Grenzen, wenn es um beantwortbare Fragen geht, die wir aber noch nie gestellt haben. Er verändert grundlegend, wie wir Redwoods und große alte Bäume überhaupt verstehen. Ich hätte den Lehrstuhl nicht gestiftet, wenn ich darin keinen Transformationalisten gesehen hätte, den ich unterstützen wollte.

Im Bereich der Kapitalmärkte sind dem, was man lernen und an Kapitalmarkttechnologie entwickeln kann, keine Grenzen gesetzt – auch dort nicht, wo zuvor niemand die Zusammenhänge begriffen hat. Man kann auch auf diesem Gebiet ein Transformationalist sein. Vor 200 Jahren war das noch nicht möglich. Heute ist es möglich. Heute kann man jeden Tag aufwachen und daran arbeiten, Fragen zu stellen, die das, was wir für wahr halten, in Zweifel ziehen – und damit den Blick dafür öffnen, was wir vielleicht schon bald wissen werden. Die Drei Fragen dienen genau diesem Zweck: Vielleicht verspüren einige von Ihnen, die dieses Buch lesen, dadurch tief in sich den brennenden Wunsch, selbst Transformationalisten zu werden.

Als ich das KUV entwickelte, habe ich genau das versucht. Als ich mich früh mit Small-Cap-Value beschäftigte – bevor es diesen Begriff überhaupt gab – und für institutionelle Anleger herausarbeitete, wie Small-Cap-Value unter dem Gesichtspunkt von Varianz und Kovarianz in die Mean-Variance-Optimierung nach Markowitz passte, habe ich genau das versucht. Ich bin kein Newton, kein Bob Noyce, kein George Washington Carver. Ich bin nach keinem Maßstab ein großes Genie. Aber ich kann Fragen stellen. Und Sie können das auch. Und vielleicht sind Sie ein großes Genie, das Dinge verstehen kann, die ich nie verstehen konnte, und das zu einem großen Transformationalisten werden kann.

Ich mache weiter, weil es in dieser Phase der menschlichen Entwicklung nichts Aufregenderes und Spannenderes gibt, als etwas zu entwickeln, das zuvor niemand kannte oder verstanden hatte – und alte Mythen zu zerlegen. Wir werden dabei sicher Fehler machen. Doch Fehler sind für weiteren Fortschritt unverzichtbar. Sie können das genauso gut oder sogar besser als ich. Wenn Sie jünger sind, können Sie das viel länger tun als ich. Sie können viel bewirken. Ich weiß, dass die meisten von Ihnen das nicht tun werden, weil Sie es nicht wollen. Aber wenn einige von Ihnen diesen Gedanken schon in jungen Jahren verinnerlichen oder bereit sind, die Drei Fragen zu stellen und zu versuchen, Teile der Finanz- und Markttheorie neu zu denken, können Sie die Zukunft stark beeinflussen.

Der wichtigste Grund, warum ich weitermache, ist, dass ich jeden Morgen aufstehen und mich in meinem kleinen Teil der Welt dem Neuen zuwenden kann – und dass es mir vielleicht 2026 gelingt, die Drei Fragen zu nutzen und eine Frage-Zwei-Einsicht zu gewinnen, die etwas wirklich Neues und Umwälzendes hervorbringt. Oder vielleicht gelingt Ihnen das.

Vermögen zu verwalten ist zweifellos eine wertvolle Dienstleistung, und sie gut zu erbringen, ist in einer Welt, in der so viele daran scheitern, enorm wichtig. Aber ich bilde mir nicht ein, Leben zu retten wie die Absolventen der Hopkins School of Medicine vor 100 Jahren. Ich bin nicht die Mutter Teresa des Kapitalismus. Die vielen Kunden meines Unternehmens vertrauen uns ihr finanzielles Wohlergehen an, und das ist eine wichtige Aufgabe – eine, der ich mich mit Stolz widme. Aber heute kann mein Unternehmen diese Aufgabe auch ohne mich erfüllen. Wenn ich in Rente gehe, falls ich das jemals tue, wird es genauso weitermachen wie jetzt, weil wir es genau dafür aufgebaut haben. Was mich in dieser Lebensphase noch jeden Morgen aufstehen lässt, ist die Freude am Neuen, Andersartigen und Herausfordernden.

Noch ein Grund für das, was ich tue? Ich liebe den Kapitalismus. Meiner Ansicht nach ist er bislang die heiligste, vollkommenste Errungenschaft der Menschheit. Mit Abstand der beste „Ismus“, den es gibt! Im Kapitalismus stehen allen Chancen offen. Arme werden reich. Die Reichsten wurden meist nicht reich geboren. Die meisten Menschen auf der *Forbes*-400-Liste verschwinden mit der Zeit wieder von dieser Liste. Geerbtes Vermögen verflüchtigt sich in der Regel. Bill Gates wurde einfach nur in eine Familie der oberen Mittelschicht geboren, wurde schon in jungen Jahren zum reichsten Menschen Amerikas und schuf das größte Stiftungsvermögen der Geschichte. Alle großen Innovationen, Transformationen und Transformationalisten der Welt stammen aus kapitalistischen Gesellschaften – oder sind dorthin geflohen –, und in den letzten 200 Jahren kamen sie aus keinem anderen Teil der Welt. Zeitgenössische elitäre Intellektuelle haben den Kapitalismus schon lange vor meiner Geburt zu Unrecht verachtet, doch mit ihrer Sicht liegen sie genauso falsch wie Gertrude Stein in Kapitel 5.

Der Aktienmarkt ist Kapitalismus pur. Der Aktie, die Sie kaufen, ist egal, welche Hautfarbe Sie haben, ob Sie Mann oder Frau, alt oder jung sind oder ob Sie aus den USA, Japan oder Frankreich kommen. Die Kurse werden allein von Angebot und Nachfrage bestimmt – und von nichts anderem. Der Aktienmarkt ist global, effizient, wild schwankend, demokratisch, nicht elitär, immer überraschend, roh und schön. In vielerlei Hinsicht verbindet TGH und mich eine sehr intensive Hassliebe.

Die Botschaft dieses Buches lautet: Kapitalismus ist gut, und der Aktienmarkt ist zwar unvorhersehbar, aber dennoch schlagbar. Was sollten Sie nun tun? Ich möchte, dass Sie diesen Lernprozess rasch durchlaufen – idealerweise schneller als andere – und die Kapitalmarktforschung voranbringen. Wie ich bereits mehrfach gesagt habe, können Sie den Markt auf lange Sicht nicht schlagen, wenn Sie nicht etwas wissen, was andere nicht wissen. Ich habe Ihnen einiges von dem, was ich weiß, nicht etwa erzählt, um Sie mit hübschen analytischen Kunststücken zu beeindrucken, sondern um zu demonstrieren, wie man eine wissenschaftliche Methode auf den Markt anwendet. Ich wollte Ihnen zeigen, wie es geht. Die Erkenntnisvorsprünge, die ich Ihnen vorgeführt habe, werden eines Tages verschwinden. Manche vielleicht früher als andere – aber irgendwann alle. Die Drei Fragen immer wieder neu zu stellen, bleibt jedoch gültig. Das Einzige, was Ihnen oder mir künftig helfen wird, den Markt zu schlagen, ist Innovation. Meines Wissens gibt es zwar viele Bücher, die Menschen Anlagewerkzeuge an die Hand geben – so wie mein erstes Buch meine Innovationen wie das KUV von 1984 vorstellte –, aber mir ist kein einziges Anlagebuch vor diesem bekannt, wirklich kein einziges, das Ihnen zeigt, wie Sie selbst innovativ sein können.

Hier haben Sie es also. Vielleicht halten Sie das alles für falsch, oder vielleicht nur einen Teil davon. Das ist in Ordnung. Ich kann damit leben, wenn Sie glauben, ich liege falsch. Aber ich möchte nicht, dass Sie das einfach nur glauben. Ich möchte, dass Sie es beweisen. Wenn Sie dem, was ich Ihnen gezeigt habe, nicht glauben, dann nutzen Sie zumindest die Methode, um mir zu beweisen, dass ich mich irre. Zeigen Sie mir einen R-Quadrat-Wert, zeigen Sie mir einen kognitiven Fehler, durchdringen Sie auf wissenschaftlichem Weg etwas, das ich nicht durchdrungen habe – und schreiben Sie mir davon. Aber beweisen Sie mir wirklich, dass ich mich irre. Schreiben Sie mir nicht einfach, um mir zu sagen, dass ich ein Idiot bin. Darauf reagiere ich nicht. Was Sie von mir halten, geht mich nichts an. Ich bekomme schon genug Kritik aus dieser Branche. Manche kritisieren mich, weil ich die Vorurteile von Eiferern infrage stelle. Andere schlicht deshalb, weil mein Unternehmen und ich die professionelle Vermögensverwaltung demokratisieren – und sie würden es lieber sehen, wenn diese ein exklusives Revier der alten Elite bliebe, eine Welt der Ivy-League-Absolventen an Mahagoni-Konferenztischen, umgeben von eindrucksvoll wirkenden Rembrandts … statt echter wissenschaftlicher Erkenntnissuche.

Ich fordere Sie ausdrücklich dazu auf, allem in diesem Buch skeptisch gegenüberzustehen. Besorgen Sie sich Daten, analysieren Sie sie, wiederholen Sie die Analyse über lange Zeiträume hinweg mit unterschiedlichen Startdaten. Prüfen Sie sie auch international, um sicherzustellen, dass Sie nicht bloß auf einen Zufallsbefund gestoßen sind. Zeigen Sie mir die Daten und statistischen Befunde. Dann sagen Sie mir, dass ich mich irre.

Was ich nicht möchte, ist, dass Sie glauben, ich liege falsch, ohne es je zu beweisen. Davon haben Sie nichts. Es ist nur Zeitverschwendung. Wenn Sie glauben, ich liege falsch, und das mit Daten überzeugend belegen können, haben Sie niemandem geschadet. Sie haben sich selbst geholfen, weil Sie einen realen Zusammenhang erkannt oder bestätigt haben. Und wenn Sie zu diesem Schluss gelangt sind, müssen Sie zumindest ein Stück weit glauben, dass nicht immer richtig ist, was allgemein als gesichert gilt. Zeigen Sie mir also, inwiefern ich mich irre. Ich kann es verkraften! Zeigen Sie mir die Daten und zeigen Sie mir, wie Sie analysiert haben. Vielleicht entdecken Sie einen neuen Weg, wie man TGH eins auswischen kann, und dafür ziehe ich meinen Hut vor Ihnen. Aber wenn Sie beweisen, dass ich mich irre, haben Sie bewiesen, dass die Methode funktioniert. Und in anderer Hinsicht habe ich dann immer noch recht – ist das nicht wunderbar?

ANHANG

A

Kausale Korrelationen und der Korrelationskoeffizient

Wenn Sie die Drei Fragen anwenden, benötigen Sie ein paar ganz grundlegende statistische Fähigkeiten. Nichts Besonderes – das Nötige lernen Sie gleich hier. Ein *Korrelationskoeffizient* und ein *R-Quadrat-Wert* können Wunder wirken. Mit diesen beiden Werkzeugen können Sie in vielen Fällen überzeugend widerlegen, dass zwei Ereignisse miteinander in Verbindung stehen. Es ist ganz einfach. Sie benötigen lediglich eine Internetverbindung und Excel.

Beginnen wir damit, ein paar Vergleichsdaten zusammenzustellen. Als einfache Übung können wir uns ansehen, wie stark eine einzelne Aktie über einen Monat mit dem Markt korreliert. (Ein Monat reicht nicht aus, um daraus etwas Belastbares abzuleiten, aber so erhalten wir kurze Datenspalten, mit denen wir arbeiten können.)

Schritt 1

Besorgen Sie sich Ihre Indexdaten. Rufen Sie Daten für den S&P 500 über eine Finanzquelle Ihrer Wahl ab. Das kann die Website Ihrer Bank sein. Vielleicht ist es Google Finance oder Yahoo! Finance. Ich verwende die Nasdaq-Website, aber Sie müssen das nicht. So folgen Sie meinem Beispiel:

- Gehen Sie auf www.nasdaq.com/market-activity/indexes. Klicken Sie auf **SPX** (oder gehen Sie einfach auf www.nasdaq.com und geben Sie SPX in die Symbolsuche ein).
- Wählen Sie oben links „Historical Data" aus. Daraufhin sollten die Schluss-, Eröffnungs-, Tageshöchst- und Tagestiefstkurse angezeigt werden. (Hier interessieren vor allem die Schlusskurse, aber auch die anderen Kurse können nützlich sein.) Klicken Sie auf die Schaltfläche „Download historical data" direkt oberhalb der rechten oberen Ecke der angezeigten Tabelle. Daraufhin sollte eine Excel-kompatible Datei geladen werden.

Schritt 2

- Wiederholen Sie diesen Vorgang mit einer einzelnen Aktie. Der Einfachheit halber habe ich hier die Ford-Aktie ausgewählt. Laden Sie die entsprechenden Daten herunter. Sie haben nun zwei Tabellenblätter mit den täglichen Kursdaten des letzten Monats in umgekehrter Datumsreihenfolge. (Sie können das ändern, aber solange die Daten übereinstimmen, spielt es keine Rolle.)
- Kopieren Sie die Spalten „Date" und „Close" und fügen Sie sie in dasselbe Blatt wie Ihre S&P 500-Daten ein. Nun haben Sie die Datumsangaben und Schlusskurse für die Ford-Aktie und den S&P 500 in einem Blatt.

Schritt 3

Erschrecken Sie jetzt bitte nicht, wenn Sie diese Formel sehen – Sie müssen sie nicht selbst anwenden –, aber rein technisch berechnet man einen Korrelationskoeffizienten so:

$$\rho_{xy} = \frac{\mathrm{cov}(r_x, r_y)}{\sigma_x \sigma_y}$$

Mühen Sie sich nicht damit ab, das auszurechnen, wenn Ihr Statistikkurs länger als sechs Monate zurückliegt. Excel erledigt das für Sie.

Als Erstes: Ihre Indexstände sind hier nicht das, was Sie brauchen. Für eine korrekte Korrelationsberechnung benötigen Sie die tägliche prozentuale Veränderung. Klicken Sie auf die erste Zelle rechts neben Ihren Index-Schlusskursen. Geben Sie die folgende Formel ein:

= B2/B3-1

Ziehen Sie diese Formel nach unten durch Ihre gesamte Datenreihe, um die täglichen (oder wöchentlichen oder monatlichen) Veränderungen zu berechnen. Wiederholen Sie das für die Ford-Aktie (oder eine andere Aktie Ihrer Wahl). Sie haben nun zwei Spalten beziehungsweise Datenbereiche mit den täglichen prozentualen Veränderungen des S&P 500 und der Ford-Aktie im letzten Monat. Um die Korrelation zu berechnen, klicken Sie auf eine beliebige Zelle und verwenden Sie die Korrelationsfunktion von Excel (=CORREL). Geben Sie =CORREL ein, um die Funktion zu starten. Daraufhin fragt Excel die erforderlichen Eingaben ab. Kurz gesagt, benötigen Sie lediglich die Zellbereiche der beiden Spalten mit den prozentualen Veränderungen. In meiner Tabelle sind das K2 bis K20 und L2 bis L20. Geben Sie die Formel wie folgt ein:

= CORREL(K2:K20,L2:L20)

Voilà! Wenn Sie die Eingabetaste drücken, erscheint die Korrelation – ein Wert zwischen +1,00 (vollständig gleichläufige Bewegung) und –1,00 (vollständig gegenläufige Bewegung).

Schritt 4

Sie sind noch nicht ganz fertig. Jetzt müssen Sie etwas tun, das sich schwierig anhört, aber gar nicht schwierig ist. Um die *relative Beziehung* zweier Variablen zu verstehen, müssen Sie eine *Regressionsanalyse* durchführen und den *R-Quadrat-Wert* berechnen. Das ist viel einfacher, als es klingt. Quadrieren Sie einfach den Korrelationskoeffizienten. (Deshalb wird er „R-Quadrat" genannt.) Wenn Ihr Korrelationskoeffizient 0,5 beträgt, ist Ihr R-Quadrat-Wert 0,25 ($0{,}5 \times 0{,}5 = 0{,}25$). Wenn der Korrelationskoeffizient 0,85 beträgt, ist der R-Quadrat-Wert 0,7225.

Der R-Quadrat-Wert gibt an, zu wie viel Prozent die Bewegung einer Variablen mit der Bewegung der anderen Variablen zusammenhängt (oder vielleicht sogar auf sie zurückzuführen ist). Ein R-Quadrat-Wert von 0,7225 bedeutet, dass 72,25 Prozent der Bewegung einer Variablen mit der Bewegung der anderen Variablen zusammenhängen beziehungsweise auf sie zurückzuführen sein können (was eine beeindruckende Erkenntnis wäre!).

Sie sind nun bereit, Korrelationskoeffizienten zu berechnen, nicht vorhandene Kausalzusammenhänge zu entlarven und mehr von dem herauszufinden, was Sie wissen können und andere nicht.

ANHANG

B

Nachrichten, mit denen Sie nichts anfangen können

Aus meiner Forbes-*Kolumne vom 6. Juli 1998.*[1]

Leser Neil Bell schreibt mir per E-Mail, er sei irritiert darüber, dass ich dem Jahr-2000-Problem so wenig Beachtung schenke. Ich antworte ihm, dass ich dieses Thema in meiner Kolumne vom 13. März 1995 behandelt habe. Daraufhin antwortet Bell, ich solle mir einige einschlägige Websites ansehen, auf denen detailliert dargelegt wird, wie ernst diese Jahr-2000-Sache tatsächlich ist.

Das habe ich getan und bin zu dem Schluss gekommen, dass diese Jahr-2000-Sache – allen Jahr-2000-Unkenrufen zum Trotz – weder den Aktienmarkt ernsthaft beeinträchtigen noch Ihnen sonst größere Unannehmlichkeiten bereiten wird.

Ich sehe solche Dinge ganz einfach: Man sollte den ganzen Medienrummel sehr wohl zur Kenntnis nehmen – schon allein, um die Gegenposition einnehmen zu können. Wenn ein Thema schon so breit diskutiert wird, dass ihm mehr als eine Website gewidmet ist, ist das, was Anleger daraus ableiten, entweder falsch oder bereits vollständig in den Kursen eingepreist. Die grundlegendste aller Marktannahmen ist, dass der Markt (The Great Humiliator) alle bekannten Informationen einpreist. Das gelingt ihm, indem er dafür sorgt, dass alles, was wir alle wissen, entweder falsch ist oder bereits in den Wertpapieren eingepreist ist. Ja, achten Sie auf den Hype – aber versuchen Sie niemals, damit Geld zu verdienen, es sei denn, Sie handeln gegen ihn.

Über die Jahr-2000-Sache wird ausführlich berichtet. Sogar die SEC hat ihre Bedenken dazu geäußert. Ignorieren Sie das also. Für The Great Humiliator ist das ein Leichtes. Genauso ist es mit der allgegenwärtigen Angst vor hohen KGVs. An den Märkten wird Ihnen das zum Verhängnis, was Sie nicht sehen oder wissen, denn das Einzige, was die Märkte bewegt, sind Überraschungen: Was überall im World Wide Web zu finden ist, birgt kaum Überraschungspotenzial. Und bei einer Aktie mit hohem KGV besteht die wahrscheinlichste Überraschung in schlechten Nachrichten – nicht in guten, denn die sind bereits im Kurs enthalten. In meiner 26-jährigen Laufbahn – mittlerweile im 15. Jahr dieser Kolumne – hat mich diese Regel noch nie im Stich gelassen: Das Offensichtliche bewegt die Märkte nie; Überraschungen dagegen fast immer.

1995 schrieb ich Folgendes: „Wenn Ihnen in den Medien mehr als einmal eine Anlageidee oder ein bedeutendes Ereignis begegnet, ist das nicht mehr verwertbar. Sobald mehrere Marktexperten darüber nachgedacht und geschrieben haben, sind selbst neue Meldungen schon zu alt."

Deshalb sage ich: Vergessen Sie die Jahr-2000-Sache.

ANHANG

C

Größere Narren

Aus meiner Forbes-*Kolumne vom 18. Oktober 1999.*[1]

Was können wir aus dem Jahr 1942 über den bevorstehenden Jahreswechsel lernen? Erstens: Die Jahr-2000-Sache wird dem Aktienmarkt nicht schaden. Sie könnte sogar eine ordentliche Rally auslösen.

Was hat 1942 mit dem Jahr-2000-Problem zu tun? Nun, 1942 zeigt, wie der Markt funktioniert – und zwar so, dass heute kein Raum für eine Jahr-2000-Katastrophe am Aktienmarkt bleibt. Wer sich immer noch Sorgen über die Auswirkungen des Jahr-2000-Problems auf den Markt macht, versteht die Märkte nicht; solche Stimmen sollten Sie einfach ignorieren.

Hier gelten zwei Grundsätze. Erstens: Märkte warten nicht auf bekannte Ereignisse; sie nehmen sie vorweg. Zweitens: Anleger, die darauf warten, dass Ereignisse die Kurse bewegen, laufen oft in die Falle und lassen sich von der Massenpanik mitreißen.

Was war das größere Risiko: das Jahr-2000-Problem im Jahr 1999 oder Adolf Hitler im Jahr 1942? Und doch stieg der S&P 500 im Jahr 1942 – lange bevor irgendjemand auch nur annähernd sicher wissen konnte, dass wir den Krieg gewinnen würden – um 20 Prozent. 1943 stieg er um weitere 26 Prozent, 1944 um weitere 20 Prozent und 1945 um weitere 36 Prozent, bevor er Anfang 1946 seinen Höchststand erreichte. Die Rally in diesem letzten Jahr wurde weitgehend von Anlegern befeuert, die mit ihrem Geld an der Seitenlinie blieben, bis der

Kriegsausgang sicher schien – und es dann in den Markt warfen, wodurch sie freundlicherweise die Kurse für jene in die Höhe trieben, die früher gekauft hatten.

Woher wusste der Markt, dass 1942 und 1943 eine Rally anstand – lange bevor endgültige Gewissheit über den Kriegsausgang herrschte? So funktionieren Märkte. Sie fallen, bevor ein Krieg, eine Rezession oder etwas anderes Hässliches beginnt. In der Regel bewegen sie sich mit großem Vorlauf. Sie steigen, lange bevor sich die Lage verbessert. Daher der alte Börsenspruch: „Der Markt weiß es." Der Markt diskontiert außerdem alle bekannten Informationen. Das bedeutet, dass alles, was wir alle wissen, worüber wir uns sorgen, was wir lesen und worüber wir aufgeregt reden, bereits umfassend in den Kursen eingepreist ist.

Was die Märkte bewegt, ist das, was nicht alle wissen, worüber sich nicht alle Sorgen machen, wovon nicht alle lesen und worüber nicht alle reden. Nicht, dass diese Dinge nie zu erkennen wären. Oft sind sie es. Aber in den allermeisten Fällen erkennen die Menschen die tatsächlichen Marktbeweger nicht – sie sind blind dafür und wissen nichts darüber.

Zum Beispiel erkennen nur wenige die enormen, in den Statistiken nicht erfassten ausländischen Kapitalzuflüsse nach Amerika, über die ich Ihnen erstmals 1997 berichtet habe – und die unseren Bullenmarkt seit 1996 maßgeblich angetrieben haben. Die meisten wissen schlicht nicht, dass das geschieht. (Siehe meine Kolumnen vom 20. Oktober 1997 und vom 22. März 1999.)

Das Jahr-2000-Problem ist die am meisten aufgebauschte „Katastrophe" der modernen Geschichte. Wie bekannt es ist, ist gut dokumentiert: Die Einzigen, die noch nichts davon gehört haben, leben im oberen Amazonasbecken – auf der Flucht vor dem Rest der Menschheit. Ich muss Ihnen das Jahr-2000-Problem nicht einmal erklären, damit Sie genau wissen, worauf ich mich beziehe.

In meiner Kolumne vom 6. Juli 1998 habe ich ausführlich dargelegt, warum das Jahr-2000-Problem dem Aktienmarkt nicht schaden kann. Aber jetzt, da der 31. Dezember so nahe gerückt ist, gehe ich noch einen Schritt weiter und sage, dass der Markt wahrscheinlich steigen wird, wenn sich eine andere Marktdynamik im Zusammenhang mit dem Jahr-2000-Problem durchsetzt.

Genügend Anleger verstehen, wie Märkte funktionieren. Sie könnten vor Jahresende möglicherweise einen Kaufansturm auslösen. In den kommenden Wochen werden sie erkennen, dass für einen Y2K-Crash die Zeit abläuft – und dass den verbohrten Y2K-Apokalyptikern mit dem Jahresende der Grund für ihre Vorsicht wegbricht. Diese klugen Köpfe könnten die Y2K-Gläubigen als ziemliche Narren dastehen lassen, indem sie ihr eigenes Geld noch vor Jahresende in Aktien investieren. Ich bin mir nie sicher, wohin sich der Markt kurzfristig entwickeln wird, aber ein starker Anstieg vor Jahresende ist wahrscheinlicher als jede andere Möglichkeit.

Bleiben Sie also zu 100 Prozent in Aktien investiert, davon 67 Prozent in den 25 größten US-Aktien. Die übrigen 33 Prozent sollten in großen kontinentaleuropäischen und japanischen Aktien angelegt sein.

ANHANG

D

Annualisiert versus Durchschnitt

Wir sprechen oft von „annualisierten“ Renditen und „annualisierten“ Durchschnittswerten. Was also ist ein annualisierter Durchschnittswert? Und unterscheidet er sich von einem ganz normalen Durchschnittswert?

Und ob.

Ein ganz normaler Durchschnitt – also das, was Ihr Statistikprofessor als arithmetischen Durchschnitt oder arithmetisches Mittel bezeichnen würde – unterscheidet sich von einem annualisierten Durchschnitt, der auch geometrischer Durchschnitt oder geometrisches Mittel genannt wird. Beide Durchschnittsarten haben ihren analytischen Nutzen. Wenn es jedoch um Renditen geht, sollten Sie immer den annualisierten Durchschnitt verwenden. Warum? Weil arithmetische Durchschnitte nicht abbilden, wie Anlagerenditen tatsächlich funktionieren.

Zur Veranschaulichung nehmen wir einen fiktiven Index mit extremen Renditen. Im ersten Jahr steigt unser Index um 75 Prozent. Im zweiten Jahr fällt er um 40 Prozent. Im dritten Jahr steigt er um 60 Prozent. Sie wissen, wie man den arithmetischen Durchschnitt berechnet: 75 % + (–40 %) + 60 % ÷ 3 = 31,7 %. Das ergibt eine arithmetische Durchschnittsrendite von 31,7 Prozent.

Für den annualisierten Durchschnitt – und bitte haben Sie Geduld, denn das klingt erst einmal absurd, ist aber eigentlich nicht schwer – bilden Sie dagegen für jedes Jahr den Faktor 1 plus Jahresrendite, multiplizieren diese Faktoren miteinander und ziehen aus dem Produkt die n-te Wurzel; *n* steht dabei für die Anzahl der Jahre, in diesem Fall drei. Von diesem Ergebnis ziehen Sie eins ab – und erhalten einen annualisierten Durchschnitt von 18,88 Prozent. Das lässt sich ganz einfach in Excel berechnen; die Formel sieht wie folgt aus:

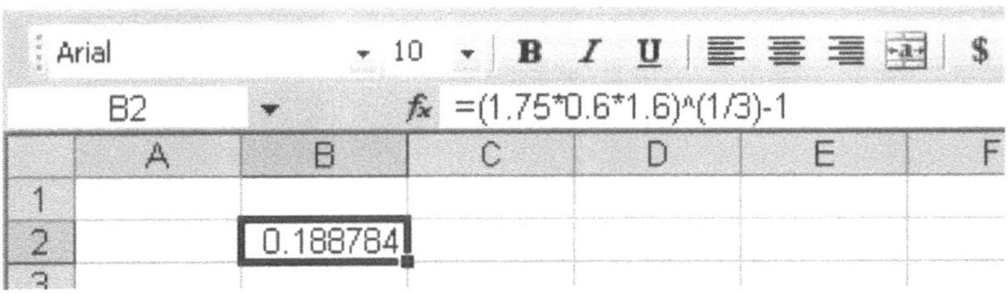

Ich habe die Faktoren – 1 plus jeweilige Jahresrendite – miteinander multipliziert (75 Prozent ergibt 1,75, minus 40 Prozent ergibt 0,6 und so weiter), das Produkt mithilfe des Potenzzeichens ^ mit 1/n potenziert – hier also mit 1/3 – und anschließend eins abgezogen.

Wir haben also zwei sehr unterschiedliche Durchschnittsrenditen – wie kann das sein? Den arithmetischen Mittelwert von 31,7 Prozent und den annualisierten Durchschnitt von 18,88 Prozent. Beide sind rechnerisch korrekt, doch der annualisierte Durchschnitt ist weitaus nützlicher und realitätsnäher als der arithmetische Mittelwert.

Wenn Sie zu Beginn des ersten Jahres 10.000 Dollar in den Index investiert hätten, hätten Sie am Ende des dritten Jahres 16.800 Dollar – daran gibt es nichts zu rütteln. Aber wenn Ihnen jemand gesagt hätte, dass der Index über drei Jahre hinweg arithmetisch im Schnitt 31,7 Prozent pro Jahr erzielt hat, würden Sie 22.843,22 Dollar erwarten. Was ist mit den gut 6.000 Dollar passiert? Dieses Geld fehlt Ihnen nicht. Der annualisierte Durchschnitt von 18,88 Prozent gibt besser wieder, was mit Ihrem Vermögen passiert ist. Rechnen Sie nach: 10.000 Dollar, drei Jahre lang jährlich mit 18,88 Prozent aufgezinst, ergeben 16.800 Dollar.

Warum ist das wichtig? Sie müssen in der Lage sein, die Wertentwicklung Ihres Portfolios korrekt zu berechnen. Angenommen, jemand verkauft Ihnen ein Produkt oder eine Strategie. Vielleicht sagt man Ihnen, dass der Fonds über einen Zeitraum von zehn Jahren im Schnitt 19 Prozent Rendite erzielt und damit die durchschnittliche Benchmark-Rendite von 10 Prozent übertroffen hat. Aber möglicherweise nennt man Ihnen für den Fonds eine verzerrte arithmetische Durchschnittsrendite und für die Benchmark eine annualisierte Rendite. Der höhere arithmetische Mittelwert des Fonds könnte auf ein oder zwei extreme Jahre zurückzuführen sein, die den Durchschnitt verzerrt haben, und die annualisierte Rendite könnte viel niedriger sein. Achten Sie immer auf annualisierte Durchschnittswerte – und fragen Sie ausdrücklich danach.

ANHANG

E

Der Zauberer von Oz und 1 oz Gold

Wussten Sie, dass L. Frank Baum, als er zur Feder griff, um „Der Zauberer von Oz" zu schreiben (erschienen 1900 und später durch die Verfilmung mit unter anderem Judy Garland, Ray Bolger und Bert Lahr unsterblich geworden), gar nicht vorhatte, eine magische Kindergeschichte zu schreiben? Nein. Er wollte vielmehr eine scharfe politische Satire und geldpolitische Allegorie schreiben, die sich mit den wirtschaftlichen Debatten und politischen Akteuren der 1890er-Jahre befasste.

Suchen Sie im Film nicht nach verborgenen Bedeutungen. Der Film von 1939 war tatsächlich als unbeschwerte Unterhaltung in düsteren Zeiten gedacht. Greifen Sie stattdessen zum Originaltext: Dort trug Dorothy silberne Schuhe – und im Jahr 1900 konnte niemand die geldpolitische Anspielung übersehen. (Im Film waren die Schuhe rot, weil Rot in Technicolor besser aussah.) Es sollte Ihnen sofort ins Auge springen, dass „Oz" hier zugleich auf „oz." anspielt, die englische Abkürzung für ounce, also Unze: eine Unze Gold. Hier ist die Geschichte so, wie Baum sie gemeint hat.[1]

In den 1890er-Jahren und bis ins frühe 20. Jahrhundert tobte eine Debatte zwischen den Befürwortern des Goldstandards für die US-Währung und denjenigen, die ihn zugunsten eines bimetallischen Standards oder sogar eines Silberstandards aufgeben wollten. Nachdem Amerika 1879 zum Goldstandard zurückgekehrt war, folgte eine Phase verheerender Deflation – Preise und Löhne fielen landesweit. Eine

Reihe politischer Fehlgriffe im In- und Ausland gipfelte in der Panik von 1893 und einer anschließenden weltweiten Depression. Sie gehörte zwar nicht zu den ganz großen Depressionen der US-Geschichte, war aber dennoch nicht unbedeutend. Obwohl wir heute wissen, dass es nicht den einen Schuldigen gab und die wirtschaftlichen Probleme Amerikas Teil eines größeren globalen Trends waren, bekam der Goldstandard in Amerika einen Teil der Schuld.

Die Forderung nach freier Silberprägung fand plötzlich breiten Zulauf. William Jennings Bryan spielte mit seiner dröhnenden Stimme eine zentrale Rolle in der „Free Silver"-Bewegung. Kritiker hielten das für von Grund auf massiv inflationstreibend. Die Befürworter hielten eine gewisse Inflation für angebracht. In der Boulevardpresse wurde der Kampf häufig (und stark vereinfacht) als Kampf zwischen dem „Volk" (das von einem Silberstandard und höherer Inflation profitieren würde) und der Bankenlobby an der Ostküste, die die Politiker in der Tasche hatte (und vom Status quo profitieren würde), dargestellt. Übrigens ist der Kampf zwischen dem „einfachen Mann" und dem „Großkapital" ein Narrativ, das bis heute funktioniert. Es ist schon komisch, wie manche Dinge sich nie ändern.

Baum formte seine Geschichte vor diesem Hintergrund und gab darin seine Unterstützung für die Silberbewegung ebenso zu erkennen wie den Abscheu der Populisten vor Grover Cleveland, William McKinley und deren Goldstandard-Clique. Alle von ihm geschaffenen Figuren waren seinem Publikum um die Jahrhundertwende vertraut.

Dorothy, ein armes, aber unerschrockenes Bauernmädchen aus dem kargen Kansas (wo die Populistenbewegung ihren Anfang nahm), ist die Figur, in der sich das einfache Amerika wiedererkennt. Sie ist mutig und steht für das einfache Amerika des Kernlands – unschuldig, gutherzig, jung, energiegeladen und hoffnungsvoll. Die Stadt Oz steht für Amerika selbst, vor allem für den Osten und besonders für Manhattan – ein Land, das von Gold und dem Goldstandard geblendet und beiden verschrieben ist. Und natürlich die gelbe Ziegelsteinstraße! Gelb steht für Gold!

Die Hexe des Ostens war der dem Goldstandard zugeneigte frühere demokratische Präsident Grover Cleveland, aus Sicht der Populisten ein passender Bösewicht, da er 1892 erneut zum Präsidenten gewählt wurde (zum zweiten Mal – wie Donald Trump heute war Cleveland damit ein Präsident mit zwei nicht aufeinanderfolgenden Amtszeiten: Er war bereits von 1885 bis 1889 Präsident gewesen, bevor er 1888 gegen Benjamin Harrison verlor). Cleveland war im Amt, als die Panik von 1893 ihren Lauf nahm. Zum Bösewicht wurde er aus Sicht der Populisten auch deshalb, weil er als Demokrat den Goldstandard unterstützte und damit die Populisten im Stich ließ, obwohl ein Demokrat aus Sicht der Populisten eigentlich gegen die Republikaner hätte kämpfen müssen, die den Goldstandard unterstützten. Gerade als Cleveland politisch erledigt war, lässt der Tornado (die Silberbewegung) Dorothys Haus auf die Hexe des Ostens fallen, sodass nur die kostbaren Silberschuhe zurückbleiben. Natürlich verstanden die Munchkins die Macht der Silberschuhe nicht; sie lebten in einem Vorort im Osten von Oz in gedankenloser Unterwürfigkeit. Die Munchkins konnten Kansas nicht einmal auf einer Karte finden, Provinzler aus dem Osten, die sie waren; also schickten sie Dorothy zum Zauberer.

Zuerst schließt sich ihr die Vogelscheuche an – der unterschätzte Farmer aus dem Westen, der in Wirklichkeit recht scharfsinnig ist. Man hält ihn in seliger Unwissenheit über die Silberdebatte, weil die Leute in Oz ihn für zu schlicht halten, um ein so komplexes Thema zu verstehen – bis Dorothy und ihre silbernen Schuhe ihn befreien. Als Nächstes kommt der Blechmann. Rücksichtslose Interessenvertreter aus dem Osten haben den einfachen Arbeiter mechanisiert und ihm sein Handwerk – und damit sein Herz – gestohlen. Wie so viele in den 1890er-Jahren ist dieser einst kräftige und kerngesunde Arbeiter arbeitslos (verrostet und unfähig, seine Axt zu heben). Schließlich schließt sich auch der feige Löwe der Gruppe an. Der Löwe ist kein anderer als William Jennings Bryan selbst, der demokratische Präsidentschaftskandidat von 1896 und 1900, der beide Male gegen William McKinley verlor.

Bryan konnte zwar beeindruckend brüllen, aber letztlich war er ein Verlierer und besaß weder die Kraft noch den Mut eines Löwen. Als sich die Wirtschaft in den späten 1890er-Jahren verbesserte, zersplitterte seine Anhängerschaft. Einige meinten, er solle sich auf andere dringende politische Themen der Zeit konzentrieren. Andere wollten, dass er weiterhin der Bannerträger im Kampf um das Silber blieb; alles andere hätte bedeutet, vor den Interessen des Ostens einzuknicken. Er verlor den Mut. Er hatte nicht das Herz eines Löwen.

Der Smaragdpalast, in dem der Zauberer residiert, ist natürlich das Weiße Haus – voller willfähriger Bürokraten. Der Zauberer wirkt freundlich und hilfsbereit, doch er schickt die vier Freunde ausgerechnet in die Höhle der Hexe des Westens, die ihrer Sache keineswegs wohlgesonnen ist. Der Zauberer selbst ist in Wirklichkeit Marcus Alonzo Hanna, den viele als den „Mann hinter den Kulissen" der Präsidentschaft McKinleys betrachteten. Der aus Ohio stammende Hanna war der mächtigste politische Strippenzieher der amerikanischen Geschichte. Er kontrollierte die Politik der Republikaner und in den 1890er-Jahren auch McKinley weitgehend. Die Rolle des Zauberers, der keine wirkliche Macht hat, sondern nur Illusionen erzeugt, ist eine Allegorie darauf, dass es in der Politik letztlich nur um Illusionen geht.

Die böse Hexe des Westens ist Präsident William McKinley, der ebenfalls aus Ohio stammte. Wie kann jemand aus Ohio die böse Hexe des Westens sein? Ganz einfach: Aus Baums Perspektive wurde alles von den finsteren Bankinteressen in New York City kontrolliert – und damit war alles westlich des Hudson River „Westen". Damals war es üblich, Minnesota und Wisconsin als Teil des „Nordwestens" zu bezeichnen. Auch heute noch gilt Ohio als Teil des Mittleren Westens. Einen entsprechenden „Mittleren Osten" der USA gibt es im amerikanischen Sprachgebrauch dagegen nicht.

McKinley war ein überzeugter Befürworter des Goldstandards und von Schutzzöllen und aus Sicht der Populisten noch schlimmer als Cleveland. (Die Annexion Puerto Ricos, Guams, der Philippinen und

Hawaiis machte ihn bei seinen Gegnern nicht gerade beliebter; sie betrachteten ihn als gierigen Imperialisten.) Diese Hexe will Dorothy unbedingt die silbernen Schuhe abnehmen, bevor Dorothy deren wahre Macht erkennt, und versucht, sie (und die Silberbewegung) durch eine Reihe von Prüfungen (die erwähnten Annexionen und den Spanisch-Amerikanischen Krieg) auszuschalten. Diese Prüfungen sollen die vier Freunde auseinandertreiben und ihnen die Macht nehmen, die sie als vereinte Gruppe besitzen. Glinda, die gute Hexe des Südens, schwingt ihren Zauberstab und löst die Probleme der vier Freunde, so wie die Unterstützung aus dem Süden die Populistenbewegung stärkte. Doch schließlich starb diese Bewegung aus, und Dorothy kehrte ohne ihre silbernen Schuhe nach Kansas zurück.

Die Geschichte steckt voller weiterer politischer und geldpolitischer Allegorien. Baums Publikum entgingen weder die fliegenden Affen, die versklavten Winkies (die in der MGM-Fassung nirgends vorkommen), das goldene Mohnfeld noch die Geschenke, die der Zauberer unseren Helden macht (ein Schluck flüssiger „Mut" für den abstinenten Löwen – Bryan war ein bekannter Verfechter der Prohibition); es verstand ihre Bedeutung.

Sie glauben mir nicht? Es gibt einen großartigen Aufsatz von Hugh Rockoff aus dem Jahr 1990 mit dem Titel „The 'Wizard of Oz' as a Monetary Allegory" (dt. „Der ‚Zauberer von Oz' als geldpolitische Allegorie"), der online oder in Ihrer Bibliothek vor Ort zugänglich ist. Rockoff geht ausführlicher auf das wirtschaftliche, geldpolitische und politische Klima sowie auf die Figuren und die Handlung selbst ein. Lesen Sie ihn und danach Baums Klassiker noch einmal. Das wird Ihnen die Augen öffnen. Manchmal sind sogar Ihre Lieblingsgeschichten aus der Kindheit nicht das, was sie zu sein scheinen.

ANHANG

F

1980 Revisited

Aus meiner Forbes*-Kolumne vom 6. März 2000.*[1]

Tech-Aktien befinden sich in einer Blase im Spätstadium. Sie dürfte noch in diesem Jahr platzen. Normalerweise mag ich den Begriff „Blase" nicht, weil er allzu oft von Leuten bemüht wird, die überall Blasen wittern. Aber ich habe vor 19 Jahren eine ähnliche Blase miterlebt und gesehen, wie sie endete. Derzeit befinden sich Technologieaktien genau dort, wo Ölaktien Anfang 1981 standen.

Erinnern Sie sich, wie unaufhaltsam der Energiesektor 1980 schien. Es war eine Zeit hoher und steigender Inflation, boomender Rohstoffpreise, einer als Kartell erfolgreichen OPEC und des Iran-Irak-Kriegs. Gegen Ende 1980 lag der Ölpreis bei 33 Dollar pro Barrel, und die Konsensprognosen gingen von 100 Dollar pro Barrel in vier Jahren aus. Niemand rechnete mit fallenden Ölpreisen.

Das Gleiche passiert jetzt wieder. Diesmal soll sich nicht der Ölpreis binnen vier Jahren verdreifachen, sondern die Zahl der Internetnutzer insgesamt.

Hier sind einige weitere beunruhigende Parallelen. Die Gewichtung des Technologiesektors im S&P 500 ist von nur 6 Prozent im Jahr 1992 auf 19 Prozent im Jahr 1998 und auf 30 Prozent im Jahr 1999 gestiegen. Die Gewichtung des Energiesektors im S&P 500 stieg von 7 Prozent im Jahr 1972 auf 22 Prozent im Jahr 1979 und auf 28 Prozent zum Jahresende 1980. Sie kennen die starken Renditen des Technologiesektors: 44 Prozent im Jahr 1998 und 130 Prozent im Jahr 1999. 1979 stiegen Energieaktien um 68 Prozent und 1980 um 83 Prozent.

Dann platzte die Blase. Die Gewichtung des Energiesektors sank bis Ende 1981 auf 23 Prozent, vor allem in der zweiten Jahreshälfte. Energieaktien verloren 21 Prozent. Der S&P 500 verlor 4,5 Prozent. Im Jahr 1982 fielen Energieaktien um weitere 19 Prozent, während der S&P 500 um 21 Prozent stieg. Seit 1980 hat der Energiesektor eine Rendite von 9 Prozent pro Jahr erzielt. Damit blieb er jährlich drei Prozentpunkte hinter dem zweitschlechtesten S&P 500-Sektor zurück. Dennoch ist der Energieverbrauch stetig gestiegen.

Werfen Sie einen Blick auf die 30 größten US-Aktien. Sie machen 36 Prozent des gesamten Werts des US-Aktienmarktes aus. Genau die Hälfte davon sind Tech-Aktien. Ende 1980 war genau die Hälfte der 30 größten Aktien Energieaktien. Wenn Sie an die Nachfrage nach Technologie und an die Zukunft des Sektors glauben, sind die heutigen Gewichtungen natürlich sinnvoll. Wenn Sie jedoch das steigende Aktienangebot berücksichtigen, sind sie es nicht.

Hier ist eine weitere unheimliche Ähnlichkeit: Damals wurden Energieaktien zum Doppelten des durchschnittlichen Kurs-Buchwert-Verhältnisses des S&P 500 gehandelt. Heute werden Tech-Aktien zum 2,5-Fachen des Kurs-Buchwert-Verhältnisses des Gesamtmarktes gehandelt.

Betrachten Sie die Börsengänge von 1980 und heute. 1980 war ein geschäftiges Jahr, in dem Energieaktien 20 Prozent der Börsengänge ausmachten. Das erhöhte die Gesamtzahl der US-Aktien um 2 Prozent. Im Jahr 1999 machten Technologieaktien 21 Prozent der Börsengänge aus und erhöhten die Gesamtzahl der US-Aktien erneut um 2 Prozent. Das mag nicht nach viel klingen, ist es aber. Bei erst kürzlich börsennotierten Unternehmen platzt die Blase, wenn ihnen das Geld ausgeht.

Die meisten Börsengänge von Energieunternehmen betrafen Firmen, die ausgefallene Energietechnologien entwickeln oder an höchst ungewöhnlichen Orten nach Öl bohren wollten. Es handelte sich kaum um vertikal integrierte Giganten wie Exxon, die Öl fördern, raffinieren und verkaufen. Und besonders groß waren sie auch nicht: Keine der 50 größten Energieaktien des Jahres 1980 war ein Börsengang aus den Jahren 1979 oder 1980. Letztlich gingen die meisten pleite. Heute aber sind elf unserer 50 größten Technologieaktien Börsengänge aus den Jahren 1998 oder 1999; wenn eine davon scheitert, wird der Schaden entsprechend größer sein.

Die meisten neuen Tech-Firmen haben in ihren Geschäftsfeldern ebenso wenig Substanz wie die Energie-Börsengänge der 1980er-Jahre. Wer erzielt die höchsten Internetumsätze? Amazon? Nein. Intel, das Chips an seine Kunden verkauft, machte 1999 online mehr Geschäft als alle Dotcoms zusammen. Federal Express wickelte im Web mehr Geschäft ab als America Online und 17-mal so viel wie Yahoo.

Hinter den meisten Internetaktien stehen lediglich Marketingfirmen ohne klar erkennbare oder belegbare Strategie. Die meisten Internetunternehmen erzielen mit ihren Umsätzen keine echte Bruttomarge, und dieses Defizit wird sich noch in diesem Jahr als Katastrophe erweisen.

Wie bei den Börsengängen der Energieunternehmen in den 1980er-Jahren verbrennen diese neuen Technologieunternehmen fieberhaft Geld in der Hoffnung, sich am Markt durchzusetzen. Noch in diesem Jahr werden, genau wie vor zwei Jahrzehnten, Dutzende von ihnen kein Geld mehr haben – derzeit gibt es 140 Unternehmen, deren Barmittel für weniger als zwölf Monate reichen. Die Anleger werden sich dann Sorgen machen, wem als Nächstes das Geld ausgeht, was dazu führen wird, dass viele weitere solide Aktien fallen. Der Verkaufsdruck wird innerhalb der Tech-Branche von kleinen auf große Werte übergreifen und sogar den solidesten Tech-Aktien schaden.

Ich habe keine Ahnung, welche Unternehmen zuerst implodieren werden. Einige werden mehr Aktien ausgeben und sich damit noch etwas Zeit erkaufen. Aber die vielen Unternehmen ohne tragfähiges Geschäftsmodell sind erste Kandidaten für einen harten Absturz. Ich sehe das nicht unmittelbar bevorstehen, sondern eher in der zweiten Hälfte des Jahres 2000.

Letzten Monat habe ich für das Jahr 2000 einen seitwärts laufenden S&P 500 und einen Rückgang der Tech-Aktien um 15 Prozent prognostiziert. Dabei bleibe ich. Im weiteren Verlauf des Jahres 2000 sollten Sie Ihre Bestände an Technologieaktien reduzieren und nur die größten und solidesten Unternehmen behalten. In diesem Jahr sollte man auf ausländische Aktien setzen und die Erwartungen an US-Aktien zurückschrauben.

ANHANG G

Warum 2023 für den Aktienmarkt wie der „Summer of Love" von 1967 sein wird

Aus meiner Kolumne in der New York Post *vom 25. Dezember 2022.*[1]
Hohe Inflation und Rezessionsängste. Kräftige Zinserhöhungen der Fed. Politische Spaltung in den USA. Ein regionaler Krieg außerhalb der USA mit weltweiten Auswirkungen. Ich spreche nicht von 2022, sondern von 1966.

Eine Reihe vertrauter Sorgen belastete Aktien in dem Jahr, das uns auch den Chevy Camaro, den Zusammenschluss von NFL und AFL und „Wie der Grinch Weihnachten gestohlen hat" bescherte. Doch ein Jahr später brachte 1967 nicht nur den „Summer of Love", sondern auch eine atemberaubende Aktienrally, als die wirtschaftlichen Ängste nachließen. Das laufende Jahr erinnert auf unheimliche Weise an 1966. Für das kommende Jahr ist mit einem überraschenden Bullenmarkt wie 1967 zu rechnen.

Märkte bewegen sich immer dann am stärksten, wenn sie überrascht werden – also wenn Erwartungen und tatsächliche Entwicklung auseinanderklaffen. Wenn politische, kulturelle und wirtschaftliche Ängste übertrieben sind, können schon kleine positive Entwicklungen kräftiges Aufwärtspotenzial freisetzen. Alles, was weniger schlimm ist als befürchtet, löst eine bullishe Erleichterungsreaktion aus. Bärenmärkte erzeugen naturgemäß übertriebenen Pessimismus.

Im Jahr 1966 erlebte der S&P 500 einen leichten Bärenmarkt – einen Einbruch um 22 Prozent, der Anfang Januar begann und im Oktober seinen Tiefpunkt erreichte (ja, genau wie 2022). Der Vietnamkrieg eskalierte. Große Sozial- und Infrastrukturgesetze heizten die ohnehin spaltenden Zwischenwahlen zusätzlich an. Die Verachtung für Präsident Lyndon B. Johnson war anders gelagert, aber in vielerlei Hinsicht vergleichbar mit der Stimmung vieler Wähler gegenüber Präsident Biden, den Gegner spöttisch „Brandon" nannten. Die Inflation explodierte. Daher erhöhte die Fed die kurzfristigen Zinsen – weniger stark als heute, aber im historischen Vergleich deutlich, stetig und beängstigend.

Rezessionsängste dominierten. Bären sprechen gern von „Kapitulation" – jenem panischen, heftigen, lawinenartigen Ausverkauf, mit dem Bärenmärkte typischerweise enden. Auch 1966 war davon oft die Rede. Doch die Kapitulation blieb aus. Stattdessen begann im Oktober ein neuer Bullenmarkt, und die Aktien stiegen – genau wie im laufenden Quartal. Nach einem kaum beachteten positiven vierten Quartal mit 6 Prozent schossen die Aktienkurse 1967 um 24 Prozent in die Höhe.

Die Stimmung gegenüber Aktien war 2022 schlecht – und ist es noch immer. Praktisch alle Umfragen und Stimmungsindikatoren zeigen ein düsteres Bild. Das gilt etwa für den Stimmungsindikator für Privatanleger der American Association of Individual Investors. Der Verbraucherstimmungsindex der University of Michigan bewegt sich nahe seinem historischen Tiefstand – was nur vorkommt, wenn steigende Preise drohen. Eine Rezession im Jahr 2023 wird weithin erwartet: Ganze 68 Prozent der Befragten in der Global Fund Manager Survey der Bank of America rechnen damit.

In Wirklichkeit sieht es jedoch freundlicher aus. Eine beträchtliche Minderheit glaubte auch im vergangenen Quartal schon, die USA steckten in einer Rezession. Doch das BIP der USA wuchs im dritten Quartal überraschend stark um 3,2 Prozent auf Jahresbasis und machte damit die Rückgänge der beiden Vorquartale wett (die durch Bestandsveränderungen und Importe verzerrt waren). In fast allen anderen großen Volkswirtschaften fiel das BIP-Wachstum positiv aus und verbesserte sich.

Dennoch setzte sich die Erwartung einer Rezession immer stärker durch. Das war wohlgemerkt nicht nur schlecht. Je länger Unternehmen eine Rezession erwarten, desto besser bereiten sie sich darauf vor. Die Unternehmen haben in diesem Jahr ihre Lagerbestände verringert und Personal abgebaut. Infolgedessen ist eine Rezession weniger wahrscheinlich geworden, und wenn sie doch eintritt, wird sie milder ausfallen, als sie es sonst wäre. Wer vorgewarnt ist, kann Schaden begrenzen.

Ebenso haben die CEOs fast aller Großbanken – von Jamie Dimon bis Jane Fraser – die US-Wirtschaft öffentlich und immer wieder ausführlich schlechtgeredet und eine Rezession vorhergesagt. Rezessionen lassen jedoch stets die Ausfallquoten in den Kreditbüchern der Banken drastisch steigen und setzen damit die Gewinne massiv unter Druck. Wenn diese Banker wirklich Angst vor Zahlungsausfällen hätten, hätten sie ihre Kreditvergabe vermutlich längst drastisch zurückgefahren.

Das taten sie nicht. Wie ich in meiner Kolumne vom 13. Dezember festgestellt habe, lag das Wachstum bei der Kreditvergabe in den USA im November bei 11,8 Prozent gegenüber dem Vorjahr – nach 4,0 Prozent zum Jahresende 2021. Eine solche Wachstumsdynamik passt ganz und gar nicht zu einer bevorstehenden Rezession. Auch das Wachstum bei der Kreditvergabe weltweit hat seit März Monat für Monat zugelegt.

Wundern Sie sich? Achten Sie darauf, was Banken tun, nicht darauf, was sie sagen. Was sie sagen, ist Stimmung. Was sie tun, ist Realität.

Und die Zinserhöhungen der Fed? Alle glauben, dass sie die Wirtschaft abwürgen. Normalerweise tun sie das auch. Doch jedes Mal, wenn die Fed in diesem Jahr die Zinsen kräftig anhob, nahm die Kreditvergabe noch schneller zu. Warum? Weil die Kreditvergabe für Banken mit den Zinserhöhungen künftig profitabler wird. Und wenn Banken Kredite vergeben, geben die Kreditnehmer das Geld aus. Sie lassen es nicht einfach liegen. In der Vergangenheit verliefen die Kosten der Bankkreditvergabe meist parallel zu den von der Fed gesteuerten Übernacht-Refinanzierungskosten der Banken. Heute ist das anders, wie ich in meiner Kolumne vom 13. Dezember ebenfalls festgestellt habe.

Aus diesem Grund sind die heute so viel beschworenen Ängste vor einer „inversen Zinsstrukturkurve" – also davor, dass die Renditen dreimonatiger US-Staatsanleihen über den Renditen zehnjähriger US-Staatsanleihen liegen – übertrieben. Im September 1966 sorgte die Fed ebenfalls für eine inverse Zinsstrukturkurve. Der größte Teil der Inversion setzte jedoch erst später ein, nachdem die Aktien ihren Tiefpunkt erreicht hatten – genau wie diesmal. Und eine Rezession blieb aus.

Politik? Wie 1966 war auch 2022 ein Jahr der Zwischenwahlen. Wie ich in meiner Kolumne vom 16. November ausführlich dargelegt habe, sind Zwischenwahlen Raketentreibstoff für den Aktienmarkt – mit durchschnittlichen Renditen von mehr als 18 Prozent im dritten Amtsjahr eines US-Präsidenten. Die Renditen fielen sogar noch stärker aus – im Schnitt 28 Prozent –, wenn das zweite Amtsjahr negativ war, wie es 2022 und 1966 der Fall war. 1967 schossen die Aktien um 24 Prozent nach oben.

Anders als 1967 dürften Anleihen 2023 positive Renditen erzielen und damit die schwache Entwicklung von 2022 ins Gegenteil verkehren, da das Inflationsrisiko 2023 sinkt, wie ich ebenfalls in meiner Kolumne festgehalten habe. Die langfristigen Zinsen werden dieses geringere Risiko einpreisen.

Bei alledem höre ich schon, was Sie sagen: 2022 war alles andere als schön. Pessimismus wirkt da wie die sichere, bequeme Wette. Aber vielleicht haben sich die Menschen inzwischen auch lange genug auf das Schlimmste eingestellt.

Wenn wir nun das neue Jahr einläuten, schlage ich vor: Bereiten wir uns stattdessen auf eine angenehme Überraschung vor. Ich kann für 2023 keinen neuen „Summer of Love" versprechen – jedenfalls nicht, was Sex, Drogen oder Rock 'n' Roll betrifft. Doch ich bin fest davon überzeugt, dass das neue Jahr weltweit überraschend starke Aktienmärkte bringen wird.

ANHANG

H

Beliebt, aber problematisch

Viele beliebte taktische Mythen sind problematisch und kostspielig, erfreuen sich jedoch weiterhin großer Beliebtheit, weil sie unser fehlgeleitetes Gehirn ansprechen – sie fühlen sich einfach richtig an – und wir in der Regel nicht wissen, wie wir sie systematisch prüfen sollen. Manchmal wurden diese Taktiken (wie Stop-Losses und Dollar-Cost-Averaging) vor Jahrzehnten von der Brokerbranche gefördert, weil sie den Handel und damit die Transaktionsgebühren erhöhten. Die Fragen Eins und Drei helfen Ihnen hier, weil Sie messen können, ob sie funktionieren, und erkennen können, warum Ihr Gehirn sie attraktiv findet.

Stop-Losses? Eher Gewinnbremsen

Das Konzept eines Stop-Losses – schon der Name – ist so verführerisch, dass man leicht versteht, warum diese Taktik so beliebt ist. Ein Stop-Loss bedeutet: Man legt als Schwelle für einen Kursrückgang einen willkürlichen Prozentsatz (oder Dollarbetrag) fest. Erreicht eine Aktie diese Schwelle, verkauft man sie und kauft etwas anderes. Wenn Sie Ihre Stop-Losses beispielsweise immer bei 15 Prozent setzen, halten Sie nie eine Aktie, die mehr als 15 Prozent an Wert verliert. Keine Katastrophen. Keine Enrons. Klingt gut. Wenn nicht 15 Prozent, dann nehmen Sie eben einen beliebigen anderen Prozentsatz, zum

Beispiel 10, 20 oder 12,725 Prozent. Ganz egal! Das fühlt sich nach Kontrolle an.

Stop-Losses halten jedoch nicht, was Anleger sich von ihnen versprechen. Im Durchschnitt kosten sie Geld, statt welches einzubringen. Sie fühlen sich gut an, funktionieren aber schlecht. Warum? Weil Aktien keine serielle Korrelation aufweisen – das heißt, wenn sich eine Aktie in eine bestimmte Richtung bewegt hat, beträgt die Wahrscheinlichkeit 50 zu 50, dass sie sich in dieser Richtung weiterbewegt oder wieder umkehrt. Zahlreiche wissenschaftliche Untersuchungen auf der Grundlage realer Daten belegen, dass historische Kursbewegungen für sich genommen keinerlei Einfluss auf die künftige Entwicklung einer Aktie haben. Ein beliebiger Kursrückgang sagt nichts darüber aus, wie sich die Aktie als Nächstes entwickeln wird. Gar nichts.

Wenn Aktien seriell korreliert wären, könnten Sie einfach Aktien kaufen, die gestiegen sind, und solche meiden, die gefallen sind – also der Regel folgen: Verlierer verkaufen und Gewinner laufen lassen, wie es Momentum-Investoren tun. Wenn Aktien auf lange Sicht seriell korreliert wären, könnten Momentum-Investoren eine deutlich überdurchschnittliche Erfolgsbilanz vorweisen. Aber das ist nicht der Fall.

Auch wenn Sie unbedingt an Stop-Losses festhalten wollen (trotz meiner Bemühungen, Sie davon abzubringen): Welche Schwelle würden Sie wählen? Anleger neigen dazu, runde Zahlen wie 10 und 20 Prozent zu wählen. Und wer Stop-Losses setzt, wählt in der Regel keine Zahlen über 20 Prozent, denn wenn man glaubt, dass Stop-Losses funktionieren, warum sollte man dann 30 Prozent gegenüber 20 Prozent bevorzugen? Warum sollte man 20 Prozent gegenüber 15 Prozent bevorzugen? Dieses Spiel ließe sich bis hinunter zu 1 Prozent fortsetzen. Entscheidend bleibt: Wenn eine Aktie um einen bestimmten Betrag fällt und Ihre Stop-Loss-Schwelle erreicht, beträgt die Wahrscheinlichkeit 50 Prozent, dass sie weiter fällt, und 50 Prozent, dass sie wieder steigt. Ihre Entscheidung beruht also letztlich auf einem Münzwurf.

Was passiert, wenn Sie bei Einzelaktien einen Stop-Loss von 20 Prozent setzen und eine Aktie um 22 Prozent fällt, bevor sie anschließend um 50 Prozent nach oben schießt? Sie haben einen Verlust von 20 Prozent realisiert, möglicherweise eine Transaktionsgebühr bezahlt und müssen Ersatz finden. Können Sie garantieren, dass der nächste Titel nur noch steigt? Was passiert, wenn die Ersatzaktie auch fällt? Sie können einen 20-Prozent-Verlierer nach dem anderen kaufen – bis Ihr Kapital auf null fällt. Die Geschichte zeigt, dass keine Stop-Loss-Schwelle – ob 10, 20, 30 oder 53 Prozent – zu Renditen führt, die den Markt übertreffen.

Noch ein weiteres Szenario: Betrachten wir die Sache einmal von der anderen Seite, dann wird es noch klarer. Amy kauft zunächst eine Aktie für 50 Dollar. Der Kurs steigt auf 100 Dollar. Sue kauft sie dann für 100 Dollar, und anschließend fällt der Kurs auf 80 Dollar – ein Rückgang von 20 Prozent gegenüber dem Hoch. Sollten beide ihre Aktien bei 80 Dollar verkaufen? Oder nur Sue mit ihrem höheren Einstandskurs? Es gibt keine richtige Antwort, da sich aus der vergangenen Kursentwicklung nicht ableiten lässt, wie sich der Kurs künftig entwickeln wird.

Einige schlagen vor, die verkaufte Aktie durch einen ähnlichen Titel aus derselben Branche zu ersetzen. Aber warum sollte das besser sein? Und wenn der Sektor anzieht, dürften beide Aktien ebenfalls steigen. Ob man kauft oder verkauft, sollte nicht von willkürlichen Kursausschlägen oder Kursmarken abhängen, sondern von den Zukunftsaussichten der jeweiligen Aktie.

Einige schlagen vor, Stop-Losses ohne Ersatzkäufe einzusetzen, damit man nie einen Bärenmarkt mitmachen muss. Dann erzwingen Stop-Losses in einer normalen Bullenmarktkorrektur häufig den Verkauf der meisten Aktien zu relativ niedrigen Kursen. Sollten wir nicht billig kaufen und teuer verkaufen statt umgekehrt? Das Ergebnis eines starren Stop-Losses ist reiner Zufall. Mit anderen Worten: Er funktioniert nicht.

Das Einzige, was bei Stop-Losses sicher ist, sind höhere Transaktionskosten. In einem ansonsten zufallsgetriebenen Prozess macht schon das allein eine Stop-Loss-Strategie zum Verlustgeschäft.

Dollar-Cost-Averaging – höhere Gebühren, geringere Renditen

Die meisten Anleger halten es für selbstverständlich, dass *Dollar-Cost-Averaging* (DCA) – also das Verteilen zusätzlicher Anlagebeträge oder Beiträge über einen bestimmten Zeitraum – eine gute Strategie ist, um Risiken zu senken und die Rendite möglicherweise zu steigern. Wenn Sie regelmäßig in Ihren 401(k)-Plan oder einen anderen Altersvorsorgeplan einzahlen, wenden Sie im Grunde Dollar-Cost-Averaging an.

Regelmäßige Einzahlungen in Ihren Altersvorsorgeplan sind vollkommen vernünftig. Erstens steht vielen Anlegern aus ihrem Gehalt nicht genügend Geld zur Verfügung, um ihre 401(k)-, 403(b)- oder anderen Pläne auf einmal vollständig auszuschöpfen; sie leisten lieber regelmäßig kleinere Beiträge, monatlich oder in anderen Abständen. Zweitens leisten viele Unternehmen Zuschüsse zu Altersvorsorgeplänen, was Ihrem Konto praktisch risikofrei zugutekommt. Kostenloses Geld nehme ich immer gern mit. Drittens sollten Sie immer alle verfügbaren Möglichkeiten der Altersvorsorge so weit wie möglich ausschöpfen. Aber jede andere Form von DCA ist kostspielig.

Allerdings leuchtet DCA – zumindest auf den ersten Blick – intuitiv ein. Anleger könnten fürchten, ausgerechnet an einem Zwischenhoch zu kaufen. Die Anlage zeitlich zu strecken, verringert – so die Überlegung – das Risiko, an einem „schlechten" Tag alles zu investieren. Hätten Sie an einem „schlechten" Tag alles investiert, würden Sie das sehr bedauern – und Menschen hassen genau dieses Gefühl des Bedauerns.

Daten zeigen, dass DCA dem Risiko-Rendite-Profil eines Portfolios schadet. Michael Rozeff von der University at Buffalo führte 1990 eine besonders gründliche Studie durch, in der er DCA mit Einmalinvestitionen verglich.

Anhand des S&P 500 verglich Rozeff für jedes Kalenderjahr von 1926 bis 1990 die Ergebnisse eines einmaligen Kaufs mit einem über zwölf Monate gestreckten Kauf. Die Ergebnisse waren eindeutig: In etwa zwei Dritteln der Jahre erwies sich die Einmalanlage als profitabler als DCA und ging mit geringeren Renditeschwankungen einher. Noch wichtiger: Über den gesamten Zeitraum erzielte die Einmalanlage eine um 1,1 Prozentpunkte höhere durchschnittliche Jahresrendite als DCA. Bei einem Portfolio aus Small-Cap-Aktien waren die Vorteile der Einmalanlage sogar noch deutlicher: Die durchschnittliche Jahresrendite lag um 3,9 Prozentpunkte über der einer DCA-Strategie.[1]

Mein Unternehmen hat kürzlich eigene Studien mit ähnlichen Ergebnissen durchgeführt, wie ich in meinem 2010 erschienenen Buch „Debunkery" beschrieben habe. Einmalanlagen schneiden im Durchschnitt besser ab als DCA, da der Markt künftig häufiger steigt als fällt. Nicht immer, aber oft genug, dass DCA unvernünftig wird.

Um zu erkennen, dass DCA eine unterlegene Strategie ist, braucht es keine komplizierte Mathematik und keine aufwendige Analyse – die Ergebnisse sind eindeutig. Warum sich der DCA-Mythos so hartnäckig hält, lässt sich mit Frage Drei erklären: Menschen empfinden den Schmerz eines finanziellen Verlustes mehr als doppelt so stark, wie sie sich über einen ähnlich hohen Gewinn freuen.[2] Viele Anleger akzeptieren eine unterlegene Strategie wie DCA, weil sie damit keinen großen Fehlgriff riskieren – einen Fehlgriff, den man bitter bedauern würde und der vielleicht sogar Ihren Ehepartner denken ließe, Sie seien ein Idiot. Die Menschen glauben, dass DCA das Risiko verringert, und halten es daher für klug. Die Geschichte zeigt jedoch, dass DCA das Risiko tatsächlich erhöht und die künftigen Renditen verringert. So hoch die Gewinne auch sein mögen, die ihnen langfristig entgehen:

Die meisten Anleger empfinden entgangene Gewinne nur etwa halb so schmerzhaft wie Verluste.

Kurz gesagt: Dollar-Cost-Averaging leistet nicht, was Sie sich davon versprechen, und führt womöglich nur zu höheren Transaktionsgebühren. Auch wenn es sich falsch anfühlt: Ohne DCA fahren Sie besser. Auch hier sind Ihre Gefühle wieder Ihr Feind – sie sind immer da, sodass TGH sie gegen Sie einsetzen kann.

ANHANG

I

Covered Calls – was ist daran gedeckt?

Covered Calls! Wie bei Stop-Losses klingt schon der Name irgendwie beruhigend. Aber lassen Sie sich nicht täuschen.

Ein Covered Call kombiniert eine Long-Position in einer Aktie mit einem verkauften Call. Die Idee dahinter: Sie können sofort Einnahmen erzielen – über die Prämie aus dem Verkauf der Option –, während das Risiko durch die Option begrenzt sein soll. Fragen Sie einen Anhänger von Covered Calls, was er daran schätzt, lautet die Antwort meist, sie seien „sicher" oder „eine sichere Möglichkeit, Erträge zu erzielen". Und wer würde so etwas schon nicht wollen? Aber stimmt das auch?

Um das herauszufinden, müssen wir uns zunächst etwas genauer ansehen, was genau ein Covered Call ist. Dazu stellen wir die möglichen Auszahlungen am jeweiligen Ausübungstermin grafisch dar (siehe Abbildung I.1). Wie bei allen Optionspositionen ist die Bandbreite der möglichen Gewinne und Verluste bei Ausübung bekannt. Die x-Achse zeigt den Aktienkurs am Ausübungstermin, die y-Achse den Gewinn oder Verlust aus dieser Position. X gibt den Basispreis der Option an.

Ein Covered Call bringt also tatsächlich einen festen Betrag, wenn die Aktie steigt, begrenzt dadurch aber das weitere Aufwärtspotenzial. Zugleich trägt er weiterhin das Abwärtsrisiko der Aktie – lediglich abgemildert um die vereinnahmte Prämie.

Das klingt schon weniger attraktiv. Tatsächlich entspricht genau das der Auszahlungsstruktur eines ungedeckten Puts (siehe Abbildung I.2). Es gibt keinen Unterschied. Und die Finanztheorie lehrt: Zwei Finanzinstrumente mit identischen Auszahlungen sind ökonomisch betrachtet dasselbe Instrument.

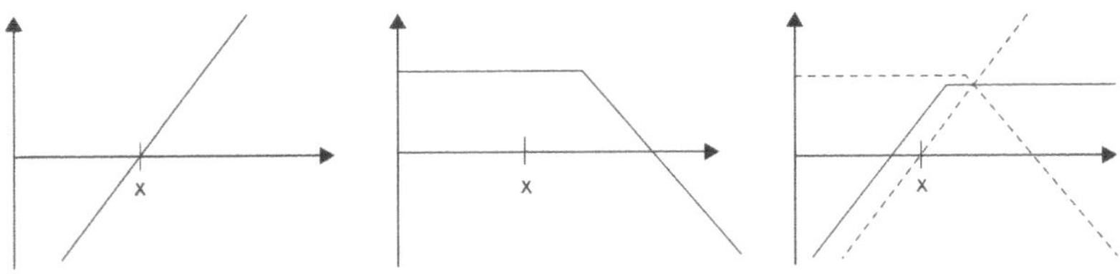

(a) Eine Aktie S hat einen Wert und eine Auszahlung, die einander immer entsprechen. S hat unbegrenztes Gewinnpotenzial und ein Verlustpotenzial in Höhe des Kaufpreises.

(b) Ein verkaufter Call hat einen auf die vereinnahmte Prämie begrenzten Gewinn und ein unbegrenztes Verlustpotenzial, wenn die Aktie steigt.

(c) Mit der Kombination aus S und dem verkauften Call ist der Gewinn bei Kursen oberhalb von X auf einen festen positiven Betrag begrenzt. Diese Kombination birgt weiterhin Verlustpotenzial, falls S auf null fällt.

Abbildung I.1 Mögliche Auszahlung eines Covered Calls.

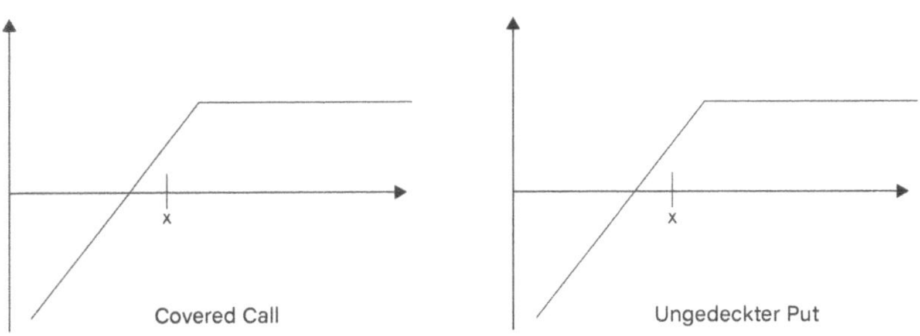

Abbildung I.2 Covered Calls und ungedeckte Puts.

Viele Anleger würden den Verkauf eines ungedeckten Puts ablehnen, doch genau das tun sie ökonomisch betrachtet mit Covered Calls. Die vermeintliche Sicherheit eines Covered Calls ist also genau das: vermeintlich.

Da ein ungedeckter Put und ein Covered Call ökonomisch gleichwertig sind, sollten sie auch gleich behandelt werden. Das ist ein weiteres gutes Beispiel dafür, wie sich Anleger davon verwirren lassen, dass identische Informationen unterschiedlich dargestellt werden. In der klassischen Finanztheorie sind Anleger rational und lassen sich von solchen Darstellungsunterschieden nicht täuschen. In der Realität aber setzen Menschen blind auf Covered Calls, weil sie diese für sicher halten, während sie niemals einen ungedeckten Put verkaufen würden, weil er ihnen viel zu riskant erscheint – obwohl nur die Darstellung sie in die Irre führt.

Wenn Ihnen also das nächste Mal jemand Covered Calls empfiehlt, sollten Sie ihn einfach bitten, einen ungedeckten Put zu verkaufen: Es ist genau dasselbe!

Über die Autoren

KEN FISHER ist Gründer und Executive Chairman von Fisher Investments, einer Vermögensverwaltungsgesellschaft mit einem verwalteten Vermögen von mehr als 290 Milliarden US-Dollar (Stand: 31. Dezember 2024), die vermögende Privatanleger und institutionelle Kunden weltweit betreut. Seine renommierte *Forbes*-Kolumne „Portfolio Strategy" erschien 32,5 Jahre lang bis zum 31. Dezember 2016 monatlich und machte ihn zum am längsten ununterbrochen schreibenden Kolumnisten in der Geschichte des Magazins. Heute erscheinen seine monatlichen Kolumnen weltweit in 25 großen Publikationen in den jeweiligen Landessprachen, darunter in der *New York Post* in den Vereinigten Staaten, im *Daily Telegraph* im Vereinigten Königreich und in Kanadas *The Globe and Mail*. Seine theoretischen Arbeiten aus den 1970er-Jahren waren wegweisend für die Verwendung des Kurs-Umsatz-Verhältnisses als Instrument der Investmentanalyse. Er hat zahlreiche Fachbeiträge und wissenschaftliche Aufsätze verfasst, darunter den preisgekrönten Aufsatz „Cognitive Biases in Market Forecasts" (dt. „Kognitive Verzerrungen in Marktprognosen"). Fisher steht auf Platz 86 der *Forbes*-400-Liste der reichsten Amerikaner 2024 und auf Platz 292 der *Forbes*-Liste der Milliardäre weltweit 2024. Er hat zehn weitere Bücher geschrieben, darunter die US-Bestseller „How to Smell a Rat", „Debunkery" und „Markets Never Forget (But People Do)", sämtlich bei Wiley erschienen.

LARA HOFFMANS hat gemeinsam mit Ken Fisher zahlreiche Bücher verfasst, darunter „Das kleine Buch der Börsenmythen", „How to Smell a Rat" und „Plan Your Prosperity". Sie hat auch Beiträge für *Forbes.com* und andere Finanzpublikationen verfasst.

ELISABETH DELLINGER ist Senior Editor in der Forschungsabteilung von Fisher Investments. Sie ist Co-Autorin des 2015 erschienenen Buches „Kasse statt Masse: Wie Sie mit einem konträren Investmentansatz die Masse schlagen" von Ken Fisher und leitete die Aktualisierung seines 2009 erschienenen Buches „The Ten Roads to Riches". Neben ihrer Mitarbeit an Büchern redigiert und schreibt Elisabeth für die Unternehmenswebsite *MarketMinder* und unterstützt Ken bei seinen zahlreichen weltweiten Kolumnen. Darüber hinaus verfasst sie Beiträge für die Kundenkommunikation von Fisher Investments und hat Beiträge für *Real Clear Markets* und andere Finanzmedien verfasst.

TODD BLIMAN ist Managing Editor in der Forschungsabteilung von Fisher Investments. Todd hat bei der Erstellung und Aktualisierung mehrerer Bücher von Ken mitgewirkt und arbeitet mit Ken zusammen, um dessen umfangreiche globale Kolumnen zu produzieren. Außerdem redigiert er *MarketMinder* und schreibt Artikel für die Kunden von Fisher Investments.

Endnoten

Kapitel 1: Frage Eins: Was halten Sie für wahr, obwohl es in Wirklichkeit falsch ist?

1 Quelle: Federal Reserve Bank von St. Louis, Stand: 06.02.2025.

2 John Y. Campbell und Robert J. Shiller: „Valuation Ratios and the Long-Run Stock Market Outlook", *Journal of Portfolio Management* (Winter 1998), S. 11-26.

3 Kenneth L. Fisher und Meir Statman: „Cognitive Biases in Market Forecasts", *Journal of Portfolio Management* (Herbst 2000), S. 72–81.

4 Siehe Anmerkung 2.

5 Siehe Anmerkung 2.

6 Siehe Anmerkung 2.

7 Quelle: Finaeon, Inc., Stand: 20.02.2025.

8 Quelle: Finaeon, Inc., Stand: 13.02.2025.

9 Ebd.

10 Falls Sie sich für Daten und Statistiken interessieren, verweise ich Sie auf einen weiteren wissenschaftlichen Artikel, den Meir Statman und ich in der Sommerausgabe 2006 des *Journal of Investing* verfasst haben und in dem wir die Daten für Großbritannien, Deutschland und Japan präsentieren.

11 Daniel Kahneman und Amos Tversky: „Prospect Theory: An Analysis of Decision Under Risk", *Econometrica*, Band 47, Nr. 2 (März 1979), S. 263–292.

12 Richard H. Thaler, Amos Tversky, Daniel Kahneman und Alan Schwartz: „The Effect of Myopia and Loss Aversion on Risk Taking: An Experimental Test", *Quarterly Journal of Economics* (Mai 1997), S. 647–661.

13 Daniel Kahneman, Paul Slovic und Amos Tversky: „Judgment Under Uncertainty: Heuristics and Biases" (New York: Cambridge University Press, 1982), S. 480–481.

14 Quelle: FactSet, Stand: 06.02.2025. ICE BofA US Corporate 7–10 Year BBB Index Rendite am 31.12.2024.

[15] Quelle: Finaeon, Inc., Stand: 06.02.2025.
[16] Quelle: US Bureau of Economic Analysis, Stand: 10.02.2025.
[17] Ebd.
[18] Ebd.

Kapitel 2: Frage Zwei: Was kann ich verstehen, was andere nicht verstehen?

[1] Quelle: FactSet, Stand: 11.02.2025.
[2] Ebd.
[3] Ebd.
[4] Ebd.
[5] Ebd.
[6] Ebd. S&P 500 Gesamtrendite, 12.10.2022-27.07.2023.
[7] Ebd. S&P 500 Gesamtrendite, 12.10.2022-18.09.2024.
[8] „Introduction to U.S. Economy: The Business Cycle and Growth", Congressional Research Service, aktualisiert am 04.01.2021.
[9] Quelle: FactSet, Stand: 11.02.2025.
[10] Ebd. S&P 500 Gesamtrendite und MSCI World Index mit Nettodividenden in USD, 31.12.2004–31.12.2005 und 31.12.2005–31.12.2006.
[11] Ebd. MSCI World Growth Index und MSCI World Value Index.
[12] Quelle: US Federal Reserve, Stand: 11.02.2025. Senior Loan Officer Opinion Survey, Oktober 2018.
[13] Quelle: FactSet, Stand: 12.02.2025.
[14] Quelle: FactSet und Finaeon, Inc., Stand: 12.02.2025.

Kapitel 3: Frage Drei: Womit zum Teufel überrumpelt mich mein Gehirn diesmal wieder?

[1] Quelle: FactSet, Stand: 12.02.2025. S&P 500 Gesamtrendite, 17.07.1998–31.08.1998.
[2] Ebd. S&P 500 Gesamtrendite, 31.12.1997–08.10.1998.
[3] Ebd. S&P 500 Gesamtrendite, 31.12.1997–31.12.1998.
[4] Ebd. S&P 500 Gesamtrendite, 20.09.2018–24.12.2018.
[5] Ebd. S&P 500 Gesamtrendite, 31.12.2018–31.12.2019.
[6] Richard H. Thaler, Amos Tversky, Daniel Kahneman und Alan Schwartz: „The Effect of Myopia and Loss Aversion on Risk Taking: An Experimental Test", *Quarterly Journal of Economics* (Mai 1997), S. 647–661.
[7] Douglas Preston „The Kennewick Man Finally Freed to Share His Secrets", *Smithsonian Magazine*, September 2014.

8 Quelle: FactSet, Stand: 19.02.2025. Nikola Aktienkurs, 19.02.2021–19.02.2025.

9 „The Post-Enron 401(k)", *Forbes*, 20. Oktober 2003.

10 Quelle: FactSet, Stand: 15.02.2025. MSCI World Index Rendite mit Nettodividenden, 31.12.2004–31.12.2005.

11 Ebd. Altria Gesamtrendite, 31.12.1999–31.12.2005.

12 Ebd. S&P 500 Gesamtrendite, 31.12.1996–31.12.1997.

13 Ebd. S&P 500 Konstituenten Gesamtrendite, 31.12.1996–31.12.1997.

14 Ebd.

15 Brad M. Barber und Terrance Odean: „Boys Will Be Boys: Gender, Overconfidence, and Common Stock Investment", *Quarterly Journal of Economics*, Band 116, Nr. 1 (Februar 2001), S. 261–292.

Kapitel 4: Kapitalmarkttechnologie

1 Quelle: Finaeon, Inc., Stand: 24.02.2025. S&P 500 Gesamtrendite in Jahren mit einer 5 am Ende, 1926–2024.

2 Quelle: National Hurricane Center, Stand: 24.02.2025. Anzahl der seit 1954 ausgemusterten Hurrikan-Namen nach der Endziffer des Jahres.

3 James O'Shaughnessy: „What Works on Wall Street: A Guide to the Best-Performing Investments Strategies of All Time" (New York: McGraw-Hill, 1997).

4 Kenneth L. Fisher und Meir Statman: „Investor Sentiment and Stock Returns", *Financial Analysts Journal* (März/April 2000), S. 16–23.

5 Quelle: Finaeon, Stand: 24.02.2025. S&P 500 Gesamtrendite in 1999.

6 Kenneth L. Fisher: „Forecasting Made Easy", *Research* (September 2002), S. 50–54.

7 Kenneth L. Fisher und Meir Statman: „Investor Sentiment and Stock Returns", *Financial Analysts Journal* (März/April 2000), S. 16–23.

8 Quelle: FactSet, Stand: 24.02.2025. S&P 500 Kursrendite in 2015.

9 Quelle: Fisher Investments Research und FactSet, Stand: 24.02.2025. S&P 500 Kursrendite in 2017.

10 Ebd. S&P 500 Kursrenditen, 2018-2024.

11 Quelle: FactSet, Stand: 25.02.2025. DJIA Konstituenten, 31.12.2024.

12 Quelle: FactSet, Stand: 25.02.2025. Zahlen Stand: 31.12.2024.

13 Quelle: FactSet, Stand: 26.02.2025. Zahlen Stand: 31.12.2024.

Kapitel 5: Wenn dort nichts ist!

1 Peter Harteloh und Rob van Mechelen: „Mortality Rates of the Spanish Flu and Coronavirus Disease 2019 in the Netherlands: A Historical Compari-

son“, *The Journal of Infectious Diseases*, Band 230, Ausgabe 1, S. 38–44, Juli 2024. Camilla Mattiuzzi und Giuseppe Lippi: „Historical Comparison Between the Death Rate for Spanish Flu and Coronavirus Disease 2019 in Italy“, *The Journal of Infectious Diseases*, Band 229, Ausgabe 6, S. 1928–1929, Juni 2024.

2 Quelle: FactSet, Stand: 21.02.2025. MSCI World Index Rendite mit Nettodividenden, 12.02.2020–23.03.2020.

3 Ebd. MSCI World Index Rendite mit Nettodividenden, 31.12.2019–31.12.2020.

4 Quelle: Finaeon, Inc., Stand: 04.03.2025. S&P 500 Total Return Index, 30.04.2024–31.10.2024.

Kapitel 6: Nein, es ist genau das Gegenteil

1 Quelle: US Treasury, Stand: 25.02.2025.

2 Quelle: St. Louis Federal Reserve, Stand: 25.02.2025.

3 Quelle: US Federal Reserve, Stand: 05.03.2025. Q3 2024 Kapitalflussbericht.

4 Quelle: Federal Reserve Bank of New York, Stand: 05.03.2025. Bericht über Haushaltsverschuldung und Kredite, Q4 2024.

5 Siehe Anmerkung 3.

6 Quelle: US Treasury, Stand: 05.03.2025.

7 Quelle: FactSet, Stand: 25.02.2025.

8 Ebd.

9 Quelle: Finaeon, Inc., Stand: 15.02.2025.

10 Quelle: FactSet, Stand: 25.02.2025.

11 Ebd.

12 Ebd.

13 Ebd.

14 Quelle: US Bureau of Economic Analysis und Finaeon, Inc., Stand: 05.03.2025. Nominale Wachstumsrate des US-BIPs und S&P 500 Gesamtrendite, 31.12.1980–31.12.2024.

15 Quelle: FactSet, Stand: 05.03.2025. 1991–2024. MSCI Germany Rendite mit Nettodividenden in USD.

16 Ebd. 1981–2011. MSCI Japan Rendite mit Nettodividenden in USD, 31.12.1981–31.12.2011.

17 Quelle: US Bureau of Economic Analysis und Finaeon, Inc., Stand: 05.03.2025. Nominale Wachstumsrate des US-BIPs und S&P 500 Gesamtrendite, 31.12.1981–31.12.2011.

18 Quelle: FactSet, Stand: 25.02.2025.

19 Ebd.

Kapitel 7: Schockierend, aber wahr

[1] Quelle: FactSet, Stand: 07.03.2025. Der Nasdaq Composite Index erreichte am 10.03.2000 seinen Höchststand.
[2] Ebd. S&P 500 Index, der am 09.10.2002 ein Tief erreichte und es am 12.03.2003 nochmals testete.
[3] Ebd. ICE BofA US Corporate 7-10 Year BBB Index Rendite am 31.12.2024.
[4] Quelle: World Bank, Stand: 07.03.2025.

Kapitel 8: The Great Humiliator und Ihr Steinzeitgehirn

[1] Quelle: Finaeon, Inc., Stand: 03.03.2025. S&P 500 Gesamtrendite, 31.12.1925–31.12.2024.
[2] Michael J. Mandel: „The New Economy", *BusinessWeek*, 31.01.2000.
[3] „Bloomberg to Take Over BusinessWeek", *Associated Press*, 13.10.2009.
[4] Quelle: FactSet, Stand: 06.03.2025.
[5] Ebd.
[6] Ebd.
[7] Ebd. Häufigkeit der Gewinne des S&P 500 im Kalenderjahr, Gesamtrendite, 1926-2024.
[8] Ken Fisher: „Why 2023 Will Be Like 1967's ‚Summer of Love' for the Stock Market", *New York Post*, 25.12.2022.
[9] Quelle: Finaeon, Inc., Stand: 11.03.2025.
[10] Ebd. IBEX 35 Gesamtrendite in Euro.
[11] Ebd. FTSE All-Share Gesamtrendite in Pfund.
[12] Ebd.
[13] Quelle: US Bureau of Economic Analysis, Stand: 11.03.2025.
[14] Quelle: FactSet, Stand: 07.03.2025. S&P 500 Gesamtrendite, 28.08.2005–31.12.2005.
[15] Ebd. MSCI World Index Rendite mit Nettodividenden, 28.08.2005-31.12.2005.
[16] Quelle: US BEA, Stand: 07.03.2025.
[17] Ebd.
[18] Ebd.
[19] Ebd.
[20] Quelle: Finaeon, Inc., Stand: 11.03.2025. S&P 500 Total Return Index, September 1906 bis November 1907. Monatlich berechnet. Dieser Index ist eine von Finaeon bereitgestellte Rekonstruktion.
[21] Ebd. Erklärung basierend auf dem Dow Jones Industrial Average, 20.01.1906–21.11.1907.

22 Raymond J. Brady, Jeanne B. Perkins et al.: „Macroeconomic Effects of the Loma Prieta Earthquake", Association of Bay Area Governments, November 1991.

Kapitel 9: Alles zusammenfassen

1 Finaeon, Stand: 05.02.2025. S&P 500 Total Return Index und GFD Indices USA 10-Year Government Bond Total Return Index, rollierende 20-Jahres-Zeiträume, 1926–2024.

2 Ebd.

3 Ebd.

4 Ebd.

5 Quelle: FactSet, Stand: 12.03.2025.

6 Quelle: MSCI, Stand: 12.03.2025.

7 Quelle: FactSet, Stand: 12.03.2025.

8 Ebd.

9 Quelle: FactSet, Stand: 13.03.2025.

10 Kenneth L. Fisher: „Give It Time", *Forbes* (31. Januar 2005), S. 142.

11 Quelle: FactSet, Stand: 12.03.2025. Flowserve Rendite, 31.12.2004–31.12.2005; MSCI Industrials mit Nettodividenden, S&P 500 Gesamtrendite, MSCI World Index Rendite mit Nettodividenden, 31.12.2004–31.12.2005.

12 Quelle: FactSet, Stand: 12.03.2025.

13 Quelle: FactSet, Stand: 12.03.2025. AIG Gesamtrendite, 11.02.2004–22.04.2005; 22.04.2005–11.01.2006 und 14.10.2004–11.01.2006.

Anhang B: Nachrichten, mit denen Sie nichts anfangen können

1 *Forbes*, 6. Juli 1998. Abdruck mit Genehmigung von *Forbes*. © Forbes, 2012.

Anhang C: Größere Narren

1 *Forbes*, 18. Oktober 1999. Abdruck mit Genehmigung von *Forbes*. © Forbes, 2012.

Anhang E: Der Zauberer von Oz und 1 oz Gold

1 Hugh Rockoff: „The ‚Wizard of Oz' as a Monetary Allegory", *Journal of Political Economy* 98 (August 1990): S. 739–760.

Anhang F: 1980 Revisited

[1] *Forbes*, 6. März 2000. Abdruck mit Genehmigung von *Forbes*. © Forbes, 2012.

Anhang G: Warum 2023 für den Aktienmarkt wie der „Summer of Love" von 1967 sein wird

[1] *The New York Post*, 25. Dezember 2022. Abdruck mit Genehmigung von *The New York Post*. © New York Post, 2025.

Anhang H: Beliebt, aber problematisch

[1] Michael S. Rozeff: „Lump-Sum Investing Versus Dollar-Averaging", *Journal of Portfolio Management* (Winter 1994), S. 45–50.

[2] Richard H. Thaler, Amos Tversky, Daniel Kahneman und Alan Schwartz: „The Effect of Myopia and Loss Aversion on Risk Taking: An Experimental Test", *Quarterly Journal of Economics* (Mai 1997), S. 647–661.

368 Seiten,
broschiert,
29,90 [D] / 30,70 [A]
ISBN: 978-3-68932-085-0

Jim Cramer:
Geld machen in jedem Marktumfeld

Jim Cramer liefert eine durchdachte Anleitung für alle, die am Aktienmarkt aktiv werden wollen – egal, wie turbulent die Zeiten sind. Er zeigt Ihnen, wie Sie Ihre Angst vor dem Investieren überwinden, auch mit kleinen Beträgen einsteigen und gezielt in Wachstums- und Dividendenaktien investieren können. Er macht anschaulich, wie Märkte ticken, warum Kurse steigen oder fallen – und wie Sie systematisch Chancen erkennen, anstatt sich von Unsicherheit lähmen zu lassen. Ob Marktaufschwung oder Rücksetzer: Hier erfahren Sie, wie Sie Ihr Geld erfolgreich für sich arbeiten lassen.

Börsenbuch verlag